U0805343

北京考古发现与研究

1949-2009

下

宋大川　主编

科学出版社

北　京

第七章 北京辽代考古

五代初期，幽州等州郡先后属后梁、后唐管辖。公元936年，后唐将领石敬瑭叛唐自立，联合契丹灭后唐，并由契丹主耶律德光册立为帝，建立后晋。作为交换的条件，石敬瑭于公元938年割幽云十六州予契丹。辽太宗随即将幽州升为南京(也称燕京)，置南京析律府（今北京），辖顺、檀、涿、易、蓟、景六个州。从此，南京就成为大辽五京之一，北京从中原王朝的边疆重镇一下变成为北方游牧民族王朝的陪都。

南京城在辽朝统治时代是辽统治下的农业地区中最大的城市，它的周围地区有比较发达的农业，故它成为农产品最大的集散地与南北交通枢纽，来自宋朝统治区与来自北方草原牧区的货物都先在此处集中，进行交换。而此后蒙、女真、满等少数民族政权均以北京为据点向中原进攻，北京的历史角色开始向全国政治中心转变，其历史地位也日趋重要，逐渐跃升为全国政治统治的中心。

第一节　北京辽代考古发现与研究

一、北京辽代考古发现概述

北京作为辽王朝的五京之一的南京析津府，历时逾百年之久，生活在这片土地上的各族人民在这里留下了丰富的文化遗产。新中国成立以后，北京辽代考古工作逐渐开展起来，60年以来，考古工作者发现和发掘了大量辽代墓葬、塔基、瓷窑址、窖藏、石刻等，其中以辽墓数量最多，见诸报道的共137座，几乎历年均有发现。辽代塔基共发掘31座，是北京辽代考古的一大亮点。此外，瓷窑址的发现和发掘在学术界也引起较大的反响。我们根据新中国建立以来的北京辽代考古发掘情况，我们将其划分为三个时期。

1. 新中国成立初至20世纪70年代末

新中国成立后，北京的辽代考古蓬勃发展起来，开始得到了科学的发掘和记录。20世纪50年代发掘的辽墓有西翠路辽墓[1]、海淀清河镇辽墓[2]、西城区西什库辽墓[3]、西郊西福村辽墓[4]、彭庄辽墓[5]、董匡信夫妻合葬墓[6]等。1958年4月北京市文物管理处在西郊百万庄发掘2座辽代壁画墓，其中1座为丁文逌父子合葬墓[7]，此墓为前后两室的大型墓葬，父子皆有墓志，墓室内有壁画。

1960年8～10月北京市文化局文物调查研究组在北京南郊永定门外发掘了赵德钧夫妇合葬墓[8]，为三进九室的大型墓葬，是北京地区发现的规格最高的辽墓。其他重要的发现还有董庠夫妇合葬墓[9]、王泽夫妇合葬墓[10]、丰台镇桥南石棺墓[11]。董庠夫妇合葬墓出土有"灭罪真言"，反映了当时佛教在北京地区的流行。王泽夫妇合葬墓壁画脱落，但出土了较多精美的瓷器，为辽代瓷器的研究提供了重要的标尺。丰台镇桥南石棺墓是北京地区辽代仅有的石棺墓，具有较高的研究价值。这一时期发掘的辽墓还有西城区府右街罗贤胡同辽墓[12]、西椅子胡同辽墓[13]、西城区锦什坊街辽墓[14]、西城区大玉胡同辽墓[15]、先农坛辽墓[16]。另外还发现张俭墓志1方[17]。

1970年4月北京市文物管理处在宣武区海王村发掘2座辽代土坑墓[18]，根据出土的鸡冠壶推测这2座墓属于辽代早期。北京地区辽代土坑墓发现较少，因此海王村辽墓的发现具有重要意义。

20世纪70年代末的发掘的重要墓葬有斋堂镇辽墓[19]、马直温夫妇合葬墓[20]。前者墓室内发现精美的壁画，且发现一个墓幢。后者墓内发现有木俑十二生辰像、木雕男像、女像等残件，为北京辽墓中所仅见。

除墓葬外，这一阶段发现的重要石刻有 "秦王发愿纪事碑"[21]和宋《新铸铜人腧穴针灸图经》残石[22]。

经过调查，北京地区的瓷窑址陆续发现，发现的重要瓷窑址有了密云县小水峪瓷窑[23]、门头沟龙泉务瓷窑址[24]。门头沟龙泉务瓷窑的发现引起了学术界较大的反响，在接下来的20年中有关龙泉务瓷窑址是否是官窑的争论持续不断。

1 苏天钧：《北京郊区辽墓发掘简报》，《考古》1959年2期；周耿：《介绍北京市的出土文物展览》，《文物参考资料》1954年8期。
2 周耿：《介绍北京市的出土文物展览》，《文物参考资料》1954年8期。
3 周耿：《介绍北京市的出土文物展览》，《文物参考资料》1954年8期。
4 周耿：《介绍北京市的出土文物展览》，《文物参考资料》1954年8期。
5 苏天钧：《北京郊区辽墓发掘简报》，《考古》1959年2期。
6 苏天钧：《北京郊区辽墓发掘简报》，《考古》1959年2期。
7 苏天钧：《北京西郊百万庄辽墓发掘简报》，《考古》1963年3期。
8 苏天钧：《北京南郊辽赵德钧墓》，《考古》1962年5期。
9 苏天钧：《近年来北京发现的几座辽墓》，《考古》1972年3期。
10 苏天钧：《近年来北京发现的几座辽墓》，《考古》1972年3期。
11 苏天钧：《近年来北京发现的几座辽墓》，《考古》1972年3期。
12 苏天钧：《近年来北京发现的几座辽墓》，《考古》1972年3期。
13 苏天钧：《近年来北京发现的几座辽墓》，《考古》1972年3期。
14 苏天钧：《近年来北京发现的几座辽墓》，《考古》1972年3期。
15 苏天钧：《近年来北京发现的几座辽墓》，《考古》1972年3期。
16 马希桂：《北京先农坛辽墓》，《文物》1977年11期。
17 苏天钧：《北京地区辽代砖室墓形制研究》，《京华旧事存真》（第一辑），北京古籍出版社，1992年。
18 苏天钧：《近年来北京发现的几座辽墓》，《考古》1972年3期。
19 鲁琪：《北京西郊斋堂辽壁画墓发掘简报》，《文物》1980年7期。
20 张先得：《北京市大兴县辽代马直温夫妻合葬墓》，《文物》1980年12期。
21 陈育丞：《记辽代石刻秦王发愿纪事碑》，《文物》1966年4期。
22 于柯：《北京出土新铸铜人腧穴针灸图经残石》，《考古》1979年6期；吴元真：《宋〈新铸铜人腧穴针灸图经〉残石的再次发现及其整体复原初探》，《北京文物与考古》第二辑，北京燕山出版社，1991年。
23 赵光林：《近年来北京发现的几处古代窑址》，《中国古代窑址调查发掘报告集》，文物出版社，1984年。
24 鲁琪：《北京门头沟龙泉务发现辽代瓷窑》，《文物》1978年5期。

这一时期发掘的重要塔基有云居寺南塔[1]、辽净光舍利塔塔基[2]、北郑村辽塔[3]。在云居寺南塔塔基旁的藏经洞穴中发现石经版10082块，是重大的收获。辽净光舍利塔塔基出土一批珍贵的辽瓷。北郑村辽塔未被扰动，出土器物齐全，具有较高的研究价值。

2. 20世纪80年代初至90年代末

改革开放后，随着经济建设的展开，北京辽代考古工作迎来了新的一页。这一时期重要的考古发现集中在墓葬、塔基和瓷窑址三方面，取得了重大收获。

20世纪80年代发掘的最重要的墓葬是位于八宝山殡葬管理所院内的韩佚墓[4]，墓内壁画保存较好，内容丰富，出土随葬品比较丰富，瓷器有南方越窑青瓷。越窑青瓷的发现反映了辽与吴越的交往。1986年8月发掘的昌平陈庄辽墓随葬品丰富[5]，有陶器、瓷器等，在墓内发现代表墓主人形象的髡发陶俑。1989年12月发掘的安辛庄辽墓随葬品较多[6]，出土的马镫壶和鎏金铜马具在北京地区是第一次发现。1990年6月发掘的李熙墓出土有秘色瓷[7]。另外还发掘了门头沟新桥街辽墓[8]、羊坊店辽墓[9]、池子大街辽墓[10]、上地辽墓[11]。这一时期发掘的辽代墓葬数量虽然有限，且未见规模较大的墓葬，不过发掘成果丰富，具有较高学术研究价值。

20世纪90年代发掘了房山区天开塔地宫[12]、通州辽代塔基地宫[13]、密云县冶仙塔塔基[14]等3处重要的塔基。这3处塔基出土有精美的瓷器、木质家具、舍利等文物，这些出土文物在佛教考古方面有较高的研究价值。

龙泉务瓷窑址的调查和发掘是20世纪八九十年代北京辽代考古的最重要内容之一。1983年6月北京市文物工作队、中国社会科学院考古研究所与门头沟区文物保管所前往门头沟龙泉务瓷窑进行考察，除发现大量的瓷片，还出土一批琉璃三彩制品，其中有三彩菩萨、莲座彩绘佛[15]。1984年春，古陶瓷学者陈华莎女士在门头沟龙泉务遗址采集到2片“寿昌五年”(1099年)琉璃釉炉残片[16]。1991～1994年北京市文物研究所、中国文物研究所、门头沟区文物保管所等单位组成联合考古队，对北京市门头沟区龙泉务窑址进行了大规模的科学发掘，其发掘面积1278平方米，发现窑炉13座，作坊2处，出土窑具及各类可复原的器物8000余件[17]。

3. 2000年以后

随着北京申奥成功和经济建设的发展，为配合基础设施的建设，北京辽代考古迎来了新的时期。

1 苏天钧：《顺义县辽净光舍利塔基清理简报》，《文物》1964年8期。
2 苏天钧：《顺义县辽净光舍利塔基清理简报》，《文物》1964年8期。
3 齐心、刘精义：《北京市房山县北郑村辽塔清理记》，《考古》1980年2期。
4 黄秀纯、傅公钺：《辽韩佚墓发掘报告》，《考古学报》1984年3期。
5 周景城、王殿华、邢军：《北京昌平陈庄辽墓清理简报》，《文物》1993年3期。
6 祁庆国、王武钰：《北京顺义安辛庄辽墓发掘简报》，《文物》1992年6期。
7 王有泉：《丰台区永定路辽墓》，《中国考古学年鉴》（1991），文物出版社，1992年。
8 刘义全：《门头沟新桥街辽墓》，《北京考古信息》1990年1期。
9 刘连成、李达：《海淀区羊坊店辽墓》，《中国考古学年鉴》（1992），文物出版社，1994年。
10 王有泉：《一九九八年北京地区地下文物保护工作主要成就》，《北京文博》1999年1期。
11 王有泉：《一九九八年北京地区地下文物保护工作主要成就》，《北京文博》1999年1期。
12 王武钰：《房山区天开地宫》，《中国考古学年鉴》（1991），文物出版社，1992年。
13 周良、姚景民：《通县出土罕见辽塔地宫石函》，《北京文物报》1989年6期。
14 王有泉：《北京密云冶仙塔塔基清理简报》，《文物》1994年2期。
15 赵光林：《北京地区发现的几处古代琉璃窑址》，《考古》1986年7期。
16 北京市文物研究所：《北京龙泉务窑发掘报告》，文物出版社，2002年。
17 北京市文物研究所：《北京龙泉务窑发掘报告》，文物出版社，2002年。

这一时期发掘的最重要的壁画墓是大兴区青云店辽墓[1]，墓内壁画内容丰富，有理财图、点灯图等。重要的壁画墓还有丰台云岗辽墓[2]，其壁画脱落严重，墓室由前后室和东西耳室组成，墓葬规模为近20多年来所仅见。另外在大兴新城北区16号地发掘辽金墓26座[3]，共墓门和墓室内发现壁画，部分墓葬保存完好，发掘前未遭受任何破坏。由于北京的辽墓完整保存的较少，因此这批墓葬具有重要的研究价值。

密云县大唐庄辽墓也是这一时期的重要发现[4]，其中1座墓葬由前后两室组成，内放置2合墓志。龙泉务村辽墓没有壁画，墓葬形制简单[5]，但是出土瓷器较为精美，推测这些墓中埋葬的死者与龙泉务瓷窑址有一定的关系。发掘的其他墓葬还有李继成夫妇合葬墓[6]、康公墓[7]、昌平张营遗址辽墓[8]、南正辽墓[9]、天开辽墓[10]、昌平张营遗址北区辽墓[11]、亦庄辽墓[12]、白塔村辽墓[13]、昌平邓庄辽墓[14]。

2009年底北京市文物研究所还在大兴发现一处辽金时代塔林遗址，共发掘塔基25座[15]，出土有瓷器、经幢、舍利等。

2002～2003年北京辽金城垣博物馆对北京地区辽金史迹进行了全面调查，并将调查工作汇编成书。书中收录辽金塔24座，墓幢26座，辽金经幢30座，遗址、遗迹30余处，另外还有碑、墓志、舍利石函、摩崖石刻等[16]。调查所获取的资料对研究北京辽金时期的历史有较高的价值。

2000年以后是辽代考古的重要发现阶段。这一时期不仅发掘了大量墓葬和塔基，而且全面调查了北京地区辽代史迹资料。但是在对辽代考古研究方面，由于北京地区辽代遗存在文化性质方面上承隋唐，下启金元，唐代墓葬、金代墓葬与辽墓比较接近，器物也相似，给辽代墓葬的断代带来了困难。因此亟须对辽代墓葬进行分期研究，进一步明确北京地区辽代墓葬的特征，为更深入的研究做好准备。

二、北京辽代考古研究现状及认识

自西周分封蓟至辽以前，北京均作为北方重镇和地方中心，辽代则为陪都性质。辽之后，金元明清等王朝均建都北京。因此，辽代是北京从地方重镇发展为全国性的都城的转折点。对辽代北京考古的研究不仅有助于认识辽代北京的社会生活情况，而且有助于研究北京在全国地位变化的历史进程及其原因。

1　王清林等：《大兴区青云店辽墓发掘简报》，《考古》2004年2期。
2　周宇：《丰台云岗辽墓07FHM1发掘简报》，《北京考古》（第一辑），北京燕山出版社，2008年。
3　于璞、王炜、朱志刚、李春山：《北京大兴辽金墓葬发掘取得重要收获》，《中国文物报》2009年4月8日。
4　北京市文物研究所、密云县文物管理所：《密云县大唐庄墓葬区发掘简报》，《北京文博》2007年2期。
5　北京市文物研究所：《北京龙泉务辽金墓葬发掘报告》，科学出版社，2009年。
6　王清林等：《丰台路口南出土辽墓清理简报》，《北京文博》2002年2期。
7　朱志刚：《海淀中国工运学院辽墓及墓志》，《北京文物与考古》第六辑，民族出版社，2004年。
8　北京市文物研究所、北京市昌平区文化委员会：《昌平张营——燕山南麓地区早期青铜文化遗址发掘报告》，文物出版社，2007年。
9　北京市文物研究所：《房山南正遗址——拒马河流域战国以降时期遗址发掘报告》，科学出版社，2008年。
10　北京市文物研究所：《天开遗址发掘报告》，《北京段考古发掘报告集》，科学出版社，2008年。
11　北京市文物研究所编：《昌平张营遗址北区墓葬发掘报告》，《北京考古》（第二辑），北京燕山出版社，2008年。
12　北京市文物研究所：《北京亦庄考古发掘报告》，科学出版社，2009年。
13　据北京市文物研究所2008年9月考古发掘资料。
14　据北京市文物研究所2009年3月考古发掘资料。
15　于璞、韩鸿业、李春山、王冠群：《北京辽金时代塔林考古发掘取得重要收获》，《中国文物报》2009年3月20日。
16　北京辽金城垣博物馆编：《北京辽金史迹图志（上、下）》，北京燕山出版社2003年、2004年。

新中国建立以来，随着科学的考古发掘工作的进行，辽代考古研究工作随之展开，取得了丰硕的研究成果。除卢迎红先生在结合对辽金文物调查的基础上对北京辽金历史遗址分布与分类进行了综合研究[1]以外，60年来北京考古研究主要集中在对辽代墓葬、碑刻、佛教遗存、瓷窑址、城址与乡村等方面。

1. 墓葬研究

新中国成立以后，随着辽墓的不断发现与发掘，对辽墓的研究也逐渐展开。由于辽前后长达200多年，且地域广阔，境内民族众多，不同地区不同民族的丧葬习俗亦有所不同，因此辽墓的分区、分期与墓葬形制等问题是学者们研究的重点。王秋华先生通过对墓葬形制、遗物、墓壁和棺壁的装饰将辽墓以长城为界分为南、北两区[2]，徐苹芳先生通过对不同时期的辽墓区分出契丹人和汉人，将辽墓早、中期的断限定在1031年[3]。杨晶先生对辽墓进行简要分期[4]，并归纳出辽代汉人墓葬的特征[5]，之后李逸友先生对辽代汉人墓葬也做了相应的论述[6]。冯恩学先生对辽代墓葬进行了全面考察，做了系统而深入的综合性研究[7]。在辽代墓葬不断发现和研究的基础上，董新林先生从墓葬分型和随葬品分期入手将辽墓分为四期[8]，而秦大树先生将北京地区划分为独立的一区[9]。张鹏先生对包括北京辽墓壁画在内的所有辽墓壁画进行了系统深入的研究[10]。以上这些研究中均涉及北京地区的辽墓，但是都没有将北京辽墓作为唯一研究对象。对于北京地区的辽墓的专题研究始于20世纪80年代末。

齐心先生于20世纪80年代末对北京地区辽代墓葬进行了综合研究，探讨了北京辽墓的形制结构、葬具、葬式、壁画、随葬器物、墓志等[11]。这是关于北京地区辽墓专题的最早研究。之后苏天钧先生对新中国成立以后40年中北京地区发现的辽代砖室墓葬的形制、墓室壁画、出土器物、墓志进行了系统性的论述和介绍[12]。沈平先生分析了辽代南京地区火葬习俗盛行的原因后，认为契丹人传统的火葬习俗和佛教教义相结合后，其习俗对后世的影响深远，而从火葬墓可以看出汉文化和契丹文化的相互影响[13]。90年代末刘耀辉先生对北京地区辽墓做了简单的类型学研究，并探讨了北京辽墓所反映的辽人的文化世界和精神世界[14]。冯恩学先生认为斋堂壁画墓棺挡板上绘的男侍者头戴的圆顶宽沿笠式帽是元代常见的帽式，并且在棺挡板上绘山水画是元代人的做法，所以这座墓为元代墓葬[15]。林沄先生还对昌平陈庄辽墓出土的髡发陶俑性别等进行了讨论[16]。近年来，昌硕先生对北京地区辽金墓葬进行了系统性研究[17]。

随着辽代墓葬资料的不断发表，对北京地区辽代墓葬的分期研究势在必行，以利于进一步的考古发掘和深入研究的开展。

1 卢迎红：《北京辽金历史遗址分布与分类》，《北京辽金文物研究》，北京燕山出版社，2005年。
2 王秋华：《辽代墓葬分区与分期的初探》，《辽宁大学学报》（哲社版）1982年3期。
3 中国大百科全书总编辑委员会《考古学》编辑委员会：《中国大百科全书·考古学》，中国大百科全书出版社，1986年。
4 杨晶：《辽墓初探》，《北方文物》1985年4期。
5 杨晶：《辽代汉人墓葬概述》，《文物春秋》1995年2期。
6 李逸友：《辽代契丹人墓葬制度概说》，《内蒙古东部区考古学文化研究文集》，海洋出版社，1991年。
7 冯恩学：《辽墓初探》，吉林大学1995年博士论文。
8 董新林：《辽代墓葬形制与分期略论》，《考古》2004年8期。
9 秦大树：《宋元明考古》，文物出版社，2004年；彭善国：《二十世纪辽代考古的发现与研究》，《内蒙古文物考古》2006年1期。
10 张鹏：《辽墓壁画研究》，天津人民美术出版社，2008年。
11 北京市文物研究所：《北京考古四十年》，北京燕山出版社，1990年。
12 苏天钧：《北京地区辽代砖室墓形制》，《京华旧事存真》（第一、二辑），北京古籍出版社，1992年。
13 沈平：《辽南京火葬习俗浅议》，《首都博物馆国庆40周年文集》，中国民间文艺出版社，1989年。
14 刘耀辉：《北京辽墓初探》，《北京文博》1999年4期。
15 冯恩学：《《北京斋堂壁画墓的时代》，《北方文物》1997年4期。
16 林沄：《陈庄一号墓女俑身份商榷》，《北方文物》1996年4期。
17 昌硕：《北京地区辽金墓葬研究》，中国人民大学2008年硕士论文。

2. **碑刻的研究**

新中国成立后，随着北京地区碑刻的不断发现，学者们的研究逐步展开。1952年北京市文物队于广渠门外寻获辽代石刻“秦王发愿纪事碑”，陈育丞先生对“秦王发愿纪事碑”进行了介绍和初步考证[1]。这是新中国成立后北京地区石刻发现与研究的开端。齐心先生、阎万章先生结合辽代墓志与文献对此碑及萧氏世袭进行了考证与探讨[2]。

《新铸铜人腧穴针灸图经》残石是1971年拆除明代城墙时发现的，1983年又在北京朝阳雅宝路东口附近再次发现残石2块。于柯先生、吴元真先生对《新铸铜人腧穴针灸图经》残石的发现进行了介绍并对其进行了整体复原，这些残断石经经过复原，得到医学界的重视和承认[3]。

王世仁先生结合1991、1992年天宁寺塔大修时发现的石碑，对天宁寺塔的历史、建筑、塑像及宗教意义三方面进行了研究[4]。王晓静先生对北京地区辽代摩崖石刻进行了简述[5]。

齐心先生对于墓志研究的多方面作用进行了综述，指出了北京辽代墓志研究的多方面作用[6]。鲁琪、齐心、周峰、朱志刚、王玉亭、任秀侠、邢景旺等诸位先生历年考证的墓志有韩资道墓志[7]、董匡及妻王氏墓志铭、董庠灭罪真言、董庠妻清河县君张氏墓志铭[8]、张嗣甫墓志[9]、丁文逌与丁洪墓志[10]、李继成暨妻马氏墓志[11]、康公墓志[12]、郑颉墓志[13]、孟初墓志[14]。罗继祖先生对后唐北平王赵德钧生平进行了介绍，考释了赵德钧夫人种氏合祔墓志[15]。黄秀纯先生考释了辽代张俭墓志[16]，并对张俭墓的位置进行了讨论[17]。。

刘卫东先生论述北京石刻时对辽代石刻有所涉及[18]，邢景旺先生重点介绍了房山辽代石刻[19]。伊葆力先生对北京地区的辽金石刻的史料价值、艺术价值以及幢类刻石及其演变进行了论述[20]。

3. **佛教遗存研究**

在佛教遗存研究方面，学者们结合考古发现与文献资料对辽燕京境内文化进行了深入研究，并对一批佛教石刻进行了考证。20世纪90年代初齐心、王玲两位先生探讨了辽燕京佛教的发展，寺院的兴盛以及“契丹藏”与辽代刻经等的发展等问题，认为燕京的佛教文化上承唐五代影响，同时与北宋进行相互交流影响，且与政治有密切的关系[21]。郑恩淮先生通过对山

1 陈育丞：《记辽代石刻秦王发愿纪事碑》，《文物》1966年4期。
2 齐心：《辽代南京留守秦王萧孝穆画像碑考》，《北京史研究》（一），北京燕山出版社，1986年；阎万章：《〈秦王发愿纪事碑考〉商榷》，《辽金契丹女真史研究》1985年1期。
3 于柯：《宋〈新铸铜人腧穴针灸图经〉残石的发现》，《考古》1972年6期；吴元真：《宋〈新铸铜人腧穴针灸图经〉残石的再次发现及其整体复原初探》，《北京文物与考古》第二辑，北京燕山出版社，1991年。
4 王世仁：《天宁寺塔三题》，《北京文博》1996年2期。
5 王晓静：《北京地区摩崖石刻概述》，《北京文博》2004年2期。
6 北京市文物研究所：《北京考古四十年》，北京燕山出版社，1990年。
7 鲁琪：《北京出土辽韩资道墓志》，《文物资料丛刊》第二辑，文物出版社，1978年。
8 齐心：《董氏三志考》，《北京考古集成》，北京出版社，2000年。
9 齐心：《北京出土辽张嗣甫墓志考》，《考古》1983年10期。
10 齐心：《辽丁氏两方墓志考》，《考古》1988年7期。
11 周峰：《辽代〈李继成暨妻马氏墓志铭〉考释》，《北京文博》2002年3期。
12 朱志刚：《海淀中国工运学院辽墓及墓志》，《北京文物与考古》第六辑，民族出版社，2004年；王玉亭：《辽代康文成墓志再考》，《北京文博》2008年3期。
13 任秀侠：《辽郑颉墓志考》，《北京辽金文物研究》，北京燕山出版社，2005年。
14 邢景旺：《辽孟初墓志考》，《北京辽金文物研究》，北京燕山出版社，2005年。
15 罗继祖：《关于新出土的三方辽墓志的考证》，《考古》1962年1期；苏天钧：《后唐北平王赵德钧》，《北京史苑》（第一辑），北京出版社，1983年。
16 黄秀纯：《辽代张俭墓志考》，《考古》1980年5期。
17 黄秀纯：《辽张俭墓地辩证》，《考古》1986年10期。
18 刘卫东：《北京地区石刻概述（一）》，《北京文博》2003年3期。
19 邢景旺：《房山辽代石刻叙录》，《北京辽金文物研究》，北京燕山出版社，2005年。
20 伊葆力：《北京地区的辽金石刻》，《北京辽金文物研究》，北京燕山出版社，2005年。
21 齐心、王玲：《辽燕京佛教及相关文化考论》，《北京文物与考古》第二辑，北京燕山出版社，1991年。

西应县木塔发现的辽代印刷品的题记的研究，考证了辽燕京的圣寿寺等9座寺庙[1]，并对山西应县发现的辽代刻经、对其雕造寺庙进行考证，认为这些印刷品大多雕印于寺庙林立的北京[2]。

20世纪60年代初林元白先生对云居寺的历史，寺内的塔、碑铭、石经进行探讨[3]。至20世纪90年代杨亦武先生认为澶渊之盟为辽代房山石经的刊刻提供了安定的社会基础[4]，并对云居寺的历史变迁及云居寺内石经历代刊刻情况进行了系统介绍[5]。

学者对佛教石刻的研究主要有：齐心先生对六聘山天开寺忏悔上人坟塔记进行了考证[6]；向南先生对千佛塔露盘题记进行了考释[7]；刘精义、齐心两位先生对房山区北郑村辽塔中发现的经幢题记进行了探讨[8]，并对辽代应历五年经幢题记进行了考释[9]；包世轩先生对门头沟区即辽代玉河县境内的辽代寺院碑刻进行了考察[10]，并对门头沟区发现的辽玉河县清水院经幢进行了考释[11]，对辽《大安山莲花峪延福寺观音堂记》碑进行了深入的考证[12]；齐鸿浩先生对门头沟发现的辽代伎乐经幢报道[13]，并进行了考释[14]；任昉先生对《大安山延福寺李山主实行录幢》进行了考证[15]。齐心、刘精义两位先生还对房山南郑塔基中出土的“大蕃天显”纪年文字砖进行了考释，认为“大蕃”可能是对辽的一种称谓[16]。

梁玉贵先生对房山陀里花塔提出修缮方案时对其进行了复原推测[17]；黄春和先生认为白塔寺建于辽永安寺原址之上，永安寺为辽道宗时所建，金末元初时被毁[18]。付幸先生对辽金塔基进行了论述[19]。劳敏先生经考证认为净光舍利塔出土的白瓷“童子诵经壶”应更名为“茶神像”[20]。另外沈书权先生对天开塔创建年代和舍利的数量等进行了考证[21]。

4.瓷窑址研究

北京地区瓷窑址的研究主要集中在对龙泉务瓷窑性质的认识上。1975年北京市文物管理处在门头沟军庄公社龙泉务村发现一处辽代瓷窑址，鲁琪先生认为北京地区出土的辽瓷大多应属于龙泉务窑烧造，龙泉务窑是具有代表性的窑址，同时认为龙泉务窑与文献记载中的山后八军瓷窑可能有关系，可能属于官窑[22]。而之后冯永谦先生认为龙泉务窑址不是文献记载的山后八军瓷窑[23]。到20世纪80年代末马希桂先生通过对新中国成立之后40年间北京辽墓、塔基

1 郑恩淮：《辽燕京寺庙考》，《考古》1972年3期。
2 郑恩淮：《北京最早印刷品的发现及其雕造寺庙考略》，《北京史苑》（第一辑），北京出版社，1985年。
3 林元白：《房山云居寺塔和石经》，《文物》1961年4、5期合刊。
4 杨亦武：《澶渊之盟》，《北京文物与考古》第四辑，北京燕山出版社，1994年。
5 杨亦武：《房山石经与云居寺》，《北京文博》1999年3期。
6 齐心：《六聘山天开寺忏悔上人坟塔记考》，《辽海文物学刊》1988年2期。
7 向南：《千佛塔露盘题记考》，《中国文物报》1988年7月22日。
8 刘精义、齐心：《辽应历五年石幢题记初探》，《北方文物》1985年4期。
9 刘精义、齐心：《新发现的辽应历五年经幢题记考释》，《北京史苑》第三辑，北京出版社，1985年。
10 包世轩：《门头沟二则》，《北京文物与考古》第二辑，北京燕山出版社，1991年。
11 包世轩：《辽玉河县清水院经幢考》，《京华旧事存真》第三辑，北京古籍出版社，1997年；《辽玉河县清水院统和十年经幢考》，《北京文博》1995年1期；《辽玉河县清水院统和十年经幢考（续）》，《北京文博》1995年2期。
12 包世轩：《辽〈大安山莲花峪延福寺观音堂记〉碑疏证》，《北京辽金文物研究》，北京燕山出版社，2005年；黄春和：《辽〈大安山莲花峪延福寺观音堂记〉通理实行补考》，《北京辽金文物研究》，北京燕山出版社，2005年。
13 齐鸿浩：《门头沟辽代伎乐经幢》，《北京文物报》1992年6期。
14 齐鸿浩：《辽代伎乐石经幢考》，《北京文物与考古》第四辑，北京燕山出版社，1994年。
15 任昉：《辽大安山延福寺李山主实行录丛考》，《北京文博》2005年2期。
16 齐心、刘精义：《“大蕃天显”纪年文字砖考》，《黑龙江文物丛刊》1984年2期。
17 梁玉贵：《房山陀里花塔原状探讨》，《北京文博》1996年3期。
18 黄春和：《辽代白塔寺史迹考》，《北京文博》1999年3期。
19 付幸：《北京塔基述略》，《北京文物与考古》第六辑，民族出版社，2004年。
20 劳敏：《〈童子诵经壶〉应变更定名》，《首都博物馆文集》，北京燕山出版社，1992年。
21 沈书权：《天开塔出土佛舍利之谜试解》，《北京文物与考古》第四辑，北京燕山出版社，1994年。
22 鲁琪：《北京门头沟龙泉务发现辽代瓷窑》，《文物》1978年5期。
23 冯永谦：《山后八军瓷窑非北京龙泉务窑辩》，《文物》1979年3期。

出土白瓷的分析，认为细白瓷属于河北定窑，一般白瓷属于东北辽地瓷窑，质地较差的属于龙泉务瓷窑烧造[1]，之后进一步通过对白瓷胎、釉和制法的分析，造型和花纹的比较，“官”款瓷器的讨论等，认为北京地区出土辽代白瓷大部分属于定窑和东北辽地瓷窑[2]。

到20世纪90年代初赵光林先生通过对“寿昌五”纪年款的三彩残片等资料的研究，分析龙泉务窑址的烧造年代为始创于辽初，停烧于金代，窑址性质有可能是官搭民烧[3]。之后黄秀纯先生认为龙泉窑与文献记载中的山后八军瓷窑有关系，其属于辽代官窑[4]；齐鸿浩结合龙泉务瓷窑的考古发掘，认为龙泉务窑也有上乘之作，因此北京地区出土的辽白瓷除特定种类之外，其他大部分为龙泉务瓷窑烧造[5]。黄秀纯先生还通过龙泉务窑址出土的大量器物及窑具的分析，探讨了龙泉务窑址瓷器的装烧工艺[6]。

20世纪80年代末赵光林先生认为磁家务窑址是北京地区最早的陶瓷窑址，烧造年代历经辽金元三代，窑址为辽代始创，主要烧造民间粗瓷，金代时在用料和烧造技术有很大进步，元代时烧造瓷器种类增多，可以烧制钧釉瓷器[7]。卢迎红先生探讨了辽瓷造型及装饰艺术[8]。

北京龙泉务窑址的发现和发掘在学术界产生较大影响，掀起了探讨北京辽代白瓷窑属的高潮，而要加深对北京辽代瓷器的认识，还得靠进一步对北京地区瓷窑址的调查和发掘。

5．城址及乡村的研究

关于城址及乡村的研究与辽代文献资料关系密切。20世纪80年代初赵其昌先生对山西省应县发现的辽代燕京印刷的《妙法莲花经》尾的题记进行了考证，探讨了辽代燕京城内的显忠坊的位置、檀州街的定位、走向以及燕京城内的市[9]。20世纪90年代初，齐心先生对辽南京城址，坊巷、乡里等进行了综合研究[10]。到20世纪90年代贾敬颜先生对北宋路振、王曾所记燕京城进行了考核[11]。进入21世纪后于德源先生据文献记载和出土文物资料的对北京辽代村乡进行了考证[12]。于杰、于光度、周峰诸位先生对辽南京皇城位置进行了考证，认为皇城位于城内西南部[13]。

由于城市建设等原因，辽代城址压在现代城市之下，因此要直接对辽代城址进行考古发掘有较大困难。而在辽代乡村的研究方面，有必要结合文献资料和新发现的考古资料对乡村的位置和界限进行推测，并对唐辽之间、辽金之间北京周边乡村界限和名称的变化进行讨论。

60年来北京辽代考古研究可以大体分为以上五部分，各部分之间关系紧密。在对城址和乡村的研究要深入，就需要出土的考古资料充实；而在对瓷窑址的研究方面又离不开对墓葬出土瓷器的研究；佛教遗存与经幢等同时又是文献资料，而墓葬中发现的墓幢等又与佛教关系密切；对于墓葬壁画的研究又离不开文献资料。因此，北京地区辽代的考古研究的各个方面是相互补充的一个整体，只有把各方面的考古资料和研究融合起来，才会对北京辽代考古有深入的认识。

1　马希桂：《建国以来北京辽墓和塔基出土白瓷简述》，《首都博物馆国庆40周年文集》，中国民间文艺出版社，1989年。
2　马希桂：《北京辽墓和塔基出土白瓷窑属问题的商榷》，《北京文物与考古》第二辑，北京燕山出版社，1991年。
3　赵光林：《从“寿昌五”纪年款三彩残片看龙泉务窑的烧制年代及形制》，《北京文物报》1993年10期。
4　黄秀纯：《略论龙泉务窑址归属问题》，《北京文物与考古》第四辑，北京燕山出版社，1994年。
5　齐鸿浩等：《北京出土辽白瓷与龙泉窑关系初探》，《北京文物与考古》第四辑，北京燕山出版社，1994年。
6　黄秀纯：《龙泉务窑窑具及装烧工艺》，《文物春秋》1997年38期。
7　赵光林：《北京最早的陶瓷窑址》，《北京文物报》1989年13期。
8　卢迎红等：《辽瓷造型及装饰艺术》，《北京文博》2001年4期。
9　赵其昌：《辽代燕京之显忠坊、檀州街与市》，《首都博物馆丛刊》，1982年总1期。
10　北京市文物研究所编：《北京考古四十年》，北京燕山出版社，1990年。
11　贾敬颜：《路振、王曾所记之燕京城》，《北京文物与考古》第二辑，北京燕山出版社，1991年。
12　于德源：《辽南京(燕京)村乡指辨》，《北京文博》2001年1期。
13　于杰、于光度：《金中都》，上海古籍出版社，1993年；周峰：《辽南京皇城位置考》，《北京辽金文物研究》，北京燕山出版社，2005年。

第二节　城址与塔基

一、辽南京城遗址[1]

1.城垣、城门

公元936年，契丹统治者得到燕云十六州之后，升幽州为辽的五京之一，称南京，又曰燕京，府曰幽都，开泰元年(1012年)改称析津府。南京城沿用唐幽州旧城，加以增减修建。经实地考察，结合考古发掘和文献记载，我们对燕京城四至与城内布局有了一定认识（图7-1）。

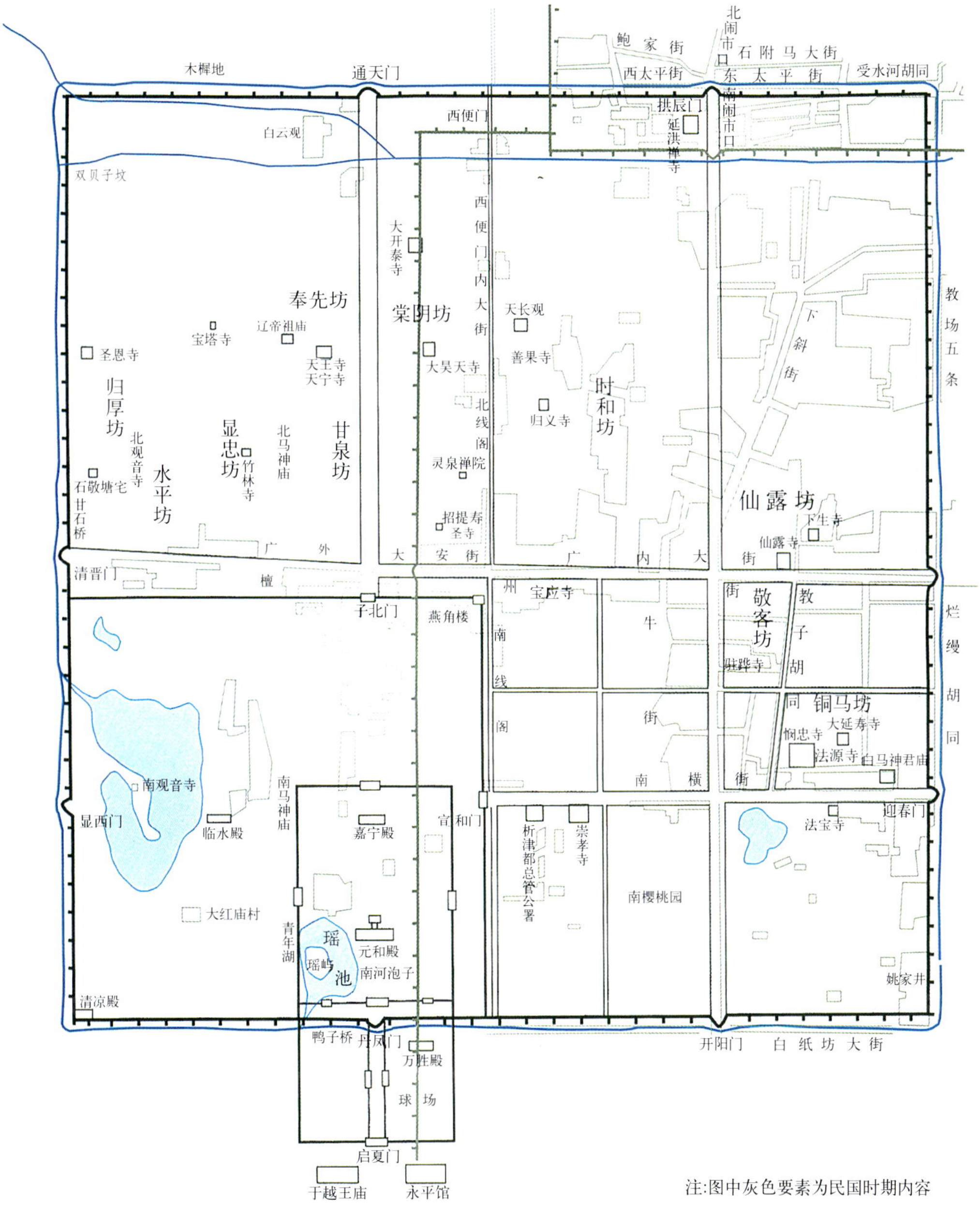

图7-1 辽南京城图

1　北京文物研究所编：《北京考古四十年》，北京燕山出版社，1990年。此章内容，包括引用文献等，除特别注明外，均转引自《北京考古四十年》中由齐心先生所著《辽南京城遗址》一节。略有改动。

东城垣 1953年在姚家井第一监狱门前，发掘了1座唐墓，此墓经过多次破坏，志石已失，只留墓志盖一块，上篆“大唐故信州刺史河东薛府君墓志之铭”16字。《日下旧闻考》载：乾隆三十五年(1770年)在琉璃厂发现了辽御史大夫李内贞墓志。据此志得知，琉璃厂(辽时称海王村)，是辽南京城东门外郊区的一个小村落。按一般规律，墓葬多在城外。悯忠寺重藏舍利记称：“悯忠寺在大燕城内东南隅，子城之东。”今之法源寺即当年的悯忠寺旧址，则南京东城墙在此寺之东。又见《顺天府志·坊巷篇》曰：“外城南城，陶然亭东观音庵内，有辽寿昌中慈智大师石幢，称兹地在京东。”而《寄园寄所寄》云：“京师二月淘沟，秽气触人，烂缦胡同尤甚，深广各二丈，疑为幽州城故濠。”而由河东薛府君墓的南北作线延伸，恰贯自新路、丞相胡同，与法源寺相距极近，烂缦胡同为幽州城故池濠信而有徵。

北城垣 在复兴门外复兴大路南的铁旗杆庙附近出土的唐元和元年幽州大都督府录事参军蓟州刺史陆日岘妻王氏墓志云：“葬於蓟北归仁乡刘村之原。”而白云观后有版筑败垣二小段，附近出土许多方石，可能是城的基石。北枕小河，系旧日城濠。由此败垣向东直线延伸，迄头发胡同，向西延伸达会城门村，似即燕京城北面。因此可证城之北垣在复兴门南，与金中都北垣一致，即在今会城门村一线。

南城垣 燕京南城垣现也无迹可寻。但万泉寺前土堆遗迹，或为中都的南垣。因此，辽南京南城墙应在万泉寺之北(按，金中部以辽南京城为基础，东、西、南三面各扩展三里)。又据菜户营附近的广恩寺，宋名清胜寺，在燕山府城外，此处距今外城西南角极近。由此知燕京南城垣，大致与右安门城墙相近。

西城垣 北京城西南蝎子门雷震口南北一线败垣，为金中都城西垣，因此辽南京城西垣当在蝎子门败垣之东，大约在会城门村东贯穿白石桥东。向南延长的一线，白石桥下的小河，或即当日的城濠。

皇城 唐藩镇子城改称皇城。王曾：《上契丹事》曰：“幽州号燕京，子城就西南罗郭为之。”(按子城即皇城之别称)皇城位于城西南隅，幅员五里，四面均有门。《辽史·地理志》云“西城颠有凉殿，东北隅有燕角楼”，凉殿遗址大体在西城垣南端，而燕角楼的位置，据《京师坊巷志稿》曰：“今南北烟阁经三里许，皆以燕角楼得名。北烟阁直抵西便门，正如辽史所云东北隅也。”现在广安门内有南北线阁胡同，即南北烟阁旧址。这一带就地势观察，可以确认辽南京燕角楼位置即在今南线阁胡同。

关于辽南京的城垣周长及城门文献有载。《元和郡县志》载：“唐幽州城，东西七里，南北九里。”关于燕京城的四至，按《辽史·地理志》云：“燕京地方三十六里。八门：东曰安东、迎春，南曰开阳、丹凤，西曰显西、清晋，北曰通天、供宸。”《乘轺录》载：“幽州城周二十五里。”许亢宗：《奉使金国行程录》云：“燕山府城周围二十七里。”记载各殊，地理志所云三十六里，较之以辽南京城为基础展筑之金中都城还多，因此，三十六里之说不足信，而二十七里之说较为可靠。

2. 街道、坊巷

南京城内道路，从相对城门引伸直交成井字形。道路左右有街，有坊（按坊兼或称“里”）。从发现的墓志记载，得知当时坊名：

卢龙坊 辽御史大夫李内贞墓志云：“保宁十年六月一日薨于卢龙坊私第。”

隗台坊 赵德钧及妻种氏墓志云："……于应历七年五月二十二日薨于燕京隗台坊之私第。"

北罗坊 见于辽咸雍五年(1069年)的韩资道墓志。

齐礼坊 见于辽天庆四年(1114年)王师儒妻韩氏志。

永平坊 见于重熙十四年(1045)王泽妻李氏墓志。

辽西坊 见于辽开泰九年的澄赞上人坟塔记，也见于唐姚季仙墓志。

棠荫坊 见燕京大昊天寺传菩萨戒故妙行大师遗行碑铭："道宗清宁五年(1059年)秦越大长公主舍棠阴坊第为寺……。"(《宸垣识略》)

此外，大田坊、归厚坊，均见于云居寺石经题记。而和时坊等九坊见于唐代墓志。坊有坊门、门楼，这是坊的标志，也是沿袭唐幽州城的旧制。坊内有府第、寺庙和一般居民住宅。据《乘轺录》记载："幽州城……凡二十六坊。"

《辽史·圣宗纪》载："辽圣宗太平五年，燕京居民庆丰收，全城庆贺，六街灯火如昼……。"山西应县木塔内发现的《妙法莲花经》经尾题记云："燕京槚州街显忠坊门南颊住冯家印造……。"可见南京至少有六条街，并知一街名，曰槚州街。

3. **乡、里组织**。

《辽史·地理志》："析津县，本晋蓟县改蓟北县，开泰元年(1012年)更今名。"辽代行政区划分为路、府、州、县、乡、里组织。县以上组织见于文献，而乡、里少见甚而不见于记载，只能从出土的实物资料了解与补充。辽南京乡、里名称、位置，可从出土的墓志记载略述如下：

仁寿乡 见于张俭志。志云："……葬于析津府宛平县仁寿乡陈王里……。"此志出土于海淀区魏公村，古今地名对照得知辽南京仁寿乡陈王里即今魏公村一带。

仁寿乡 又见于丁文逌之子丁洪墓志。志载："……葬于仁寿乡陈王里。"此志出土于西郊百万庄。可见"仁寿乡"范围之大。

仁寿乡 也见于董匡信志。志云："葬于析津府宛平县仁寿乡南刘里……。"该志出土于阜成门外洪茂沟一带。该文不仅提供了仁寿乡的范围，而且使我们得知，此乡至少包括两个里即陈王里、南刘里。

房仙乡 复兴门外公主坟马路北侧出土的王师儒墓志载："葬于析津府宛平县房仙乡池水里之西北原。"还见于韩佚、韩资道等韩氏族墓志，韩佚志云："葬于幽都县房仙乡鲁郭里之西原，从先茔礼也。"(按幽都即蓟)韩志出土在八宝山革命公墓院内。据上述记载得知，房仙乡范围，东界约在今复兴门外公主坟一带，北界约在八宝山一带。房仙乡包括池水里和鲁郭里。根据几合墓志出土地点判断，鲁郭里应位于八宝山革命公墓以东一带，但实地考查，其东无"鲁郭里"地名，而与此地相对的马路南面有一村名鲁谷(按郭谷音近)，鲁谷似为鲁郭之讹，至于位置移动，可能是因为某种历史原因造成的。

仁和乡 见于昌平县城西墙一带出土的辽史洵直墓志。志载："葬于昌平县仁和乡东道里……。"这一发现，为清代麻兆庆《昌平外志》记载的辽代郡名又增一实物例证。

西北乡 辽代鲜于氏墓志载："葬于析津府宛平县西北乡南樊里之先茔。"该志出土于西郊二里沟，联系丁文逌志出土于百万庄，此地属辽南京仁寿乡，因此证西北乡与仁寿乡相接壤。

西北乡 康公墓志记载墓主人逝于辽道宗咸雍七年（1071年），火化后同年下葬于“燕京宛平县矾村，名西北乡”，墓地位置在海淀区增光路中国工运学院住宿楼北部[1]。说明此处亦属西北乡。

使相乡 赵德钧妻种氏志载：“……祔于燕京蓟北县使相乡勋贤里齐王之茔。”此志出土于北京永定门外马家堡洋桥村。因此可知该地辽时为使相乡勋贤里。

广老乡 李继成妻马氏于重熙十二年（公元1043年）卒，“当年二月二十五日于幽都县广老乡真宰里袝先茔”。该墓志出土于丰台路口南侧[2]，因此可知此地古地名为广老乡。

招贤乡 马直温妻张绾墓志云：“葬于燕京析津县招贤乡东綦里……。”而此志出土在大兴县京开公路西红门段东侧。古今地名对照，得知此处辽代为招贤乡东綦里。

招贤乡 大兴持净院塔林出土经幢题记有“析津县招贤乡西綦里”。说明此处也属于招贤乡[3]。

太平乡 辽王泽夫人李氏墓志记载：“重熙十四年(1045年)十月十二日葬于宛平县太平乡万合里。”此志出土于丰台镇。唐故汝南郡夫人周氏志也记载有太平乡。该志出土于马连道附近，因此可得知太平乡从马连道可南到丰台镇南北至少约五公里范围。

燕下乡 辽李内贞志载：“……保宁十年……以当年八月八日葬于京东燕下乡海王村。”说明墓志出土地点在琉璃厂一带，辽时属燕下乡海王村。

里，即是村，是乡属行政单位。从出土墓志、经幢记载有：

南刘里、陈王里(仁寿乡)；池水里、鲁郭里(房仙乡)；勋贤里(史相乡)；东道里(仁和乡)；万合里(太平乡)；南樊里、矾村(西北乡)；东綦里、西綦里(招贤乡)；海王村(燕下乡)；真宰里（广老乡）。显然村也是乡属组织，“村”与“里”是同级行政机构。

二、塔　　基

辽统治者崇佛，佛教盛行，城内外庙宇相望，古塔林立。近年来在佛教考古方面，除云居寺石经版发现外，塔基的发掘和塔身中瘗藏文物的发现也是一项重要的收获。

1. 房山区云居寺南塔塔基

房山云居寺是一处古代的佛教圣地。寺之北与南各有一辽塔，通称“北塔”、“南塔”。南塔又称“压经塔”，辽天庆七年(1117年)建。20世纪50年代在南塔基旁的藏经洞穴中，发掘出石经版10082块。经版数量之多，工程之浩大是惊人的。石经是隋代僧人静琬始刻的。唐、辽、金、元，续有刊刻。历时1000多年。石经收藏在石室中，用灌铁汁的石门封存。辽圣宗时，韩绍芳(辽代豪族、崇文令公韩延徽之孙)打开石门，进行验对，呈奏圣宗，后命僧人可玄继续刊刻，补缺续新，一直继续到辽亡，完成大小石经近5000块。这是一次对佛经较大规模的校勘、整理[4]。

1　朱志刚：《海淀中国工运学院辽墓及墓志》，《北京文物与考古》第六辑，民族出版社，2004年。
2　王清林等：《丰台路口南出土辽墓清理简报》，《北京文博》2002年2期。
3　于璞、韩鸿业、李春山、王冠群：《北京辽金时代塔林考古发掘取得重要收获》，《中国文物报》2009年3月20日。
4　中国佛教协会：《房山云居寺石经》。

图7-2 天开塔

2. 房山区天开塔地宫

由于发生了文物盗掘事件，北京市文物研究所和房山区文物管理所于1990年6月对天开塔地宫进行了清理发掘（图7-2）。

地宫入口位于塔基的南部，是方形竖穴式天井，天井底部有券门通入地宫。地宫顶部为圆形穹隆顶，底部呈八角形，长2米。在每个转角处有一组影作斗拱。斗拱及顶部均有彩绘。顶部彩画为荷花，下面为分为八面，每面内有成组的花草。两面中间相隔的“阳马”上绘有网目纹。斗拱下方每面绘有覆莲，斗拱上绘有云纹等。壁画上方中间装饰山花蕉叶，是小木佛道帐的做法。在南、北、西三面壁上发现有题记三处，其中两处脱落后字迹不详。靠门左面墙壁上的题记为“乾统十年八月五日当县燕谷村刘瑞……”，此纪年是该塔建造的准确年代。

图7-3 四花瓣纹供椅

图7-4 四花瓣纹供桌

7-3

7-4

地宫内中间有1座砖石构件层层叠放构成的舍利小塔。塔的中部是一石函，石函内有铜函，铜函内放有银函，银函内又装有一件小银瓶和一件装有5枚“应化舍利”的水晶瓶。在石函、石函座上及铜函、银函上均刻有文字。文字主要记载了该塔建造的历史及修建该塔捐款的村名和人名。在地宫内还发现有木椅（图7-3）、桌子（图7-4）、大瓷碗、小瓷碗、银钵、银勺、银筷子、铜镜、铜铃、石佛、小木佛等文物20余件[1]。

3. 房山区北郑村辽塔塔基

1977年6月3日，房山区北郑村辽塔因年久失修向南倒塌，北京市文物研究所工作人员赶往现场对残塔和地宫进行了全面清理。

此塔是1座平面呈八角形的十三层密檐实心塔，建于辽代重熙二十年(1051年)，1976年困塔身倒塌而进行全面清理发掘，揭示了塔身内部与地宫的结构，并得到一批珍贵的佛教文物。地宫呈方形，砖砌叠涩顶，顶盖为一长方形石板，中央有一圆孔。地宫未被扰动过，各种供物齐全。地宫中央偏南置石函，函四面雕刻彩色花卉，镌刻年款（图7-5）。内盛石质释迦涅槃像，银幡、花、匙、筋、碗、碟以及水晶串珠等。值得注意的是首次发现在地宫盖板上立着高3米多辽应历五年(公元955年)石幢1座。幢身满刻陀罗尼经文。幢的四同散放着20余件唐至五代的残石佛像，该塔可能毁于唐会昌年间灭佛事件。

在第一层塔身中央立一陶幢，平面呈圆形，筒形陶幢也是首次发现，高约2.18米，幢身刻经和年款。为后唐三年造(公元932年)，更为新奇的是幢的四周立4座陶塔（图7-6）。有平面呈圆形的，也有呈八角形的，塔由③～④层组合而成，塔身上满布彩绘，浮雕佛像，均高2米多，十分精美。据考，这种中间一幢，周围立塔的形式，是佛教四面立佛之说的象征。这些幢、塔是施主施舍捐建的，是作功德的一种方式。

石幢题记具有珍贵的史料价值。幢文记载粟园官庄、主持谦讽以及官名十将、青白军使

1 王武钰：《房山区天开地宫》，《中国考古学年鉴》（1991），文物出版社，1992年。

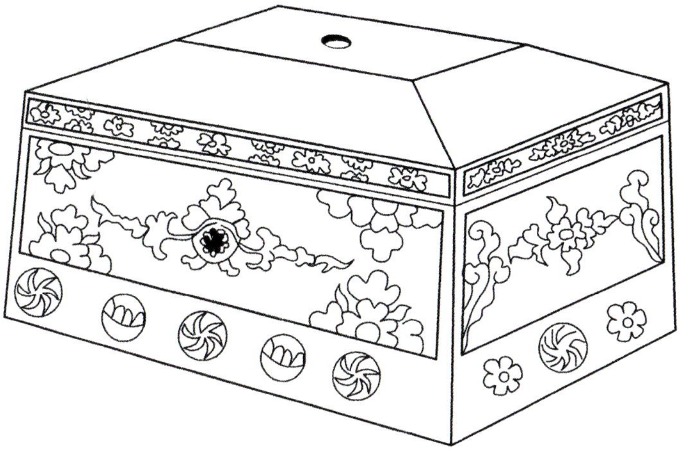

7-5

7-6

图7-5 北郑村辽塔基出土石函

图7-6 北郑村辽塔出土陶塔

乃至地名，都为研究当时政治、经济、宗教、人物、官制、地理提供了新资料。

此塔除用一般辽代青色长方形、方形勾纹砖外，还有方形各种伎乐砖，有的吹箜篌、笛子、箫，有的翩翩起舞……还有的上刻文字的法舍利砖。最重要的一块是上墨书“大蕃天显▢次戊戌五月拾三日已未”15字的纪年砖。似乎辽代又有“大蕃”之称，由于辽史疏漏，文献记载寥寥。甚至自辽太宗建国号“大辽”，圣宗统和元年后，国号为“大契丹”，道宗咸雍二年复称“大辽”，国号更易，辽史无载，因此，曾经称“大蕃”，更不会见文献。所以，该纪年砖的发现为我们提供了辽代国号的新看法，新资料[1]。

4. 密云县冶仙塔塔基

密云区冶仙塔位于密云县城东北2.5公里的冶山上。据《密云县志》记载，此塔建于辽代。原塔的形制为八角形砖砌二级三重檐式。第1层有门，可以出入，六面有砖窗。檐下及须弥座上均有砖砌的斗拱，每边一攒，须弥座束腰部雕有花纹和角神，栱眼壁上雕兽面纹。塔高12米，直径约6米。塔的第2层是清代重修的。考古发掘前塔已毁。1988年秋，北京市文物研究所和密云县文物管理所对该塔进行了抢救性发掘。

塔基保存状况较差。地面以上部分已全不存在，地宫也只有南壁保存稍好。据残迹可知，地宫略呈长方形、南北长1.3米，东西宽约1米，深约0.4米，北壁有门。砌法为错缝平砌，砖为沟纹砖，长40、宽20、厚5厘米。地宫内的墙壁涂抹白灰。底为砖铺，顶盖为长方形青石板，中有一孔，孔径6厘米。

地宫内出土的器物以陶瓷器为主，共有40余件及大量铜钱。瓷器有璎珞纹绿釉净瓶（图7-7）、四瓣花纹白釉方碟（图7-8）、葵瓣越窑盘（图7-9）、秘色瓷碟、圆形白瓷碟、陶经塔（图7-10）。还出土有葫芦形瓷坠1件、佛串珠1颗、玻璃器1件。铜钱70余枚，多为宋钱[2]。

1 齐心、刘精义：《北京市房山县北郑村辽塔清理记》，《考古》1980年2期。
2 王有泉：《北京密云冶仙塔塔基清理简报》，《文物》1994年2期。

图7-7 璎珞纹绿釉净瓶

图7-8 四瓣花纹白釉方碟

图7-9 葵瓣越窑盘

图7-10 红白彩云纹陶经塔

图7-11 茶神像（童子诵经壶）

7-7

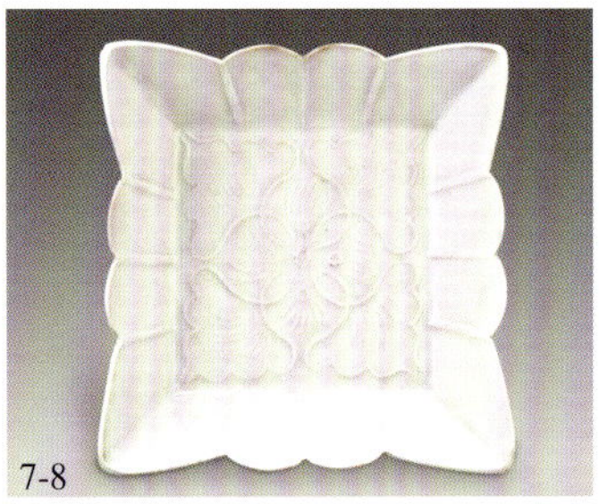

7-8

7-9

7-10

7-11

5. 顺义县净光舍利塔塔基

1963年顺义县城关南门外一高地上发现一塔基。北京市文物工作队前往发掘清理。

此塔基呈圆形，用方形勾纹砖、长条勾纹砖和经过加工秘制成各种样式的砖砌成。从发现的佛塔题名石刻和石经幢记载得知：此塔始修于辽代圣宗统和二十五年(1007年)，开泰二年(1013年)奠定塔基。石刻上镌刻20多个村落名字，是研究顺义县地名历史沿革的实物资料。地宫北部正中置银盒，盒内的葫芦形琉璃瓶内盛舍利。塔基内还出土一批珍贵的瓷器：带官字款的白瓷罐、水注、白瓷盒、净水瓶、执壶及银、铜饰件，造型小巧别致，是研究辽代北京地区瓷业生产的极好标本。“茶神像（童子诵经壶）”[1]器形为稚童静坐诵经（图7-11），经卷翻卷成以为壶流，莲花形发束做成注口，体现了制作者的匠心，构思别致自然，是一件艺术品[2]。

6. 通州辽代塔基地宫

1988年12月10日北京市通州区电信局后院施工中发现有沟纹砖，电信局领导立即报告文物部门。北京市文物研究所和通州区文物管理所对其进行了清理，确认为辽代塔基地宫地宫内有石函。

此辽代塔基平面为圆形，直径约5米，外缘和中间为沟纹砖所垒砌，其下便是两层整块6厘米厚长方形青石板，再下即是条砖所砌地宫，内置青砂岩棺形子母石函。其盖呈覆斗形，长114厘米，大端宽83厘米，小端宽79厘米，厚11厘米，顶面线刻宝相花；四坡面线刻

1 劳敏：《〈童子诵经壶〉应变更定名》，《首都博物馆文集》，北京燕山出版社，1992年。

2 苏天钧：《顺义县辽净光舍利塔基清理简报》，《文物》1964年8期。

十二生肖像。前后两面各有二生肖，其间刻“前”、“后”二字，左右两侧面各有四生肖。每生肖均人面僧服捧云板，头各顶十二生肖形象，线条刻画简练且逼真。四边窄立面线刻缠枝牡丹。其身为一石凿成，四立面外抛光，外高39厘米、内深27厘米，长、宽、厚各与盖同。前后面各线刻卷云纹宝相花，两侧面各线刻舞龙，线条柔和生动（图7-12）。

函内存满清水，淘尽清水，发现内置骨灰，骨灰下底层散置“开元”、“至道”、“咸平”、“相符”等铜钱百余枚。另发现有定窑小白瓷盒1件、水晶念珠1串、翡片2枚，还有1只小水晶卧兔。发掘者考证，此塔基年代为辽圣宗统和末期至开泰年间所造，所葬僧人似为尼姑[1]。

图7-12 通州辽塔地宫石函

1　周良、姚景民：《通县出土罕见辽塔地宫石函》，《北京文物报》1989年6期。

7.大兴区持净院塔林

2008年11月10日～12月15日，北京市文物研究所在大兴区文物管理所的协助下对大兴康庄两限房工程进行了考古发掘，发现一处辽金时代塔林遗址，共发掘塔基25座（图7-13）。

塔是供奉或收藏佛舍利、佛像、佛经、僧人遗体等的高型点式建筑，又称“佛塔”、“宝塔”等。此次大兴发现的塔为砖塔，塔上部已被破坏，塔基形状可分为方形、圆形、六边形等。塔基前有踏道，塔基四周有散水，塔座转角处用经过加工磨制成各种样式的砖砌成。其中1座大型塔基前不仅有踏道，而且有祭台和经幢座。

塔基长1.4～3.8米，宽1.18～3.7米，塔基前踏道长1.2～2.9米，宽0.88～1.36米。塔基下方为长方形竖穴土坑，长1.3～3.75米，宽1.2～3.7米，深0.86～2.48米。地宫在长方形竖穴土坑的底部中央，为长方形的小坑，长0.78～1.98米，宽0.57～1.8米，深0.3～1.85米。地宫底铺砖或石板，四壁由砖砌成，其上抹一层白灰，顶部或覆盖石板，或由砖叠涩而成；也有的地宫底部铺石板，四壁由石板立砌，顶部亦盖石板。地宫内置木函，木函有的已朽，有的保存完好。木函内放置有骨殖，有的木函东西及南侧陪葬随葬品。在骨殖下铺有一层铜钱，多为宋钱。

出土器物较为精美，而且有成组出土情况。出土瓷器主要有瓷香炉、白釉杯、黑釉茶盏、白瓷盘、白釉印花瓷碟、白釉印花瓷碗、白瓷杯、黑釉茶盏、白釉长颈瓶（图7-14）。另外还出土有石菩萨、铜菩萨、舍利盒（图7-15）、描金皮盒、石块等。

此次发现的经幢皆倒地，幢座、幢身、幢顶分离，其中幢身4件。经幢上题记为汉文和

图7-13 大兴塔林局部

7-14

图7-14 25号塔基出土器物

7-15

图7-15 舍利盒

梵文，内容是佛顶尊胜陀罗尼经和比丘尼的生平事迹。经幢题记具有重要的史料价值。通过对经幢上的题记进行了初步试读，题记中有“持净院”，应为塔林所属的寺院名称。

关于持净院塔林的时代，经幢上有四处记载。12号塔基经幢题记“清宁六年” 即1060年，为辽道宗年号，为辽代中晚期。13号塔基经幢题记有“宣和六年”即为1124年，是宋徽宗年号。北宋末年，宋金订立海上之盟，南北夹击辽朝。金灭辽后，将燕京归还北宋，北宋改中都为燕山府。因此经幢纪年由辽年号改为北宋年号。另外两个经幢上有“大金燕京……皇统九年”、“大金中都”与“贞元三年” 等碑文。金熙宗皇统九年为1141年。燕京为辽和金早期对北京的旧称，当时北京为陪都地位，号称南京，又名燕京。公元1153年，金帝完颜亮完颜亮正式迁都，改南京为中都，这是北京正式建都的开始，因此经幢上改称原“燕京”为“中都”。出土经幢题记上最早的年代为清宁六年（1060年），最晚年代为金帝完颜亮贞元三年（1155年），间隔95年，这说明“持净院”及其塔林的存续时间超过百年。经幢题记上的年号的变迁和北京地名的变迁反应了辽宋金时期的史实。

经幢所记载的塔林在辽金时代的古地名为“析津县招贤乡西綦里”。析津县唐代称为蓟县，辽开泰元年（1012年）改为此称，金代又改为大兴县。大兴区京开公路西红门段东侧曾发现辽代马直温夫妻合葬墓，墓志中记载墓葬地点为“燕京析津县招贤乡东綦里”，其地点即今大兴区西红门地区。而此次发掘的塔林在马直温夫妻合葬墓的西南方约5公里，亦属“招贤乡”，所在地区是大兴区黄村镇北部地区。另外，房山石经所发现的唐人题记中有“幽州蓟县招贤乡西綦村”，而“析津县”唐时为“幽州蓟县”，因此塔林出土经幢题记所记地点与房山石经所记地点相合[1]。

北京市大兴区芦城镇东芦村发现有天祚帝乾统九年（1109年）经幢，题记中有“辽燕京左街持净院”。此幢为尼志惠为其师法出所建，记载其师生平、籍贯等[2]，而没有“归柩”等内容，因此推测此幢可能不是立于塔基上的，而是立于持净院内。由此可以推断“持净院”与“西綦里”所在的位置是在持净院塔林西约1公里的东芦城村附近。

第三节　重要墓葬

辽墓是辽南京遗迹的重要部分，要认识与了解辽代文化，墓葬是重要资料。北京地区已清理发掘的辽墓遍布城、郊区，但主要集中在北京西部、南部及西南部、西北部，而且大多数墓都遭到不同程度的破坏。除赵德钧墓为应历年间(辽穆宗时，公元958年)时代较早外，其余几乎全是辽代中晚期的中小型墓，即圣宗以后，兴宗、道宗、天祚帝时期的，且多为汉人墓。墓葬结构有砖室墓、石棺墓、土坑墓。

石棺墓仅发现1座，位于丰台镇桥南，棺呈长方形，由6块青石板构成，板与板之间有榫卯相接。棺长1. 94、宽1. 24、高0. 92米。出土有白瓷注子、白瓷划花盘等瓷器[3]。

土坑墓仅发现2座，位于宣武区海王村。墓坑位于距地表2.5米的黄沙层中，墓坑内各有一仰身直肢人骨架和辽代典型器物绿釉鸡冠壶。其中1座墓内还出土有白瓷碗、白瓷罐、陶铃和带流小铜器等。从形制来看，这2座土坑墓所出土的鸡冠壶属于辽代早期[4]。

另外在北京市门头沟区清水河畔斋堂镇曾发现1座正方形砖室墓葬，墓内壁画内容丰富，出土器物较多[5]。冯恩学先生认为斋堂壁画墓棺挡板上绘的男侍者头戴的圆顶宽沿笠式帽是元代常见的帽式，并且在棺挡板上绘山水画是元代人的做法。

除以上几座辽墓外，新中国成立以来所发掘的辽墓大多为砖室墓，墓室内多见壁画、仿木结构建筑、影作桌椅、斗拱等，墓壁都是用白色打底，然后再用朱、黑二色作画。砖室墓葬形制分为长方形、正方形、圆形、六角形、八角形。其中长方形砖室墓有数十座，而圆形前后两室墓、圆形多室墓、六角形墓各1座，八角形墓3座。圆形单室墓最多，有100余座。

1　于璞、韩鸿业、李春山、王冠群：《北京辽金时代塔林考古发掘取得重要收获》，《中国文物报》2009年3月20日。
2　北京辽金城垣博物馆编：《北京史迹图志（下）》，北京燕山出版社，2004年。
3　苏天钧：《近年来北京发现的几座辽墓》，《考古》1972年3期。
4　苏天钧：《近年来北京发现的几座辽墓》，《考古》1972年3期。
5　鲁琪：《北京西郊斋堂辽壁画墓发掘简报》，《文物》1980年7期。

一、长方形砖室墓

1. 崇文区彭庄2号墓

彭庄位于永定门西城墙豁口外西南0.5公里。20世纪50年代中后期在这里先后发现了7座辽墓，并由北京市文化局文物调查研究组进行了发掘清理。在这7座墓中，1号墓位于墓群的中心位置，东距7号墓500米左右，西向约90米为2号墓。其中以M2相对完整，其墓室平面为圆角长方形，整体用沟纹砖砌筑。周壁及墓顶已残损，墓门、甬道坍塌严重，唯墓壁东侧保存基本完整，但壁画病害严重，已模糊不清。墓室北侧置有一棺床，长1.30米、宽1.00米、高0.60米。棺床上不见葬具及人骨，应为后期破坏散失。墓底亦用沟纹砖铺成。墓中出土数件随葬器物，其中 1件小瓷碗放置于墓室中央，其余陶器数量较多，排列于棺床的两侧，器类有灶、锅、鼎、罐等。其质地、器形、纹饰等皆与1号墓相似[1]。

2. 西城区锦什坊街辽墓

1971年10月，北京市文物管理处在西城区锦什坊街发现1座辽墓。该墓为圆角长方形，为双人合葬砖室墓。由于坍塌损毁十分严重，故未作正式清理。出土重要器物有黄釉龙头耳洗子和黄釉鸡冠壶。其中的鸡冠壶呈矮身圆体式，环梁箍绿釉，壶身两面仍有皮带条装饰，露胎处呈白色，平底，釉未施到底，具有较高的学术及研究价值[2]。

3. 西城区大玉胡同辽墓

1971年11月，北京市文物管理处在西城区大玉胡同发掘清理了1座辽墓。该墓平面呈长方形，沟纹砖垒砌四壁，平砖铺底，石板盖顶。墓室北部筑有一砖台，上置骨灰。随葬器物大体保存完好，有瓷器、陶器两类，瓷器有白瓷碗、白瓷盘、黑釉瓷碗、青釉瓷盏托、黑釉盖罐、黑青釉鸡腿瓶等；陶器均为灰陶，器类有三足锅、六鋬锅、熨斗、盏、碗、水注、剪刀等；此外，还发现铁胎红漆斗、铁盒各一件，较为少见[3]。

4. 海淀区羊坊店辽墓

1991年10月，北京市文物研究所抢救性发掘了海淀区羊坊店邮电局宿舍以北基建施工中发现的1座辽墓。该墓保存完好，南北向，长方形墓圹，墓底距地表2.30米，墓长2.36米，宽0.96米，墓壁高0.48米。券顶，顶之上铺有平砖一层。墓北端0.40米处有祭台一个，由两层两块平砖砌成。用砖均施有沟纹6～7条。墓主人为女性，头向北，仰身直肢。头顶部随葬有鸡冠壶、小黑陶罐、灰陶罐、骨质粉盒、贝壳、刷子柄、骨簪、铁剪刀等器物，此外还有一些漆器遗痕。在墓主胸部正中有铜镜1面，祭品台上有大型牲畜头骨一颗[4]。

5. 亦庄开发区辽墓

2003年10月～2005年8月，北京市文物研究所对北京亦庄经济技术开发区进行了基建考古发掘工作，共清理辽代墓葬25座。这批墓葬类型较为多样，形制上可分为带墓道的圆形砖室墓、长方形砖室墓和土坑墓；埋葬方式见有土葬、火葬两种。其中小型砖室墓为长方形或梯

1 苏天钧：《北京郊区辽墓发掘简报》，《考古》1959年2期。
2 苏天钧：《近年来北京发现的几座辽墓》，《考古》1972年3期。
3 苏天钧：《近年来北京发现的几座辽墓》，《考古》1972年3期。
4 刘连成、李达：《海淀区羊坊店辽墓》，《中国考古学年鉴》（1992），文物出版社，1994年。

形，墓室皆为青砖垒砌，顶部叠涩减收，最后加盖青砖。尸骨状态为骨灰或尸骨。出土器物有瓷碗、陶罐等[1]。

二、圆形单室墓

1. 西翠路辽墓

1953年7月，北京市卫生工程局在修下水道过程中发现了1座辽墓，随后北京市文化局文物调查研究组负责对其进行了发掘清理。此墓早期被盗，仅残留有很少量随葬品，且壁画破坏严重。此墓方向正南，墓室平面为圆形。墓底距现在地面3.50米，总长7.65米，最宽处5.04米。墓道长2.85米，坡度极陡，南高北低，甬道长1.38米左右，两壁有对称的圭形壁龛，龛高0.90米、宽0.34米。墓室为仿木结构，周壁为绳纹砖垒砌，顶部砖券。墓室四角皆有柱头，拄头上承斗拱。斗拱除西北角保存完整外，其余皆损毁严重。斗拱上绘有类似牡丹花体裁的彩画，色彩鲜艳。东西两壁各设有假门1座，每扇门上皆有八个一排的门钉，共二排。北壁施有彩绘，残存图案有类似圆形鼓凳一个，荷花、水鸟、小鹅等写生图画，形象生动。惜因后期脱落漫漶，完整壁画已不复存在。

墓中未发现棺椁痕迹，仅见凌乱骨架及两具头骨。器物分布为：墓底中央有开元通宝、乾元通宝数枚及大小玉带扣、薄银片、残素葵花碗等；西壁假门下置有陶俑。但由于被盗，推测随葬物位置皆已发生位移，参考价值不大。随葬品中数件较为精美，其中定窑白釉葵花大碗胎质细腻，内外两壁及底部均挂釉，釉面光亮而均匀，上口作六瓣式；玉带扣上长方孔为透雕而成；武士陶俑身着鱼鳞铠甲，手持宝剑，形象威武[2]。

2. 西城区洪茂沟董匡信夫妇合葬墓

1957年10月28日，北京市房管局在西郊月坛北约0.5公里的洪茂沟挖槽时发现1座辽墓，北京市文化局文物调查研究组负责对该墓进行了发掘清理。此墓为圆形砖室墓，墓室直径约2.00米，大部被破坏，甬道和墓门无存，只保留有部分墓壁。墓壁砌法为两平一立，高1.80米。残存壁面上砌嵌有长 0.80米、宽0.50米雕砖七菱窗一扇，其余还有壁画，但已漫漶不清。此墓因严重破坏，仅在墓室北壁下残存有陶片一堆及烧骨一块，经研究，陶器烧制火候较低，由器形来看与彭庄辽墓出土的器物相似[3]。

此墓出土有墓志一方，置于棺床之上。志和盖皆为正方覆斗形，四面磨角。盖边长0.48米，盝顶，四周斜面上按方位刻有文吏怀抱十二生肖像，四角刻有牡丹花朵，中央刻“济阴董府君夫人王氏墓志铭”，每行3字，共4行。背面无文字。墓志边长0.47米，铭文正书，无撰书人。首题：“大辽故右班殿直银青崇禄大夫检校国子监祭酒兼监察御史云骑尉济阴董府君夫人太原王氏墓志铭并序”，共25行，行字不等，满行34字。墓志记载董匡信于辽重熙二十二年（1053年）六月十五日卒，其夫人太原王氏逝于辽重熙二十年（1051年）正月八日，辽咸雍五年（1069）八月三日“葬于析津府宛平县仁寿乡南刘里之南原”[4]。

1　北京市文物研究所：《北京亦庄考古发掘报告》，科学出版社，2009年。
2　苏天钧：《北京郊区辽墓发掘简报》，《考古》1959年2期。
3　苏天钧：《北京郊区辽墓发掘简报》，《考古》1959年2期。
4　北京市文物研究所：《北京市文物研究所藏墓志拓片》，北京燕山出版社，2003年。

3. 崇文区彭庄辽墓

彭庄位于北京永定门西城墙豁口外西南0.5公里。20世纪50年代中后期在此先后发现了7座辽墓，北京市文化局文物调查研究组负责对这些墓葬进行了发掘清理。其中1号墓位于墓群的中央，东距7号墓500米左右，南向约150米为4号墓、5号墓和6号墓，西向约90米为2号墓，北向25米为3号墓。其中3～7号墓皆被破坏，仅残余部分底部，墓室一致为圆形，4号和6号墓室直径约2.60米，5号墓2.70米，7号墓2.85米。遭破坏的5座墓中，除3号墓外，其他皆无出土器物。

7座墓中，以1号墓最为完整重要。1号墓在距地面0.50米处墓壁暴露。墓门方向正南，已塌陷。甬道长1.50米，宽1.45米，残高1.90米。墓室平面为圆形，直径6.25米，立壁残高1.90米。全部用灰色沟纹砖砌成，砌法为两平一立。施有彩绘，皆白地朱、黑色，但因年久水浸，已漫漶不清。曾部分临摹以备研究。东侧墓壁有影作桌椅。棺床位于墓室北侧中央，砖砌，高1.16米，长0.85米，宽0.80米。四周皆用朱色绘有龛门。墓底为灰砖平铺。

随葬器物主要为瓷器和陶器两大类。其中出土瓷器数量较少，仅两件，位置为：一小瓷碗置于在棺床前，右侧为一白瓷盏托。陶器数量较多，共34件，有序排列于墓室两侧，其中棺床左侧所置陶器有剪、灶、锅、盒等，右侧所置陶器有壶、盒、鼎、罐、三耳器、直把勺等，棺床上无任何遗物，包括墓主遗骸及葬具。此墓棺床极小，发掘者据此推测此墓葬可能是火葬墓，而骨灰及其盛放用具应为后期扰乱破坏散失。墓中出土有1枚“祥符通宝”。“祥符”为宋真宗年号，相当于辽圣宗时期，故证明M1不会早于辽圣宗时期。

关于此墓的随葬品，发掘者认为瓷器均为定窑所烧，其中瓷盏托较为精致。瓷盏托胎质细腻，釉色乳白，除底部外，内外皆施釉。高6厘米，口径8厘米，托径13.5厘米，底径5.2厘米。白瓷小碗胎质较粗，除底部外，皆施釉(俗称土定瓷)，高4.1厘米，口径13厘米，底径5厘米。陶器皆为灰陶，质较粗，烧制火候低，制法以轮制为主，部分是模制或手制。陶器绝大部分有彩绘，其中1件陶盆内外壁遍饰花纹：底部中央刻有图案式莲花一朵，围绕以波浪式花纹，壁上刻有鲤鱼三条，口中各衔水草一缕，盆口亦为波浪式花纹。外壁绘有图案式莲花，盖为塔式形状，承袭唐代风格[1]。

1号墓之外，3号墓也颇有特点。3号墓顶、壁、门及甬道全被毁掉，墓室直径约2.80米。出土的器物共7件，为群众挖土时掘出上交。其中瓷注1件，其釉色光亮莹白，腹部印有缠枝牡丹花朵，高21.30厘米，口径3.90厘米；白瓷大碗1件，胎釉及腹部花纹与前者同；还有白瓷托盏2件，器盖1件，花瓣式瓷碗2件，其胎釉都与前者相似。这7件器物皆为定窑瓷，器形精美，是北京出土定瓷中的上品[2]。

4. 丰台区丰台镇王泽夫妇合葬墓

1970年3月，北京丰台区丰台镇桥南发现1座辽墓，北京市文物管理处负责进行了发掘清理。此墓为圆形砖券墓，直径约3.00米，南北向。墓门位于墓室南侧，青砖封堵，宽约1.30米。外为甬道，长1.00米，东壁上有一小龛，顶部用三层砖收缩砌成。墓室券顶已坍塌，仅余墓壁。墓壁为青砖一平一立砌筑，高约1.20米，内壁用白灰涂抹，原绘有壁画，因脱落严重，已看不清所绘内容。在墓底的边缘残存有柏木条。棺床位于墓底偏北部，方砖砌成，未发现完整骨架，只有残骨出现。墓室东壁有影作的桌椅。出土器物主要有陶器和瓷器。陶器

1 苏天钧：《北京郊区辽墓发掘简报》，《考古》1959年2期。
2 苏天钧：《北京郊区辽墓发掘简报》，《考古》1959年2期。

有陶盆、三足陶盆、陶罐、陶碗等；瓷器有白瓷、白瓷盂、白瓷盒、白瓷净水瓶、白瓷莲瓣碗、白瓷碟、白瓷盘、白瓷小碗、白瓷罐、黑釉双耳罐等。墓中出土有墓志2合。一盖正中刻“王公墓志”，一盖正中刻“故陇西郡妇人墓志”，皆有志文。分别为王泽墓志铭(辽兴宗重熙二十二年，1053年)和王泽妻李氏墓志铭并序(辽兴宗重熙十四年，1045年)。从墓志了解到此墓为王泽及其妇人合葬墓[1]。

5. 西城区府右街辽墓

1970年3月和7月，北京市文物工作队分别在西城区府右街罗贤胡同和府右街西椅子胡同发现了2座辽代墓葬。这2座辽墓皆为圆形券顶砖室墓，墓壁上部有仿木结构的“一斗三升”式斗拱，并影作有假门和桌椅。府右街罗贤胡同辽墓主要出土陶器和瓷器，陶器有陶盆、陶罐、陶锅等。瓷器有白瓷莲瓣碗、白瓷碟、白瓷刻花大碗等。府右街西椅子胡同辽墓因破坏严重，未发现任何遗物，但在墓的东壁上残留有红黑色彩的壁画，壁画内容为一尊梅瓶和三个人像，其中一人坐式，似为墓主人，前后立有两个侍者[2]。

6. 宣武区先农坛辽墓

1973年初，北京市文物管理处在先农坛南部某工厂的工地发现和清理了1座辽墓。该墓为圆形单室墓，南北向，墓室高1.87米，直径1.94米。南有墓道。墓门为拱券顶，灰砖封门，墓门东西侧壁上分别砌有影作的雕砖灯檠及桌子，灯台为砖雕而成。墓室用长方形单面沟纹灰砖砌成，直壁高1米余，之上逐渐内收呈穹隆顶。墓室北部为半圆形棺床，棺床上置有一陶罐，内盛骨灰。随葬品置于棺床之前，除出土2件瓷罐外，还有陶熨斗、陶三足洗、陶盆、陶罐、陶灯等。其中的陶灯较为少见[3]。

7. 大兴区马直温夫妇合葬墓

1979年10月，北京市大兴区京开公路西红门段东侧发现了1座辽代砖室墓。北京市文物工作队负责对其进行了发掘清理。此墓葬为圆形单室墓，早期被盗。墓道未发掘，甬道为券顶，也已塌陷，宽约1.21米。甬道南端残存封门砖。墓室顶部已坍塌，下部为直壁，东壁已被破坏无存，西、南、北侧最高残存高约1.06米，直径4.10米，壁厚1.10米。墓室底铺砖，发掘者推断墓室北端为放置木榻的位置。沿圆形墓室内壁底部一周有用单砖铺成的平面呈八角形的砖阶，砖阶上残存有木质地栿，地栿上有凹槽、榫卯。据墓壁不抹灰的现象及木质地栿的存在，推测墓内很可能原有墓帐设施。墓室正中有凹角方形祭台1座，表面涂有白灰，白灰面上残存黑红色彩绘痕迹（图7-16）。

此墓出土器物有影青瓷盏托、定窑白瓷小碟、白瓷折腹小碟、辽白瓷小碗、铜钱、石经幢顶、石经幢身残片及木质随葬品。其中木质出土物很有特色，计有木俑十二肖像(缺狗)、木雕男像、女像残件、楠木小钵、木榻栏板残件。其中柏木圆雕男像即墓主人的真容像（图7-17），骨灰放在关节能活动的木俑的胸腹腔内。木甬完整，包括头、四肢，高1.4米，全身由17个部件组成，用合槽式、插榫式、转轴套接式等五种结构形式联结。十二生肖像也为圆木雕成，戴冠、着方领，火袖袍服，持笏。木俑原施有彩，由于长期积水浸渍，已脱落，个别俑尚见少量白粉残痕，木质则已全腐朽。

墓中出土有墓志1合，为马直温妻张氏墓志，确定了此墓年代为辽天祚帝天庆三年

1　苏天钧：《近年来北京发现的几座辽墓》，《考古》1972年3期。
2　苏天钧：《近年来北京发现的几座辽墓》，《考古》1972年3期。
3　马希桂：《北京先农坛辽墓》，《文物》1977年11期。

图7-16 马直温夫妇合葬墓平面图

图7-17 马直温木俑头

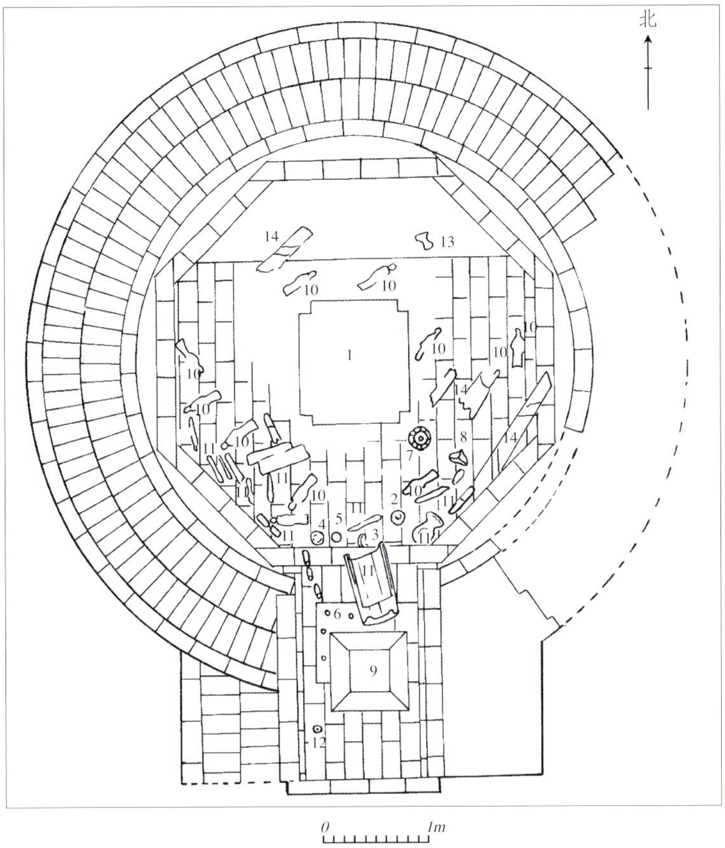

1. 祭台 2. 影青瓷盏托 3. 定窑白瓷小碟 4. 白瓷折腹小碟 5. 辽白瓷小碗 6. 铜钱 7. 石经幢顶 8. 石经幢身残片 9. 墓志 10. 十二辰木俑 11. 木偶人 12. 楠木小钵 13. 柏木榻栏板残件 14. 柏木墓帐残片

7-16

7-17

（1113年），“葬于燕京析津县招贤乡东綦里”。发掘者根据出土物推测马直温入葬时未置墓志，而是树立墓幢[1]。

8. 石景山区韩佚墓

1981年6月6日，北京八宝山殡葬管理所院内发现1座辽代砖室墓，北京市文物工作队负责进行了发掘清理。此墓由墓道、墓门、甬道和墓室四部分组成。因施工紧迫，墓道仅清理出后部至墓门处一段。墓门南向，用砖封堵，封砖垒砌成人字形，券顶，仿木建筑结构，高1.52、宽0.92米，全部用磨砖砌成。墓门从底至门脊通高3.5米，均以白彩作底，以黑彩勾出门框，椽檐以下各部构件全部涂朱，斗拱、枋、柱用黑彩勾出轮廓，拱眼用墨勾画花卉，可惜都已漫漶，不易辨清（图7-18）。甬道向南微呈喇叭状，顶为砖砌单层券顶，东西两壁以砖砌成，外涂有一薄层白灰，其上绘壁画，因剥落太甚，只能隐约辨认出，似东西壁各绘一官吏，头戴展角幞头，身着束带红袍，脚蹬皂靴，面向北侧，拱手端立。

墓室为单室穹隆顶，平面呈圆形，通高3.45、直径3.18米。墓室周壁用两卧一立法砌砖八层，共高1.82米。周壁之上开始起券，先砌横砖十三层，再砌竖砖十一层，直至顶部。壁与顶起券处，加砌有影作砖雕莲瓣十二个。墓室周壁及穹隆顶均以白灰抹平压光，并绘彩

1 张先得：《北京市大兴县辽代马直温夫妻合葬墓》，《文物》1980年12期。

图7-18 韩佚墓墓门

图7-19 韩佚墓平剖面图

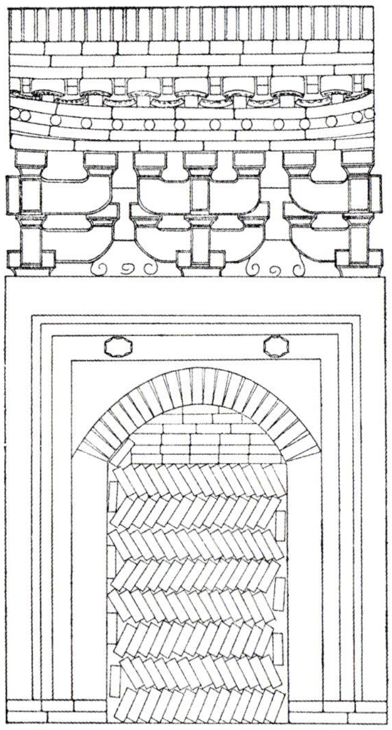

7-18

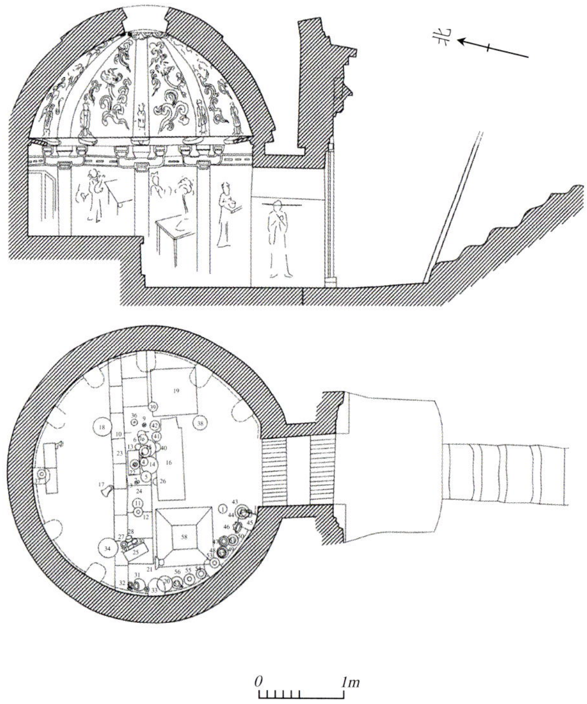

7-19

1、11、12、26、39. 白瓷碗2、3. 银镯4、10. 青瓷碗5、44、42. 青瓷碟 6. 青瓷水注 8. 青瓷盏托 7.青瓷注碗9、13、27、30、36.白瓷罐14、15、18、38. 朱漆盘痕迹 16. 木桌痕迹 17. 陶砚 19. 韩佚墓志20、56. 陶盆 21. 白瓷渣斗22、37. 褐瓷浑瓶 23. 银钗 24. 铁钉 25. 长方形漆盒痕28、29. 瓷钵 31. 釉陶罐 32. 釉陶盖 33. 小瓷盖 34. 铜镜 35. 铁架 43、44. 陶火圈 45. 陶执壶46、52. 三足炉47、48. 陶釜 53~55. 陶罐 49. 陶鏊 50. 陶砚磨钵51、57. 陶勺 58. 王氏墓志

画。周壁上部绘斗拱，下承壁柱。墓室四壁彩绘布局匀称，共七幅，题材为花鸟、侍女等。壁画先用墨线在白灰面上勾勒起稿，然后用红、黑、黄、棕等色平涂设色。画面整体漫漶剥落较严重，下部更甚（图7-19）。

正对室门的北壁壁画正中为三扇花鸟围屏1座。红色边框中绘盛开的山茶花，两只山雀飞翔追逐。围屏两侧各绘一名侍女（图7-20）。东西两壁各绘三幅壁画，每幅皆绘有侍女一人，间绘飞禽、花卉、方桌、衣箱、衣架等。

墓室穹顶正中绘莲花，四周用八条红色弧形宽垂带将穹顶分成八格。每格内绘白色飞鹤一只，间以流云。穹顶下部四周分绘头顶生肖像、身着宽袖长袍的人物十二个，均面对室内，拱手端立。间距略有差距。

砖砌棺床位于墓室北半部，束腰须弥座，高0.65米，上枋厚10厘米，上枭内收2.5厘米。立面辟花瓣形壸门 6 个，白灰作底，红彩涂边框。壸门内用墨线勾绘花卉。清理发现，随葬物主要有三处放置：棺床上、棺床正前、棺床前西侧。由墓室淤塞情况推断，失落在棺床前的一部分随葬物，原先都应是放置棺床之上棺床正前方约0.10米处。墓室内棺床前还发现有长方形木桌灰痕,大概原为供桌，故桌痕下的一部分随葬物，早先是陈设在供桌上的，后失落于地。棺床左侧前方置韩佚妻王氏墓志 1 合，右侧前方置韩佚墓志 1 方，无盖。在棺床前沿正中部位，砌有小砖台一个，小砖台左侧发现有木盒与铁钉朽迹，并有少量骨灰，推测此处原应放置骨灰木盒。

此墓出土随葬器物较丰富，近60件。陶器有盖罐、执壶、鐎釜、罐、鏊子、三足炉、研磨钵、盆、勺、火圈、风字形砚；瓷器有青瓷水注、青瓷注碗、青瓷盏托、青瓷碟、青瓷碗、白瓷盖罐、白瓷渣斗、葵瓣式白瓷碗、荷花式白瓷小碗、白瓷小碗、柳斗式白瓷钵、鸡腿瓶。此外还有铁架、银手镯、银钗、铜镜、铜钱。

出土的瓷器有南方越窑系的青瓷：刻人物青瓷水注、划花荷叶形盏托、青瓷注碗。其中2件青瓷小碗，器身挂全釉，圈足经刀削，造型与耀州窑瓷相同。这批瓷器胎薄而紧密，最

7-20-1

7-20-2

图7-20 韩佚墓壁画

薄仅有0.2厘米。花纹精美，线条流畅，造型匀称协调。发掘者据史料推断这批南方越窑系的瓷器应为辽朝皇室的赏赐品，墓主用来随葬，有借此来炫耀其身份地位的意思。

其中的青瓷水注为葫芦形纽盖，盖壁有二孔。花瓣形直口，瓜棱状圆腹，矮圈足，直流，曲把。器底刻“永”字款识，有长条形支烧痕。全高18厘米、口径4.5厘米、腹最大径12.8厘米、底径7.4厘米。薄胎致密，釉色青灰，划花装饰。盖饰云纹或羽纹，把和流饰花草纹，身两面有四人坐饮图，流云、酒樽、果盘等并陈其上。青瓷注碗为敞口，深腹，平底，圈足微外撇。底部有五个条形支烧痕迹。高8.5厘米、口径18厘米、底径8.9厘米。满釉，釉色青绿，光泽莹润。口沿内饰有凹弦纹一周，内底心画鹦鹉一对，头尾相对，呈团状。出土时，上述青瓷水注置于碗内，可见这两件器物应是完整的一套温酒器。青瓷盏托的盏沿作荷叶状，盏心为钵形，高圈足，底部有五个长条形支烧痕。通高8.1厘米、直径16.5厘米、足径6.6厘米。盏外沿刻有蜜蜂及草叶纹。盏碗作荷花形，敞口，平底，小圈足，底部有支烧痕。口径10.4厘米、高4厘米、足径4.6厘米。内底刻环带纹。瓷胎皆薄而坚密，釉色青翠有光泽（图7-21）。

此外，另出土有墓主韩佚墓志1方，无盖；韩佚妻王氏墓志1方。

韩佚墓志无盖，汉白玉质，保存较好（图7-22）。志文由裴玄感撰，正书，首题：“大契丹国故始平军节度管内观察处置等使崇禄大夫检校保使持节辽州诸军行辽州刺史兼御史大夫上柱国昌黎县开国男食邑三百户韩公墓志铭并序”，记载韩佚于辽统和十三年（公元995年）六月一日终，统和十五年（公元997年）五月十九日“葬于幽都县房仙乡鲁国里之西原”。

韩佚妻王氏墓志1合，志盖完整，盝顶，斜面阴刻十二生肖像，四角饰花叶纹，上篆书“故韩公夫人墓志之铭”。志文楷书，已漫漶不清，未载其姓名。经研读，推知王氏于统和二十九年六月十二日（1011年）病逝，当年十月十五日或二十五日合葬于韩佚墓中，墓地位于“燕京幽都县房仙乡鲁郭里之西原”[1]。

7-21

7-22

图7-21 青瓷水注

图7-22 韩佚墓志

1 黄秀纯、傅公钺：《辽韩佚墓发掘报告》，《考古学报》1984年3期。

9. 昌平区陈庄辽墓

1986年8月，北京昌平县南口镇陈庄村西洼地有青砖暴露，昌平县文物管理所接报后前往，发现为辽墓2座，随后对其中保存较好的1座进行了发掘清理。

1号墓为圆形砖石墓，方向200°，墓道未作清理。墓门以花岗岩块封堵，墓室顶早年自然坍塌，推测为穹隆顶。墓室直径2.2米、残高1.2米，下部周壁用直径约0.2～0.35米的花岗石砌成，高0.92米；上部用单面沟纹砖砌筑，残余5层，周壁对称砌嵌有4个砖体立柱。紧靠墓室北壁处有方形砖龛一个，须弥座式，龛内盛骨灰。高0.35米、面阔1.02米、高0.7米。墓室地面无铺地砖。在墓室填土内发现有白灰碎片，上有彩绘痕迹，推测此墓原应有壁画存在，后期脱落。

墓内出土随葬品较多：共计陶、瓷器49件，钱币7枚。器物多置于在墓室两侧。其中陶器有筒形罐、盏托、唾盂、鏊子、花口钵等，其中还包括男俑、女俑各一。瓷器有白瓷盘、白瓷碗、青釉小碗等。钱币皆出于骨灰龛前男俑一侧。

图7-23 契丹族男立俑

发掘者认为骨灰龛前陶俑为墓主人形象，进而推测这是一座夫妻合葬墓。两个男女陶俑皆髡发，为契丹人形象（图7-23），同时结合其他出土物信息，进一步推断此墓应为辽末金初的契丹平民墓[1]。

10. 门头沟区新桥街辽墓

1987年11月4日，在门头沟区新桥大街39号院内发现1座辽代砖室墓，随后进行了发掘清理。此墓为火葬墓，已被扰乱。墓顶距地表0.70米，墓室高0.4米。墓室为圆形，外层墓壁为毛石砌筑，直径1.90米，内层墓壁用沟纹砖砌成，直径1.00米。出土器物有白瓷盘、灰陶罐、灰陶碗、柳条纹箕等较完整器物及些许陶器残片。其中的瓷器发掘者推断为距此墓不远的辽龙泉务窑烧造[2]。

1 周景城等：《北京昌平陈庄辽墓清理简报》，《文物》1993年3期。
2 刘义全：《门头沟新桥街辽墓》，《北京考古信息》1990年1期。

11. 顺义县安辛庄辽代砖室墓

1989年12月，北京市文物研究所在北京市顺义区安辛庄发掘清理了1座辽代墓葬。此墓为圆形砖砌单室墓，由墓门、墓道和墓室组成。墓道已无，墓门位于墓室南侧，拱券顶。甬道平面呈方形，在墓室门口两侧发现木门轴的铁包角，同时在甬道中散落有铁锁和钥匙，推测此处原有木门两扇。墓室直径3.00米，东西两壁有砖砌立柱，砖柱以上有两层卧砖，涂有红色颜料，可能为仿斗拱结构。西壁有砖砌的直棂窗，窗下砌有一桌子。棺床位于墓室北部，砖包，其上散落有棺钉等。

该墓出土随葬物丰富多样，计有瓷器、铜器、铁器、骨器等。瓷器共14件，有马镫壶、托杯、执壶、盘口瓶、碗等；铜器多达129件，有铜镜，鎏金马具等；铁器共77件，有箭头、削刀、锁和马镫等；此外还有骨质鸣镝6件。

众多器物中不乏精品。如马蹬壶、托杯、鸣镝、鎏金铜马具等。其中的马镫壶和种类全的鎏金铜马具在北京地区是第一次发现。马蹬壶为黄绿色釉，色泽光亮；形体宽厚、浑圆，壶面四周边沿饰有仿皮革缝合针脚的圆点纹，上部为模仿皮条装饰的垂弧纹、垂带纹，最独特之处在于壶盖之上有一圆雕坐猴，双手拱起作揖，形象乖巧（图7-24）。托杯为绿釉，釉色如碧，釉面光润；深腹，高圈足，杯腹外侧为六瓣葵形，中心为凸起的杯座，杯座中心饰有由细珠纹组成的涡纹，杯外沿是一圈莲瓣（图7-25）。鸣镝由三棱形铁镞和橄榄形骨镝组成。骨镝前端较细、后端较粗，中空，上有三个椭圆形小孔，以使空气进入产生震荡，发出音响[1]。

12. 丰台区永定路李熙墓

1990年6月，北京市丰台区永定路石榜村附近建筑施工发现1座辽墓，北京市文物研究所随后负责对其进行了抢救性发掘清理。此墓为圆形砖石墓，直径约4.50米。墓壁砌法为二横一竖。在距墓室地面2.2米处起券，形成穹隆顶，顶部早期坍塌，残高3.30米。墓室

7-24

7-25

图7-24 马镫壶
图7-25 绿釉葵瓣托杯

1 祁庆国、王武钰：《北京顺义安辛庄辽墓发掘简报》，《文物》1992年6期。

7-26

7-27

图7-26 白瓷瓜棱罐

图7-27 越窑秘色碗

北壁有一砖砌棂窗，其结构较简单，此外不见其他仿木结构。棺床居于墓室中央，青砖垒砌，高1.35米。

该墓出土随葬品较为丰富，有陶、瓷器20余件。陶器器型有盆、罐、壶、瓶、杯等，其中有鸡腿瓶、塔式罐等典型辽代器物。瓷器有白瓷瓜棱罐（图7-26）、敛口白瓷鼓腹罐、白瓷薄胎碗、越窑秘色瓷碗（图7-27）、葵口双蝶秘色瓷盘等。此外还有方形铜镜1面、银匕1件、墓志1合。墓志为方形，边长0.72米，志盖为斗形，上刻有兽首人身的十二生肖。研读墓志得知，墓主人李熙，生前官至营州刺史，阶至崇禄大夫，勋至上柱国，爵至开国子，食邑五百户，死于统和年六年（公元988年），入葬时间为统和七年（公元989年），入葬于“幽都县衣锦石曹村仁化里”[1]。

13. 丰台路口南侧李继成夫妇合葬墓

2000年4月8日，丰台路口南侧的西南四环高架桥施工时发现1座辽墓，北京市文物研究所随即对该墓负责进行了发掘清理。墓葬当时已被破坏，由墓门、甬道、墓室三部分构成。墓门南向，原有仿木砖雕。甬道西侧有一小龛。墓室平面为圆形，穹隆顶，北部置棺床。甬道及墓室内皆有壁画，但脱落漫漶严重，不可辨认。

此墓出土有陶器、瓷器、铜器、石器等随葬品共43件。其中陶器有执壶、六錾锅、鼎、鏊子、甑、罐、铛、勺、剪刀等，均为泥质灰陶，表面施有红彩。瓷器有青白釉注壶（图7-28）、影青瓷碗、

7-28

图7-28 青白釉注壶

1 王有泉：《丰台区永定路辽墓》，《中国考古学年鉴》（1991），文物出版社，1992年。

白釉菱花碗、葵瓣黑釉白口碗（图7-29）、白釉荷花碗、酱油葵花盘、白釉盏托（图7-30）、白釉盖罐等。

墓中出有墓志一方。盖与志均为青石质，两者之间垫有数十枚铜钱。铭盖为盝顶式，四周斜面上线刻文吏头顶十二生肖像，自上方正中顺时针排列，四角及四侧面均刻有牡丹花朵图案。正面中央篆书“大契丹国故陇西李公故扶风县太君马氏墓志铭”，每列5字，共4列。墓志四侧面刻有牡丹花朵图案。墓志首题“大契丹国故朝议郎尚书水部郎中守幽都府蓟北县令赐绯鱼袋陇西李公扶风县太君马氏墓志铭并序”，正书41列，每列满文42字。墓志志文记载墓主人系辽代朝议郎、尚书水部郎中、守幽都府蓟北县令李继成夫与妇人马氏，为合葬墓。墓志载李继成卒于辽统和二十三年（1005年），马氏于辽重熙十二年（1043年）卒，于“当年二月二十五日于幽都县广老乡真宰里祔先茔”。其记述内容包含了墓主人夫妇的生平、埋葬地、子孙等多方面情况，对研究北京地理、水系等多有补正[1]。

14. 海淀区中国工运学院康公墓

2002年3月31日，海淀区增光路中国工运学院住宿楼北部施工发现1座辽墓，北京市文物研究所随后负责进行了抢救性发掘清理。该墓为砖室墓，坐北朝南，由墓道、影风墙、甬道、墓室四部分组成。墓道平面为长方形，影风墙位于墓道和甬道之间的东西两侧，作开口微向北的八字形。甬道两壁抹有一层白灰。墓室大部分已经被破坏，残存的东壁上有红、黑两色描绘的壁画残迹，已无法辨认。

墓中出土陶器3件，为灰陶盆、灰陶碟、灰陶罐。其中的灰陶罐为双唇平沿、直颈，上部饰有2周双唇凸弦纹，下部直腹、底部饰有1周双唇弦纹，下部残缺。残高25.5厘米，器形较大，为北京辽墓中所少见。

墓中出土有墓志1方。盖呈覆斗状，四周浅刻十二属相，正中楷书“康公墓志”。志石长宽均约56厘米，厚8厘米。正面志文20行，每行满20字。志文载墓主人身份为“银青崇禄大夫、检校尚书、右仆射、兼殿中侍御史、骁骑尉、东平县开国男、食邑三百

图7-29 葵瓣黑釉白口碗

图7-30 白釉盏托

1 王清林等：《丰台路口南出土辽墓清理简报》，《北京文博》2002年2期。

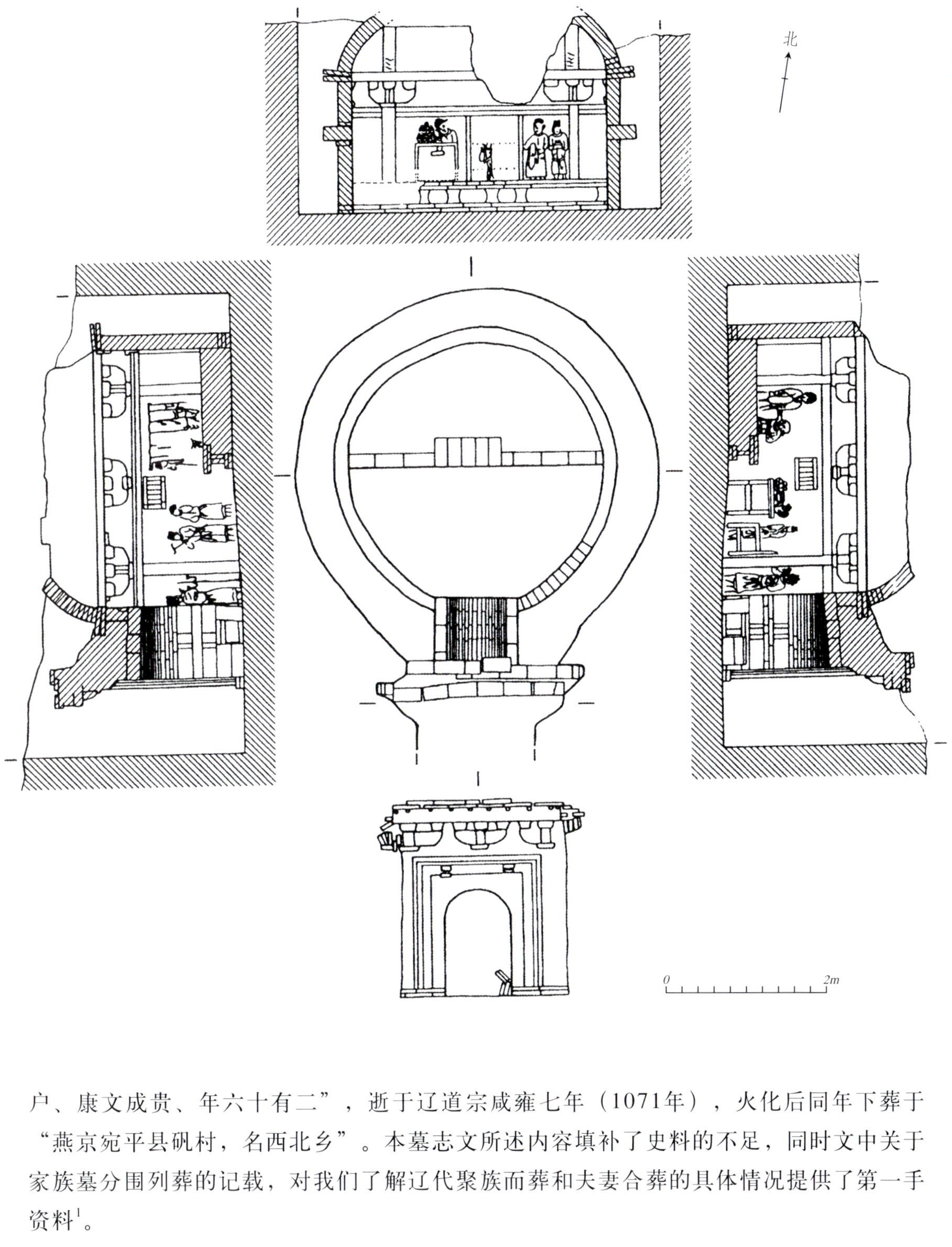

图7-31 大兴青云店 M1平、剖面图

户、康文成贵、年六十有二”，逝于辽道宗咸雍七年（1071年），火化后同年下葬于“燕京宛平县矾村，名西北乡”。本墓志文所述内容填补了史料的不足，同时文中关于家族墓分围列葬的记载，对我们了解辽代聚族而葬和夫妻合葬的具体情况提供了第一手资料[1]。

15. 大兴区青云店辽墓

2002年4月，北京市大兴区青云店镇西杭子村发现2座辽代砖室墓，北京文物研究所负责对其进行了发掘清理。这2座墓葬皆坐北朝南，墓道呈长方形。墓门为仿木构砖雕结构，白灰起底，其上不同部位分别涂有红、白、黑三彩。甬道平面为长方形，券顶。墓室为砖砌穹隆顶单室，顶部为白灰黏合砖块砌制。棺床位于墓室北部，棺床南部有包边砖，残留3个和

1 朱志刚：《海淀中国工运学院辽墓与墓志》，《北京文物与考古》第六辑，民族出版社，2004年。

图7-33 侍女点灯图

图7-34 持凤首壶仕女图

图7-35 理财图

7-33

7-34

7-35

完整保存4个壶门（图7-31）。

墓中出土随葬品主要为陶器，如陶罐、陶碗、陶盆、陶鏊子、陶锅等，此外还有瓷器和铜钱等（图7-32）。

墓壁为白灰涂底，彩绘其上。在墓室东北、西南、西北、东南四部位砌有红色立柱，立柱之上及其之间共设有斗拱8个，同时立柱将壁画分为四部分。墓室北壁绘有假门，略开启，一侍者托盘走出。影作桌椅旁有侍女站立，桌上置酒壶、酒碗、酒盅、黑色盏托、白色盏、水注，碗内盛数枚石榴。一幅壁画中绘有一男童，发三撮，伏身作写字状。另有一妇人面部丰满，高髻簪花，以左臂牵一髡发男童。此外壁画还有有侍女点灯图（图7-33）、侍女持凤壶图（图7-34）、理财图（图7-35）、 破子棂窗灯等。壁画栩栩如生，有较高的艺术价值，在一定程度上反映了当时的社会面貌，是研究辽代社会生活的重要资料[1]。

1 王清林等：《大兴区青云店辽墓发掘简报》，《考古》2004年2期。

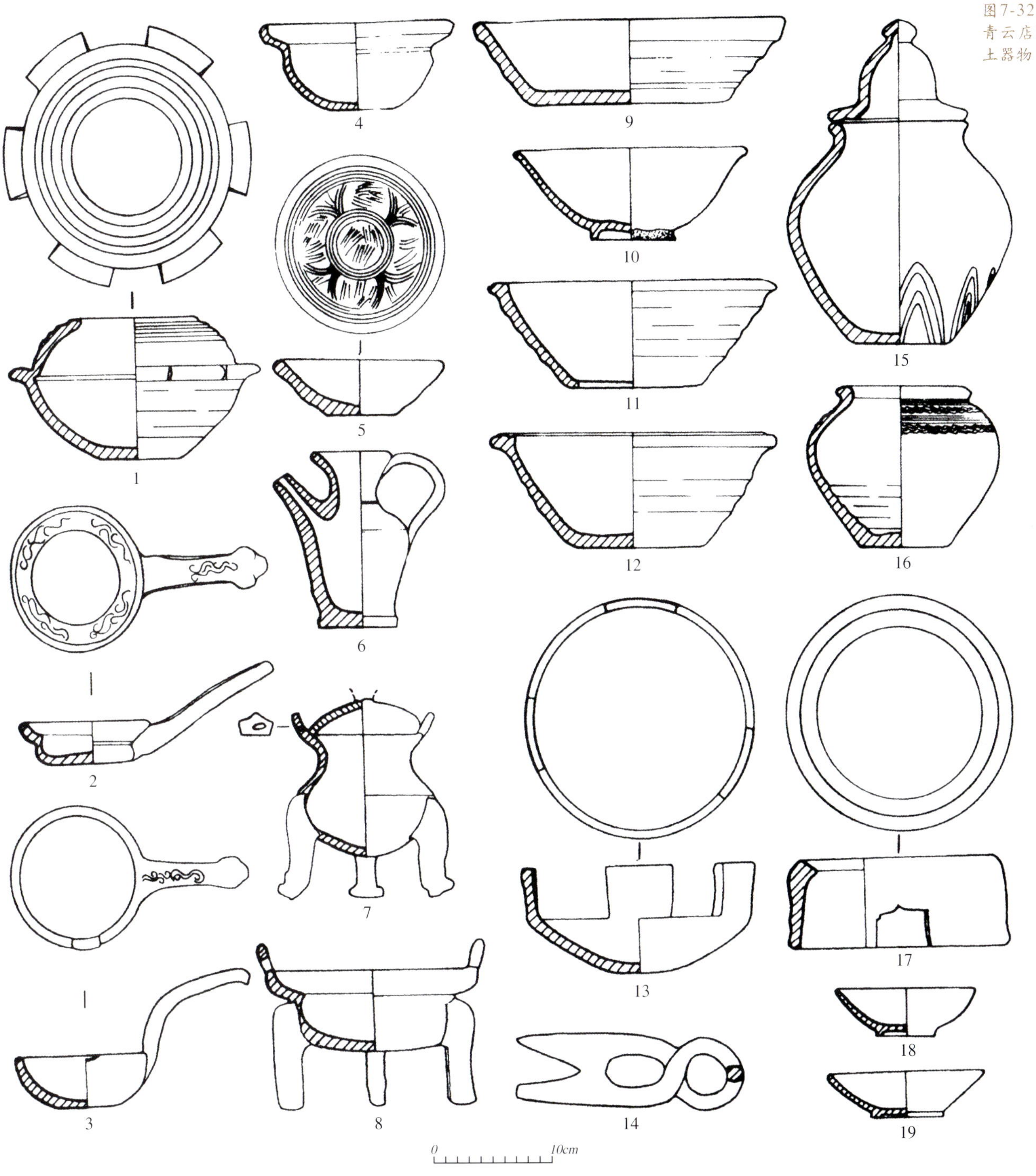

图7-32 大兴青云店M2出土器物

1. 陶六錾锅 2. 陶铛 3. 陶勺 4. 陶曲腹盆 5. 陶碗 6. 陶碗 7. 陶三足罐 8. 陶三足盆 9. 陶浅腹盆 10. 白瓷碗 11. 陶甑 12. 陶深腹盆 13. 陶锅 14. 陶剪 15. 陶带盖 16. 陶罐 17. 陶灶 18. 白瓷碗 19. 青瓷碗

16. **亦庄开发区辽墓**

2003年10月～2005年8月，北京市文物研究所负责对北京亦庄经济技术开发区进行了基建考古发掘工作，共清理辽代墓葬25座，可分为带墓道的圆形砖室墓、长方形砖室墓和土坑墓三类，埋葬方式有土葬和火葬两种。

圆形砖室墓由墓道、墓门、墓室三部分构成。墓室顶部多已遭到破坏，推测应为穹隆顶，棺床一般位于墓室北部，与北壁相接，正面包砖，饰有壶门。墓门与墓室多为仿木构建筑。墓门仿木结构有砖砌门框、门簪、气窗、斗拱、檐椽、顶瓦等。墓室内仿木结构有立柱、斗拱、假门等。部分仿木建筑涂朱红色彩绘。出土器物一般置于棺床两侧，瓷器有执壶、碗等，陶器有陶俑、鏊子、箕、六錾锅、鼎、甑、罐、铛、勺、剪刀等[1]。

17. **门头沟龙泉务辽墓**

龙泉务辽金墓地位于门头沟区龙泉镇龙泉务村西北，西北两面环山，墓地主要处于永定河西畔的二、三阶台地上。2005年5月，北京市文物研究所负责发掘清理，共22座。

墓葬均为墓道、墓门和墓室组成的圆形单室墓，有砖砌和砖石两种用材类型。墓葬建筑方法为：先挖出圆形竖穴土圹及墓道，然后在土圹中起建墓室、墓门等，最后填土。在墓道南端和墓室多有用砖或砖石砌筑的祭台。大部分墓葬都存在简单的仿木结构门楼，墓室内则基本无装饰。棺床多数都有设置，些许在棺床上还砌有砖棺。还有少部分墓葬仅见砖棺，不见棺床。骨渣、骨灰葬置于棺床上或者砖棺内（图7-36）。

随葬品有陶器、瓷器、铜钱、石器等多种，共300余件。以数量计，陶器为主，次之为瓷器和铜钱。陶器有执壶、罐、碗、盆、鏊子、釜、甑、熨斗、勺、小灯碗、箕、钵、剪、魁、匜等。瓷器有罐、碗、碟、盘、杯、盏托、瓶、圜底器等。实用瓷器均为辽白瓷，有粗细两类，发掘者推断多为辽龙泉务窑烧造。墓内共计出土铜钱33枚，保存较好，宋钱为主，唐钱次之。

从墓葬排列、形制、规模、随葬品数量和质量等多方面因素的比较，李华先生认为这是一处辽代中晚期至金代初期的汉人平民墓地，可能为家族墓。龙泉务墓地的发掘，是北京地区近几年来辽金墓葬考古的重要发现之一[2]。

18. **大兴区新城北区16号地辽墓**

2008年5～6月份，北京市文物研究所与山西大学考古学系在大兴区黄村镇北部，京开高速以西的大兴新城北区16号地进行了联合基建考古发掘，共清理辽金墓葬26座。

此次发掘的辽代墓葬基本皆由祭台、墓道、墓门、甬道和墓室等部分组成。祭台皆位于墓道南端，青砖垒砌。墓道均朝南，绝大多数为阶梯式墓道。墓门形制不一，可分为有门楼有砖雕斗拱、有门楼无砖雕斗拱和无门楼无砖雕斗拱等三类，前二类一般施以彩绘（图7-38）。墓室多为圆形砖砌穹隆顶（图7-37）。

墓门彩绘较为丰富，多表面刷有一层白灰，上涂红、黑彩，立颊、倚柱、上额、阑额、门簪、普柏枋、斗拱、撩檐枋和檐椽等部分施以红彩，门洞亦用红彩描出轮廓；立颊、倚柱、阑额、门簪、普柏枋、斗拱和撩檐枋等相对突出墓门立面的部分都有黑彩勾勒轮廓，檩椽间、拱眼以及立颊和门洞之间多为留白。檩椽间和拱间原先可能绘有云朵、花卉等图案，但是保存较差，难以辨认，门簪正面绘有十字条带纹等。有的门洞两

1 北京市文物研究所：《北京亦庄考古发掘报告》，科学出版社，2009年。

2 北京市文物研究所：《北京龙泉务辽金墓葬发掘报告》，科学出版社，2009年。

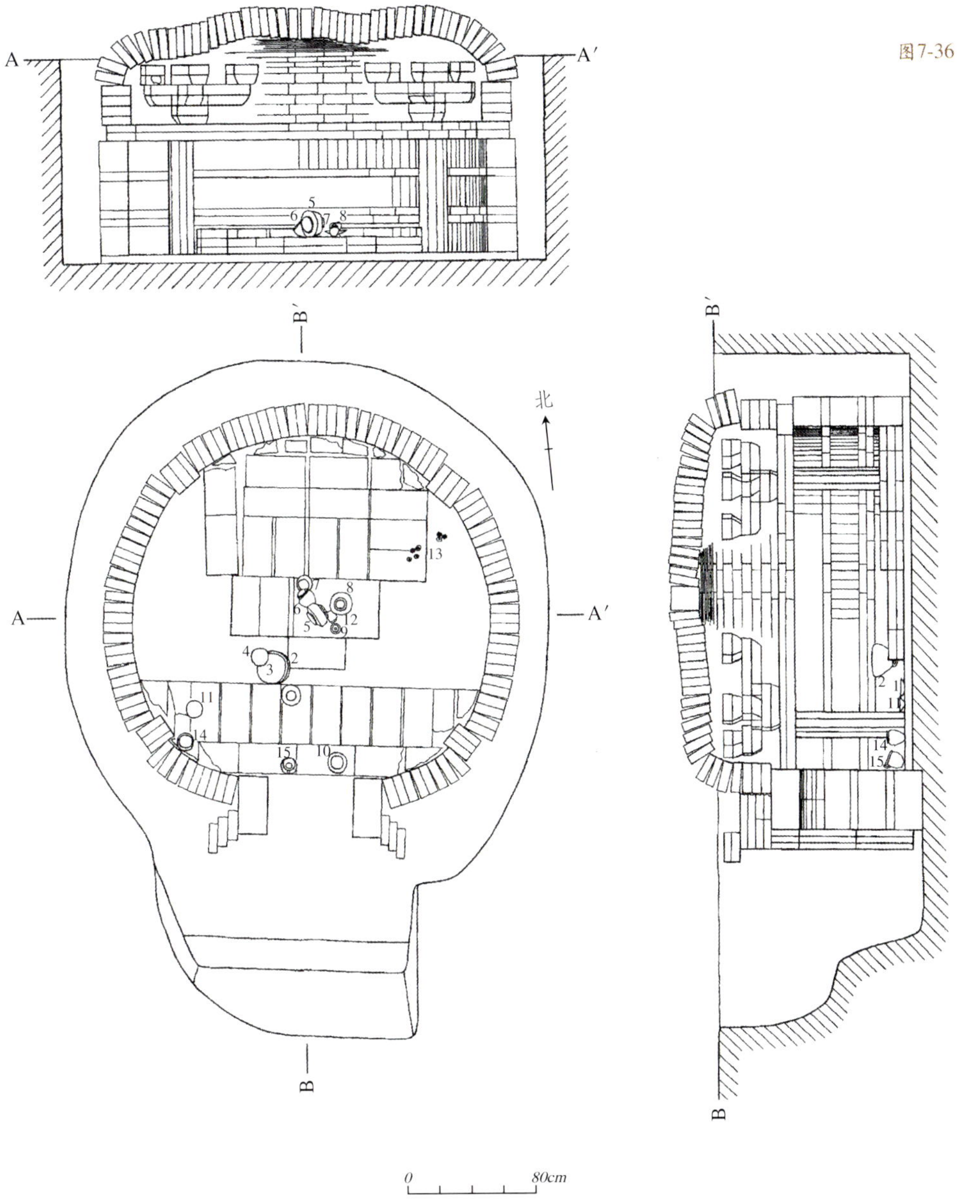

图7-36 龙泉务M1平、剖面图

1、3.（叠压2）白瓷盘　2、24、11.白瓷碗　5、6、9、12、14、15.白瓷罐
7、10.白瓷器罐　8.白瓷盏托　13.铜钱

侧各用黑彩绘一只展翅飞翔的喜鹊或牡丹等。

甬道位于墓门与墓室之间，平面多近方形，不见装饰。墓室为单室，平面均为圆形，墓底无铺砖，顶为穹隆式。墓室内周壁面多较齐整，砖块间灰泥勾缝，均设有灯台和灯盏，些许墓葬壁面有彩绘、影作的家具、直棂假窗、假门等，不过壁画和砖雕家具未见于同一座墓葬。

棺床均设在墓室北部居中部位，形状有半圆形和长方形二种。做法多为在棺床部位预留生土台，然后包砖，少数为熟土堆筑再包砖。墓主均为火葬，骨灰多直接陈于棺床上，个

图7-37 M21
图7-38 M21墓门
图7-39 M22器物

7-37

7-38

7-39

别在棺床之上还砌有骨灰台、池或函，有的还存在木制骨灰盒，骨灰置其中。随葬器物多置于棺床前方左右两侧，墓主骨灰附近仅出土铜钱及小饰品等。出土器物数量及种类较多，有铜、瓷、陶、骨、牙等多种质地，铜器有簪、耳环、铜钱等；瓷器以生活用瓷为主，有白瓷碗、白瓷盘、白瓷碟、白瓷盏托、白瓷灯盏、青瓷罐、青瓷灯盏、黑瓷碗等，陶器以明器为主，有带盖罐、三足罐、双系罐、折沿盆、刻槽盆、炭盆、鏊、甑、鏊锅、釜、执壶、钵、碗、勺、把杯、水斗、器盖、箕、剪、熨斗等（图7-39）。

墓地西距永定河仅数公里，被历史上永定河多次泛滥的泥沙掩埋，因此结构保存较好，多数辽墓为原状保存。北京地区之前发掘的辽代墓葬多数被破坏，因此这批墓葬的发掘资料尤显重要。这批辽代墓葬规模较大、保存较好且内涵较丰富，而出土较多精美的瓷器和富有浓郁生活气息的陶明器，丰富和拓展了我们对这一地区墓葬形制、丧葬习俗、建筑形制、经济状况、社会生活等多方面的认识。根据墓葬形制、出土器物等方面的依据，发掘者认为这批墓葬的时代应为辽中晚期至金初[1]。

三、圆形前后两室墓

西城区百万庄1号辽墓

1958年4月，在西郊百万庄发现砖室辽墓2座，皆已遭盗掘，其中1号墓为圆形前后两室墓。

1 于璞、王炜、朱志刚、李春山：《北京大兴辽金墓葬发掘取得重要收获》，《中国文物报》2009年4月8日。

1号墓两室之间甬道联通。墓道为斜坡。墓门正南向，用砖砌成拱券，高1.83米，门框为正方形，上部有雕砖门簪两块，两侧绘牡丹花彩画。甬道拱券东西两壁绘有人物像。墓室顶部全部坍塌，由残存的痕迹可以推测原来是穹隆式顶。前室直径3.52米，南北各开一门，南门为墓室正门，北门通往后室。墓室周壁砌法，下部为两铺一立，上部是顺砌交错平铺。墓室正方形砖铺地。在墓壁内，按圆周四等份，砖砌影作立柱四个，上施红彩。立柱上设有雕砖斗拱。东西两壁各有直棂窗一处。墓壁四周涂抹白灰，分绘壁画，但漫漶脱落严重。此外门、窗、斗拱、立柱均用黑、红二彩粉刷。斗拱及门窗由特制砖和琢磨后青砖砌成。后门拱券砌法与墓门相同，甬道长0.75米，室内中央设一棺床，高0.5、长1.5、宽1.07米，上置木制骨灰盒一个，已腐朽。棺木东西两侧，分设随葬品。后室直径长1.8米，墓室结构大致与前室相同，但绝大部分被近代建筑基础所破坏，随葬品皆被扰乱，壁画全部脱落，在淤土中存留有较多的火烧骨（图7-40）。

图7-40 百万庄1号墓平面图

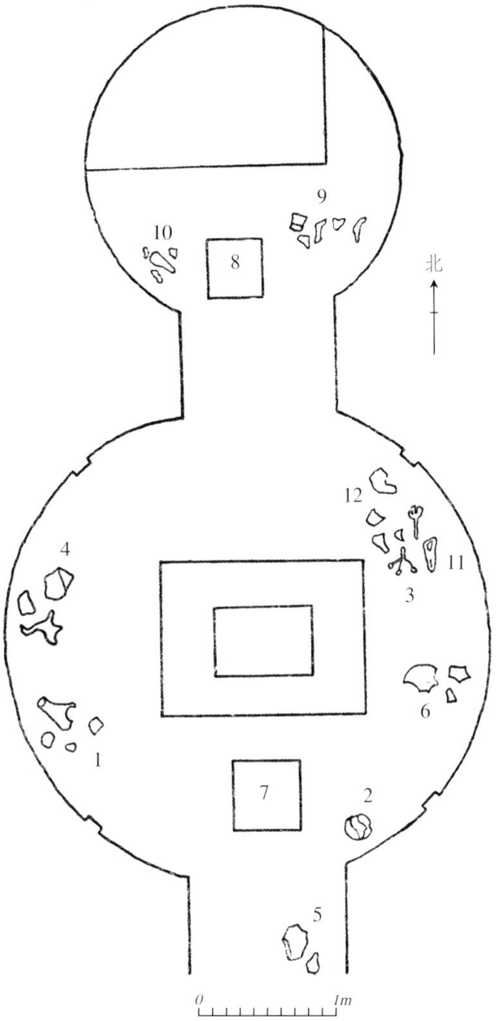

1.三节陶罐 2.铁灯碗 3.铁三足灯架 4、5、9、10.瓷片 6.残木盒 7、8.墓志 11.铁锁 12.陶片

因后期盗扰，墓中出土器物较少，仅有三节陶罐、铁灯架、铁灯碗、残金叶、残木盒等数件，另有较多陶、瓷器残片。

墓中出土有墓志2合，分别为置于前室的丁文道墓志和置于后室的丁洪墓志。

丁文道墓志由韩昉撰。盖正书题“丁公墓志”，2行，行2字，盖盝顶，四坡阴刻兽首十二生肖。志文首题“皇辽故太子左卫率府银率青崇禄大夫检校右散骑常侍潞县商鞠铁都监云骑尉丁公墓志铭并序”，27行，行30字，48厘米×47厘米。其中记载丁文道卒于辽天庆三年（1113年）五月十一日，八月十二日“葬于宛平县仁寿乡陈王里”。

丁洪墓志首题“丁洪墓志铭并序”，20行，行26字，40厘米×40厘米。墓志记载丁洪卒于辽天庆元年（1111年）六月八日，九月十二日“葬于宛平县仁寿乡陈王里”[1]。

1 苏天钧：《北京西郊百万庄辽墓发掘简报》，《考古》1963年第3期；北京市文物研究所：《北京市文物研究所藏墓志拓片》，北京燕山出版社，2003年。

四、圆形多室墓

丰台区辽赵德钧夫妇合葬墓

1959年11月6日，北京南郊永定外海慧寺西1公里处养鸭场发现了1座辽代砖室墓。北京市文化局文物调查研究组于1960年8～10月进行了发掘清理。

此墓为三进九室，规模大，总面积达144平方米（图7-41）。前中后三主室每室平面均为圆形，原应为穹隆顶，现皆已残毁。三个主室间距大体相等，四壁有通道通向各室。各室柱头斗拱和补间斗拱形制一致，仅有大小之分。前室直径2.74米，周壁分立四柱，墓壁上壁画全毁。左前室直径1.76米，已坍塌。右前室直径1.92米，周壁砌有四柱，东、西两侧各有壁画一幅，保存较好，东壁下设一炉灶，推测为仿设的厨房。中室直径4.12米，为放置棺木，棺木已朽，多次被盗，尸骨凌乱。两具尸骸，其中一人火葬。周壁砌有八柱，原有壁画均已脱落。左中室直径2.9米，砌有四柱。右中室直径3.31米，保存较完整，砌有六柱及直棂窗，木门尚存，门上保留有门钉钉痕及铺首遗迹，东西两侧有壁画。后室直径2.62米，墓壁全塌，砌有四柱。左后室直径1.92米，保存完整，砌有四柱，室内东西两侧各置有铜钱一堆（图7-42）。九个墓室的墙壁、立柱、阑额、柱头枋、斗拱、门框、直棂窗均用白灰粉刷，再施黑、红二彩。

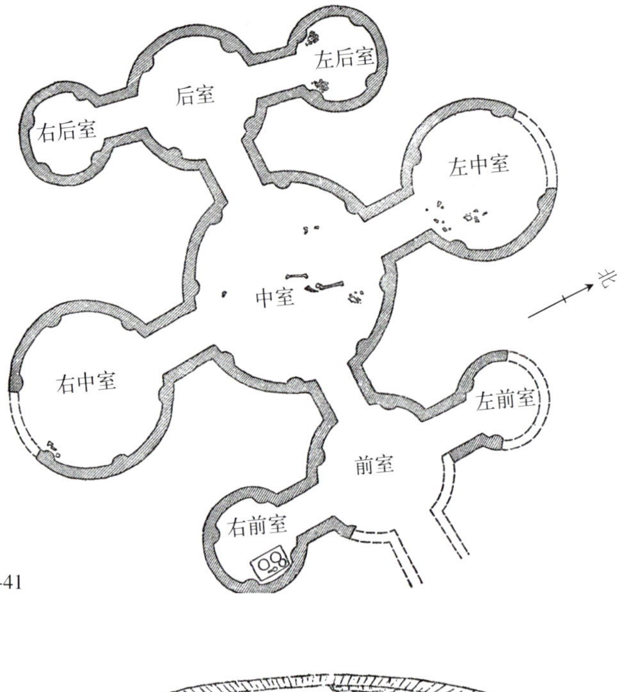

7-41

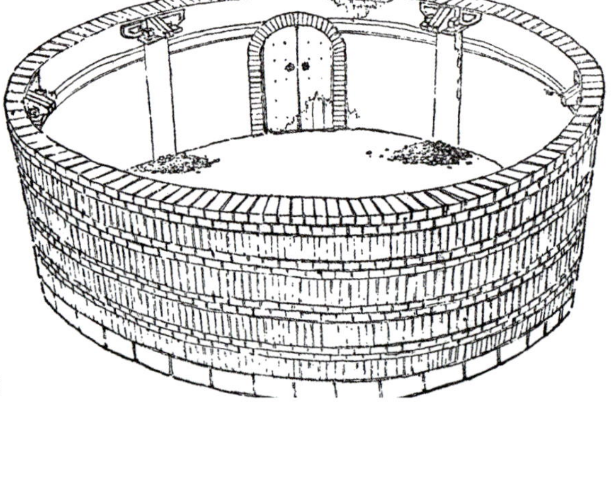
7-42

图7-41 赵德钧墓墓室平面图

图7-42 赵德钧墓左后室素描示意图

九个墓室皆施有壁画，但大部剥落，完整者仅存三幅。一为墓主人生前享乐图，画中共绘九人，左三人着红袍，戴展角幞头，其中二人有短须，脸部肥胖。三人正在欣赏一幅画，画的内容可看出有类似凤凰的形象。估计这三人中可能包括墓主人在内。右面六人为童仆，三人戴冠，其中一人手持宝剑，另三人梳髻，一人叉手于胸前。这幅享乐图是研究中国辽代时期绘画艺术和生活场景的重要资料。

其余两幅壁画，东侧壁画绘一女仆坐在案前，案旁还有一水盆。女仆梳高发髻，体态较胖，两袖卷起，正在用手揉面，姿式非常生动自然。西侧的一幅也绘一女仆，高梳发髻，上绕一环形饰物，着方领长衫，手托一圆盘，作行走状。盘底绘有山水画，盘上置面食两个。壁画中所见女仆发髻的样式、服饰的特征皆为唐风。这两幅壁画皆为墓室主人生前享乐图。

这座墓多次被盗，剩余随葬品分布情况为：右前室灶上放置有铁锅、残石锅、汉白玉大碗、铜勺；中室随葬品残余有双兽雕砖、残陶罐、铜质迦陵频伽等，其中铜质迦陵频伽为人首鸟身形象，做飞翔状，背面是平面，上有两个钉痕。左中室发现150余片陶瓷残片，包括白瓷、青瓷、三彩器、酱釉陶器、灰陶等，器形有注子、碗、梅瓶和盒等，其中有几片白瓷碗底上刻划有“官”、“新官”款识，有典型的定窑瓷器特征。右中室在东南角发现1件残陶盆，内壁刻鲤鱼尾和水草两束，由盆中残存的彩绘痕迹。左后室在墓室东西两壁下，发现铜钱两堆及盛钱用的木箱板灰。每堆有铜钱若干串，因串钱的绳索已朽，无法辨别串数和每串的数量，但腐朽的绳痕仍保留在钱孔中。除残碎者外，较完整的铜钱约73900余枚。右后室除残存的几片陶片和铜门饰外，还有许多和泥土混杂一起的霉烂绿色有机物，推测这间墓室可能是盛储粮食的仓库。

1960年曾于此墓南10米处发现过1方辽代墓志，为“辽故卢龙军节度使太师中书令北平王赠齐王天水赵公夫人故魏国夫人赠秦国夫人种氏合祔墓志铭”，墓志记载种氏于辽应历八年（公元958年）四月十九日入葬于“使相乡勋贤里齐王之茔”。根据这一线索，发掘者认为这座墓葬是应历八年（公元958年）的北平王赠齐王赵德钧和妻种氏合葬墓[1]。

五、六角形砖室墓

密云县大唐庄辽墓

2007年1～3月，为配合密云县城关镇大唐庄村东南新景家园小区的工程建设，北京市文物研究所和密云县文物管理联合对其进行了抢救性考古勘探发掘，共清理出8座辽代墓葬。

大唐庄辽代墓葬多属辽代晚期，可分为双室、单室两种，其中单室墓葬的形制均较小。依墓室的平面形制区分，又可分为六角形、八角形、圆形、圆角方形等形制。其中，六角形、八角形墓室，在北京乃至长城以南地区是较少发现的。

大唐庄辽墓中即发现有墓室平面呈六角形的墓葬，以M15为例。M15为正南北方向，由墓道、天井、墓门、前厅、厅门、墓室六部分组成。墓道位于最南端，呈长方形斜坡状。墓门立面呈长方形，门洞拱圈，左右两边各有一根砖柱，上承“一斗三升”式斗拱，中间为斗拱重叠出跳。前厅位于墓门北侧，平面呈长方形，顶部为立砖砌筑，呈穹隆顶。厅门位于墓室南侧，长方形，顶部拱券。墓室平面六边形，已有残损。南北2.9米，东西3.1米，残高1.32米。壁与壁之间有0.2米左右的间隔，内残留木朽痕。石棺位于墓室北部，内有烧骨。

随葬品有陶器、瓷器、铜器等。以瓷器最为精美。

1 苏天钧：《北京南郊辽赵德钧墓》，《考古》1962年5期。

图7-43 M15出土遗物

出土执壶为影青折肩注子与莲瓣形注碗，一套2件。釉色青亮。直口，折肩，弧流，圆腹，流口与柱口持平，造型挺拔。扁平的带形柄上刻有两道线纹，注子表面有六条带状纹，把注体装饰成瓜棱状。盖上塑蹲狮形纽，圈足饰有六个倒“V”形缺口，并留有支烧痕迹。莲瓣形注碗釉白闪青。由六瓣构成的莲花形口如仰莲绽放，碗体的装饰按瓣为单位分为六份，由六道凹瓣状纹相隔。碗内底有支钉痕，外底有垫圈痕（图7-43）[1]。

六、八角形砖室墓

1. 西城区百万庄2号辽墓

1958年4月，在西郊百万庄发现2座辽代砖室墓，1号墓为圆形前后两室墓，2号墓即为八角形单室。

2号墓坐北朝南，墓道已被破坏。墓门正南向，顶部及墓壁大部分塌毁，无法辨认其原貌。墓室周壁仅存下半部，每边长1.6米，壁面施有彩绘，但脱落漫漶严重，已无法分辨其内容。室内中央设有一长方形砖砌骨灰台，呈槽状，内置骨灰。随葬器物已被盗一空，仅残留少许的瓷片和铁锁一把，另有铜钱107枚，绝大多数为宋钱[2]。

2. 丰台区云岗刘六符及夫人合葬墓

2007年1月，中国航天科工集团第三研究院厂际协调中心工程施工中发现2座辽代墓葬，随后北京市文物研究所与丰台区文物管理所负责对其进行了抢救性发掘清理。

2座墓葬均被盗毁，M1保存相对较好。此墓为砖结构多室壁画墓，墓向205°，由墓道、天井、墓门、前室、东西耳室、后室组成，残长2.02米。墓道有两条，分别残长为6.64米和8.2米，1号墓道打破2号墓道。天井呈不规则长方形。墓门为砖砌仿木构形制，阑额上承3朵斗拱，均为五铺作重斗拱计心造，斗拱表面黑线勾边，内填白色。拱眼壁彩绘飞鸟、花卉。墓门阑额下为砖雕门簪、门洞。门洞上彩绘门额，两侧彩绘立颊，立颊内侧彩绘凤鸟、流云，外侧为人物（图7-44）。

前甬道券顶，两侧壁各彩绘一门吏。前室券顶，平面长方形，四壁底涂白灰，上施彩绘，但皆已漫漶不清。前室与耳室及后室之间甬道相连。东西耳室位于前室两侧，平面圆形，穹隆顶。耳室内彩绘亦漫漶不清。后室平面呈八角形，穹隆顶，遭盗毁严重，葬具、葬式皆已不明。

残余出土随葬品主要集中于前室，有墓志5合，铜、铁、瓷器共138件。铜器有铜洗、

1　北京市文物研究所、密云县文物管理所：《密云县大唐庄墓葬区发掘简报》，《北京文博》2007年2期。
2　苏天钧：《北京西郊百万庄辽墓发掘简报》，《考古》1963年3期。

7-44

7-45

7-46

7-47

7-48

图7-44 刘六符及夫人合葬墓墓门正视图

图7-45 白釉瓷盏

图7-46 白釉子母口瓷盒

图7-47 白釉瓷碗

图7-48 刘六符及夫人合葬墓前室墓志摆放情况

铜碗、铜帽钉、铜镜等。瓷器有白釉瓷盏（图7-45）、白釉瓷器盖、白釉子母口瓷盒（图7-46）、白釉瓷碗（图7-47）、青釉瓷碗等。白瓷胎质细腻，釉色晶莹润泽，青瓷釉色清淡，内印缠枝牡丹纹。

由墓志铭文得知，此墓为刘六符及四位夫人合葬墓（图7-48）。《辽史》载，刘六符在辽兴宗、道宗朝官至太尉、兼侍中，地位显赫。此墓为二次葬，第一次埋葬时间为辽道宗清宁三年（1057年），之后四位夫人相继归葬，最后一位埋葬时间是辽道宗寿昌四年（1098年）[1]。

3. 密云县大唐庄辽墓

2007年1~3月，为配合密云县城关镇大唐庄村东南新景家园小区的工程建设，北京市文物研究所和密云县文物管理联合对其进行了抢救性考古勘探发掘，共清理出8座辽代墓葬。其中发现有多种形制的墓葬。M14即为墓室平面呈八角形的墓葬。

M14由墓道、墓门、甬道、前室、后室甬道、后室等部分组成。墓道斜坡状。墓门为砖砌仿木构形制，顶部已经坍塌，残存由立颊、门额、门砧。甬道平面呈长方形，顶部单砖拱

1 周宇：《丰台云岗辽墓07FHM1发掘简报》，《北京考古》（第一辑），北京燕山出版社，2008年。

券。前室平面近方形，顶部拱券。后室甬道南接前室，北连后室。后室平面八角形，偏北部东西向置有一长方形石棺，盝顶式，棺内置骨灰。墓室内有木板朽痕，发掘者推测墓壁处原有木柱支撑墓顶。墓中出土有墓志2合，随葬品有陶仓、陶瓶、瓷瓶、瓷碗、瓷盘、瓷碟、铜碗、铜盆、铜杯、铜镜、铁灯等[1]。

七、其他墓葬

除以上墓葬外，1970年3月，北京市文物管理处在西城区阜成门外发现并清理了1座辽墓，为辽保静军节度使金紫崇禄大夫检校太博兼御史中丞董庠及其妻张氏的合葬墓。因该墓坍塌严重，未作清理，故形制不明。在现场发现有董庠的“灭罪真言”刻石及其妻张氏的“清河县君墓志铭”各1块。张氏墓志由韩诜书，楷书，首题“清河县君墓志铭并引”，20行，行字不等，60厘米×60厘米[2]。墓志记载辽大安三年（1087年）十月“葬祔燕京宛平县南

图7-49 “灭罪真言”刻石

1　北京市文物研究所、密云县文物管理所：《密云县大唐庄墓葬区发掘简报》，《北京文博》2007年2期。
2　孙繁云：《北京市文物局资料信息中心藏北京地区出土墓志拓片目录》（二），《北京文博》1996年2期。

刘里”。“灭罪真言” 首题：“故保静军节度使金紫禄大夫检校太傅兼御史中丞董庠”，12行，67厘米×67厘米[1]，立于辽寿昌三年（1097年）六月十四日（图7-49）。该墓出土的“灭罪真言”刻石在北京的辽墓中是首次发现，反映了辽代佛教密宗在北京地区的流行[2]。

第四节　重要窑址与窑藏

北京地区瓷窑的兴起，始于辽代。随着宋辽时期两国相互间交往的日益频繁，当时的燕京地区集中了越来越多各行各业的商人和手工业工匠，制瓷工艺也在这里交流碰撞。窑址的发现和发掘即为研究当时辽南京地区手工业的发展和社会生活情况提供了重要的资料。

一、重要窑址

1.密云县小水峪瓷窑

小水峪窑发现于1979年。窑址位于密云小水峪村西一块高地上，大部分已被平为耕地，仅剩一块南北60米长、东西30米宽的遗址范围，有3处窑址的痕迹，其中1座窑呈圆形，直径约2米，还能看出火烧土的窑壁，似为“馒头窑”。地面上残余堆积有大量瓷片和窑具。主要有白瓷，此外还有青釉瓷、褐釉瓷、偶见绿釉斑，釉面上有碎开片。器形主要有碗、盆、缸、鸡腿瓶。窑具有匣钵、支柱、托、垫等。

赵光林先生从采集的瓷器标本分析，小水峪窑产品的器物造型、施釉和烧造方法与门头沟龙泉务窑、磁家务窑的烧制工艺基本相同。但一般粗胎多含杂质，砂性较大，不施化妆土，且有生烧现象，是1座典型的辽金时代的民间窑。标本多系辽代，金代瓷片较少[3]。

2.门头沟龙泉务瓷窑

龙泉务窑址位于门头沟区龙泉镇西北约5公里的龙泉务村北，俗称“窑火筒”。早在1958年田野考古调查时就已发现，后经1975年复查，鲁琪先生确认其为辽代瓷窑遗址[4]。

1983年6月，在龙泉务村北修建水塔挖地基时，发现有大量的瓷片堆积。原北京市文物工作队赵光林先生、马希桂先生和中国社会科学院考古研究所马文宽先生及门头沟区文物保管所包世轩先生随即前往考察，发现除大量的瓷片外，还出土有一批琉璃三彩制品，其中的三彩菩萨（图7-50）、莲座彩绘佛(图7-53)等[5]，引起了学术界的广泛重视。

图7-50 三彩菩萨像

1 北京市文物研究所：《北京市文物研究所藏墓志拓片》，北京燕山出版社，2003年。
2 苏天钧：《近所来北京发现的几座辽墓》，《考古》，1972年3期。
3 赵光林：《近年来北京发现的几处古代窑址》，《中国古代窑址调查发掘报告集》，文物出版社，1984年。
4 鲁琪：《北京市门头沟区发现辽代窑址》，《文物》1978年5期。
5 赵光林：《北京地区发现的几处古代琉璃窑址》，《考古》1986年7期。

图7-51“寿昌五年”琉璃残片

7-51-1

7-51-2

1984年春，国家文物局组织工作人员参观龙泉务窑址。古陶瓷学者陈华莎女士在遗址两处各采集到一片琉璃釉炉残片，后经黏对发现有“寿昌五”铭文，推测之下缺失为“年”字（图7-51）。“寿昌五年”(1099年)为辽道宗耶律洪基最后一个年号，属辽代晚期[1]。这无疑为我们研究龙泉务窑创烧的大体年代提供了可靠的参考资料。随后，《中国陶瓷史》[2]、《中国大百科全书·考古卷》[3]、《中国大百科全书·文物博物馆卷》[4]、《北京史》[5]、《北京通史》[6]、《北京历史纲要》[7]等书多次述及该窑始烧年代和窑址的性质问题。

20世纪90年代，北京市文物研究所、中国文物研究所、门头沟区文物保管所等单位组成联合考古队负责对龙泉务窑址进行了大规模的科学发掘清理。共发掘面积1278平方米，发现窑炉13座，作坊2处，出土窑具及各类可复原的器物8000余件。瓷器数量最多，有生活用具、文房用具、娱乐用具、雕塑品、宗教用具、建筑材料、工具、窑具等，此外，还出土有少量的铁器、骨器及大量的铜钱。

通过对窑址的发掘、整理和研究，学者们推定该窑创烧于辽代初年，延续烧造至金代，其时代发展演变规律清晰，为辽、金瓷器的分期断代提供了科学而可靠的根据。

黄秀纯先生从现有发掘资料分析，将遗址的文化内涵分为四期。

一期文化，瓷器以白瓷数量最多，分为粗白瓷、细白瓷两种，其中以粗白瓷占大宗，细白瓷占五分之二。粗白瓷胎质略粗，含较多杂质，颜色灰白，釉色灰白泛青，釉薄而混浊。个别胎体由于瓷土洗练不净，烧成后器表凹凸不平且有气泡。细白瓷胎质细密坚致，胎色洁白，釉色白中微泛青。器物多施外半釉，少数内满釉。按用途分，有生活用具、文房用具、娱乐用具、窑具等。器物以素面居多，纹饰仅见剔刻莲瓣纹。制法方面，碗、盘、碟、罐、盆、钵等圆形器物均为轮制；雕塑品多为模制，少量手制。第一期为辽代早期，时间大约在辽太宗耶律德光会同元年（938年）至辽圣宗耶律隆绪太平十一年（1031年）。

二期文化，瓷器仍以白瓷数量最多，粗细白瓷共存，但此期细白瓷数量较一期增多。其

1 陈华莎：《北京龙泉务辽晚期官窑瓷器辨析》，《收藏家》总第9期。
2 中国硅酸盐学会编：《中国陶瓷史》，文物出版社，1982年。
3 中国大百科全书总编辑委员会《考古学》编辑委员会：《中国大百科全书·考古卷》，中国大百科全书出版社，1990年。
4 中国大百科全书总编辑委员会《文物博物馆》编辑委员会：《中国大百科全书·文物博物馆卷》，中国大百科全书出版社，1993年。
5 北京大学历史系《北京史》编写组：《北京史》，北京出版社1985年。
6 曹子西等：《北京通史》，中国书店，1994年。
7 曹子西等：《北京历史纲要》，北京燕山出版社，1990年。

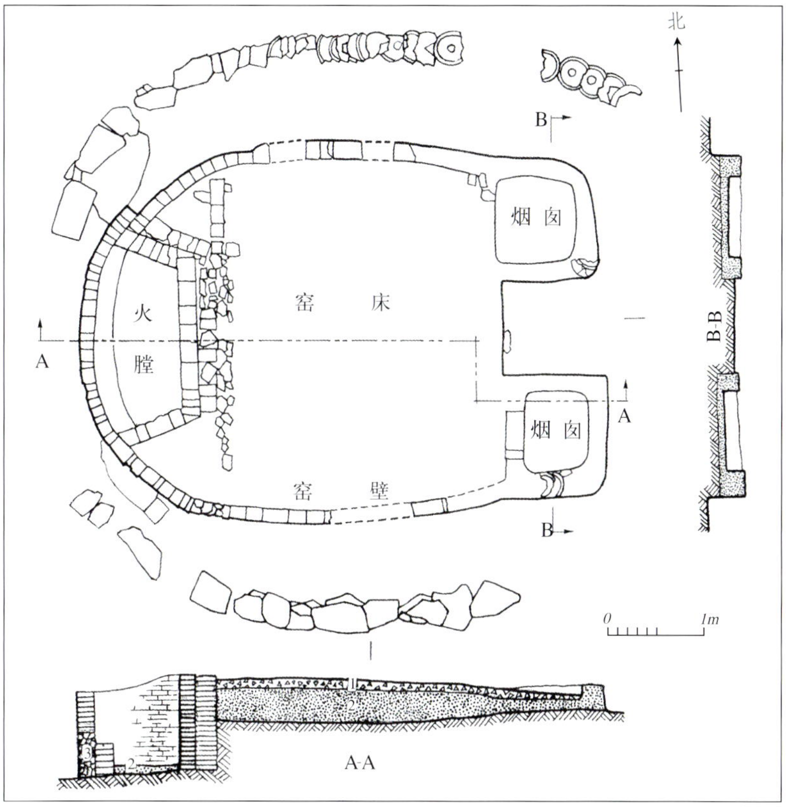

图7-52 龙泉务窑址Y13平、剖面图

次有黑釉、茶叶末釉，同时本期出现三彩器，白色胎质，少数白中泛粉红或黄。白瓷釉色、胎质与第一期相比差别不大。按用途分，有生活用具、文房用具、娱乐用具、雕塑品、建筑材料、窑具、模具、工具等。装饰技法有压印、剔刻、模印等，器物大多外半釉，仅个别小型盘、碗挂满釉。制法上，圆形器均为轮制，方盘、雕塑品为模制，少数器物手制。二期窑炉 Y13（图7-52）坐东朝西，方向275°，平面为马蹄形，由火膛、窑床、排烟孔、烟囱、护窑基等结构组成。全长5.44米，通宽5.80米。窑门无存。第二期为辽代中期，时间为辽兴宗耶律宗真重熙元年（1032年）至辽道宗耶律洪基清宁二年（1056年）。

三期文化遗物最为丰富。瓷器仍以白瓷数量最多，粗细白瓷共存，但此期细白瓷已占主体，釉色及胎质均较前两期白净。三彩器胎质为白色，较前期坚硬。其次还有酱釉、黑釉等胎质皆洁白细密。茶叶末釉器可分瓷胎和缸胎两种。按用途分，有生活用具、文房及娱乐用具、雕塑器、宗教用具、建筑材料、窑具、工具等。装饰技法多样化，有压印、剔刻、雕塑、模印、点彩、贴塑等。制法上与前两期相比，无较大差别。第三期为辽代晚期，时间大约从辽道宗耶律洪基咸雍元年（1065年）至金代初期太宗完颜晟天会五年（1125年）。

四期文化，瓷器仍以白瓷数量最多，细白瓷占主体，釉色及胎质均较前三期白细，三彩器、酱釉器、黑釉器、茶叶末釉器仍存在，并较前期有所增加。按用途分，有生活用具、文房用具、娱乐用具、雕塑品、建筑材料、窑具、工具等。装饰技法及制作工艺与前期无太大区别。第四期属金代，时间从金代初太宗完颜晟天会年间（1123～1135年）至13世纪前半叶。

龙泉务窑所烧制瓷器以中原风格为主，具有典型的汉文化特征，契丹游牧文化所特有的鸡冠壶、长颈瓶、海棠式长盘等器一件未见。器物造型以碗、盘、瓶、罐（图7-54）、碟为

7-53

7-54

7-55

图7-53 莲座彩绘佛
图7-54 白釉刻花罐
图7-55 酱釉折沿钵

主，钵（图7-55）、枕、炉、盒、执壶、盂等占有相当比重，围棋子、象棋子、砚、玩具、埙、铃等也较为常见。其中盘、碗的出土数量最大，造型变化也最为丰富。以口部而论，有直口、唇口、撇口、曲口(五曲、六曲、多曲不等)等多种不同形式。花口器物多仿自金银器造型，花口的下凹处刻意作出有仿锤揲的凸棱效果，是龙泉务瓷器中生产数量最多、最具特色的器物。

龙泉务瓷器的装饰方法以刻印花为主，点彩有一定的应用，彩绘比较少见。。一期以素面为主，仅见莲瓣纹。二、三期以后见有蕉叶纹（图7-56）、树叶纹、荷叶纹、蔓草纹、牡丹纹、野芍药纹、宝相花纹、三角形草叶纹等。几何装饰纹样有方格纹、圆点纹、串纹、水波纹、羽毛纹、海水宝珠纹、串珠开光纹等，上述题材一般多作辅助花纹，也有偶尔作为主要装饰的。装饰题材中人物题材所占比例很少。动物装饰题材有蜂纹、蝶纹、鱼文、鸳鸯、狮头纹等。雕塑品中常见有马、牛、羊、猪、狗、猴、熊、骆驼等。

发掘获得的13座窑炉的不同形制、作坊遗迹的分布、结构及出土的大量瓷器、工具、窑具，不仅丰富了辽金时代窑址的资料，使我们对窑场的整个工艺流程有了认识，而且对出土两类精粗不同的白釉瓷的工艺、胎釉成分、来源、销售等有关问题以及与周边地区白瓷窑址的关系、区别、相互影响等进行了研究分析，提出了不少创新观点。经研究，龙泉务窑辽金代细瓷的烧成温度在1240℃左右[1]。

图7-56 蕉叶纹执壶

北京龙泉务窑是现存唯一一处从辽代早期到辽末金初最完整的制瓷手工业遗址。通过考古发掘，使我们第一次看到了辽国境内制瓷手工业的史实。龙泉务窑的白瓷工艺在胎、釉的配方上各有其特点，胎中高铝、钠而低硅、铁；釉则从辽早期的钙质釉和中期的钙碱釉，向辽末金初的碱钙釉过渡，成为该窑在胎釉工艺上的发展规律。由于工艺的发展，辽代末期龙泉务窑的白瓷，甚至可与北宋定窑器相媲美。另外，龙泉务窑生产的辽代三彩器已不使用铅釉，而改用硼砂釉，这是龙泉务窑制瓷工艺上的新发现。

黄秀纯先生通过对该窑场的性质及窑场的遗迹、遗物所代表的契丹文化与汉文化关系的研究，认为窑址的生产属于商品生产，是民窑性质；但部分精细产品及建筑构件应为专供辽代贵族及上层统治者享用。还认为，窑址产品面貌及生产工艺，反映了辽代已从游牧文化被汉文化所代替。对辽金瓷器的特征及断代标准，已成为鉴定北京地区辽金墓葬及各种遗址、遗迹中出土的白瓷及传世白瓷器的标准，具有应用价值，解决了许多过去不认识和年代误定的难题。同时对较准确地判断北方诸窑(河北定窑、内蒙古缸瓦窑等)出土白瓷的异同也提供了理论依据，其实用价值也是不容置疑的。

北京龙泉务窑瓷窑的发掘证实了辽代陶瓷手工业的中心在辽的燕京地区，进而说明辽南部地区(燕云十六州)是辽代经济的中心。这个结论对研究辽代历史，特别是研究辽代燕京地区的历史提供了极为重要的史料，在学术上有很高的价值[2]。

二、重要窖藏

截至目前，考古发现的辽代窖藏文物主要有铜器、铁质生产生活用具和铜钱等。

20世纪五六十年代，在西便门外石桥东断崖上发现了一处铜器窖藏。出土有龙纹圆盒、扁壶、托子、火盆、水注、铜龟、八角洗等器物共17件，推测可能是寺庙的祭器。其中有一件向寺庙进奉的“内八省香盒”铭文圆盒，其形制与花纹具晚唐五代风格。推测为北京地区

1 陈尧成等：《北京龙泉务辽金代瓷器初步研究》，《陶瓷学报》1997年1期。
2 北京市文物研究所：《北京龙泉务窑发掘报告》，文物出版社，2002年。

辽代早期文物[1]。

辽代幽燕地区使用的铜钱，大部分是北宋钱。不仅在墓葬中多有出土，还发现数处窖藏。简要罗列如下：朝阳区大屯乡小营村，出土宋钱56公斤。通县张家湾乡西赵村南口，出土宋钱200多公斤。顺义县尹家村乡北大段村，出土宋铜钱256公斤，全部装于一个陶罐内。顺义县北小营村乡北府村，出土宋钱150公斤，皆盛于一个陶罐内。平谷县东高村乡西高村西北，出土宋钱150公斤，皆装于一个六鋬锅内。延庆县花盆乡花盆村出土宋钱100公斤，装于一个陶罐内。延庆县城关乡于屯村，出土唐宋钱90公斤。顺义县北房乡南房村东500米处，出土宋钱50公斤，皆装于一个六鋬铁锅内。通县镇出土唐宋钱30多公斤。铜钱一般或直接置于土坑内，或盛放于陶罐或铁六鋬锅内。从上述一系列发现，可见当时窖藏铜钱城内外多有分布，且铜钱数量较大[2]。

1　苏天钧：《北京西便门外发现铜器》，《考古》1963年3期。
2　北京市文物研究所：《北京考古四十年》，北京燕山出版社，1990年。

第八章

北京金代考古

金朝是由女真族建立的政权。女真族源于黑水靺鞨，是原居住于黑龙江流域的古老民族。1115年，完颜阿骨打建国"大金"。1122年，金军攻下辽南京，抢掠后于1123年，依照与宋朝的"海上之盟"，将包括辽南京在内的幽云六州交予宋朝。宋朝随即改辽南京为燕山府。1125年，金军伐宋，获幽燕地区，又改燕山府为南京。1151年，金帝完颜亮颁布《议迁都燕京诏》，于南京营建都城。1153年，宫城竣工，金帝完颜亮正式迁都，升南京为中都，作为金王朝的国都，也是北京建都之始。"迁都"不仅在金朝的发展史上标志着一个新阶段，而且在北京城市发展史上，开辟了一个新纪元。作为全国的政治文化中心，一直沿袭元、明、清乃至今天，已经800多年。

北京地区的金代考古工作，在新中国成立前开展较少。新中国诞生60年来，北京地区的考古事业蓬勃发展，进入了一个全新的阶段。北京的金代考古工作，除了对金中都的城垣、内城、宫殿等遗址的考古调查、勘探和发掘外，还发现了金代皇陵以及大量的金代贵族墓葬群和较多的平民墓葬。此外，还有较为重要的窑址以及窖藏、塔基遗迹等。日渐丰富的考古成果，使得北京地区的金代历史文化和考古研究向着更深的层次推进，涉及北京城市发展史研究等诸多方面。

第一节　北京金代考古发现与研究

一、发 现 概 述

北京地区的金代考古工作主要是在新中国成立后开展起来的，大致可以分为四个阶段。

1. 肇始阶段

新中国成立后，随着首都经济建设的发展和市区扩建，考古工程日益增加。1951年7月，北京市文物调查组成立，翻开了北京考古的新篇章[1]。10年之间，一批金代墓葬和遗址相继发现。我们暂且将这一阶段北京地区的金代考古工作称为肇始阶段。这一时期北京地区发现的金代遗迹主要有墓葬、窖藏、塔基等几个方面。

1　北京市文物研究所：《北京市考古五十年》，《新中国考古五十年》，文物出版社，1999年。

这一时期发现的金代墓葬共约9处10余座，大多是小型土坑墓，也有少数石棺墓和砖石墓。例如在石景山区庞村发现的一座砖石墓，顶部用碎石砌成，内顶上绘有祥云和仙鹤壁画。出土器物是一些陶罐，还有宋金时代的铜钱等。葬式多为火葬墓，如天坛金墓、百万庄金墓、北京大学院内金代石棺墓、西郊西福村金墓等[1]。此外，这时期发现的金代墓葬还有海淀区三家店金墓、磆石村金墓、海淀区张汝猷墓以及房山赵珪墓等[2]。

这一时期发现、发掘的金代窖藏共4处，出土有大量的铁器、铜钱等。1958年于顺义县大故村西小学院内发现的一处金代窖藏，内藏铜钱5万多枚，计有23个品种之多。另外还有铁农具2件及圆形铁器1件[3]。1961年于房山县焦庄村发现的一处金代窖藏，共出土铁器64件，包括了生产工具和生活用具两大类型[4]。此外，据北京市文物研究所藏资料，这时期还发现有延庆千家店和怀柔县喇叭沟门2处金代窖藏，出土了铁犁铧、铁犁头、六錾锅等生产用具和生活用品。

金代塔基主要发现有2处。一是20世纪60年代丰台区瓦窑村平整土地时发现的2座覆钵式砖塔，塔基下是正方形墓室，室内置骨灰盒及随葬品多件[5]。二是房山县坨里乡上万村发现的4座金代"土寺"塔基，均已遭到破坏。在塔基中出土石函1个，覆斗形盖中阴刻楷书"大金谷积山院故长老悟玄大师皇统八年三月二十七日志"3行23字[6]。

伴随着北京市文物普查工作的开展，在金陵主陵区内不断发现金代墓葬，并有零散文物出土。20世纪50年代，原河北省文物管理委员会曾对金陵进行初步调查。1958年金中都城垣遗迹的调查工作开始。北京市门头沟区龙泉务窑址的调查工作也在这一时间展开。此外，还在东城区和崇文区发现2处水井遗迹[7]。

2. 缓慢发展阶段

1966～1984年北京市的整体考古工作处于缓慢发展阶段[8]，金代考古工作也是这样，经历了"文化大革命"的10年，60年代至70年代前期正式的发掘工作开展较少，而主要集中在70年代后期以及80年代，成果相对上一阶段较为丰富。

这一时期发现的金代墓葬仍是考古收获的主要内容，墓葬数量计约19处30余座，其中以石椁或石棺墓占多数，葬式有火葬也有尸骨葬。如1971年初，周口店镇坟山村曾出土6具石棺，石棺中随葬品遗有1件鎏金银面具。1973年初，在先农坛东部的育才学校内施工时发现的1座金代火葬墓，土圹竖穴，葬具有长方形石棺[9]。1974年12月，房山县长沟峪煤矿基建施工中发现的一处族葬墓，5具石椁组成"十"字形，3座东西向，2座南北向。主墓尸骨葬，有木棺；其他4座墓中2座为尸骨葬[10]。这处墓群后来证实为坤厚陵[11]。1975年8月，北京市通县城关公社砖厂，因推土取材，发现金代墓葬2座，位于三间房村西。长方形石椁墓，墓主为石宗璧夫妇，也为火葬[12]。1978年门头沟区仰山栖隐寺塔院内发现窝鲁欢墓葬，为石椁木棺

1 苏天钧：《十年来北京市所发现的重要古代墓葬和遗址》，《考古》1959年3期。
2 国家文物局：《中国文物地图集—北京分册（下）》，科学出版社，2008年。
3 苏天钧：《北京地区发现辽金时代文物》，《文物》1959年10期。
4 北京市文物工作队：《北京出土的辽金时代铁器》，《考古》1963年3期。
5 北京市文物研究所：《北京考古四十年》，燕山出版社，1990年。
6 同上。
7 同上。
8 北京市文物研究所：《北京考古五十年》，《新中国考古五十年》，文物出版社，1999年。
9 马希贵：《北京先农坛金墓》，《文物》1977年11期。
10 马先得、黄秀纯：《北京市房山县发现石椁墓》，《文物》1977年6期。
11 北京市文物研究所《北京金代皇陵》，文物出版社，2006年。
12 北京市文物管理处：《北京市通县金代墓葬发掘简报》，《文物》1977年11期。

墓[1]。1978年冬，在金陵主陵区内的陪葬墓中出土1件宋代三彩琉璃枕，枕面绘“萧何月下追韩信”的图案[2]。1979年海淀区香山娘娘府发现蒲察胡沙墓，为石棺墓[3]。此外，70年代于房山区石楼村发现金章宗时期杨瀛家族墓地，墓地尚存石人、石马、石羊、石虎等像生。1980年5月～1981年9月，于丰台区王佐公社米粮屯生产队砖厂取土中，发现乌古论窝论墓以及乌古论元忠夫妇合葬墓[4]。1984年，平谷县金属材料公司施工中，发现金代石椁墓，出土一批丰富的随葬品[5]。1985年4月海淀区南辛庄陈贵宅院内挖井时，又发现一座石椁墓[6]。此外，还有石景山吴前鉴墓、海淀半截塔金墓、通州台湖金墓、崇文区花椒树金墓和郭庄金墓、大兴梁家务金墓以及房山南关金墓等[7]。

金代遗址发现和清理的较多，其中最重要、经过正式发掘的是大葆台金代遗址。1974年在发掘大葆台一号汉墓时，在附近曾发现金代遗物。1975年对该金代遗址进行了清理。该遗址位于丰台区郭公庄西南隅的大葆台汉墓附近，可能是文献记载的李妃避暑之台，即京师药师院支院的一部分。遗址出土一批瓷器、铁器、铜钱、银器以及砖刻象棋盘等。这一棋盘的发现，不仅填补了金代以前象棋发现的空白，而且为研究我国象棋悠久的历史，提供了形象的实物资料[8]。此外，还有1976年发现的密云东庄金、元时期遗址，1983年发现的大兴广阳镇金代遗址，1984年发现的大兴黄村金代遗址以及一批辽、金时期的遗址等[9]。

同时，金代居民使用的水井，这一时期在北京地区常有发现，有砖井，也有土井。井底一般填满黑色淤泥，并在井下发现鸡腿瓶、四系罐等，均为汲水工具。其中，1975年大葆台金代遗址清理的一口砖水井，是当时发现的唯一一座完整的金代水井。圆形，由上至下皆用砖层层砌起，砖与砖之间未见黏合料，井底有圆形木制井盘，保存完好[10]。

发现的金代窖藏较为重要的有6处，出土了大量、丰富的铁器和铜钱等。如1977年在门头沟区砩窝电厂发现的金代窖藏，出土器物20多件，以陶瓷器为主。1978年5月在门头沟齐家庄中学发现的金代窖藏，有瓷、铜、铁器共计19件，以瓷器和铁器为主[11]。1981年在怀柔区庙城地区庙城村发现的金代窖藏，出土10件六鋬锅和2件铁叉，其锅内放置的铜镜重4.3公斤，是北京地区少见的大型金代铜镜[12]。1981年发现的房山北庄钱币窖藏，钱币重达35公斤。1984年发现的大兴黄村钱币窖藏，在一陶罐内装有重10公斤的铜钱。另外，1973年发现的通县城北花丝镶嵌厂窖藏，出土2块铜佛版和2件缸胎小罐[13]。

调查的金代塔基遗迹主要是昌平银山宝塔群，其中金代宝塔5座，元代2座。银山塔林的5座金代宝塔位于寺的前部山门与殿堂之间。一号为祐国佛觉禅师塔，二号为晦堂祐国佛觉大禅师塔，三号为故懿行大师塔，四号为故虚静禅师实公灵塔，五号为圜通大禅师善公灵塔。这是金中都地区一座以墓塔为主体的寺院，当时认为可能是金中都延圣寺的下院和塔

1 北京市文物局：《北京辽金史迹图志》（下），北京燕山出版社，2004年。
2 北京市文物研究所：《北京金代皇陵》，文物出版社，2006年。
3 齐心：《金代蒲察胡沙墓志考》，《北京史论文集》第一集，北京史研究会编印，1980年。
4 北京市文物工作队：《北京金墓发掘简报》，《北京文物与考古》第一辑，1983年。
5 杨学林：《平谷东高村巨家坟金代墓葬发掘简报》，《北京文物与考古》第四辑，1994年。
6 北京市海淀区文化文物局：《北京市海淀区南辛庄金墓清理简报》，《文物》1988年7期。
7 国家文物局：《中国文物地图集—北京分册（下）》，科学出版社，2008年。
8 马希贵：《北京大葆台金代遗址发掘简报》，《考古》1980年5期。
9 国家文物局：《中国文物地图集—北京分册（下）》，科学出版社，2008年。
10 马希贵：《北京大葆台金代遗址发掘简报》，《考古》1980年5期。
11 鲁琪：《北京门头沟区发现一处金代窖藏》《文物资料丛刊》第七辑，文物出版社，1983年。
12 北京市文物研究所：《北京考古四十年》，燕山出版社，1990年。
13 国家文物局：《中国文物地图集—北京分册（下）》，科学出版社，2008年。

院[1]。后据20世纪90年代的考古清理，证明银山塔林的塔与寺庙不是同时期的建筑，后者年代大约在元末或明初[2]。

3. 系统研究阶段

随着1985年北京市文物研究所的成立，北京的考古工作进入了系统研究阶段，北京市出现了有史以来最多的带着课题发掘的考古工地，基建考古也全面铺开，构成巨大的基建网络[3]。这一时期北京地区的金代考古工作最重要的内容就是金代皇陵和金中都遗址的调查和清理工作以及一批较为重要的金代墓葬的发掘。

1986年，北京市文物研究所对金陵遗址着手开展历时3年的考古调查，发现大量较珍贵的汉白玉、青石、花岗岩等建筑构件，浮雕着精美的人物、行龙、走兽、牡丹、忍冬、寿桃等纹饰，其中最重要的是，发现一通单面刻“睿宗文武简肃皇帝之陵”的盘龙首青石碑[4]。在神道南端发现雕刻牡丹、行龙纹的汉白玉栏板和望柱。

金中都遗址在这一时期也开展了较为重要的发掘工作，收获颇丰。1990年北京市文物研究所配合北京市西厢工程项目，进一步开展了金中都城垣、宫殿区的考古勘测与发掘。经过1年多的钻探、发掘等工作，基本确定了应天门、大安门和大安殿等遗迹的具体位置，分清了金代建筑基础夯土和金代墙体基础的区别，同时证实金中都建筑从涿州取土[5]，发现有宫廷遗物如铜坐龙等。1990年秋开始，北京市文物研究所经过1年的考古工作，对金中都南城垣水关遗址进行了全面的揭露和细致的解剖，取得了水关遗址整体、局部及内部结构等方面的资料。水关的建筑结构，基本符合宋代《营造法式》的“卷帘水窗”的做法，充分显示了金中都的规模和建筑工艺水平，被评为当年全国十大考古发现。1992年北京市批准在此建立辽金城垣遗址博物馆，用以保护和展出这一重大的考古发现，该馆1994年对外开放。此外，1991年在金中都南城垣的护城河岸边距离地表2～4米深的沙土中，发现1座大定七年（1167年）“吕君墓表”，下刻“朝散大夫行太常丞兼户部员外郎蔡珪篆”、“承务郎行大兴府宛平县主簿任询撰并书”两行字[6]。1992年3月～1993年4月，配合北京市西客站一期工程所做的考古工作，探明了古莲花池的范围、出水口以及诸河道等，为进一步研究北京地区的历史地理变迁和金中都供水系统的状况提供了可靠资料[7]。

这一时期发掘的金代墓葬共计约16处20座，多为砖室墓，也有石椁墓。如1990年11月，北京市门头沟区大峪育新小学建筑工地揭露的1座金代墓葬，为圆形单室砖墓，墓门、墙为砖雕仿木结构[8]。1993年5月中旬，中国矿业公司在永定镇建厂施工中，发掘3座金代穹隆顶砖室墓，由北向南错落排列[9]。1993年8月27日，在通州城中帅府园胡同房地产开发商发现石棺一口，县文化文物局随之清理。石棺东西向，由6块粗凿青石板拼成。据铭文可知，石棺内墓主为保义校尉酒院使商仲良[10]。1994年，房山坨里乡沙窝村发现1座金代墓葬。该墓早年被

1 于杰等：《北京昌平银山宝塔群调查》，《文物资料丛刊》第四辑，文物出版社，1981年。
2 梁玉贵：《银山塔林寺庙区遗址清理调查报告》，《北京文博》1999年2期。
3 北京市文物研究所：《北京市考古五十年》，《新中国考古五十年》，文物出版社，1999年。
4 北京市文物研究所：《北京金代皇陵》，文物出版社，2006年。
5 北京市文物研究所：《北京西厢道路工程考古发掘简报》，《北京市文物与考古》第四辑，1994年。
6 王有泉：《北京地区基建考古工作回顾》，《北京文博》1998年1期。
7 同上。
8 王策：《门头沟金代壁画墓》，《北京考古信息》1991年1期。
9 李华：《北京门头沟区永定镇金墓》，《北京文物与考古》第四辑，1994年。
10 周良：《通县发现金代石棺墓》，《北京文物报》1993年10期。

盗，墓中遗骸和随葬品遗失，仅出土1具石棺、1方墓志和2枚铜钱，分别为“大定通宝”和“咸平元宝”[1]。此外，还发现有西城积水潭金墓、通州史氏墓、海淀金山金墓、门头沟龙泉镇金墓和何各庄金墓、大兴梁家务金墓、房山班諴墓以及延庆三里河金墓等[2]。

此外，这时期还在密云县河南寨乡两河村发现有金、元时期的村落遗址，1992年清理1处房址，三间。室内有火炕，中间用辽、金时期的沟纹砖砌成。火炕西南角有锅灶，下有灶门、灶炕。居住面上发现金元时期的瓷片[3]。1986年，在石景山与四平山之间的石景山发电总厂区内发掘出用三合土筑的拦水坎一条。中段设置引水闸口，考证为《金史》所载的金口闸遗址[4]。

4. 迅猛发展阶段

进入新世纪以来，随着我国经济改革的不断深入，大规模的基建工程日益增多，配合基建的考古发掘成了考古工作的重中之重。这一阶段北京地区的考古工作可谓进入了迅猛发展阶段，金代考古工作也不例外，大批金代墓葬以及陵寝、遗址的发现、发掘很好地说明了这一点。

这一阶段最重要的考古工作就是金陵遗址的调查和发掘。2001年春，北京市文物局责成北京市文物研究所对金陵主陵区进行全面考古调查。4月，北京市文物研究所金陵队通过第一次发掘，初步了解了陵寝的分布范围、形制和遗址的地层关系及其内涵。2002年经国家文物局批准，金陵队进行第二次发掘，工作重点主要是清理20世纪80年代在九龙山主峰南侧调查发现的“祭祀坑”，证实其为墓葬。之后，金陵队通过1年的田野考古工作，对主陵区进行了考古勘察和试掘，先后发现并清理了主陵区石桥、神道、台址、大殿基址、排水沟等多处遗迹，出土了大量的建筑构件和随葬品等重要文物，为研究金代陵寝制度、金代社会、政治经济、文化等状况，具有极其重要的意义。2005年6～10月，北京市文物局拨专款，对金陵主陵区发掘的神道、台址、踏道等遗迹进行了修复和科学保护[5]。

金代墓葬也有较多的发现和发掘工作，共计约11处32座。墓葬种类较多，内容丰富，其中最重要的是石景山和延庆2处壁画墓、大兴亦庄一批土坑墓以及石景山1处家族石椁墓的发掘。2002年3月，在北京西郊石景山区八角村附近发现1座金代早期砖砌壁画墓，出土赵励墓志1合。在其西南侧3米，发掘一座形制相同的金墓，墓主人可能为赵氏家族成员[6]。2005年4月，北京市文物研究所清理发掘了延庆县张山营晏家堡村北部时尚纺织品有限公司金代壁画墓，该墓为青砖砌制的圆形单室墓[7]。2003～2005年，北京市文物研究所在大兴亦庄经济开发区发掘9座金代墓葬，其中竖穴土坑墓7座，单室砖墓2座[8]。2007年8～9月，为配合石景山区银河商务二期工程的建设施工，北京市文物研究所与石景山区文化委员会在其占地范围内进行了考古发掘，共发掘金代墓葬10座。这是一处金代家族墓，均为竖穴土圹石椁墓。除1座已被破坏之外，其余9座均为火葬墓[9]。其他还有2处金墓较为重要，2000年11月14日，配合广

1　杨亦武：《房山区沙窝村发现金代墓葬》，《北京文物报》1994年7期。
2　国家文物局：《中国文物地图集—北京分册（下）》，科学出版社，2008年。
3　王有泉：《北京地区基建考古工作回顾》，《北京文博》1998年1期。
4　国家文物局主编：《中国文物地图集—北京分册（下）》，科学出版社，2008年。
5　北京市文物研究所：《北京金代皇陵》，文物出版社，2006年。
6　王清林等：《石景山八角村金赵励墓墓志与壁画》，《北京文物与考古》第五辑，北京燕山出版社，2002年；陈康：《石景山出土罕见金代壁画墓》，《北京文博》2002年2期。
7　李华等：《延庆县时尚纺织品有限公司壁画墓》，《北京文博》2005年3期。
8　北京市文物研究所：《北京亦庄考古发掘报告》，科学出版社，2009年。
9　北京市文物研究所孙勐提供考古发掘新资料。

安大街工程，北京市文物研究所对磁器口路西北侧1座金代石椁墓进行了清理。墓主人为金朝人吕恭，官至修武校尉，死于大定元年至大定七年之间[1]。2002年4月21日，北京市文物研究所在大兴区西红门镇小营村清理了1座金代圆形单室砖壁画墓[2]。另外，2005年11月～2006年5月房山南正遗址发掘中，出土金代经幢1个[3]。2007年1～3月，北京市文物研究所在密云县大唐庄发掘金代墓葬3座[4]。

近年来，北京市文物研究所考古发掘工作中，又发现一批新的辽金时期墓葬和其他遗迹。2004年4～5月，海淀五棵松文化体育中心分别发掘辽金墓葬3座；2006年4月，石景山射击场工程发掘辽金墓葬4座[5]。2006年12月～2007年1月昌平南邵镇张营遗址发掘金代墓葬1座[6]。2007年12月～2008年1月，丰台王佐遗址发掘辽金时期墓葬1座[7]；2008年密云第七中学发掘辽金墓葬24座，密云唐庄小学发掘辽金墓葬3座[8]。此外，2006～2007年间在房山前后朱各庄遗址发掘辽金时期陶窑2座[9]。2006年10～11月，通州武夷花园二期项目发掘辽金时期水井2座[10]。2008年4月，于宣武区大吉片再发掘辽金时期水井3座[11]。

二、研究综述

对北京地区金代考古的研究现状，可以从三方面加以综述。

其一，对金中都的研究，20世纪50年代及其以前不乏佳作，代表性的主要有《燕京故城考》[12]、《八百年前的北京伟大建筑——金中都宫殿图考》[13]、《北京城市发展过程中的水源问题》[14]、《金中都》[15]等。这些研究主要侧重在金中都城的平面布局和结构、城市水源和自然环境以及政治、历史、经济、文化、军事等方面。其中，阎文俊先生《金中都》一文最早对金中都做了较为翔实的考证和研究，较具权威性。

1989年《金中都》一书的出版为研究金中都带来了新契机，这既是一部全面系统研究金中都的学术专著，又是一部断代城市史。书中对金王朝定都燕京，金中都的修建和平面布局，皇城、宫城、城垣、城门以及苑囿和行宫等都做了详细的考察和复原，并附有详尽示意图。可供读者一窥八百多年前金中都这座雄伟国都的全貌[16]。20世纪90年代，《金代的中都》[17]和《金中都兴衰过程考》[18]两篇文章影响较大。前者在对金代女真族的兴起到金帝完颜亮迁都的史实进行系统梳理的基础上，对辽南京的修建、金中都的扩建以及中都的城垣、宫

1 北京市文物研究所：《磁器口出土金代石椁墓发掘简报》，《北京文博》2002年4期。
2 北京市文物研究所：《大兴区小营出土金代墓葬》，《北京文物与考古》第六辑，民族出版社，2004年。
3 北京市文物研究所：《房山南正遗址》，科学出版社，2008年。
4 北京市文物研究所等：《密云大唐庄墓葬区发掘简报》，《北京文博》2007年2期。
5 北京市文物研究所：《北京市奥运场馆考古发掘报告》，科学出版社，2007年。
6 北京市文物研究所：《昌平张营》，文物出版社，2007年。
7 北京市文物研究所：《丰台王佐遗迹考古发掘简报》，《北京文博》2008年3期。
8 见北京市文物研究所2008年度工作年报。
9 北京市文物研究所：《前后朱各庄遗址区考古发掘报告》，《北京段考古发掘报告集》，科学出版社，2008年。
10 北京市文物研究所：《北京市通州区武夷花园二期项目遗址考古发掘报告》，《北京考古》第二辑，北京燕山出版社，2008年。
11 见北京市文物研究所2008年度工作年报。
12 奉宽：《燕京故城考》，《燕京学报》1929年5期。
13 朱偰：《八百年前的北京伟大建筑——金中都宫殿图考》，《文物参考资料》1955年下期。
14 侯仁之：《北京城市发展过程中的水源问题》，《北京大学学报》1955年1期。
15 阎文俊：《金中都》，《文物》1959年9期；于杰、于光度：《金中都》，北京出版社，1989年。
16 于杰、于光度：《金中都》，北京出版社，1989年。
17 苏天钧：《金代的中都》，《京华旧事存真》第四辑，北京古籍出版社，1997年。
18 韩光辉：《金中都兴衰过程考》，《京华旧事存真》第四辑，北京古籍出版社，1997年。

殿、园囿、坛庙等遗迹进行了研究，同时探讨了中都的经济等诸方面，很有概括性。后者对金中都的演变尤其是210余年的兴衰过程进行了探讨，并且认为金中都的最终衰落和废弃发生在元末明初。此外，还有将金中都与其他都城进行的比较研究。较具代表性的是景爱先生的《金中都与金上京比较研究》[1]以及沈平先生的《兴庆府与金中都比较研究》[2]，对金中都有了更进一步的认识和理解。

近年来运用考古资料对金中都进行研究，最具代表性的人物是齐心先生，如《金中都宫·苑考》、《北京建都之始——金中都》、《近年来金中都的考古新成果》、《从金代遗迹遗物看金中都经济的恢复与发展》以及《北京考古四十年》中的辽金部分的论述等，运用考古调查、发掘资料及对出土物的分析，较为全面、详细地对金中都的社会、经济、文化面貌等诸多方面进行了复原，使人们对金中都的面貌耳目一新。

其二，是对金陵的研究，目前最权威的当属《北京金代皇陵》报告，其中除了对金代皇陵的各类遗迹进行详尽介绍外，还对金陵的墓主人以及十帝陵、坤厚陵和诸王兆域都进行了考证，为以后的研究奠定了基础。

其三，对于金代墓葬的研究较多。北京地区金墓20世纪70年代开始有较多的发现和发掘，研究工作也随之展开。对金墓做概括性的研究始于20世纪80年代，徐苹芳先生对全国当时已经发现的金墓材料做了初步分析，大致以大定年间为界，总结了金墓的特点。同一时期，秦大树先生也对金墓做了系统的分区分期分型研究。他在《金墓概述》一文中将当时已发现的210余座金墓划分为四区两期四型[3]，全面系统地对金墓进行了总结，奠定了此后金墓研究的基础框架。随后，李健才先生在《金代女真墓葬的演变》一文中首次提出“金代中叶”（正隆、大定年间）的概念，将金墓划分为三期。这篇文章分类研究了金代女真人的墓葬形制，并论证了不同形制的金墓间的早晚关系[4]。

1991年，刘晓东等撰文《试论金代女真贵族墓葬的类型及演变》，针对金代女真贵族墓葬的形制做了更为详细的统计、分类和总结；重新对金代女真贵族的墓葬分为三期，即早期为金朝建国到金帝完颜亮迁都以前，中期为金帝完颜亮贞元迁都到明昌以前，晚期为明昌以后至金亡；同时，文章将金代女真贵族墓葬分为无墓室和有墓室两大类进行研究，并认为由无室墓向有室墓过渡[5]，见解颇为新颖。此后，刘晓东又在《金代土坑石椁墓及相关问题》一文中对金代的土坑石椁墓进行了系统的研究，认为土坑木椁墓和土坑石椁墓均属我国东北民族的古老葬制，其中北京地区金墓中的土坑石椁墓的使用者绝大多数是金代女真贵族[6]。此外，90年代还有陈相伟先生的《试论金代石椁墓》一文，研究较为透彻，认为石椁墓是金代女真贵族在本族旧有墓葬习俗基础上，吸收宋、辽墓葬形制加以改进创造出的一种新型墓葬，并分析了石椁墓的发展演变序列[7]。

此外，也有对金代墓葬进行区域性研究的。如陈相伟在《试论东北、河北等地金代墓葬的类型和演变》一文中对东北、内蒙古地区和河北、北京地区的金代墓葬做了全面的分类介

1 景爱：《金中都与金上京比较研究》，《中国历史地理论丛》1991年2期。
2 沈平：《兴庆府与金中都比较研究》，《首都博物馆文集》第七辑，1992年。
3 秦大树：《金墓概述》，《辽海文物学刊》1988年2期。
4 李健才：《金代女真墓葬的演变》，《辽金史论集》第四辑，书目文献出版社，1989年。
5 刘晓东、杨志军、郝思德、李陈奇：《试论金代女真贵族墓葬的类型及演变》，《辽海文物学刊》1991年1期。
6 刘晓东：《金代土坑石椁墓及相关问题》，《青果集——吉林大学考古专业成立二周年考古论文集》，知识出版社，1993年。
7 陈相伟：《试论金代石椁墓》，《博物馆研究》1993年1期。

绍，并对其中某些墓葬的年代进行了推论[1]。这也是涉及北京地区金墓区域性研究的第一文。此外，还有《略论东北地区金代石函墓》[2]、《黄河中下游地区金代砖室墓探论》[3]、《试论山西地区的金墓》[4]、《晋南地区宋金墓葬研究》[5]、《山西金代壁画墓初步研究》[6]等，这些研究可作为北京地区金代墓葬研究的对比材料，从而进行更深入的研究。

除了对金代墓葬本身的研究外，学界还有对某些金代文化现象进行的研究工作。例如对金代的火葬现象进行分析的，有徐苹芳先生在20世纪50年代的《宋元时代的火葬》，认为民间用火葬始于唐末五代，同时指出了两种火葬墓的根本区别，以示区分对待。文章观点认为，宋元时期火葬的盛行除了受佛教的影响外，土地制度和社会经济生活也起到了一定的促进作用[7]。80年代，景爱先生《辽金时代的火葬墓》一文，对辽、金两个时期火葬墓的特点进行了归纳总结，并认为契丹人、女真人出于原始信仰的火葬习俗，在佛教思想的影响下得到了巩固和发展，佛教的影响是辽金时代火葬墓盛行的主要原因[8]。90年代黄登民等著文《金代女真人火葬墓流行原因初探》，对金代火葬现象进行了简析[9]。

还有对金墓的装饰形式、内容进行研究的，如陈相伟《金代壁画墓》[10]，申云艳等《金代墓室壁画分区与内容分类试探》[11]，杨富斗等《金墓砖雕丛谈》[12]等文章，将金代壁画墓分为南、北两区，涉及有出行图、家庭生活图、生产图、皇家图以及建筑装饰图等。其他还有对金代女真与契丹、汉族的相互影响的研究，如《金、元时期女真人的内迁及演变》[13]、《论金代女真人与契丹人的婚姻关系》[14]、《宋代仿木构墓葬形制及对辽金墓葬的影响》[15]、《论金代女真的宗教信仰与宗教政策》[16]等文章，对民族之间的文化融合、通婚现象以及宗教信仰等方面都作了分析和探讨。也有对金代窖藏铜钱现象进行研究的，如《金朝铜钱窖藏现象探析》一文，对金代窖藏铜钱的背景、窖藏的特点以及窖藏现象出现的原因等方面，都作了较为详细的分析[17]，很有说明力。

三、北京金代考古的认识

北京地区的金代地下考古遗存，最重要的内容是金中都遗址、金代皇陵以及数量较多的金代女真贵族及少量平民的墓葬。此外，就是金代窑址、塔基、窖藏等遗迹。这些遗迹、遗物以及重要的城址、皇陵无不体现着金代经济在中都的恢复、发展以及都城地位的确立，进而与其他民族相互融合的面貌。

1 陈相伟：《试论东北、河北等地金代墓葬的类型和演变》，《辽金史论集》第六集，社会科学文献出版社，2001年。
2 庞治国：《略论东北地区金代石函墓》，《黑龙江省文物丛刊》1984年4期。
3 陈朝云：《黄河中下游地区金代砖室墓探论》，《郑州大学学报》1996年1期。
4 史学谦：《试论山西地区的金墓》，《考古与文物》1988年3期。
5 刘耀辉：《晋南地区宋金墓葬研究》，北京大学硕士学位论文，2002年。
6 马金花：《山西金代壁画墓初步研究》，《文物春秋》2002年5期。
7 徐苹芳：《宋元时代的火葬》，《文物参考资料》1956年9期。
8 景爱：《辽金时代的火葬墓》，《东北考古与历史》1982年1期。
9 黄登民等：《金代女真人火葬墓流行原因初探》，《黑龙江民族文物丛刊》1995年1期。
10 陈相伟：《金代壁画墓》，《辽金史论集》第九辑，中州古籍出版社，1996年。
11 申云艳等：《金代墓室壁画分区与内容分类试探》，《山东大学学报》1998年2期。
12 杨富斗等：《金墓砖雕丛谈》，《文物季刊》1997年2期。
13 罗贤佑：《金、元时期女真人的内迁及演变》，《民族研究》1984年2期。
14 夏宇旭：《论金代女真人与契丹人的婚姻关系》，《北方文物》2008年2期。
15 赵明星：《宋代仿木构墓葬形制及对辽金墓葬的影响》，《边疆考古研究》第4辑，科学出版社，2005年。
16 武玉环：《论金代女真的宗教信仰与宗教政策》，《史学集刊》1992年2期。
17 刘韫：《金朝铜钱窖藏现象探析》，《辽宁大学学报》2001年3期。

金朝对北京地区的管辖自金帝完颜亮贞元元年（1153年）迁都燕京，改称中都为始，至金宣宗贞祐三年（1215年），中都被蒙古占领凡60余年。这期间北京地区金代考古也很有自己的特色。其中最重要的一点，辽代的北京很少发现契丹人的墓葬，金代的北京则不仅有皇陵，而且女真贵族的墓葬也有较多发现，时代绝大多数是12世纪中叶金大定以后，这从一个侧面反映了女真族政治中心的转移[1]。

金代的北京地区仍然以汉人为主，但是前期和中后期的民族构成有较大的变化。金代前期北京地区的民族构成是对辽代的延续，女真人较少；金代中后期，女真人大批涌进，且以宗室贵族和高级官吏为主，汉人与女真人的融合进一步深化，并有通婚现象发生。这是与金朝的史实紧密相连的。金朝前期，女真人向中原地区的迁徙有两次，分别在金太宗天会年间和金熙宗皇统初。但是女真上层贵族的迁徙是随着金帝完颜亮迁都燕京，改燕京为中都开始的。金中都成为统治半个中国的政治中心，是金王朝的政治中枢，因而下令"征调四方之民以实京师"，一时成为北方各族人民会聚之地。

表现在考古学文化上，金代的北京地区墓葬特点在前期和中后期也有着较为明显的变化。金代北京地区的墓葬形制主要有土坑墓、土坑石椁墓以及圆形单室砖墓，还有几例砖石混筑墓，个别有双重石椁墓以及石圹墓的。其中，圆形单室砖墓是金代前期主要的墓葬形制，是辽代乃至是自北朝以来北方民族的考古文化的一种延续，这种墓葬形制在唐代、辽代都有较为复杂的表现，但是在金代前期则只有较为单一的圆形，而之前的六角、八角等多角形以及双室砖砌墓在金代很少表现，仅在延庆张山营晏家堡村发现一例。很明显，到了金代中期贞元、正隆、大定年间，土坑石椁墓成为北京地区金代墓葬形制的主流，且墓主大多是女真贵族。而土坑墓在金代初年至中晚期一直存在，但是发现数量较少，且资料不详备。近年来在大兴亦庄发掘的一批长方形竖穴土坑木棺墓，弥补了这一缺憾。这批墓葬的年代多在金代中期大定及其以后，7座墓葬均为南北向尸骨葬，随葬品较少，没有明显的女真人特点，初步推测可能是汉人平民墓。

关于女真人的丧葬习俗，史料记载不多。《大金国志》谓"死者埋之而无棺椁，贵族生焚所宠奴婢、所乘鞍马以殉之"，这指的应该是女真民族的旧俗。这种习俗可以上溯到靺鞨时代，如《旧唐书·靺鞨传》云"死者穿地埋之，以身衬土，无棺敛之具，杀所乘马于尸前设祭"。从金源地区黑龙江发现的金代墓葬看，土坑墓是始终存在、长期使用的一种墓葬类型。使用者主要是一般的平民，往往不用葬具，直接采用天然土圹下葬，多数仰身直肢[2]。

至于金代的火葬墓，有学者认为是金帝完颜亮迁都北京后，汉化加深，促使其埋葬形式从土坑墓发展到火葬墓的结果。我们更倾向于认为"辽金时代的火葬墓，首先是在契丹人、女真人中出现的，而后影响到汉族人"[3]。金代火葬的出现，是与其原始宗教萨满教有一定关系的。金代中后期火葬墓数量的增加，可以说是这种"原始信仰的火葬风俗，在佛教的影响下得到了巩固和发展"的结果。其实从某种程度上说，也是一种民族融合的现象。

综上，金代北京地区范围虽小，但是墓葬不仅类型齐全，且很富有自己的特点：葬俗上既有土葬又有火葬；墓葬类型上既有砖石混筑墓，又有石椁、砖室墓以及土坑墓；年代上既有早期墓葬，也有中晚期墓葬，且后者居多。

1 北京市文物研究所：《北京考古四十年》，北京燕山出版社，1990年。
2 赵永军等：《黑龙江地区金墓述略》，《边疆考古研究》第6辑，2007年。
3 景爱：《辽金时代的火葬墓》，《东北考古与历史》1982年1期。

北京地区金代考古的点点滴滴都真实的反映着金中都的经济、文化以及政治面貌。北京地区金代考古资料的日渐丰富和多样化，为我们研究金史以及相关领域都提供了广阔的空间，也提供了更多新的研究线索。

第二节 金中都与金皇陵

一、金中都城址

金太宗完颜晟天会三年（1125年）灭辽以后，统治了中国的北方。金帝完颜亮时，以为旧都上京土地贫瘠，交通不便，不如长城以内的燕京“地广土坚，人物蕃息”，地点适中。因于天德三年（1150年）三月，命张浩、孔产舟等规划设计，征调民夫80万、兵夫40万在辽旧城的基础上，开始扩建。天德四年（1152年）筑成，自上都迁入，第二年贞元元年（1153年），改燕京为中都府，从此金的行政中枢，就设置在中都城内[1]。中都城的设计，正处于中国城市发展的过渡阶段，扩建的部分为开放的街巷式，原唐、辽旧城为封闭的里坊制。

金中都城垣、宫殿区的考古调查始于二十世纪五六十年代，通过大量的调查与钻探，初步弄清了城的规模、位置、城内外水系与园林。90年代一系列的考古发掘工作使得金中都的面貌更加清晰的展现出来。

1. 金中都城垣遗址

金中都城位于今北京城西南部，平面呈长方形，由外城、皇城、宫城三部分组成，是以辽南京城为基础扩展而成的。《元一统志》卷一载“西南广斥千步”，实际上除北面因受旧河道所阻未能扩建外，东、西、南三面均扩展三里。金中都城墙周长18690米，全部为夯土版筑而成（图8-1）[2]。

其中，北城墙仍沿袭辽南京城的北城墙未变，在白云观附近，长4900米[3]。20世纪60年代在西便门外大石桥西，河道北岸曾发现一堆石雷，排列整齐，最大约10公斤，这一带接近“金城的北壁”[4]。白云观西约1公里会城门村，是中都北城西边的门，以前在村东有一石幢，20世纪50年代还发现过幢的莲花幢顶[5]。

西城墙在今丰台区高楼村南北一线，从海淀区北蜂窝南行，至马连道仓库、蝎子门、凤凰嘴村一带。其北端在羊坊店东南角，南端在凤凰嘴村西南角，长4530米。城墙每层夯土5～10厘米，在夯土层内发现有唐代的青白瓷片，辽金时代的沟纹砖，金大定、正隆、大观等铜钱及石球等。1950年调查时，在广安门外申州馆以南还可见很多遗迹。1958年再调查时，仅在马连道仓库院内保存高约4米的残土墙。广安门外蝎子门又称蝎子口，它是当年贯穿东西的土城口，东对白纸坊街，直通城东南的施仁门。据考证，这里就是中都西墙南面的彰义门。据1958年调查，蝎子门高6、基底宽近1.85、门口宽近30米。20世纪80年代残存的蝎子门基底遗址高3米余，基底南侧被横卧的铁轨横断。蝎子门外北面是湾子村，村西南是莲花池，在这

1 阎文儒：《金中都》，《文物》1959年9期。
2 引自齐心：《图说北京史》，北京燕山出版社，1999年。
3 齐心：《图说北京史》，北京燕山出版社，1999年。
4 苏天钧：《北京西郊白云观遗址》，《考古》1963年3期。
5 北京市文物研究所：《北京考古四十年》，北京燕山出版社，1990年。

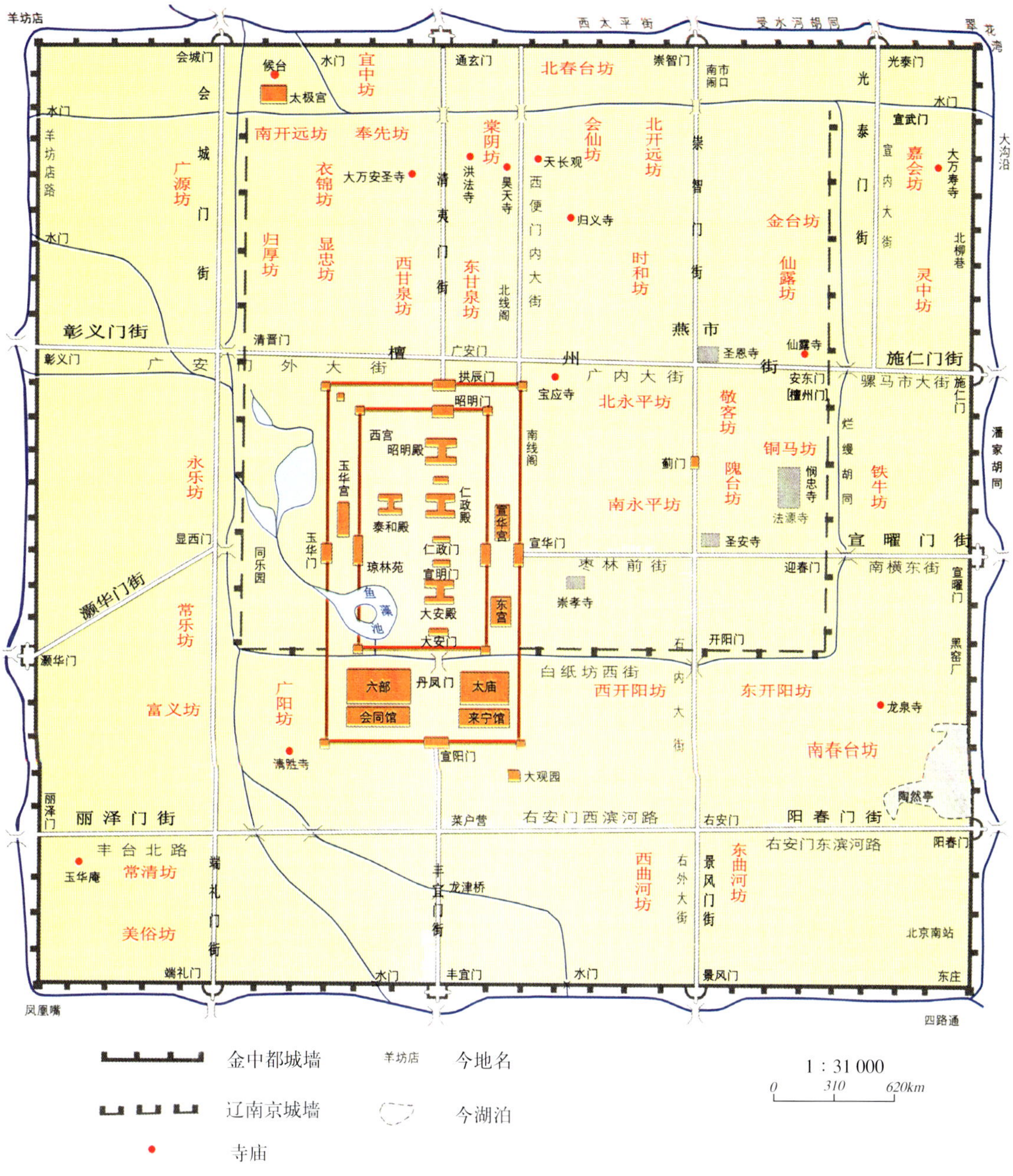

图8-1 金中都城复原图[1]

里曾发现金代的莲花瓣状石柱头，花纹精美，可能是池畔建筑物的饰件[2]。

南城墙在今右安门外凉水河以北一线，长4750米，其西端在凤凰嘴村，至20世纪80年代该村附近尚有一段长近30米的金代土城遗址。沿凤凰嘴村南有一条自西向东流的渠水，是金中都南面的护城河遗迹。墙基在渠水北面，东到万泉寺、石门村、霍道口、祖家庄、菜户营村，也是连续不断土丘形的城墙遗迹，至右安门大街以东，无遗迹可寻。穿过右安门大街、过牛街、长椿街至南闹市口，就是金代景风门至崇智门通衢。东南城角在今永定门火车站西南[3]。20世纪90年代，在南城垣的护城河岸边距离地表2～4米深的淤沙中，发现1座大定七年

1 转引自齐心：《图说北说史》，北京燕山出版社，1999年。

2 参见北京市文物研究所：《北京考古四十年》，北京燕山出版社，1990年；国家文物局：《中国文物地图集—北京分册（下）》，科学出版社，2008年。

3 参见北京市文物研究所：《北京考古四十年》，北京燕山出版社，1990年。

图8-2 吕徵墓表

图8-3 凤凰嘴西南角城墙遗址

图8-4 万泉寺南城墙遗址

图8-5 高楼村西城墙遗址

（1167年）墓表（图8-2）。墓表汉白玉质，由底座、表身、顶盖三部分共四块组成，底座为凸字形方座，底边长85厘米，高24厘米。表身为一整块柱形方石，边长56厘米，高109厘米。墓表通高265厘米。表文楷书，四面刻字，每面八行，满行2字，首题篆书“吕君墓表”四字，下刻“朝散大夫行太常丞兼户部员外郎蔡珪篆”、“承务郎行大兴府宛平县主簿任询撰并书”两行字。墓主吕徵，其人《金史》失载，据墓表记载，徵字良弼，世居燕地，号称豪族，娶妻赵氏，生有二子。吕徵一生曾从军戍镇阳，刘豫主政开封时，被请为上宾。原王（金太宗之子宗本）留宋京都，吕氏也在其门下。金世宗大定初，国库匮乏，吕曾捐钱千万，为己及其子取爵。大定七年（1167年）四月六日病卒，享年58岁，可推知其应生于辽天祚帝乾统九年（1109年）[1]。

东城墙在今陶然亭南北一线，长4510米，其东南角在丰台区四路通村永定火车站南，东北角在西城区南翠花街。20世纪50年代在四路通附近建广安门火车站时，曾经发现几百座辽代墓葬，火车站北还有几百米长的土岭。隔护城河，城内是陶然亭，再北是窑台。当年在疏浚湖道工程中，在陶然亭正北偏西，发现一处金代建筑遗址，出土许多沟纹砖、瓦蹲兽和伽罗频迦以及大定款铜钱、贞佑三年款“万户所印”。稍东边，又发现许多石球，可能为东墙遗迹[2]。

经历800余年的风风雨雨，至今金中都城只有3处夯土城墙仍巍然屹立。其一为凤凰嘴西南角城墙遗址，位于今丰台区凤凰嘴村，是现存金中都遗址中最大的一处，残长约45米，宽约4米，存高约5米（图8-3）。其二是万泉寺南城墙遗址，位于丰台区水产仓库院内，残存两段，共长约20米，宽约4米，存高约3米（图8-4）。其三是高楼村西城墙遗址，是现存金中都遗址中最小的一处，残长5米，宽约4米，存高约2米（图8-5）[3]。

1 齐心：《近年来金中都考古的重大发现与研究》，《北京文物与考古》第四辑，1994年。

2 北京市文物研究所：《北京考古四十年》第160页，北京燕山出版社，1990年。

3 国家文物局：《中国文物地图集—北京分册（下）》，科学出版社，2008年。

2. 金中都的城门、街道及里坊

金中都在辽南京城旧基上扩建而成，扩展后的城垣城门数目有所增加，且重新命名，但门数与名称文献记录不一，据学者考证认为：“中都实是十三门，十二门为误记[1]”。其中，东、西、南三面城垣各开3门，北城垣设4门。分别为：东面施仁门、宣曜门、阳春门，南面为景风门、丰宜门、端礼门，西面为丽泽门、颢华门、彰义门，北面为会城门、通玄门（通天门）、崇智门（拱辰门）、光泰门。中都的东西横街，从蝎子门遗迹，东至白纸坊西大街，可能是当时从彰义门到施仁门的大街；从广安门外大街东至骡马市大街，可能是当时灏华门到宣曜门大街；今天的广安门大街是丽泽门、阳春门大街；蝎子门到白纸坊西大街是灏华门、宣曜门大街；彰义门、施仁门内大街，可能是在今外城南城墙的东西直线上。城外西北近郊的西湖（今莲花池），为专供宫苑用水的水源。其下游河道圈入城中，导流入皇家园林同乐园水池（今青年湖），并从皇城南门外龙津桥下东南流，经南城垣水关汇入南护城河[2]。

又据《元一统志》载“中都有六十二坊”。城内坊里划分整齐，东20坊，西42坊。见于文献记载的有富义坊、“奉仙坊”等。《金史·纥石烈执中传》：“召知大兴府徒单南平，南平不知行至广阳门西富义坊……。”《日下旧闻考》卷三十七载：“引北平图经谓奉先坊，在旧城通玄门内。”此外如归义寺在广安门北，当属和时坊，天王寺即今天宁寺，当属延庆坊；菜市口曾掘地得石函，为仙露坊；西便门大街为昊天寺址，为棠荫坊；笔管胡同旧有竹林寺，为显忠坊；资金寺故址为北开远坊，白云观为会仙坊。今南横街东为玉田坊[3]。其他诸坊的分布，赵其昌先生生于20世纪80年代曾一一考证过，东部诸坊还有东曲河、东开阳、咸宁、东县西、石幢前、铜马、南蓟宁、北蓟宁、啄木、康乐、齐礼、为美、南卢龙、北卢龙、安仁、铁牛、敬客、南春台、北春台等；西部诸坊还有西开阳、西开远、清平、美俗、广源、广乐、西河曲、宜中、南永平、北永平、北揖楼、南揖楼、西县西、蓟宾、永乐、西甘泉、东甘泉、衣锦、广阳、归厚、常宁、常清、西孝慈、东孝慈、定远、辛市、来远、通乐、亲仁、招商、余庆、郁邻、通和等坊[4]。

3. 金中都的皇城、宫城

金中都皇城位于今广安门以南，呈长方形（图8-6）。根据文献资料及考古

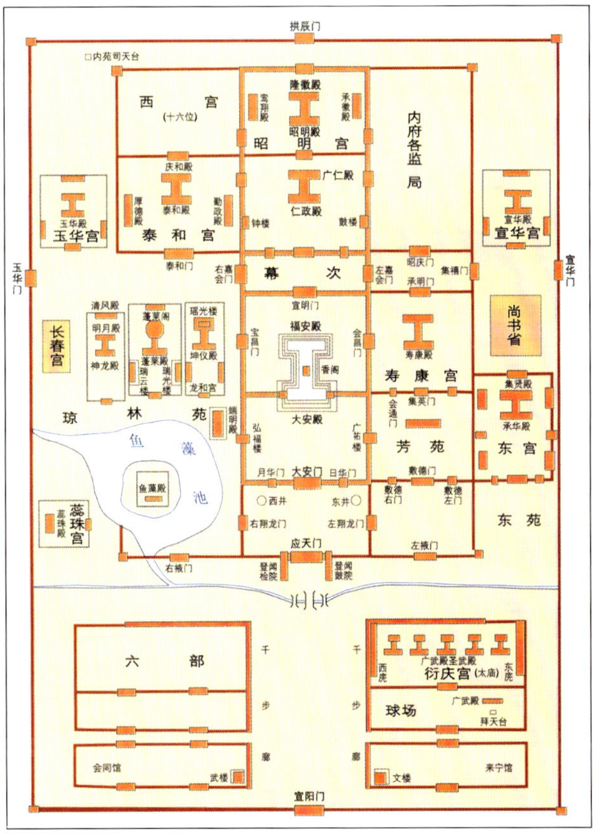

图8-6 金中都皇城、宫城复原示意图[5]

1 参见国家文物局主编：《中国文物地图集—北京分册（下）》第121页，科学出版社，2008年。
2 赵其昌：《金中都城坊考》，《首都博物馆国庆40周年文集》，中国民间文艺出版社，1989年。
3 参见北京市文物研究所：《北京考古四十年》第163页，北京燕山出版社，1990年。
4 赵其昌：《金中都城坊考》，《首都博物馆国庆40周年文集》，中国民间艺术出版社，1989年。
5 引自齐心：《图说北京史》，北京燕山出版社，1999年。

8-8

8-9

8-7

图8-7 金中都大安殿遗址
图8-8 铜辟邪（坐龙）
图8-9 摩羯带柄铜镜

发现可以确定，皇城大致位于中都城内偏西南处，周长9里，有4门：东为宣华门，西为玉华门，南为宣阳门，北为拱辰门。在南门宣阳门内，正中是御道，御道两侧是千步廊，西千步廊之西是中央吏、户、礼、兵、刑、工六部所在；东千步廊之东为太庙。太庙之南有皇帝打马球的球场。在六部南有会同馆，球场南有来宁馆，都是接待外国来宾的地方。皇城东墙在今南线阁街稍东的南北直线上，北城墙在近白菜仔村北的东西延长线上，其东隅为老君地。南墙在鸭子桥以南的东西直线上，西墙在白云观铁道西大土堆南至小红庙村的南北直线上。现在广安门大街路南的南线阁街，清末时称“燕角儿”，今南线阁稍东老君地的地势较高，或者就是辽旧子城东北角的燕角楼，这就是中都内城的东北角[1]。

皇城的中央为宫城（见图8-6）。宫城是完颜亮仿照北宋汴京宫城制度营建的，其布局可分为东、中、西路三部分，宫殿均配置在从应天门到拱辰门的这条中轴线上，有九重宫殿。据调查，鸭子桥村北关帝庙以北，土堆连绵，直到广安门大街南白菜仔村，应是中都内城中轴线九重宫殿的基址。中路的南端是应天门，为11间的门楼。应天门内有一小广场，有左、右翔龙门通往东、西路。应天门正北为大安门，大安门内为大安殿。大安殿是宫城内最大的宫殿，面阔11间，建在3级月台上，有14级台阶，周围各有行廊4间，与东、西侧之行廊相衔接。大安殿后有与之相通的香阁，作为便殿，是皇帝单独召见臣下议事的场所。在1990～1991年配合西厢道路工程的考古发掘中，在鸭子桥南里3号楼发现一处南北长36米的金代建筑基础夯土，在滨河路31号楼前发现一处南北长70余米、东西残长60余米的连为整体的建筑基础夯土。结合文献，前者应该是应天门遗址，后者则为大安殿所在（图8-7）。在两者之间的白纸坊西大街与滨河西路交叉路口发现的夯土区应为大安门遗址。宫殿区遗址曾出土有铜辟邪（坐龙）（图8-8）、铜镜（图8-9）、金代三彩器及灰色陶吻兽等。宫城西侧为金代皇家园林西苑（同乐园或称鱼藻池），即今宣武区青年湖一带。1995年在此进行的考古发掘中，在原湖心岛位置发现了金代夯土结构建筑基础1处、墙基1道，这些遗址为西苑中的宫殿遗迹。宫城东侧北为内省，南为东苑[2]。

1 北京市文物研究所：《北京考古四十年》第160页，北京燕山出版社，1990年；齐心主编《图说北京史》第188页，北京燕山出版社，1999年。
2 齐心：《图说北京史》，北京燕山出版社，1999年；北京市文物研究所：《北京西厢道路工程考古发掘简报》，《北京文物与考古》第四辑，1994年。

4. 金中都水关遗址

金中都水关遗址位于右安门西南，是一处木、石结构的水道建筑，上部建筑已毁，遗留下来的基底部分保存完整，平面呈“]["形，呈南北向，南临凉水河约80米，距现地表5.1米（图8-10）。水关遗址南北长40.6米，南北各有“八”字形金刚墙，长为13.35～13.7米左右，宽分别为16.1米和12.8米。中间部分为石板铺成的流水面，长21.3、宽7.76米。金刚墙内侧及流水面的两端均有一排柏木桩保护石板（图8-11）。

水关主体结构以石木构成，其基础坐落在沙层上，下层为密集的排桩，之上置长方形的巨型衬木，排桩与衬木之间以榫卯联结。衬木之上置石板，构成水关主体。石板之间以铁质银锭锁联结，衬木之间以木质银锭锁联结，石板与衬木之间一般不置联结物，仅在关键部位以铁钉联结（图8-12）。在水关东西两侧发现有夯土，由碎石块、石片层和夹沙黄土组成。在这层夯土之上，有一片规整的夯土层，由黄土和一层很细碎的石片构成，夯层均匀，层次分明，土质坚硬，每层厚15～18厘米，可能是金中都南城垣的墙基夯土。

水关遗址的发现确定了金中都城自“西湖”（今莲花池）水进入中都城至鱼藻池（今青年湖）过龙津桥向南穿过丰宜门和风景门之间的南城墙下流入金代护城河的确切水源路线。“水关”是继卢沟桥之后，北京地区现有的又一处珍贵的金代建筑，其建筑结构基本符合宋代《营造法式》的“卷帘水窗”的做法，充分显示了金中都的规模和建筑工艺水平，也是北京城市建设——水利工程的重要标志[1]，被评为1990年十大考古新发现。

图8-10 水关遗址全景

图8-11 辟石桩

图8-12 木银锭榫

1 王有泉：《金中都水关遗址》，《中国考古学年鉴》（1991），文物出版社，1992年；齐心：《近年来金中都考古的重大发现与研究》，《北京文物与考古》第四辑，1994年。

二、金代皇陵

（一）金陵发现、发掘经过及意义

新中国成立以来，在金陵主陵区内不断发现金代墓葬，并有零散文物出土。20世纪50年代，原河北省文物管理委员会曾对金陵进行初步调查，曾出土残祝版哀册。60年代出土过石羊、石马、石狮等石像生，后掩埋[1]。

1971年初周口店镇坟山村（现为燕山石化总公司东方红炼油厂地界），曾出土6具石椁，石椁中随葬品遗有1件鎏金面具。坟山金代墓群的发现，表明此处确属金陵葬区，应该在主陵区范围内。

1972年12月，长沟峪煤矿在猫耳朵断头峪基建施工中发现一组石椁墓，由5具石椁组成“十”字形，主墓正中石椁东西向，椁内有1具柏木红漆残棺，外壁用银钉嵌錾精美华丽的火焰云龙纹，棺内瘗葬11件精致的雕花玉佩、花鸟饰件。其埋葬地点亦属金陵兆域内。

1978年冬，在金陵主陵区内的陪葬墓中出土1件宋代三彩琉璃枕，枕面绘“萧何月下追韩信”的图案。

1986年北京市文物研究所再次对金陵进行考古调查，历时3年，发现大量较为珍贵的汉白玉、青石、花岗岩等建筑构件，上面浮雕精美的人物、行龙、走兽、牡丹、忍冬、寿桃等纹饰，其中最重要的是，发现一通盘龙首青石碑，高2.1、宽0.86米、厚0.25米，单面刻“睿宗文武简肃皇帝之陵”10个大字，为双勾阴刻楷书，内填朱砂，镀金粉。在神道南端发现一处东西长5.4米、南北残宽3米，两侧在石质地栿上竖立四块双面雕刻牡丹、行龙纹的汉白玉栏板和望柱。

2001年春，北京市文物局责成北京市文物研究所对金陵主陵区进行全面考古调查。4月，北京市文物研究所金陵队进驻主陵区，通过第一次发掘，试图初步了解陵寝的分布范围、形制和遗址的地层关系及其内涵。结果表明，主陵区陵园建在早期冲积层上，地层主要成分为灰土和砾石。由于明代毁陵，清代修复，晚期冲积层又覆盖在遗址、墓葬之上，加之大自然和人为的破坏以及农田改造等因素，使陵区地层构成极为复杂。

2002年6月，经国家文物局批准，7～12月，金陵队进行第二次发掘。工作重点主要是清理20世纪80年代在九龙山主峰南侧调查发现的所谓“祭祀坑”，发现坑底瘗葬石椁，2具东西向，2具南北向，因此证明祭祀坑实为墓葬。

之后，金陵队通过1年的田野考古工作，对主陵区进行考古勘察和试掘。对主陵区地下遗存的具体位置、形制和结构等有了大致了解，先后发现并清理了主陵区石桥、神道、台址、大殿基址、排水沟等多处遗迹，出土了大量的建筑构件和随葬品等重要文物。为研究金代陵寝制度、金代社会、政治经济、文化等状况，具有极其重要的意义。

2005年6～10月，北京市文物局拨专款，在文物保护、古建筑专家王世仁先生的指导下，由北京市文物古建公司具体施工，对金陵主陵区发掘的神道、台址、踏道等遗迹进行修复和科学保护。

1　齐心：《近年来金中都考古的重大发现与研究》，《北京文物与考古》第四辑，1994年。

金陵填补了中国历代帝王陵墓考古的一个缺环。金陵作为中国金朝女真族营建的帝王陵墓群，是比明代早260余年的北京第一个皇陵群。它的衰落从明代开始，在明朝天启以前，金陵还是享受祭祀与保护的。明天启二年（1622年），因东北后金政权崛起，明统治者听信形家之说，认为后金的兴盛与金陵“气脉相关”，于是拆毁了山陵，隔断了“地脉”，使得金陵陵园遭受重创，几近泯灭。清朝建立后，顺治、康熙、乾隆诸朝重新维修金陵，设守陵50户，每年春秋致祭享，并几度对房山金陵部分修葺，立顺治、康熙御制碑。但是清代对金陵的修葺，远未恢复原貌。此后经历300余年的变迁，金陵又遭到多次盗掘，尤其是“文化大革命”的大规模破坏以及20世纪80年代以后，由于当地农民垦荒耕种，陵区的地面建筑现已荡然无存。

（二）金陵遗址

1. 金陵地理位置与环境

金陵位于房山周口店镇西北5公里的龙门口村北大房山山脊，东南1公里紧邻燕山石化区。大房山主峰茶楼顶俗称猫耳朵，海拔1307米（图8-13）。金陵陵区所在的大房山主峰连三顶，北亘西接，连山叠嶂，形成西北—东南向的半环形地势，连三顶南矗立着苍翠欲滴的九龙山。九龙山峰峦秀出，林木掩映，分九脉而下，形成开阔的缓坡台地，金代皇陵主陵区

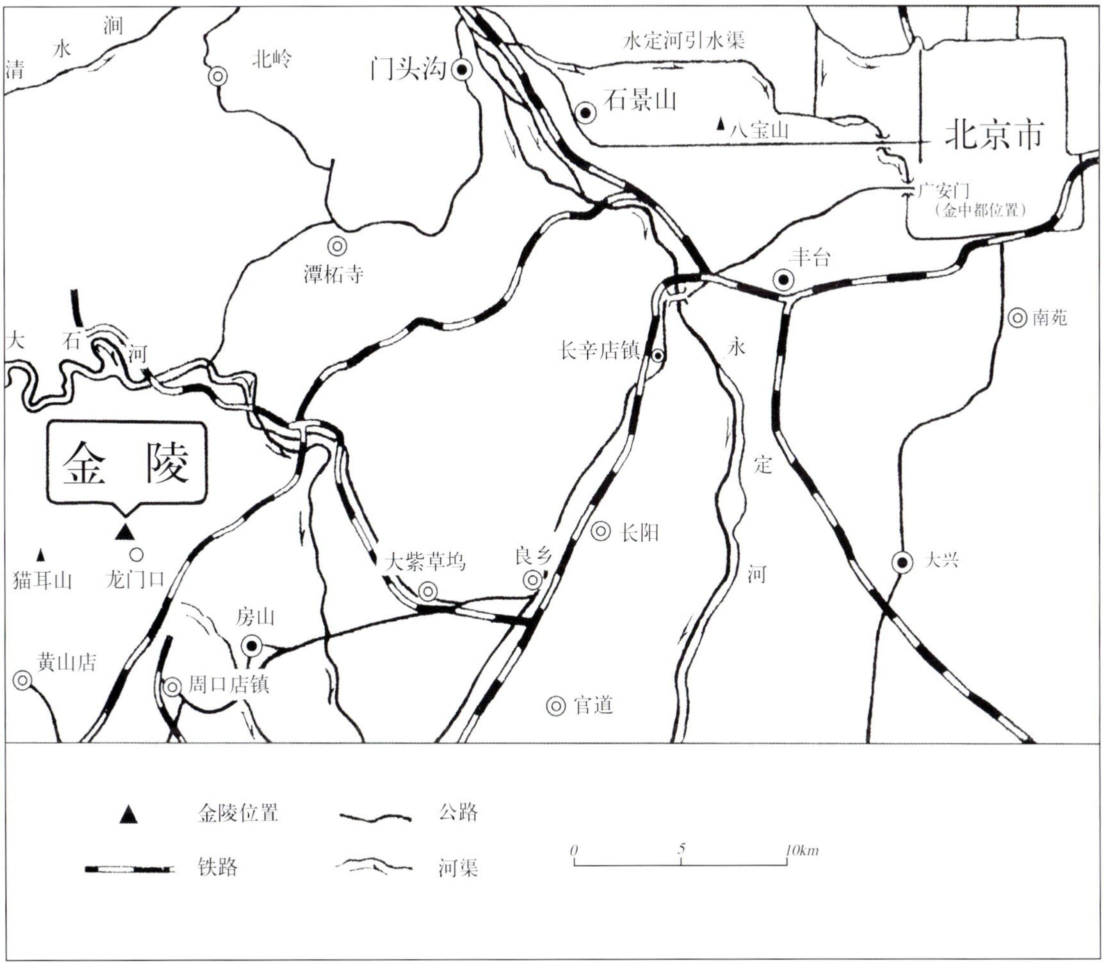

图8-13 金陵位置图

图8-14　金陵地势图

就坐落于九龙山，占地约6.5万平方米（图8-14）。

九龙山北接连三顶，根据古代堪舆学理论，有明显的“行龙”痕迹。追山脉而推，可见明显的“少宗”、“少祖”、“太宗”、“太祖”等“龙脉”。九龙山低于连三顶，符合堪舆学所谓“玄武垂首”之说。九龙山之东为绵延迤逦的山冈，是明显的皇陵“护砂”，符合堪舆学所谓的“青龙入海”的“左辅”之说。九龙山之西为几个凸起的山包，亦是明显的皇陵“护砂”，符合堪舆学所谓“虎踞山林”的“右弼”之说。九龙山西北侧山谷中有泉水涌出，向东南流淌，千年不断，亦是明显的皇陵“护砂”，符合堪舆学所谓的“朱雀起舞”之说。九龙山对面的石壁山，是金陵的“影壁山”，又称“朝山”、“彼岸山”。石壁山中央有凹陷，堪舆学将其附会成皇帝批阅公文时休息搁笔之处，故又称“案山”。金陵的主陵——太祖陵，就坐落在九龙山主脉与“影壁山”凹陷处的罗盘子午线上。

2. 金陵主陵区平面布局及遗迹

金陵主陵区是金代皇室陵寝的重要组成部分，平面布局采用中国传统的建筑模式，以神道为中心轴，两侧对称布局（见图8-14）。由石桥、神道、石踏道、东西台址、东西大殿、陵墙及地下陵寝等组成。因其建在九龙山下的缓坡台地上，依山而下，北高南低，故称“山陵”（图8-15、图8-16）。

(1) 石桥

石桥位于山陵入口处，南北向，平面长方形，花岗岩石质，由桥面及涵洞构成。桥面由两层长方形花岗岩石板错缝顺铺而成，由于长期暴露在外，大多数残缺，仅保留北部32块大小不等的长方形或方形石板。石桥东西长10、南北宽5.8米。石桥东西两侧有装饰栏板和望柱，现仅遗存望柱下地栿石。石桥西侧与一条西北—东南向的暗排水沟相接，东侧为排水沟的出水口，做法讲究，由粗花岗岩筑成。出水口端立面呈梯形，上宽

图8-15 金陵主陵区

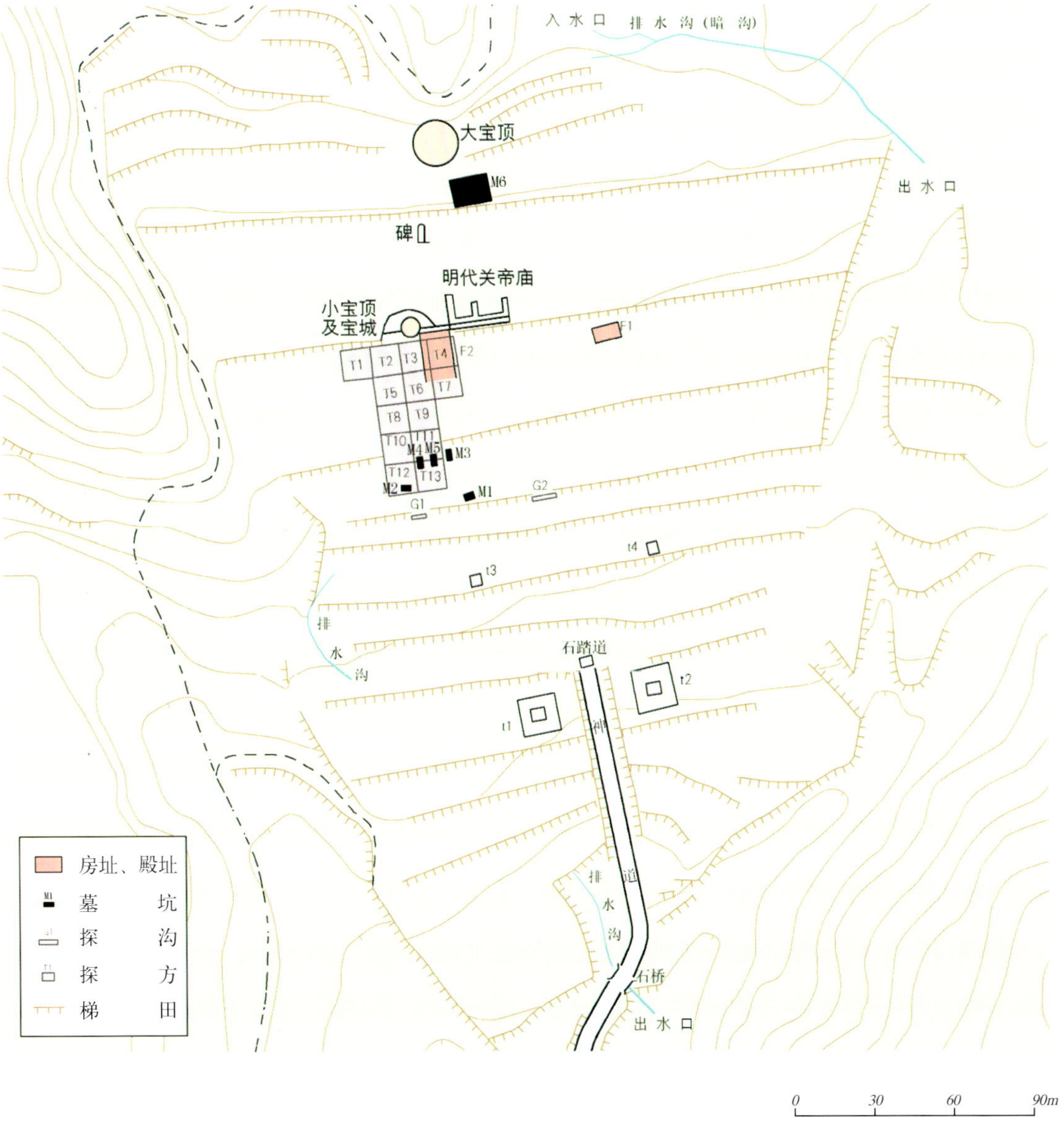

图8-16 金陵遗迹分布图

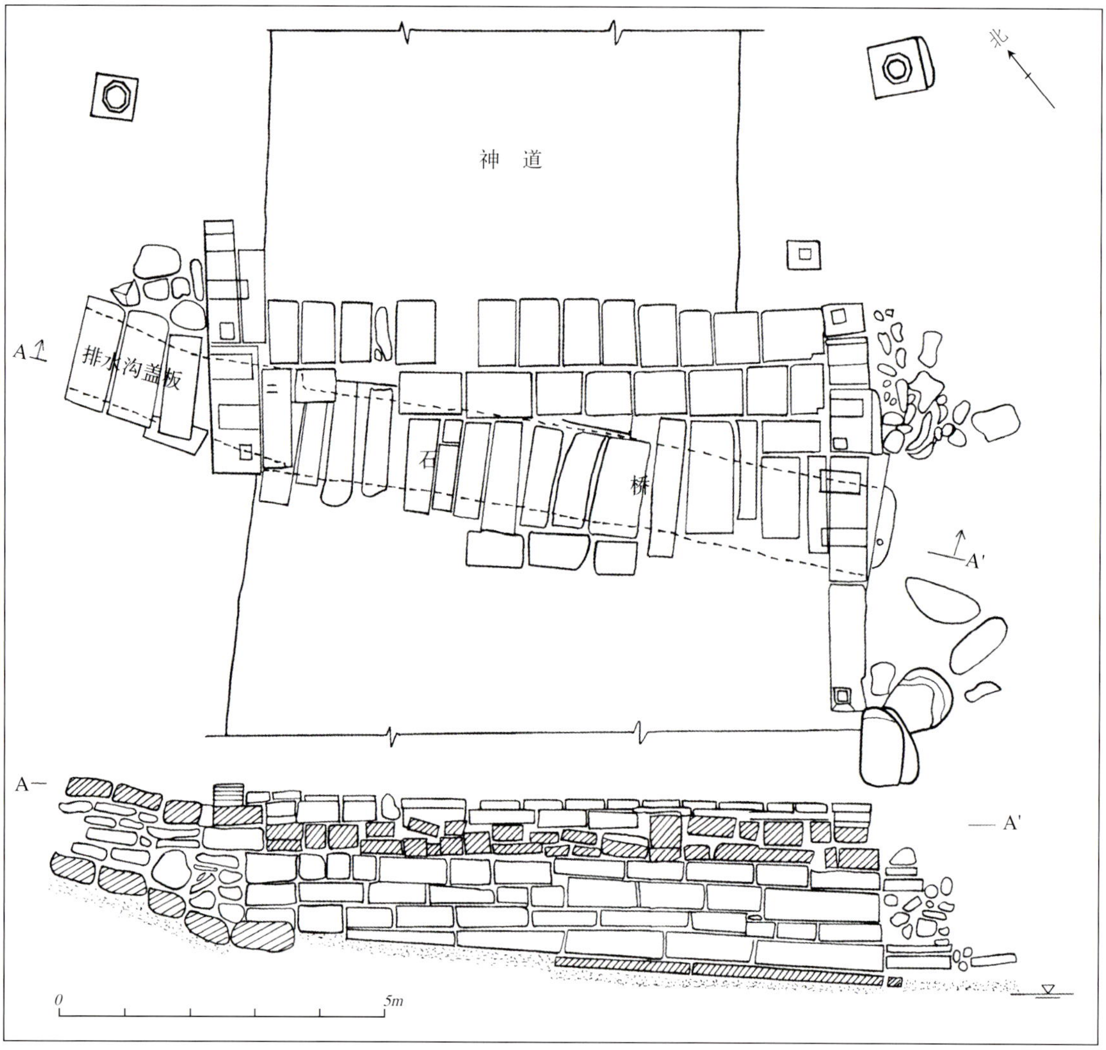

图8-17 石桥平、剖面图

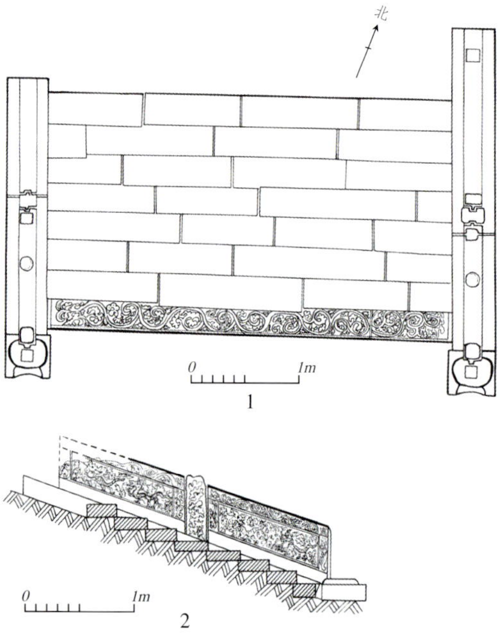

1.石踏道平面图 2.石踏道剖面图

图8-18 石踏道平剖面图

1.1、下宽1.2、高1.5米。暗沟盖用花岗岩石覆盖，上承托石桥桥面，两件铜质坐龙出土于暗沟内淤土中（图8-17）。

(2) 神道、石踏道

位于石桥北端，由南向北顺地形而上，中南部分略有弯曲呈弧形，其北侧正对金太祖陵，全长200余米，方向170°。神道中部遗存有一段石踏道，由石桥至石踏道一段长107米。此段神道下面是路土。其南段长49米的路面均已破坏。49米以上至石踏道一段路面长58米，保存情况尚好，宽约7米。路土厚3～7厘米，路面铺一层汉白玉碎石渣，厚1～2厘米，其下为踩踏面，质地坚硬。神道南端与石桥连接处东西两侧各有一神道柱础（图8-18）。

石踏道位于神道中部，遗存有8级台阶，

逐次向上错缝砌筑。台阶两侧立汉白玉石雕栏板，西侧仅保留一块，东侧两块，栏板向内雕刻双龙追逐图案，外侧为牡丹花纹（图8-19）。此外，东侧两块栏板之间有一望柱，内外两侧雕刻花纹，前后两侧各有一榫槽，与前后两栏板的榫头相结合。在栏板南侧两覆盆式柱础前发现2件残高67厘米的石坐龙。

图8-19 石栏板双龙图

(3) 台址

1号台址位于石踏道西南侧，与2号台址相对称，疑为碑亭。两台址相距35米。地面建筑已无存，仅遗存地基部分。基址平面呈“凸”字形，由夯土台基及土衬石组成，台基四面设门，其东、西、北三面遗迹保存较为完好，南门破坏较严重。各门均位于夯土台基的外侧，门与台基之间用黄土与石块连接而形成慢坡（图8-20）。

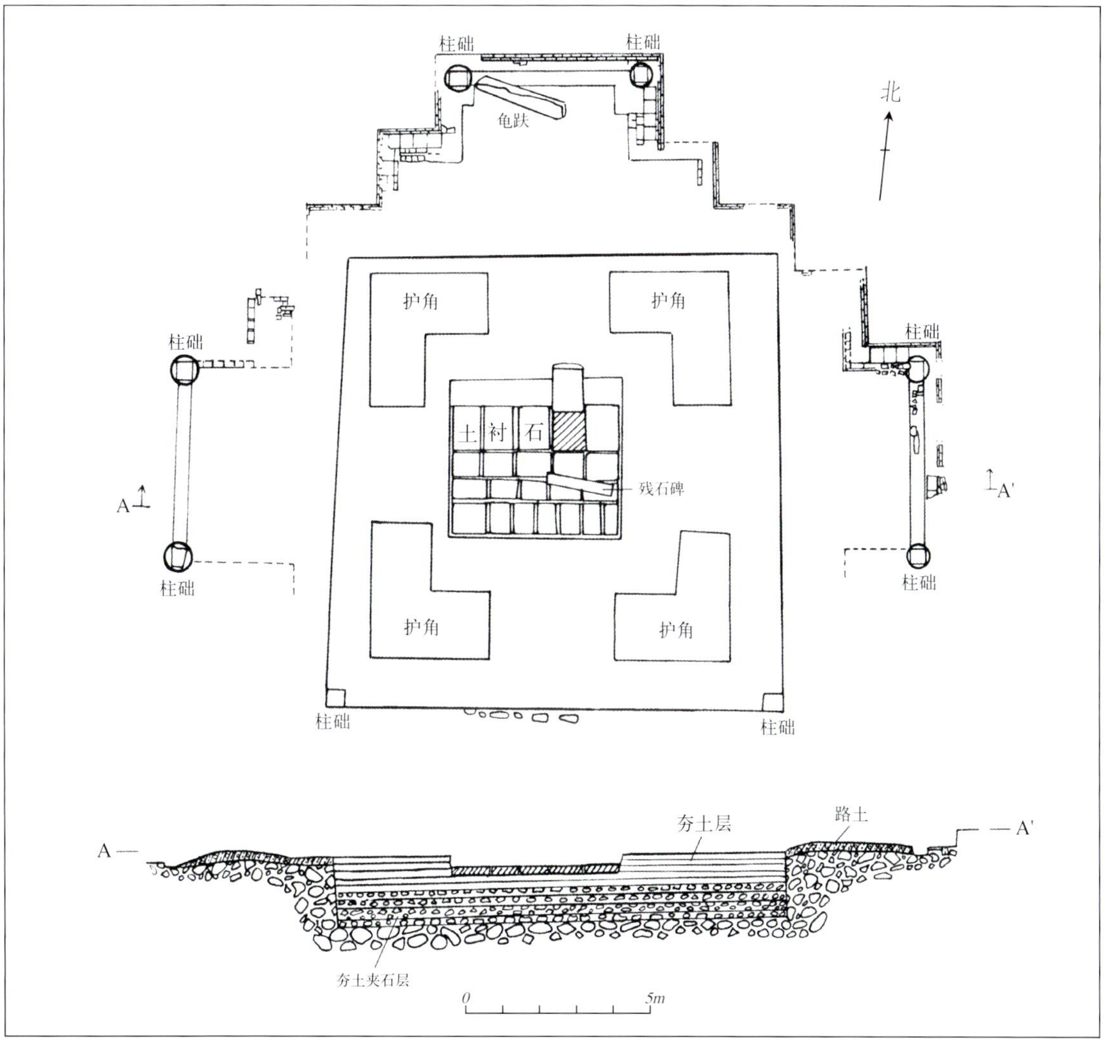

图8-20 1号台址平、剖面图

图8-21 2号台址平剖面图
1. 2号台址平、剖面图
2. 2号台址局部慢道平、剖面图

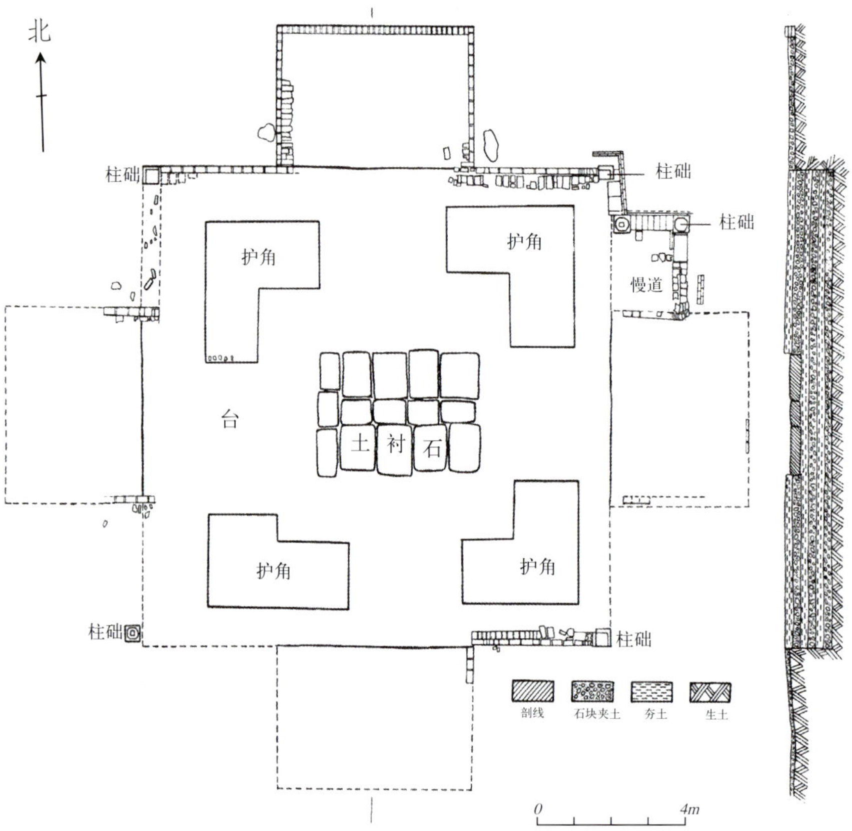

1

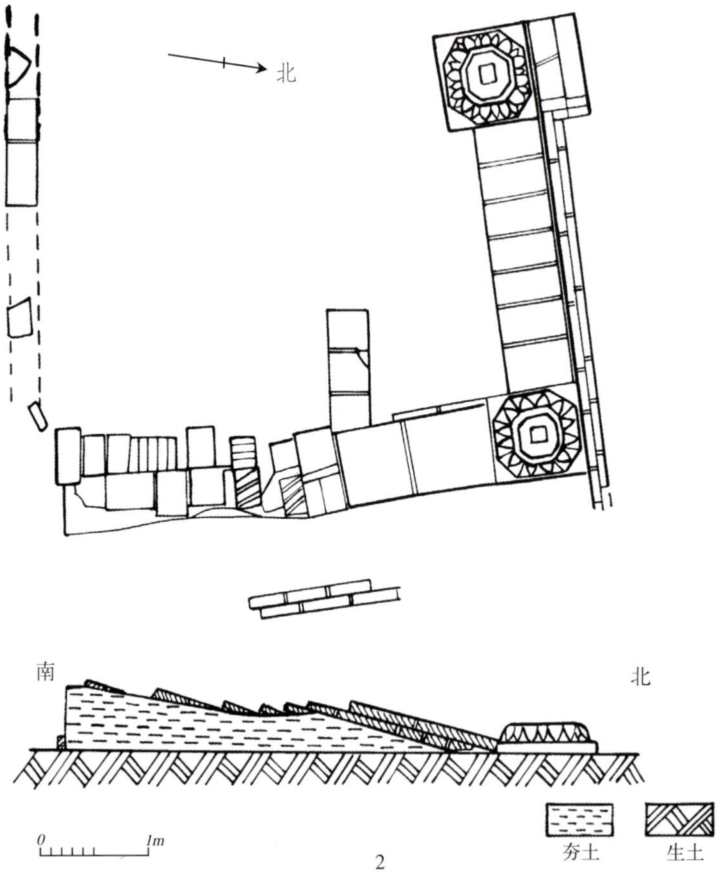

2

2号台址位于石踏道东南侧，平面呈“卜”字形，由夯土台和土衬石组成，并且台基四面设小月台。主体台基平面呈长方形，做工讲究，夯筑坚实，在夯土台基四角均放置础石。台基四面正中部位砌筑小月台，与大台基形成“十”字形。小月台北端发现一处慢坡甬道，下端设门，两边各一覆莲式础石（图8-21）。

3号台址位于1号台址西北侧40米。台基部分均破坏，仅保留土衬石部分，由9块花岗岩石错缝平铺组成。南侧石块略有滑坡。

4号台址位于2号台址东北侧40米，与3号台址对称并形制相同。

(4) 大殿遗址

东侧大殿遗址（2001FJLF1）位于神道东侧，坐北朝南，北偏西5°。砖石结构，残留面阔二间9.6米，进深一间5米。仅保留西墙和北墙的墙基，墙体用不同规格的长方形沟纹砖白灰黏接砌筑而成。根据残留遗迹推测，原大殿可能是面阔三间或五间。

西侧大殿遗址（2001FJLF2）位于神道西侧、清代小宝顶东南侧，是一处坐东朝西的面阔五间、进深三间的砖石结构建筑。现仅存北侧两间半，面阔9.85、进深10.5米（图8-22）。

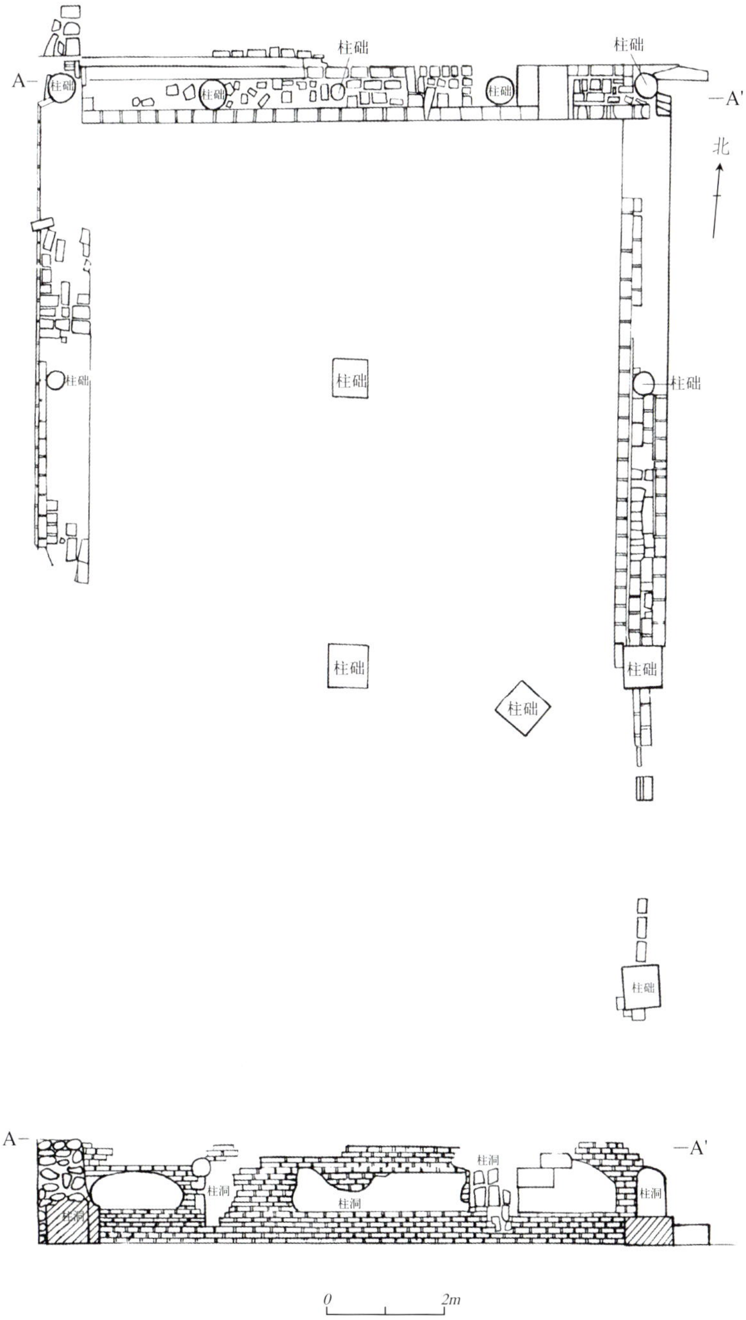

图8-22 F2西大殿平、剖面图

(5) 2001FJLF4～F8建筑遗址

F4位于清代小宝顶西南侧，是一处坐北朝南的砖石结构建筑遗址，由于破坏，只保留有东西两侧部分残墙和东墙外的砖铺散水及甬道。F4面阔四间、进深两间，东西长10.4、南北宽7.5米。在房址内发现有烟囱、烟道、坐炕等遗迹。F5为砖铺建筑遗迹，据四角铺垫柱础石判断，应是亭式建筑，坐北朝南，方向181°。面阔4.2、进深6米。亭内用长方形沟纹砖南北向错缝平铺。在西北侧的砖铺地下，还发现一灶坑，圆形，边沿及火膛内立砌长方形砖，烧成暗红色。

F6、F7、F8三组建筑组成一个建筑群，位于神道北端G3内、清代棂星门遗址夯土堆积层下，破坏较甚，均保留北半部。F6位于主陵区神道北端东侧，由南往北第四级台地上，北临第三台地棂星门遗迹。平面略呈长方形，东西走向，方向北偏东5°。F6台基前铺散水，先用立砖铺牙砖两层，然后铺丁砖。F7位于主陵区神道北端、清代棂星门遗址夯土下。东侧与F6相接，西侧接F8。其南距石踏道80米。平面呈“凸”字形，面阔17.5米。台基北侧平铺散水，先用长方形砖平铺砌，其外再立砌牙砖。台基北端正中顺山势向上用方砖沟纹朝上平铺坡道。F8位于主陵区神道西侧，东侧与F7紧邻，西段被M9墓道打破。平面呈长方形，方向北偏东6°，东西残长24.1、宽1.9米。面阔五间，残留进深1.1米。台基北侧铺散水宽0.5米，用长方形砖纵铺，再立砌牙砖。并且在每一间房子中间正对的散水上均用大长方形砖或方砖铺台阶。该房基与F6、F7遗址相同，其南遗址全部破坏无存，但仅存的北侧地基明显向西倾斜，其西端向西延伸被金世宗陵M9的墓道打破。推测连同F6、F7两组建筑可能是廊庑的形式。即在金太祖阿骨打陵前享殿两侧原建有回廊，修建金世宗陵时此建筑已被拆毁。此外，在F6西侧与F7之间向北约0.5米处发现略偏东西向的椭圆形大灶台，已残破。灶台用废弃的沟纹砖垒砌。

(6) 陵墙

在遗址西侧发现3处用青石垒砌而车的陵墙。其中，L3位于九龙山主峰山坡下、M6西侧约38米处，东西向，残长43.5、宽2、残高1.5米。全部用不规则石块砌成虎皮墙。其用途一方面标志陵寝范围，另一方面起阻挡山洪的作用。

L1、L2位于清代小宝顶西侧，均为东西向，而且小宝顶西侧宝城打破该陵墙。L1为用自然石块垒砌而成的虎皮墙，比较规整。L2在L1陵墙拐角3.5米处，又向西砌陵墙，再向北拐进。

(7) 排水系统

东侧排水沟，即2001FJLP2，位于金太祖陵地宫（M6）东北60米，东西向，全部用花岗岩石垒砌，结构清楚，保存完好，全长120米。3个入水口汇总在一个主干沟内，依照山形地势由西北向东南排出山陵区。主干道排水沟（P2）依山势挖槽，底部铺花岗岩石。两侧错缝立砌沟壁，其上平铺顺缝砌花岗岩长条石封盖。沟内空间随山势逐渐加深扩大，沟内高度也随山势逐渐加高。出水口全部用巨型花岗岩石垒砌，整齐牢固，保存完好。

西侧排水沟，入水口距石踏道西北约90米，由入水口小排水沟（2001FJLP1）、明沟（2001FJLP4）及过水暗沟（2001FJLP3）三部分组成，全长150米，由西北向东南依山势流经石桥向外排水。P1居沟上游，当地俗称龙须沟，位于M6西南侧120米，东距西台址42米。形制呈沟槽状，由北向南倾斜呈缓坡状，残长25、宽0.6、深0.25米。P4为西北—东南走向，形制较窄小，结构简单。沟底平铺花岗岩素石板，底板两侧平铺立砌素面花岗岩条石。沟的最南端，横铺长方形巨石板。P3位于第五台地上，西北—东南向。沟前端砌法简单，用碎石块及鹅卵石垒砌，顶端加不规则青石盖板。后段沟两侧用花岗岩条石错缝垒砌，底及沟盖面均铺花岗岩条石或石板。在北段暗沟中曾出土有“乾元通宝”、“天禧通宝”、“崇宁重宝”等铜钱遗物。

(8) 明代关帝庙遗址

即2001FJLF3，位于太祖陵南40米，东南距东大殿遗址50米，西距清代小宝顶10米。

遗址坐北朝南，方向北偏西10°。平面呈“凸”字形，砖石结构，东西长31、南北宽28米。其散水部分东西面阔13.5米，由甬道和散水沟组成。根据关帝庙遗址散水沟与花岗岩条石的叠压关系分析，此处可能有金代建筑。据文献记载，明天启三年，十分崇拜“武圣”关公的明王朝，在金陵原址上修建了多处关帝庙。我们在金陵主陵区太祖陵南侧正中40米处发现明代修建的关帝庙遗址，与文献记载是相吻合的[1]。

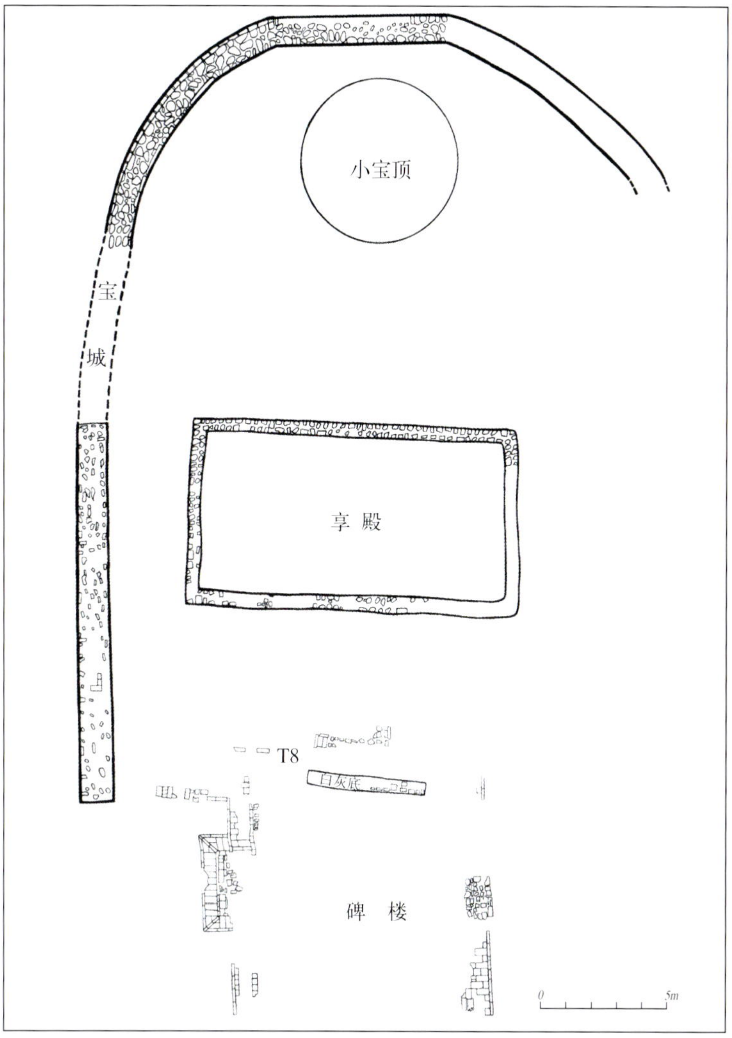

图8-23 清代小宝顶及前享殿碑亭

(9) 清代小宝顶遗址

明末清初，女真人后裔满族人建立后金政权。明朝统治者听信形家之说，罢金陵祭祀，拆毁金陵，即所谓的“断龙脉、刺龙喉”。清努尔哈赤入关后，建立清王朝，大房山金陵受到清统治者的重视。顺治、乾隆年间先后都曾修葺太祖、世宗陵，康熙年间也曾为金世宗立碑，驳斥明朝。所谓的“小宝顶”应是清初修筑的金世宗陵地面的建筑，位于太祖陵西南侧，由宝城、宝顶、享殿、碑楼等遗迹组成（图8-23）。

宝城在宝顶外围7米处，平面圆形。其内地势呈缓坡状，北高南低，坡度为10°。宝顶位于宝城南端，距宝城北墙1.2米，距西墙7米。宝顶平面呈圆形，直径6.5、高1.6米。其外侧用长方形大砖沿圆周平铺错缝垒砌，内填三合土夯实。享殿位于小宝顶南侧10.8米，平面呈方形，仅保留地基部分，全部用三合土夯实。碑楼位于享殿南5米，仅保留地基部分，东西面阔10.6、进深残长10米。西侧墙基保存较好，正中部位砌凸字形散水。据调查，20世纪60年代，大殿及碑楼全部为红墙黄瓦，碑楼四面设拱券门，外有砖铺甬道，楼内有清康熙二年九月御制的《金太祖、世宗陵碑》，满汉文对照。

(10) 清代大宝顶遗址

位于太祖陵西北侧10余米，仅留土丘，直径15米，周边有散乱三合土和地基砖。

1 《日下旧闻考》卷一三二引清康熙二年《圣祖仁皇帝御制金太祖世宗陵碑文》：“惟金朝房山二陵，当我师克取辽阳，故明惑形家之说，谓我朝发祥渤海，气脉相关。天启元年，罢金陵祭祀。二年，拆毁山陵，劚断地脉。三年，又建关庙于其地，为厌胜之术。”

(11) 清代棂星门遗址

位于神道北端台地上，南距踏道约80米。地基用石块和黄土夹杂分层夯筑而成。该建筑面阔5米、进深2.1米，用花岗岩和青石铺做基座，正中设门，宽约3米。

3. 陵墓部分

(1) 金太祖睿陵

位于北京市房山区周口店镇龙门口村九龙山下清代大宝顶前约15米处，编号2002FJLM6。

墓葬形制 睿陵地宫形制为石圹竖穴，平面长方形，四壁为麻岩石凿穴而成，方向356°。地宫口大底小，东壁略向内倾斜，其他三面向外略有缓坡。坑底较平，坑口北部高、南部偏低，呈缓坡状。M6内部先用黄土从墓底夯筑，夯层总厚2.5米。2具素面石椁上面的夯土夯至椁顶板以上0.2～0.3米，凤椁夯土至椁顶板以上0.6米左右。然后在上面平铺巨型石块，最接近石椁盖的一层摆放的较有规律，南北向成排，排列有序。由此向上均交错平铺码放，至墓口大约4层，每层之间用素黄土夯实。并且发现，在第一层夯土之上，普遍铺有一层朱砂，色泽鲜艳（8-24）。

葬具 地宫内共瘗葬4具石椁，M6-1、2为两具青石素面椁，南北向放置于地宫西侧。M6-3、4为汉白玉玉雕凤纹、龙纹石椁，东西向放置于地宫中部偏北。

M6-1石椁由6块青石板拼合而成，分椁盖、四面椁壁和椁底。椁内放置木棺1具，据棺钉推测，棺长2、宽0.9米，棺外髹褐色大漆，装饰4件八角形铜环铺首。棺底铺有一层极薄的浅灰色板灰。棺内正中遗有骨灰。随葬有2件玉雕海东青和梅花饰件。

M6-2石椁紧邻M6-1，两者相距0.5米，形制与前者相同，也由6块青石板拼合而成。推测棺长2、宽0.8米，木棺内西南角遗有人头骨和残缺的下颌骨，棺北侧发现有肋骨。在头骨东侧发现2件竹节状金饰件。

8-24

8-25

8-26

图8-24 M6地宫全貌

图8-25 M6-3雕刻凤纹石椁东壁拓片

图8-26 M6-3木棺及出土器物图

8-27

8-28

8-29

8-30

8-31

图8-27 白玉凤佩饰

图8-28 白玉凤佩饰

图8-29 玉雕凤鸟纹饰件

图8-30 金丝帽盛子

图8-31 M6-4雕龙纹石椁椁盖及四壁展示图

M6-3为汉白玉雕凤纹石椁，平面长方形，通长2.48、高1.52、宽1.2米。该石椁由椁盖、椁身两部分组成，均为整石雕凿而成。椁盖为长方形盝顶式，中间雕刻双凤纹，四角雕刻卷云纹，盝顶四坡刻云纹。椁身东西长2.48、南北宽1.2、高1.06米。内壁高0.92米，壁厚7～8厘米。椁外四周均以松香匝敷，上部致密坚硬，下部松香内填塞大小不等的石块，略显松散。松香的坚固耐腐加之石块填充起防腐防盗的作用。椁内壁均有墨线勾绘纹饰，然后阴线刻并描金粉。前、后两挡板雕刻团凤纹和卷云纹，南北两臂皆为双凤纹、卷云纹，部分尚能看见金线痕迹（图8-25）。石椁内放置木棺1具，平面长方形，长2.1、宽0.75～0.78、高0.68米。木棺偏放于东南，根据石椁内积水痕迹，可能由于椁壁渗水过多，木棺漂移而偏于一侧（图8-26）。木棺外髹红漆，漆外饰银片鎏金錾刻凤鸟纹。棺内出土头骨及散乱的肢骨。棺内随葬品有金丝凤冠1件雕凤鸟纹玉饰件以及10枚金丝花饰（图8-27～图8-30）。

M6-4位于M6-3稍南，汉白玉雕龙纹石椁，残留底部及部分椁盖和东椁板（图8-31）。椁

图8-32 团龙纹石椁拓片

盖长方形盝顶式，残长1.1、宽1.55、厚0.6米。外部剔刻团龙纹，盝顶坡面剔刻缠枝花纹。东椁板高1.22、宽1.52～1.54、厚0.22米。椁板外壁敷松香，并有火烧痕迹。椁壁正面剔刻团龙流云纹，描金，其内壁有墨线朱红地彩画（图8-32）。其余三面椁板已无存。椁内木棺已被毁，残留木棺痕迹长2.1、宽1米。未见任何随葬器物，仅仅在石椁上层东南角填土内发现被扰乱的残头骨1具。

(2) 金太宗恭陵

金太宗名晟，本名吴乞买，世祖第四子，其母为翼简皇后拿懒氏，太祖同母弟。《金史》卷三《太宗本纪》载，太宗“贞元三年十一月戊申，改葬大房山，仍号恭陵”。卷五《海陵本纪》：贞元三年五月“乙卯，命判大宗正事京等如上京，奉迁太祖、太宗梓宫”。

考古资料表明，太祖陵东侧1.5米处凿地为穴的陵寝就是金太宗吴乞买的地宫，位于九龙山主峰下，方向170°，编号为2002FJLM7。墓室为四壁石圹凿穴而成，用纯黄土回填夯实，每层夯土之间夹杂着碎石块。仅清理了盗洞部分，发现有石龟趺残件和“皇”、“帝”等字样的残石碑。

(3) 金德宗顺陵

由《金史·宗干传》和《金虏图经·山陵》记载，金帝完颜亮在贞元三年奉迁太祖、太宗陵寝时，也将其父宗干迁到中都，且同时葬在大房山山麓九龙山下。

据考古勘察，在太祖陵西侧1.5米处有一东西长9、南北宽5米的石圹竖穴墓，只暴露墓口，深度不详。墓室内填土夯实，顶部西南角残留铺地砖，墓葬没有盗扰痕迹。推测该墓是金帝完颜亮之父——德宗完颜宗干的顺陵，编号2002FJLM8。

又据《大金集礼》卷四《追加谥号下》云：“大定二十一年正月，诏贬海陵庶人。”二十二年四月“十一日，拟奏，‘海陵既废为庶人，其父母尚存帝后之号，委是名分僭差。今拟改封皇伯太师辽王，据衍庆宫旧容拟改画服色，迁出顺陵，改名为墓。’从之。十五日，诏天下”。可知，德宗顺陵虽然葬在太祖陵西侧，但是金帝完颜亮废为庶人后，其父德宗也随之削去帝号而迁出顺陵，故推测M8可能为空墓。文献并无记载，完颜宗干迁出顺陵后迁往何处，但是，以王爵的身份，可能前往鹿门谷诸王兆域。

(4) 金世宗兴陵

位于太祖陵（M6）西南约70米处，编号为2001FJLM9。该墓有南北向石条构筑的台阶墓道，共19层，每层錾刻菱形花纹图案。墓道外西南侧为一条西南向东北并向下倾斜的石槽，是一条灌注铁水的甬道，直至墓门。墓门为仿木建筑结构，青白石雕刻门楼，屋顶雕刻瓦垄、屋檐、椽和瓦当，瓦当雕刻有梅花图案。垂脊前端雕刻昂首的龙头，龙头和垂脊为榫卯结构。墓门无存，前端用纵排方木封门，但被火烧毁，化成木炭。

(5) 金睿宗景陵

推测可能位于太祖陵东南侧。1986年，在太祖陵西南侧10余米发现一通金代石碑，青石雕凿而成，盘龙螭首，高2.1、宽0.86、厚0.25米，单面双勾阴刻“睿宗文武简肃皇帝之陵”楷书大字，内填朱砂，镀金粉。碑首雕刻四条团龙，尾部托起火焰球（图8-33）。

图8-33 金睿宗墓碑

大定二年，世宗在九龙山太祖陵东南侧为其父营建山陵，于上京奉迁睿宗梓宫于大房山，奉安梓宫于山陵行宫——磐宁宫。戊子，葬睿宗于九龙山，号景陵。睿宗墓碑的出土，证明金睿宗景陵在陵区之内。

(6) 其他墓葬

在金陵主陵区除了陵寝外，还发现有5座其他墓葬，编号为2001FJLM1～2001FJLM5，均位于神道西侧、太祖陵西南第四台地上。5座墓葬形制相同，均为长方形竖穴石圹墓，花岗岩条石砌筑墓圹四壁。埋葬形式不同。

M1、M2位置稍南，东西向。葬具、人骨及随葬品无存（图8-34）。M3～M5位于其北，南北向。在墓底南北两端各放置一块“凹”字形花岗岩石墩作棺台，外抹白灰。M3葬具、人骨及随葬品无存。M4、M5石椁内木棺已朽，人骨架散乱（图8-35）。M4随葬品有铜首铁剑和石枕各1件（图8-36、图8-37）。M5随葬有磁州窑龙凤纹罐1件（图8-38）、“泰和重宝”39枚。此外，在当地征集到“萧何月下追韩信”三彩瓷枕1件，不知出于何墓。

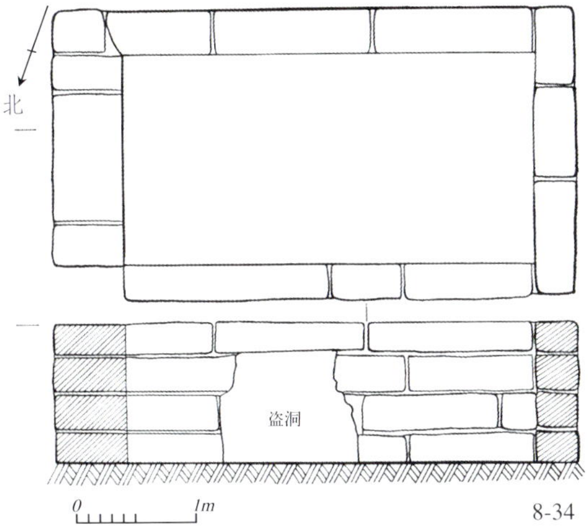

8-34

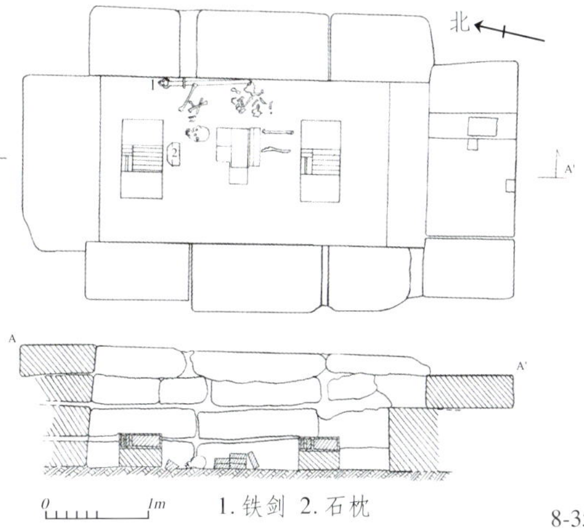

8-35

8-36

8-37

图8-34 2001FJLM2平、剖面图

图8-35 2001FJLM4平、剖面图

图8-36 铜首铁剑

图8-37 青玉石枕

图8-38 磁州窑龙凤纹罐

图8-39 绞尾铜坐龙

图8-40 方格乳钉纹双耳簋

8-38

8-39

8-40

4. 其他主要出土遗物

主要包括：生活用品（铜器、瓷器、石器）、建筑构件（石质、琉璃、陶质）、铁器（生产工具、生活用具、兵器）、钱币（西汉、唐代、五代十国、北宋、南宋、金代）等随葬种类。

铜质生活用具共18件，其中铜坐龙3件、铜簋1件、铜人像1件、铜饰件6件、铜门钉6件以及鎏金铜门钹1件。瓷质生活用具共15件，以盘、碗为主，分别属于定窑、霍窑、龙泉务窑、钧窑、磁州窑和吉州窑等处的产品。石质生活用具共4件，有石笔洗、石杵等。铁器在遗址内大量零散出土，其中生产工具最多，有镐、凿、锤、锨、斧、链等，另有少量兵器及生活用具等共计51件。举例介绍如下。2001FJLP3：2，铜坐龙，模制，昂首飘发，前腿直立，后腿屈坐，尾上卷曲，通体刻龙纹鳞片及火焰纹，高18厘米（图8-39）。2001FJLT13③：1，铜簋，宋仿西周礼器，侈口，双耳，腹下垂，大圈足，腹部饰方格乳钉纹。高13.5、口径12、底径15厘米（图8-40）。2001FJLF1：1，铜人像，模制，人像呈立姿，头上有鼻系，上身穿钱文坎肩，下身赤裸，双手抱元宝。高5厘米（图8-41）。2001FJL：90，白釉碗，轮制，敞口，沿外撇，弧腹，矮圈足。内壁刻花，施卷叶水草纹。口径21.4、底径6.5、高6.1厘米（图8-42）。2003FJL：2，褐釉盏，轮制，直口微敛，弧腹，矮圈足。口径9.5、底径3.8、高4.2厘米（图8-43）。建筑构件主要有坐龙、鸱吻、栏板、望柱、抱柱、柱础、龙头兽、龙头螭首、迦陵频伽、妙音鸟、筒瓦、板瓦、瓦当、滴水等，质地主要包括石质、陶质、琉璃。简要介绍如下。2001FJL石：22，石坐龙，青石雕刻，龙首平视，通体雕刻鳞片及火焰纹。前腿直立，后腿屈蹲在圆柱形云台上。通高37厘米（图8-44）。2001FJL：65，鸱吻，红褐色胎土，外施绿色琉璃釉，模制，浮雕，龙头张口吐舌，鸱尾上卷。残高25厘米（图8-45）。2001FJL：55，迦陵频伽，陶质，模制人首鸟身，头有发髻，双手抱拳，站立莲花座上，底足圆形（图8-46）。此外，金陵遗址调查期间，曾出土重要的“萧何月下追韩信”三彩瓷枕（图8-47）以及鎏金银面具（图8-48）等[1]。

8-41

8-42

8-43

8-48

8-47

8-44

8-45

8-46

图8-41 铜人像
图8-42 白釉碗
图8-43 褐釉盏
图8-44 石坐龙
图8-45 琉璃鸱吻
图8-46 灰陶迦陵频伽
图8-47 三彩瓷枕
图8-48 鎏金银面具

1 该部分内容参见北京市文物研究所：《北京金代皇陵》，文物出版社，2006年。

第三节　其他重要墓葬

北京地区发现的金代墓葬主要可以分为砖石混筑墓、土圹石椁墓、土圹砖室墓以及土坑墓四大类型。其中以土圹石椁墓和砖室墓的数量居多，前者以长方形为主，后者以圆形居多，此外还有一例八角形砖室墓。较为特殊的墓例有金陵2002FJLM6的石圹石椁墓、2002FJLM9的仿木构石室墓以及石景山鲁谷的双重石椁墓。

至于金代墓葬的分期，学者有较多的研究。此处根据北京地区金代墓葬的特点以及历史事实，从刘晓东先生的观点，将其分为三期。早期，为金朝建国到金帝完颜亮迁都以前，即1115～1152年；中期，为金帝完颜亮贞元迁都到明昌以前，即1153～1189年；晚期，为明昌以后至金亡，即1190～1234年[1]。北京地区的金代墓葬中，占比例较大的砖室墓和石椁墓都具有一定的时代特征。其中，砖室墓年代多为辽末金初，晚期有少量发现；石椁墓在金代中期的数量可谓达到高潮，晚期也有延续。土坑墓发现数量较少，目前发现的大兴亦庄一批土坑墓年代大致在金代中期及以后。

一、砖 室 墓

北京地区的砖室墓以圆形单室为主，仅见一例八角形砖室墓，均为火葬墓，南北向。此外，还发现少数几座方形或长方形砖室墓，其中一座为土葬，其他几座葬式不详（见附表）。砖室墓葬具多数有长方形或圆形棺床，既有土棺床如天坛公园金墓，也有砖砌棺床如门头沟大峪育新小学金墓、石景山八角村M1等。葬具有木棺、木匣，仅石景山八角村一例金墓可能为瓮棺葬[2]。

1. 圆形单室砖墓

以崇文区天坛公园金墓、石景山八角村M1、大兴小营金墓以及门头沟大峪育新小学金墓为例介绍。

(1) 砖室木棺墓

门头沟大峪金墓：该墓为单室砖结构，方向南偏西10°，由墓门墙和墓室两部分组成。墓门墙为砖雕仿木建筑，通高2.96、面阔2.8、厚0.56米，最上面是瓦垅檐椽。此下是三组斗拱。封门墙的下部中间是墓门，墓门两侧是浮雕立柱。墓门高1.42、宽0.74米，在1.02米处起券。甬道长0.76米（它括封门墙厚度）。在甬道内端码放沟纹砖，堵住甬道。

墓室平面圆形，内直径3米，通高2.85米，穹隆顶高约1米，墓室内铺地砖错缝纵向排列。墓室中部偏北为长方形砖砌棺床，东西长1.14、南北宽0.76、高0.32米，由两排六列纵向平卧的沟纹砖作成。棺床前0.14米处有一小砖台，由四块纵向并列的沟纹砖平卧码放而成。墓室四角饰四组立柱和斗拱的影作木结构。两立柱上的斗拱之间，还设一斗拱。四组立柱、斗拱将墓壁分成四个部分，每一部分均有壁画和影作砖结构装饰。墓门两侧各绘有一门吏。墓室北壁正中饰一影作屋宇形状，两侧各有壁画，北侧为一男性侍者形象，南侧壁画已脱

1　刘晓东等：《试论金代女真贵族墓葬的类型及演变》，《辽海文物学刊》1991年1期。
2　王清林、周宇：《石景山八角村金赵励墓墓志与壁画》，《北京文物与考古》第五辑，北京燕山出版社，2002年。

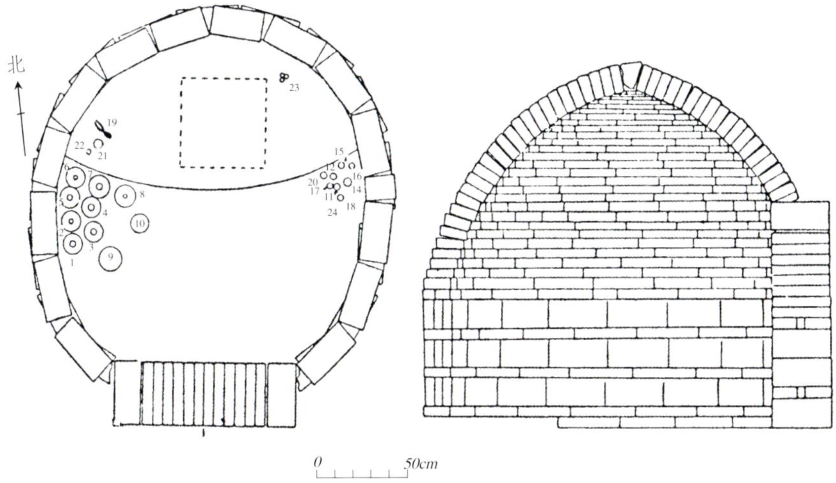

图8-49 墓室平、剖面图

落。西壁主体与北壁相同。东壁应是墓主人宴饮图，壁画脱落，不辨人形，其中一桌、两椅为影作。两椅相对，中间为桌。椅上所坐者应为墓主人夫妇，身后各立一侍者，形象难以辨认。墓室顶部壁画全部脱落。

墓葬随葬品较简单，白瓷碗5件，陶明器一组，包括饰彩塔式罐8件，三足鼎2件，陶盆9件，短柄水盛2件，铜钱10枚，年号有熙宁、元通、大观等。墓葬未见墓志，根据随葬品，推测墓主人是一般富有乡绅[1]。

大兴小营金墓：葬具有长方形棺床和木棺，坐北朝南，火葬。墓葬由墓门墙、甬道和墓室三部分组成。墓门墙位于墓室南侧，东西长140厘米，高66厘米。甬道南北长60厘米，东西宽45～53厘米，南端置一列封门砖。墓室为砖砌单室，穹隆顶，平面圆形，直径220厘米（图8-49）。墓室内壁中上部用砖雕有6个斗拱，上原有彩绘，仅存痕迹。斗拱以下有白灰痕迹，精美壁画已脱落。墓室底部未见铺砖，中后部略偏东处有一长方形棺床，内填黄褐色五花土。棺床上残留有骨灰及腐朽棺板，推测为火葬。随葬品中的瓷器出于墓门两侧，陶器出于棺床两侧，沿墓壁排列。陶器器形有罐、盆、执壶、甑以及剪等。瓷器主要有鸡腿瓶、白瓷碗、盘等[2]。

(2) 砖室木匣墓

崇文区天坛公园金墓：葬具有圆形土棺床和木匣，南北向，火葬。该墓葬结构简单，墓室平面呈圆形，顶作穹隆顶，墓门方向190°。墓壁砖为一铺一立，顶部逐渐收敛。墓门顶作拱券，封门砖上部平铺，下部为两层立砖，一层平铺，最下为一层立砖（图8-50）。两砖之间用土抹缝。墓室直径1.9、通高1.8、门高1.1、宽0.74米。墓室后半部有圆形土台，高约10、长90厘米，推测为棺床。在棺床之中部发现有朽木遗迹。据灰迹和棺床推测，该墓为火葬，葬具为木匣盛骨灰。在棺床之后部发现铜钱，棺床前左侧发现陶剪、小瓷罐、小瓷水注各1件。墓室西壁突出的砖上发现陶灯1件，其余的随葬品皆置于棺床前两侧。

随葬品共计21件，多为泥质灰陶，器形有三足锅、三足盘、六鋬釜、执壶、盖罐、盆、

1 王策：《门头沟金代壁画墓》，《北京考古信息》1991年1期。

2 北京市文物研究所：《大兴区小营出土金代墓葬》，《北京文物与考古》第六辑，民族出版社，2004年。

图8-50 墓葬平、剖面图

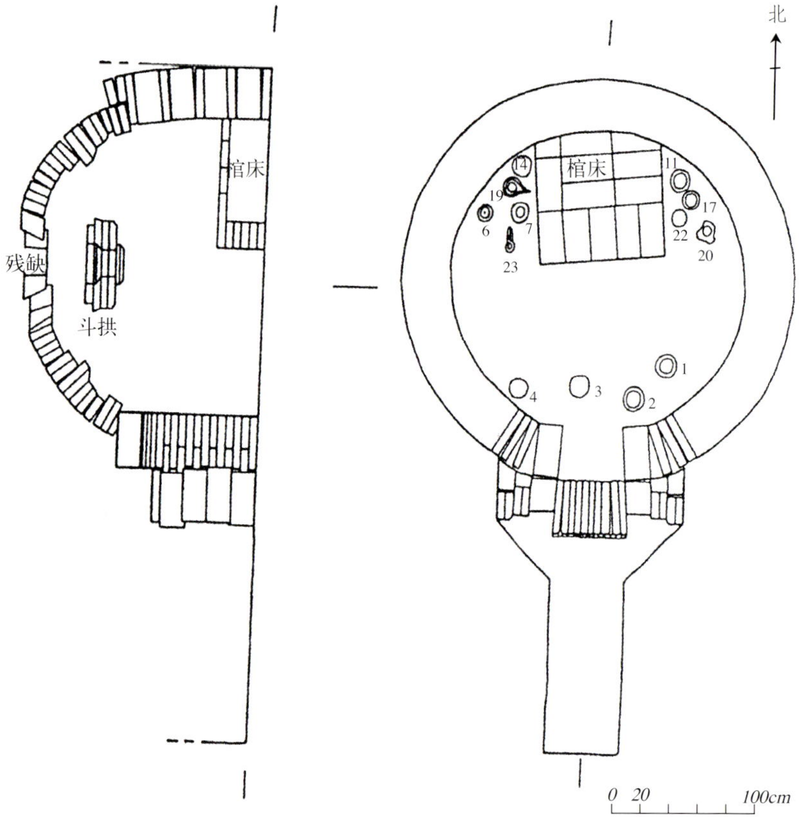

碟、勺、灯等。铜钱皆为北宋钱，最早的年号为祥符，最晚的为政和。报告推测墓葬的年代为辽末金初[1]。

(3) 砖室瓮棺墓

石景山八角村M1：葬具有长方形砖砌棺床和瓮棺，南北向，火葬。墓葬由墓道、影风墙、墓门与墓室四部分组成。其中，墓道位于墓室以南居中，正南北方向。南北长177、宽186厘米。内填五花土，形状不规则。影风墙位于墓道最北端，紧贴墓门向东西两侧作水平方向延长，东西总宽290、残长170～226厘米，由单青砖白灰黏合砌成。影风墙的墓门以上部分，绘有花卉图形的壁画。墓门东西两侧部分也都绘有壁画。墓门位于影风墙中部，上部为圆拱形，通高144、宽80、进深36厘米。

墓室位于墓道正北，坐北朝南，由单青砖以白灰黏合砌筑而成。四壁砌成圆形单墓室，上顶砌作穹隆顶。墓室外部通高242、外径270厘米；内室高225、内径230～238厘米。墓顶以砖砌作半球形“穹隆式”，在穹隆顶内壁绘有日月星辰等图像。穹隆顶下墓室圆形内壁上，以砖砌出了6根向心内凸的仿木结构立柱，并依此为界将墓室内壁均匀地分作了6格。这6根仿木砖砌立柱，均高124厘米左右，宽8～10厘米。其上方是一周以平砖砌出的内凸的仿木“平板枋”，其内凸程度大体与立柱持平。在相对于柱头的“平板枋”之上，是以青砖砌成的仿木结构的“一斗三升”式的“斗拱”之上，又是一周以两层平砖砌成的向心内凸的“挑檐枋”，其往中上方58厘米，即为墓室内顶心。在左右两栱与上下两枋围成的六块横长形

1 北京市文物工作队：《北京天坛公园内发现古墓》，《考古》1963年3期。

龛中，每龛原均绘有十二生肖中的两个属相，合起来为十二生肖（图8-51～图8-61）。其中室内居中偏右的第一个龛中两个动物图形连同墓顶被挖毁。在墓室内壁被立柱分隔出的6格中，有一格被墓门占据。门框外沿，以红色粗线条勾勒显现出券拱式门形。门内以两层立砖封堵，未见壁画痕迹。在墓室南壁和墓门的东、西两侧，各有一个壁龛。其中，东侧壁龛距墓门东壁26厘米，高45厘米，宽12厘米，进深20厘米；西侧壁龛距墓门西壁18厘米，规格与东侧相近。两龛下距墓室地面均为8厘米。墓室底面，以长方形条砖南北向错缝平铺。墓室后部居中，是砖砌的棺床。棺床与墓壁不相连属，平面作长方形，从侧面看为“亚”字形，长134、宽91、高36厘米。墓四壁因以白灰粉壁，看不出砌法。

该墓出土墓志1合，盖为覆斗形，盖题篆文“天水赵公墓志铭”七字。据墓志，这座墓下葬于金初皇统三年（1143年），墓主赵励为汉族士人。志文表现的是11世纪末到12世纪末之间，在金灭辽、金灭北宋与金和南宋的军事对峙等大战乱背景下，这个陷辽汉族官绅家族从残唐到两宋辽金近200年的离乱史。墓主的家族由盛而转衰，墓主本人也逃离燕京，客死汴梁，20年后方由其子亳秀历尽磨难找到遗骸，并归葬于燕城。

八角村赵励墓虽为圆形单室墓，但是圆形墓壁却被6根砖砌的内凸立柱分成了6

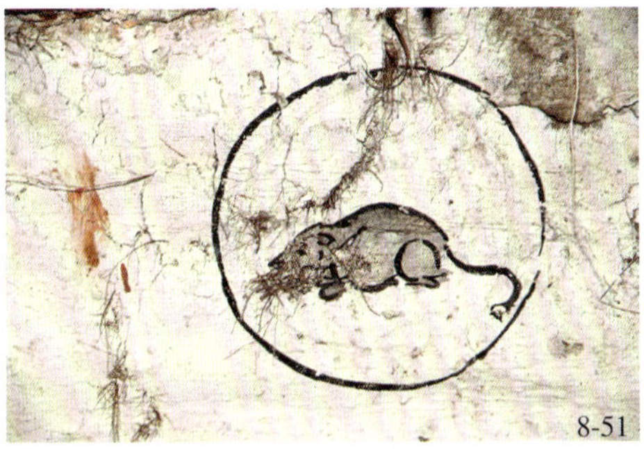

图8-51 子鼠
图8-52 丑牛
图8-53 卯兔
图8-54 辰龙
图8-55 巳蛇
图8-56 午马
图8-57 未羊
图8-58 申猴
图8-59 酉鸡
图8-60 戌狗
图8-61 亥猪

格，与六角形墓葬颇为相似。辽金砖雕壁画墓墓顶、墓壁一般都被分为8或6等份，代表了“八方”、“六合”，也即天地四方，象征宇宙天地。墓壁6格中，正南被封门洞立砖占去，未绘壁画，所以壁画只有5幅，与墓顶相同，也是从正北居中那幅开始，顺时针方向旋转排列，分别为侍寝图、备茶图、备宴图、散乐图、侍洗图等（图8-62～图8-66）。

石景山八角村金墓的墓志与壁画给我们提供的新信息，是一个当时南北民族融合进程中的新动向、新发现。辽与金初陷辽汉人壁画墓既在相当大程度上保留了晚唐与五代中原汉文化的一些传统，如雕砖壁画墓的葬俗、壁画中大量出现的墓顶壁画天象图及墓壁壁画散乐图等题材。同时也接受了北宋中原汉民族文化的许多影响，如墓壁壁画中的备茶图题材，墓志铭文中辽、金政权受北宋官制的直接影响而新出现的选官的左右四选制与换官制及仿效北宋官制而新设置的左丞制、将仕郎等官职。尤其是换官制，不仅是辽、金政权仿自北宋，而且辽之散官还可以到北宋去换，北宋之散官也可以到金去换作。这些都是墓葬内容提供给我们的新线索[1]。

图8-62 侍寝图
图8-63 备茶图
图8-64 备宴图
图8-65 散乐图
图8-66 侍洗图

1 王清林、周宇：《石景山八角村金赵励墓墓志与壁画》，《北京文物与考古》第五辑，北京燕山出版社，2002年。

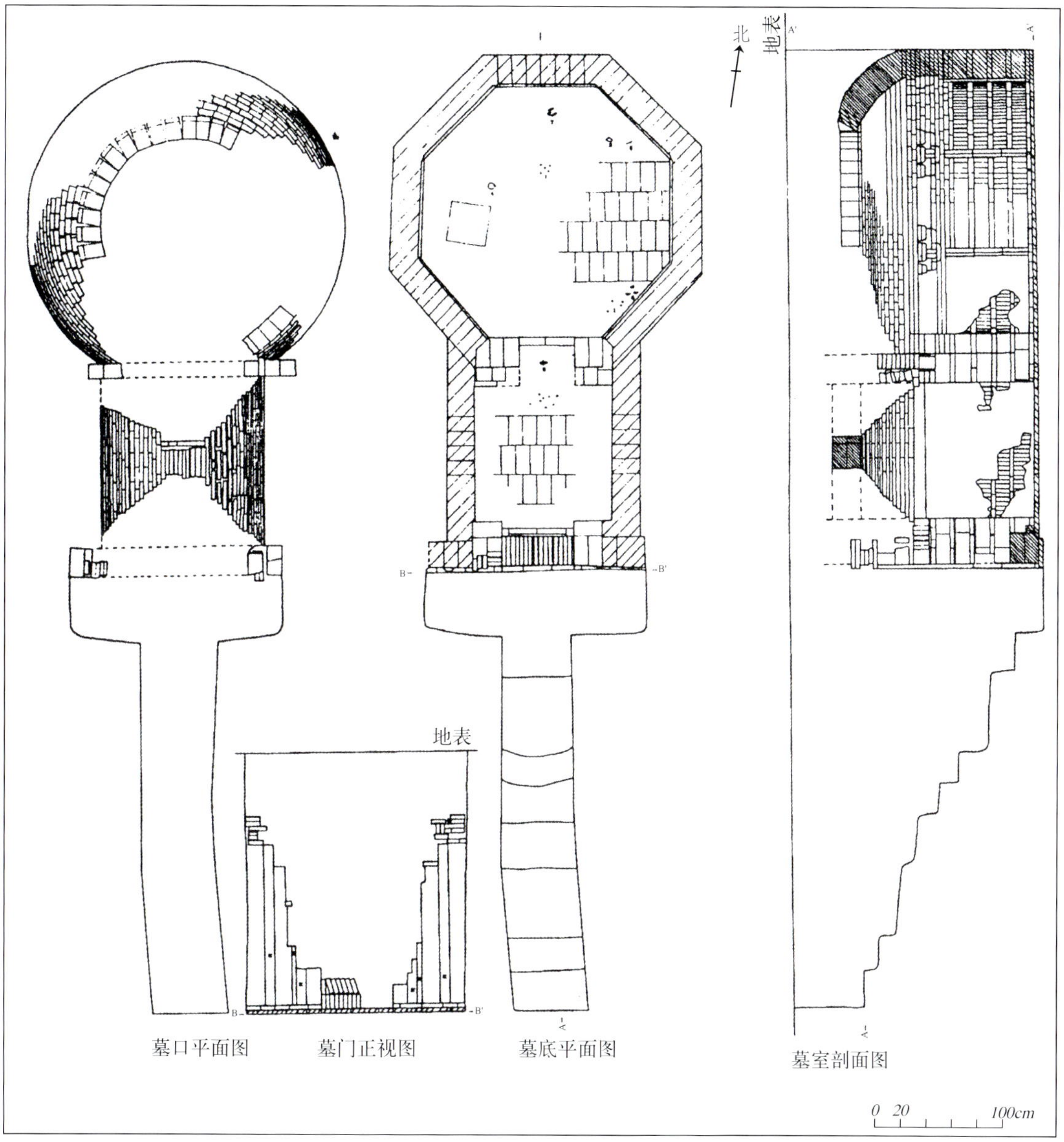

图8-67 墓葬平、剖面图

2. 八角形单室砖墓

这种墓葬形制在北京地区的金代墓葬中仅在延庆张山营发现一例。该墓为青砖砌制的八角形单室墓，通长12.3米，由墓道、墓门、甬道、墓室等组成（图8-67）。墓道位于墓门南侧，平面长方形，南端略向东偏，共7级台阶。墓门位于甬道南侧，在门墙中部，现存封门砖两层，人字形摆放，外用白灰粉墙，上用红色画出象征性的双门框，内门框之间画一个黑色门框。门墙东侧上部，有一个斗拱，外涂红色。在墓门与墓道之间还留有一平面近长方形的坑，推测为建造此墓时的工作空间。甬道位于墓室南侧，平面长方形，顶部券砖，东西两壁用白灰粉墙，分别绘有壁画。内用铺地砖，青砖南北向错缝平铺。

墓室位于甬道北侧，顶部破坏，底部平面为八角形，四周砖雕斗拱立柱，斗拱之上为穹隆顶，墓顶内壁粉白灰，上零星点缀红花。墓室四壁用青砖加泥砌制。室内铺地砖，与甬

图8-68 出行仪仗图

图8-69 侍女图

图8-70 砖雕彩绘斗拱

图8-71 亦庄M12平、剖面图

8-68

8-69

8-70

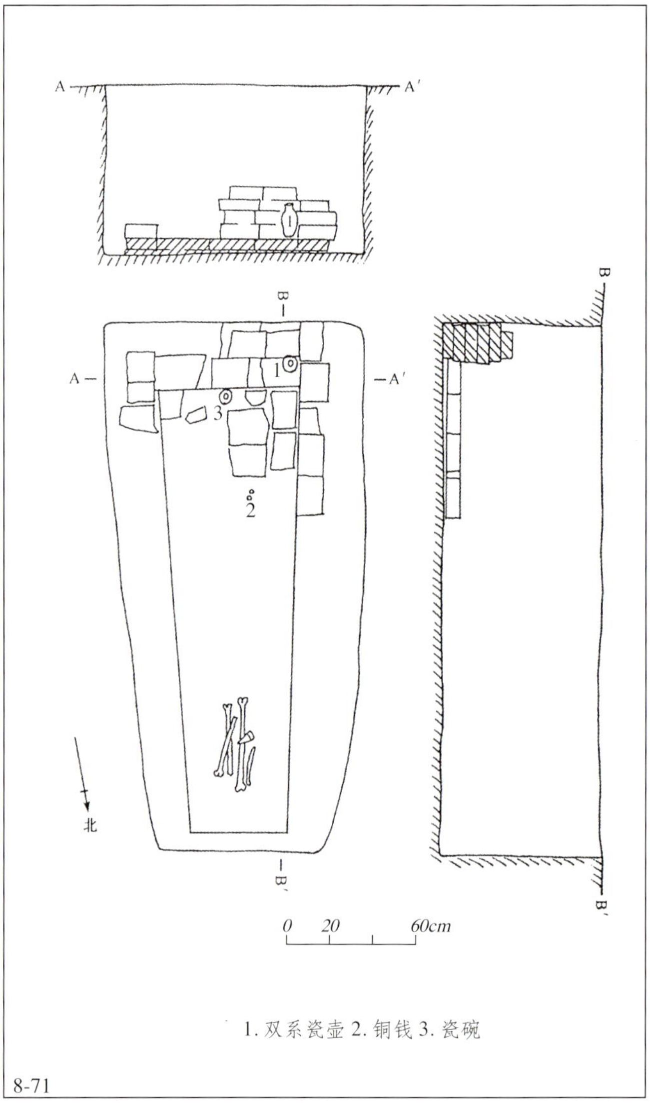

8-71

道相同。室内未见骨架和葬具，只在填土中发现烧骨，应是采用火葬方式。墓志盖发现于墓室西南部，背面朝上，覆斗形，平面正方形，边长0.55米，中间阴刻“故吕夫人墓志”，四边刻人身兽头的十二属相，四角为云纹图案。墓室内壁原绘有壁画，现甬道及墓壁残存4幅壁画，分别描绘出行仪仗、侍女、鼓乐等内容。这些壁画与室内砖雕融为一体，反映出金代绘画和建筑的高超技艺。栩栩如生的各种人物，是研究金代服饰和装束不可多得的实物资料（图8-68～图8-70）[1]。

3. 长方形或方形单室砖墓

这类墓葬发现较少，目前资料仅有4例（见附表）。以大兴亦庄X42号地M12为例介绍。该墓为长方形单室砖墓，墓向355°。砖室长2.1、宽0.56米，南北两壁用残砖拼砌，其余被破坏。墓室西部有一生土二层台，宽1.14、高0.14米。墓室西南角内散落有胫骨、髋骨、股骨等（图8-71）。墓葬随葬品大多置于墓室北部，有陶罐、鸡腿瓶、铜钱等[2]。

1 李华等：《延庆县时尚纺织品有限公司壁画墓》，《北京文博》2005年3期。

2 北京市文物研究所：《北京亦庄考古发掘报告》，科学出版社，2009年。

二、砖石混筑墓

北京地区发现的砖石混筑墓例不多，主要有门头沟永定金墓M2和丰台王佐M2，两者分别为砖石混筑和砖圹石盖两种形制，两者均为火葬。

1. 砖石混筑墓

门头沟永定金墓M2：墓葬坐北朝南，平面呈圆形，是用砖与自然石块合用而建造的一座穹隆顶砖室墓（图8-72）。墓室直径2.3、高2.25米。南壁有墓门，墓室北壁砌半圆形棺床。墓室周壁都采用砖、石并用的方法建成。最下一层平铺灰作为基础，此层之上用不规则自然石块垒砌起高40厘米的墓壁。墓门两侧用灰砖平铺砌成，使用砖砌与自然石块相接，形成整个墓室的周壁。墓顶的收口形成一个不规则的七角形，用四块整砖，四角相对封口。在墓室的西侧壁上，有用一块整砖砍磨成一影作灯檠，台面凿成直径5厘米的圆形凹坑，便于放灯盏之用。推测东壁有与西壁相对称的灯檠设施。墓室后半部为半圆形棺床，东北边缘处放有一个灰绿色鸡腿瓶。棺床上未发现人骨，在墓门内侧的墓底发现一堆未完全烧透的骨渣和肢骨残块，应为火葬墓。

随葬品器形主要有四足炉、三足洗、錾手锅、罐、碗、盆、鸡腿瓶、灯盏等[1]。

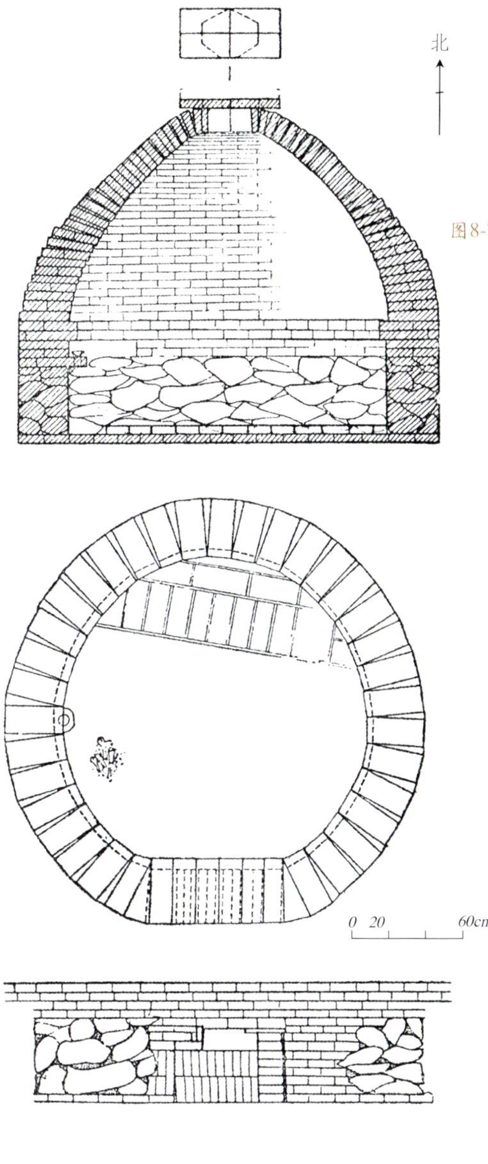

图8-72 M2平、剖面图

2. 砖圹石盖墓

丰台王佐M2：墓葬东西向，砖圹长方形，长3.1、宽1.92米，由沟纹砖错缝砌成，上盖青石板。圹内置木棺，上可辨有红漆片；棺内有火化骨块。仅见4枚铁棺环[2]。

三、石椁墓

这种形制的墓葬在北京地区的金代墓葬中占主流地位，年代主要在金代中晚期，墓主多为女真贵族。除了金陵2002FJLM6的石圹石椁墓外，其余均为土圹石椁墓。墓葬既有南北

1 李华：《北京门头沟区永定镇金墓》，《北京文物与考古》第四辑，1994年。
2 北京市文物工作队：《北京金墓发掘简报》，《北京文物与考古》第一辑，1983年。

向，也有东西向；葬俗既有土葬，也有火葬；葬具既有木棺、木匣，也有石棺甚至汉白玉石棺，少数还有石棺床。此外，这类墓葬既有单人葬，也有合葬。

1. 石椁木棺墓

以房山长沟峪的石椁墓、丰台乌古论窝论墓、海淀南辛庄M2以及平谷巨家坟金墓为例介绍。

房山长沟峪石椁墓 该墓群是由5个石椁组成的族葬墓，5个石椁并不相同，3个东西向，2个南北向（图8-73）。主墓方向为北偏东24°。石椁均由六整块两面磨光10～15厘米厚的青石板构成。正中石椁长2.9、宽1.38、高1.26米。结构为墓坑底放石椁底板，四框立于椁底板上，单榫结合，椁盖板盖在上面。另外4个与其形制相同，规格略小[1]。此墓黄秀纯等认为是金皇陵的坤厚陵[2]，但从木椁上的银龙纹饰看，似乎应为男性。

主墓石椁中有木棺1具。棺长2.2、宽1.25、高0.95、厚0.45米，都是红柏木板。结构为子口拼接成底，盖和四壁用穿带榫卯结合，铆钉间用钉钉接，呈长方形盒状。棺外涂红漆并用银钉钉嵌錾花银片（图8-74）。组成棺前壁的图案为四角云纹，中嵌火焰宝珠，火焰上部用绿色织锦剪成圆片贴在红漆表面。棺两侧为四角云纹嵌云龙卷草，云龙上部也用绿色织锦剪成圆片贴在红漆表面。侧壁板各有三个竹节形铁环。铁环折角处用银钉钉补一菱花形铜片以盖住铁折角。后壁板及棺盖为卷草纹图案。所有银片图案边缘都以银钉钉合，显出银珠嵌边的效果。錾花工艺精美，图案造型浑厚有力。

主墓石椁淤土中及残骨上有水银，椁内共收集水银约1公斤，并有织锦残片。正中石椁出土玉器11件，有双股玉钗、玉镯、玉环、长方形玉饰件、三角形玉饰件、透雕折枝花玉锁、透雕竹枝形玉饰、透雕双鹤衔卷草纹玉饰片以及“政和通宝”玉钱等。

丰台乌古论窝论墓 木棺、火葬墓，金大定年间。窝论墓椁呈长方形，东西向。东西长3.33、南北宽2.55、高1.65米。石椁四壁由四块完整的青石板组成，榫卯结构。椁底、盖均有三块青石条组成，之间以搭口相连。在顶盖西部，直立放置墓志1合。椁室底部距北壁10厘米处，放置青石板棺床，用砖起架，高约10厘米。床上置长方形漆木棺1具，内外残存红黑

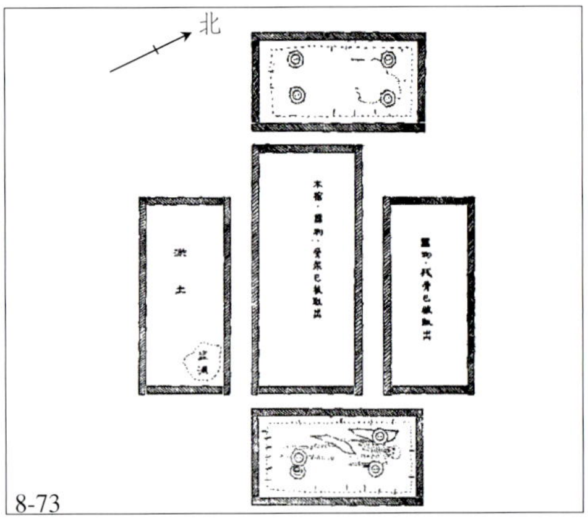

图8-73 五石椁平面图
图8-74 银饰红漆棺

8-73
8-74

1 马先得、黄秀纯：《北京市房山县发现石椁墓》，《文物》1977年6期。
2 北京市文物研究：《北京金代皇陵》，文物出版社，2006年。

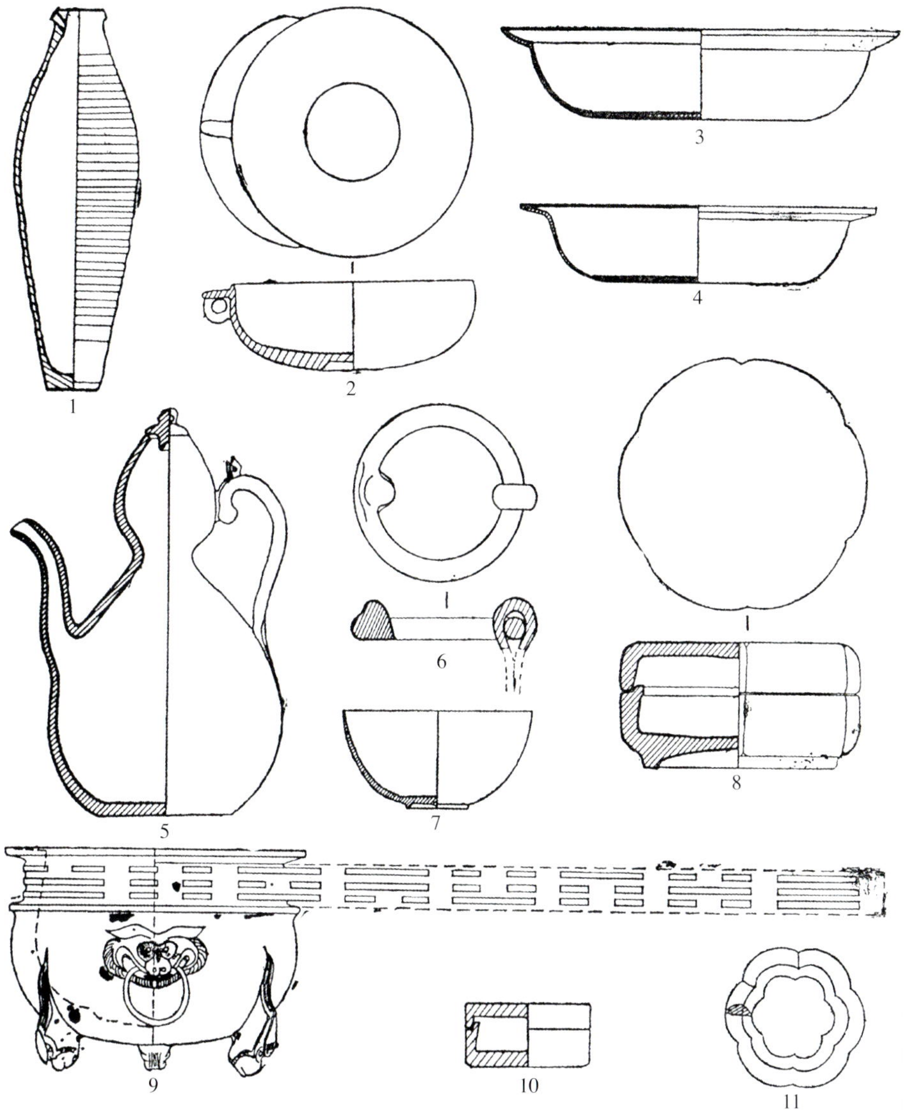

1. 鸡腿瓶 2. 錾耳洗 3. 岫岩玉石盆 4. 岫岩玉石盆 5. 执壶 6. 铁棺环 7. 小瓷盅 8. 瓜棱盆 9. 八卦炉 10. 小粉盒 11. 玉环

图8-75 出土器物图

及描金漆片。棺内底部发现玉环1件、玉佩件3件以及散乱的火化骨灰碎块。其余大部分器物均置于西南角岫岩玉盆及漆木盒中。

窝论墓出土的随葬品种类主要有瓷器10件，玉器4件，石器6件（套），铁棺环6件。其中瓷器主要器形有鸡腿瓶、錾耳洗、碗、影青盘、执壶等。玉器器形主要有花鸟佩饰、荷叶双龟佩饰以及玉环等（图8-75）。石制品主要有石盆、奁盒、粉盒、八卦炉、瓜棱盒等（图8-76）。此外，还有墓志1合，青石质。盖盝顶形，上篆刻“大金故金紫光禄大夫乌古论公墓志铭”志，方形，边长93、厚10厘米，志文楷书[1]。

海淀南辛庄M2：木棺、土葬、合葬墓，金代泰和年间。其为长方形竖穴土圹石椁墓，

1 北京市文物工作队：《北京金墓发掘简报》，《北京文物与考古》第一辑，1983年。

图8-76 出土器物图

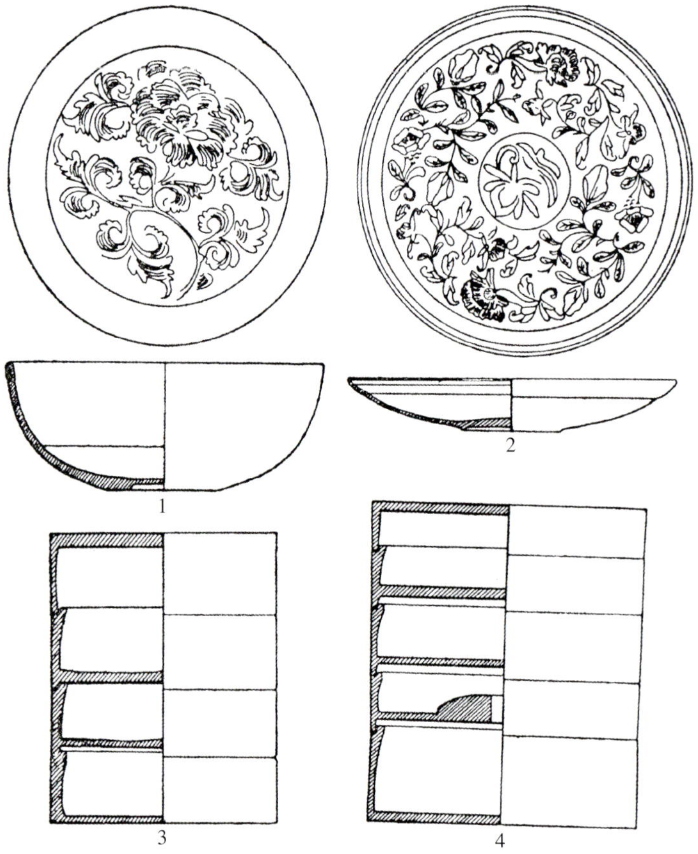

1. 瓷碗 2. 影青盘 3. 四层奁盒 4.五层奁盒

墓向东西向。石椁六面均为厚0.13米的整块青石板，长2.43、宽1.36、高1.2米。石椁四边凿出榫卯结构。土圹较石椁稍大，四面用黄土夯实。在石椁内底部，留有木棺痕迹，长2.02、宽0.66米。棺内有尸骨2具。随葬品大多位于木棺南侧，少数位于棺内尸骨头部。主要器形有白瓷碗、白瓷葫芦形注子、白瓷盒、白瓷盘、白瓷盆、白瓷小罐、黑褐釉瓷托盏、绿釉划花瓷枕、陶砚、红陶小罐、铜镜、铜刀、铁棺环、木梳、木篦、纸盒、铜钱等（图8-77）。其中铜钱55枚，散置于墓底，大部分已锈蚀，可辨认的字迹有“祥符元宝”、“天禧元宝”、“天圣元宝”、“嘉祐元宝”、“嘉祐通宝”、“熙宁元宝”、“元祐通宝”等。

M2无墓志，内有两具尸骨，与M1并非并穴合　葬，但与M1形制相同，相距仅3米，时代接近，应该属于同一茔域之内，其墓主人很可能是张氏家族的成员（据M1的墓志知其墓主为张□震，其官爵为“宣武将军骑都尉清河县开国男食邑三百户”）[1]。

平谷巨家坟金墓：木棺、土葬、合葬墓，金泰和年间。石椁东西向，盖、底及四壁均由整块青石板构成，石板厚12厘米，南北两面的石板两端的榫与东西两端的卯相接。石椁盖上放置一块墓志，长47、宽34、厚9厘米。椁内有木棺，已朽。石椁底部发现2具尸骨，其中一具较完整，仰身直肢，另一具尸骨散乱，应是二次埋葬。两具骨架均头东脚西。大量随葬品放置在头骨东部，在头骨及胸部附近随葬较多玉坠饰，腰部发现有铜带扣及玉带饰件，腿以下至脚部发现散乱铜钱，在石椁东南和西南角有2件鸡腿瓶。出土随葬品主要有瓷器、玉器、木器、铜器等（图8-78）。其中瓷器器形主要有双鱼瓷盘、錾耳洗、带盖小瓷罐、鸡腿瓶、荷花边碗、蒜头壶、双系罐、高领罐等（图8-79）。玉器器形主要有白玉环、玉佩、玉坠饰、水晶珠等。木器主要有木盒。铜器有发簪、带环、带扣、铜镜、铜钱等，其中铜钱共33枚，年号为“淳化”（图8-80）[2]。

1　北京市海淀区文化文物局：《北京市海淀区南辛庄金墓清理简报》，《文物》1988年7期。
2　杨学林：《平谷东高村巨家坟金代墓葬发掘简报》，《北京文物与考古》第四辑，1994年。

1. Ⅰ式瓷碗 2. Ⅱ式白瓷碗3. 白瓷盒 4. 白瓷盆 5. Ⅲ式白瓷碗6. Ⅳ式白瓷碗 7. 白瓷葫芦形注子 8. Ⅰ式白瓷盘 9. Ⅱ式白瓷盘 10. Ⅲ式白瓷盘 11. 白瓷小罐 12. 黑褐釉瓷托盏

8-77

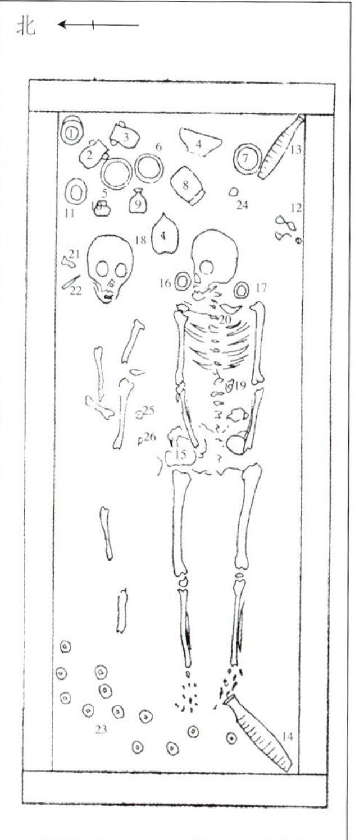

1. 錾耳洗 11、3、2. 双耳罐 12、4. 荷花边碗 5、6. 双鱼盘 7. 碗 8. 高领罐 9. 蒜头壶 10. 带盖小罐 13、14. 鸡腿瓶 15. 铜带扳扣 16、17. 玉环 18. 铜镜 19. 玉佩 20. 水晶珠 21.玉坠饰 22.铜簪 23. 铜钱 24.木盒 25. 铜带扣 26. 铜带环

8-78

图8-77 出土器物图

图8-78 墓葬平面图

图8-79 出土器物图

图8-80 出土器物图

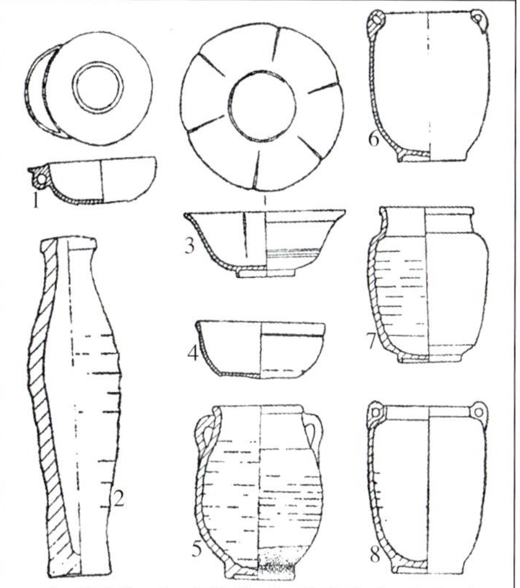

1. 錾耳洗 2. 鸡腿瓶 3. 荷花边碗 4. 瓷碗 5、6、8. 双系罐 7. 高领罐

8-79

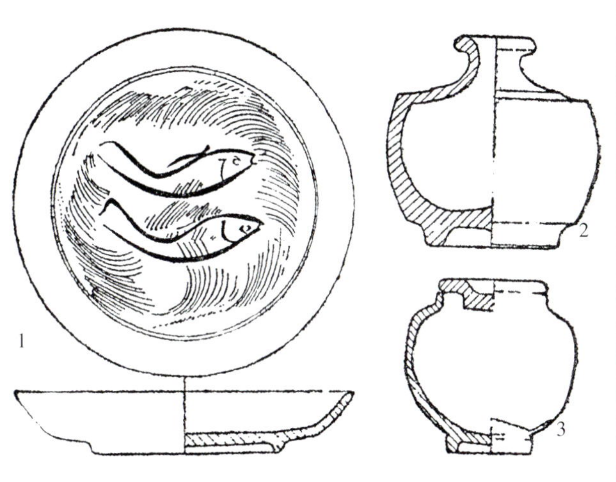

1. 双鱼瓷盘 2. 蒜头壶 3. 带盖小瓷罐

8-80

2. ***石椁木匣墓***

以通县三间房M1、M2和宣武区先农坛金墓为例介绍。

通县三间房M1：椁室南北向，石椁以六块带榫卯的青石板构成，长1.78、宽1.1、高1.06米，呈长方形。椁石厚度不等，最薄0.06米，最厚0.14米。内侧用剁斧加工成斗方形花纹，石椁合榫接缝均白灰勾抹。志盖平放于石椁盖上面，志石立于石椁内南壁西侧。椁内有骨灰

8-81 M1平面图

8-82 M1刻花碗

8-83 M1出土器物图

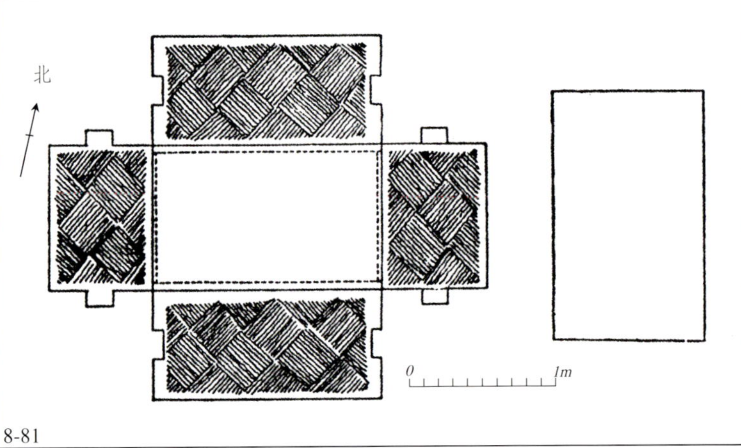

8-81

8-82

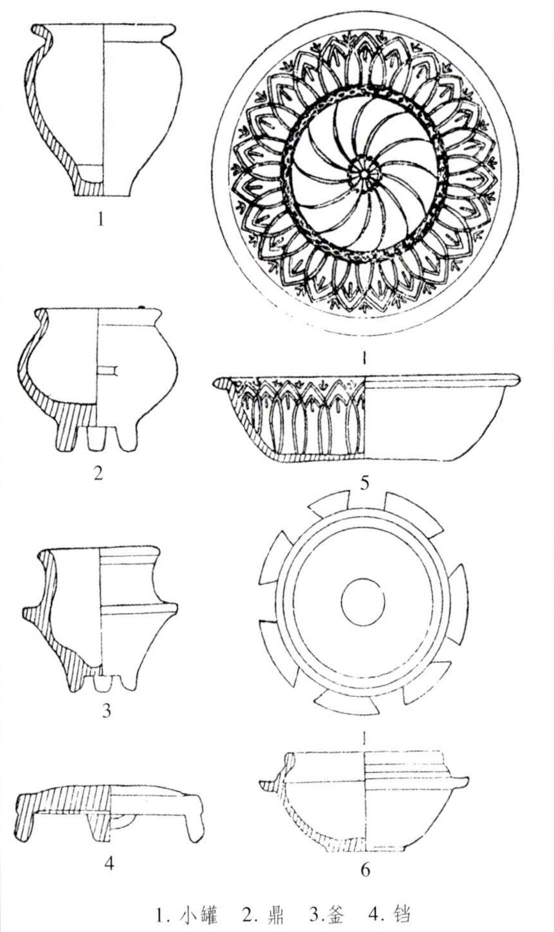

8-83

痕迹，系火葬墓（图8-81）。

该墓内出土器物20件及唐、宋、金代铜钱84枚。陶器均为泥质灰陶，器形主要有盆、鏊锅、釜、鼎、铛、小罐、钵等。瓷器器形主要有鸡腿瓶、耀州窑单耳洗、定窑葵瓣刻花碗（图8-82）、定窑瓷瓶、定窑刻花盘、定窑素小杯、定窑素碗、定窑素小碟等（图8-83）。此外，还有葵瓣式素面铜镜、铜钱等。铜钱背面铸有“湖州真正石念二叔照子”。铜钱包括唐代开元通宝、乾元重宝，北宋至道元宝、咸平元宝、景德元宝、祥符元宝、天禧元宝、天圣元宝、皇宋通宝、嘉祐通宝、治平通宝、元丰通宝、圣宋通宝、大观通宝、政和通宝，金代正隆元宝等共16种。出土的墓志，大理石质，志盖为覆斗形。铭文3行9字，楷书“故宣威将军石公墓志”。志石长61、宽60、厚9厘米。志文楷书31行，行33字，首为“大金故宣威将军河东路第一将正将兼知大和寨事上骑都尉武威县开国子食邑五百户石公墓志铭 通州乡贡进士郑肩撰”，末为“大定十七年四月四日长男忠翊校尉前京兆府高陵酒监石钧次男锐建”。

据志文可知，该墓主人是石宗璧，生于辽天庆四年即北宋徽宗政和四年（1114年），于金大定十五年即南宋孝宗淳熙二年（1175年）死于汾州大和寨（今陕西省北部佳县一带），葬于大定十七年（1177年）葬于通州潞县。石宗璧在金史无传，据墓志，他由一个管理酒税的官吏升为显武将军，后又为博平县尉；又由于镇压农民起义，受到女真贵族统治者的器重，累迁振武将军，除河东路第一将正将，戍守金与西夏的边界，直至五品官阶的宣武将军，管理大和寨的军政。又据《金史·本纪第四》及《金史·后妃传下》等文献记载，推测石宗璧的妻子应是女真贵族[1]。

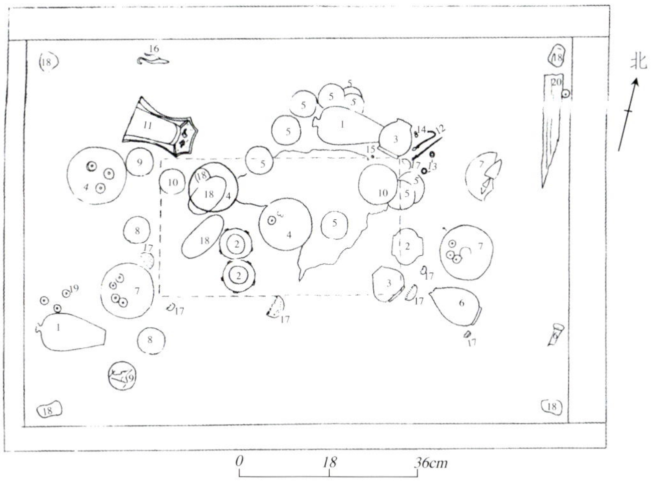

图8-84 M2平面图

通县三间房M2：位于M1西北侧5米。石椁形制、结构与M1基本相同。椁底四角各置鹅卵石1块，正中有板灰痕迹及毡毯残片，系木质骨灰盒及其朽毁的袱套，长约1.4米、宽约0.8米。在板灰上有瓷盘、瓷罐、铜钱、鹅卵石等器物。在一个瓷盘内放入2块鹅卵石。这些随葬物当时似放在骨灰盒上。盒内骨灰已散于椁底，在骨灰内发现经火焚变形的银簪金饰等。骨灰上下都撒过铜钱（图8-84）。

墓葬出土的器物有44件及唐、宋代铜钱124枚。瓷器器形主要有黑釉瓷瓶、黑釉小罐、定窑刻连花纹盘、定窑玉壶春瓶、定窑素瓷碗等。其他的还有陶砚、银簪、鎏金小铜环、镶宝石金坠饰、金箔饰片、大小铜钱等。根据发现的银簪、坠饰等器物，报告推测墓主为女性，可能是石宗璧妻纥克石烈氏（女真族）墓[2]。

除上述举例介绍的石椁木匣墓外，在宣武先农坛发现的金墓，报告称其为“长方形石棺”，由六块略经凿平的绿砂岩厚石板合成，棺口用石灰勾缝。在石棺东部发现一堆骨灰，四周有朽木和铁钉，可能为盛骨灰的木盒。笔者认为这座金墓也属于石椁木匣墓的形制。

3. 石椁石棺墓

以丰台乌古论元忠夫妇合葬墓为例介绍。

乌古论元忠夫妇墓：其为石椁石棺墓，东西向，长方形。石椁四壁各由两块汉白玉石板构成。墓葬四角用汉白玉凿成“┏”石柱，卡住分别置于两侧的椁板。从椁内看，椁四角分别直立四根长方形石柱。石棺位于石椁内靠南处，由汉白玉石棺床架起，高约0.2米。石棺置于床上，长方形，素面，四壁榫卯结构。石棺六面各由一块汉白玉板构成。棺内有火化骨灰碎块。

元忠夫妇墓随葬品主要有鲁国大长公主墓碑一通。石制，碑身长方形，额去角，周边抹角，长1.74、宽0.96、厚0.21米，碑阳正中阴刻“世宗皇帝长女皇姊鲁国大长公主墓”两行大字。梯形碑座，底座长1.07、宽0.57米；座顶长1.02、宽0.47米。座通高0.49米。碑座底部四边抹角，底部装饰浅浮雕卷曲云纹。另外一碑仅存一角，估计为元忠墓碑。碑座尚完整，形状与“鲁国大长公主碑”碑座同。此外，还发现有石狮、瓦当、滴水、压胜钱以及围棋状器等。同时，发现有元忠墓志，志盖，盝顶形，汉白玉质。顶篆刻“大金故开府右丞相判彰德尹驸马都尉任国简定公墓志铭”。志石，方形，汉白玉质，边长1.11、厚0.26米。鲁国大长公主墓志：志盖，盝顶形，汉白玉质。顶篆“大金故鲁国大长公主墓志铭”。志石，方形，汉白玉质，边长

1　北京市文物管理处：《北京市通县金代墓葬发掘简报》，《文物》1977年11期。
2　同上。

1.15、厚0.21米[1]。

这是一处乌古论窝论家族墓地，其墓葬形式反映了女真风俗，如火化、在墓角摆放鹅卵石或鸡腿瓶等。但从所出墓志的形制、文字、文书格式等诸方面看，已很少有女真遗风了。这同文献中所记载的，女真族文字发明甚晚，在其逐渐南侵过程中受强大汉文化的影响，最后融化于汉文化中是一致的。

4. 双重石椁墓

以石景山鲁谷金墓M35、M56为例介绍。

图8-85 M35俯视图

图8-86 M35双重石椁

鲁谷金墓M35：有石椁两重。外椁由五块青石板组成，未见底板，椁壁以榫卯结构相连接。内椁的椁盖为覆斗形，椁身由一整块青石凿成，素面。椁内上层放置一块长方形织物，织物下面是经火化的骨灰和木炭，其周围有木板灰和漆痕，推测其是用于盛放骨灰的木棺。骨灰的下面放置有铜钱。在椁内底部的东侧有一块鹅卵石。在骨灰的南侧，随葬5件形制相同的双系白釉瓷罐和1件八棱双系青釉瓶。墓志1合，青石制，出土时放置于外椁盖上方。墓志盖为箓顶形，上篆书“吕公墓铭”，墓志为方形。志文楷书，赵摅所撰。志文中记载：墓主人吕延嗣，辽道宗时考中进士，并做官。辽亡后，仕于金，官至殿中侍御史、太常少卿。金太宗天会四年（1126年）卒于太原，享年65岁。吕延嗣的夫人韩氏是辽代名臣韩延徽的六代女孙。志文还记载了墓主人上至高祖、下至玄孙的一些情况。据史料记载，其孙吕忠翰、曾孙吕造均为金代状元（图8-85、图8-86）[2]。

鲁谷金墓M56：外椁由六块完整的青石板组成。内椁盖为覆斗形，上面及四角雕刻缠枝花图案，四面环刻十二位手持笏板的官员，其头顶上为十二属相的形象。石椁外壁雕刻四神和天门的图案。石棺内随葬小玉壶春瓶1件。墓志1合，青石制。墓主人吕□□，是吕嗣延的父辈。志文记载了他的履历、家世等[3]。

这两座双重石椁墓在北京地区的金代墓葬中属于首次发现，为金代考古增加了新材料。发掘报告尚未发表，暂不多做讨论。

综上，北京地区石椁墓在金代墓葬数量上占绝对优势，其年代多为金代中晚期，墓主以女真贵族居多。既有加赠金紫光禄大夫、驸马都尉，其妻为太祖第二女毕国公主的乌古论

1 北京市文物工作队：《北京金墓发掘简报》，《北京文物与考古》第一辑，1983年。
2 北京市文物研究所新发掘资料。
3 北京市文物研究所新发掘资料。

窝论，以及其子尚书右丞相、驸马都尉、任国公，其妻为世宗长女鲁国大长公主的乌古论元忠。还有虽系汉族，但其妻都是女真贵族的，如北京通县三间房M1墓主人石宗璧，曾官定威将军，官正五品；M2为其妻墓，志文载“公聚纥石烈氏，封武威县君”，系金朝统治阶级重要氏族之一。此外，还有房山沙窝村“忠显校尉班謓”墓，崇文区磁器口“修武校尉吕恭”墓等。不详族属和官品的还有先农坛一座金墓，从墓葬中随葬众多的“大定通宝”铜钱和灰绿釉鸡腿瓶推测墓主可能是女真贵族[1]。

北京地区发现的石椁墓大多由六块即四壁立砌四块，底和盖各一块构成，这应是普通贵族阶层的石椁墓。品官较高的女真权贵的椁室，则由八块或十块，即四壁立砌四块，底和盖各两块或三块构成。石料一般是青石，也有规格较高的汉白玉石质的，如乌古论元忠夫妇合葬墓，石椁四角还有汉白玉凿成的“⌐”石柱，卡住分别置于两侧的椁板。

石椁墓的墓向除了坤厚陵墓群中的2座呈南北向外，其余的全都是东西向。葬式上既有土葬，也有火葬。另外，在丰台王佐M1和通县三间房M2即石宗璧妻纥石烈氏墓中，在石椁四角各置一鹅卵石，在纥石烈氏墓所葬木匣内，发现有毡毯衬套。这些显然都很具有女真葬俗特点。

在北京地区的女真贵族石椁墓中，除保留随葬金、银、玉器等传统习俗外，受汉、契丹等族的影响，墓中随葬有鸡腿瓶、铜镜、铜钱等遗物。北京地区发现的汉族官员石椁墓中，大多以陶瓷器、铜镜、铜钱等为主，所葬瓷器多为定窑产品，胎薄釉亮，刻花精细，器形别致，堪称佳品。此外，还随葬有小铜刀、陶砚、骨梳、剪刀等生活用具。值得一提的是，通县三间房石宗璧墓以及通县帅府胡同“保义校尉商仲良”墓中都随葬有较多的陶质明器，有盆、锅、釜、鼎、灶、铛等配套用具，是很具有地方特色的。

四、土坑墓

以往北京地区发现的土坑墓，仅据文物普查材料有少数几例，但是资料不详备，有火葬的方式。近年在大兴亦庄发掘的一批金代土坑墓为北京地区的金代考古补充了新资料。

大兴亦庄9座金代墓葬方向均为南北向，其中有7座为土坑墓，形制基本为长方形竖穴，仅一例梯形，一例不规则形。墓穴较浅，不足1米，最浅的只有0.2米。7座土坑墓均有木棺，呈长方形或梯形，尸骨葬。有单棺葬，也有双棺葬。随葬品很简单，仅有一两件瓷器或铜钱等[2]。举例介绍。

1. 单棺葬

亦庄X42号地M6：长方形土坑，梯形木棺。该墓南北向，竖穴土坑，直壁，平底。平面呈长方形，长2.94、宽1.66、深0.4米。墓室西侧有木棺，已朽，长0.92米，北端宽0.64米，南端宽0.44米，厚0.06米。棺内置人骨1具，头北脚南，不辨葬式。随葬品3件，分别为铜簪、铜钗和陶罐。

亦庄X42号地M8：梯形土坑，梯形木棺。该墓南北向，平面呈梯形，长2.48、南端宽

1 陈相伟：《试论金代石椁墓》，《博物馆研究》1993年1期。
2 北京市文物研究所：《北京亦庄考古发掘报告》，科学出版社，2009年。

图8-87 M8平、剖面图

图8-88 M15平、剖面图

图8-89 M15出土器物图

图8-90 M16平、剖面图

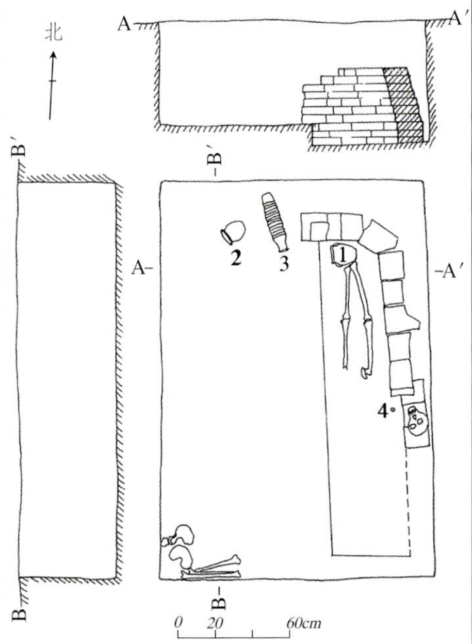

1、2. 陶罐 3. 鸡腿瓶 4. 铜钱

8-87

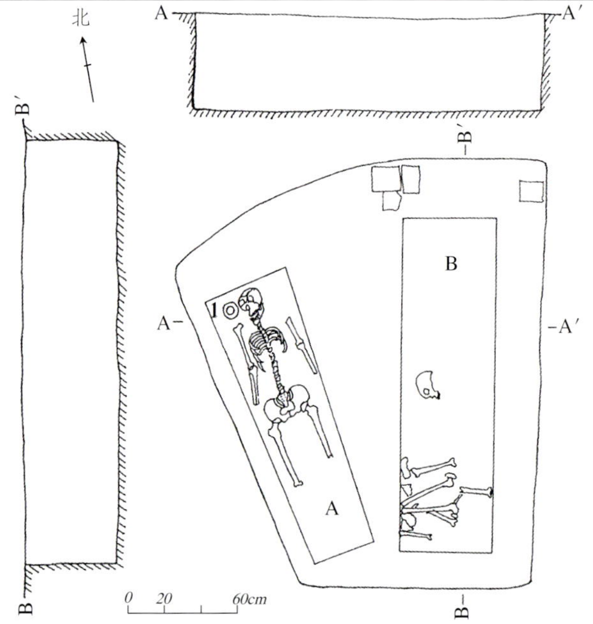

1. 双系瓷壶

8-88

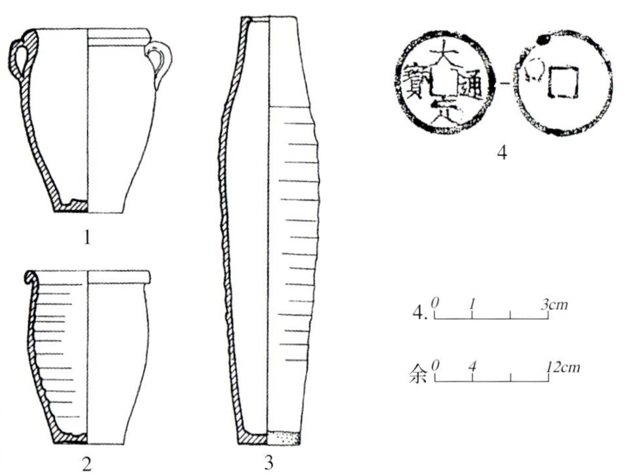

1、2. 陶罐（M12:1、M12:2） 3. 鸡腿瓶（M12:3）
4. 大定通宝（M12:4）

8-89

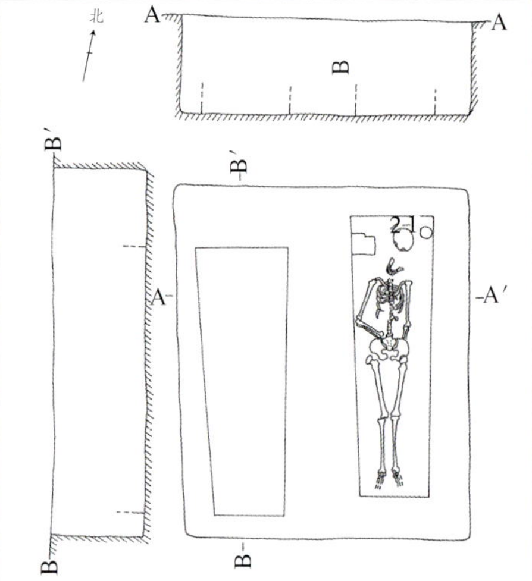

1. 铜簪 2. 铜钗

8-90

1.3、北端宽0.8、深0.8米。墓地铺残砖，中间放置一棺，已朽，平面呈梯形，长2.06米，南端宽0.7、北端宽0.5米，厚0.07米。棺内骨架散乱，仅余胫骨和股骨。随葬品3件，分别为瓷壶、瓷碗和“大定通宝”铜钱（图8-87）。

2. 双棺葬

亦庄X42号地M15：南北向，竖穴土坑，形状不规则，长2.56、南端宽1.5、北端宽2.4米，深0.6米。残砖铺地。墓内南北向并列放置木棺2具，均已朽。西棺平面呈梯形，长1.74米，南端宽0.4、北端宽0.54米。人骨1具，头北脚南，面朝西，仰身直肢，胫骨、腓骨已无存，随葬品有瓷壶、“大定通宝”铜钱各1件。东棺平面长方形，长2、宽0.6米，棺内骨骼凌乱（图8-88、图8-89）。

亦庄X42号地M16：南北向，竖穴土坑，直壁，平底。平面梯形，长2.5米，南端宽2.1、北端宽2.2米，深0.66米。南北向并列放置木棺2具，均已朽。西棺平面梯形，长1.92、南端宽0.5、北端宽0.7米，棺内无任何遗迹。东棺平面梯形，长2、南端宽0.52、北端宽0.6米，棺内置人骨1具，头北脚南，仰身直肢，墓内随葬有铜簪、铜钗各1件（图8-90）。

大兴亦庄这批土坑墓没有出土墓志等文字性资料以供参考，随葬品很简单，仅有几件陶瓷器、铜器、铜饰品等。几件“大定通宝”铜钱，大致界定了墓葬的上限，可能在金代中期以后。同时一些发饰如铜簪、铜钗的出土，可能说明墓主的性别更倾向于女性。还有这批墓葬如X42号地M8、M15、M16等都表现出有迁葬或二次葬的痕迹，这些在金代也是很普遍的。此外，这批墓葬保留了很多汉人的丧葬特点，比如南北向、木棺、尸骨葬等。所以，初步的推测这批墓葬为金代中期及以后的汉人平民墓葬。

第四节 其他重要考古发现

一、金代窖藏遗迹

北京地区发现的金代窖藏较多，大致可以分为钱币窖藏、铁器窖藏和生活用具窖藏三大类，是北京地区金代考古的重要内容之一。

1. 钱币窖藏

主要的钱币窖藏主要有6处，出土大量跨时期的铜钱。其中，最重要的一处是金皇陵的铜钱窖藏，位于金陵主陵区第四台地清代修葺的金世宗小宝顶西侧20余米。这些铜钱直接埋于土坑中，坑口直径约60、深35厘米，铜钱码放整齐，出土时用绳串联的痕迹清晰可辨。此窖藏钱币共计2255枚，其数量多，品种丰富。西汉铜钱发现1枚，为郡国五铢钱，“五”字两笔缓曲较甚，“铢”字金字头呈三角状，直径2.4厘米，重2.4克。唐代铜钱，有“开元通宝”、“乾元通宝”、“会昌开元通宝”等共计181枚。五代十国铜钱发现2枚唐国铜钱。北宋铜钱共计2032枚，文书包括真、草、隶、篆、行等，流利多姿。种类有“宋元通宝”、“太平通宝”、“淳化通宝”、“至道元宝”、“咸平元宝”、“景德元宝”、“祥符元宝、通宝”、“天禧通宝”、“天圣元宝”、“明道元宝”、“景祐元宝”、“皇宋通宝”、“庆历重宝”、“至和通宝、元宝”、“嘉祐元宝、通宝”、“治平通宝、元宝”、“熙宁重宝、元宝”、“元丰通宝”、“元祐通宝”、“绍圣元宝”、“元符通宝”、“圣宋元宝、通宝”、“崇宁通宝、重宝”、“大观通宝”、“政和通宝”、“宣和通宝”等。南宋铜钱共计7枚，有“建炎通宝”、“绍兴通宝”等。金代铜钱计32枚，有“正隆元宝”、“大定通宝”等。该窖藏铜钱中，以南宋“绍兴元宝”和金代“大定通宝”为最晚的两种铜钱。南宋绍兴年间（1131～1162年）铸“绍兴元宝”，而金帝完颜亮于大定十八年（1178年）始铸“大定通宝”。这批窖藏未发现之后的铜钱，所以该窖藏铜钱埋入地下的时间应在大定年间，其下限不晚于1189年[1]。

此外，1958年于顺义县大故村西小学院内发现金代窖藏。窖穴长约1米，宽约80厘米，穴口距离地表约50厘米。底部用大石块平铺，上置铜钱5万多枚。另外还发现铁农具2件及圆形铁器1件（形似钢盔）。出土的铜钱计有淳化、至道、咸平、景德、天禧、皇宋、天圣、

1　北京市文物研究所：《北京金代皇陵》，文物出版社，2006年。

皇祐、嘉祐、治平、祥符、熙宁、元丰、天祐、绍圣、大观、政和、宣和、绍兴、太平、正隆、大定、圣宋等23种5万余枚[1]。1981年于房山北庄发现钱币窖藏，位于迎风街道北庄小学校内。出土时装在一陶罐内，上扣六錾铁锅。内有宋、金时期铜钱35公斤[2]。1984年于大兴黄村发现钱币窖藏，在地下3米处出土铜钱10公斤，出土时全部装在一陶罐内，大部分为宋代钱币，杂有唐、金钱币。分别为开元通宝、唐国重宝、淳化元宝、咸平元宝、嘉祐元宝、熙宁元宝、元丰通宝、崇宁重宝、大观通宝、绍兴通宝、正隆元宝、大定通宝等[3]。1985年于平谷上宅村发现钱币窖藏，出土成串叠放的窖藏铜钱16.5公斤，共3398枚，年代有汉、唐、南唐、北宋、南宋、金等朝代，大部分钱文清晰[4]。1987年于大兴高家堡发现钱币窖藏，铜钱大部分锈蚀，共重6.5公斤，有开元重宝、乾元重宝、淳化元宝、至道元宝、咸平元宝、祥符通宝、皇宋通宝、崇宁通宝等[5]。1989年于通州大葛庄发现钱币窖藏，在一铲碎的酱釉平底瓷罐中，出土唐代、北宋、南宋铜钱25公斤[6]。

2. 铁器窖藏

主要发现有4处。1961年于房山县焦庄村发现一金代铁器窖藏，共出土铁器64件，包括生产工具、生活用具两类。生产工具有锄、铡刀、镰刀、钩镰、铧、犁镜、镐、耘锄、斧、矛头、长柄刀、楔、叉等，以及笼头、马衔、链等车马具。生活用具有铛、流勺、扁担钩、菜刀、锁、辅首座、钩、环、支架、剪刀、三足釜等。该窖藏出土的铁器中，铁镰的形式很多，大小、形制都不相同，并且尾部接柄之处，有环形、卷筒行、长方形等多种，推测是安装各样的柄。钩叉既有双叉，又有钩叉等[7]。1981年于怀柔县庙城乡发现一金代窖藏，出土10件六錾锅和2件铁叉。一口锅内放置大型铜镜1件，圆纽宽边，背面铸造神话故事，楼台殿阁，花草树木，佛像仙人等11个人物。重4.3公斤，直径29.4厘米。这是北京地区少见的大型金代铜镜[8]。此外，还有据文物普查得到的资料，如延庆千家店金代窖藏，出土铁犁铧2件和六鏊锅等；怀柔县喇叭沟门田营村金代窖藏，内藏铁犁头11件、残铁犁镜1件等。北京地区发现的铁质农具不仅数量多，而且种类齐全。一方面反映生产力的提高，同时反映金代铁器生产和冶铁业的繁荣情况。

3. 生活用具窖藏

主要发现有4处。1973年于通县城北花丝镶嵌厂发现金代窖藏，在距离地表深1.7米处发现2块铜佛版和2件缸胎小罐。佛版长16.5、宽9.8厘米。一面铸小佛10行，每行10尊小佛，另一面有把手，上下刻四兽。一边铸“河东南路都僧录特授赐紫文妙大师□善广□”；另一边铸“皇统戊辰岁次十一月日记平阳府李稀造”[9]。1977年于门头沟区硃窝电厂发现金代窖藏，出土器物20多件，上盖布纹瓦，有蟹青色沙胎瓷砚、歙石砚、红褐色缸胎瓷鸡腿瓶、双耳砂胎小瓷瓶以及宋代铜钱等[10]。1978年于门头沟齐家庄中学发现金代窖藏，其为方形坑，距离地表1.1米，东西长1.17米，南北宽1.15米，深1米。器物大部分反扣，并叠压在一起。有瓷、铜、铁器，共计19件。瓷器有铁花瓷钵、铁花双系

1 北京市文物研究所：《北京考古四十年》，北京燕山出版社，1990年。
2 国家文物局主编《中国文物地图集—北京分册（下）》，科学出版社，2008。
3 国家文物局主编《中国文物地图集—北京分册（下）》，科学出版社，2008。
4 同上。
5 同上。
6 同上。
7 北京市文物研究所：《北京考古四十年》，北京燕山出版社，1990年。
8 同上。
9 同上。
10 同上。

瓷罐、铁花瓷碗、黑瓷钵、黑瓷高庄瓶、黑釉碗、青瓷盘等。铁器主要有六鋬锅、铁铛、铁勺、铁铧、铁斧、铁锁、铁马镫、铁炉口等，另外还有1件铜锅[1]。1985年于房山南关发现瓷器窖藏，出土酱釉鸡腿瓶2件，双系黑釉瓷罐1件，罐高9.5厘米，口径8.4厘米[2]。

三类窖藏中，钱币窖藏较为引人注意。钱币窖藏历代有之，然数量之多，范围之广，莫过金代，铜钱的埋藏方法比较一致。其盛装器大多为陶、瓷、铁、木等不同质地的生活用具或生产工具。入藏时，通常用麻绳串联成串，层层叠放，可见是一种有目的、有计划、有准备的活动。对金代钱币窖藏的出现，有学者研究认为，交钞的贬值与铜钱的难得，是珍藏铜钱的前因；铜钱短缺迫使金政府制定的严格的铜禁政策是其间接原因；金末的蒙金战争是金代铜钱窖藏的最直接重要原因[3]，该分析很有说服力。

二、大葆台金代遗址

该遗址位于丰台区郭公庄西南隅，距城十五公里。1974年在清理西汉墓南部封土时，曾发现金代文物。如汉白玉观音坐像、大安三年“大金故承信校尉守玉田县醋务御监大公墓碑”、雕花方砖和随葬“大定通宝”的一具完整马架等。在此墓右侧发现一处破坏较为严重的金代建筑遗址。经钻探，遗址南北100、东西70米，总面积7000平方米。建筑遗址坐西朝东，南北长11、东西宽10.5米，已残缺不全。从残迹看，主要是西房和北房建筑，西房前是庭院。其中，西房建筑略高于地面，南北长10.71、东西宽6.8米，开间不清。在西房前面正中，有三瓣蚕翅踏道，呈斜坡状。另在西南、西北和北面均残留有后檐墙和铺地砖。在南面仅残留一排陡砌条砖，其北侧有一方形青石柱础，础的东北有一方形砖灶，砖砌三面灶壁，中留火膛，膛内有烟熏痕迹。院子里残存不连贯东西向六排铺地砖，院子南北两边仍留有东西向陡砌条砖，推测是院墙残迹。

遗址出土的瓷器有白釉印花盘、青白釉暗花碗、钧窑碗、酱釉鸡腿瓶、黑釉大罐等。铁器有六鋬锅、三足双耳锅、马镫、药碾以及玛瑙饰件、银发钗、铜钱、砖刻象棋盘等。其中棋盘是在辽代细沟纹砖的背面，雕刻而成，棋盘一侧已残缺，长40、宽35、厚6厘米。建筑构件有兽面纹瓦当、重唇板瓦、青灰色筒瓦、滴水板瓦、印单龙戏珠的瓦头、鸱吻和天鸡等。发掘者通过比较研究认为，该遗址出土器物的形制与许多其他金代墓葬中的相似，从而推测该遗址年代为金代。出土的重唇板瓦与河南嵩岳寺旧址和内蒙古辽中京外城佛寺遗址出土的相似，为判断该遗址的性质提供了线索。出土的青灰条砖、素面砖、细沟纹砖，尺寸均在34厘米×15（17）厘米×5厘米左右。这一发现，也为辨认金代几种形制的砖提供了依据。

《析津志》记载“葆台在南城之南去城三十里，故老相传明昌时李妃避暑之台，无碑志，有寺甚壮丽，乃故京药师院之支院”。明昌是金章宗完颜璟的年号，说明葆台之名金代已存在。从遗址所在地点和范围之大以及出土文物年代和内涵，尤其是出土的“泰和重宝”铜钱，大致可以说明此遗址可能是金章宗李妃避暑之台，即京师药师院支院 的一部分。

大葆台金代遗址发现的砖水井是北京地区最早发现的一座完整的金代水井。圆形，井底大于井口。现有井口高于地面1.8米，砖井口径1.4、深8米。由上至下皆用砖层层砌起，砖与

1　北京市文物研究所：《北京考古四十年》，北京燕山出版社，1990年。
2　国家文物局：《中国文物地图集—北京分册（下）》，科学出版社，2008年。
3　刘锟：《金朝铜钱窖藏现象探析》，《辽宁大学学报》2001年2期。

砖之间未见黏合料，井底有圆形木制井盘，保存完好。水井内遗物较多，扔在井底的有砖、瓦、脊兽等建筑构件和铁器、瓷器和铜钱等。

水井中出土的残象棋盘，其形状与南宋刘克庄在《象弈》一诗中的描述吻合，并与现行棋盘相同。说明800年前象棋已如此制，且甚为流行。金代以前的象棋盘至今尚未发现过，这一棋盘的发现，不仅填补了这一空白，而且为研究我国象棋悠久的历史，提供了形象的实物资料[1]。

三、金代瓷窑址

1. 磁家务窑址

磁家务窑址位于房山区河北乡，是1981年考古人员从其地名的“磁”受到启发前往调查发现的。在东西宽200米、南北长300米的范围内，地面与断崖上可以看到大量炼制瓷釉的坩埚和一些瓷片及窑具。从采集的标本看，有碗、盘、盆、瓶、缸、坛、灯、动物玩具等。釉色分为白、青、黑、青黄酱釉和钧釉等。花纹有刻花、划花、印花和贴花。早期碗平底宽足，中期以后多圈足。制品分粗细两种，细者近似定瓷，从出土的釉色、造型和工艺特点，可以确定此窑烧造时代应为辽、金、元三个时期。

1981年在磁家务村南1.5公里的孔水洞，洞内发现大量辽、金、元和明初期的瓷片和少量窑具。经比较与磁家务产品和窑具完全相同，推测属磁家务一个体系，或是一个分场。此窑烧造时间可延续到明代初年。

磁家务是北京地区一处较大的古窑场。此窑烧造始于辽代初年，金代有较大发展。元代改烧钧窑制品。目前仅限于调查工作，尚需进一步发掘，了解其工艺水平和北京烧造瓷器的历史[2]。

2. 密云庄窝瓷窑址

位于密云县小水峪之南1.5公里的庄窝村台地上，窑址范围南北宽50米、东西长60米，遗址范围内可见大量的瓷片和窑具。该窑的性质为民窑，产品主要是赭红色的碗、缸之类，胎质较粗，无纹饰，属于民用瓷[3]。

北京地区金代墓葬中出土的大量陶瓷器，除了来自外地窑烧造之外，也有一部分是自己生产的。这随着近几年发现的辽金时期的陶窑遗址已经得到证实。

四、宗教遗迹

金代统治者同辽代一样，也十分崇佛，佛教在中都十分兴盛[4]。中都城内“僧居佛寺，冠于北方”，流行佛、道教等，这些也都能从金代宗教遗迹中略见一斑。

1. 塔基遗迹

北京地区金代塔基遗迹主要有2处，其一为丰台区瓦窑村塔基，塔基下是正方形墓室。是用长方形、正方形沟纹砖砌成的。室内置骨灰盒及随葬品多件。其中有“大定铜钱”3枚，为确定此塔

1 此部分内容参见马希贵：《北京大葆台金代遗址发掘简报》，《考古》1980年5期。
2 赵光林：《近年来北京发现的几处古代窑址》，《中国古代窑址调查发掘报告集》，文物出版社，1984年。
3 同上。
4 齐心：《图说北京史》，北京燕山出版社，1999年。

基的年代提供了依据[1]。其二为房山县坨里乡上万村的“土寺”塔基，即“谷积山院”寺附近，塔基中出土石函1个。为大理石凿成，由带子母口的底盖两部分组成。覆斗形盖中阴刻楷书“大金谷积山院故长老悟玄大师皇统八年三月二十七日志”3行23字。盖四周线刻缠枝花卉。此函是本寺长老悟玄圆寂后，火化置于石函内，放入塔基里的。石函内有一件印花影青瓷盘，与元代枢府窑刻花盘形制、花纹均相一致，但质地比枢府窑细，釉色也别于枢府窑之白色而呈影青釉色，这种一向认为是元代文物但是却出在金代皇统八年的石函中，当属金代遗物，为枢府窑断代提供了新资料[2]。

2. 银山塔林

北京地区金代宝塔最重要的是昌平银山宝塔群，其中金代宝塔5座，元代2座。

银山塔林的5座金代宝塔位于延圣寺废墟，在寺的前部山门与殿堂之间。其中，一号为祐国佛觉禅师塔，二号为晦堂祐国佛觉大禅师塔，三号为故懿行大师塔，四号为故虚静禅师实公灵塔，五号为圜通大禅师善公灵塔（图8-91）。

第一号塔位于第一层殿前，平面八角形，十三层密檐式砖结构，通高约22.8米，方向154°。须弥座基座，束腰八角和八角中央立间柱，之上承普柏坊和勾栏斗拱组成的平座。平座以上用三层串珠相间的仰莲承托塔身。第一层塔身高3.6米，八角施塔柱，作经幢状，下承须弥座式塔基，上覆五层短檐和刹柱。塔身上部浮雕云头垂帐代替阑额。塔的四正面辟假券门，其余四面辟方形假窗；门皆作四抹格扇门，上部格心饰簇六毬纹，下部裙版雕云头装饰。门楣呈半圆形，四面门楣之上分别雕双龙、双凤、仙人和缠枝莲。南向门楣之下嵌半圆形石额，中心阴刻篆书“祐国佛觉大禅师灵塔”，两侧各雕一三爪龙，铁线刻法，流畅生动。第一层塔身撩檐枋以上，出檐用木椽，飞子用砖作。第二层以上塔身极短，无斗拱，均

图8-91 银山塔林

1 北京市文物研究所：《北京考古四十年》，北京燕山出版社，1990年。
2 北京市文物研究所：《北京考古四十年》，北京燕山出版社，1990年。

图8-92 懿行大师塔
图8-93 圓通大师塔

用叠涩手法向外砌出五层，代替斗拱檐椽，逐层收减。塔刹已部分毁去，保留有八角形刹座、仰莲、覆钵、宝珠、仰月等，覆钵作成火焰宝珠式样。塔用砖主要有两种，36厘米×18厘米×6厘米的六道沟纹条砖和38厘米×38厘米的沟纹方砖；塔身用条砖砌筑，斗拱、雕花、檐椽等多用方砖制成。佛觉塔除整个造型挺拔俊秀外，在瓦当兽件的应用上也颇具匠心。瓦头为兽面圆瓦当，周边较细窄，滴水瓦用重唇板瓦，上面模印绳纹和锯齿纹。第一层塔檐为黄琉璃剪边，脊兽也用黄绿两彩琉璃烧制。第二层至第十层檐转角套兽上站立伽罗频迦，第十一层檐和第十二层檐除伽罗频迦外，还装饰着甲胄的力士、仙人、持刀天王和大鹏金翅鸟等，为银山宝塔中其他各塔所不见。

第二号塔位于山门东侧，平面八角形，十三层密檐式砖结构，通高18.5米，方向154°。第一层塔身南向门楣中心阴刻篆书“晦堂祐国佛觉大禅师塔”，两侧各雕一三爪龙，形态与佛觉塔相同。晦堂塔与一号佛觉塔有许多相似之处，如外形、拔檐、门窗等，唯佛觉塔罗汉枋作连隐慢拱，晦堂塔使用翼形拱。

第三号塔位于山门东侧，与晦堂禅师塔并列，平面八角形，十三层密檐式砖结构，通高18米，方向155°。基座部分除平座斗拱外，布满花纹，雕刻繁缛，颇具匠心。平座以上用三层串珠相间的仰莲承托塔身，仰莲为预制构件，莲瓣之上刻划有“上”、“中”、“下”等字样，是为当年建塔时烧造者（图8-92）。第一层塔身南面楣心阴刻篆书“故懿行大师塔”，两侧用线刻牡丹花纹，其余三面楣心浮雕释迦坐佛和火焰形云纹。此塔共拔檐十三层，二层至十三层之间等距，无斗拱设置，用叠涩手法向外砌出五层，代替檐椽，逐层收减。塔用砖全部为素面砖，规格分别为31厘米×22厘米×7厘米的条砖和34厘米×34厘米的方砖。塔细部雕造装饰，繁缛华丽，手法细腻。

第四号塔位于三世佛殿前左侧，平面六角形，七级密檐式砖结构，通高1.4米，方向150°。第一层塔身南门楣心阴刻篆书“故虚静禅师实公灵塔”，左侧阴刻楷书“公主寂照英悟大师独管此塔”，右侧楷书“大安元年（1209）九月二十三日功毕”。塔用砖全部为素面砖，分三种，一为18厘米×7厘米×36厘米的长条砖，一为45厘米×45厘米的大方砖，一为35厘米×35厘米的小方砖。

第五号塔位于三世佛殿前右侧，平面六角形，七级密檐式砖结构，通高14.7米，方向155°。塔的形制基本与虚静禅师塔同，只是圓通塔大部分使用素面砖，部分使用六道沟纹砖等（图8-93）。

综上，银山5座金代墓塔的建造，前后总共64年，在整体结构上，5座塔的形制变化不大。由5座金代塔基以及其他遗迹的位置，可以推知当时的寺院平面布局可以分成前后两部：前部自山门以后，第二层殿堂以前，为一开阔的长方形院落，院中分列5座塔基，后部为2座殿堂。前部的塔院约占整个寺院的三分之二，说明这是金中都地区一座以墓塔为主体的寺院。昌平银山延圣寺可能是当时金中都延圣寺的下院和塔院[1]。

辽金时代，北京成为北方的政治中心，中都地区，佛寺相望。银山塔群正是若干寺塔中的一组，对研究当时的砖石建筑有一定的参考价值。

此外，北京地区较为重要的金代宝塔主要有镇岗塔、圆正法师塔、海云禅师塔、广慧通理禅师塔、严行大师塔等。

镇岗塔，位于丰台区长辛店镇张家坟村。砖结构实心花塔，高18米，周长24米。塔座八角形，塔身八面相隔浮雕出仿木菱形花格子门和直棂窗，塔身之上的须弥座上有佛龛相错环绕而上，且逐渐向内收拢，塔顶为带宝珠的塔刹（图8-94）[2]。

圆正法师塔，位于门头沟白瀑寺内，建于金皇统六年（1146年），为白瀑寺圆正法师灵塔。塔有金皇统六年铭文，山主比丘道渊立，西盖医人莊彦和书。圆正法师俗姓曹。塔由砖石砌成，六角形。塔下部为束腰形基座，塔中部为三层密檐，上承覆钵及十三天相轮，再上置宝珠，是研究辽金以来塔制演变的实物例证[3]。

海云禅师塔，位于门头沟潭柘寺塔院内，建于金代。塔高20余米，六角实心密檐式。青砖砌筑，基座是双层高大的须弥座，束腰部位有精美的砖雕花饰，须弥座上平座部位有带栏板的平台，其上是三层仰莲承托高大的塔身。塔身南面砖雕隐作装饰门，门上砖雕二飞天，其上嵌额“佛日圆明海云大禅师之灵塔”。余面皆雕隐作装饰窗，精美的砖雕斗拱承托七级密檐，最顶端为莲瓣宝珠塔刹（图8-95）[4]。

广慧通理禅师塔，位于门头沟区潭柘寺内，金大定十五年（1175年）建，塔前置石供桌，塔高20余米。塔八角实心，七层密檐，双层须弥座，上置三层仰莲。塔身东、南、西、北四面砖雕隐作门，门上砖雕二飞天。正南门其上嵌额“故广慧通理禅师之塔”。余面雕隐作直棂窗。塔刹部分为覆钵式，整座塔造型端正稳重（图8-96）[5]。

严行大德塔，位于房山长沟镇西甘池村西北，坐北朝南。创建于金贞元元年（1153年），为八角形七层密檐石塔，通高4米，须弥座形塔座。塔铭书“严行大德灵塔”及佛经。密檐之上为宝珠刹（图8-97）[6]。

8-94

8-95

8-96

8-97

图8-94 镇岗塔

图8-95 海云禅师塔

图8-96 广慧通理禅师塔

图8-97 严行大德塔

1 于杰等：《北京昌平银山宝塔群调查》，《文物资料丛刊》第四辑，1981年。
2 国家文物局：《中国文物地图集—北京分册（下）》，科学出版社，2008年。
3 同上。
4 北京市文物局：《北京辽金史迹图志》（上），北京燕山出版社，2003年。
5 同上。
6 国家文物局：《中国文物地图集—北京分册（下）》，科学出版社，2008年。

附表：北京地区金代墓葬

墓葬名称	年代及墓主人	墓葬形制	葬具	葬式	方向	墓葬(棺、椁)装饰	主要随葬品器形	备注	资料出处
崇文区天坛二号墓	辽末金初	圆形单室砖墓	圆形土棺床木匣	火葬	南北		三足锅、三足盘，六鏊釜、盖罐、铜钱等		《考古》1963年3期
门头沟大峪育新小学	金晚期	圆形单室砖墓	长方形砖砌棺床		南北	砖雕、壁画	白瓷碗，陶塔式罐、三足鼎、盆、水盛，铜钱等	4组斗拱、立柱	《北京考古信息》1991年1期
门头沟永定金墓M1	辽末金初	圆形单室砖墓		火葬	南北			随葬品破坏、移位	《北京文物与考古》第四辑，1994年
门头沟永定金墓M3	辽末金初	圆形单室砖墓		火葬	南北				
石景山八角村M1	金早期陷辽汉族士人赵励	圆形单室砖墓	长方形砖砌棺床瓮棺?	火葬	南北	砖雕、壁画	白瓷碗、盘、执壶、银簪、陶碗、罐、盘、执壶、鸡腿瓶等	6组立柱	《北京文物与考古》第五辑，2002年
石景山八角村M2	金早期赵氏家族成员	圆形单室砖墓						破坏严重	《北京文博》2002年2期
大兴小营金墓	金早期	圆形单室砖墓	长方形棺床木棺	火葬	南北	砖雕、壁画	陶执壶、鏊锅、三足鏊锅、三足盆、盘、塔式盖罐等，瓷鸡腿瓶、碗、折腹盘等	6组斗拱	《北京文物与考古》第六辑，2004年
大兴亦庄80号地M50	金中期	圆形单室砖墓	长方形棺床	土葬	南北	仿木立柱	瓷盘、罐、器座各1件		《北京亦庄考古发掘报告》
门头沟新桥街墓	金	圆形单室砖墓		火葬			盘、罐、碗、提斗		《中国文物地图集·北京卷（下）》
门头沟龙泉镇金墓	金	圆形单室砖墓	砖砌棺床		南北	砖雕仿木、彩绘壁画	碗、盆、塔式罐、三足鼎、铜钱		
门头沟何各庄金墓	金	圆形单室砖墓	半圆形棺床	火葬	南北		盆、碗、瓶、铁四足炉、三足洗、鏊锅		
延庆张山营金墓	辽末金初“吕夫人”	八角形单室砖墓		火葬	南北	砖雕、壁画	铜人、饰物、瓷盘、骨梳、琥珀饰件等	8组立柱	《北京文博》2005年3期
大兴亦庄X42号地M12	金中期	长方形单室砖墓	生土二层台	土葬	南北		陶罐2件，鸡腿瓶、铜钱各1件	尸骨散乱	《北京亦庄考古发掘报告》
宣武区先农坛九号墓	金	长方形单室砖墓					鸡腿瓶、钧窑盘、陶灯、盆等		《中国文物地图集·北京卷（下）》
大兴梁家务金墓	金	方形单室砖室					铜镜、鸡腿瓶、瓷碗等		

续表

墓葬名称	年代及墓主人	墓葬形制	葬具	葬式	方向	墓葬（棺、椁）装饰	主要随葬品器形	备注	资料出处
通州南屯墓	金	方形单室砖室墓					铜镜、梅瓶、碗、盆、盘等		《中国文物地图集·北京卷（下）》
房山班讉墓	金中晚期忠显校尉班讉	砖室墓	石棺				铜钱		《北京文物报》1994年7月
丰台王佐M2	金中后期?	长方形砖圹石盖墓	漆木棺	火葬	东西			砖圹青石盖板	《北京文物与考古》第一辑，1983年
海淀区半截塔金墓	金	长方形砖圹石盖墓		火葬			绿松石饰品等		《中国文物地图集·北京卷（下）》
西城积水潭金墓	金	砖圹石盖墓		火葬	东西		瓷罐、碟、碗、鸡腿瓶等		
门头沟永定金墓M2	金中期	圆形砖石混筑墓	半圆形砖砌棺床	火葬	南北	墓壁影作灯檠	陶四足炉、三足洗、鏊手锅、罐、碗、盆，灰绿釉鸡腿瓶、瓷盏		《北京文物与考古》第四辑
门头金沟介石村墓	金	砖石墓				砖雕	铜镜、铜灯、瓷碗等		《北京考古四十年》
石景山庞村金墓	金	砖石墓				墓顶壁画祥云仙鹤			
金陵2002FJLM6-1	贞元三年	长方形石圹石椁墓	漆木棺	火葬	南北		玉雕海东青、梅花饰件，铜辅首	青石板	《北京金代皇陵》
金陵2002FJLM6-2	贞元三年		漆木棺	尸骨葬	南北		竹节状金环	青石板	
金陵2002FJLM6-3	贞元三年钦宪皇后纥石烈氏	长方形石圹汉白玉石椁墓	漆木棺	尸骨葬	东西	雕凤纹汉白玉石椁	金丝凤冠、雕凤鸟纹玉饰件、金丝花饰等	汉白玉	
金陵2002FJLM6-4	贞元三年金太祖完颜阿骨打		漆木棺	尸骨葬	东西	雕龙纹汉白玉石椁		汉白玉	
金陵2002FJLM7	贞元三年金太宗完颜晟	长方形石圹墓					石龟趺残件及刻“皇”“帝”残碑	未发掘	
金陵2002FJLM8	贞元三年金睿宗完颜宗尧或空墓							未发掘	
金陵2001FJLM9	大定二十九年金世宗完颜雍					仿木、石雕门楼		未发掘	

墓葬名称	年代及墓主人	墓葬形制	葬具	葬式	方向	墓葬（棺、椁）装饰	主要随葬品器形	备注	资料出处
金陵2001FJLM1	金中期	长方形石圹墓			东西				《北京金代皇陵》
金陵2001FJL M2	金中期	长方形石圹墓			东西				
金陵2001FJLM3	金中期	长方形石圹墓	花岗岩石棺台		南北				
金陵2001FJLM4	金中期	长方形石圹墓	凹形石棺台木棺	尸骨葬	南北		铜首铁剑、石枕	尸骨散乱	
金陵2001FJLM5	金中期	长方形石圹墓	凹形石棺台木棺，有腰坑	尸骨葬	南北		腰坑内瓷罐、大碗，其内三角形铁饰和30余枚“泰和重宝”	尸骨散乱	
房山长沟峪墓群主墓	金世宗元妃李氏	土坑石椁墓	漆木棺	土葬	东西	棺外涂红漆，錾银云龙纹装饰	精美玉器11件套，墓中水银、松香等防腐		《文物》1977年6期
房山长沟峪墓群4座从墓	金世宗元妃张氏、贤妃石抹氏、德妃徒单氏、柔妃大氏	土坑石椁墓	木棺	土葬	2座东西 2座南北				
丰台王佐乌古论窝论墓	金中期 驸马都尉光禄大夫乌古论窝论	土坑石椁墓	青石板棺床 长方形漆木棺	火葬	东西		鸡腿瓶、錾耳洗、碗、盘，玉饰件石盒等	椁盖底三青石	《北京文物与考古》第一辑，1983年
丰台王佐M1	金	土坑石椁墓	青石板棺床	火葬	东西			椁底四角各一鹅卵石	
丰台王佐元忠夫妇墓	金晚期 开府右丞相判彰德尹驸马都尉元忠与鲁国大长公主	土坑石椁墓（汉白玉）	汉白玉棺床 汉白玉石棺	火葬	东西	石椁四角有┏形汉白玉石柱的榫卯	残石明器，长命富贵压胜钱，“官”字款砖等	石碑墓志各2	
通县三间房M1	金中期 宣威将军石宗璧	土坑石椁墓	木匣	火葬	东西	椁板内斗方形花纹	陶錾锅、釜、鼎、罐，瓷碗、盘、洗、鸡腿瓶等，铜镜、铜钱等		《文物》1977年11期
通县三间房M2	金中期 石宗璧妻纥克石烈氏（女真族）	土坑石椁墓	木骨灰盒 毡毯袱套	火葬	东西	椁板内斗方形花纹	瓷瓶、玉壶春瓶、瓜棱罐、盘、杯，陶砚，金银饰件，铁剪、骨梳、铜钱	椁底四角各一鹅卵石	

续表

墓葬名称	年代及墓主人	墓葬形制	葬具	葬式	方向	墓葬（棺、椁）装饰	主要随葬品器形	备注	资料出处
平谷巨家坟合葬墓	金晚期 忠显校尉巨君	土坑石椁墓	木棺	尸骨2具	东西		双鱼瓷盘、錾耳洗、盖罐、鸡腿瓶、蒜头壶、双系罐、高领罐等，玉饰件，木盒、铜带扣、铜钱等	其中一具为二次迁葬	《北京文物与考古》第四辑，1994年
海淀南辛庄M1	金中期 宣武将军骑都尉张□震	土坑石椁墓					白瓷碗、瓜棱注子、盘、盒等	墓志	《文物》1988年第7期
海淀南辛庄M2	金中期 夫妇合葬	土坑石椁墓	木棺	尸骨2具	东西		白瓷碗、葫芦注子、盒、盘、罐、盏，陶砚，铜刀、铜镜、铜钱55枚，铁棺环、木梳、木篦、纸盒等。		《文物》1988年第7期
宣武区先农坛七号墓	金中期	土坑石椁墓	木匣	火葬	南北		盘、碟、莲瓣碗、鸡腿瓶、铜笄、铜钱88枚等	6块青石板拼棺	《文物》1977年11期
门头沟完颜窝鲁欢墓	金中期 太祖大圣武元皇帝第八子窝鲁欢	土坑石椁墓	木棺					汉白玉石椁	《中国文物地图集·北京卷（下）》
石景山鲁谷金墓M35	金吕延嗣	土圹石椁墓（双重）	木棺	火葬	东西		5件形制相同的双系白釉瓷罐和1件八棱双系青釉瓶		北京市文物研究所发掘新资料
石景山鲁谷金墓M56	金吕□□（吕嗣延父辈）	土圹石椁墓（双重）	木棺	火葬	东西		小玉壶春瓶1件		北京市文物研究所发掘新资料
石景山鲁谷金墓7座	金吕氏家族墓	土圹石椁墓	木棺	火葬	东西		无		北京市文物研究所发掘新资料
石景山鲁谷金墓1座	金吕氏家族墓	土圹石椁墓			东西			早期破坏	北京市文物研究所发掘新资料
海淀区蒲察胡沙墓	金晚期 女真贵族蒲察胡沙	土坑石椁墓	长方形石棺床	火葬				6块青石板	《北京考古四十年》
崇文区花椒树金墓	金	长方形石椁墓		火葬			鸡腿瓶、小罐等		《中国文物地图集·北京卷（下）》
崇文区郭庄金墓	金	石椁墓					鸡腿瓶、小陶器、铜钱等		《中国文物地图集·北京卷（下）》
海淀金山金墓	金	土坑石椁墓					瓶、盘、碗、漆盒等		《中国文物地图集·北京卷（下）》
崇文区磁器口金墓	金中期 修武校尉吕恭	土坑石椁墓			东西		白瓷碗、瓶、盒等，陶花槛，古瓦砚，石笔架、玉佩、铜钱等	椁盖、底2块石板	《北京文博》2002年4期

<table>
<tr><th colspan="2">墓葬名称</th><th>年代及墓主人</th><th>墓葬形制</th><th>葬具</th><th>葬式</th><th>方向</th><th>墓葬（棺、椁）装饰</th><th>主要随葬品器形</th><th>备注</th><th>资料出处</th></tr>
<tr><td colspan="2">通县帅府胡同</td><td>金中期
保义校尉商仲良</td><td>石棺墓</td><td></td><td></td><td>东西</td><td></td><td>瓷碗、玉壶春瓶、小杯，灰陶明器27件如灶、把铛、七鏊锅、三足盘等</td><td>6块青石板拼棺</td><td>《北京文物报》1993年10期</td></tr>
<tr><td colspan="2">宣武区先农坛八号墓</td><td>金</td><td>石棺墓</td><td></td><td></td><td></td><td></td><td>瓶、水斗、盘、鏊锅、灯等</td><td></td><td rowspan="2">《中国文物地图集·北京卷（下）》</td></tr>
<tr><td colspan="2">密云疃里墓</td><td>金</td><td>石棺墓</td><td></td><td></td><td></td><td></td><td>铜钱30余枚等</td><td></td></tr>
<tr><td rowspan="6">大兴亦庄X42号地</td><td>M4</td><td>金</td><td>长方形土坑墓</td><td>长方形木棺</td><td>土葬</td><td>南北</td><td></td><td>铜钱、陶罐各1件</td><td></td><td rowspan="7">《北京亦庄考古发掘报告》</td></tr>
<tr><td>M5</td><td>金</td><td>长方形土坑墓</td><td>梯形木棺</td><td>土葬</td><td>南北</td><td></td><td>陶罐1件</td><td></td></tr>
<tr><td>M6</td><td>金</td><td>长方形土坑墓</td><td>梯形木棺</td><td>土葬</td><td>南北</td><td></td><td>陶罐、铜簪、铜钗各1件</td><td></td></tr>
<tr><td>M8</td><td>金中期</td><td>梯形土坑墓</td><td>梯形木棺</td><td>土葬</td><td>南北</td><td></td><td>瓷壶、碗、铜钱各1件</td><td>尸骨散乱</td></tr>
<tr><td>M15</td><td>金中期</td><td>不规则土坑墓</td><td>西梯形东长方形</td><td>土葬</td><td>南北</td><td></td><td>西有瓷壶、铜钱各1</td><td></td></tr>
<tr><td>M16</td><td>金</td><td>梯形土坑墓</td><td>梯形木棺2具</td><td>东棺土葬</td><td>南北</td><td></td><td>铜簪、铜钗各1件</td><td></td></tr>
<tr><td colspan="2">大兴亦庄80号地M1</td><td>金中期</td><td>长方形土坑墓</td><td></td><td>土葬</td><td>南北</td><td></td><td></td><td></td></tr>
<tr><td colspan="2">昌平小汤山M1、M3</td><td>金中期</td><td>土坑墓</td><td></td><td></td><td></td><td></td><td></td><td></td><td>北京市文物研究所2008工作简报</td></tr>
<tr><td colspan="2">海淀北安河金墓</td><td>金</td><td>土坑墓</td><td></td><td>火葬</td><td></td><td></td><td></td><td></td><td rowspan="2">《北京考古四十年》</td></tr>
<tr><td colspan="2">通州大唐庄墓</td><td>金</td><td>土坑墓</td><td></td><td></td><td></td><td></td><td></td><td></td></tr>
</table>

第九章

北京元代考古

第一节　北京元代考古发现与研究

蒙古族建立的元朝，结束了我国五代以来，特别是辽、宋、西夏、金等政权之间长达300余年之久的割据和对峙，开创了一个疆域空前广大、多民族日益融合的大一统的封建王朝。北京，如果说在之前的金代只是一个地方性政权的都城，那么此时则正式地成为整个华夏的中心。元大都都城的修建，不仅是一个政治性的标识，也是四方民人、财物的荟萃集中地，从而带动了整个北京地区的繁荣和发展，使北京城市的发展达到了一个新的高度。

一、北京元代考古概述

新中国成立以来，北京地区元代考古工作主要有两个方面：一是元大都遗址的勘查和研究；一是墓葬的发掘与研究。另外还有一些其他类型遗存的发现。这些古代遗存的发现与研究，基本勾画出了北京地区元代考古的文化面貌，较为全面地揭示了元代北京的政治、经济、文化及社会风俗，对研究元代北京的历史有着重要意义。

1. 元大都遗址的考古勘查与发掘

元大都遗址是北京地区元代考古的一项重要内容。从上世纪50年代至今，在元大都遗址内发现各种遗迹数十处，如城垣及相关设施、街巷、院落、道观等。其中，重要的有和义门瓮城城门遗址、通惠河堤岸遗址、水关遗址、后英房院落遗址及福寿兴元观遗址等。并有一些零散文物出土，如元青花瓷器、影青观音像、钧釉花瓶等器物，在造型和釉色上都具有很高的艺术水平，是珍贵的元瓷精品（附表9-1）。这些相关遗址的发掘及文物的出土为我们了解、研究元大都的历史沿革、都城范围、规划设计、布局形制、路网水系及居民的生活、居住、手工业生产技艺、商业贸易等情况提供了大量详细、可靠的材料。

2. 元代墓葬的考古发掘

新中国成立以来，北京地区已陆续发掘了元代墓葬近50座。根据墓葬的形制和建筑材质的不同，大体可以分为石椁（棺）墓、砖石混构墓和砖室（穴）墓、竖穴土圹墓等四大类型。据已公布的资料，石椁（棺）墓10座，砖石混构墓6座，砖室（穴）墓18座，竖穴土圹墓5座（附表9-2）。

根据墓葬的规格、随葬器物的种类、数量及墓志等文字材料等，可以判定这些墓葬清楚地反映出当时贵族、一般官吏乃至平民百姓间的等级差别。同时，这些墓葬还分别属于蒙古、色目、契丹、汉等不同民族者所有，其葬制、葬俗等在不同程度上表现出民族间的融合。可见，这批墓葬具体地反映了当时北京地区阶级、民族、社会等方面的现实状况。

3. 其他类型遗迹的发现和零散文物的出土

到目前为止，北京地区共发现元代窖藏4处，分别位于房山区良乡、延庆县清泉铺、刘斌乡和平谷县刘家河村。窖藏内出土的器物大多数为使用过的日常用具，其中一些还带有款识，为我们判定窖藏的性质、所有者等相关情况提供了重要依据。考古工作者还在海淀区和大兴区发掘了两处窑址[1]。尤其是海淀区琉璃窑址的发现，为我们探求元大都琉璃建筑构件的产地提供了重要线索。

此外，还零星发现了一些器物，如铅质供器[2]、藏经[3]、泰定四年刘公墓碑[4]等。

二、元代考古的重要发现与研究

元大都不仅是元朝的政治、经济、文化中心，还是世界闻名的大都会，规模宏大，功能完备，因此元大都遗址的勘查和发掘在北京地区的元代考古中占有重要地位。

1964年至1974年，中国科学院考古研究所和北京市文物管理处组成的元大都考古队在元大都范围内，正式勘查和发掘了元大都的城垣、城门、道路、水系、建筑遗存和居住遗址等，基本搞清楚了大都的平面布局、建筑形式等情况。同时出土了大量遗物，包括石器、陶器、瓷器、漆器、铜器、铁器等生活用具，为我们了解当时不同阶层人们的生活状况提供了可资比较的实物材料。以上考古发现和相关研究成果发表在《元大都的勘查和发掘》、《北京后英房元代居住遗址》和《北京西绦胡同和后桃园的元代居住遗址》三篇报告中。

元大都遗址出土的遗物中有相当一部分应属于精品文物，如螺钿漆片、青花扁壶、觚、葵花盘、影青观音像、钧窑花瓶等，代表了当时高超的技艺和丰富的想象力。这在张宁《记元大都出土文物》一文中有比较详细的介绍。中国科学院上海硅酸盐研究所《元大都发掘的青花和影青瓷》一文，对元大都出土的青花瓷片三种、影青和枢府瓷片各两种进行了科学分析和鉴定，进一步确定了其烧造地点，加深了对元代制瓷工艺的了解。龙霄飞《简析元大都遗址出土的元代瓷器》[5]一文对各种瓷器进行了分类和综合研究。此外，还有专家对元大都出土的铁器进行了分析，从而进一步明确了其铁器的炼造工艺、成分等[6]。

元大都遗址中发现了数量较多的文字材料，有墙壁题记、墓碑、去思碑、题名碑、铜权、官印等，为我们考证大都城垣的建置、元代的人物、官制、经济、文字等提供了重要的资料。张宁在《关于京畿漕运使王君去思碑》中对碑文进行了详细的考证。元大都考古队在《记元大都发现的八思巴字文物》中，对元大都出土的三种八思巴字文物进行了文字和内容上的探讨。

1 赵光林：《近年北京地区发现的几处古代琉璃窑址》，《考古》1986年7月。王武钰：《大兴县发现元代烧炭窑址与明代砖井》，《北京考古信息》1991年1期。王武钰：《大兴县元代烧炭窑与明代砖井》，《中国考古学年鉴（1991）》，文物出版社，1992年，第129、130页。

2 程长新、张先得：《北京市拣选一组元代铅供器》，《文物》1988年5期。

3 许惠利：《北京智化寺发现元代藏经》，《文物》1987年8期。

4 北京市文物研究所：《北京市先农坛唐墓发掘简报》，《北京文博》2008年1期。

5 龙霄飞：《简析元大都遗址出土的元代瓷器》，《北京文博》2000年3期。

6 王可、韩汝玢、杜茀运：《元大都遗址出土铁器分析》，《考古》1990年7期。

北京地区发现的元代墓葬，按葬俗的不同，可以分为土葬和火葬两大类。以土葬的数量略多，但由于早期破坏等原因，葬式多不明确。在火葬墓中，骨灰一般直接放置于石棺、石函、砖穴中。实施火葬的原因是多方面的，包括宗教、民族、习俗、经济等，应根据墓主人的具体情况进行综合分析。随葬的陶器以容器为主，多为成套的仿生活用品的小冥器，另有少量陶俑等。大多数为泥质灰陶，仅少量器物为泥质红陶。制法多为轮制。陶质冥器的组合多为小罐、提梁罐、鏊釜、盆、杯、钵、灯等。

共发现墓志六方（合），分别为元宪宗七年海云禅师墓志、皇庆二年铁可墓志、大德九年张弘纲墓志、耶律铸墓志、耶律铸妻奇渥温氏墓志及天历二年耿完者秃墓志。这些史料的发现，为我们了解和研究元代的政治、宗教、思想、民族融合、家庭、婚姻等方面的内容提供了宝贵的材料。

黄秀纯、雷少雨在《北京地区发现的元代墓葬》中综合分析了20座墓葬，对墓葬本身和随葬器物进行了分期和类型学方面的研究，还对葬俗进行了探讨。在对单座墓葬的分析、研究方面，侯塄《元〈铁可墓志〉考释》和黄秀纯、喻震《北京出土的元铁可墓志铭》着重对铁可墓志进行了家世、职官、人物、地理等方面内容的研究。黄秀纯在《元代张弘纲墓志及其事迹》中对张弘纲本人进行了详细的考证。此外，刘秀中在《青白釉艺术杰作—多穆壶》一文中专门对斡脱赤墓中出土的多穆壶进行了探讨。苏天钧《燕京双塔庆寿寺与海云和尚》、张宁、刘树林《大庆寿寺及其出土文物》、刘秀中《元代棉织僧帽》等文章对大庆寿寺的历史沿革、海云和尚的生平、出土文物等进行了专门研究。

元朝是一个多民族的帝国，蒙古统治者为利于统治，实行较为明确的民族等级制度，划分为四等人，依次为“国族”蒙古人、色目人、汉人、南人等，并规定了相应的社会地位和待遇。元大都有着独一无二的政治、经济和社会地位，在城内和周围地区汇集、居住着来自不同地区、拥有不同身份的各族人民。这在北京地区发现的元代墓葬中有充分的反映，如耿完者秃为蒙古人；斡脱赤、铁可先世为乞失迷儿贵族，属于色目人[1]；耶律铸、张弘纲等属于汉人，其他一些小型墓葬中也有不同民族者，这为我们了解和研究元朝的民族政策、制度等提供了丰富的材料。

对于北京地区出土的元代各类器物的综合研究，多集中在瓷器方面，间或有就某一地点出土的遗物进行专门探讨者。北京地区发现的元代铜权，出土或拣选者近20件，先后有高桂云、张先得《记北京发现的元代铜权》、程长新、程瑞秀《元代铜权——中国度量衡探源》和王燕玲《北京市文物研究所藏元代铜权》[2]等对其形制、内容等进行了研究。

第二节　元大都城址

一、城 垣 遗 址

元世祖忽必烈继承皇位后，为适应当时的统治形势，从经营天下的大局出发，定都于燕

1 (元) 陶宗仪撰：《南村辍耕录》，中华书局，2008，第13页。

2 王燕玲：《北京市文物研究所藏元代铜权》，《北京文博》2006年4期。

地，并于公元1267年开始在金中都的东北方修建大都都城。“（至元）四年春正月……城大都。”[1]至元二十四年（公元1287年），筑城工程全部完工，历时二十年之久。元大都建成后，规模宏大，形制整齐，既是当时全国的政治中心，也是闻名世界的国际大都会。

元大都是由外郭城、皇城、宫城三重城套合组成的。外郭城平面为长方形，经实际勘测，北城垣长6730、东城垣长7590、西城垣长7600、南城垣长6680米，周长共约28 600米[2]，这与史料中记载的“城方六十里”[3]、“周长二十四英里，每边为六英里”[4]大体吻合。元大都北面的城墙和东西两面城墙的北段，至今地面上仍旧保存有遗迹，即今北京北二环外的所谓“土城”。元大都东西两面城墙的南段，与明清北京城的东西城墙一致；南城墙的位置在今东西城长安街的南侧。南城墙在修建之初，于靠近庆寿寺双塔的地点，稍向外弯曲，以便绕开双塔，即“庆寿寺西，有云团师与可庵大师二塔，正当筑城要冲，时相奏世祖。有旨，命圈裹入城内”[5]。南城墙内侧的顺成街在双塔附近（今西长安街），也随着作向南弯曲状[6]（图9-1）。

外郭城城墙全部用夯土筑成，下宽上窄，基部宽达20余米。为了加固城墙，在夯土中使用了“永定柱（竖柱）”和“纴木（横木）”。根据已发掘城墙的情况推算，它的基宽、高和顶宽的比例为3∶2∶1。以今北太平庄以北的元大都城垣遗址为例。其墙体截面为梯形，顶部残宽3.25米，底部宽约22米，残高8.4米，地基厚0.6米。城垣的夯土自上而下可以分为四层：第一层位于城墙顶部，厚2.5米，由黄土、黑淤泥土构成，夯窝排列整齐有序；第二层厚2.25米，由黑淤泥土和浅褐色夯土构成，夯窝较小，底部有3根水平的南北向木桩；第三层厚3.5米，呈灰褐色，分层不明显，夯窝较小且不明显，排列杂乱，底部也有3根水平的南北向木桩，与上层的木桩相对应；第四层即城垣的地基部分，厚0.6米，上半部由黄土和黑色夯土构成，夯窝清晰，排列有序，下半部为浅褐色夯土[7]。

城墙用夯土筑成，所以防雨排水是个很重要的问题。在拆除北京西城墙时，于明清城顶的三合土下面，发现了元大都土城顶部中心安放有用以排水的半圆形瓦管，顺城墙方向断断续续长达三百余米。这一发现证明土城的防雨排水采用的是管道泄水方式，这是避免城顶雨水冲刷城壁的合理方法。此外，为了保护夯土墙垣，当时还“收苇以蓑城。每岁收百万，以苇排编，自下砌上”[8]。

城门是城垣的“坐标”。元大都外郭城的城门共有11座[9]，据《元史·地理志一》所记，分别为“正南曰丽正，南之右曰顺承，南之左曰文明，北之东曰安贞，北之西曰健德，正东曰崇仁，东之右曰齐化，东之左曰光熙，正西曰和义，西之右曰肃清，西之左曰平则”[10]。通过考古调查和发掘，我们不仅确认了城门的地理位置，还搞清了城门的建筑形制和技术。肃清门俗称“小西门”，在今学院南路西端；健德门位于今德胜门小关，其瓮城的土墙还部分残存于地面之上。城门的建筑形制，通过对肃清门和光熙门（俗称“广西门”，位于今和平

1 (明)宋濂等：《元史·世祖本纪三》、《地理志一》、《刘秉忠传》，中华书局，2005年，第113、112、1346、3694页。
2 北京市文物研究所：《北京考古四十年》，北京燕山出版社，1990年。
3 (明)宋濂等：《元史·地理志一》，中华书局，2005年；（元）陶宗仪：《南村辍耕录》，中华书局，2008年，第250页。
4 马可·波罗著、梁生智译：《马可·波罗游记》，中国文史出版社，2008年。
5 (元)熊梦祥著、北京图书馆善本组辑：《析津志辑佚》，北京古籍出版社，1983年。
6 中国科学院考古研究所、北京市文物管理处元大都考古队：《元大都的勘查和发掘》，《考古》1972年1期。
7 王有泉：《元大都城墙》，《中国考古学年鉴(1992年)》，文物出版社，1994年。
8 (元)熊梦祥著、北京图书馆善本组辑：《析津志辑佚》，北京古籍出版社，1983年，第1页。
9 马可·波罗所记“整个城墙共开设了十二座大门”有误。可参看马可·波罗著、梁生智译：《马可·波罗游记》，中国文史出版社，2008年。
10 (明)宋濂等：《元史·地理志一》，中华书局，2005年，第1347页；(元)陶宗仪：《南村辍耕录》，中华书局，2008年，第250页。

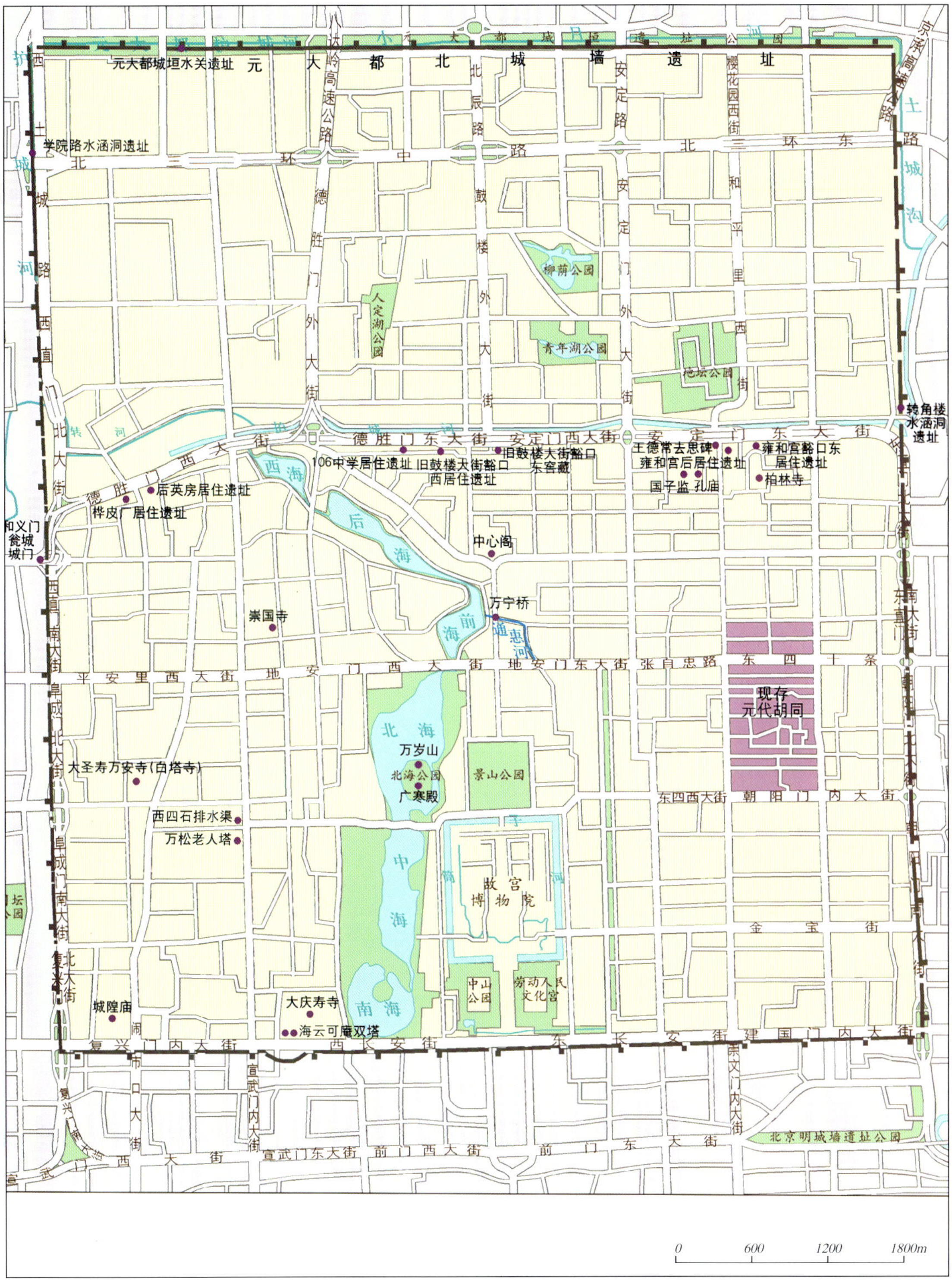

图9-1 元大都平面图

里东）基址的考古钻探，可知大概：城门的基础夯筑得很坚固；城门建筑后来被火焚毁，大量的木炭屑和烧土的堆积层证明，城门建筑可能仍为唐宋以来的“过梁式”木构门洞。城的四角都建有巨大的角楼，今建国门南侧的明清古观象台，就是元大都东南角楼的旧址。

城外部等距离地建有“马面”，其形制和大小在2002年对元大都北土城花园路段城墙的考古勘探中得到证实，“西距水关30米，城墙墙体北界发现有土台，凸出城墙北界，

图9-2 和义门瓮城城门遗址

平面呈长方形，东西长19米，南北宽7.5米。经研究确定为城墙的马面部分”[1]。其外再绕以又宽又深的护城河，以加强大都的军事防御性能。

皇城俗称“阑马墙”，位于大都城南部的中央地区，东墙在今南北河沿的西侧，西墙在今西皇城根，北墙在今地安门南，南墙在今东、西华门大街以南。南墙正中的灵星门在今午门附近。城墙墙基宽约3米左右。

宫城位于皇城内的东部。平面为长方形，南北略长。“宫城周回九里三十步，东西四百八十步，南北六百五十步。高三十五尺……分六门：正南曰崇天……崇天之左曰星拱……崇天之右曰云从……东曰东华……西曰西华……北曰厚载。”[2]宫城的城墙用砖砌成。宫城的南门（崇天门）约在今故宫太和殿的位置，北门（厚载门）在今景山公园少年宫前，它的夯土基础已经发现。东、西两城垣约在今故宫的东、西两垣附近。宫城的墙基，由于明代的拆除改建，保存不好，残存的最宽处尚超过16米以上。宫城的四角也有角楼。

元大都的主要建筑工程完成于元世祖时期，但之后仍不断修筑和改建。据《元史·顺帝本纪八》记载：“（至正十九年）冬十月庚申朔，诏京师十一门皆筑瓮城，造吊桥。”[3]这样以增强大都的防御功能。1969年夏，在拆除西直门箭楼时发现了元大都和义门瓮城城门遗址，在其门洞内的青灰皮上发现刻划的题记“至正十八年四月廿七日记”，说明它是公元1358年加筑的。城门的残存高度约22米，门洞长9.92米，宽4.62米，内券高6.68米，外券高4.56米。木质板门和门额、立颊（门框）等部分，在明代时均已被拆毁，仅留下两侧的门砧石，门砧石上的铁“鹅台”（即承门轴的半圆形铁球）还很完整地保存在上面，这和《营造法式》上记的大型板门的铁“鹅台”形制完全一样，为考古发现中仅见的实例。

在和义门瓮城城楼南壁的白灰墙皮上发现一段题记，从笔迹和墨色上观察，原为“至正廿二（公元1362年）四月初十”，后来涂改为“至正卅四年四月初十”。

这座城门在明代继续使用了六十多年，明太祖洪武十四年（公元1381年）曾重修一次，到明英宗正统元年（公元1381年）重建北京各城门、瓮城时，才被废弃而包入西直门箭楼下的城墙内（图9-2）。

此外，在西直门瓮城城墙外皮还出土了几件比较重要的石刻文物，有元阔里别出墓碑，青石质，圭形，无纹饰。碑面楷书“大元故武德将军保定路治中阔里别出之墓”。高120、宽74、厚12厘米。元总金局使卢公墓碑，青石质，圭形，无纹饰。碑文为“大元国都

1 李华：《元大都北土城花园路段城墙勘探及水关遗址清理简报》，《北京考古》（第一辑），北京燕山出版社，2008年，第180页。
2 (元)陶宗仪：《南村辍耕录》，中华书局，2008年，第250页。
3 (明)宋濂等：《元史·顺帝本纪八》，中华书局，2005年，第949页。

总金局使卢公之墓，癸亥孟夏吉日卢仲安立石”。碑高97、宽77、厚11厘米。元中书省宣使温君墓碑，碑首抹角，平而阴刻有“元中书省宣使温府君之墓”。碑高120、宽63、厚10厘米[1]。

二、元大都城内街道、水系等公共设施遗迹

元大都的皇城、宫城主要由宫殿和苑囿构成，而外郭城则为纵横交错的棋盘格式的布局。全城有一条南北向的中轴线，南起丽正门，穿过皇城的灵星门，宫城的崇天门、厚载门，经万宁桥（又称海子桥，即今地安门桥），直达大天寿万宁寺的中心阁（今鼓楼北）。经过考古钻探，在景山以北发现了一段南北向的道路遗迹，宽达28米，即是大都中轴线上的大道的一部分。这也充分证明了明清北京城的中轴线沿用了元大都的中轴线。

元大都的街道，分布规整且为开放式。全城由9条南北向大街和9条东西向大街组成，合乎《周礼》四十一卷《考工记》“国中九经九纬”[2]的规定。两条南北向大街之间，平行、等距地排列横胡同，规划整齐，出入方便。与隋唐长安城中的封闭式里坊制街道的规划不同[3]。意大利人马可·波罗曾盛赞它“城中的全部设计都以直线为主，所以各条街道都沿一条直线，直达城墙根……城区的布局就如上所述，像一块棋盘那样”[4]，实际情况也确是如此。考古勘查工作证明，大都城内街道分布的基本形式是：在南北向的主干大道的东西两侧，等距离地平列着许多东西向的胡同。大街宽约25米左右，胡同宽6～7米。今天北京内城的许多街道和胡同，仍然可以反映出元大都街道布局的旧迹。

供水问题是城市建设中头等重要的问题。当时供应大都用水的水道有两条：一条是由高粱河、海子、通惠河构成的漕运系统；一条是由金水河、太液池构成的宫苑用水系统。考古工作者对这两条水系都进行了勘查和部分发掘。

高粱河自和义门北流入大都城内，汇为积水潭，俗称海子。为了使南方的漕运船只经通州直达大都城内，开挖了通惠河，置闸节水。至元三十年（公元1293年）河工完成，粮船自通州经通惠河径入大都，一直停泊在积水潭内。这一工程不但改善了自通州陆运的困难，而且也形成了大都城内积水潭北岸钟鼓楼、斜街一带的商业区。通过考古勘查得知：原来大都的积水潭稍大于今太平湖、什刹前后海的范围；在皇城东北角处的通惠河宽约27.5米左右。

为解决通惠河水源的缺乏和运输能力的降低问题，至正二年（公元1342年）又重开金口河，引卢沟河水自大都城南入通惠河，以济漕运。金口河的遗迹和流向也已勘查清楚。

金水河自和义门南约120多米处入城，入城的水门是在拆除西城墙时发现的。金水河入城后，一直向东流，沿今柳巷胡同至北沟沿而南折，再由北沟沿南流，过马市桥，至今前泥洼胡同西口转向东流，再转南折东，沿宏庙胡同，过甘石桥，流至今灵境胡同西口内。至此分为两支：北支沿今东斜街向东北流，至今西皇城根后，直向北流，在今毛家湾胡同东口处

1　张宁：《记元大都出土文物》，《考古》1972年6期。
2　(唐)贾公彦等撰：《周礼注疏》，《十三经注疏》，中华书局，2003年，第927页。
3　徐苹芳：《论历史文化名城北京的古代城市规划及其保护》，《文物》2001年1期。
4　马可·波罗著、梁生智译：《马可·波罗游记》，中国文史出版社，2008年。

转向东流，经北海公园万佛楼以北、九龙壁西南，向东而注入太液池（今北海）。南支自今灵境胡同一直往东，过今府右街而注入太液池（今中海），复自太液池东岸流出，经西华门而入故宫，过熙和、协和二门向东，由东华门北出故宫，沿今东华门大街以北东流而注入通惠河（今南河沿）。

明初修筑北城墙和拆毁宫城后，这两条水系都遭到了破坏。永乐重新建都时，废弃了通惠河的漕运水系，把西北郊的水源自德胜门水关引入城内，完全用来供宫苑用水，因此元代金水河的渠道也很快地堙废了。今北京东城的"河沿"和西城的"沟沿"，就是这两条水系的残迹。

在2007年玉河遗址的发掘中，发现了一处元代的堤岸遗址[1]，这为我们了解堤岸的构造提供了依据。玉河，也称御河，在元代称为通惠河。此次发掘的B区4号堤岸（BD4）总长6.5米。根据其结构状况，可分两层，下层为石结构，上层为夯筑，分两期，即BD4Ⅰ期和BD4Ⅱ期，其中BD4Ⅰ期的石结构堤岸于元代建成。

BD4Ⅰ期堤岸遗址叠压于BD4Ⅱ期下，距地表深4.05～4.95米，底部距地表5.3～5.75米，高0.75～1.3米，发掘区内宽3.75～6米。其修造方式是，先在生土（包含大量青沙）上挖基槽，基槽内先素夯，厚0.15～0.65米，再铺一层厚0.1～0.2米的碎砖、瓦块并夹杂大量陶片、瓷片。砖瓦层上面再夯土，夯土为红褐色，呈南高北低的斜坡状。堤岸靠近河道的一侧在夯土上砌石条，仅残存一层，大部分是曾被使用过的不规整的大块石料。石条之间的空隙较大，中间夯土。经勘探，该期堤岸向南延伸出发掘区约1.7米，因此，推测该期堤岸最宽处为7.7米。BD4Ⅰ期堤岸内包含有较多的瓷片和砖块，均为元代遗物。较为典型的有卵白釉碗底、钧釉瓷碗、青釉瓷碗、砖等。

排水问题也是元大都建设中的重要问题。在元大都东城墙中段和西城墙北段的夯土墙基下，发现了两处石砌的排水涵洞。元大都土城废弃后，曾遭到了严重的破坏，但从其残存的底部尚可看出涵洞的基本结构。涵洞是在夯筑城墙之前预先构筑的，其底部和两壁都用石板铺砌，顶部用砖起券。洞身宽2.5米，长约20米，石壁高1.22米。涵洞内外侧各用石铺砌出6.5米长的出入水口。整个涵洞的石底略向外倾斜。在涵洞的中心部位装置一排断面呈菱形的铁栅棍，栅棍间的距离为10～15厘米。石板接缝之间勾抹白灰，并平打了许多"铁锭"。涵洞的地基则满打"地钉"（木橛），在"地钉"上横铺数条"衬石枋"（横木），然后羼用碎砖石块夯实，并灌以泥浆。在此基础之上，再铺砌涵洞底石及两壁。整个涵洞的作法，与《营造法式》上所记完全一致。特别是满用"铁锭"、满打"地钉"和横铺"衬石枋"等做法，是宋元以来常见的形式。

2002年在元大都北土城花园路段的西部清理了一处水关遗址[2]，这对我们了解和研究元大都排水系统工程具有重要意义。这座水关南北向穿通土城，用砖石垒砌而成。其结构由水关基础、顶部券砖、券洞砖基、水关涵洞北口外砖墩组成。

水关基础用不规则的石条错缝垒砌而成，共砌7层，高1.5～1.6米。西壁石基长共18.5米，北出洞口4米。在石条内壁上有凹槽锁口，推测洞壁石条用此相连。水关的洞壁，东西宽2.95～3米，高度与水关券砖下石条基础相平。

1 北京市文物研究所、北京市东城区文化委员会：《北京玉河2007年度考古发掘报告》，科学出版社，2008年。

2 李华：《元大都北土城花园路段城墙勘探及水关遗址清理简报》，《北京考古》（第一辑），北京燕山出版社，2008年。

水关顶部为青砖与白灰错缝砌筑，现留券砖两层。一层内券用青砖大灰竖行拱券所砌；二层外券为立卧青砖和大灰坐底勾缝砌券，顶部残留长9.5米。水关券洞在7层石条的基础上放大，南北平砌砖10层，共0.7米，贯穿南北券洞石基上东西宽0.76～0.8米，由2块东西向青砖砌筑，砖基以上被夯层所压。

水关北口保存较好，洞面砌筑整齐，由两层券砖砌制，券砖外侧夯土表面包有一层砖，大部分已脱落。夯土高1米，洞口残存宽度为4米，水关内壁宽应为3米，洞口底部中间高，两侧低，石基两边高1.6米，中间石条比两侧高0.1米。

水关洞口外侧砖墩：北洞口两侧各有一砖墩，底大上小呈梯形从底层开始逐层内收0.03米，直至顶部和洞顶砖平齐，高2.6米，由青砖与白灰错缝重叠砌制。西侧砖墩底部为长方形，南北长1.45米，东西宽1.66米。砖墩顶部被夯层所叠压，砖墩底部压在石条基础之上。东侧砖墩，砌法同西侧，底部东西宽1.66米，南北露出部分1.28米；南侧向水关内延伸0.7米，南北共长1.98米。高2.5米，38层砖。砖墩底部下压有一块南北长1、东西宽0.85、厚0.2米带有题记的石条。

水关的券制方法是先在自然土上，用夯平打一层，再用白灰、石片、土混合铺一层用夯打实，在铺好的三合土上平砌石条一层。底部铺好后，再在石条上砌水关石基，共用7层石条砌筑。东西两壁相同。水关两壁砌成后，开始修筑券顶。水关券顶放大基础（砖基），砖基砌在石条基础上。当水关全部砌好后，开始在上面堆土打夯，直至和城墙东西两侧平齐为止。

水关底部平铺一层石条，南北向铺砌，东西共有7行，石条间四面都有铁锭加固，大部分铁锭已破坏，留下石条与石条间的凹槽，凹槽长0.24～0.26米，两头宽0.1～0.13米，中间宽0.06～0.08米。

铁栅在水关涵洞中部，东西向排列，上部铁栅已无存，留下底部菱形栅孔9个，孔深0.12米，现存栅孔从东数第2个为水关宽度中心，西边7个，东边1个，第7个紧贴西壁原包边石，由此可证明涵洞中的铁栅至少是由14根菱形铁柱组成。

在水关原石基北出洞口4.15米，向东北、西北两侧各有一相互对称的燕翅。燕翅长6.75米，宽2米，外拐角处和北洞口砖墩东壁相齐，距北洞口3.3米。燕翅内拐角处和水关基础内壁成135°，残留高度0.7～1.3米。燕翅内海墁南北长4.35米，宽3～13米。

水关底部南北高、中部低，南侧稍高，比中部高0.05～0.15米，北侧出洞口4米逐步渐高。

元大都城内南北主干大街两旁的排水渠也在今西四的地下发现。它是用石条砌筑的明渠，宽1米，深1.65米，在通过平则门内大街（即今阜内大街）时顶部覆盖了石条。渠内石壁上，还留有当时工匠刻凿的字迹：“致和元年（公元1328年）五月□日，石匠刘三”。

三、元大都城内的居住、窖藏、道观等遗址

目前，在元大都城内已发掘了后英房胡同、西绦胡同、后桃园、雍和宫后身、旧鼓楼大街豁口、安定门煤厂、德胜门以东以及北京一零六中学等10余处元代居住遗址。这几处居住遗址基本上沿明清北城墙一线东西方向分布。它们在早期就已受到不同程度的破坏，没能保留下完整的建筑基址，但是考古发掘揭示出的情况，为我们了解、研究当时的建筑布局、结

图9-3 后英房遗址

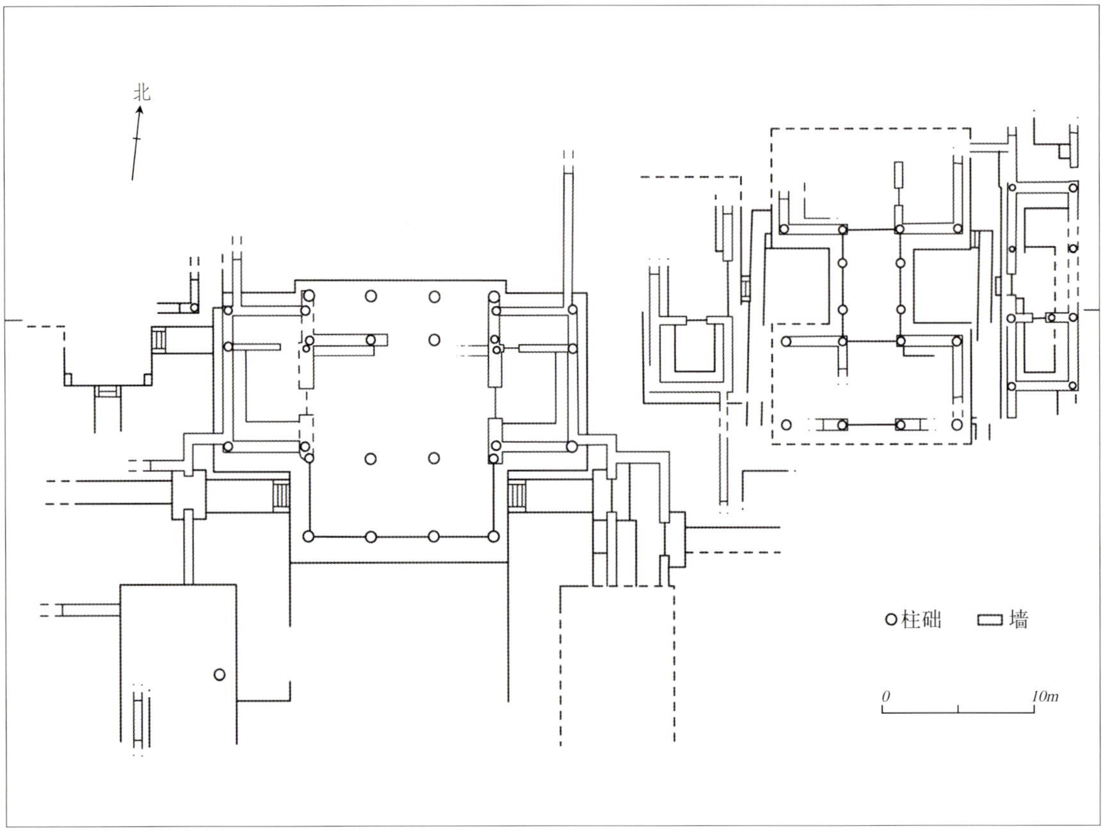

构，以及当时的居住条件、环境、生活状况等提供了价值极高的实物资料。其中，位于后英房胡同的院落遗址规模最大、等级最高、出土遗物也最为丰富。

1. 后英房居住遗址

遗址在西直门里后英房胡同西北的明清北城墙基下[1]。1965年秋，先发掘了它的东部，1972年上半年，又发掘了它的中部和西部。这处居住遗址在明清城基范围以外的部分，由于明初筑城时已被拆毁，现在发掘出来仅是其中的一部分，但遗址的大致布局仍清晰可辨（图9-3）。

(1) 平面布局

这处居住遗址的平面形状为东西长、南北窄。从其布局上看，可以分成三部分，中部为主体院落，两侧分别为东、西院。其中，东院保存比较完整，西院仅残存北房的月台等。

主院正中偏北是一处五开间的北房，由三开间正屋和东、西两挟屋（耳房）组成。正屋面阔11.83米，进深一间6.64米。前出轩三间，面阔同正屋，进深一间4.39米。后出廊三间，面阔亦同正屋，进深一间2.44米。两挟屋面阔4.9米，进深两间7.71米。正屋的前轩突出于两挟屋之外。

这五间北房建于一座砖砌的台基上。台基平面略呈凸字形，高约0.8米，台基前接一个与台基等宽而略矮4厘米的高露道。正屋前轩两侧台基下各砌一踏道，下面相接砖砌的露道，露道各通向东、西两角门。这两个角门也都建在一个小台基上。角门两侧筑南北向的围墙，

1 中国科学院考古研究所、北京市文物管理处元大都考古队：《元大都的勘查和发掘》，《考古》1972年1期；中国科学院考古研究所、北京市文物管理处元大都考古队：《北京后英房元代居住遗址》，《考古》1972年6期。

墙向南抵东、西厢房的北山墙；向北至北房东、西挟屋角柱稍北一线时，即内转抵挟屋的东、西山墙上。这样主院北房与东、西厢房之间，全用围墙封闭起来。西角门外有露道通向西院。东角门外又用围墙隔成一个面积很小的跨院，在跨院的东南角上再辟一角门，其外的露道通向东院。

正屋的后廊檐柱突出于两挟屋的后檐柱0.8米，因而，正屋后廊下的台基亦随之各向外突出。台基北面无踏道等设施。在东、西挟屋后各有一条围墙伸向北去。

西院的西部和南部已遭严重破坏，仅在北部残存一小月台。月台南端正中及东侧各砌一踏道。月台的东南、西南两角上各浮放一狮子角石，这两个角石并未砌在月台之内，因此，它很可能是从别处暂时移置于此的。月台北面尚存台基的东部及房屋的东南柱础。

东院遗址位于主院偏北，以一处平面呈“工”字形的建筑基址为主体。南房三间，三间等阔，皆为3.72米，进深一间4.75米。柱廊三间，间宽3.72米，总长6.32米，以中间一间最长，为2.48米。北房也是三间，面阔与南房相同，北部已被破坏，进深不详。这座建筑也建于台基之上。台基平面也呈“工”字形。北房台基的东南和西南角各有一处砖砌台阶，下面分别有一条砖砌露道，向南穿过院落通向角门。西南角门已破坏，东南角门尚残存门砧。院落的北端在北房东北角柱附近仍存有一段北围墙，估计与其相对应的西北角上亦应砌有围墙，因此，东院也是一个封闭式的院落。

“工”字形建筑两侧建有东、西厢房。西厢房三间也建在台基之上，当心间面阔3.76米，南次间面阔3.67米，进深一间4.65米。当心间正中处的台基下设有踏道，与南北露道相接。东厢房三间，面阔11.25米，进深一间3.9米。这三间东房的南头尚有一间房屋，北头也有一间，它们都不与东房相通连。北头一间的门向东开。

从遗址的平面布局上推测，现存遗址应是这处居住址的主要建筑的偏北部分，在它的南面似乎还应有一至两层院落。它的北面可能是后园一类的布置。从南边的大门开始，至后园为止，应相当于元大都两个胡同之间的距离。

(2) 建筑技术

遗址中的台基基本上全是平地起筑。台的四周用单层砖围砌，内填塞一层碎砖块，只有主院台基的北壁用两层砖围砌。台心用土填实，接近台面的部分，稍加夯筑，台面上铺砖。台边铺特制的长条压阑砖，台的外角上放方砖代替角石，内角上侧用两块压阑砖抹角拼砌出角线。主院台基的南部（自围墙以南部分）则用长条压阑石和方形角石。东院工字形台基的四周，在地面以下靠近台壁处，夯筑一层碎砖屑，起着散水的作用。

遗址中发现的柱础均为素面。按其功能的不同，可分为三种。第一种是明柱柱础，在方石上刻出低矮的覆盆，不加雕饰。第二种是暗柱柱础，由于被包在墙壁内，所以多用略加凿平的方石作础，不雕覆盆。第三种是东院柱廊的柱础。柱廊两侧不砌墙壁，下按木地袱，地袱上装格子门，在地袱之外的础石，仍雕作半圆形覆盆，在地袱之内，也就是柱廊室内的础石，则不雕覆盆，按地袱及柱径砍齐。

主要建筑柱础下的地基都经夯筑。以主院北房柱础地基为例：在安放柱础以前，先在台基上挖长1.5～2、深约1.1米的方坑，坑内用一层土一层碎砖瓦夯筑，其上安放础石。这种做法与《营造法式》上所记完全相同。

遗址中共发现五个踏道。其中，主院大台基两侧的踏道保存得最好。台基高76厘米，踏道砌在31厘米高（用六层平砖铺成）的露道上，踏道高45、宽112厘米，分三踏，副子用长112、宽37、厚7厘米的条石砌成。踏道两侧砖砌三层象眼，它的砌法与《营造法式》上所记的不同，而是仿照须弥座的式样砌出。副子相当于须弥座的方涩平砖，第一层象眼向内斜收，相当于罨涩，第二层象眼磨棱起牙，相当于罨牙，第三层象眼向内直收，相当于子涩，象眼底层则相当于须弥座的束腰。自第一层象眼内收三层至底，共收入10厘米。

院落中的主要通道，皆用砖砌成露道。主院大台基南边的高露道，用方砖铺地，两边砌长条压阑石，与台基的砌法相同。主院大台基两边的露道，也以方砖平铺，露道的两边亦用方砖平砌，不出线，这是高露道的做法。东院露道则用小条砖平铺，一竖一横，略呈虹面，两边各侧砌两砖为线。

遗址中的墙可分为檐墙、山墙、室内的隔断墙和院落中的围墙四种。所有的墙壁均平地起筑，不曾挖槽打基。

主要建筑物的檐墙和山墙的“隔减”部分，都用“磨砖对缝”的砌法，非常坚固。垒至窗台时，最上一层砖的外沿，压边起混或通混。这种墙都有很明显的收分。“隔减”以上再垒砌土坯，外抹灰皮。

室内的隔断墙，也有用“磨砖对缝”砌“隔减”的；粗陋一些的则垒成土坯墙。

主院中的围墙保存较好，以西角门北拐角处的围墙为例：这座墙在南接角门的小台基以北处垒砌，先用条砖错缝顺砌，砌至与角门的小台基等高时，再自角门挟门柱以北，“磨砖对缝”砌出十层砖，直至小台基以北85厘米处为止，再往北则仍错缝顺砌六层砖，其上垒砌土坯。“磨砖对缝”墙上面及北侧与土坯墙相接处，均用一层砖压边起混作为边框。错缝顺砌的砖墙部分，一律用白灰刷浆，土坯墙则先用黄泥麦秆打底抹平，然后再抹很薄的一层青灰压光,非常富有装饰性。

主院的三座角门两旁均立挟门柱，柱中间下设木地袱。挟门柱下不立柱础，各置一镯脚石。这种立柱的方法与《营造法式》中所记的“山棚镯脚石”之制相同。发掘时，自镯脚石以下的地基结构保存得很完整。它的做法是：立柱以前先挖一个直径约1.2、深约1.1米的圆坑，底部中央平铺一块方砖，方砖上用五层条砖侧立围砌成一直径约20厘米的圆洞，侧砖外半部之间的空隙处，再以侧砖塞紧，其外填土夯实。侧砖上用一层方砖斫角平铺，围砌成六角形洞口，再上安镯脚石。石75厘米见方，厚16厘米，中心窍眼直径为16厘米，自石面至洞底深约1米。然后向洞内灌满白灰浆，最后将直径13厘米的挟门柱自镯脚石窍眼插下，深约73厘米。

在东角门稍北处，发现了角门的木构屋顶。屋顶中间起脊，两坡极平缓。顶上铺望板，板下钉直径4厘米的椽子，每隔8厘米钉椽一根，椽自屋脊至檐通长1.6米。椽下自脊至两檐再钉厚2、宽11厘米，通长2.7米的枋子五条，枋与枋之间相隔约0.8米。两头安搏风板，板厚3厘米。望板刷红色，椽子和搏风板刷绿色。在角门附近还发现了一些长19、宽6.8、厚1.7厘米的小型华头筒瓦，兽面纹和花草纹瓦当直径6.8厘米，花草纹滴水宽9厘米；还有一些高约14厘米的迦楞频伽和走兽等，这些都可能是角门屋顶上的瓦件。

(3) 室内布置和装修

院落的室内布置，只能从保存较好的主院北房和东院的东、西厢房内的遗迹来进行分析和推测。

主院北屋室内，仅在后檐墙下发现炕的痕迹。东、西两挟屋的布置完全相同，明间南壁及东（或西）壁下用土坯围砌实心炕，北壁是暗间的隔断墙。暗间未设炕，可能是储藏室。

东院西厢房是两明一暗。明间北部破坏。南边的暗间用隔断墙间开，墙的中间辟门，安了一扇小板门，发掘时发现板门的立颊、门额就倒在明间的砖地上，门额上安放两枚花形门簪。暗间的东、南、西壁下围砌土坯炕，东炕宽50、南炕宽72、西炕宽104厘米，炕高28厘米。用土坯实砌，炕面上先用黄泥和麦秆抹平，然后再抹青灰压光。炕沿镶木条，炕的前脸全部安装木板，靠近地面处砌砖，砖上等距离地立槏柱，上承木炕沿。

东院东厢房的南暗间也用隔断墙间开，其东、西、南三壁下亦围砌土坯实心炕，东炕宽86、南炕宽44、西炕宽62厘米，炕的前脸用砖砌成。当心间东壁下亦砌一炕。当心间与北次间之间的铺地砖中砌有安放木地袱的槽，因而估计原来可能是用木隔断间开的。北次间的北壁及西壁下砌连通的火炕，北炕宽107、西炕宽62厘米，炕面及炕的前脸均用小条砖铺砌。北炕的中间有一方形火眼，火眼内砌火膛，火膛两侧顺炕的方向用砖砌出三条烟道，烟道在通向西炕时减为两条，没有发现烟囱，火膛及烟道内存灰亦较少，燃料用木材，只为冬季取暖用。

东院东厢房北头的一间，比较简陋。室内砌有一铺灶火炕，灶的火膛通向炕内，设烟道四条，烟囱设在炕的东北角，灶面用小条砖铺成。

从上述发现可以看出，炕是屋内的一种主要设施。凡是不辟门的墙壁下都砌炕，如东院东、西厢房的暗间都是三面炕，皆以后檐墙下的炕为主炕。

在东院遗址上发现了板门、格子门、直棂窗等遗迹。板门两扇，发现在北房西檐墙前。门高1.98、宽0.7米，用五块身口板拼成；门背后用四楅，楅宽6厘米；门正面缘楅钉四路铜门钉，每路五钉，自上而下第一路门钉近门轴处的两个门钉下安铜包角，第二路门钉下安铜铺首，第四路门钉近门轴处减两钉；门板涂红漆。

格子门都发现在南房北侧。其中保存最好的一扇，高2.37、宽0.7米；桯宽7厘米；格眼高1.34米，用宽2.5厘米中间出单线的条桱组成四直方格眼图案；格眼下用双腰串隔出腰华板及障水板，障水板下再用腰串隔成镯脚板；腰串宽7、腰华板高12、障水板高44、镯脚板高12厘米；桯及腰串的混作为压边起混出三线。此外，还有安铜看叶或以六簇菱形为装饰图案的格子门等，为研究元代小木作提供了实例资料。

在这个遗址中额枋一类的木构遗迹上面还发现了少量的以黑、白、蓝三色为主的彩画。屋顶的瓦件脊饰则大量出土，东院柱廊台基的两侧几乎满填的是瓦件。

屋顶的瓦件脊饰全部用灰瓦。华头筒瓦长29、宽12、厚2厘米，兽面和凤鸟纹瓦当的直径为11～12厘米，花草纹瓦当直径为10厘米。重唇板瓦长29、宽16～12、厚2厘米，瓦头印有不同形式的绳纹。滴水板瓦长29、宽12～14厘米，滴水上有花草纹和凤鸟纹。脊上有张口卷舌的兽头。垂脊的迦楞频伽高30厘米，走兽高25厘米。陶制的套兽长19厘米，保存得最为完整。

(4) 遗物

在后英房院落遗址中，出土了大量遗物，包括石器、漆器、铁器、琉璃器、玛瑙器、

图9-4 后英房遗址出土漆片

瓷器等，多为日常生活用品。石器的数量较少，有石斧、化石、石砚等。

较为完整的漆器仅发现一件，为平脱的薄螺钿漆器。这件螺钿漆器为圆形，出土时已残，器形无法分辨。胎为1～1.5毫米厚的木骨，其上敷漆灰，然后将螺钿片直接镶嵌在上面，之后涂漆，再打磨显露出螺钿片，并使螺钿片与漆面相平，最后再刻划细部纹饰。这种螺钿片用盘大鲍或者杂色鲍的壳制成，截磨成片后，按照呈现出的色泽分别镶嵌在漆面的不同位置，搭配组合成一幅以“广寒宫”为背景的图案。这组图案的残存部分有一座两层的阁楼，阁为三间重檐悬山顶，屋角向上翘。装有格子门，平座上施勾栏。楼阁旁种植梧桐树和桂树。阁上云气缭绕。此外，还可见两组建筑，具体形制不详。残存直径约37厘米。碎片中可见妇女的头像及“广”字残匾。这件漆器的平脱螺钿全部用片嵌，装饰图案栩栩如生，显示出了高超的工艺水平。根据其螺钿片的产地及装饰图案所表现出的建筑风格，推测其原产地很可能在浙江南部和福建一带（图9-4）。

在后英房院落遗址发现的遗物中，瓷器的数量最多，器类较为丰富，釉色较为齐备，产地也较广泛，有青花、影青、白瓷等。基本上包括了当时在元大都中通用的各种瓷器。

青花是元代比较新颖的瓷器，共发现完整的青花瓷器2件，分别为瓷觚和葵花盘，为我们更深入地研究元代青花瓷器的工艺，提供了极为宝贵的实物资料。影青瓷器也发现了2件，有影青印花云龙盘和影青瓷观音龛像。白瓷2件，分别为高足杯和双铺首瓶，造型优美。龙泉窑青瓷带盖罐、蟹青釉瓷罐等。出土了大量磁州窑瓷器。另外，还出土了两件“内府”瓷器，是装内府酒的专用瓶。

2. 西绦胡同居住遗址

位于旧鼓楼大街豁口以西约150米的明清北城墙下[1]。其在明清城墙墙基以外的部分，早已被破坏。现存房屋遗址的方向为8°。东西长34.6、南北宽11米。

遗址西南部为一座砖砌的台基，东西长14、南北残宽2.8、高0.53米。台基内用碎砖、黄土夯筑而成，外面用条砖单层平铺错缝顺砌包边。台壁向上有明显收分。台基边用长条压阑砖平铺横砌。台基北面为散水，宽0.4米。紧靠散水有一道明沟，残长11.35、宽0.3米。水沟以散水为南壁，另用砖砌北壁和沟底。

台基上建有一面阔三间的北房，现仅存两间后廊和一间套间。后廊东间和西间的面阔分别为3.85、4.13米，进深1.35米。后廊与主室之间有一条宽5厘米的地栿槽。后廊与主室均用方砖墁地。后廊西面的套间面阔3.8、进深1.85米。室内条砖墁地，呈“人”字形。

1 中国科学院考古研究所、北京市文物管理处元大都考古队：《北京西绦胡同和后桃园的元代居住遗址》，《考古》1973年5期。

北房后面有三间南房。现仅存部分东、西山墙和后檐墙。东西长10.6、宽6.46米。现存墙体比较高大宽厚。墙体基槽宽1、深0.6米，内填土和碎砖，并夯实。墙体用砖砌成，黏合料是砂子灰。现存的三面墙的里皮，有两道平行的凹槽，槽内残留木痕和铁钉。后檐墙保留有三个暗柱洞，直径25厘米。柱洞内尚残存部分木柱。木柱下面有略加凿平的方形青石质柱础。由柱础的布局可知，这座南房由三间大小相等的房间组成，每间面阔3.8米，进深5.7米。室内用条砖墁地。西山墙外有散水，宽0.3米。

东房破坏严重，南北残长9.1、东西残宽2.2米。坎墙前为散水，宽0.47、高0.19米。坎墙北端有一门，宽约1米。门内北侧紧靠墙处有一残破的火炕，东西残长1.7、南北残宽0.9、残高0.3米。门内南侧有一扇平置的板门，保存基本完整，高2.05、宽0.76米，应为东房之门。

南房与东房之间有一道南北向的围墙。北端有一门，宽约84厘米。围墙与南房东南角之间及明沟东面、南房西面及南房西南角上均有围墙。围墙砌沟眼，以疏通雨水。

东房与东围墙北门之间有露道相连，露道用条砖平铺，四周为一行竖砖，内砌条砖，呈“人”字形，两边各用条砖两块错缝顺砌双线道。露道砌水沟，底铺竖砖，两边各砌陡砖两块，上面再横砌条砖为盖。沟宽13、深10厘米。接此露道尚有一段南向和北向残露道。

在南房与东围墙之间，残留两道暗沟，做法为中间横砌条砖一层，两边各铺竖砖一层，然后在底砖上各砌三层竖砖为壁，中留宽18、深14厘米的水槽，上用青石板覆盖。也有底铺板瓦或用条砖横砌为盖者。暗沟与明沟，露道水沟和围墙沟眼均相通连，构成一套较为完整的排水设备。

发现的屋顶瓦饰有瓦当、滴水板瓦、华头筒瓦和迦楞频迦等，全为灰瓦。瓦当均为圆形，兽面纹。板瓦有重唇板瓦和滴水板瓦两种，前者唇面为绳纹，后者为凤鸟纹。

西绦胡同遗址是一处坐北朝南的建筑，现存部分应该是该建筑的后院部分。从建筑结构看，北房很可能是这家主人的居室。南房很可能用于放置杂物。此外，东面的院落可能是作为厨房和仆役居住的地方。

遗址出土的器物比较丰富，有陶器、瓷器、铜器、铁器、石器、漆器等。其中以瓷器的数量最多，类型最为丰富，包括龙泉窑的青釉菊花洗、菊花荷莲洗、双菊洗、双桃盘等；磁州窑的白釉诗文花卉罐、龙凤罐、鱼纹盆等；影青双凤花卉盘、菊花小碟、瓷灯、双系小壶等；青花高足碗等。

遗址中还出土不少黑陶器，数量和品种之多，为元大都遗址所少见。如兽面纹贯耳瓶、饕餮夔纹方炉等，均为仿商周铜器样式，但造型与花纹又具有宋元时代的特点。

出土铜器中较为重要的有菱形把镜、铜权等。还有不少铁器，如镰、六錾釜、三足釜和铛等。石器中有石砚、石笔山、雕龙带版和石磨、石杵头、石臼、石槽等。遗址中还发现了一些漆器残片。

3. 后桃园元代居住遗址

位于新街口豁口以西明清北城墙下，东距后英房元代居住遗址约125米。遗址在明初修筑城墙时，即遭严重破坏，故现在仅残留一些碎砖瓦，房屋建筑和基础早已无存。遗址中出土不少元代建筑构件，如覆盆式柱础、镯脚石、门砧和壁画残片，以及屋顶各种瓦饰，如鸱尾，迦楞频伽、武士、兽面纹和花草纹瓦当，凤鸟纹和花草纹滴水以及各式华头筒瓦等。其中各式残瓦武士为元大都居住遗址中首次发现。武士身穿盔甲，肩雕兽面，形象逼真，姿态各异。站武士身高38厘米，坐武士残高36厘米。

遗址中出土器物有钧窑双耳瓶、三彩双耳云龙三足炉、三彩兔草纹小盘、黑陶八卦回纹贯耳瓶、白釉黑花四系小口瓶、白衣陶油灯碟，以及石砚、石龟趺等。

4. 雍和宫后身的居住遗址

位于雍和宫后身的一处居住遗址，由北房、南房和东西厢房等组成。三间北房为主要建筑物，建于砖台基之上。当心间面阔4米，进深5.42米。一暗两明。西暗间面阔3.75米，进深7.08米。两明间的后檐墙向内收1.66米，形成两间后厦，这是一种前所未有的房屋建筑形式，这种形式在它稍东的一处居住遗址中也有发现，说明它在元大都中还是比较流行的建筑形式。屋内四周用砖、坯围砌成炕，宽的是火炕，窄的为实心炕。火炕有灶膛和烟道，烟囱立在墙外。北房前有一方形砖月台，月台前用砖砌出十字形高露道，通往东、西厢房和南房。南房在明代城基范围之外，早已被破坏，具体形制不详。

遗址内发现的遗物有铁器、玉器、瓷器、漆器等，数量较少。

5. 一零六中学内的居住遗址

发掘了一间低狭的房基。房内仅发现一灶、一炕和一件石臼。墙壁用碎砖块砌成，房屋的四角上各有一件直径不到18厘米的暗柱。屋内地面比门低约40厘米。房址内出土的瓷器质地粗劣。

6. 瓷器窖藏

在旧鼓楼大街豁口东发掘了一处院落遗址，其中发现了一个瓷器窖藏。窖深不到半米，上面覆盖着一件瓦盆，下面共放置16件瓷器。其中青花瓷器10件、影青瓷器6件。青花凤头扁壶一件，壶嘴为短流，弯曲，呈昂起的凤首形，壶身扁平，微鼓，上面绘画凤身和双翼，壶柄做成卷曲的凤尾状。矮圈足。壶身下部画一组缠枝牡丹纹。通高18厘米。青花带托盏两件（一组）。盏为侈口，弧腹下部内敛。盏里部画卷枝花纹一周，盏心画缠枝石榴花两朵、海棠花两朵，中心填海棠花一朵。托盘里部画缠枝石榴四朵，外部画宝相莲花瓣一周，高圈足上画焦叶纹一周。盏口直径10厘米，托盘直径12厘米。这批青花瓷器件件精美，其胎、釉烧造和绘画装饰技法等，都达到了相当高的水平。

7. 铜镜窖藏

位于宣武区下斜街绱鞋社院内，开口距地表深约3米。共出土25面铜镜，出土时按大小顺序排列成两行，应该是有意识的埋藏。

大型素面铜镜　9件。形制大体相同，背面有宽边，中心为鼻形钮。直径6、边厚4厘米。

双鱼纹铜镜　12件。形制基本相同。此类镜背面都留有较宽的弦纹周边，中央为鼻形钮，在钮两侧浮雕双鱼纹。最大的直径19厘米，最小的16厘米。

鸾兽葡萄镜　1件。背面为三角起棱周边，内有同心圆弦纹一周，周边与同心圆之间，浮雕云鸾，在镜背中心置鼻形小钮，在钮四周浮雕海兽葡萄纹。直径16.8、厚1.2厘米。

云鹤纹铜镜　3件。形制相同，背面留宽边，中心置鼻形钮，钮周布浩云鹤纹饰。直径21、厚8厘米。

8. 福寿兴元观遗址

位于桦皮厂北口稍东的明代北城墙墙基下，发现了大殿前的夹杆石、“圣旨白话”碑及福寿兴元观碑记等石刻。此外，还出土了大量的琉璃建筑饰件和雕刻精致的青石锦地双凤石刻、宝相莲花石柱础等。

“圣旨白话碑”通高3.93、宽1.04米。元仁宗颁布，写于元延祐四年（公元1317年）二月十三日，金玉局张子玉镌。碑额“圣旨”二字，正书。碑文共十九行，每行字数不等。其内容是由蒙语译成当时的白话汉语。

“福寿兴元观碑记”。此碑通高2.52、宽0.83米。至顺二年（公元1331年）刊刻并立石。儒学提举郝文□撰文，中书省左司员外郎于□书丹，国子司业杨宗瑞篆额。碑额“大元福寿兴元观记”八字，篆书。碑阳为正文，共24行；碑阴为功德主及本观道士姓名，共23行。据碑文记载，福寿兴元观是道教全真教派的一座宫观，始建于元仁宗延祐三年（公元1316年），在元大都西北隅的豫顺坊内。此外，碑文主要记载第一代主持阎道文的师承、学道经历、主持本观等事实。它是了解福寿兴元观兴建历史、人员组成等的宝贵史料，也是了解元朝道教政策及道教在北京的传播、发展等情况的重要材料[1]。

第三节　元代墓葬

目前，北京地区已发掘各种类型的元代墓葬近50座，数量不多，但分布范围较广，遍及崇文、宣武、朝阳、丰台、海淀、石景山、门头沟、昌平、密云、平谷、延庆等区县。

1. 耶律铸夫妇合葬墓

1998年发现于海淀区颐和园公园内。方向180°。该墓由墓道、墓门、前室、前室的东西侧室、后室及后室的东西侧室组成（图9-5）。墓道位于前室南侧正中，距墓门1.48米处的墓道上方并列立有圆额墓志两块，墓志外有砖砌基槽。墓门为拱券形，上方的门楼为砖雕仿木结构。前室及其东西侧室均为长方形穹隆顶，其间有甬道相连。前室2.45米见方，残高2.1

图9-5 耶律铸墓葬全景

1　党真：《〈法源寺贞石录〉元碑补录》，《北京文物与考古》第六辑，民族出版社，2004年。

米；东侧室南北2、东西2.4、残高2.23米；西侧室南北2、东西2.3、残高2.18米。三个墓室的北半部均设有棺床。木质棺椁均已朽。后室位于前室北侧，两者间没有甬道相通，相距约1.8米。后室南壁有圆拱形门洞，用单层砖以直列人字形封堵，外侧抹白灰。后室南北2.78、东西2.8、高2.9米。墓顶中央留一直径为0.15米的圆孔，应为悬挂铜镜之用。在东西壁正中及四角处有6枚铁钉，嵌入墓壁，应为悬挂幔帐之用。墓室中后部有一棺床，上面东西向放置一棺一椁，已朽。后室东侧并列有两个南北向的侧室，均为长方形砖石混砌券顶结构。东侧室南北长3.08、东西宽1.6、高1.6米，东、南、西壁均用石块垒砌，上部用砖砌券顶，北面外侧有一重封门砖。墓室内壁均绘壁画，惜已残毁，仅可见云朵、花草、鸟兽等图案。西侧室位于后室与东侧室之间，其结构与东侧室大体相同，南北长2.8、东西宽1.1、高1.38米，石板铺地。以上各墓室内均发现残存的人骨，已散乱。此墓早期被盗，但出土的随葬器物仍十分丰富，包括瓷器、陶器、银器、石器及装饰品等，共计180余件。其中，有青白釉高足碗、玉壶春瓶、影青双鱼盘；各类陶俑48件；汉白玉石马、石狗，一组8件玉石质明器盘、碗、钵、盏托等；双鱼纹铜镜等。此外，还发现耶律铸及其夫人奇渥温氏的墓志两方[1]。

青白釉白王高足杯　1件。侈口，尖唇，弧腹下收，圈足较高，呈喇叭形。腹壁上饰云雷纹，并有“白”、“王”二字。口径12.5、足径4.5、通高9.5厘米（图9-6）。

汉白玉天马　1件。堪称石质文物中的精品。马身修长，四足较短，置于卷云纹中，下面有一长方形基座，雕刻精细。长64、宽30、通高50厘米、座长55厘米（图9-7）。

耶律铸夫妇合葬墓中随葬的陶器多为各种类型的俑，有手执立牌的十二时俑、捧持各类生活用具的男女仆役俑等，还有马、骆驼、龙、凤等动物模型，造型生动，栩栩如生（图9-8～图9-13）。

耶律铸墓志，汉白玉石质，下部有汉白玉石基座，刻“大元故光禄大夫监修国史中书左丞相耶律公墓志铭”。耶律铸出生于契丹贵族，是元代著名政治家耶律楚材的次子。志文记载耶律铸生于1221年五月初三日，卒于至元二十二年（公元1285年）四月十二日。耶律铸妻墓志，上刻“故郡主夫人奇渥温氏墓志铭”。

2. 铁可墓

1962年发现于崇文区龙潭湖北的吕家窑村[2]。发现时已被盗扰，但墓葬形制基本完整。石椁墓，方向正南北。平面为长方形，南北长2.6、东西长3.9、高1.1米。墓室四壁用青石垒砌而成，室内立两道石板作为隔墙，将墓室内分成东、中、西三室。其中，中室、东室的西、南两壁和中室的东壁，分别为一整块青石板，石板厚20～28厘米；中室、东室的北壁和东室的东壁则是用青石板平铺垒砌而成，石板长120～165、宽60、厚20厘米。墓室底部用大小不等的青石板铺成。墓顶则由等宽的九块青石板构成，每室三块，由南至北，作曲尺口叠压式放置。椁室内用作隔墙的两道石板，北部下端均开凿出一个券形门，高60、宽40厘米。

墓顶部发现盗洞，西室已被拆毁，木棺无存。中室内发现有木棺残块，残长160、残宽45厘米。东室内也发现木棺残块，残长145、残宽54厘米，木棺下面发现三道铁箍和两件铁环，应为木棺的附属物。

1　北京市文物研究所：《北京元耶律铸夫妇合葬墓》，《1998中国重要考古发现》，文物出版社，2000年。
2　喻震、黄秀纯：《元铁可父子墓和张弘纲墓》，《考古学报》1986年1期。

9-6

9-7

图9-6 耶律铸墓出土青白釉高足杯

图9-7 耶律铸夫妇合葬墓出土汉白玉天马

图9-8 耶律铸夫妇合葬墓出土陶生辰俑

图9-9 耶律铸夫妇合葬墓出土仆役俑

图9-10 耶律铸夫妇合葬墓出土陶骆驼

图9-11 耶律铸夫妇合葬墓出土陶马

9-8

9-9

9-10

9-11

图9-12 耶律铸夫妇合葬墓出土陶龙

图9-13 耶律铸夫妇合葬墓出土陶凤

9-12

9-13

由于西室已被破坏，未发现人骨。中室的南、北两侧分别发现一头骨，经鉴定南侧的头骨为男性，北侧的头骨为女性；另有少量肢骨散落在中部。东室木棺内的西北角发现一头骨，经鉴定，为女性。

此墓由于早年多次被盗，随葬器物大多数已破碎，散置在墓室内。主要有陶器、铜器、铁器、瓷器等，共计90余件。另外，在中室的南侧紧贴椁壁处发现墓志一合。

铁可墓志一合，大理石制，长73、宽71.5、厚7.5厘米。志盖为盝顶形。志盖底与志面对刻铭文，楷书，52行，共计1553字。蔡文渊撰文，刘赓书丹。铁可，元定宗三年（1248年）生于山西浑源（今大同县），是中国籍巴基斯坦人。先世为乞失迷儿贵族。其父斡脱赤于元太祖十七年（公元1222年）大军西征时投奔蒙古，并成为元初勋贵。铁可卒于元仁宗皇庆二年（1313年），享年66岁。其在《元史》、《新元史》中有传，可与墓志所记相印证。

3. 斡脱赤墓[1]

斡脱赤是铁可之父。其墓位于铁可墓东约8米处。墓的方向为正南北。平面呈长方形，由墓室和甬道两部分组成。全长6米，墓室长2.7、宽1.12、高1米。墓室四壁分别用一块大理石板构筑，石板厚25厘米。东、西两壁石板的北端与北壁石板卯合，南端直接顶于南壁石板上。墓底平铺五块石板，宽度不等。墓顶用青石板封盖。墓室南接甬道。甬道长3.5、宽1.92、高1米，用长方砖错缝平铺砌成。墓室东南发现盗洞。墓内未发现木棺和人骨，仅在北端发现一座神道之位碑。神道之位碑原靠北墙放置，出土时已倒于东侧。碑面刻楷书“大元忠遂国公神道之位”。应为斡脱赤的衣冠冢。

青白釉多穆壶1件[2]。有器盖，微鼓，中间有一乳钉形钮，盖面模印莲瓣纹。口部后面有一云瓣形直墙。器身呈竹筒圆柱状，饰三道凸带纹及三道直带纹，交接处饰乳钉纹。器身一侧为管状流，一侧为扁条形曲柄，并上下各贴饰云纹。口径9、底径12.4、通高24.9厘米。这件器物的造型新颖别致，应为元代烧制的新器型；胎质细腻，釉色白中泛青，是景德镇窑的典型产品。

4. 张弘纲墓

1972年发现于朝阳区永定门外小红门。墓葬坐北向南。由墓道、墓门、甬道、墓室等四部分组成。墓道位于墓门南端，平地，残存长度为0.5米。墓门，顶部已毁。门道宽1、残高

1 喻震、黄秀纯：《元铁可父子墓和张弘纲墓》，《考古学报》1986年1期。
2 喻震、黄秀纯：《元铁可父子墓和张弘纲墓》，《考古学报》1986年1期；刘秀中：《青白釉艺术杰作——多穆壶》，《中国文物报》1993年7月4日。

1米。门内侧用长方形砖立砌封堵，仅残存一层。甬道平面呈方形，长、宽、残高各1米。底部铺长方砖。墓室平面呈长方形，由主室和耳室组成。主室长2.5、宽2.4米。主室内北部有一棺床，是一块磨平的青石，长2.4、宽1.22、厚0.16米。棺床正前方放置一青石供桌，长1、宽0.3、高0.4米。耳室在主室东侧，平面为长方形，长2.4、宽1.3米。

葬具有石棺和木棺两种。石棺两具，东西并排，放置于主室棺床上。石棺用整块青石凿成，棺盖为盝顶形。长113、宽80、通高82厘米。棺内长83、宽50厘米。石棺内放置骨灰。木棺一具，放置于耳室内，已被扰乱。此墓曾被盗扰，现存的随葬器物共计20余件，其中陶器数量最多，有罐、鏊釜、盆、钵、杯、提梁罐、灯等。瓷器有枢府釉瓷炉、影青瓷碟、青瓷小罐、白釉黑花四系瓶等。铜器有杯、镜等。此外，在墓门外侧发现张弘纲墓志一合。

枢府釉瓷炉 1件。直口，平沿，圆唇，短直颈微鼓，附双耳，鼓腹，平底，有三个兽首形耳。腹部饰瓜棱纹。白胎，灰白釉，细腻光亮。通高9.5厘米。

白釉黑花四系瓶 1件。小口，外撇，溜肩，弧腹，圈足，肩颈部附四系。腹上部墨绘花卉、弦纹。胎为灰白色，腹上部饰白釉，下部挂黑釉。属磁州窑系。高25厘米。

铜杯 1件。敞口，浅腹，双层底。底外刻篆书“子子孙孙永保用”。高3.7厘米。

钱形饰件 1件。用薄金片剪成，单面压有“大定通宝”，顺读，直径1.2厘米。

张弘纲墓志一合，青石制，近似方形，边长90、厚12厘米。志盖为盝顶形，正中楷书刻“大元故昭勇大将军万户张公墓志铭盖”。志文楷书，41行，满行44字。梅字说撰文，书丹青者是元代著名书法家赵孟頫。张弘纲，东安州常伯人，生于元太宗九年（公元21237年）四月，后成为辅佐忽必烈的元初重臣之一。卒于元成宗大德五年（公元1301年）十二月，享年65岁。其事迹在《元史》、《新元史》等书中附于张禧传。

5. 海云和尚墓

1955年拆除西长安街路北双塔庆寿寺时，在海云和尚塔基下发掘了海云的石函墓。石函由六块磨平的青色砂岩镶嵌而成。平面近似方形。石函外长95、宽94、高82厘米；内长75、宽74、高60厘米；壁厚约10厘米。石函盖为覆斗形，上面另铺青色砂岩石两层，每层两块[1]。石函内放置一方形木匣及碑形墓志一方，碑下有龟趺。木匣内有一黄地绣花绸袱，里面有金属牙杖、耳挖、宋太平钱22枚、金大定钱1枚。此外还有一丝棉包裹，内为海云和尚的骨灰。

海云禅师墓志一方，碑形，碑首为二龙戏珠纹。下有龟趺。正、背两面均刻字5行，正面：“佑圣安国大禅师海云和尚法/讳印简于丁巳年闰四月初四日/辰时圆寂于西京大花严寺享年五十有六奉/王旨建塔于大庆寿寺之西”；阴面：“南隅天穴谥/佛日圆明大宗师特差/宣使监修卜以当年九月/十五日安葬云/嗣法小师智明等志”。高29、宽8.7、厚1.8厘米。海云俗姓宋，山西宁远人。生于金章宗泰和二年（公元1202年），卒于元宪宗七年（公元1258年）。8岁时为僧，得法于中和章禅师。海云参与朝政三十余年，历经成吉思汗、窝阔台、贵由诸汗。后被封为国师。

6. 拣公舍利石函

2001年5月，在石景山区首钢苹果园宿舍工地的施工中，发现拣公舍利石函[2]。由于此地

1 张宁、刘树林：《大庆寿寺及其出土文物》，《首都博物馆国庆40周年文集》，中国民间文艺出版社，1989年。

2 苗天娥、陈康等：《石景山区出土白塔寺开山住持灵塔石函》，《北京文博》2001年4期；黄春和：《元代大圣寿万安寺知拣事迹考》，《北京文博》2001年4期。

曾经多次施工，石函埋葬的历史环境已遭严重破坏，许多相关信息不得而知。发现时，石函置于一青石板砌筑的长方形石室内。石室内已被扰动，仅残存少量黄色织物残片和两粒佛珠。石函长70、宽51、通高30厘米，由函盖和函身组成。函盖为盝顶形，用整块青石凿成。上刻“特赐光禄大夫大司徒领诸路释教都总统住持大圣寿万安寺都坛主拣公舍利灵塔大元皇庆元年七月日志”。盖内有墨书题记，右侧“广平僧录□吉祥黄村监盖”，左侧“舍利灵塔一座高六十二尺”。函身也为整块青石凿成，前后挡雕刻十字金刚杵，左、右梆分别为雕刻菊花、衔环的椒图，底部则雕刻成供桌形，四足上饰卷云纹。外底还墨书“海提点记”。

元代大圣寿万安寺即今阜成门内的白塔寺，又称妙应寺。根据石函上的镌刻和墨书文字，并参考史料，可知拣公即元初著名高僧知拣，为大圣寿万安寺的开山住持。此石函应埋葬于舍利塔的地宫中。

7. 耿完者秃墓

1990年发现于朝阳区王四营乡南豆各庄[1]。石函墓，石函用一整块岩石凿成，平面为近似方形，长80、宽83、深48厘米，壁厚13～17厘米。石函上覆盖一块石板，厚 7 厘米。石函内放骨灰和一组陶质明器。陶器共计14件，其中罐5、盆2，另有提梁罐2，另有鏊釜、杯、灯、盂陶瓶各1件。在石函南壁外侧发现一块墓志。

耿完者秃墓志一方，页岩制成。长方形，长64、宽41、厚8厘米。志文楷书，共8行，每行6字，总计48字。志文简略，“大元故亚中大夫宣政院判官耿完者秃五十八岁唐兀氏天历二年四月十九日卒葬大都通路县青安乡窦家庄祖茔。”

8. 酒仙桥砖室墓

1971年发现于朝阳区东直门外酒仙桥，为南北向。单墓室，直径1.18、残高0.82米。墓壁和券顶均用小长方砖垒砌。墓室底部有骨灰。由于早期被盗，仅遗留长方形板瓦式买地券一块。延祐元年买地券1件，长方形板瓦制成。楷书朱文。8行，每行21～30字。板瓦长36、宽18～20厘米。

9. 金顶街石棺墓

1970年发现于石景山区金顶街，为南北向。形如木棺，前宽后窄，平面为梯形。通长1.26、宽0.42～0.52、高0.46～0.55米。石棺由六块大小不等的青石板组成，两梆与前后挡板用榫铆固定连接。棺内放置骨灰。随葬器物大多置于石棺前端，多为陶明器，有小罐5、盆2、提梁罐及鏊釜、钵灯、杯等各1件。此外还发现青石制成的朱书买地券1方及唐、宋、金代铜钱数枚。青石质买地券1方，为长方形，楷字朱书，10行，每行8～21字。长36、宽31厘米。

10. 鬼王庵石椁墓

1965年发现于朝阳区鬼王庵。发现时已遭严重破坏。为南北向。椁室东西长4、南北宽2.7、高1米。由五室组成，内置木棺。在椁盖板南端发现“至正五年三月初七日”的铭刻。

以上9座墓葬，在形制、时代、墓主人身份等方面均不相同，但都出土文字材料，绝大多数为纪年墓，为我们了解、分析、研究元代墓葬的特点确立了标准。

11. 幸福大街石椁墓

1971年发现于崇文区幸福大街。为北偏东5°。墓葬平面为长方形。椁室通长2.9、宽2.2、高1.26米。石椁四壁各置一块青石板，底部用两块青石板。另外在椁室中间用一块青

1 北京市文物研究所：《北京地区发现两座元代墓葬》，《北京文物与考古》第三辑，1992年；王有泉：《朝阳区发现两座元墓》，《北京考古信息》1991年1期。

石板作隔墙，将石椁分为东西两室。隔墙北端中部凿一方形孔，连通东西两室，孔边长0.26米。石椁顶部各用一块青石板覆盖。石椁内东西两室分别放置木棺一具，均已朽。西部木棺的残存痕迹长2.6、宽0.7～0.9米，木棺底部铺有木炭。棺内北端发现有两个头骨，其中一个应是为后期扰乱而放入的。随葬器物分别放置于北端木棺与椁壁之间。西室出土有白瓷小口瓶1、黑釉小口瓶1，还有陶质小明器，包括罐5、提梁罐2、鬶釜1、盆2、钵1、灯1、杯1。宋元铜钱数枚。东室出土器类与之相同。

12. 呼家楼石棺墓

1971年发现于朝阳区呼家楼。石棺由一块粗沙岩凿成，平面呈长方形，长1.38、宽0.88、高0.58、壁厚0.13米。棺盖为盝顶形，长1.4、宽0.93、厚0.22米。骨灰直接放置于棺内中部。随葬器物分别放在棺内南北两端，以陶质小明器为主，有小罐、盆、提梁罐、鏊釜等。青白釉瓷器中有玉壶春瓶1、匜1、酒杯1、碗2。此外，还发现金头簪、手镯等饰件及金大定、元至大通宝铜钱数枚。

13. 酒仙桥砖石混构墓

1971年发现于朝阳区酒仙桥。墓葬方向为南北向。平面呈“亚”字形，由主室和东、西耳室组成。东西长2.7、南北宽1.7米。中间为主室，四壁用小长方砖平铺错缝砌成，高1.05米。顶部用覆盖一块长方形石板。主室的东西两侧各砌一耳室，长0.95、宽0.46米，其底部比主室的底部高出0.28米。耳室的墓壁用长方形砖平铺错缝砌六层，向上叠涩收顶。主室内放置一具石棺。石棺用整块青石凿成，棺盖为盝顶形。石棺内有骨灰。随葬器物均发现于耳室中，由于破坏严重，仅保存有白釉黑花扁壶2件及大定铜钱数枚。

14. 旧县村砖石混构墓

1974年发现于昌平城关旧县村[1]。方向为南北向。平面呈梯形。墓室长约3.2、宽约2.64、高0.94米。墓室四壁立砌基砖一层，其上平铺错缝砌卧砖，或卧砖之上砌立砖。双室之间砌一道双隅墙隔开，但不相通。隔墙底部北端砌影作门窗。墓室顶部用一块厚20厘米的青石板封盖。随葬器物大多数为陶器，有敛口罐、盆、鏊釜、瓶等。瓷器包括双系黑釉罐、影青把杯、影青瓷匜、影青盘、龙泉窑大碗等。还出土铜镜2件、唐宋铜钱等。

15. 金顶街砖石混构墓

1970年发现于石景山区金顶街保存基本完整。墓葬为南北向。由墓道、墓门、甬道、墓室等部分组成。墓道未进行清理。墓门，南向，前面坍塌，仅保留有券顶后半部。高1.17、宽0.76米，门两侧平铺错缝砌墙，单砖拱券，墓门内用砖封堵。甬道，平面呈长方形，进深0.65、宽0.76、高1.17米。底部平铺顺砖。墓室，单室，平面为方形，边长2.7、高2.35米。四壁垂直，底部先用不规则的石块错缝垒砌四层，用白灰勾缝。其上用长方砖平铺顺砌，外表涂抹白灰。顶部为四角攒尖穹隆顶。墓室北部设棺床，高0.34、宽1.25米，前部砌砖，内填黄土夯实。在棺床及墓室南部淤土内散见少量人骨。随葬器物大多处于棺床的东西两侧，以陶器为主，有罐5、提梁罐2、盆2、釜、钵、杯、灯各1件。瓷器有黑瓷罐2 、黑瓷碗1、白瓷碗2、碟1。此外，还发现铁灯碗、铁镜各1件。

1　马希桂：《北京昌平县出土元代影青瓷》，《文物》1980年1期。

16. 太子务村和疃里村的壁画墓

在密云县西田各庄太子务村[1]、疃里村[2]发现了两座壁画墓，其中太子务村的壁画保存较为完整，有很重要的研究价值。墓门位于墓室南壁，拱券形，宽0.8米、高1.2米，封门砖已被拆除。墓室平面为方形，墓壁残高1.83米。墓室北部有一棺床，用砖砌外框，上面铺青石片，框内填土。棺床长3.04、宽1.85、高0.2米。残存有彩绘棺板两块。墓室内绘壁画，部分图案已褪色、剥落。北壁绘三开屏风一架，正中为墨绘梅花竹石图；东壁绘单扇屏风一架，正中画五名人物，三男两侍女，人物两侧为竹石花卉；西壁亦绘三开屏风一架，画心剥落严重，内容不详，仅在屏风右侧保存砖砌的影作灯檠一架；南壁墓门西侧绘牡丹花，而东侧壁画无存；墓门正上方绘横匾，内墨书“乐安之堂”。随葬器物有白釉黑花瓷盘1件、白釉黑花瓷碗1件、白瓷经瓶1件、单系鸡腿瓶1件、双系灰陶罐1件、铜镜1件等。

17. 七棵树村砖室墓

1981年发现于朝阳区东坝七棵树村。墓葬坐北朝南，由墓道、墓门、墓室等组成。全长3.73、宽1.46、高1.9米。墓道部分被扰乱。墓室位于墓道北端，墓门与墓室同宽，用长方砖一字形封堵。墓壁用长方砖平铺错缝垒砌，高至1.5米时，东西两壁开始收敛，构成人字形券顶。北壁正中砌一方形壁龛，边长0.35、进深0.1米。墓底纵排平铺长方砖。正中砌一凹形腰坑，长0.5、宽0.26、深0.08米。墓室正中放置一具木棺，内有人骨。随葬器物大多数放置于北端，瓷器的数量较多，有龙泉窑玉壶春瓶1、碗2、炉1、影青瓷盘9、粗瓷缸1等。另有铜镜、铜钱等（图9-14～图9-17）。

9-14

9-15

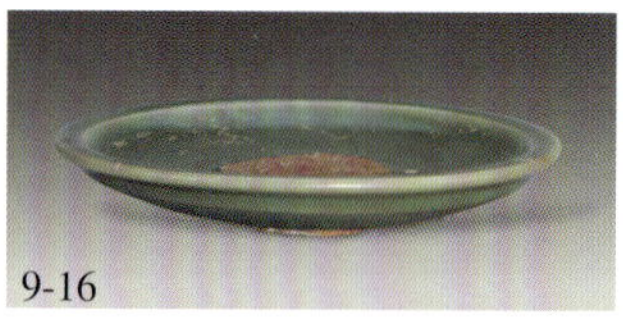
9-16

9-17

图9-14 朝阳区东坝出土龙泉窑刻花玉壶春瓶

图9-15 朝阳区东坝出土龙泉窑刻花卧足碗

图9-16 朝阳区东坝出土龙泉窑葵花纹盘

图9-17 朝阳区东坝出土龙泉窑三足炉

1 张先得、袁进京：《北京市密云县元代壁画墓》《文物》1984年6期。
2 祁庆国：《密云元代壁画墓》，《北京考古信息》1991年1期。

9-18

9-19

9-20

9-21

图9-18 延庆东王化营瓷罐

图9-19 延庆东王化营铜镜

图9-20 平谷区马坊镇河北村M1

图9-21 平谷区马坊镇河北村M2

18. 南苑砖穴石盖墓

1971年发现于永定门外的南苑。方向为南北向。墓室平面为长方形，长0.70、宽0.6、高0.5米。墓穴四壁用砖平铺错缝砌成，墓底顺铺四排长方砖。墓顶用青石板覆盖。砖穴正中放置骨灰，骨灰下有一层木炭。随葬器物以陶器为主，有罐5、提梁罐2、盆2、灯、钵、鏊釜各1件及鸡腿瓶2件。

19. 竖穴土圹墓

在昌平区白浮村[1]和延庆县沈家营镇东王化营村[2]等地发掘了几座竖穴土圹墓，多为合葬墓。其中东王化营村的墓葬方向160°。墓圹平面近似长方形。南北长2.47、东西宽0.78～0.84米，墓口距墓底深0.95米。墓内合葬二人，未见葬具痕迹。两具骨架上下叠压于一起，上部骨架残缺不全，头骨位于下部骨架的胸前，肢骨等则堆于下部骨架的下肢骨间，据此判断上部骨架自他处迁入；下部骨架保存较好，为仰身直肢葬。墓内南端骨架西侧出土1瓷罐（图9-18），罐内装有1枚铜镜。铜镜 1枚，圆钮，圆座，座外环饰浮雕风格的两龙纹及一瑞兽纹，瑞兽介于两龙纹首尾之间，隔钮座与瑞兽纹相对的一侧铸“官□”二字；浮雕纹饰外饰两道弦纹，其间平一周三角纹。镜缘为立墙式，立墙高约0.5厘米，镜体厚约0.3厘米，直径10.5厘米（图9-19）。

20. 河北村砖室墓

发现于平谷区马坊镇河北村西。共计5座[3]，其中一座为无墓道圆形单室墓（图9-20），另外四座均为带墓道圆形单室墓（图9-21）。随葬器物以瓷器为主，有四系瓶、钧釉碗、白

1 北京市文物工作队：《北京昌平白浮村汉、唐、元墓葬发掘》，《考古》1963年3期。
2 北京市文物研究所：《延庆县东王化营窑址、墓葬发掘报告》，《北京考古》（第二辑），北京燕山出版社，2008年。
3 北京市文物研究所、平谷区文物管理所：《京平高速公路工程考古发掘报告》，《北京考古》（第二辑），北京燕山出版社，2008年。

图9-22 平谷区马坊镇河北村M1出土四系瓶

图9-23 平谷区马坊镇河北村M8出土四系瓶

图9-24 平谷区马坊镇河北村M8出土白地黑花碗

图9-25 平谷区马坊镇河北村M1出土钧釉碗

9-22

9-23

9-24

9-25

地黑花碗、白瓷碟、青釉盘、黑瓷罐等（图9-22～图9-25）。铜器包括铜镜、唐、宋、金代铜钱等。

第四节　其他考古发现

一、窑　　址

1. 大兴县元代烧炭窑址[1]

共8座。可分为砖砌窑和土窑两种，其中砖砌窑1座，土窑7座。砖砌窑主体形状为半圆形，直径3米，窑口宽0.7米，窑口西向，烟道位于窑内东西两角，窑道呈漫坡形，残长12米，宽3.38米，窑室及窑道砖墙残存高度为0.9米。土窑直接挖成圆形，直径2.1～3米。窑门宽0.5～0.8米，窑道长1.2～2.1米。窑口及窑道方向，其中5座为南向，2座东向，窑壁残高0.3～0.5米。烟道有抹角方形和半圆形两种，其中半圆形的5座，位置均在窑室内侧，2座抹角方形的位置在窑室外侧。这8座烧炭窑均挖在生土内，窑内底部尚留存有5～10厘米的炭灰。

1　王武钰：《大兴县发现元代烧炭窑址与明代砖井》，《北京考古信息》1991年1期。

2. 白琉璃窑址[1]

3处。海淀区公主坟南200米，复兴路北端东侧发现窑址的砖残壁，残高约1米，壁厚约0.3米，火烧土70米。出土器物有白琉璃砖、绿琉璃砖、素面砖、沟纹砖、筒瓦、板瓦、绿琉璃宝顶及白、黄琉璃器物残片、黑釉瓷片等。此外，还有一些窑具。据窑址的地理位置、出土器物及文献记载等多方面情况，推测很有可能是元代至元四年所建的西窑厂。

二、窖　　藏

1. 良乡发现的窖藏

在房山区良乡南街发现一处元代窖藏[2]，开口距地表深约3米。窖藏内出土器物共计52件，其中瓷器数量最多，为35件，另外还有铁器13件、铜器4件。这些器物大部分放在两口大缸内。窖藏内出土的器物均为实用器，有的器物还经过修补。

影青印花盘　5件。形制、大小均相同。敞口，小圈足。胎较薄，施全釉。盘内壁为印花缠枝花纹，盘底外部墨书一字，不识。口径13.2、高4.3厘米。

钧釉瓷盘　12件。形制相同，大小不等。敞口，矮圈足。胎厚而釉浓，发青色或者紫色。盘外壁下部近底处多不施釉。盘底外部大多数有墨书“兀剌赤王□”五字。口径20～23.2、高3.6～4.7厘米。

白釉黑花罐　3件。形制基本相同，大小不等。直口，丰肩，腹内收，凹底。釉色乳白。外壁通体饰花草纹，其中一件底部有墨书“刘定安”三字，字边有一墨书押记。口径7.5～15.8、高11.7～18.6厘米。

黑釉梅瓶　1件。喇叭形口，凹底。器身下部施一层较薄的酱釉。口径4.5、底径8.5、高19.2厘米。

白釉梅瓶　3件。两件较大，一件较小。较大的两件釉为灰白色，平底，其中一件肩部有“内府”二字。口径5.5～6.6、底径9.5～11、高33.5～35厘米。较小的及，釉色纯白，口部施酱釉，凹底，肩部有一破釉露胎成一“刘”字。口径5、底径11.2、高28.8厘米。

此外，还有影青菊瓣口盘、钧釉钵缸、钧釉双耳罐、白地黑花双凤罐、灰白釉瓷罐及青釉瓷碗、青釉瓷罐、青釉梅瓶各1件，黑釉罐3件等。

铁器可以分为食具、炊具、工具、马具等几类。食具有双耳锅2件、六鋬锅1件；饮具为三系壶1件；工具有铲、钩子等；马具为2件马镫。铜器分别为方格圆点纹钟1件、小铜铃1件、菱花镜1件和铜釜1件。

2. 罗家台村窖藏

位于延庆县清泉铺乡罗家台村，元代窖藏[3]，开口距地表约1米深。出土文物十余件。有铜器、铁器、漆器等。其中铜器有鬲炉、洗、六鋬锅等；铁器有镐、斧、铃、马饰件等；此外还有一件比较完整的朱书圆漆盘。以下重点介绍两件比较珍贵的器物。

青铜仿古龙纹三足索耳鬲炉　1件[4]。敞口，宽沿，方唇。口沿上附绦索状半圆形直耳一对。浅腹，分裆，空足。上腹饰五组平行交颈双龙纹，以雷纹为地纹。龙纹稚朴纤细，长

1　赵光林：《近年北京地区发现的几处古代琉璃窑址》，《考古》1986年7期。
2　田敬东：《北京良乡发现一处元代窖藏》，《考古》1972年6期。
3　北京市文物研究所：《北京考古四十年》，北京燕山出版社，1990年。
4　高桂云：《元代仿古龙纹三足索耳鬲炉》，《文物》1985年12期。

图9-26 罗家台村窖藏出土索耳铜鬲炉

图9-27 罗家台村窖藏出土"内府官物"漆盘

9-26

9-27

腿，四爪均具有元代龙纹的特征。器表布满灰绿色铜锈。上口直径26.5、通高19.5厘米。此炉应为元代后期的内府官物，属陈设于庙堂内的仿古祭器（图9-26）。

"内府官物"漆盘　1件[1]。侈口，敛腹，矮圈足。木胎夹纻，表里髹朱色，盘底髹黑色，造型敦朴厚重。盘底直书朱楷体字款识三行：中行"内府官物"；右行"泰定元年三漆匠作头徐祥天"；左行"武昌路提调官同知外家奴朝散"。这三行款识已被人刮削过，但字迹依稀可辨。口径36.3、足径28.5、通高5.9厘米。漆盘出土时保存基本完好，仅有部分开裂露胎（图9-27）。

3. 刘家河村窖藏

位于平谷县刘家河村。出土瓷器和铁器共计9件，其中有白瓷碗、盘、碟等瓷器7件，铁器为六錾锅和锛各1件。

4. 大关头村窖藏

位于延庆县刘斌乡大关头村。出土瓷器、铜器和铁器共计11件，其中有磁州窑白地黑花大罐、龙泉窑大盘各1件，铜器有六錾锅、双系锅各1件，铁锄头7件。出土时，这些器物均放置在一件大黑釉瓷缸内。

三、丰台塔基

在塔基内发现了影青加彩荷叶盖罐、青白釉釉里红花卉玉壶春瓶、铜器等器物[2]，以玉壶春瓶最为精致。侈口，束颈细长，圆鼓腹，圈足外撇。腹部以缠枝花卉为主体纹饰，上下各有一道宽弦纹。胎质较细，灰白色，釉色为青白闪灰。口径8.4、圈足直径10.4、通高31.4厘米。

四、两河村金元时期村落遗址

位于密云县河南寨乡两河村[3]。清理出三间一组的房址一座，面阔10.51、进深5.98米，墙下部用河卵石砌成，上部用残砖平砌，残墙最高处可达1.5米。门南向，已用河卵石和残砖封死。室内明间与西次间北部有火道相连的火炕，共三路火道，用沟纹砖砌成。火炕西南角有

1　高桂云：《元代"内府官物"漆盘》，《文物》1985年4期。
2　刘秀中：《元青白釉釉里红玉壶春瓶》，《中国文物报》1994年12月11日。
3　王有泉：《北京地区基建考古工作回顾》，《北京文博》1998年1期。

与之相连的锅灶，灶用九层卧砖砌成，灶下有灶门、灶炕。墙上有烟道与灶炕烟道相同。在居住面上出土有金元时期的瓷片。

五、刘公墓碑

发现于先农坛神仓附近。碑身顶部呈弧形，下呈长方形，底部出榫，已残。通高192、宽62、厚9.1厘米。碑身两面均有阴刻楷书，曰：“大元承直郎大都路达鲁花赤都总管府判官刘公之墓”；“泰定四年二月日奉议大夫河东陕西等处都转运监使司判官刘泽立石”。

六、拣选和收藏的铅器、铜器等

1. 铅质供器

出土于朝阳区。这组铅质供器共计5件[1]。

香炉　1件。形制仿商周时期的铜簋。侈口，口下附一对兽形耳，耳下带一小珥。短束颈，鼓腹，喇叭形圈足，足缘上卷。口径11、腹径14.8、圈足底径13.3、高11.5厘米。

瓶　2件。形制、大小均相同。瓶口呈“凸”字形，小敛口，长颈，有对称的兽首耳，耳下附小珥，兽耳中套一六瓣形花环，瓶颈下有两周弦纹，长圆腹，喇叭形圈足，足缘上卷。腹径7.8、圈足底径7.5、高22厘米。

蜡台　2件。有三部分焊接而成，上部为插扦和蜡盘，中部为手柄及圆盘，下部为喇叭形底座。蜡盘直径7.2、圈足底径11.7、高22厘米。

2. 铜权

共计10件[2]。根据器身的形状可以分为两种类型（图9-28、图9-29）。

9-28

9-29

图9-28 北京市文物研究所藏铜权1

图9-29 北京市文物研究所藏铜权2

1　程长新、张先得：《北京市拣选一组元代铅供器》，《文物》1988年5期。
2　高桂云、张先得：《记北京发现的元代铜权》，《文物》1987年11期；程长新、程瑞秀：《元代铜权》，《北京文物报》1988年2期。

一类器身剖面为圆形，有4件。其中1件，梯形钮，权身上部圆鼓，下部内敛，底座为喇叭形。权身正面铸三行阴文铭文“上二”、“天历三年”、“皇甫”；背面铸两行阴文铭文“大都路较同贰拾伍斤”。通高9.8厘米，重665.5克。

另一类器身剖面为六角形，有6件。其中1件，梯形钮，权身为六角形，上端略小，底为六角形须弥座式，略宽于权身，座六面饰阴线缠枝纹。权身正面中间铸两行汉文“元贞元年大都路造”，左侧为波斯文“三十五斤秤”，右侧为回鹘蒙文“斤半锤”；背面中间铸汉文“三十五斤秤”，左侧为波斯文“斤半锤”，右侧为回鹘蒙文“三十五斤秤”；铭文均为竖行阴文。通高11.2厘米，重933克。

附表9-1　元大都遗址发掘概况

发现时间	地点	内容	资料来源
1952年	安定门东侧明代城墙墙基下	《京畿都漕运使王德常去思碑》一块	容肇祖：《元京畿都漕运使王德常去思碑发现记》，《文物参考资料》1953年1期；张宁：《关于京畿都漕运使王君去思碑》，《首都博物馆丛刊》1983年2期
1965年秋	西直门内后英房胡同西北	居住遗址的东部	中国科学院考古研究所、北京市文物管理处元大都考古队：《元大都的勘查和发掘》，《考古》1972年1期；中国科学院考古研究所、北京市文物管理处元大都考古队：《北京后英房元代居住遗址》，《考古》1972年6期
1969年夏	西直门	和义门瓮城城门遗址	中国科学院考古研究所、北京市文物管理处元大都考古队：《元大都的勘查和发掘》，《考古》1972年1期
1970年	宣武区下斜街绱鞋社院内	铜镜窖藏一处，内有铜镜25面	张宁：《记元大都出土文物》，《考古》1972年6期
1972年上半年	西直门内后英房胡同西北	居住遗址的中部和西部	中国科学院考古研究所、北京市文物管理处元大都考古队：《北京后英房元代居住遗址》，《考古》1972年6期
1970年	旧鼓楼大街豁口东	院落遗址一处，其中有瓷器窖藏一处，出土瓷器16件	中国科学院考古研究所、北京市文物管理处元大都考古队：《元大都的勘查和发掘》，《考古》1972年1期
1972年6～12月	旧鼓楼大街豁口西的西绦胡同	居住遗址	中国科学院考古研究所、北京市文物管理处元大都考古队：《北京西绦胡同和后桃园的元代居住遗址》，《考古》1973年5期
1972年6～12月	旧鼓楼大街豁口以西	居住遗址	中国科学院考古研究所、北京市文物管理处元大都考古队：《北京西绦胡同和后桃园的元代居住遗址》，《考古》1973年5期
1973年	新街口西的明城墙下	《钞纸局中书户部分官题名记》碑	高桂云：《元代纸钞的历史见证》，《首都博物馆文集》，燕山出版社，1990年
1991年	北太平庄以北	元大都城垣遗址	王有泉：《元大都城墙》，《中国考古学年鉴（1992年）》，文物出版社，1994年
2002年	元大都北土城花园路段的西部	水关遗址	李华：《元大都北土城花园路段城墙勘探及水关遗址清理简报》，《北京考古》（第一辑），北京燕山出版社，2008年
2007年		堤岸遗址	北京市文物研究所、北京市东城区文化委员会：《北京玉河2007年度考古发掘报告》，科学出版社，2008年

注：元大都遗址中还有一些零散发现的文物，可参见张宁：《记元大都出土文物》，《考古》1972年6期。

附表9-2　北京元代墓葬统计表

类型	发现时间	地点	内容	资料来源
石椁(棺)墓	1965年6月	朝阳区鬼王庵	五室。陶罐1、黑釉罐1，“至正五年”铭刻	黄秀纯、雷少雨：《北京地区发现的元代墓葬》，《北京文物与考古》（第二辑），北京燕山出版社，1991年
	1962年12月	崇文区龙潭湖北的吕家窑村	三室。陶、铜、铁、瓷器等90余件。墓志一方	喻震、黄秀纯：《元铁可父子墓和张弘纲墓》，《考古学报》1986年1期
	1969年12月	崇文区广渠门内大街	三室。陶、铜、金器、丝织品等约20件	黄秀纯、雷少雨：《北京地区发现的元代墓葬》，《北京文物与考古》(第二辑)，北京燕山出版社，1991年
	1971年11月	崇文区幸福大街	双室。陶、瓷、铜器等20余件	黄秀纯、雷少雨：《北京地区发现的元代墓葬》，《北京文物与考古》（第二辑），北京燕山出版社，1991年
	1969年5月	宣武区先农坛	单室。陶、瓷器等近20件	黄秀纯、雷少雨：《北京地区发现的元代墓葬》，《北京文物与考古》（第二辑），北京燕山出版社，1991年
	1970年4月	石景山区金顶街	单石棺。陶、瓷、铜器等近20件。买地券一方	黄秀纯、雷少雨：《北京地区发现的元代墓葬》，《北京文物与考古》（第二辑），北京燕山出版社，1991年
	1971年1月	朝阳区呼家楼	单石棺。陶、瓷、铜、骨、金器等40余件	黄秀纯、雷少雨：《北京地区发现的元代墓葬》，《北京文物与考古》（第二辑），北京燕山出版社，1991年
	1955年	西长安街	石函。瓷、木、铜器、丝棉纺织品等。墓志一方	北京市文化局文物调查研究组：《北京市双塔庆寿寺出土的丝棉织品及绣花》，《文物参考资料》1958年9期。刘秀中：《元代棉织僧帽》，《中国文物报》1994年10月30日；张宁、刘树林：《大庆寿寺及其出土文物》，《首都博物馆国庆40周年文集》，中国民间文艺出版社，1989年
	1990年5月	朝阳区南豆各庄	石函。陶器14件，木制一块	北京市文物研究所：《北京地区发现两座元代墓葬》，《北京文物与考古》（第三辑）；王有泉：《朝阳区发现两座元墓》，《北京考古信息》1991年1期

续表

类型	发现时间	地点	内容	资料来源
砖石混构墓	1998年9月	海淀区颐和园公园内	多室。瓷器、陶器、银器、石器及装饰品等，共计180余件。墓志2方	程利：《耶律铸夫妇合葬墓简况》，《北京文博》，1998年4期；北京市文物研究所：《耶律铸夫妇合葬墓出土珍贵文物》，《中国文物报》1999年1月31日；北京市文物研究所：《北京元耶律铸夫妇合葬墓》，《1998中国重要考古发现》，文物出版社，2000年
	1971年10月	朝阳区酒仙桥	三室。白釉黑花扁壶2件及大定铜钱数枚	黄秀纯、雷少雨：《北京地区发现的元代墓葬》，《北京文物与考古》（第二辑），北京燕山出版社，1991年
	1974年	昌平城关旧县村	双室。陶、瓷、铜器等10余件	黄秀纯、雷少雨：《北京地区发现的元代墓葬》，《北京文物与考古》（第二辑），北京燕山出版社，1991年
	1963年10月	崇文区龙潭湖北的吕家窑村	单室。出土一座神道之位碑	喻震、黄秀纯：《元铁可父子墓和张弘纲墓》，《考古学报》1986年1期
	1970年8月	石景山区金顶街	单室。陶、瓷、铜器等20余件	黄秀纯、雷少雨：《北京地区发现的元代墓葬》，《北京文物与考古》（第二辑），北京燕山出版社，1991年
	1971年9月	丰台区永定门外南苑	陶、瓷器10余件	黄秀纯、雷少雨：《北京地区发现的元代墓葬》，《北京文物与考古》（第二辑），北京燕山出版社，1991年
石椁(棺)墓	1970年4月	石景山区金顶街	单石棺。陶、瓷、铜器等近20件。买地券一方	黄秀纯、雷少雨：《北京地区发现的元代墓葬》，《北京文物与考古》（第二辑），北京燕山出版社，1991年
	1971年1月	朝阳区呼家楼	单石棺。陶、瓷、铜、骨、金器等40余件	黄秀纯、雷少雨：《北京地区发现的元代墓葬》，《北京文物与考古》（第二辑），北京燕山出版社，1991年
	1955年	西长安街	石函。瓷、木、铜器、丝棉纺织品等。墓志一方	北京市文化局文物调查研究组：《北京市双塔庆寿寺出土的丝棉织品及绣花》，《文物参考资料》1958年9期；刘秀中：《元代棉织僧帽》，《中国文物报》1994年10月30日；张宁、刘树林：《大庆寿寺及其出土文物》，《首都博物馆国庆40周年文集》，中国民间文艺出版社，1989年
	1990年5月	朝阳区南豆各庄	石函。陶器14件，木制一块	北京市文物研究所：《北京地区发现两座元代墓葬》，《北京文物与考古》（第三辑）；王有泉：《朝阳区发现两座元墓》，《北京考古信息》1991年1期

类型	发现时间	地点	内容	资料来源
砖室(穴)墓	1974年	昌平区城关旧县村	单室	黄秀纯、雷少雨：《北京地区发现的元代墓葬》，《北京文物与考古》（第二辑），北京燕山出版社，1991年
	1977年7月	密云县西田各庄太子务村	单室。陶、瓷、铜器约10件	张先得、袁进京：《北京市密云县元代壁画墓》，《文物》1984年6期
	1991年	密云县疃里村	单室。陶瓶、碗等	祁庆国：《密云元代壁画墓》，《北京考古信息》1991年1期；祁庆国：《密云县疃里村元代壁画墓》，《中国考古学年鉴》（1991），文物出版社，1992年
	1988年	怀柔县杨宋庄梭草村	单室。瓷、铜器共计5件	苗富田：《怀柔梭草村发现元墓》，《北京考古信息》1991年1期
	1990年5月	朝阳区王四营乡南豆各庄村	单室。陶器14件	北京市文物研究所：《北京地区发现两座元代墓葬》，《北京文物与考古》第三辑；王有泉：《朝阳区发现两座元墓》，《北京考古信息》1991年1期
	1972年5月	朝阳区永定门外小红门	双室。陶、瓷、铜、金器等20余件。墓志一方	喻震、黄秀纯：《元铁可父子墓和张弘纲墓》，《考古学报》1986年1期
	1981年6月	朝阳区东坝七棵树村	单室。瓷、铜器等20余件	黄秀纯、雷少雨：《北京地区发现的元代墓葬》，《北京文物与考古》（第二辑），北京燕山出版社，1991年
	1983年11月	房山区琉璃河镇	单室。陶、瓷、铁器等10余件	黄秀纯、雷少雨：《北京地区发现的元代墓葬》，《北京文物与考古》（第二辑），北京燕山出版社，1991年
	1971年10月	朝阳区东直门外酒仙桥	单室。板瓦式买地券一块	黄秀纯、雷少雨：《北京地区发现的元代墓葬》，《北京文物与考古》（第二辑），北京燕山出版社，1991年
	2006年4月19日至10月15日	石景山区福田寺甲3号院内	4座。陶、瓷、铜器约20件	北京市文物局、北京市文物研究所：《北京奥运场馆考古发掘报告》，科学出版社，2007年
	2006年10月	平谷区马坊镇河北村西	5座单室墓	北京市文物研究所、平谷区文物管理所：《京平高速公路工程考古发掘报告》，《北京考古》（第二辑），北京燕山出版社，2008年
竖穴土圹墓	1959年～1960年2月底	昌平区白浮村	4座。出土陶、瓷、铜、铁、锡器等10余件	北京市文物工作队：《北京昌平白浮村汉、唐、元墓葬发掘》，《考古》1963年3期
	2007年6月	延庆沈家营东王化营村	1座。随葬器物2件	北京市文物研究所：《延庆县东王化营窑址、墓葬发掘报告》，《北京考古》，（第二辑）北京燕山出版社，2008年

第十章

北京明代考古

第一节　北京明代考古发现与研究

明洪武元年（1368年），朱元璋派徐达攻占元大都，宣告元朝统治的灭亡。同年，明廷改大都为北平府，下辖通州、霸州、漷州、涿州、蓟州等五州十一县。洪武二年三月，设立北平行省，洪武九年又改为北平承宣布政使司。永乐以北平为行在所，革去布政司，升北平为顺天府。永乐十九（1421年）年正式迁都北京。

自1421年永乐帝迁都北京后，北京成为明代全国的政治、经济、文化中心长达224年。明代经济高度繁荣，在统治者对首善之区的长期经营下，明北京城在元大都的基础上又发展到一个新的历史高峰。

北京地区的明代考古起步较早，20世纪前半叶就有学者对明北京城和宫苑进行考证研究[1]，在此之后不久，中国营造学社又对十三陵、长城开展调查和研究[2]。这些开创性的工作，为北京地区的明代考古奠定了良好的基础，也拉开了北京地区明代考古的序幕。

明王朝营建的北京城以及十三陵，毋庸置疑是明代考古学中最重要的组成部分。而诸王、公主、妃嫔、太监、外戚以及百官臣工、商贾士绅、文人士子的墓葬，无论是规格还是数量，都要远远超过其他地区。此外，统治者们还调动全国的人力物力资源，营建兴构了大批宫殿、苑囿、寺观、园林、衙署、离宫、坛庙、府库。而整治漕运、修建长城之举，更是牵动全国的大型工程。统治者们还利用各种官办手工业或通过海上贸易等方式，搜刮占有大量的奢侈品。北京这座古都遗留的物质文化，是明代等级最高、规模最大、水平最高的，它是明代高度发达的物质文明的集中体现。

对定陵的发掘是20世纪50年代最重要的收获，从1956年5月开始发掘，1957年9月完成土方工程，到1958年7月结束玄宫内地器物清理，历时2年2个月[3]。

20世纪60年代拆除北京城墙时，北京的考古工作者对明清北京的城墙进行了解剖发掘[4]，弄清了内城垣的结构和砌筑方法。2001年，对明皇城遗址公园进行的勘探和发掘[5]，使北京城垣的考古研究在数十年后又获得了新进展。除城垣外，北京古代城市规划也开始纳入学者们的研究范围[6]。

1　奉宽：《燕京故城考》，《燕京学报》，1926年。
2　刘敦桢：《明长陵》，《中国营造学社会刊》1933年4卷2期。
3　中国社会科学院考古研究所等：《定陵》，文物出版社，1990年。
4　北京市文物研究所：《北京考古四十年》，北京燕山出版社，1990年。
5　李华：《北京东皇城根遗址发掘简报》，《北京文物与考古》第五辑，北京燕山出版社，2002年。
6　刘敦桢主编：《中国古代建筑史》，中国建筑工业出版社，1980年；徐苹芳：《古代北京的城市规划》，《中国历史考古学论丛》，（台北）允晨文化，1995年。

妃嫔墓和太监墓是北京一个特有的文化现象，历年来发掘的重要的妃嫔墓有十三陵内的嫔妃墓、董四墓村妃子墓、厢红旗营妃子墓[1]；重要的太监墓有香山饭店发现的刘忠墓[2]、地质力学研究所太监墓[3]、北京工商大学太监墓[4]以及北京射击场太监墓地[5]、国家体育总局射击射箭运动管理中心射击场内市政工程M1[6]、门头沟潭柘寺明太监墓[7]等。

历年来发现的重要的贵族墓有1957年发掘的万贵夫妇墓[8]，1961年发掘的南苑苇子坑明墓[9]，1977年发掘的武清侯李伟夫妇合葬墓[10]，2001年发掘的军事科学院明代皇子墓[11]，2005年发掘的怀柔伯施聚家族墓[12]，2007发掘的昌宁侯赵胜夫妇合葬墓[13]、丰台区明李文贵墓[14]以及2008年发掘的德清公主夫妇合葬墓[15]等。

明代平民墓葬数量较多，正式刊布的资料主要有奥运一期工程、数字北京大厦工程、奥林匹克会议中心工程、中国科技馆新馆工程[16]以及大兴新城北区8号地、奥运村绿化隔离带工程、延庆县东王化营、昌平张营遗址北区、京平高速公路工程、北京市物资储备学校住宅楼工程和奥利匹克森林公园工程[17]以及亦庄地区[18]等12处，近百座。

2005年发掘的毛家湾瓷器坑，是近年来明代陶瓷考古的一次重大发现[19]；2006年对延庆县火焰山营盘遗址的发掘，丰富了学界对明代长城军事防御体系的认识[20]；玉河遗址可看做是北京城内众多河湖水系遗迹的代表[21]；廊下家遗址则是紫禁城内迄今为止唯一一处经过正式发掘的遗址[22]。

一、关于明代北京城

对明代北京城的考察和记录随着满清王朝的覆灭就已展开，如20世纪前半叶奉宽先生对明北京城和宫苑进行的考证研究[23]，开启了近代研究明代北京城的先河。1956年清华大学赵正之教授率先提出元明清北京中轴线未变，并复原了街道系统和若干重要建制[24]。20世纪60年代对明清北京的城墙进行的解剖发掘[25]以及2001年对明皇城遗址公园进行的勘探

1 北京市文物研究所：《北京考古四十年》，北京燕山出版社，1990年。
2 北京市文物工作队：《北京香山明太监刘忠墓》，《文物》1986年9期。
3 程利：《地质力学所出土明太监墓》，《北京文博》2000年1期。
4 北京市文物研究所：《北京工商大学明代太监墓》，知识产权出版社，2005年。
5 北京市文物局、北京市文物研究所：《北京奥运场馆考古发掘报告》，科学出版社，2007年。
6 北京市文物局、北京市文物研究所：《北京奥运场馆考古发掘报告》，科学出版社，2007年。
7 宋霞：《门头沟区文物所清理明代太监墓》，《北京文物报》1998年9期。
8 郭存仁：《明万贵墓清理简报》，《北京文物与考古》第三辑，1992年。
9 北京市文物工作队：《北京南苑苇子坑明代墓葬清理简报》，《文物》1964年11期。
10 张先得、刘精义、呼玉恒：《北京市郊明武清侯李伟夫妇墓清理简报》，《文物》1979年4期。
11 王燕玲：《海淀香山军科院明太子墓发掘简报》，《北京文物与考古》第五辑，北京燕山出版社，2002年。
12 北京市文物研究所：《北京华能热电厂明墓发掘简报》，《文物春秋》2006年6期。
13 北京市文物研究所：《北京市朝阳区明赵胜夫妇合葬墓发掘简报》，《文物》2008年9期。
14 北京市文物研究所：《北京市丰台区明李文贵墓》，《文物》2008年9期。
15 北京市文物研究所2008年工作简报。
16 北京市文物局、北京市文物研究所：《北京奥运场馆考古发掘报告》，科学出版社，2007年。
17 北京市文物研究所：《北京考古》（二），北京燕山出版社，2008年。
18 北京市文物研究所：《北京亦庄》，科学出版社，2009年。
19 北京市文物研究所：《北京毛家湾明代瓷器坑考古发掘报告》，科学出版社，2007年；北京市文物研究所、西城区文物管理所：《北京毛家湾瓷器坑发掘简报》，《文物》2008年4期。
20 北京市文物研究所、延庆县文化委员会：《延庆县火焰山营盘遗址发掘简报》，《北京文博》2007年3期。
21 北京市文物研究所、东城区文化委员会：《北京玉河——2007年度考古发掘报告》，科学出版社，2008年。
22 李永强：《故宫西河沿遗址发掘简报》，《北京皇家建筑遗址报告集》，科学出版社，待出版。
23 奉宽：《燕京故城考》，《燕京学报》，1926年。
24 赵正之：《元大都平面规划及复原研究》，《科技史文集》第二辑，上海科学技术出版社，1979年。
25 北京市文物研究所：《北京考古四十年》，北京燕山出版社，1990年。

和发掘[1]，弄清了明代北京城内城垣和皇城的结构、砌筑方法。在对明代北京城的研究中，刘敦桢、徐苹芳二位先生对北京古代城市规划的探讨是目前最重要也是最全面的[2]。傅公钺先生则将历史文献与考古资料相结合，对明代北京城垣修筑经过、城垣结构、筑城材料及用工等情况做了广泛论述[3]。孔繁峙先生通过对东皇城墙遗址的研究，对东皇城墙在乾隆时期的重建及在民国中期被拆等问题进行了详细考证[4]。近年来故宫博物院李燮平《明代北京都城营建丛考》一书，对北京宫廷建筑沿革的考析较为全面[5]。

正是有了上述工作，使得目前对明代北京城的营建过程、平面布局、墙垣的砌法、城墙的走向与城门、平面规划、河湖水系以及坛庙、街道、衙署、府库的分布等问题有了确切的认识。

二、关于陵寝

1. 对陵寝的考古工作主要包括十三陵的勘察、定陵以及众多妃嫔墓的发掘。

对北京的明代陵寝与大型墓葬的考古调查，勘探与研究工作，最早是由中国营造学发起的。二十世纪30～40年代，中国营造学社的学者们对明陵、明长城做了大量的调查研究工作，这些工作对明代考古具有开创性意义。如刘敦桢先生的《明长陵》一文，即是以近代考古学与文献相结合的方法对十三陵开展研究的首次尝试[6]；王岩先生根据实地考察，对十三陵的边墙、山口做了详细记录[7]；胡汉生先生《明十三陵》一书对十三陵做了系统深入的调查研究，根据各陵宫前部宫院或后部寝宫等宝城内建筑布局的差异，首次提出将其分成长陵型、献陵型、景陵型、永陵型、昭陵型等不同类型，有助于加深对明代陵寝制度和建筑风格演变过程的进一步认识[8]；贺云翱先生通过明孝陵与十三陵的对比研究，提出“北京十三陵总体布局创始于长陵，其制度来源则为南京的孝陵”这一全新认识，并认为十三陵中“与南京孝陵最为接近的是长陵，其他陵宫建制尽管也大体同于孝陵，但在局部空间和单体建筑制度上仍有不少变化”[9]。

2. 明定陵的发掘是主动考古工作的范例，对研究明代帝陵的结构、随葬品组合以及风水观念等问题的研究具有重要意义。从定陵玄宫的发掘情况来看，玄宫与皇帝生前所居的皇宫内廷建筑布局较为吻合，其前、中、后三殿与内廷建筑乾清宫、交泰殿、坤宁宫三座建筑相对应，左右配殿相当于对称布置在交泰殿东西两侧的东六宫与西六宫，因此，帝后棺椁放后殿，而左右配殿原应是妃嫔葬所[10]。王秀玲根据定陵三个墓主人骨架遗存状况，推测其原状为“侧卧式”，仿效佛祖涅槃的姿势安葬，进而认为这种“侧卧式”葬姿源于天象[11]。

通过对十三陵内、董四墓村及厢红旗营等三处嫔妃墓的发掘，初步摸清明代妃嫔墓葬结

1　李华：《北京东皇城根遗址发掘简报》，《北京文物与考古》第五辑，北京燕山出版社，2002年。
2　刘敦桢：《中国古代建筑史》，中国建筑工业出版社，1980年；徐苹芳：《古代北京的城市规划》，《中国历史考古学论丛》，（台北）允晨文化，1995年。
3　傅公钺：《明代的北京城垣》，《北京文物与考古》，1983 年。
4　孔繁峙：《东皇城墙遗址的发掘展示与皇城的整体保护》，《北京文博》2001年4期。
5　李燮平：《明代北京都城营建丛考》，紫禁城出版社，2006年。
6　刘敦桢：《明长陵》，《中国营造学社汇刊》1933年4卷2期。
7　王岩：《明十三陵边墙山口查勘记》，《考古》1983年9期。
8　胡汉生：《明十三陵》，中国青年出版社，1999年。
9　贺云翱、郭怡：《古代陵寝》，文物出版社，2008年。
10　胡汉生：《明十三陵》，中国青年出版社，1999年。
11　王秀玲：《试论明定陵墓主人的葬式》，《北京文博》2001年1期。

构形制。妃嫔墓大体与帝陵相同而形制略小。另外，证实了明代不从葬的妃嫔俱葬金山的文献记载，也印证了明代妃嫔多人合葬一墓的相关记载。而出土的16合妃嫔圹志，则是明史研究罕见而难得的实物资料。有学者根据妃嫔圹志等资料，对明代妃嫔制度和宫廷生活进行了探索与研究，同时订补了有关历史典籍[1]。

三、墓　　葬

2001年在海淀香山军事科学院发现的明皇子墓，分前、后室，四阿式屋顶，并且随葬有宝座，显示出葬仪规格之高，从中反映了封建王朝对长子继承制度高度重视。

在王公贵族和高级品官墓葬中，以20世纪60年代发现的南苑苇子坑夏儒墓和李伟墓为代表的外戚墓较为引人注目。二者的墓葬形制均显示出较高的规格。夏儒墓形制奇特，椁室外砌砖室，再用三合土和木炭层层封护，李伟墓也出现了棺椁。二者墓中均出现了宫廷生活用品。由此可看出外戚享有的特殊的政治身份及经济地位。李伟之子李文贵，其墓葬形制与其父李伟相同，也是土坑竖穴，随葬一棺一椁。这种现象似可说明，除爵位、品秩外决定墓葬形制外，家族习惯也是影响墓葬形制的因素之一，同样的例子还有怀柔伯施聚家族墓。

这些王公贵族和高级品官墓，多为工部按定制营造，体现了封建制度的森严。这些墓葬同时也反映了明代高级品官墓葬的一般特征，如三合土技术得到广泛使用，墓葬的封护更严密；墓志均是带字面扣合，外加铁箍两道；墓中随葬前朝旧钱等。

历年来发现的平民墓数量较多，从中可以略窥明代平民墓的一般特点。

就墓葬形制而言，有竖穴土坑墓、砖室墓、瓮棺墓、三合土浇浆墓、八角（或六角）砖穴墓等多种形制，也反映出墓主身份的多样和复杂。在上述墓葬形制中，以竖穴土坑墓所占比例最高。竖穴土坑墓中一般都有木质葬具，有棺无椁。又可分为单棺葬、双棺葬和多棺葬，一般以前两种形式为常见，多棺葬少见。

竖穴土坑墓的随葬品在种类和数量上都难称丰富，随葬本朝制钱和前朝旧钱是明墓的显著特点[2]，平民墓也不例外。一种矮直领、瘦长腹的半釉陶罐，是明墓中另一种极富年代特征的随葬品，几乎每座墓都有发现。此外，竖穴土坑墓中还偶见骨簪、铜簪等小件器物。总之，无论从墓葬形制还是从随葬品情况看，竖穴土坑墓都是低规格的墓葬。

瓮棺墓以瓷瓮作为葬具，内盛烧骨。翁棺外往往有用砖垒砌的墓室。一座砖室内，可葬1～3个瓮棺。做瓮棺使用的瓷瓮，均为北方瓷窑烧造，有白釉、酱釉、黑釉的区别，圆唇，直颈，圆鼓肩，腹壁斜收，最大腹径靠近肩部。

八角（或六角）形砖穴，以青砖干砌而成，平面呈八角形或六角形。砖穴内两对壁间距为50～60厘米，深约1米。顶部青砖叠涩垒砌。穴内一般放置买地券、瓷罐、犁头、灯碗、石球、铜镜、石砚、铜钱等。北京地区已发现的砖穴有数十座，其年代大多属明末清初时期，砖穴皆作南北方向，其内陈放的器物基本相同，大体构成对称图案，但砖穴内不见人骨和骨灰。推测这种砖穴为特殊民族或有特殊宗教信仰的人群所遗留。

上述各种不同形制的墓葬，反映了墓主人在民族、宗教信仰、生活习俗等方面的差异，

1　刘精义、鲁琪：《明代妃嫔陵园及圹志》，《故宫博物院院刊》1980年2期。
2　夏寒：《浅议明墓中的古钱》，《四川文物》2006年2期。

同时也反映了经济地位的不同，是研究明代社会下层民众组成情况的可靠资料。

北京地区明代考古学呈现出以下特点：

(1) 研究方法多样。除考古学外，历史学、文物学也成为研究北京地区明代文化遗存的重要方法。在考证高规格墓葬出土的墓志方面，侧重于历史学的倾向尤其明显。文物学方法主要用于陶瓷、石刻、玉器等出土器物，对它们的研究同样是明代考古学的重要组成部分。除此之外，在研究长城、明十三陵以及明代北京城这些大型遗迹时，更多地运用了调查、勘测等现代记录方法。

(2) 研究重点集中在明代北京城、长城以及明十三陵、定陵等热点问题上。而贫民墓葬甚至是高级品官墓葬正式刊布的资料不多，获得的关注较少，对这类发掘资料进行系统归纳和深入研究还十分有限。

(3) 对北京地区明代文化遗存的区域性特点、时代风格总结不够。除从文物学角度对陶瓷、玉器、石刻等有过一些分期的探讨外，对文化遗存的时代特点、发展演变均较少涉及，目前尚未见到对北京地区明代文化遗存进行分区、分期的研究成果。

(4) 发现的遗迹类型不够丰富。目前发现和发掘的明代遗迹绝大多数是墓葬，而居址、手工业作坊、航运等其他类型遗迹发现较少，难以反映丰富多彩、包罗万象的明代京师社会生活。

第二节　长城与北京城垣

一、长　　城

明长城是为防御北方游牧民族而修建的防御工事，规模宏大，历来为文物工作者所关注。1949年以前，就有学者开始了对明长城的研究，但大多停留在对文献史料的考证上。自1952年郭沫若先生提出要维修长城主要遗址的意见后，文物管理部门开始派专家对明长城各线进行初步普查。1981年，国家文物局派出4个小组，对明长城进行全线实地勘察。北京段是勘察的重点，开展工作较多[1]，经过几次大规模的调查、勘测，对其分布、走向、结构和保存状况已有了基本了解。

北京地区明长城呈半环状分布在北部山区，从东到西横跨平谷、怀柔、门头沟、昌平四区及密云、延庆两县。据2005年以前调查，北京地区明代长城全长约629公里，其中主干线长城539公里，支线长城长95公里，全线共有城台（包括墙台、敌台或战台）1325座，关口120余座。

从山海关蜿蜒而来的长城，经辽宁、河北、天津，在平谷区金海湖镇红石门村大松木顶进入市界，沿平谷区与河北省兴隆县界向西北至将军关、黄松峪，经南独乐河，向北经山东庄等6个乡镇19个自然村，至镇罗营镇北水峪村北山，进入密云县大城子镇下栅子村，东北至新城子花园村，向西偏北至冯家峪镇白马关村，再折向南偏西，随山脊走势至西田各庄镇西沙地村，共11个镇54个村庄，进入怀柔区怀北镇大水峪村。向西经神堂峪、慕田峪，在怀柔区黑坨山以南旧水坑附近，长城分成两支：其一，呈北西走向，经延庆县的四海黑汉岭、

1　罗哲文：《万里长城——山海关、居庸关云台和八达岭、嘉峪关》，《文物》1977年8期；曾朝铭、顾巍：《北京地区长城航空遥感调查》，《文物》1987年7期；吴元真、吴梦麟：《北京市怀柔县慕田峪关长城调查》，《文物》1990年12期。

刘斌堡以北，由白河堡出市界进河北赤城；其二，南西走向，分成南北两线：北线沿延庆海子口、东灰岭、小张家口、八达岭而达青水顶；南线从怀柔区旧水坑西南开始，经黄花城进延庆县龙泉峪后不见。北线构筑于延庆盆地南缘，南线构筑于军都山中。二者在青水顶汇合后，继续向西南延伸，在禾子涧以北再度分成南、北两线。北线在黄楼洼越出市界后在镇边城以西重新进入市界，在笔架山、广坨山等地中断；而后在沿河城附近复出，经黄草梁、东灵山越出市界，然后向河北省易县、山西灵丘方向延伸。南线沿禾子涧、郭定山、老峪沟、大村一带东山脊南延，至得胜寺中断。

将军关—墙子路—古北口—白马关—慕田峪—黄花城—八达岭青水顶—笔架山—东灵山，这一线构成北京长城的主体，保存较完好。城台最为密集，墙体高大宽厚，气势雄伟。墙体建筑以砖包结构为主，石砌山墙次之，山险墙也有多处分布。九眼楼—四海—暴风顶—白河堡一线长城主要是砖石结构墙体，城台分布均等，并兼有山险墙的分布。旧水坑—东灰岭—西拨子—青水顶一线墙体主要以砖石墙为主，石砌墙次之，仅局部有少量山险墙。城墙大部严重损坏，其中仅西拨子附近墙体、女墙及垛口完整，砖石齐全，虽然残留不多，仍然不失为北线长城的代表。

北京地区长城保存较为完好的段落有如下几处：八达岭—青水顶一线。尤其是八达岭长城，墙宽可达6.5米左右，是北京地区长城中最宽度段落（图10-1、图10-2）；龙泉峪—西水峪—黄花城—慕田峪一线，此段城墙的最大特点是墙体两侧均设垛口；古北口—司马台一线，这段长城气势雄伟，雄姿不亚于八达岭长城，城台间距在50～150米，是北京长城城台最密集的地方，此外还有障墙和主墙外侧的重墙；墙子路一线，此段长城主要以砖包墙为主，墙体相对比以上地区略窄，城台分布比较密集，尤其是关城南北两侧的长城，连绵不断，保存较好。其中八达岭（包括居庸关—八达岭一线）、慕田峪及司马台（图10-3、图10-4）是北京地区长城保存最为完好、城墙最为壮观的三个段落[1]。

在长城沿线发现大量与长城有关的文物，包括碑记刻石、兵器、生产工具、生活用器和建筑构件等。还在昌平区西雪山村、延庆县花盆乡鹿叫村、怀柔县黄花城乡东楼村和三渡乡桃峪村、密云县墙子路村、门头沟区洪水口村等地，发现砖窑59座、石灰窑2座。很多砖上刻有年号及驻军营别，如“万历五年石塘营造”、“万历元年延绥营造”等[2]。

1. 怀柔县慕田峪关长城

慕田峪长城，位于慕田峪村东北。东南距怀柔县城20公里，东距亓连口1.5公里，西南距辛营村2.5公里。慕田峪长城是明初开国元勋徐达（1332～1385年）修筑长城的起点之一。《四镇三关志》载：“黄花路东自慕田峪西至枣园寨，延袤一百八十里，隘口一十七。”光绪年间出版的《昌平州志·卷三·土地记第三上》中记载：“慕田峪外临大川，极冲。自此以西皆重边，以东皆为单边。”《日下旧闻考》载：“明初，徐达筑边墙，自山海关西抵慕田峪，延袤一千七百里。”为石塘路长城与黄花路长城的连接关口。慕田峪原名“摩天峪”，明代以后改称“慕田峪”。明永乐二年（1404年）建关，是昌镇黄花路所辖最东隘口。隘口正关台是慕田峪的前哨，三座敌楼并立，两侧楼室较小，中间楼室宽大，三座敌楼之上有三座望亭房。关口不由城台正中开设，而在东侧设一门，沿陡坡筑成台阶进出，这种独特的关

1　国家文物局：《中国文物地图集·北京分册》（上），科学出版社，2008年。
2　赵光林：《北京地区发现的长城砖窑》，《京都胜迹》，北京燕山出版社，1995年。

图10-1 八达岭长城——北路北四楼

图10-2 八达岭——烽火台

图10-3 司马台西14台

图10-4 司马台西16台

门建筑为长城工程所罕见。明隆庆元年（1567年），朝廷将谭纶（1520～1577年）和戚继光调到蓟州，统辖蓟镇军事防务，此时大规模整修了辖区内的长城。其中，慕田峪长城的墙体底宽6、上宽4、残高约8米，内外两面均以十三层青色花岗岩条石起基包砌，墙上内外两侧均筑有长约1.7、宽0.3、高0.6米的垛口，垛口之下设箭孔，险要处设有炮台。在主墙体之外建有“支城”，即在内外两侧的险要地段再修出长几米或几十米的分支城，当地人称“刀把楼”。慕田峪长城的敌楼不论规模大小，都建成上下两层，中间留有“品”字形或“回”字形通道，通道四面建有箭窗，楼顶上环筑垛口[1]。

2. 延庆县火焰山营盘遗址

火焰山营盘遗址位于北京市延庆县四海镇石窑村东南3公里的火焰山上，遗址东西两端分别与外长城相连，东接九眼楼，南北为陡坡，西为断崖，面积约4400平方米[2]。

2006年3～5月，北京市文物研究所和延庆县文化委员会对火焰山营盘遗址进行了发掘清理，揭露出大面积相互联属的建筑基址，主要有城墙、城门、房屋基址、北敌楼和庙台五部

1　国家文物局：《中国文物地图集·北京分册》（下），科学出版社，2008年。
2　北京市文物研究所、延庆县文化委员会：《延庆县火焰山营盘遗址发掘简报》，《北京文博》2007年3期。

10-5

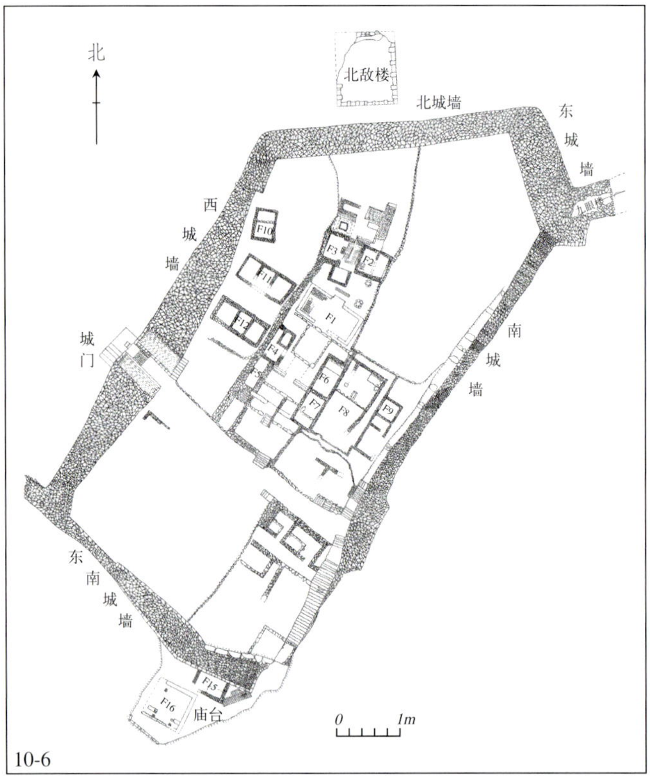

图10-5 营盘遗址鸟瞰

图10-6 火焰山营盘遗址平面图

分（图10-5；图10-6）。

城门位于探方T0207和T0307内，门向303°。由三部分组成，分别是城门前的台阶和平台、城门洞、城门内甬道。城门前平台近方形，长 3.3、宽3、残高1.5米，周边用加工过的石条和石块平铺而成，中间填充碎石块和黄土，台面用石块平铺而成，平台西侧设有马道，马道为台阶式，清理出台阶3级。平台台面低于门洞地面，故设有2级台阶与门洞基石相连，门洞基石同门洞地面一致，由平台登3级台阶步入城门。城门前台阶每层高0.15、长1.25、宽0.40米。马道台阶由石块干垒，每层高0.18、残长1.3、宽0.42米。城门门洞前后端之间界线明显，门洞前端用加工过的大石条做基础，且高出门洞地面两层，由此可见，门洞的前端是为了加固后端所建，由此推断该城门有时间早晚之差别。

营盘遗址城墙周垣轮廓较为清楚，共分五段，大体呈不规则五边形，周长约263.6米，其中东城墙长约22.4米，南城墙长约88米，西南城墙长约45米，西城墙长约64.8米，北城墙长约43.4米。除城门为砖砌外，城墙部分皆为石块修筑，部分城墙发现以石条为基础。城墙均有不同程度的坍塌，城垣残存高度1.5～6.5米。城墙上窄下宽，断面呈梯形，顶宽1～2.5米，基宽3～6米。

整个遗址内发现马道3处，均为台阶式，皆用石块干垒而成。第一处马道位于城门内北侧，第二处马道位于南城墙北侧，第三处马道位于南城墙南侧。

营盘城内正对城门有一条道路将城内分为南、北两部分。除庙台发现房屋基址2座外，城内北部发现房屋基址12座，编号F1～F12，南部发现房屋2座，编号为F13、F14。

F1位于营盘城内的北部偏中，坐北朝南，方向218°，由月台、正房及北踏道三部分组成。月台位于房址的南端中部，平面呈长方形，南北长5.8米，东西宽4.75米，四壁均用不规则形石块垒砌，残高 0.12～0.26米，内侧用碎石块与青砖块铺砌墁地。

正房位于月台北端，平面呈长方形，东西长 20.5米，南北宽6.65米，四壁基础均用石块叠压垒砌包边，内用青砖叠压错缝封砌。四壁墙体均宽0.3米，残高0.3～0.45米。在房址的中部北端发现相互对称的柱础及柱坑5个，由此推断该房址内的南端也应有相互对称的柱础。据此柱网分布可知该房址为面阔三间、进深三间的无廊式建筑，即正厅和东西套间。正厅前后有门并相互对称，而且正厅北门发现有门槛朽痕。西配间北部设有火炕，已被破坏，东西长3、南北宽1.1、残高 0.21米。室内地面用方形青砖十字错缝墁地。

踏道位于正房的北端中部，平面呈长方形，四壁用青砖砌筑，内用不规则形石块填砌。东西长1.6、南北宽1、残高0.18米。

F12位于营盘城内北部偏西，坐北朝南，方向220°。平面呈长方形，东西长9、南北宽4米，其建筑规格为面阔三间、进深一间。仅存墙基部分，四壁墙基均用不规则形石块叠压垒切，基础宽0.45～0.8、残高0.4～0.32米。

F13与F14房基并列位于营盘城内南部偏北的东端，坐北朝南，方向223°。仅存基础部分，且南北相连，墙基均用不规则形石块叠压垒砌。墙基宽度不一，宽0.5～2、残高 0.15～0.75米。2座房址均把门设置在东南角，各宽为1米。同时在室内西南角皆设置火炕。F13内炕床为方形，边长为1.65、残高0.65米；F14内炕床为长方形，南北宽1.75、东西长3、残高0.40米。

北敌楼位于北城墙外侧，其西北部塌毁，顶部东边残长9.7、南边长9.55、西边残长2.75、残高6.3米，其四周为条石错缝砌制，内用石块加白石灰填充；其上发现有残存墙基和火炕遗迹。

庙台位于南城墙外，东、南、西三面为断崖，其台面之上建有F15和F16。F16距城墙3.5米，坐北朝南，方向215°。西墙基础已被破坏，其他三面保存较好，前有廊道。整个建筑共发现柱础5处，即室内1处，门两侧各1处，前廊2处，东西三排每两处一排相互对称。础石为下方上圆，边长为0.45～0.55米。前廊长7、宽1.2米，廊外有宽0.8米的散水；东墙残长5.8、宽0.55、残高0.24～0.56米；后墙残长4.95、宽0.75、残高0.28～0.56米。F16用石块做基础，青砖砌制墙体，墙体的筑造方法为里外单砖错缝平铺包砌，中间填充青砖碎块，每层砖之间用白灰黏连。基础内外各有6厘米的收分。前廊和室内地面均用青砖错缝墁地，只残存少部分。根据柱网的分布情况，F16为前出廊的方形建筑。推测F16应为庙宇。

营盘遗址出土器物以兵器和建筑构件为主，生活用品也有发现，另在城门外采集到一块石匾。石匾已残为5块，拼接后长87、宽50、厚21厘米。石扁正中阳刻楷书 “威嚴”二字，其两侧阴刻楷书两竖行，右侧为“欽差懷隆兵備按察使胡立”，左侧为“万历岁次戊午□秋吉旦”。兵器主要有石弹丸、铁弹丸、手雷和火铳等。

营盘遗址城内建筑物均依山势而建，城内建筑由主干道分为南、北两部分，主要建筑在其北半部。F1为正房，坐北朝南，是中轴线上的主体建筑，F2～F7为附属建筑，即东西厢房，另外设有东、西跨院。F1可能为营盘城内将领居住，厢房及其他房屋可能是其他各级士兵居住。

通过此次发掘，基本搞清楚了营盘遗址范围内及庙台等处房屋建筑的布局情况，出土了一定数量的文物，一定程度上揭示了营盘遗址内军队武器装备情况，丰富了对明代长城军事防御体系的认识。

二、北 京 城 垣

明代北京城是在元大都基础上修筑的。洪武元年(1368年)明军攻占元大都不久，出于军事防御目的，废弃大都城北部，在北城墙南2.5公里一线，新筑城墙，其余三面城墙继续沿用元大都土城垣。同时拆毁元故宫，改大都为北平府。永乐十五年营建新宫城，十七年展筑南城垣，十九年正式迁都北京。正统元年（1436年）为城墙内外壁包砖，嘉靖三十二年（1553年）又在内城以南增筑外城。北京城的建筑格局从此固定下来，沿袭至民国，500年来没有大的变动。

明北京城平面呈“凸”字形，面积25.4平方公里，分外城、内城、皇城、宫城，内外城门共16座（图10-7）。明代北京城是吸收了历代都城建设经验的基础上而创建的，设计严谨，布局合理，功能完备，外观宏伟博大，体现了明代大一统封建帝国的气势，代表了中国都城建设的最高水平。

20世纪60年代，为配合大规模城墙拆除工程，考古工作者对明北京城的内城垣进行了局部的发掘清理[1]；1998年改建平安大道时在北海中学发现一段明皇城北墙基础[2]；2001年，北京市文物研究所又对明皇城遗址公园进行了勘探和发掘[3]。上述工作基本弄清了明北京城内城以及皇城城垣的结构和砌筑方法。

1.内城城垣

明北京内城四垣因修筑年代不同，其结构也有所不同。其中东西城垣是在元大都土城垣基础上扩建而成，北城墙是在明军攻破大都后经短期突击修筑的，南城墙则于永乐朝起建。

通过对东西城墙的解剖，可知东西城墙由内到外可分为四层。第一层为元代用纯黄土夯筑的土心部分，地基深约2，宽约25米。墙基夯层单层厚15厘米，墙身夯层单层厚6～11厘米，夯窝排列整齐，间距2～3厘米，夯窝呈圆形，直径为7、深4厘米；第二层为明代夯土层，包筑在元代夯土层上，夯层厚l8～25、夯窝直径15～20厘米，夯层之间夹一层厚约10厘

1　北京市文物研究所：《北京考古四十年》，北京燕山出版社，1990年。
2　王有泉：《平安大道地下文物遗迹新发现》，《北京文博》1998年2期。
3　李华：《北京东皇城根遗址发掘简报》，《北京文物与考古》第五辑，北京燕山出版社，2002年。

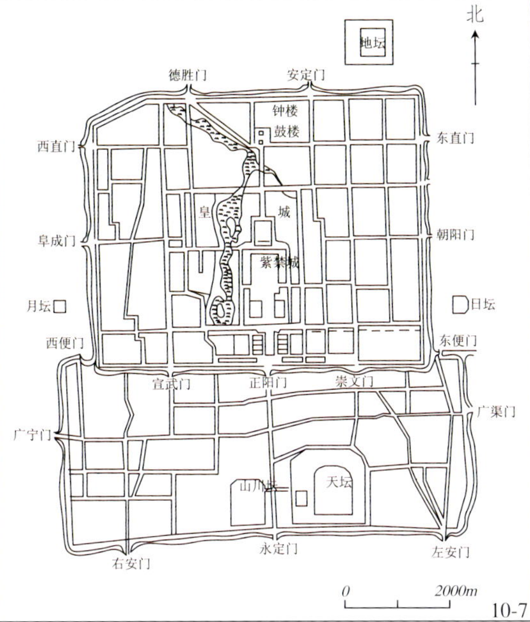

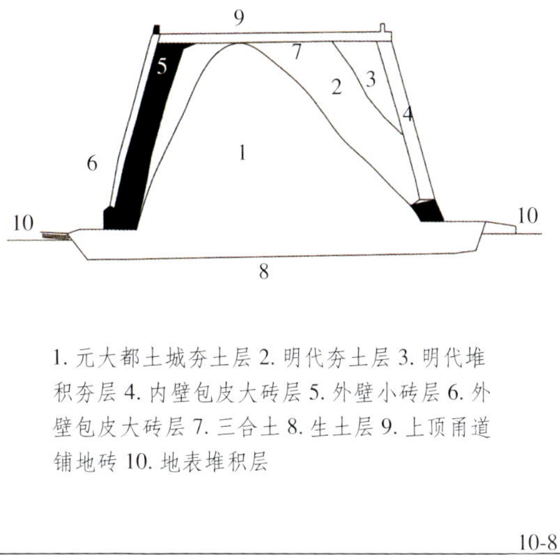

1. 元大都土城夯土层 2. 明代夯土层 3. 明代堆积夯层 4. 内壁包皮大砖层 5. 外壁小砖层 6. 外壁包皮大砖层 7. 三合土 8. 生土层 9. 上顶甬道铺地砖 10. 地表堆积层

图10-7 明代北京城平面图

图10-8 明代北京城内城西城垣剖面图

米的碎砖头；第三层也是明代夯土层，为掺杂大量砖头、瓦片和明代瓷片的灰渣土，夯层疏松；第四层即为内外墙皮包砖。外墙皮包砖分两层，里层是厚约1.3米的用元代小砖砌筑的包砖层，外层是用明代大城砖包皮，白灰浆砌筑，厚约0.7米。内墙包砖仅见明代大砖，砖层厚约1米，白灰浆砌筑。

在内外墙包砖层下面，都垫砌2～3层衬基石。在城墙顶面、明代夯层之上，平铺一层20厘米左右的三合土，其上铺砌一层大砖海墁。据考察，明洪武时是以素泥浆于外壁甃小砖；永乐时是以掺白灰泥浆于外壁复甃小砖；正统时始用白灰浆在内外壁甃大城砖（图10-8）。

北城墙、南城墙内外壁包砖用料、衬基及砌筑方法，与东西城垣基本相同，唯各段城墙之间的“土心”部分区别较大。南城墙“土心”夯层分前后两次夯筑，其上部夯层从顶面向内壁斜收。两层夯土夯筑方法相同，夯层厚18～25厘米，两夯层间夹筑一层厚约10厘米的碎砖头。夯窝径15～20厘米。在崇文门东500米处的一段墙体内，发现了夯筑土墙心时用横木夹筑起夯的遗迹，揭示了南城垣土墙心的起筑方法。北城墙是明初出于军事防御目的而修筑，显得较为草率。其“土心”部分，主体用砖瓦和黄土分层夯筑，其内包含各类元代瓦件，部分地段，甚至还来不及拆除清理而将房屋、帐柱、石碑等包筑于墙体内[1]。

2. 外城城垣

外城城垣的规制比内城城垣小。

外城垣的基础部分随地势的高下而起伏，基槽最深处达2.5米，局部地段可浅至1米左右，基础全部以黄土夯筑于生土层上。外城垣的土墙心均为黄土夯筑而成，夯层厚约0.2米，夯窝呈圆形，其圆径在18厘米左右，夯窝较为密集。每四、五层夯土之间，则夹杂一层砖瓦残块，厚0.1米左右。从土心的断面看，没有明显的二次夯筑现象。

外城垣内、外壁包砖，全部以大城砖抹白灰浆砌筑，外层砖壁厚近1米，内包皮砖层厚0.7米左右。城垣上顶部的构造与内城相同，是在厚20厘米左右的三合土夯层上海墁一层大城

1 北京市文物研究所编：《北京考古四十年》，北京燕山出版社，1990年。

砖。内、外包皮城砖的下部亦垫有2～3层衬基大条石[1]。

3.东皇城根遗址

2001年3月，北京市文物研究所在明皇城遗址公园进行了考古勘探和发掘，发掘面积965平方米，大致明确了皇城东墙的走向及建筑结构，并发现了东安门、望恩桥燕翅等重要遗迹多处[2]。

此次发现的皇城东墙，大体与现东皇城根北街平行，南起晨光街南口，北至平安大街南口。在此范围内，墙基础基本连续，局部残存墙体砌砖。经解剖可知，皇城东墙基础由夯土和砖砌基础两部分组成，修筑方法为：先开挖截面呈倒梯形的墙基槽，槽口宽4.3～4.8米，深1.3～1.5米，然后用夯土将基槽填筑密实，再在夯土上开槽，槽口宽2.5米，沟内砖砌放脚，最后砌筑墙体（图10-9）。东安门大街南北两侧地段的墙体保存稍好，砖基础高0.72米，共有砌砖5层。其上内收0.14米开始砌主墙体，墙体砌筑规则，外表平整，逐渐收分。城砖系一竖一丁垒砌而成，用砖规格为0.48米×0.24米×0.12米。

东安门遗址东接皇城东墙基础，横跨现东安门大街南北两侧。共发现砖砌磉墩5个，平面均呈方形，边长1.5米，用砖规格为0.48米×0.24米×0.12米。磉墩南北向间距3.9米，东西向间距约2.6米，南北两端的磉墩间距为39米，东西两端的磉墩间距约为13.6米。由磉墩的柱网结构可以大致推断出东安门的四至范围和开间、进深等情况。

在东安门大街南北两侧发掘区内，各发现一段望恩桥燕翅残迹。其外侧用石条垒砌而成，保存整齐。内侧用青灰城砖接石条垒砌。燕翅现存宽度为0.52米。两段燕翅西部各连一段拦土墙，东西走向，西高东低呈缓坡状。宽1米，北侧者残长9米，南侧一段残长13米。东端与皇城东墙基础相接，西端叠压于南河沿大街下。从发掘的两道拦土墙残迹，再结合燕翅部分来看，与《加摹乾隆京城全图》描绘的望恩桥相符。

第三节　陵寝与重要墓葬

一、陵　　寝

明王朝立国277年，先后在南北方建立5处帝陵。位于北京的有2处，分别为十三陵和景泰陵。十三陵葬有从成祖到崇祯帝的十三位皇帝以及他们的皇后，少数享有特殊礼遇的嫔妃也从葬于此。景泰陵除葬有在“夺门之变”中被废的景泰帝外，还葬有早夭的诸王、公主以及不从葬的嫔妃。

(一) 十三陵的勘察

十三陵位于北京昌平区以北10公里的天寿山。从明成祖朱棣至崇祯帝朱由检，除景泰帝别葬金山外，其余十三个皇帝均埋葬在这里，合称十三陵。其中有成祖（永乐）朱棣长陵，仁宗(洪熙) 朱高炽献陵、宣宗（宣德）朱瞻基景陵，英宗（正统、天顺）朱祁镇裕陵、宪宗(成化) 朱见深茂陵，孝宗(弘治) 朱祐樘泰陵，武宗(正德) 朱厚照康陵，世宗(嘉靖) 朱厚熜永

1　傅公钺：《明代北京的城垣》，《北京文物与考古》，1983年。

2　李华：《北京东皇城根遗址发掘简报》，《北京文物与考古》第五辑，北京燕山出版社，2002年。

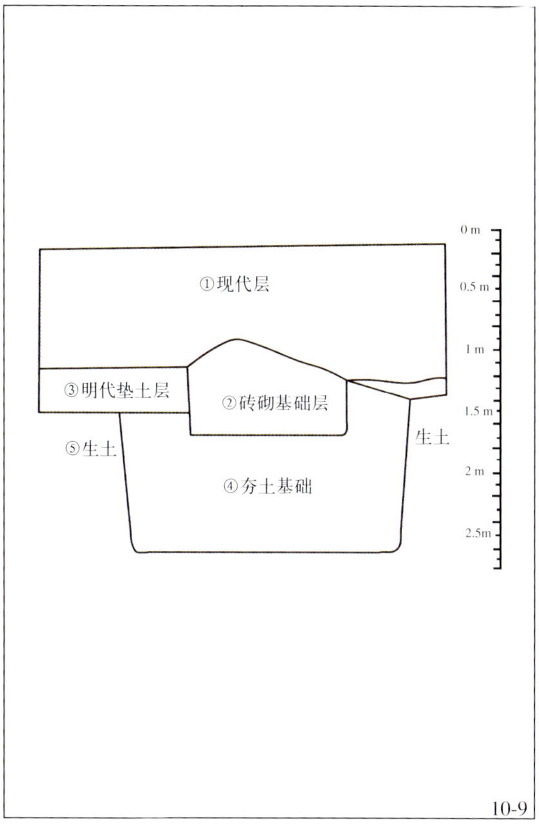

10-9

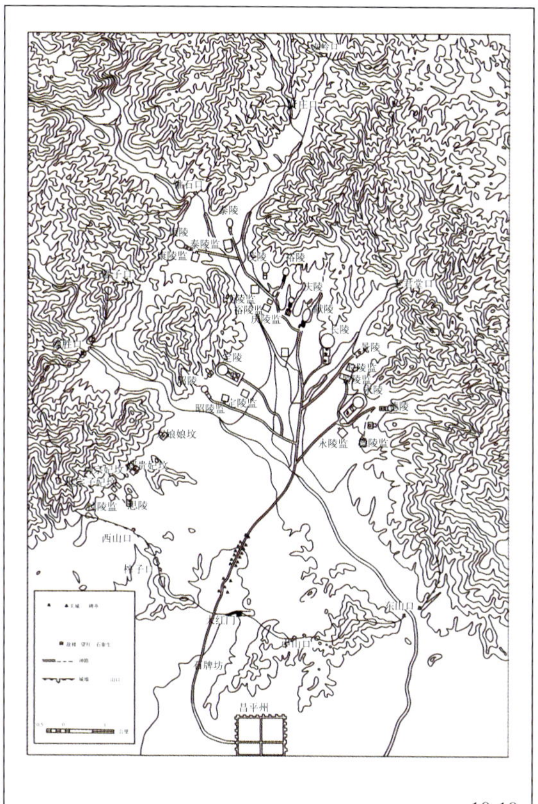

10-10

图10-9 东皇城根遗址T9北壁剖面图

图10-10 明十三陵分布图

陵，穆宗(隆庆)朱载垕昭陵，神宗(万历)朱翊钧定陵，光宗(泰昌) 朱常洛庆陵，熹宗(天启)朱由校德陵，思宗(崇祯)朱由检思陵。

这些陵寝环列在天寿山南麓、组成以长陵为中心的宏伟庞大的陵墓群。天寿山原名黄土山，是燕山余脉，它像一道屏风环绕在陵区西、北、东三面，其南是一片广袤的盆地，温榆河在盆地中缓缓东流，龙山、虎山对峙于陵区入口，形成天然门阙（图10-10）。

陵区周围20公里，因山建有陵边墙，以廓出陵区范围。边墙共设十口、四水门。据顾炎武《昌平山水记》记载，这十口为中山口、东山口、老君堂口、贤庄口、灰岭口、锥石口、雁子口、德胜口、西山口、榨子口。除东山口外，都有垣有门。经实地调查，现存边墙总长约12公里，十口相连环山约34公里。中山口、东山口、榨子口、西山口在陵区正南大红门的东西两侧。此四口均在陵区南面一线，地势平缓，从西山口至东山口，修筑一道边墙将四口连接起来，形成陵区南部屏障。边墙近口处较宽，山脊部分一般较窄。墙体大多以山石、鹅卵石垒砌，用生石灰灌缝。有的地段建筑结构坚固，用山石平铺，中间用生石灰灌缝，墙体内外两侧还用青条石包砌。有的地段仅以山石和灰泥筑成。关口处都有建筑[1]。

正南的大红门，是陵园的总门户，门前有五间六柱十一楼石牌坊1座。进大红门沿神道往北，建有“大明长陵神功圣德碑”之碑亭，四隅有华表各一，碑亭北竖石望柱一对，标志着十三陵总神道的起点。神道两侧置石象生一组，计有石兽24件、石人12件，从前往后依次为狮子、獬豸、骆驼、象、麒麟、马各4件，兽皆做二立二蹲状；石人包括武臣4件、文臣4件、勋臣4件。再往北为棂星门（一称龙凤门）。出龙凤门沿神道往北有七孔桥，诸陵神道

1 王岩：《明十三陵边墙山口查勘记》，《考古》1983年9期。

图10-11 长陵平面图

图10-12 明定陵地宫平、剖面图

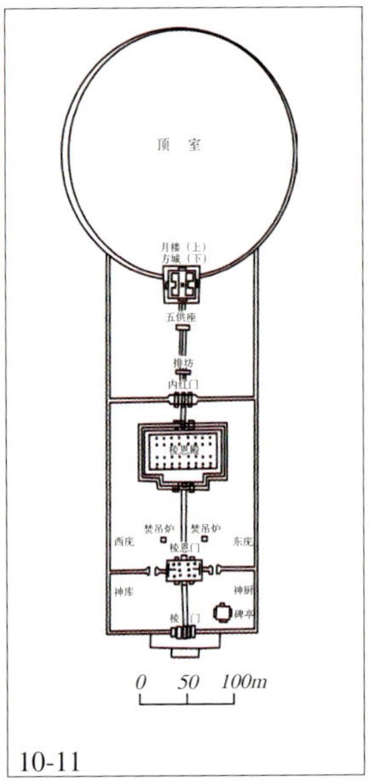

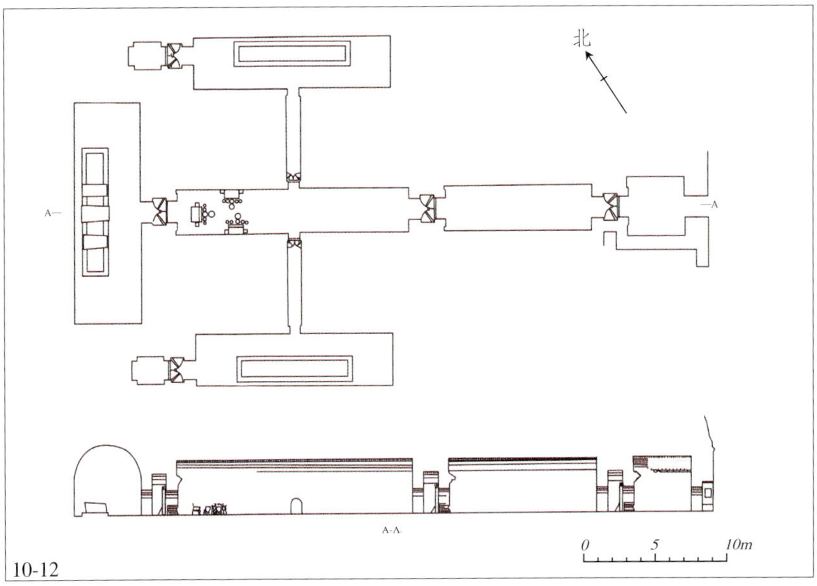

由此分支，通向各陵。

各陵建筑布局大体相同。皆背山而建，方向各不相同。前有宫院，后有宝城，宫院围墙与宝城相接。宫门前有无字碑，其碑亭与长陵碑亭相同[1]。碑前通过石桥与神道相接。宫门内依次为祾恩门、祾恩殿、櫺星门、石几筵，后接明楼、宝城。祾恩殿是祭陵时的殿堂，两侧建有廊庑。宝城是陵宫的最后部分，城中填黄土，下为地宫。明楼建于宝城上前侧，檐下有陵名榜额，楼内立石碑，刻有皇帝庙号、谥号。明楼后面圆形封土堆下是地下宫殿，埋葬皇帝皇后。总体上看，各陵建筑在总的陵区内又自成一体。祭殿在前，寝宫在后，门廊、殿堂、明楼、宝城排列整齐，层次分明。建筑也呈前殿后阁式，再借近水远山之景，气势十分宏伟，突出了帝陵的威仪[2]。

十三陵诸陵的规模并不相同。凡皇帝生前营建的，如永陵、定陵等规模较大；皇帝死后营建的，如献陵、景陵、康陵等规模就小。思陵仅用贵妃田氏墓穴草草埋葬，规模最小。长陵初建于永乐七年，先葬徐皇后，下距永乐二十二年朱棣之葬，长达15年，其间不断营建，规模最大（图10-11）。据《昌平山水记》载，各陵还都有管陵机构“神宫监”、护陵的“卫”，以及拂尘殿、行宫、神马房、祠祭署、朝房等建筑，现已无存。

刘敦桢《明长陵》称：“明洪武营孝陵，坟之平面，改方为圆，若馒首形，殆因长江流域无方坟之习，洪武耳濡目染，受环境影响使然欤。永乐北迁，自长陵迄思陵，皆遵其法。”明陵更改了自汉以来的陵寝形制，开启“明清六百年间宫阙陵寝之规模”。

(二) 定陵

定陵是明神宗万历皇帝朱翊钧的陵墓，位于陵区中部偏西大峪山下，始建于万历十二年(1584年)，历时6年，耗银800万两，于万历十八年(1590年)建成。同葬孝端皇后王氏和孝靖皇后王氏。定陵是迄今唯一一座经过发掘的帝王陵。

因考古学与历史学研究的需要，1956年，由北京市文物调查研究组和中国科学院考古研

1 宋磊：《明十三陵神功圣德碑亭遗址调查》，《北京文博》2000年3期。
2 秦大树：《宋元明考古》，文物出版社，2004年。

图10-13 定陵地宫

究所组成了考古队，对定陵进行发掘，前后费时2年又2个月，出土各类文物2648件[1]。

定陵宝城平面略作圆形，城墙内径216米，城中用黄土填实，中部宝顶以白灰掺黄土夯筑而成。玄宫（地下宫殿）即建造在宝城的宝顶之下。玄宫入口从前往后，分别建砖隧道和石隧道，隧道末端是金刚墙，墙面设进入玄宫的通道。金刚墙顶部出檐，檐饰黄琉璃瓦。

定陵玄宫共有五殿，中轴线上为前、中、后三殿，中室横轴线上有左、右配殿（图10-12）。玄宫连同甬道前后总长87.34米，左右横跨47.28米，总面积1195平方米。前殿外的券洞上有门楼，门楼出檐，檐、枋、脊、吻兽用汉白玉雕成，十分精美，使整座玄宫宛如一座真正的地下宫殿（图10-13）；券洞内设两扇汉白玉石门，每扇门面上有纵横各九排共81枚乳状门钉；玄宫前殿为一长方形起券石室，东西长20、宽6、高7.2米。中殿也有一洞券门，外部雕作门楼状，中装两扇石门，起券结构同于前殿，长32、宽6、高7.2米，南北两墙中部有券顶甬道通向左、右配殿；中殿西端设石神座三座，中为万历皇帝神座，左、右神座分属孝端皇后和孝靖皇后，各神座前均有黄琉璃五供，五供前置长明灯（一称万年灯）。中殿通向左、右配殿处皆有券门，并设双扇石门，两配殿为长方形起券石室，皆长26、宽7.1、高7.4米，殿中靠北侧皆有宝床；两殿内无任何随葬品。入后殿之石门亦作门楼状，有双扇

1 中国社会科学院考古研究所等：《定陵》，文物出版社，1990年。

图10-14 定陵出土乌纱翼善冠

图10-15 定陵出土金翼善冠

图10-16 定陵出土六龙三凤冠

10-14

10-15

10-16

石门；后殿是玄宫中的主殿，为放置帝、后棺椁之处。平面作东西向长方形起券石室，长30.1、宽9.1、高9.5米，中部偏西处设宝床，床做束腰须弥座式，周饰覆仰莲，床长17.5、宽3.7、高0.4米；床上放棺椁三具，中为万历帝，左、右分为孝端皇后王氏和孝靖皇后王氏，宝床中部万历椁下花斑石床面上凿有“金井”。

万历皇帝和两皇后各用木质朱漆棺、椁各一重，帝后均为头西足东；三椁椁盖上放有木制小型仪仗用明器、小袋稻谷等，仪仗有矛、戟、钺、立瓜、卧瓜、剑、朝天镫等；万历帝和孝端皇后棺盖上原各放有织锦铭旌，前者残留金书“大行皇帝梓宫”字样，后者有金书“□行皇后王氏梓□”字迹，另万历帝铭旌上还有铁制的扁平葫芦；在每具棺椁南北两侧各放四块玉料，东端放一块玉料；万历帝椁北侧放三彩瓷觚一对、香炉1件，青花梅瓶两件，南侧也放着青花梅瓶两件；两皇后椁东端两侧各放着青花梅瓶1件；万历帝和孝端皇后棺上东端又各放金、银锭各1枚。孝端后棺北侧宝床上有小型木质车、轿明器各1件。

在棺内，万历帝尸身之上覆锦被、袍服、织锦匹料等，身下亦垫锦被。尸身著黄缎短内衣，外着刺绣衮服，腰系玉带，头戴乌纱翼善冠（图10-14），头下有枕；下身黄绫裤，脚穿红素缎高统单靴。尸体头、足处放金器、玉器，两侧放匹料和金银锭，下放袍服与匹料（图10-15）。尸体作仰卧状，右臂向上弯曲，手放头右侧，左手放腹部，手拿一串念珠。

随葬器物除置于棺椁内外，另29件主要见于器物箱、盒内。其中有22个器物箱放宝床上，它们分属帝后所有，内装凤冠（图10-16）、木谥册、谥宝以及服装、玉器、金器、铜器、锡质冥器、盔甲刀剑等。后殿西北隅有刀箭、弓及木质冥器等；东北隅一朱漆木盘内装小型木质家具明器；南壁下圆形食盒中装铜、锡明器160多件；东壁下四具箱内放马俑和人俑等。在出土的2648件随葬品中计有纺织品、衣物、金银器、铜锡器、瓷器、琉璃器、玉石器、漆木器、首饰、冠带和配饰、梳妆用具、木俑、武器和依仗、谥册、谥宝、圹志等[1]。

上述出土遗物对研究明代帝陵的随葬品制度、丧葬思想及礼仪制度，研究明代的各类工艺技术、帝后冠服制度等都有很高的价值[2]。

定陵的发掘，是有计划的发掘，为科研获取实物资料是其主要目的，因而它在中国考古学史上具有非常重要的意义；所揭示的地下宫殿及其出土的大批珍宝，为北京明代考古树立

1　中国社会科学院考古研究所等：《定陵》，文物出版社，1990年。本节定陵资料多取自该书。
2　贺云翱、郭怡：《古代陵寝》，文物出版社，2008年。

了一块丰碑。

(三) 嫔妃墓

嫔妃墓地在北京有2处，一处在十三陵内，另一处在西郊金山,即今北京海淀区青龙桥西北。从葬在十三陵的嫔妃较少，其身份也可分为两种，一种是明早期（英宗朝以前）的嫔妃，二是生前显赫一时、死后受到特殊礼遇才陪葬陵园内。成化皇帝的万贵妃和万历皇帝的郑贵妃即属此类。2处合计共16座。

1. 十三陵内的嫔妃墓

十三陵内的嫔妃园寝主要有7处，分别是东井、西井[1]、万贵妃墓、郑贵妃墓、神宗四妃墓（东小宫）、世宗太子妃子墓（小宫）以及悼陵（又称大宫）[2]。东井和西井疑葬有永乐帝的爱妃；东小宫葬万历皇帝的四位妃子，她们是敬妃李氏、顺妃李氏、昭妃刘氏和端妃周氏；嘉靖帝的二位太子和六位妃子葬于小宫；悼陵原葬嘉靖帝的皇后陈氏以及沈、文、卢三妃，后陈氏随世宗葬入永陵，但仍称旧域为悼陵。

据顾炎武《昌平山水记》记载："自英宗既止宫人从葬，于是妃墓始名，或在陵山之内，或在他山。其在陵山内者，则自昭陵之左，九龙池上南行二里许为苏山，有万贵妃之墓，宪宗妃也。制如二井，东向。又南为银钱山，有郑贵妃暨二李、刘、周四妃之墓，神宗妃也，制如二井，南向，今毁。"通过实地调查所得上述园寝的位置、名称、墓主等情况，与《昌平山水记》所载基本吻合。

这7处园寝的形制基本相同，均建有前方后圆的园墙。墓园的大小、地面建筑的繁简不尽相同。悼陵、东小宫、小宫三处规模小，地面建筑仅设供案。东西二井地面建筑的布局和规格相同，均为三道重门，五间享殿，左右庑各三间。万贵妃、郑贵妃园寝规模最大，二者形制基本相同，地面建筑的布局结构一致，皆由殿门、享殿、左右庑、神厨、神库等组成，郑贵妃墓又比万贵妃墓多了一重外罗城。由此二墓可知，嫔妃墓大体与帝陵相同而规模缩小。

万贵妃墓在昭陵西南约1公里处的苏山脚下，园寝地面建筑平面前方后圆。东西通长197.8、南北宽138.5米。前寝原有享殿和两庑，享殿面阔五间，进深三间，现仅存柱础石。享殿两庑原有内墙围绕，前后设门。进后门是园寝后部，有琉璃砖照壁一座，其后立无字碑一通。碑后置石供案，五供缺失。再后为坟堆，园寝外砌有围墙。前寝园墙以大城砖砌成，东墙正中门为园寝第一道门，上建门楼。后寝围墙下部两侧以大城砖砌成，中夹石块灰泥，上部以山石垒砌。内外墙外皮均抹灰泥再刷红粉。

郑贵妃墓在万贵妃墓南1公里处的银钱山。园寝形制除多一重外罗城外，其余与万贵妃墓基本相同（图10-17）。建筑已毁，只存基址。内城南北宽140、东西长193米。内城里又有一个二道院，由殿门、享殿和两庑组成。殿门面阔三间，享殿面阔五间，进深三间，前接月台，左右庑各面阔三间，均遗存柱础。园寝后部也作半圆形，残存碑座1个，雕海水江崖和龙凤戏珠纹，其后有石供案，再后是圆形坟堆。

2. 董四墓村嫔妃墓

明代妃嫔死后，除少数葬于十三陵外，其余皆葬金山。据《宛署杂记》称："金山在县西三十里，其南曰瓮山。"《青溪漫稿》亦称："瓮山在都城西三十里，……西湖当其前，

1　顾炎武：《昌平山水记》载："其曰井者，盖不隧道而直下，故谓之井尔。"
2　王岩、王秀玲：《明十三陵的陪葬墓》，《考古》1986年6期。

图10-17 郑贵妃园寝平面图

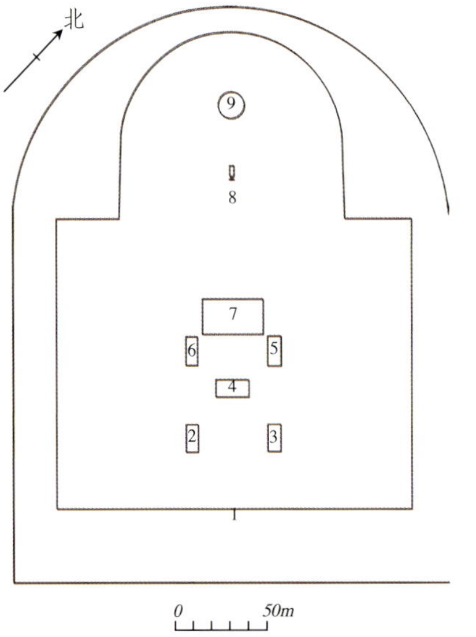

金山拱其后。”[1]考金山的方位，在今北京西北30里，颐和园迤西，约当青龙桥西北1公里一带地方。葬在金山的还有明代诸王及公主。明代宗朱祁钰(景帝)也葬在这里。据《长安客话》载：“凡诸王、公主夭殇者，并葬金山口，其地与景皇陵相属。又诸妃亦多葬此。”[2]

董四墓村在今海淀区厢红旗，位于景帝陵北。据乾隆二十四年《重修天仙庙记》载：“神京西北隅计二十五里，大明之墓置于斯，相继人烟丛集，随后以墓记村，因以为东四墓焉。”魏源《海淀杂诗》注云：“东四墓、西四墓，正当万寿山后，宝藏庵前，皆明代妃嫔葬所。”后来这一带地方就讹传为董四墓村[3]。

1951年8～11月，在董四墓村发掘出2座明代妃嫔墓，编为一号墓和二号墓。一号墓葬天启帝的三个妃子[4]，二号墓葬万历帝的七个内嫔[5]。通过发掘，初步摸清明代妃嫔墓葬结构形制。另外，也证实了明代妃嫔多人合葬一墓的相关记载。

一号墓由宝顶、墓门、前室、主室组成。宝顶位于主室之后，呈圆台形，高约4、顶径4.8、底径6米。用灰土夯筑而成，异常坚固。墓室平面呈工字形，分为前室和主室两部分，中间有石门相通。墓门正脊长5.3、檐长7.1米，正脊至檐口宽3.3米，两端饰有鸱吻。墓门前端用砖封砌。前室长4、宽3.3、墓底至脊高6.6米。正脊饰绿琉璃瓦。与主室相通的石门背后有顶门石，室内没有任何遗物。

主室长10.9、宽5.74米，由墓底至穹顶高7.2米。四阿式屋顶，正脊长13.8、檐长16米，由正脊至檐口宽9.8米。正脊上的琉璃瓦当高出地面，顶坡全部铺方砖，垂脊上饰琉璃脊兽。前室和主室之间有两扇石门，门上刻铺首，门顶为琉璃门楼，两端各有3个龙头形鸱吻，檐端的瓦当饰龙纹。主室后部有一个石棺床，高0.3、宽3.5米，上置3口棺椁。每口棺椁靠墓室后壁的一端，各置1合墓志，刻铭文的一面相对扣合，外绕两条铁箍，再外覆木匣。由墓志可知，三具棺椁中葬的都是天启帝的妃子，中间是纯妃段氏，左右两侧分别是裕妃张氏和成妃李氏。

此墓因被盗，随葬品所剩不多。墓室出土梅瓶3件，釉色有青花和影青，其中一件青花梅瓶署有“大明万历年制”款。棺内随葬品以段妃的遗物较多，李妃次之，张妃最少。有金簪、玉器、珍珠以及钱币、梳、篦等。玉器可分两类，一类是镶嵌在凤冠金饰上面的饰物，雕有喜字、寿字和动植物花纹。另外一类是玉扣，浮雕植物花纹。出土珍珠千余粒，大小不等，珠身穿孔，有嵌于凤冠上的，也有镶嵌在金饰上面的。这些器物制作精细，纹饰纤细精

1 (明)倪岳：《青溪漫稿》，引自《钦定日下旧闻考》卷84。
2 北京市文物研究所：《北京市考古四十年》，北京燕山出版社，1990年。
3 北京市文物研究所：《北京市考古四十年》，北京燕山出版社，1990年。
4 考古研究所通讯组：《北京西郊董四墓村明墓发掘记——第一号墓》，《文物参考资料》1952年2期。
5 中国科学院考古研究所京郊发掘团通讯组：《北京董四墓村明墓发掘续记——第二号墓》，《文物参考资料》1952年2期。

巧，反映了明代高超的工艺水平。

二号墓位于一号墓的东北约300米处。平面亦呈“工”字形，由宝顶、墓门、前室、后室组成。宝顶系用三合土夯筑而成，形状与一号墓宝顶相同（图10-18）。墓室是用石块和砖砌成的平房式建筑，屋脊用磨成半圆形的大砖接连而成，屋面上铺方砖一层。前室长19.1、高5.3、宽5.1米。石门两侧各置一石座，石座前放置有香炉、蜡台、插瓶及长明灯。东西两面各置有仪仗用的木架两副。西边有2合墓志，东边有3合墓志。后室长19.1、宽6.65、高6.19米。后室北部置棺床，长15.75、宽3.35、高0.7米，四壁涂有一层石灰。棺床正中偏东有2合完整的墓志。7具棺椁较为凌乱，多半倒在棺床下面。其中3具棺没有被盗，分别是西一棺、西二棺、东一棺。

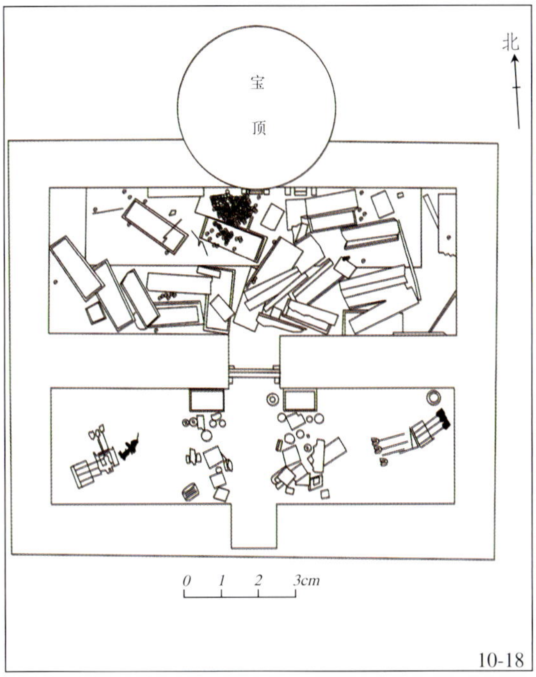

图10-18 董四墓村M2平面图

二号墓出土器物数量多且精美。未被盗的西一棺随葬品有盆、手镯、耳环、凤冠等数十件，其中有铜制钟形法器2件，上面刻有梵文、藏文咒语。另有漆盒1件，内盛数百粒念珠。西边第二棺出土银盆3件、银元宝2个、凤冠1顶。棺床最东端的棺椁随葬有粉盒、胭脂盒、铜镜等。在前后两室共发现木俑百余件，以前室仪仗附近为最多，从它们的装束上看，有文臣、武将、宦官、皂隶、平民等类别。另外还出土有十分珍贵的“大明嘉靖年制”款白瓷梅瓶和“大明万历年制”青花梅瓶。

据出土圹志，二号墓所葬是万历帝的7个内嫔，她们是张顺嫔、耿悼嫔、邵敬嫔、魏慎嫔、李荣嫔、李德嫔、梁和嫔。

3. 厢红旗营妃子墓

1963年，在厢红旗发现7座成化帝的妃子墓[1]。墓上宝顶已无存，仅见灰土残痕。这7座墓都呈南北向，横列成一排。墓葬形制基本相同，平面均呈“工”字形，砖石结构。玄宫由墓门、前室、后室等部分组成。前室中央设宝座，其前置五供和万年灯。后室中央设有大理石棺床，上置棺椁，棺床中央均凿方孔，内实黄土。墓门为整块青石或大理石制成，正面雕兽头铺首，背面刻有半圆凸起以承托自来石。前、后室顶部两坡平铺方砖，脊饰已无存。

七座妃子墓均已被盗毁，棺椁破碎，尸骨失散。其中有3座墓各出土1合圹志。随葬器物仅剩少量零散的金饰件、宝石、珍珠等。据出主圹志可知她们是宪庙(成化帝)庄静顺妃王氏、庄懿德妃张氏、和惠静妃岳氏。

《宛署杂记》、《皇明经世文编·程文恭公集》及《国朝典汇》皆记载“宪庙十三妃共一墓”，而今按厢红旗这7座妃子墓发掘的考古资料看，系每妃一墓，足资证明以上文献记载有误[2]。

通过董四墓村和镶红旗营妃嫔墓的发掘，证实了明代不从葬的妃嫔俱葬金山的文献记

1　北京市文物研究所：《北京考古四十年》，北京燕山出版社，1990年。
2　北京市文物研究所：《北京考古四十年》，北京燕山出版社，1990年。

载，为研究明代妃嫔葬制和墓葬形制提供了重要资料。而出土的16合妃嫔圹志，则是明史研究罕见而难得的实物资料。有学者根据妃嫔圹志等资料，对明代妃嫔制度和宫廷生活进行了探索与研究[1]，同时订补了有关历史典籍。

（四）十三陵主神道

1989年12月，为配合十三陵主神道复原工程，北京市文物研究所、古建研究所联合对十三陵主神道进行了试掘[2]。

主神道试掘范围南起大碑楼、北至棂恩门（龙凤门），全长1060米。共发现3段原主神道，均为卵石路面，宽度3.84米，以明代大砖竖砌双层或单层砖牙子。卵石路面厚0.1米，其下为褐色砂土，夹有碎石。在大碑楼南北两侧、距今地表0.25～0.3米处，均清理出卵石路面，路牙子有双层砖者、亦有单层砖者。在神道石像生卧、立两麒麟之间，距今地表0.25～0.3米处，也清理出一段卵石路面，路牙子为双层砖，外层是整砖，里层是半条砖。

在棂恩门北侧清理出的卵石路面，距今地表0.1米，仅发现路西侧的单层砖牙子。在棂恩门南北原有石条大散水边，现仅存3段。

据文献记载，这条南起大碑楼、北至棂恩门的神道，应是明代宣德年间形成的，嘉靖年间曾大修过。《明实录》也记载长陵神道确曾以石铺道，但这段总神道是否就是长陵神道，发掘者尚未最终确定[3]。

二、重要墓葬

（一）贵族墓

墓主多为外戚、公主以及高级品官，总计10余座。

1. 万贵夫妇墓

万贵夫妇合葬墓位于右安门外关厢，东距永定门火车站0.5公里，北距护城河0.25公里。1957年发掘[4]。

该墓为长方形砖室墓，南北向。结构严密，建筑坚固。楠木棺外以三合土封护一周，墓圹长28、宽17、高2米，三合土外砌砖室，砖室顶部加盖一层0.4米厚的石板。

万贵胸前置有白玉双螭耳杯1个，装有红蓝宝石的金盒1个，金壶1把，金海棠八角盘2个，金锭20个。脚下放置银壶、银洗盘各2个，脸盆1个，银元宝8个。

万贵妻王氏墓在万贵墓西侧，形制与万贵墓大体相同，但没有石灰墓圹。木棺糟朽，尸体也已腐烂。墓内出土蟠龙金手镯2只，刻有“明永乐年官库造金局”字样的金嵌宝石头花10支，金戒指5枚。

两墓均出土墓志。万贵墓志长、宽为65厘米，底、盖通高64厘米。盖篆“赠骠骑将军锦衣卫都指挥使之墓”。

万贵，《明史》有传，生于洪武壬申年（1392年），卒于成化乙未年（1475年）。其长女为明宪宗宠妃。据《明史·后妃传》记载，万贵妃“机警，善迎帝意”，“帝每游幸，妃戎服

1　刘精义、鲁琪：《明代妃嫔陵园及圹志》，《故宫博物院院刊》1980年2期。

2　赵福生：《十三陵主神道发掘简记》，《北京考古信息》1990年2期；赵福生、祁庆国：《昌平县明十三陵主神道》，《中国考古学年鉴》（1990），文物出版社，1991年。

3　赵福生：《十三陵主神道发掘简记》，《北京考古信息》1990年2期；赵福生、祁庆国：《昌平县明十三陵主神道》，《中国考古学年鉴》（1990），文物出版社，1991年。

4　郭存仁：《明万贵墓清理简报》，《北京文物与考古》第三辑，1992年。

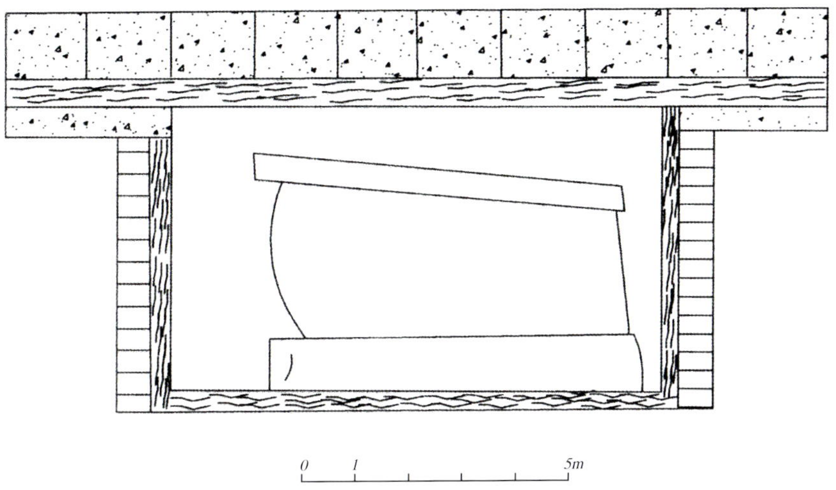

图10-19 南苑苇子坑明墓剖面图

前驱”。正因这种戚族关系，其父万贵及兄弟辈都封官加爵，“父子兄弟贵震一时”。至万贵死，“上悼惜赐宝镪二万缗斋粮布为丧葬资，命礼部谕祭，工部营坟域”，地位可谓荣显。

万贵墓的发掘，不仅为研究明代外戚葬制提供了佐证，墓中出土的大批金、银、玉器也为研究明代制造工艺提供了实物资料。

2. 南苑苇子坑明墓

1961年，南苑苇子坑发现一座明代夫妇合葬墓，墓葬形制十分奇特且规格颇高，出土大量的丝织品，发掘者认为，此墓为明代正德皇帝的岳父、庆阳伯夏儒夫妇合葬墓[1]。

该墓形制奇特，外圹长宽均为10米，深4米，内葬木椁，椁内置两棺。椁盖用7块厚0.17米的木板拼合而成，椁盖之上平砌一层厚0.4米的条石，再于条石上夯筑三合土。椁室外用水磨青砖砌出墓室四壁，砖室外均用三合土填筑，墓底和四壁均填塞一层厚10厘米木炭，用以防腐（图10-19）。

墓内葬木棺2具，分别葬有一男一女，西棺为男性，东棺为女性，皆头向北。该墓结构严密，封闭性好，出土遗物保存较好。随葬品大多为丝织衣物，一共83件，有绸上衣，绸袍、缎袍、罗袍、纱袍、绸裙、纱裙、霞披等，完好如新。在女尸头部还发现金嵌宝石花钗7枝，男尸随葬玉带1条。两棺的子盖上均有棺幕，其上撒有铜钱，且以宋钱为多。

根据墓葬形制特点以及出土器物，结合以前在附近征集的墓志和买地券，再参考相关文献进行综合分析，发掘者认为此墓可能为明代正德皇帝的岳父、庆阳伯夏儒夫妇合葬墓，下葬年代当在正德十年。《明史外戚传》记载：“夏儒，毅皇后父也，正德二年以后父封庆阳伯。”[2]

墓中出土的丝织品种类较多，花纹繁杂，式样较全，是研究明代丝织工艺和服饰的重要实物资料。该墓形制特殊，对研究明代外戚葬制具有重要研究价值。

3. 武清侯李伟夫妇合葬墓

李伟夫妇合葬墓位于北京西郊八里庄慈寿寺塔西北约1公里处，1977年发掘[3]。《明史外戚

1 北京市文物工作队：《北京南苑苇子坑明代墓葬清理简报》，《文物》1964年11期。
2 (清)张廷玉等：《明史》卷三百《列传第一百八十七·外戚》。
3 张先得、刘精义、呼玉恒：《北京市郊明武清侯李伟夫妇墓清理简报》，《文物》1979年4期。

传》记载：“李伟，字世奇，漷县人，神宗生母李太后父也。……封武清伯，再进武清侯。”[1]

该墓为南北向的竖穴土坑墓，葬制为一棺一椁，男椁在东，女椁于西，两椁之间有约0.1厚的夯土，椁外均发现有朽薄板材，椁内置棺。女棺长2.25、前宽0.84、后宽0.68、前高0.8米，外髹红漆。男棺前部有盗洞。在两椁脚厢外侧，各发现1合墓志，以铁箍捆缚。

李伟墓志长95、宽95、厚22厘米，志盖篆额为“明故武清侯赠太傅安国公谥恭俭李公墓志”，有志文50行。李伟夫人王氏墓志长85、宽85、厚22厘米，志盖篆额为“皇明诰封武清侯赠太傅安国公夫人王氏合葬墓志铭”，志文43行，吏部尚书申时行撰。

李伟墓由于早期被盗，出土器物少，但其妻王氏棺中则出土大量金银器。有银壶、盘盏、盆、洗等用具，金器有凤簪、花簪、戒指、花钗、顶簪以及宝石等饰物。其工艺水平很高。在这些出土器物中，大都是宫廷制品，银盆和银洗均标明是“慈宁宫”、“万历壬午年御用监造”。“慈宁宫”是李太后的住处，这些器物大都是李太后的日用器皿，而它们出现在王氏墓中，则充分反映了李太后与其生母王氏来往密切。李伟夫妇合葬墓的发掘，为研究明代外戚的政治和经济生活提供了资料。

4. 军事科学院明皇子墓

2001年9月，位于北京海淀区香山路的军事科学院在施工时发现一座古墓，北京市文物研究所随即进行了抢救性发掘[2]。该墓北枕金山，南邻香山路，东为解放军三一六医院，西为香山向阳新村。经发掘，该墓为砖石结构，早年被盗，出土墓志1合、青花梅瓶1件以及3件金饰。据墓志得知，墓主为明宪宗长子。

该墓为砖石结构，由墓道、墓门、前室、过道、后室组成（图10-20）。

墓道为一长方形竖穴斜坡，两侧壁向下倾斜，墓道上口宽4.9米，底部宽2.9米，开口距地表0.5米。墓道用夯土填实，北距金刚墙1.54米处置墓志1合。墓道尽头为城砖砌筑的金刚墙，自上至下共砌砖32层，厚0.5米。金刚墙北部正中为两扇石门，门高2.39、宽1.78、厚0.106米，上部有砖石垒砌的券顶。

前室位于墓道北侧，长方形，四阿式屋顶，屋面平铺方砖。东西长4.08、南北宽3.18、穹顶高4.28米。前室北部中央设石质雕花宝座，前置五供和万年灯，灯顶端尚存一釉陶灯座。

过道中前后室之间，宽1.74、高2.22、进深1.59米。南北两端用砖封堵。封门墙内侧装两扇石门，正面雕兽头铺首，背面有半圆形凸起以承托顶门石。在过道北端，发现两根顶门石，已残断。

后室位于墓的北端，结构与前室相同而稍矮，平面为长方形，四阿式屋顶。南北长4.09、东西宽2.08、穹顶高3.04米。顶部中央有一方形盗洞，边长1.8米。后室正中放置一石棺床，高0.22米。棺床中部有一长方形“金井”，长1.04、宽0.55、深1.48米，底部铺白灰，上方填黄土。

此墓早年被盗，随葬品残破凌乱，出土1合墓志、1件青花梅瓶及3件金饰。青花梅瓶出土于前室，已残。腹壁绘卷草纹，通高26厘米，做工考究，造型精美（图10-21）。3件金饰出土于后室棺床上，均呈蝴蝶形，其上镶嵌宝石。墓志出土于墓道北端，志、盖扣合在一起，外加两道铁箍。墓志为正方形，边长92厘米。盝顶式盖，盖顶中央阴刻“故皇子圹志”，楷书。志文亦为阴刻楷书，共14

1 (清)张廷玉等：《明史》卷三百《列传第一百八十七·外戚》。
2 王燕玲：《海淀香山军科院明太子墓发掘简报》，《北京文物与考古》第五辑，北京燕山出版社，2002年。

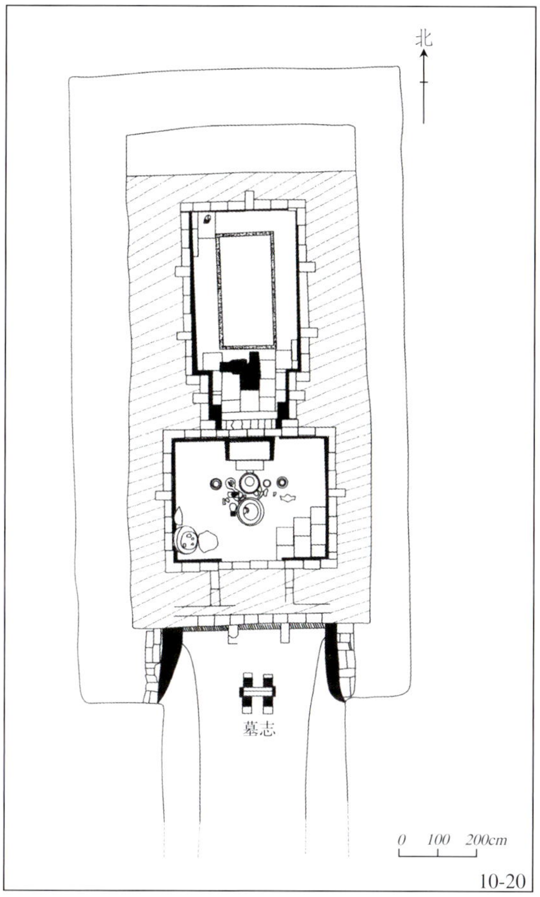

10-20

10-21

图10-20 军事科学院明皇子墓平面图

图10-21 军事科学院明代皇子墓出土青花梅瓶

行。由墓志可知，墓主为明宪宗皇帝朱见深的长子，生于成化二年（1547年）正月十九日，同年十一月二十六日，“以疾薨逝”，死时尚不满1岁。其生母是显赫一时、权欲熏天的万贵妃。

《长安客话》载：“凡诸王、公主夭殇者，并葬金山口，其地与景皇陵相属。”这座皇子墓的发掘，正和文献记载相印证。这位皇子是宪宗皇帝的长子，生母又是能左右皇帝的万贵妃，其身份地位非同一般。墓前室设石雕宝座，见于万历帝的定陵，而不见于其他的藩王墓，可见此皇子的葬仪略逊于皇帝而高于藩王。墓中出土的卷草纹青花梅瓶，为探讨陶瓷史上“空白期”官窑瓷器提供了宝贵的实物资料。

5. 明怀柔伯施聚家族墓地

施聚家族墓地在朝阳区王四营乡华能热电厂院内，西距发电车间60米。于2005年[1]和2007年[2]两次进行发掘，清理墓葬5座，其中3座墓出土有墓志。根据这5座墓地排列形式以及出土的墓志，可以确定这5座墓均为明代怀柔伯家族墓。

这5座墓排列成“人”字形，第一代怀柔伯施聚与夫人李氏的合葬墓（M2）在最北端，其东南（左下）第二代怀柔伯施荣与夫人萧氏的合葬墓（M17），M2的西南（右下）为第三代怀柔伯施鉴与孙女的合葬墓（M1）。M17的东南为M18，M18的东南为M12。

M1破坏严重，据残迹判断其形制为长方形竖穴土圹墓，长2.8米，残宽1.25米，墓口距地表1.5米。内葬两棺，头向北。东棺被破坏，西棺为楠木棺，长1.6、宽0.8、残高0.5米。在西

1 北京市文物研究所：《北京华能热电厂明墓发掘简报》，《文物春秋》2006年6期。
2 北京市文物研究所2007年再次对该墓地进行发掘，又发现3座家族墓。

椁南侧距墓底2.8米处发现墓志1合。墓志和盖均为方形青石，边长66厘米，厚13厘米。带字面相对扣合，外施铁箍两道。志盖正面题“明故荣禄大夫钦差协同南京守备兼管右军都督府事怀柔伯施公墓志铭”，7列30字。皆篆书，阴刻而成。墓志正面镌刻有志文40纵行，足行40字，共计1012字。

M2位于M1东北7米处，保存稍好，亦为长方形竖穴土圹墓。长3米，残宽2.2米。内置双棺，女在东，男在西，皆为楠木棺，外填五花土。东棺长1.8米，宽0.6～0.7米，残高0.4米。出土玉带、银币、墓志等遗物。墓志和盖均为方形汉白玉。厚13、边长64厘米。志盖较为特殊，系将古旧盝顶形志盖凿去盝顶后重新利用。顶部凿痕明显，四杀的底部还残留有十二生肖纹。据其形制及纹饰推测应为唐时旧物。带字面相对扣合，施铁箍两道。志盖正面题“明故特进荣禄大夫柱国怀柔伯施公墓志铭”，4列18字，为篆体阴刻而成。墓志正面镌刻楷书35纵行，足行35字，共计800余字。

M17为竖穴土圹墓，方向20°，墓口距地表深0.4米。南北长4、东西宽2.4米，墓底深3.6米。内葬双棺，西棺内葬一男性，东棺内葬一女性。M17随葬有玉带（图10-22）、银币、铜镜（图10-23）、墓志等。墓志和盖为汉白玉质，边长50.7厘米，带字面相对扣合，外施铁箍两道。 志盖正面阴刻“明故怀柔伯太夫人萧氏之墓”，4列12字，篆体。墓志刻志文24行，足行23字，共计484字。

M18为三人合葬墓，墓向15°，墓口距地表深1米，南北宽2.4、东西长3.1米，墓底深2.85米。内葬三棺，棺木和骨架保存较差，均随葬有数枚铜钱。

M12为竖穴土圹墓，墓口距地表深1米，南北长2.1、东西宽1.04～1.04米，墓底距地表深3.6米。内葬单棺，棺木保存较好。墓主为男性。出土随葬品有1副玉带（图10-24）、1件金耳勺。另在脚箱外的填土里发现1件铜镜。M12随葬玉带和铜镜的风格，与M17一致，其墓主也必袭怀柔伯爵位。

结合2005年发掘的施聚、施鉴墓，表明这5座墓葬属明代怀柔伯家族墓地。萧氏墓志中“葬朝阳关六里屯祖茔之原”一语，也说明施氏家族有族葬地。在施氏家族墓地中，第一代怀柔伯施聚葬在北端正中，以施聚为中心，其子、孙呈“人”字形葬在他左、右。左列（即东边）第一排，葬施聚之子、第二代怀柔伯施荣及其夫人萧氏。右列（即西边）第一排，葬施聚之孙、第三代怀柔伯施鉴。这种聚族而葬且长幼排列有序的葬式，正与史书记载的“昭穆制度”相符合。如此典型且等级又高的明代家族墓地，在北京地区考古发现中尚属首见。出土的4块墓志合计2000余字，除记载墓主的生平之外，涉及施氏家族谱系、明初军户政策、武职升迁制度、“世券”制度等很多问题，同时与“靖难之役”、“夺门之变”等重大历史事件相关，具有较高的史料价值。

6. 昌宁侯赵胜夫妇合葬墓

2007年4月，在朝阳区奥运村地区发现2座古代墓葬，北京市文物研究所随即进行了抢救性考古发掘，其中M1为明代昌宁侯赵胜夫妇合葬墓，属近年来北京地区发掘的级别较高的明代墓葬[1]。

M1位于北京市朝阳区奥运村绿化隔离带内，南邻北五环路，北邻清河，东邻林翠路。为砖石混砌墓，方向110º。平面呈曲尺形，南北长4～5.2米，东西宽2.1～3.7米。由前室、中

1 北京市文物研究所：《北京市朝阳区明赵胜夫妇合葬墓发掘简报》，《文物》2008年9期。

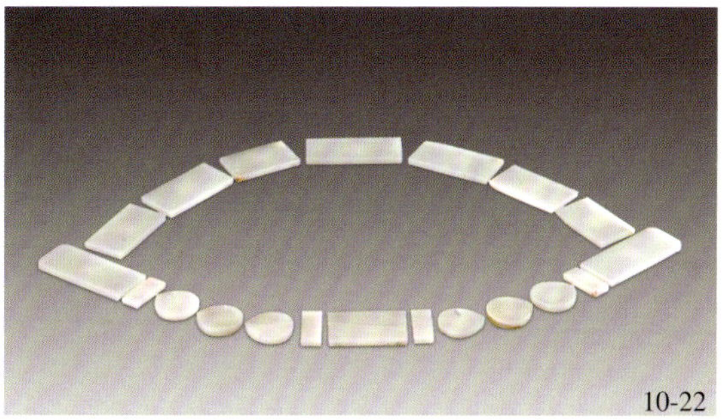

10-22

10-23

10-24

图10-22 施聚家族墓M17出土玉带

图10-23 施聚家族墓M17出土铜镜

图10-24 施聚家族墓M12出土玉带

室、后室三部分组成，用石板封顶。该墓早期曾被盗扰。

前室位于墓葬北部，平面呈长方形，东西长3、宽1.36、高1.3米。东、西、北三壁用平砖错缝砌制，南壁用一层石条、一层平砖逐层垒砌。墓室中部设砖砌棺床，平面近梯形，东西长2.1、宽0.65～0.75、高0.2米。棺床北端外侧见一头骨。墓底错缝平铺青砖，顶部南北向平铺4块石板，石板长1.76、宽0.9～1.05、厚0.14米。北壁有一小型甬道与中室相通。前室墓顶西北角放置墓志1合。

中室平面呈长方形，东西长3、宽1.3、高1.3米，东、西、南三壁用平砖错缝砌成。墓室内置一木棺，已朽，棺木痕迹平面呈梯形，长2米，宽0.45～0.6米。人骨保存较完整，仰身直肢葬，棺底有一层白灰。墓底错缝平铺青砖，顶部南北向平铺5块石条，石条长1.6～2.45、宽0.4～1.04、厚0.14米，其中东部2块石条已断裂坍塌于室内。中室南壁和北壁各有一小型甬道分别与前室和后室相通，甬道用石条砌成，东西宽0.28、进 深0.38、高0.38米，顶部呈拱形。中室西南角随葬有白瓷罐1件，头骨顶侧发现金簪1件，头骨右侧随葬有铜饰件，人骨腰椎处发现玉带1条。

后室位于墓葬南部，平面呈长方形，东西长1.24、宽0.74、高1.1米，东、西、南三壁用平砖抹白灰错缝砌成。墓室内仅见有骨灰。墓底错缝平铺青砖，墓室顶部平铺1块石板，长1.6、宽0.86、厚0.12米，石板下抹有白灰。后室仅随葬有铜钱。

M1出土器物有金器、银器、瓷器、玉器、铜器、铜钱和墓志等。

玉带共由20块玉带板组成，素面，正面抛光，厚0.6厘米，背面皆有对穿小孔，小孔中残留铜丝。其中三台1块，长方形，长6.9、宽2.6厘米；辅弼4块，长条形，长2.6、宽1.2厘米；圆桃6块，桃形，长2.8厘米；鱼尾2块，圭形，长7.3、宽2.6厘米；排方7块，长方形，长5.8～6.8、宽2.6厘米。

墓志、盖均为汉白玉质，正方形，边长0.74、厚0.14米。志盖阴刻篆书“大明故荣禄大夫太保兼太子太傅赠昌宁侯志壮敏赵公之□” 25字。志文楷书，计44行，满行48字，共1562字。

M1为多室砖石混砌墓。据《明会典》记载："公侯亡故……咨工部造办冥器、棺椁及拨人匠、砖石造坟。"赵胜官居正一品，其墓葬应该由工部统一按照相应的规制建造。据墓志可知M1建于明宪宗成化二十三年（1487年），中室腰围玉带的死者应为赵胜，相对较小的后室内的骨灰应属于二夫人，前室的死者应是赵胜原配李继冉。

赵胜墓为近年来北京地区发掘的明代为数不多的高规格墓葬之一，其墓葬形制、葬俗和随葬品组合是研究明代中期高等级墓葬的重要标尺之一。墓志中的诸多内容为研究赵胜生平、赵氏家族世系具有重要作用。

7. 丰台区李文贵墓

李文贵墓位于北京市丰台区北京西站南广场的东南部，南邻广安路，东邻马连道北路，西邻北京西站南路。2007年9月在施工过程中被发现，北京市文物研究所随后对该座墓进行了考古发掘[1]。

该墓是一座长方形竖穴土圹墓，大部分已被破坏，方向5°。墓口距地表深1.1米，墓底距地表深2.6米，南北长5.3米，残宽2.62～2.8米。

墓室内葬一棺一椁。椁用长条形木板围成四壁，四角以铁钉连接，残长2.70、宽1.29、残高0.25米，厚0.06米。木棺只残存棺底，长2.28、宽0.95～1米，系用3块厚0.16米的长条形木板拼合而成，然后在左右两侧凿宽约0.14米的沟槽嵌入木板作棺的两壁。棺的前后挡板厚约0.06米，亦是嵌入棺底沟槽中。

棺内骨架及随葬品已被扰乱，头向及葬式均不明。棺底铺一层铜钱，墓志1合已被置于墓外，木棺后端挡板前随葬银元宝1件，填土中还出土有玉带板、玉花、玉饰件、金玉耳坠（图10-25）、金玉珠宝花簪（图10-26）、金耳坠（图10-27）、金耳钉（图10-28）、金花饰件、银元宝和珍珠等。

金玉珠宝花簪1件。簪首顶部有两个凤凰对立，口衔瑞草；中央镶嵌一朵玉雕牡丹，以宝石作花蕊已缺失；尾部以瑞草围绕一錾刻"寿"字；簪首周围有8个金花，花托上各镶嵌宝石1颗，宝石仅残存2颗。通长19.2厘米，簪首长8.4米，簪脚长10.8厘米。

墓志为青石质，墓志与盖皆长0.82、宽0.8、厚0.17米，四周边框内均阴线刻云龙纹。志盖上篆刻"明戚畹特进荣禄大夫中军都督府左都督敬山李公墓志铭"，6行共24字（图10-29）。墓志正面阴刻志文共38行，每行3～44字，残存1037字。

李文贵墓系竖穴土坑墓，有椁有棺，规格较高。出土的金玉珠宝花簪等饰品，不但说明墓中合葬有女性，而且可以窥见明代命妇中一品夫人的头饰之制。《明史·礼志》载："命妇一品，冠花钗九树；两博鬓，九钿。"该墓出土的金玉珠宝花簪应该是所谓的九树花钗，另外还有若干宝钿（镶有宝石的金饰件），符合一品夫人装殓的礼制。

由墓志可知，墓主人为明荣禄大夫中军都督府左都督李文贵，字德卿，别号敬山，系明代万历皇帝生母李太后兄长。家世显赫，位高权重。

李文贵墓的发掘，对研究明代外戚的墓葬形制及埋葬习俗具有重要价值，为研究明代社会生活及手工业水平提供了非常珍贵的资料。尤其是李文贵墓志的出土，对研究明代官制、兵制、李文贵家族都极具价值，可以与史料相互印证并有所补充。

1 北京市文物研究所：《北京市丰台区明李文贵墓》，《文物》2008年9期。

10-25

10-26

10-27

10-28

10-29

图10-25 李文贵墓出土金玉耳坠

图10-26 李文贵墓出土金玉珠宝花簪

图10-27 李文贵墓出土金耳坠

图10-28 李文贵墓出土金耳钉

图10-29 李文贵墓志盖

8. 德清公主夫妇墓

德清公主夫妇墓位于朝阳区十八里店乡，北京市文物研究所于2008年6月发掘[1]。

该墓为南北向，在施工中被严重破坏。整体近“甲”字形，南北长约2.25米，墓室宽约8米，深2.3米。墓室用青砖砌筑，上方封以三合土。由于墓葬曾经被盗，骨架及随葬品已无存，仅在填土内发现了一扇汉白玉墓门及2合墓志。墓门高2.2、宽1、厚0.1米，饰兽首衔环铺首，门上涂有朱砂，下部有石墩1座。

2合墓志分别属德清公主和驸马林岳。

林岳的墓志和盖规格为长0.7、宽0.7、厚0.12米。志盖题“明故驸马都尉柏冈林公之墓”。据墓志记载，驸马林岳字镇卿，别号柏冈，为浙江海宁人，曾任礼部尚书，卒于正德十三年（1518年），享年38岁。其人“为人温雅，不欲以富贵骄人”。后尚“德清大长公主，授驸马都尉，赐诰命及玉带蟒衣”。卒后原葬于“城东水碓村祖茔”。

公主的墓志和盖规格为长0.92、宽0.92、厚0.18米。志盖题“明德清大长公主墓志”。据墓志记载，德清公主为明宪宗第三女，生于成化十四年（1478年），弘治九年（1496年）下嫁驸马，薨于嘉靖二十八年（1549年），“葬顺天府大兴县魏村社十里河”。

德清公主及驸马合葬墓的发现，特别是墓志的出土，能印证、补正《明史》、《明实录》、《宛署杂记》等文献记载，对明代皇室的葬所、葬制、葬仪具有重要的研究价值。

1 北京市文物研究所2008年工作简报。

（二）太监墓

明代京城太监数量很多，设在宫廷的以宦官为主体的衙门就有十二监、四司、八局，统称二十四衙门，另外还有一些非常设宦官机构，负责监军、采办、征税、开矿等任务。除宫廷使用宦官外，宗室和王公贵族也大量任用宦官。这些宦官大多在北京终老，因此北京地区的太监墓数量颇丰，形成一种独特的文化现象。

自1950年以来，北京地区发现了大量明代中晚期的太监墓葬，据不完全统计，总数不下百余座。今广安门以北、西便门以南地带，曾发现许多塔墓，可能是明太监的丛葬区。墓葬建筑规模大小不一，随葬品也多寡不等，但一般都建有石制或砖制的长方形墓室，内置木棺，随葬品有陶瓷器具和小件玉佩饰，都有墓志出土[1]。另外较重要的有香山饭店发现的太监刘忠墓[2]、地质力学研究所太监墓[3]、北京工商大学太监墓[4]以及北京射击场太监墓地[5]、国家体育总局射击射箭运动管理中心射击场内市政工程M1[6]、门头沟区潭柘寺太监墓[7]等，总计270余座。

1. 北京香山太监刘忠墓

太监刘忠墓位于北京西郊香山饭店附近，1980年发掘清理，此墓虽被盗扰，但墓室、墓壁彩绘以及墓室内石雕等保存完好，亦不失为一项重要考古发现[8]。

刘忠墓位于香山南侧的一处山崖下，墓室依山开凿，其后壁即为凿出的天然石壁。墓向大体呈东西向，砖石混构。墓室平面呈“工”字形，由墓道、甬道、前室、过道、后室组成（图10-30）。

墓门在东端，用整块汉白玉石制成，门额上镌刻“栖霞岩”3字。墓门西接长方形甬道，宽1.6、高1.8、进深0.8米，两壁以石条、青砖砌筑，顶部平铺石条。甬道西与前室相通。前室为长方形券顶，长1.5、宽2.6、高2.7米，地面铺砌方砖。前室内陈设石墩、石栏板、石碑、石香炉、石磨(缺上扇)等6件石雕。石碑造型独特，碑身分作上下两部分，制成一梳妆镜形。上部镜面呈长方形，阳面中间楷书“大明三朝近持御马监太监刘公之碑”。前后室之间为过道，长0.8、宽1.6、高1.96米，形制与甬道相同，西端有双扇汉白玉制石门，门额镌刻“清虚紫府刘仙翁之洞”。后室长3.2、宽2.6、高2.85米，建筑结构与前室大致相同。陈设石雕5件，即石椅、阁、供桌各1件，石墩2件。石阁下部镌刻“碧玉屏”三个贴金字。后室地下在天然岩石上凿出长方形棺穴，长2.45、宽1.17、深1.27米，上面用6块青石条盖顶，其上与墓室地面皆铺方砖两层。穴中葬木棺，尸体已朽。随葬品仅剩墓志1合、小石狮子2件。

在前后室发现的陈设石雕均有精心雕镂的花纹，图案对称，线条流畅。此墓具有浓厚的道教色彩，墓室、棺穴依山凿石建筑，二道石门额上雕刻“栖霞岩”、“清虚紫府刘仙翁之洞”，后壁正中悬挂石阁，其两侧后壁上彩绘云鹤图案及其他石刻上的八卦等，无不喻示羽化成仙，入居“神仙洞府”。

据墓志记载，刘忠为御马监太监署乙字库事，从九岁入内廷，历孝宗、武宗、世宗三朝，做了59年太监，生前“特赐蟒衣玉带”。

1　北京市文物研究所：《北京考古四十年》，北京燕山出版社，1990年。
2　北京市文物工作队：《北京香山明太监刘忠墓》，《文物》1986年9期。
3　程利：《地质力学所出土明太监墓》，《北京文博》，2000年1期。
4　北京市文物研究所：《北京工商大学明代太监墓》，知识产权出版社，2005年。
5　北京市文物局、北京市文物研究所：《北京奥运场馆考古发掘报告》，科学出版社，2007年。
6　北京市文物局、北京市文物研究所：《北京奥运场馆考古发掘报告》，科学出版社，2007年。
7　宋霞：《门头沟区文物所清理明代太监墓》，《北京文物报》1998年9期。
8　北京市文物工作队：《北京香山明太监刘忠墓》，《文物》1986年9期。

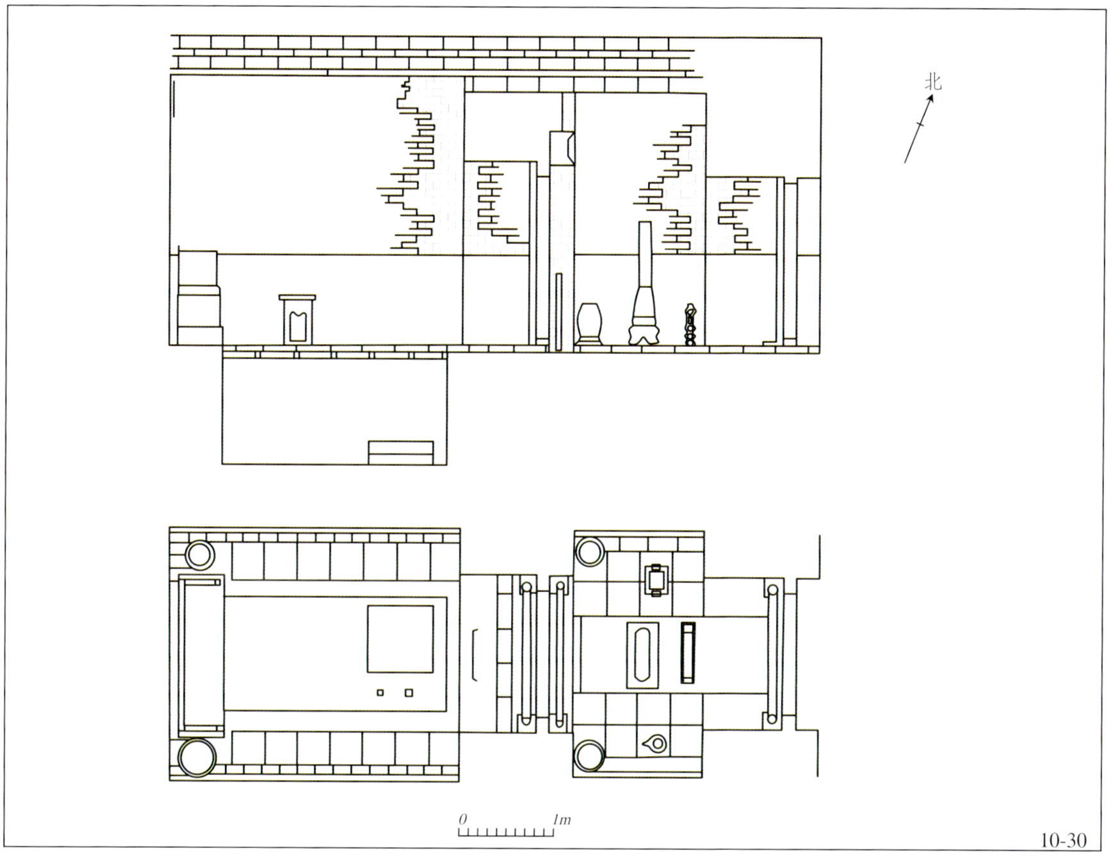

图10-30 海淀香山太监刘忠墓平、剖面图

2. 地质力学研究所明太监墓

1999年9月，北京市文物研究所在海淀区地质力学研究所院内发掘了一座明代太监墓[1]。该墓呈南北向，内葬石椁、木棺，保存状况较好。椁室呈长方形，带盖，用石板以榫卯相接而成。石椁长1.77、宽1.68、通高2.12米。椁底为须弥座式，椁壁饰有精美的浅浮雕图案，各壁四周为卷草纹，中部饰云鹤纹以及海水江崖、岁寒三友、阴阳八卦等图案，以浅浮雕结合线刻的工艺制成，造型生动。椁内红漆木棺及尸骨、服饰已朽，木棺残片上可见描金云鹤纹图案。随葬品有玉带、釉陶罐、买地券等。

石椁盖刻有阳文铭文，为“乾清宫牌子尚衣监掌印太监杨公之墓石椁”。另知墓主卒于万历四十七年（1619年）。

3. 北京工商大学太监墓

2002年5月，位于北京市海淀区马神庙的北京工商大学在操场整治过程中发现有古代墓葬，北京市文物研究所随即对该范围进行了考古发掘。共清理古代墓葬3座，3座墓葬位于该校2号宿舍楼的南侧，呈东西向排列，居中为1号墓，东侧为2号墓（已被盗），西侧为3号墓，均为明代万历时期的太监墓。

1号墓为砖石结构，由挡土墙、甬道、墓室组成。墓顶上方用青砖平铺后再封三合土。

挡土墙在甬道南端，用大青砖错缝抹灰砌筑。东西长2.35、南北宽0.42、高3.1米。

甬道在封门墙北至墓室之间，东西宽2.34、高3.1、南北进深1.34米，东西两壁用砖砌筑，方砖铺地，顶部盖以2块大石条。

1 程利：《地质力学所出土明太监墓》，《北京文博》2000年1期。

墓室位于最北端，平面呈长方形，券顶。长4.46、宽2.6、高2.8米。石条铺地，东西两壁从底部往上1.34米高处开始内收逐渐起券，两壁中部各有一长方形壁龛。南壁正中安两扇石门，门额上有4个门簪，圆雕成团菊、莲花等花卉形状。门楼用整块石条雕成，正脊东西长2.36米，檐面雕出瓦垄和滴水。门槛正中放一块大方砖。墓门为汉白玉质，高2.14、宽0.89、厚0.1米，正面浮雕狮兽衔环铺首，狮首口、鼻、眼、眉、卷发等雕刻精致。墓室中部偏北砌有棺床，呈长方形须弥座式，石条垒砌，长2.82、宽1.6、高0.3米。

1号墓出土铜罍、瓷瓶、紫砂茶具、玉带、墓志等精美文物。

铜罍出土于棺床南。口沿微侈，广折肩，圆腹，高圈足上有三个“十”字形镂孔。肩部饰夔纹，腹壁饰三组饕餮纹。高40、口径31.5、腹径46.5、足径30.5厘米。造型硕大庄重，纹饰繁缛华丽。

瓷瓶有2件，出土于东侧壁龛中。2件瓷瓶釉色略有差异，一为酱黄色（图10-31），一为茶叶末釉。造型一致，均为罐式带盖瓷瓶，小口微敞，短颈广肩，圆鼓腹，蘑菇状内插式盖。口径4.3、底径1.2、通高20.8厘米。

紫砂茶具包括2件壶和4件杯，无疑属一套。

2只紫砂壶出土于西壁龛，呈红褐色，深浅有别。造型完全一致，均为直口，斜折肩，圆直腹，圈足，一侧置曲流，对应的一侧置耳形把。口径8、底径8、通高1.52厘米。4件紫砂杯散落在壁龛及壁龛下部的墓室内。均呈红褐色，八角形，敞口，斜直腹，胫部缓收，下接矮小的八角形圈足，胎壁极薄。4件杯子渐次变小，套在一起后杯口平齐，形成套杯。杯子外底各有1字，依杯子大小分别是“礼”、“乐”、“射”、“御”，阳文，戳印形似图章。

玉带板共15块，青玉质，散落于墓室内，原有连缀顺序及具体组合情况不明。按形状分为长方形、桃实形、窄长条形，厚0.5厘米。每块玉带板正面均有图案，背面钻有穿鼻，供穿铜丝以连缀于腰带上。图案题材有桃实、双眼灵芝、“寿”字等，均以减地法浅雕而成。

根据墓志可知，墓主为明代御用监太监，姓赵，名芬，字兰谷，别号西漳。生于1508年，卒于明万历壬午年（1582年），同年下葬。

2号墓为砖石混砌的双室墓，平面呈长方形，由墓道、封门墙、甬道、前室、后室等部分组成。

墓道位于最南端，平面长方形，南北长2.14（受地形影响，最南端未发掘）、东西宽2～2.08、深3.94米，内填花土。东西两壁用青砖抹灰错缝砌筑。墓道北端尽头为封门墙，残高1.47、宽1.05、进深1.28米。砌砖共有三列，用砖规格大小不一，砌筑不甚整齐。封门墙北部正中即为甬道南口，长方形，宽1.94、高2.88、进深2.1米。东西两壁用青砖砌筑，顶部平铺4块石条，石条厚0.32米。

前室在甬道的北端，北侧有门楼，门楼正脊西端被盗洞破坏，残长1.58米，檐面用青砖磨制出瓦垄和滴水。门框高2.14、宽15.8米，门框上角各有一安装石门的门窝。前室平面为长方形，南北长2.62、东西宽2.2、高2.25米。室内四角各立一高大石柱，石柱顶端环砌一层石条形成石砌框架，中间用青砖填砌，青灰勾缝。东西壁各砌一长方形壁龛，相互对称。壁龛上方有磨制青砖砌筑的门楼，并磨制出瓦垄和滴水。壁龛两侧石板的立面上，线刻出砖墙的形状。室内中部靠壁站立两个石质童子俑，下连方形底座，通高1.08米。前室南部地面上置方形青砖1块，边长0.5米，厚0.06厘米，其上有朱砂字迹，应为买地券。

过墓门往北即是甬道，宽1.9米，进深0.94米，以石条铺地，顶部用石条平砌一层。甬

10-32

10-31

10-33

图10-31 工商大学1号墓出土瓷瓶

图10-32 工商大学2号墓出土玉带

图10-33 工商大学2号墓出土石俑

道北是后室，平面为长方形，拱顶。墓室南北长4.28、东西宽2.5、高2.81米。方砖铺地，四壁从底部往上1.28米处，平砌一层厚0.12米的石条，以上逐层内收起券。墓室中部偏北砌棺床，呈长方形须弥座式，长2.98、宽1.5、高0.38米。四周石条包边，中间铺方砖，方砖边长0.35米。棺床中部有一亚腰形金井。

2号墓出土有玉带板、石俑、玉坠、金饰等随葬品，另出万历通宝铜钱。

玉带板共14块，白玉质，散落在后室内，原始缀连顺序不明。按形状可分为长方形、桃形、窄长条形，厚约0.7厘米。正面透雕有纹饰，背面钻穿鼻。纹饰题材有二龙戏珠、升龙、如意头等（图10-32）。玉质精良，做工精巧。

石俑一对。侍童模样，分别置放于前室东西壁龛下。由整块青石雕刻而成，雕工精细考究。侍童神态逼真自然，端庄恭谨。总角，身着圆领袍服，脚穿云头鞋，站立于方形底座上。东侧侍童双手捧锦帕，内托一折扇（图10-33）。西侧侍童锦帕内托一方盒。

朱书买地券字迹模糊，隐约可辨。由买地券可知，墓主姓董，为明代御用监太监。

3号墓为石条砌筑的双室墓，平面呈长方形，由墓道、前室、后室等部分组成。墓顶上方平铺一层青砖后再封以夯土，局部可见夯窝。

墓道位于最南端，平面为长方形，南北长2.9（受地物影响，最南端未发掘）、东西宽2.4、墓道底部深3.22米，墓道开口距地表1.13米。内填花土。

墓道的北端，有两扇石门，此门即为前室墓门。门框宽1.6、高2.1米。前室平面为长方形，南北长3.3、东西宽2.4米，墓壁及顶部均用大型石条砌筑，石条宽0.36～0.39米。室内地面也用石条平铺，东西两厢用宽0.1米的石条匝边。

出前室北端有一门洞。高2.34、宽1.86、进深0.55米。门洞上方有门楼。正脊东西宽2.4米，雕出瓦垄、滴水。下方门额长2.4、宽0.24米，正中凿出长1、宽0.16的平面，并涂成黑色以象征匾额。自东向西阴刻“养性洞”三字。门框上方凿出4个门簪，雕刻出莲花纹。墓门为汉白玉质，雕有狮兽衔环铺首，做工精细。

后室平面为长方形，拱顶。南北长4.38、东西宽2.76、高3.48米。四壁用石条砌筑，白灰勾缝。东西两壁自1.9米处逐渐内收起券。东西两壁正中各有一壁龛，左右对称。壁龛装石门，上方有石砌门楼，正脊长1.28米，雕出瓦垄、滴水。墓室中部砌棺床，呈长方形须弥座式，长2.79、宽1.42、高0.4米。棺床中部有一砖砌腰坑，内置方砖，正中刻亚腰形金井。

3号墓出土有玉带板、石牌位、告地券，另外还出土有铜钱、玉石、陶罐、铜提梁等。

玉带板共有13块，玉质白中略泛青，散落在后室内，原始缀连顺序不明。8块长方形，3块桃形，2块窄长条形，厚约0.7厘米。正面用双层透雕法镂刻纹饰，背面钻穿鼻。纹饰题材有云龙、升龙、如意头等。

石牌位1件，似石碑而形制小。碑座、碑身、碑额连为一体。碑身正面涂墨，原描有金粉，出土时已脱落殆尽。牌位通高38厘米。

告地券1件，陶质。正方形，边长36、厚0.06厘米，正面用朱砂写有文字16行。

由告地券知，墓主为明代御用监总理太监，姓滑名永形。葬于明万历乙未（1595年）。

4. 北京射击场太监墓地

北京射击场位于石景山区福田寺甲三号院内，东邻西五环北路，南接香山南路，西连八大处北路，北靠翠微山。2006年4月，为配合北京奥运会的场馆建设，北京市文物研究所在此发掘明代太监墓163座[1]。按墓葬形制可分为石室（或砖石混构）、三合土墓和土坑墓三类。石室墓有24座，三合土墓2座，土坑墓137座。

24座石室（或砖石混构）墓中，大多为单室，仅M4分前、后室。单室墓一般都为长方形竖穴墓，墓室做长方形，墓壁用石条或砖石混砌，顶部用带子母口的石条平铺。墓壁的东、西、北三面通常带壁龛，也有只在东西两壁设龛的。墓室中间砌有长方形棺床，棺床中部有设腰坑的，也有设金井的。陶罐和铜钱是最常见的随葬品，随葬铜带、小件金饰（图10-34）、银饰或玉饰（图10-35）也较为普遍，个别墓中出土有墓志、玉带、瓷罐（图10-36、图10-37、图10-38）。竖穴土坑墓结构简单，形制普遍较小，距地表也较浅。随葬品

10-34

10-35

图10-34 北京射击场M130出土金嘎乌

图10-35 北京射击场M31出土玉饰

1 北京市文物局、北京市文物研究所：《北京奥运场馆考古发掘报告》，科学出版社，2007年。

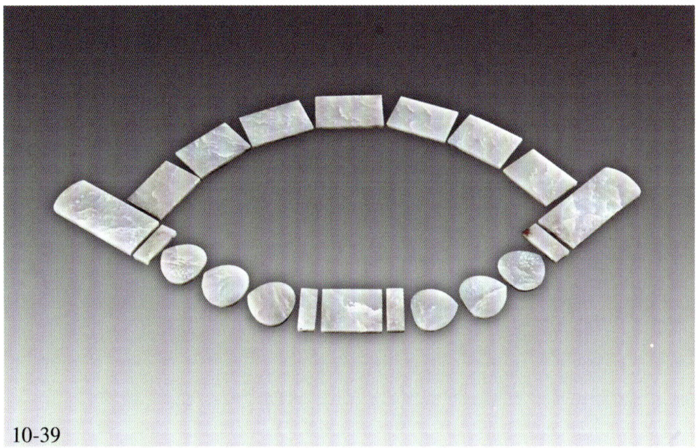

图10-36 北京射击场M85出土青花瓷罐

图10-37 北京射击场M176出土青花瓷罐

图10-38 北京射击场M163出土瓷罐

图10-39 北京射击场M24出土玉带

图10-40 北京射击场M130出土玉带

图10-41 北京射击场M31出土骨管状器

中陶罐、铜钱最为常见，铜钱数量一般不多。随葬铜带、玉带（图10-39、图10-40）、小件金银饰、骨器（图10-41）也占有一定比例，少数墓葬未发现随葬品。

M4为多室墓，由前室、墓门、甬道、后室等部分组成（图10-42）。方向为196°，墓底深3.69米。前室在墓的最南端，平面呈长方形，长2.55、宽1.86、高2.8米，顶部平铺4块石条。墓门在前室和后室之间，宽1.2、高1.72米。门楣上有4个门簪，雕刻花卉并涂彩。门框刻对联一副，上（东）、下（西）联分别为“寿域万年安海渥等添万位”、“佳城千载国朝堂粟益千锺”，横额是“一尘不到”。墓门上方有门楼，正脊宽1.9米，用青砖磨出瓦垄和滴水（图10-43）。甬道在前室的北侧，券顶，东西宽1.64、进深0.87、高2.9米。后室平面呈长方形，长3.69、宽2.16、高3.34米，东南角放置一石供桌，上置三供，香炉1件、蜡台2件。棺床位于后室中央，用7块石条砌成。长2.56、宽1.26、高0.28米，中部设金井。东、西、北三壁设壁龛。被盗严重，仅存石香炉、蜡台。

M17为单室石室墓，方向13°，墓深2.84米，长方形墓圹长4.6、宽3.18米（图10-44）。墓顶用6块带子母口的石条平铺。墓室用石板相互叠压垒砌，墓室高2.8米，东西两壁均设壁龛。墓室中部有石棺床，长2.86、宽1.3、高0.42米，由6块石板拼成，中间有一长方形腰坑，长0.54、宽0.34、深0.42米。出土墓志、陶罐、铜腰带、铜钱等文物。由墓志可知，墓主为明内官监太监杨蕙，卒于明穆宗隆庆六年（1572年）。

M155为三合土墓，长方形竖穴土坑，方向15°，墓深1.95米，墓室长3.27、10-45宽2.84～2.92米，内填三合土，夯筑坚实（图10-45）。夯层厚0.1～0.15米。内葬单棺，棺长2.6、宽0.6～1.05米，棺木残高0.36～0.42米。头北足南，随葬玉带1副、釉陶罐1件、铜钱7枚

图10-42 北京射击场M4平剖面图

图10-43 北京射击场M4

图10-44 北京射击场M17平、剖面图

图10-45 北京射击场M155平、剖面图

图10-46 北京射击场M6出土玉带

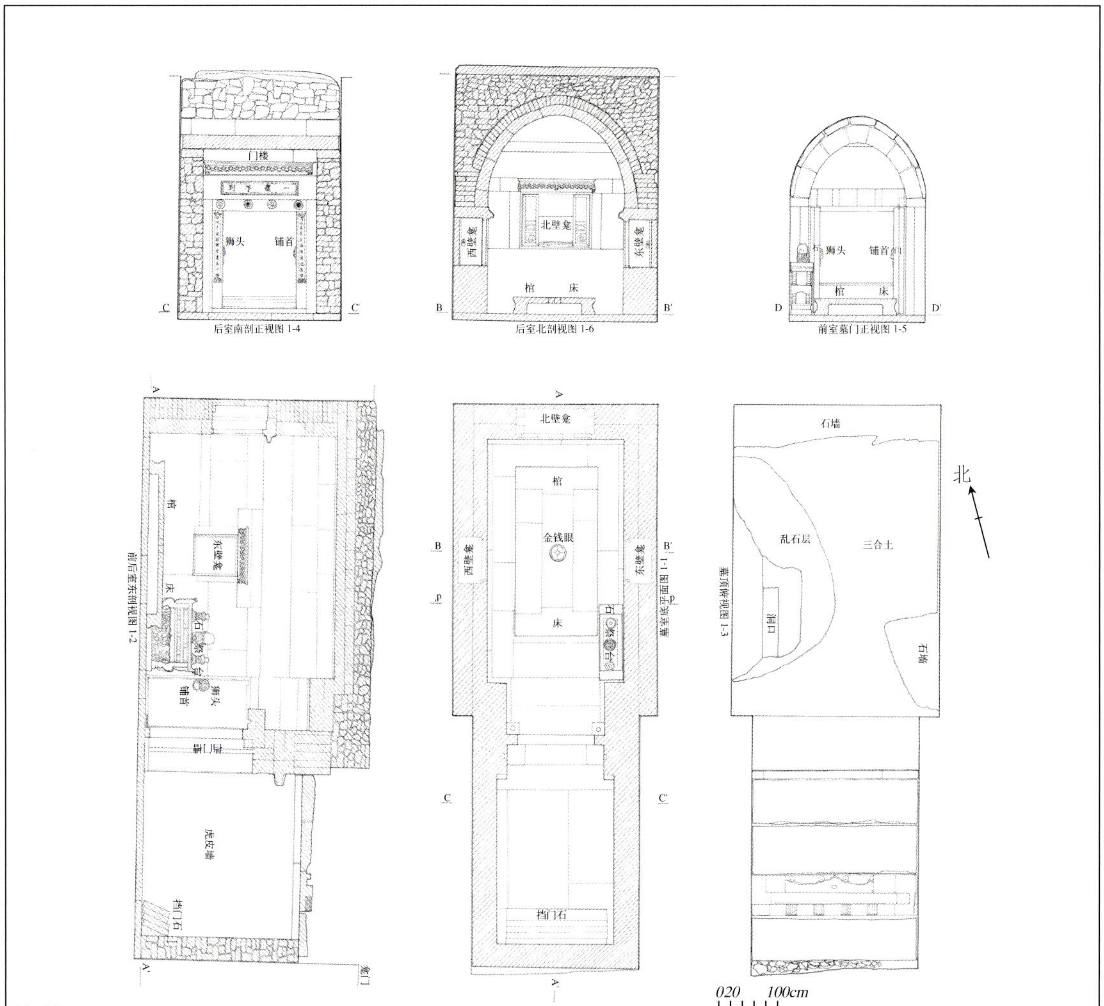

10-42

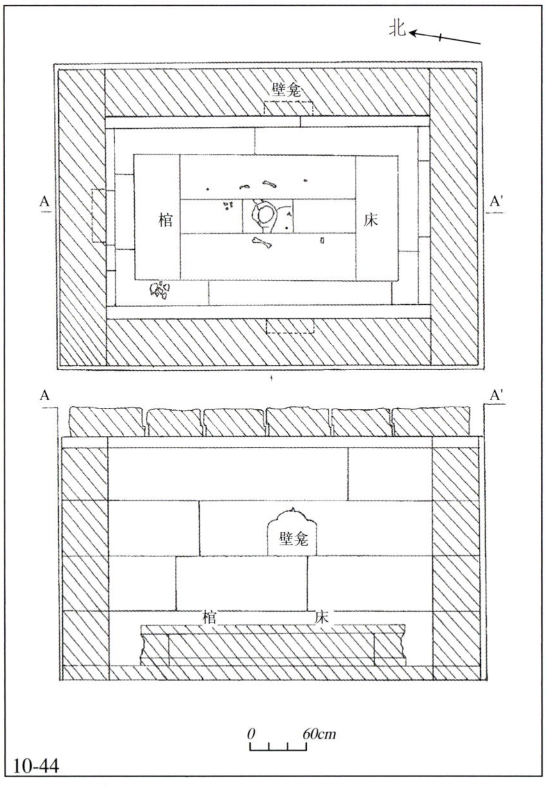

10-44

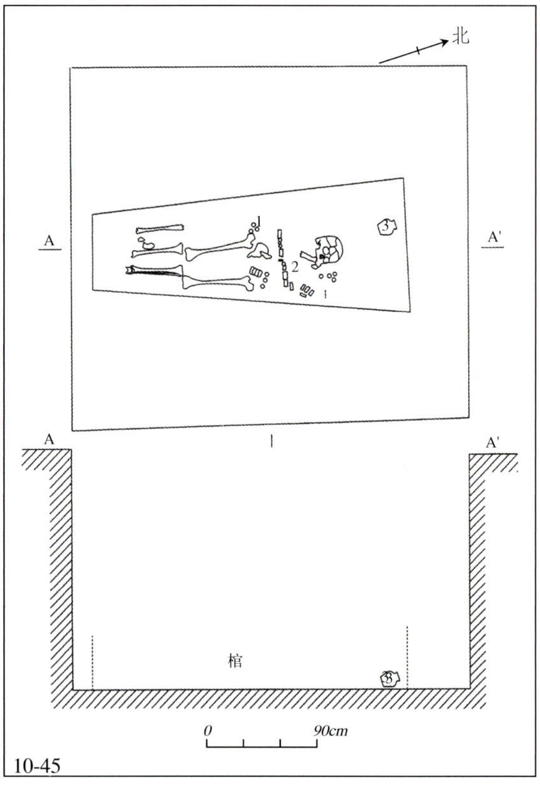

10-45

10-43

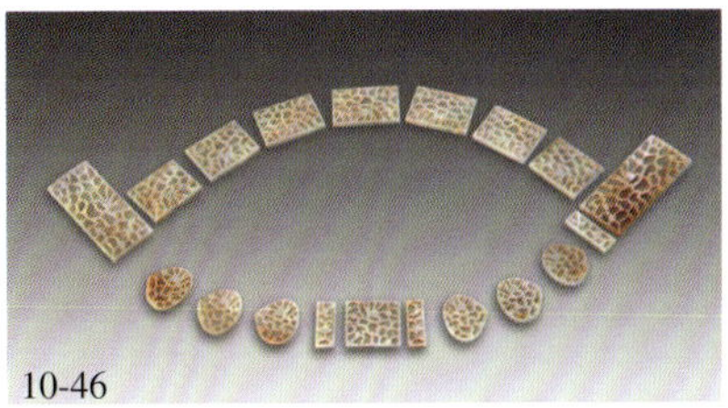

10-46

（“嘉靖通宝”、“万历通宝”）。

M6是一座竖穴土坑墓，方向10°。墓口距地表1米，深2.2米，墓室为长方形，墓口南北长3.42、东西宽1.6，墓底长3.64、宽1.6米，形似覆钵。内葬单棺，棺长1.88、宽0.45～0.5米，头北足南，随葬玉带1副（图10-46）、银饰2件、釉陶罐1件、铜钱7枚（“天启通宝”）。

北京射击场的西部，在明代晚期是一处太监的茔域。M15、M17出土墓志明确表明其墓主为太监，这2座墓的形制特点与墓地中其他22座石室墓相同，也和工商大学发现的1号墓接近；随葬品组合情况与墓地中大部分墓葬相同或接近；墓地中163座墓葬，全是单人单棺葬，结合M21、M31、M33等出土的骨管状器，反映了太监这一特殊群体的特殊葬俗。

墓地中的墓葬按形制特点可分为四个等级：双室石室墓M4等级最高；以M15、M17为代表的单室石室墓次之；M155这类三合土浇浆墓为第三等级；数量最多的竖穴土坑墓等级最低。M4的形制规模与工商大学发现的3号墓十分接近，3号墓墓主为御用监总理太监，M4的墓主身份地位也应与之相当。这163座墓葬，分布极有规律，可以看出墓地是经过周密的规划，并按统一标准进行施工营建的。明朝中央政府制定有严格的丧葬、碑碣制度，墓地中四种等级不同的墓葬，可能是按墓主生前的品秩由工部负责营建，还存在部分位高权重的太监在生前预建茔域的现象。

这163座太监墓中，有石室墓24座，规模较大的三合土墓2座，出土玉带10条，多数墓都葬有金、银、玉、铜等贵重器物。以上均反映了太监生前不仅占用大量财富，而且享有一定的政治地位。

（三）平民墓葬

北京历年来发掘清理的明代平民墓葬数量颇多，因其时代晚近，资料整理和刊布都较为有限，进一步的研究工作还未开展。近年来在配合奥运场馆建设中，北京市文物研究所集中发掘了一批明代平民墓，如奥运一期工程发现37座，数字北京大厦工程发现9座，奥林匹克会议中心工程和中国科技馆新馆工程也都有一定数量的发现[1]。另外大兴新城北区8号地、奥运村绿化隔离带工程、延庆县东王化营、昌平张营遗址北区、京平高速公路工程、北京市物资储备学校住宅楼工程和奥林匹克森林公园工程[2]以及北京亦庄[3]等都有发现，上述刊布资料的平民墓葬总数近百座。

这些墓葬一般形制较小，随葬品相对比较贫乏，其墓主多为一般贫民或士绅或低级品官。这些墓葬对研究明代墓葬形制演变、随葬品组合、丧葬习俗等问题具有重要意义。

1 北京市文物局、北京市文物研究所：《北京奥运场馆考古发掘报告》，科学出版社，2007年。
2 北京市文物研究所：《北京考古》（二），北京燕山出版社，2008年。
3 北京市文物研究所：《北京亦庄考古发掘报告》，科学出版社，2009年。

第四节 其他重要考古发现

1. 北京西山凤凰岭石窟

凤凰岭石窟位于北京西山大觉寺正北约3公里，今存吕祖洞、朝阳洞、仙人洞、三佛洞及玄元洞等5窟，其中三佛洞、玄元洞为明代所凿[1]。

三佛洞为方形洞窟，长、宽、深均为2米。后壁正中凿有3龛。中龛为关羽座像，头部残，坐姿如同勇猛跏趺坐，双手持大刀。左龛侍者为关平，双手捧印，侧面向关羽而坐，身后背一宝剑。右龛为一善跏趺坐佛，左手抚膝，右手举于胸前，作说法印。

关羽在明代洪武年间被追封为“关寿亭侯”，万历十年又被追封为“协天大帝”。推测此像造于明末。此窟造像的布局，关羽居中，以佛及关平为胁侍，全国仅此一例。

玄元洞在三佛洞东北，方形，平顶，大小与三佛洞相似。该洞后壁凿一长方形大龛，上部刻帷幔，其下刻三身坐佛，皆结跏趺坐于束腰莲座之上。佛像头上肉髻作尖帽状，大耳，袒右肩。中间坐佛作降魔印，左侧坐佛作禅定印，右侧坐佛作说法印。这应是“三世佛”造像。

右壁为二坐佛一侍立者；左壁为一坐佛一侍立者。坐佛皆袒右肩，禅定印。侍立者似为罗汉，双手合十而立。左壁右上角刻字曰“孟安信□□”，应是该龛的功德主。

玄元洞造像显然承袭了藏传佛教的艺术风格，有较明显的明代藏传佛教特征，故可定为明代中期所作。

2. 北京毛家湾瓷器坑

毛家湾明代瓷器坑位于北京市西城区前毛家湾1号院内，北距地安门西大街356 米，东距西皇城根北街185米。为配合中央文献研究室的工程建设，2005年7～8月，北京市文物研究所与西城区文物管理所联合对该瓷器坑进行了抢救性考古发掘[2]。

瓷器坑(K1)坑口距地表1.5～1.6米，平面呈长方形，坑口长7.8、宽5.2米。坑底长7、宽4.5米，呈三级台阶状由北向南降低，最深处距地表4.4米。坑壁齐整，向下略内收。坑内瓷片平均堆积厚度约为2米，堆积较为凌乱，没有分层现象。从剖面上观察，各类瓷片完全混杂在一起。

此次发掘出土了大量瓷器残片。仅收归北京市文物研究所的就达85万片，另有200余箱暂存于西城区文物管理所，总数逾100万片。

这批瓷器大部分属明代早、中期产品，也有少量元、辽金、唐代瓷器。窑口较多，至少涉及景德镇窑、龙泉窑、磁州窑、钧窑四大窑系，另有少量瓷器不能确定窑口。出土瓷器中无完整器，但有大量可复原器，普遍带有使用痕迹。其中的绝大部分属于民窑产品，仅有极少量官窑瓷器。除瓷器残片外，坑内还出土个别骨牌、猪下颌骨、石雕等遗物。

景德镇窑瓷器数量最多，约82万片，占全部出土瓷器的93.99%。其中元代瓷器数量较少，占景德镇瓷器的0.03%。出土的元代瓷器以卵白釉为主，青白瓷、青花瓷仅有少量。明代瓷器占绝大多数，品种极为丰富，以青花瓷数量最多，约68万片，占明代景德镇瓷

1 温玉成、刘建华：《北京西山凤凰岭石窟调查》，《北京文博》2001年4期。

2 北京市文物研究所：《北京毛家湾明代瓷器坑考古发掘报告》，科学出版社，2007年；北京市文物研究所、西城区文物管理所：《北京毛家湾瓷器坑发掘简报》，《文物》2008年4期。

10-47

10-50

图10-47 毛家湾出土红绿彩鱼纹碗

图10-48 毛家湾出土抚琴人物图青花盘

图10-49 毛家湾出土孔雀牡丹纹青花罐

图10-50 毛家湾出土青花炉

10-48

10-49

器的83.84%。白瓷、蓝釉、酱釉、红绿彩也有一定数量。器形有碗（图10-47）、盘（图10-48）、杯、罐（图10-49）、壶、高足碗、盒、器盖、炉（图10-50）、瓶、花盆、器座、砚、梅瓶、鸟食罐、盏托、笔筒等，多为日常生活用品。

磁州窑瓷器数量仅次于景德镇瓷器，约占全部出土瓷器的4.37%。其中明代占磁州窑瓷器的57.09%，元代占42.9%，元代以前的瓷器数量极少。元代磁州窑瓷器多来自河北、河南、山西等地，品种以白釉黑花居多，约占59.6%。黑釉、棕黄釉次之，另有个别红绿彩瓷器。器形以罐、盆、碗为主，盘、瓶、壶、盒少量；明代磁州窑瓷器多来自河南窑场，山西、河北的产品已不多见。釉色品种相比元代大为丰富，以白釉居多，约占59.46%，酱釉、黑釉、白釉黑花、白釉黑花褐彩、绿釉、红绿彩、孔雀绿釉等品种的数量相差不大，另有少量陶胎三彩器。器形以罐、盆为主，碗、盘、瓷塑次之，壶、钵、渣斗、盒、瓶、花盆、杯、高足杯、烛台、盆托、器座、砚滴、洗、蟋蟀罐仅有少量。各种造型的瓷塑是磁州窑最具特色的产品（图10-51）出土的明代磁州窑瓷器中，绝大部分属明中期器物，明初和明早期器物数量极少。黑绘多绘于釉上，不见刻花装饰。

图10-51 毛家湾出土磁州窑人形小哨

图10-52 毛家湾出土龙泉青瓷罐

图10-53 毛家湾出土龙泉青瓷花盆

10-51

10-52

10-53

龙泉窑瓷器约占全部出土瓷器的0.38%，其中明代占龙泉窑瓷器的85.33%，元代占14.67%。元代器形有罐、高足碗、盘、盆托、碗等，大型器多，胎体厚重，烧结较好。元代龙泉窑瓷器多来自大窑地区，质量普遍较高；明代器形主要有盘、炉、罐（图10-52）、碗、花盆（图10-53），器盖、盆托、瓶、壶、夹层碗、杯、盏托、洗、渣斗、盒等少量。明代龙泉窑瓷器除大窑产品外，还有部分来自大白岸、道太、安福、大棋等地窑场。部分刻花盘、凸花瓶和壶器物，与明代龙泉官窑器物特征相同。从明早期至中期，龙泉窑瓷器数量没有太大起伏，但早期产品质量较高，中期时质量明显下降。龙泉窑瓷器底足使用磨痕最为明显，磨损面多呈浅白色。

钧釉瓷器数量不多，占全部出土瓷器的0.03%，大多属元代遗物，宋代及明代器物极少。出土的宋代钧瓷多为花盆或盆托的残片，明代钧瓷仅有个别梅瓶和罐；元代钧瓷器形有碗、盘、罐、盏托、器盖等，碗类器物占大宗，其他器形仅有少量。多为普通日用瓷，不见洗、花盆、尊等陈设器，胎质疏松，釉面鬃眼多，光泽差。元代早期钧瓷质量要好于晚期。早期胎体薄，烧结较好，多呈灰褐色，晚期器物胎体变厚，制胎不精，烧结程度差。碗的外底常见墨书题记。

坑内还出土了少量的其他窑口瓷器，如北京龙泉务窑、云南玉溪窑、定窑等。龙泉务窑均为白瓷，数量较少，器形以碗为主，盘、枕仅有少量。此类器物胎质坚硬，胎土大多为灰白色，细白胎少见，有少量的印花、刻花装饰。碗盘内壁施满釉，外壁施釉不及底。釉色不均，玻化程度高。碗盘的内底有4～5个粗大的支钉痕。能确认为云南玉溪窑的瓷片极少，均为青花瓷，器形有盘、盆。此类器物皆灰胎，胎质较粗，断面多孔隙。青灰色或淡青色釉，釉面不甚光洁，具玻璃光泽，密布细碎片纹。青料呈深蓝色或蓝黑色。纹饰有月华锦纹和简单的花卉纹，不甚清晰。盘采用垫圈支烧，底足涂酱色。

毛家湾出土瓷器数量特别巨大，汇集了元、明时期各主要窑场的产品，为研究元、明瓷器提供了大量的实物资料，具有重要学术研究价值。

出土的纪年款瓷器，为确定瓷器坑的年代提供了可靠的依据。纪年款识有“大明宣德年制”、“大明成化年制”、“弘治年制”、“正德年制”等，根据年代最晚的“正德年制”款，可以确定该瓷器坑形成于明正德年间。

瓷器坑内无完整器，窑口众多，时间跨度大，釉色品种极其丰富。瓷片堆积凌乱，没有分层迹象。在瓷器坑及其周边40余平方米的狭小范围内，分布着三个灰坑和一个瓷器坑，没有任何其他遗迹。上述种种现象表明，毛家湾瓷器坑为二次堆积形成，不具有窖藏性质，只是以填埋废弃瓷片为主的一种较为特殊的垃圾坑。

3. 玉河遗址

2007年4月中旬至2008年5月上旬，根据北京市文物局的指示，北京市文物研究所对万宁桥至北河沿大街段的玉河遗址进行了考古发掘。共分三个区段。从万宁桥开始沿东不压桥胡同向东到与雨儿胡同交界处，是为B区；再折向东南沿东不压桥胡同南下地安门东大街，是为A区；越过地安门东大街到东吉祥胡同、东板桥街与北河胡同交界处东折,然后沿北河胡同西向至北河沿大街，是为C区。遗址区呈曲折的长条状，长约1000米，宽约40米，面积达4万平方米。发现的明代遗迹有东不压桥、玉河堤岸、码头、排水道等4处[1]。

(1) 东不压桥

东不压桥西引桥长20.75米，东引桥已发掘15.75米，最宽处10.5米，最窄处6.5米。桥拱发掘部分宽9.25米，跨径5.6米，拱券残高0.53～1.65米，桥总长推测47.1米。西燕翅长10米，西裹头残长19米，从发掘情况看，它应与明代西岸相连。东燕翅发掘长度9米，往北则被压于玉河庵下无法发掘，它与明代东岸相连。

(2) 玉河堤岸

清理出的明代玉河堤岸，以后门桥至东不压桥段保存较好，发掘总长度约368米。北岸（局部为东岸）建造方法为，底部先打木桩作为地钉，在木桩上垫石片。其上再铺砌一层规整青石条，青石条上再铺砌1～2层略微加工的不规则青石条，石条之间有较大的缝隙用石块、碎砖填充。然后在石条上砌七层城砖，每层皆两顺一丁，用白灰加黄泥勾缝。城砖上面铺砌两层宽1.0～1.05米的石条，石条加工比较平整，厚薄相对匀称。堤岸底部紧贴内侧有一排木护桩，木桩直径0.15～0.25米，间距0.15米左右。经解剖，在砖石堤岸外侧发现有约1.50米宽的夯土，共分7层，每层厚约0.12米。

很多青砖的侧面戳印有阴文楷书铭款，多为成化年烧造。如“成化十八年聊城县窑造”、“成化拾捌年分安平县烧造□料”等。

从东岸城砖上的铭文看，该段堤岸的年代不早于成化十八年（1482年）。

南堤岸仅发掘揭露7米，系用黄土夯筑而成，叠压于元代通惠河南堤岸之上。整个河道宽35～36.9米。

(3) 码头遗址

码头遗址位于帽儿胡同南侧，整体为一长方形平台。平台西端最宽处约2米，东端还残留有一层铺地青砖，下为夯土。西段受地形地物影响未作发掘，因此范围不明。平台背面为一砖砌台明，高出下层平台0.65米，台明北侧为灰褐色夯土，共分三层，总厚约0.6米，宽2.5米。砌砖上发现有铭文，可辨识的有“窑户尚贤造”。

(4) 排水道

位于东不压桥西燕翅的西部，呈西南高东北低的斜坡状。发掘部分长11.5米，北端宽1米，南端宽1.25米，深0.7～1.05米。排水道底部及两侧均用石板砌成，其中两侧石板宽0.2～0.7米，底部石板宽0.5～0.8米。排水道分上下两层，两层之间用石板隔开，在距燕翅4.75米处放置一块长1.5、宽0.9、厚0.4米的大石条用以封堵。紧贴大石条西侧设一块长0.9米、宽0.95米、厚0.12米的石板做水篦子，上面凿有9个直径约0.1、间距约0.3米的圆孔用以漏水。排水

1 北京市文物研究所、东城区文化委员会：《北京玉河——2007年度考古发掘报告》，科学出版社，2008年。

道的排水口直接开口于东不压桥西燕翅上，应是与西燕翅同时修建的。

由于明初白浮瓮山引水渠已不能起到引水功能，关于明代的史料里，一般将元代通惠河由玉泉山至大通桥的一段称为玉河；《地理志》界定了通惠河与玉河流经的范围，“东南有大通河，亦曰通惠河，水自玉河出，绕都城东南，下流至高丽庄，入白河，即元运河也。又有玉河，源自玉泉山，流经大内，出都城东南，注大通河”[1]。

宣德七年时，元时的通惠河被皇城北墙从东不压桥附近截开，东不压桥以南部分被圈入皇城内，玉河水从此只作供排水用。玉河作为运河的功能虽说已经消失，但由于很多官署机构、达官贵族府邸缘河而建，再加上其仍具有供排水功能并作为通惠河水源之一，所以明代仍不时对玉河堤岸及桥梁进行维修、对河道进行疏浚。

结合文献记载和考古发掘情况，什刹海至东皇城根段的玉河河道走向，自什刹海东出后门桥，沿东不压桥胡同过地安门东大街经东吉祥胡同北端，再东折沿北河胡同至东皇城根南下。

此次玉河遗址的发掘，对探讨古玉河的走向、建造年代及河道变迁等问题都有重要意义，并能够为古代北京漕运和水源、供排水系统、环境变迁的研究提供新资料。

4. 紫禁城廊下家遗址

明代紫禁城廊下家遗址位于故宫长庚门段内金水河西侧，南邻中国第一历史档案馆，西以紫禁城西墙为界。2007年10月～2008年1月，为配合故宫博物院的工程建设，经国家文物局批准，北京市文物研究所对故宫西河沿遗址进行了发掘。明代廊下家遗址在发掘区的东部，主要遗迹为2座排房建筑，编号为F7和F8[2]。

F7为一座大型排房，破坏严重。位于发掘区东部，仅剩前檐墙、隔断墙和礓礤。

前檐墙现残存四段，在探方T0312内的一段被清早期的排水沟打破。总残长17.8米，残高0.16～0.3米，残宽0.2～0.55米。以青砖抹灰错逢平砌而成，其下有厚约8厘米的灰土。东侧露明均用整砖码砌，平齐规整，中间以残砖填筑，西侧露明已无存。探方T0312内的一段前檐墙基础，在东侧露明的青砖上，模印有阴文的万字纹。

隔断墙仅残存一段，位于探方T0316内，向西延伸至探方T0216，被晚期的房址打破，残长4.62米。呈东西走向，与前檐墙垂直。其用砖规格和砌法与前檐墙相同，南侧露明较为平整。根据隔断墙的残长，推测F7的进深为5.2米。

礓礤在前檐墙的最北端，南端被晚期灰坑打破。西端略高于前檐墙基础，自西向东呈锯齿状缓坡降至原地平。根据礓礤可断定F7的门向朝东（图10-54）。

F8呈南北走向，发现有前檐墙、后檐墙、隔断墙，残长14米，进深4米。隔断墙的东段被晚期放置叠压。

前檐墙位于探方T0303的中部，呈南北走向，北端被灰坑H39打破。仅存一层砖基础，残长1.43米，宽0.6米，残高0.08米。两侧露明部分用整砖砌筑，比较整齐，中间填砌残砖。

后檐墙在探方T0303和T0304的西部，南北走向。残存3段，各段之间有灰土残痕。东侧露明用整砖砌筑，平齐规整，中间以残砖填筑，西侧露明已无存。残长13.8米，宽0.33～0.8米。

隔断墙仅发现1段，东西走向。西端与后檐墙相连，东段被F6叠压。仅剩北侧露明，南

1 《明史·地理志》，中华书局，1974年。
2 李永强：《故宫西河沿遗址发掘简报》，《北京皇家建筑遗址报告集》，科学出版社，待出版。

图10-54 紫禁城廊下家遗址礓碴

侧可见底部的灰土残痕。残长2.6米，宽0.21～0.5米。在隔断墙的东部，有一方形石柱础，中心凿出方形柱窝。柱础边长0.4米，柱窝边长15厘米，深6厘米。

地层关系明确显示，F7和F8是西河沿遗址中年代最早的房屋建筑。从发掘情况看，F7和F8布局单调，结构简单，地基的砌筑也显得粗糙，总体规格较低。

据《明宫史》卷一记载："自北而南过长庚桥至御酒房后墙曰长连，可三十一门。再前层曰短连，可三门。并神武门东计之通共五十四门，总曰廊下家，具答应、长随所住。各有佛堂以供香火，三时钟磬，宛如梵宫。"从F7、F8的位置以及结构形式来看，与上述文献记载的"廊下家"相吻合。F7北段有一段4.6米长的基础，其砌砖较为特殊，每块砖上戳印有"万"字纹。而"万"字纹一般认为是佛教的符号，这也和"廊下家"内建有佛堂的记载相一致。综上，可以认为，F7和F8就是明代的"廊下家"西段，主要供答应、长随居住。

明故宫竣工于1421年，"廊下家"可能和其他宫殿同时完工。据《日下旧闻考》一百四十九卷载：明武宗曾在"廊下家"扮商贾与宫人贸易游戏，则"廊下家"在明正德朝尚存。又据《明宫史》一书，系辑录刘若愚《酌中志》而成，《酌中志》成书于明季天启年间，书中对明故宫楼台宫殿、服食宴乐等的描述，应据本朝实情而记，则"廊下家"至迟在明天启朝仍完好。推测"廊下家"毁于明末李自成农民军的战火。

廊下家遗址的发掘，基本明确了明代廊下家的建筑布局、规格、用途以及兴废变迁过程。对探讨明代紫禁城建筑布局和规划具有重要研究意义。

5. 京杭大运河[1]

京杭大运河是我国古代劳动人民创造的一项伟大工程，是世界上开凿时间最早、里程最长的人工运河。其北起北京，南至杭州，经北京、天津两市及河北、山东、江苏、浙江四省，将海河、黄河、淮河、长江和钱塘江五大水系，连成了统一的水运网。北京因其重要的

1 大运河的资料均引自国家文物局：《中国文物地图集·北京分册》（上），科学出版社，2008年。我所大运河课题组也提供了部分资料。

历史、地理、军事、政治地位，作为都城历千年而不衰，京杭大运河在很大程度上可以说是为了适应北京的需要而发展起来的，从而造就了京杭大运河北京段在我国古代漕运史上的突出地位。

京杭大运河北京段通常称为北运河，位于今北京市通州区北关闸以南，在北京境内全长42公里，流域面积20平方公里。河床宽50米，河底宽35米，堤防总长10公里，最大排洪流量300立方米/秒。北运河上游为温榆河和潮白河，两河汇于北京通州区，流经牛牧屯进入河北省界内。通惠河和坝河是其两大支流，二者并为大都至通州的南北两条重要运道。

明洪武年间，为防范已败逃漠北的元朝残余势力，将原大都北城墙南缩2.5公里，以原坝河大都城内段为北护城河，赶筑明代北京城的北城墙，燕王朱棣率兵镇守。朱棣继帝位后，于永乐十九年（1421年）迁都，北京又成为明王朝的宗庙社稷所在。现存的德胜桥和银锭桥遗址就是当时迁都北京后，因新建城墙、水系变迁等原因而修建的（图10-55）。总之，无论是明初，还是迁都以后，北京所需的米粮主要都依赖江南供应。因此，水路和漕运的畅通，仍然是明廷的重要政务。

元末明初白浮瓮山河完全湮废，坝河及通惠河只剩下西湖为水源。永乐年间修建的皇木厂，就是因为当时通惠河淤浅，为了储放水运来京的木材而采取的措施，今在张家湾镇皇木厂村东北尚存皇木厂遗址。又由于明宣德七年（1432年）改建北京城，将都城内城南城墙南移至今崇文门、正阳门一线，把通惠河圈入皇城中，城内不通航，漕船不能入城，遂改大通桥（东便门外）为起点，通惠河改称大通河。后由于永乐帝选定昌平为陵寝地等原因，大通桥以上河段尽废，又在大通桥北岸开支河，使漕运可达东直门、朝阳门。经明初几次修治，至嘉靖七年（1528年）改建五闸和通州石坝后，通惠河完全改成剥运制。漕粮一部分由石坝起岸转至通惠河，另一部分由土坝起岸，车运至京通各漕仓，保持着“水陆并运”的局面。此时通州至张家湾间运河通航，南来的皇木可直达通州城下，即于通惠河口北侧再建皇木厂。并且在河口稍西处建木桥，万历六年（1578年）改建三孔石桥，成为京杭大运河北端的标志。万历后期，朝政日益腐败，通惠河修治不及时，运道艰阻，部分漕粮改折征银，故抵北京的漕粮减少，由全盛时期的年入京漕粮400万石，至万历三十年（1602年）仅有138万石。

图10-55 京杭大运河万宁桥

第十一章

北京清代考古

明朝末年，皇帝昏庸，宦官当权，吏治败坏，党争激烈，土地高度集中，苛捐杂税严重，阶级矛盾不断激化，全国各地农民不断揭竿而起。与此同时，建州女真首领努尔哈赤统一女真各部，建立后金，并不断进犯明朝边境。崇祯九年（1636年），后金统治者皇太极改国号为清，改族名为满洲。崇祯十四年（1641年），皇太极攻破锦州，进逼山海关。崇祯十七年（1644年），李自成攻破北京城，明王朝被推翻，在吴三桂的引导下，清军占领北京，满族统治者入主明故宫，在紫禁城内进行大规模整修，并把都城从盛京迁到北京，积极恢复生产，并逐步加强封建中央集权统治。但到了清代中期以后，统治集团内部骄奢淫逸之风渐盛，大兴土木，兴建园林，各地土地兼并日益严重，赋役苛重，国力日益衰落。国弱敌侮，外国列强纷纷侵略中华大地，烧杀抢掠，分割国土。1912年，在内外交困中，腐朽的清王朝终于轰然倒下。

北京是满清王朝的都城所在地，因此对北京地区的清代地下遗存所进行的考古工作，对研究清王朝的政治、经济、文化以及社会、民族风俗等都具有十分重要的意义。1949年以来，尤其是进入21世纪以后，北京的考古工作者配合蓬勃开展的基本建设，发掘出大量的清代遗存，这些遗存大致可分为园林水系、宫苑署邸、寺庙宫观和墓葬等几类。清代的宫苑、园林、寺庙宫观等建筑在工程技术和建筑艺术上都达到了极高的水平。如故宫富丽堂皇，高大巍峨。北京三海、三山五园，收南北形胜，集中外大成，代表了清代的建筑水平。有“万园之园”之称的圆明园，汇集全国园林精华，吸收中外建筑之大成，是中华民族智慧的伟大结晶，实属世界上建筑艺术的精品。针对圆明园部分遗址、静宜园来清轩遗址的发掘，不仅使人们可以领略中华民族伟大的智慧魅力，还将侵略者的罪证呈现于世人的面前。除此以外，北京市文物研究所还针对一些特殊的文化遗存进行了有计划的专题考古调查，取得了丰硕成果。对清代遗存的考古调查、勘探和发掘，为研究清代政治、经济、文化和社会生产力提供了生动的实物资料。

第一节　北京清代考古发现与研究

一、概　　述

根据北京市文物研究所现存的资料，新中国成立以来，除考古调查外，北京市共勘探、发掘清代遗存62处。

清朝统治者为了休闲和享乐，在北京城内外选择风景优美之处大兴土木，大概从康熙时便开始修建大量的园林设施并对相关水系进行疏浚、改造。1994～2008年由北京市文物研究所勘探和发掘的园林水系遗址共11处，在这11处园林水系遗址中，有7处位于圆明园遗址内，发掘过程中不但清理出宫殿、斋、堂、亭、轩、楼、馆、榭、寺庙等建筑基址，还清理出广场、假山、水池、水闸、桥、道路等遗迹。

北京作为有清一代的都城，最有特色的应当属于当时遍布城内各地的宫苑署邸。这些宫苑署邸有些至今仍然保存完好，而有的则因为历史原因早已被破坏。因此，在对清代的都城研究中，对这些宫苑署邸遗址进行考古调查、勘探和发掘，应当是一项非常重要的任务。2003～2007年，北京市文物研究所共发掘清代宫苑署邸遗址4处，其中故宫内遗址1处，清理出建筑基址、水井、灶、灰坑和排水沟等遗迹；学署遗址2处，包括国子监祭酒院落、西厢琉球学馆基址和国子监街路面及牌楼月台等遗迹；府邸遗址1处，清理出银安殿庭院基址及东路乐道堂庭院南侧的垂花门基址。

“明修长城清修庙”，清代北京地区的寺庙宫观，也是当时社会风俗的一道靓丽风景线。2004～2008年，北京市文物研究所先后发掘寺庙宫观遗址6处。其中朝阳区北顶娘娘庙和崇文区夕照寺遗址是对整个遗址进行的清理，基本上弄清了整个遗址的布局；而其他遗址由于条件的限制只清理出部分建筑基址，有的甚至只是试掘了几条探沟，因此只能结合相关文献资料或者是根据中国传统建筑布局推知其大概。

此外，自新中国成立以来，北京市先后对41处清代墓地进行了考古发掘，清理墓葬千余座。按照墓葬规格和等级，可以分为园寝、其他高等级墓葬、太监墓和普通墓葬。

园寝为皇帝的妃嫔和皇子、公主以及皇族中其他有封授爵位的宗室贵族的墓葬。目前，对这类墓葬所进行的考古发掘仅有2次，而且因为是配合基建工程，只对园寝的局部进行了清理，分别是1965年对复兴门外公主坟和2005年6月对朝阳区和硕和嘉公主园寝的清理。另外，2008～2009年，北京市文物研究所还完成了北京、内蒙古、辽宁、吉林、天津和河北等6个省、市、自治区近300个园寝的考古调查。

其他高等级墓葬是指除园寝之外，属于高级官吏、贵族的墓葬。这类墓葬目前已发掘4处，一般都有专门的茔园，园内为家族墓葬，有的还有园墙等其他附属设施。

太监是中国历史上一个特殊的群体。截止到目前，对清代太监墓葬的发掘仅有1次，即李莲英墓，另外还有20世纪70年代对恩济庄清代太监茔地的考古调查。

普通墓葬指清代低级官吏、乡绅和平民墓葬。对此类墓葬的发掘始于20世纪60年代，进入21世纪以来，由于基建工程的增多，又清理出千余座，其中以竖穴土坑墓占绝大多数，砖室墓极少；土葬墓所占比例较大，火葬墓较少。

二、研究现状与认识

1. 研究现状

清朝是中国历史上最后一个封建王朝，其灭亡时间自1911年辛亥革命开始，1912年溥仪宣布退位至今，也不过90余年，留下的历史文献相对丰富，所以学术界对清代的文献研究相对较多，而对考古资料的研究相对匮乏。

新中国成立以来，学术界结合清代考古资料对清朝进行的综合性研究不多，这其中以《图说北京史》为代表[1]，该书结合文献和考古资料，对清代的城市建设、水利、道路、园林和墓葬都进行了系统的梳理和研究，对利用考古资料复原清朝历史面貌具有指导意义。

《北京考古四十年》曾就清代火葬墓的特点进行过论述，指出清代火葬墓的共同点是砖砌正方形或长方形墓室，多数有壁龛和棺床，棺床上置放骨灰罐。此外，北京地区还发现一些比较简陋的火葬墓，有的将骨灰罐放在砖砌方坑内，有的直接将骨灰罐放在土坑内以石板盖住或用土掩埋，这种火葬墓主人的身份较低，可能是平民。北京地区火葬墓的主人应主要为满人，在已发现的火葬墓中能确知年代的都是清初的，但随着汉化程度的加深，康熙时在满族上层中就已有人实行了土葬[2]。

鲁琪、刘精义先生曾对清代恩济庄太监茔地进行过调查，并就恩济庄墓地的来历、规模及费用进行了探讨。此外，还对李连英墓作了相关研究，并将一些太监墓碑的碑文拓片略作考释[3]。

1996年，冯其利先生完成了对清代园寝的调查并出版了《清代王爷坟》一书[4]，作者通过对知情人士的深入调查、走访，对当时所知的园寝地面建筑及相关史事进行了客观地描述，为后人对清代园寝的研究提供了许多宝贵的第一手资料。但是，该书用比较民俗化的语言，将清代园寝称之为“清代王爷坟”，在学术上缺乏严谨性，且叙述和描述有时语焉不详，缺乏严格的考古学意义上的条理性和数据记录。

2008年，宋大川、夏连保先生合著的《清代园寝制度研究》[5]，在对大量相关清代文献资料梳理的基础上，结合实地考古调查，对清代园寝制度产生的社会历史背景进行了深入的分析，不仅对不同类别、不同等级的园寝规制进行了探讨，同时还对不同时期的园寝制度流变进行了深入研究，是一部结合考古调查对清园寝制度进行研究的专著。

近来，由宋大川研究员主持的《清代园寝志》[6]，从文献资料研究工作入手，对能够考据到的每一个园寝进行了文献学意义上的仔细梳理，确保有文献记载的每一个园寝都能收录不遗。在此基础上，又实地进行考古调查。此次调查不但遵循了传统的考古调查方法，还采用了GPS定位、全站仪测点等方法。《清代园寝志》为一部关于园寝方面的志书，对研究清代政治背景、文化背景、民族关系、丧葬文化和宗教信仰等具有重要意义，有着重要的史料价值。

其他对专类考古资料的研究相对较少，主要有赵迅和齐心先生的《纳兰性德家族墓志考》[7]、王莉的《北京出土的康熙五彩洗子》[8]、李照的《北京双桥康熙青花大罐》[9]、朱志刚和刘保山的《四季青乡新出土清将军傅夸蝉碑初考》[10]、王继红的《简论含经堂遗址出土的葫芦器陶范》[11]等。

1 北京市文物研究所：《图说北京史》，北京燕山出版社，1999年。
2 北京市文物研究所：《北京考古四十年》，北京燕山出版社，1990年。
3 鲁琪、刘精义：《清代太监恩济庄茔地》，《故宫博物院院刊》1979年3期。
4 冯其利：《清代王爷坟》，紫禁城出版社，1996年。
5 宋大川、夏连保：《清代园寝制度研究》，文物出版社，2007年。
6 宋大川等：《清代园寝志》，待刊稿。
7 北京市文物研究所：《北京文物与考古》第三辑，1992年。
8 北京市文物研究所：《北京文物与考古》第三辑，1992年。
9 北京市文物研究所：《北京文物与考古》第三辑，1992年。
10 朱志刚、刘保山：《四季青乡新出土清将军傅夸蝉碑初考》，《北京文博》2004年4期。
11 北京市文物研究所：《北京文物与考古》第六辑，民族出版社，2004年。

2. 认识

清代园林在工程技术和建筑艺术上都达到了极高的水平，尤其是作为清代首都的北京地区，为方便满族统治者享乐，兴建了数量众多的园林。在总体布局上，北京地区的园林都遵循了传统上以中轴线为中心布局的特点，每个园林都有一个中轴线，每组景点或建筑又以中轴线为中心左右对称分布。但在局部上，又根据地势和地形特征，灵活应变，假山、湖泊、佛寺等点缀其中。大多建筑组群相对独立，形成相对封闭的四合院布局。尤其是有“万园之园”之称的圆明园，汇集全国园林精华，吸收中外建筑之大成，实为世界上建筑艺术的精品。

清朝定鼎北京后，大规模兴修水利，除了漕运需要外，还为了满足统治者的享乐要求。如康熙时曾大修通惠河，以利于从江南到北京的漕运。乾隆时对西山水系进行整修，主要是为满足圆明园等地的用水。其中，源于西山的玉河在清朝时也得到了重视，原因有以下几点：第一，玉河是皇城内的重要供、排水通道，应保持它的水量和畅通；第二，玉河到下游流入大通桥以下的通惠河，清代政府仍多次试图发挥通惠河的漕运功能[1]，玉河作为通惠河的上源理应进行维护；第三，城内玉河两岸有许多王府、达官贵族府邸和官署，他们对居住、办公环境也有一定的诉求。清代玉河堤岸修建于废弃的明代玉河河道内，走向与明代堤岸相同。其做法系先在明代废弃的河道内挖沟槽，然后在底部打入木桩作地钉，木桩上面砌两层青石条，石条上两顺一丁砌城砖，城砖上部再平砌一层石条。砖石堤岸内侧还设有一排木护桩。由于上游水量减少，因此清代玉河河道宽度要比明代河道窄得多。

北京地区的宫苑署邸建筑在总体布局上以中轴线为中心，重要的主体建筑一般位于中轴线上，其他附属建筑左右对称分布。其建筑风格为中国传统的土木建筑结构，在工程技术和建筑艺术已经达到了顶峰。在建筑规模上严格遵循等级制度，在院落总进数、单个建筑的体量等方面都有着严格的要求。

清代统治者崇尚佛教，为了加强满蒙、满藏关系，清朝统治者尤其推崇藏传佛教，有清一代，北京城内、外修建了大量佛教建筑，很多建筑风格上有着藏传佛教的风格。道教作为中国土生土长的宗教，在民间的信众较多，当时或由官修或由信众集资修建的道教建筑分布于北京各处，如北京地区就有著名的“五顶”，即南顶、北顶、东顶、西顶和中顶。就总体布局而言，北京地区的佛教和道教建筑依然以中轴线为中心，主要大殿位于中轴线上，配殿左右对称。由于等级和财力的差异，这些寺庙宫观在进数和建筑体量上有一定的差别。

北京地区清代的墓葬基本上可分为以下几个等级：陵寝、园寝、其他高等级墓葬和普通墓葬，另外还有一个特殊阶层的墓葬即太监墓。各类墓葬不但存在着等级上的差异，在墓地布局、墓葬规模、建造工艺和随葬品等方面也有很大的区别，体现了清代社会各阶层在政治、社会、经济地位上的差距，也反映了他们在宗教信仰和生活习俗等方面的不同。

清代陵寝没有做过发掘，但在等级上仅次于陵寝的园寝可以作为其缩影。据考古调查、发掘和研究，园寝的总体布局以中轴线为中心，从前到后依次分布着神桥、碑楼、宫门、享殿、月台和宝顶，四周有围墙等建筑。一个茔地内的墓葬分布严格按照宗法制度，正中为祖茔，左昭右穆。由于地位和财力上的差距，这些园寝在面积、碑制、建筑规模及体量和守茔户等方面有着一定差别[2]。

1 蔡蕃：《北京古运河与城市供水研究》，北京出版社，1984年。
2 宋大川、夏连保：《清代园寝制度研究》，文物出版社，2007年。

其他高等级墓葬包括除园寝以外的高级贵族和高级官吏墓葬。这些墓葬一般都有专门的茔地，周围有围墙，从前到后一般由神桥、旗杆、华表、石碑和墓葬等组成。墓葬一般为砖室墓，由墓道、甬道和墓室组成，墓室有圆形、方形和长方形等，壁上有壁龛，有的设棺床，葬具有棺有椁，有的实行火葬。随葬品有金器、银器、瓷器、玉器和铜器等，数量较多，制作技艺精湛，构思巧妙。茔地内一般以祖茔为中心，后辈以左昭右穆方式排列。由于等级差异，茔地在占地面积、封土和守茔户等方面也不一样，据《清史稿》："一品茔地九十步，封丈有六尺，递杀至二十步封二尺止。缭以垣。公、侯、伯周四十丈，守茔四户；二品以上周三十五丈，二户。"[1]

太监墓葬也有等级方面的差异，高等级太监墓葬以李连英墓为代表，由地上建筑和地下墓室组成。地上部分从南往北依次为祠堂、东西配殿、石桥、牌坊、五供、供案和宝顶。墓室内有棺床，葬具为一棺一椁，随葬品多放在棺内，大多为稀世珍宝。一般太监墓葬和普通墓葬就大同小异了。

普通墓葬包括平民、低级官吏和一般地主的墓葬。这类墓葬没有专门的茔园，但一般也是聚族而葬，同一家族墓葬一般以昭穆顺序排列。这一类墓葬大多数为竖穴土坑墓，有少数为砖室墓或砖石墓。一般实行土葬，火葬占一定比例。埋葬人数有单人葬、2人合葬和多人合葬等几种形式。葬式以仰身直肢葬居多，少数侧身屈肢，还有一定数量的二次葬。头向以北向为主，另外有南向、东向和西向者。葬具一般为木棺，使用瓮棺者占一定比例，少数无葬具。随葬品数量一般较少，多为实用器，其中陶器、瓷器多放置于头顶处，即所谓的"五谷罐"。头簪、耳环、手镯等饰品一般出土于随身佩带位置，铜钱则放于棺内。很多墓葬在墓主人胸前或头下摆放有镇墓板瓦，有的上面还残留有朱砂文字。

在已发现的各种墓葬中，火葬墓占有一定的比例，根据出土的随葬品和纪年资料，这些墓葬大多属于乾隆朝以前的。宋大川、夏连保先生认为，清朝宗室的丧葬方式，大致可以以乾隆朝为界，分为前后两个时期，前期主要以火葬为主流，后期一般以土葬方式入葬。清朝统治者之所以接受汉族传统的土葬方式，其中一条重要的原因就是火葬不利于体现等级，等级制度在丧葬方面的体现就是棺椁之品、封树之数等，火葬不利于体现"哀荣"的原则，也与汉族传统的孝道观念相悖[2]。火葬为满族入关前旧俗，如顺治五年（1648年），清朝颁布的丧葬则例中有一条规定官民人等"有愿从旧制焚化者，听之"[3]，说明入关后，已有一部分满人受汉俗的影响采用土葬的方式了。到乾隆登基当年就严格禁止旗人火葬，并写入《大清律例》中："旗民丧葬概不许火化，除远乡贫人不能扶柩归里不得已携骨归葬者，姑听不禁外，其余有犯，照违制律治罪。族长及佐领等隐匿不报，照不应轻律分别鞭责议处。"[4]从而可以看出，在这以前采取火葬的可能不只有满族，那些在籍的其他民族的旗人也采取火葬方式。

北京地区发掘的清代考古资料涵盖了园林水系、宫苑署邸、寺庙宫观和墓葬等内容，出土的文物包括陶、瓷、金、银、铜、铁、玉器等种类，较全面地反映了清代政治、经济、思想文化、宗教信仰和社会习俗等面貌，为研究和复原清代历史提供了生动的资料。

1　《清史稿》卷九十三《礼》。
2　宋大川、夏连保：《清代园寝制度研究》，文物出版社，2007年。
3　《清圣祖实录》卷三十八"五年四月辛未条"。
4　四库本《大清律例》卷十七。

圆明园、长春园、绮春园 咸丰十年(公元1860年)

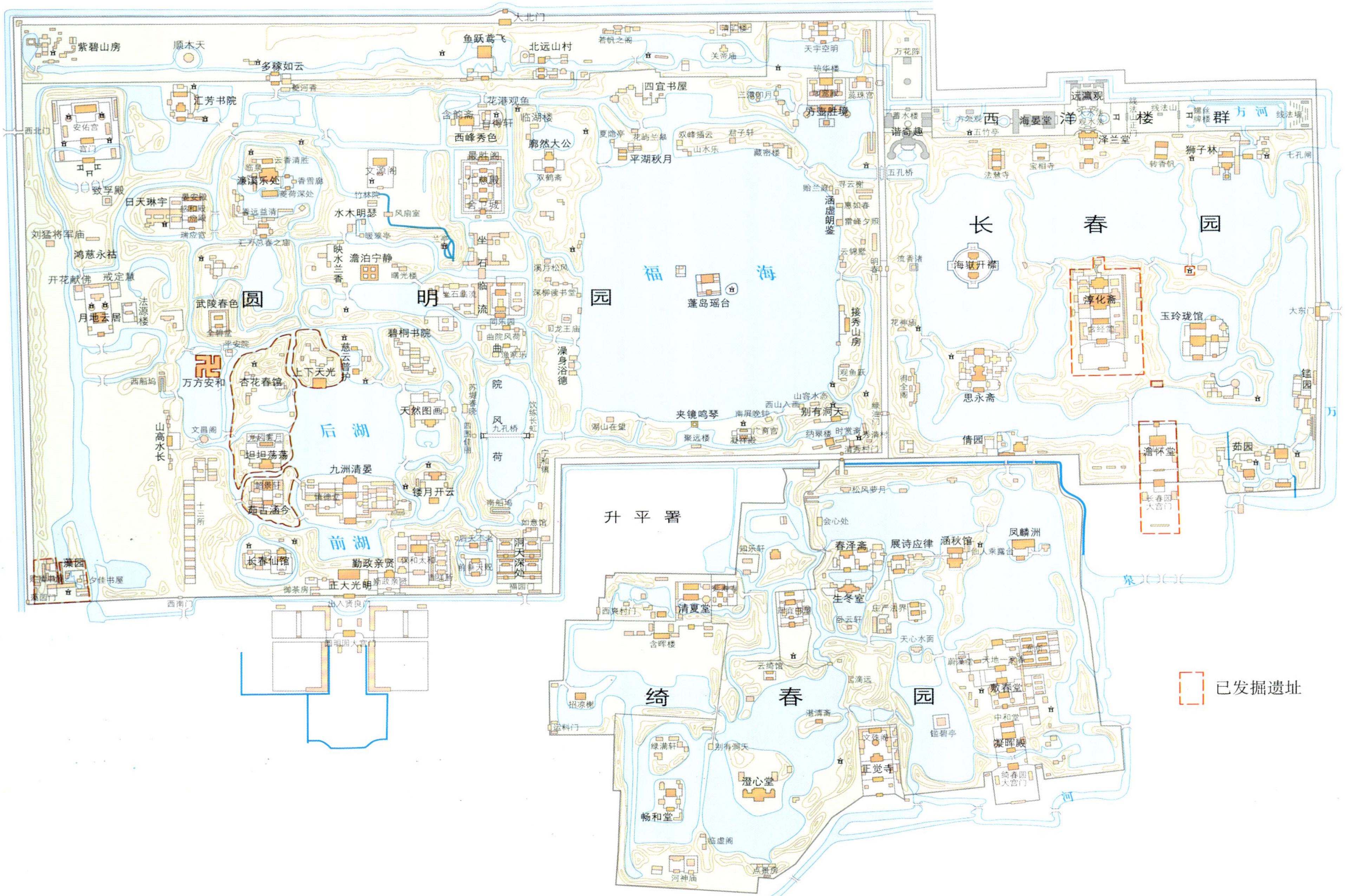

第二节 园林水系

一、圆明园遗址

圆明园遗址位于今北京市海淀区海淀乡西苑村，南连燕园（今北京大学），东南接清华园（今清华大学），西南与颐和园毗邻。圆明园是闻名中外的清代皇家园林，被誉为“万园之园”和“一切造园艺术的典范”，在世界园林史上占有非常重要的地位。其大规模兴建始于康熙四十八年（1709年），后又历经雍正、乾隆、嘉庆、道光和咸丰五代皇帝不断扩建和经营，最终建成了圆明、长春和绮春三座大型皇家御苑，统称圆明园（图11-1）。三园共有园林风景组群108处，总建筑面积约17万平方米。然而，这颗璀璨的明珠，却于咸丰十年（1860年）第二次鸦片战争中，惨遭英法联军抢掠并被纵火焚毁。

1.圆明园长春园含经堂遗址

图11-2 圆明园含经堂遗址

靳枫毅、王继红先生在《圆明园长春园含经堂遗址发掘报告》中对含经堂遗址的概况、遗迹和遗物进行了报道，并根据考古发掘资料结合相关文献对该遗址进行了研究[1]。该遗址位于圆明园东部长春园的中央大岛上，北邻西洋楼大水法遗址，东接玉玲珑馆遗址，南连长春桥和澹怀堂遗址，西与海岳开襟和思永斋遗址隔湖相望。历史上的含经堂建于乾隆十年至三十五年（1745～1770年），为长春园中心区规模最大的一组建筑景群，内设广场、牌楼、毡帐、宫门、影壁、垂花门、大型宫殿、斋室、看戏殿、扮戏房、戏台、敞厅、回廊、亭榭、假山，还有买卖街等各类建筑景点30余处。含经堂是圆明园景群中规模较大、最具民族特色、建造工艺最为考究、收藏极为丰富、代表清代皇家园林最高建筑水平因而最具历史文化价值的宫殿景群之一，但因为英法联军的抢掠和封建军阀、土豪劣绅的拆抢、盗卖，地面建筑今已荡然无存。整个遗址总占地6万余平方米，建筑遗迹面积近3万平方米（图11-2）。

2001年4月～2003年12月，经过国家文物局的批准，北京市文物研究所对含经堂遗址进行了考古发掘，发掘面积35000平方米，清理出广场遗迹、宫门遗迹、含经堂院落遗迹、淳化轩及殿前假山、蕴真斋、北院门、得胜概敞厅、渊映斋、扮戏房、戏台、看戏殿、买卖街、涵光室、三友轩、静莲斋、理心楼、待月楼、澄波夕照敞厅、宫墙、值房、库房、井亭和云容水态敞厅遗迹等。

经发掘，含经堂宫苑组群主体建筑布局为一座坐北朝南的长方形大院落，四周围砌宫墙，中间有中轴线将整个宫苑建筑群划分为中、东和西三路。从建筑的规模与格局结构特点

1 北京市文物研究所：《圆明园长春园含经堂遗址发掘报告》，文物出版社，2006年。

看，中路建筑宏伟、严谨和庄重；东、西两路建筑则规模略小，布局和结构富于变化，尤以西路更为明显。若以淳化轩与含经堂之间的一组叠石假山为界将含经堂宫苑组群分为南、北两区，则南区建筑是以中轴线为轴心，布局严整对称，敞阔、庄严而尊贵；北区建筑虽然在整体上也大致沿中轴线对称分布，但在具体置景、结构上却变得灵活、自然。下面自南而北依次简要介绍含经堂遗址。

广场正南中央和东西两侧各有琉璃牌楼基址1座，形状、结构相同，规格相近，均为四柱三间式。基槽四壁及底部均以三合土墁筑，然后再砌城砖和条石。基槽四周均见散水三合土基础。广场南、东、西三面有宫墙遗迹，以城砖砌筑，底部均有基槽。宫墙内外侧还残存有散水。在南牌楼和含经堂月台之间，发现南北向中心甬道1条（为中轴线），向南通往长春桥；在东、西牌楼之间，发现东西向甬道1条，向东通往云容水态敞厅，向西通往思永斋。均残存三合土与碎石、残砖夯筑而成的基础。甬道两侧残存有砖雕铺地图案印记。宫门月台南侧、南北向甬道两侧分别发现对称的圆形和方形毡帐基础各1座，基础皆以三合土夯实打底，上砌两层青砖，以雕砖铺地形成图案，周围有散水。广场上共发现树坑58个，分7排有规律的分布于广场上。

宫门位于广场北端，面阔5间，四面有檐廊，北侧两端与宫墙相连，南侧有月台，南、北侧中央设台阶，北檐廊东、西两侧连接回廊。月台两端各设有台阶与东、西垂花门相通。

含经堂遗址中轴线上自南而北分布有三进院落，第一进院落为含经堂院落，第二进为淳化轩院落，第三进为蕴真斋院落。

含经堂院落遗迹包括影壁门、甬道、含经堂正殿、东西配殿、霞翥楼、梵香楼、回廊、垂花门和宫墙等。影壁门位于宫门内，今残存基槽、柱础石和滚墩石。南北向甬道与广场中心甬道相连，含经堂东西配殿正中又设有东西向甬道在院中心与前者相交。含经堂正殿位于中轴线上，坐北朝南，原为二层七间重檐歇山琉璃瓦顶大殿，为含经堂建筑群中的中心建筑，今残存基础，从发掘情况可见大火严重焚烧的痕迹。正殿东西两端还各发现连地炕1座。其南北正中均设有台阶，四周有散水。东、西配殿各面阔5间，地面建筑已不存，仅余基础。

霞翥楼坐东朝西，位于含经堂东配殿东，与梵香楼作东、西对称布局，平面呈“山”字形，南、北房各3间，东房7间，前厦3间。

梵香楼位于西配殿西，平面亦呈“山”字形，南、北房各3间，西房7间，四面残存散水。梵香楼与西配殿之间残存十字甬道，方砖铺面，两侧铺条石。

含经堂院落两侧设有回廊，一直延伸至淳化轩和蕴真斋院落内东西两侧。梵香楼南北两侧及霞翥楼南侧侧各残存有垂花门1座，分别连接广场与涵光室院落。含经堂院落南侧和东西两侧以及北区宫苑的东西两侧和北侧，都围砌有虎皮石宫墙，宫墙外侧铺有散水。

含经堂正殿以北为淳化轩院落。淳化轩月台正南尚存太湖石叠砌的假山基础1处，分东、西两组，以中轴线为中心呈东西对称分布。月台与假山之间残存甬道基础。淳化轩位于中轴线上，为含经堂建筑群主体建筑之一，平面呈长方形，坐北朝南，面阔7间，进深3间，台明保存较好。轩内残存连地炕6座。

淳化轩之北为蕴真斋，平面呈“十”字形，坐北朝南，面阔7间，周有回廊，带前抱厦5间与后抱厦3间。其基槽与台基做法与淳化轩一致。斋内发现连地炕4座。殿前有月台与淳化轩相连，以三合土夯筑。

北院门位于蕴真斋北侧，尚存基址，东西两侧接北宫墙，

得胜概敞厅遗迹位于北院门以北，北山口背后临湖处，即含经堂遗址中轴线的最北端，有青石铺就的甬道与北院门相通。面阔3间，现存三合土基础和毛石栏土墙台基，散水及云石踏跺基本完整。

东路渊映斋位于淳化轩东侧回廊外，面阔3间，带前、后廊，与西路涵光室对应。

渊映斋北檐廊与扮戏房前檐廊之间设月台，月台北为扮戏房，面阔5间。北有甬道与“乐奏钧天”戏台相通，戏台基址平面呈“凸”字形，以花岗岩砌筑。地井四壁和底部有大量火烧后遗存的木炭。

“神心妙达”看戏殿位于戏台正北，平面呈长方形，面阔5间，台基保存较好，四周残存散水。与戏台之间为青砖铺地小院，可见火焚痕迹。

买卖街又称长街，位于看戏殿、戏台、扮戏房、渊映斋和霞翥楼东侧宫墙外，共计40间，共分9个单元。残存灶28座。

西路涵光室位于淳化轩西侧回廊外，与渊映斋东西对称，面阔5间，设东、西耳房各1间。

三友轩与叠石假山位于淳化轩西侧，叠石假山坐东向西，口朝东开，三友轩坐落其中。现存三友轩殿基，坐北朝南，平面呈长方形，面阔3间。台基三合土芯和毛石拦土墙以及散水都较完好，在东西次间内保存连地坑2座。台明南、西、北三面外侧铺设冰裂纹石面散水。在台明南侧中部与涵光室中间，还有台明北侧中部及西北隅与叠石假山之间，各用太湖石垒筑踏步1座。假山内设有4条曲径通道，分别连接南侧的涵光室与北侧的静莲斋，东北侧的蕴真斋，西侧的待月楼与涵光室，假山里面的三友轩与涵光室及静莲斋，则以太湖石云步踏跺形式相连接。通道底部也以太湖石精心铺砌，以白灰勾缝。在假山南、西、北三面外缘山根石窝中及中间天井通道西侧台上，还发现有8个植树坑和残存的古柏根部。

静莲斋位于三友轩和叠石假山北侧。现存静莲斋殿基坐北朝南，面阔5间，平面呈长方形，前、后有廊檐。其台基三合土芯和毛石拦土墙大部保留，仅局部残缺，东、西稍间内各有连地坑1座。

理心楼位于静莲斋北侧、蕴真斋西侧。现存殿基坐北朝南，平面呈长方形，面阔5间，前面有廊檐。台基三合土芯、毛石拦土墙较完好，散水尚有部分保存，东、西稍间内各遗留连地坑1座。

待月楼位于三友轩和叠石假山西侧。现存待月楼殿基坐西朝东，平面呈长方形，面阔3间。台基三合土芯和毛石拦土墙较完好，台明边界较完整，东侧散水和云石踏跺较完好。

澄波夕照位于含经堂宫苑西宫墙外、西山口临水处。台基坐东朝西，平面呈长方形，面阔3间。台基三合土芯和拦土墙大多完好，南侧卵石散水尚存，北侧和西侧保留较完好的云石踏跺，东侧爬山廊基础犹存（图11-3）。

图11-3 “澄波夕照”遗址

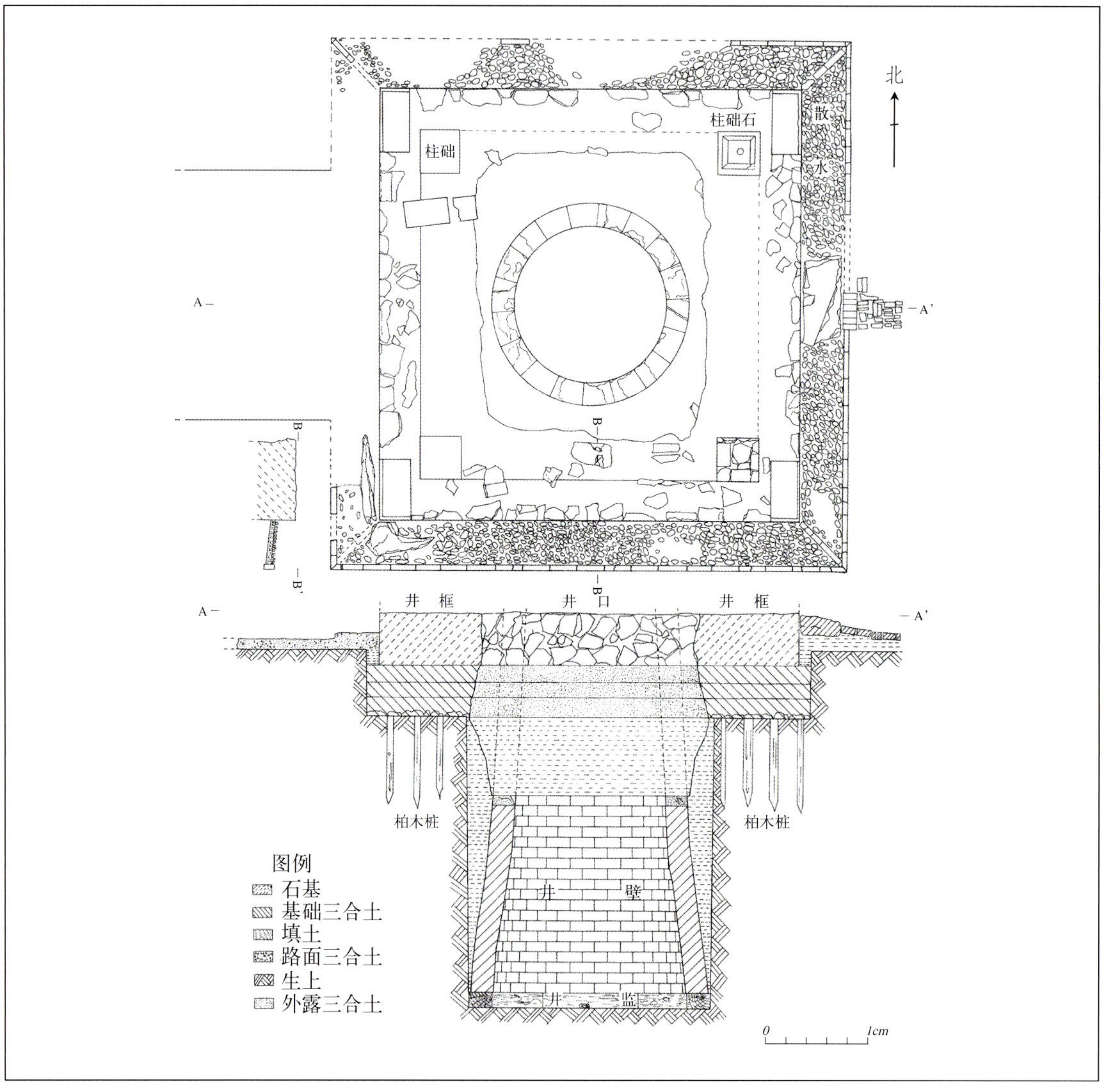

图11-4　井亭遗址平、剖面图

北区宫墙皆以毛石垒砌，以白灰勾缝。在理心楼西北隅宫墙外接砌有青砖礓礤。

在含经堂宫苑宫墙之外和周围假山之间，有值房与库房遗迹及井亭遗迹；在东南山口外临湖处，还有云容水态敞厅遗迹等。

在含经堂宫苑西北隅、西宫墙与北宫墙外侧及假山内侧脚下，有值房基址1处，共12间，以毛石、青砖和白灰砌筑，平面呈曲尺形。房址东南角前檐下，发掘出排水设施下水道，排水口上面遗留有石地漏与地漏石盖一套。房址和护山墙之间还发现3个灶。房址的南山墙向西有一段延伸墙，墙体的西段保留一段花墙。值房院落的围墙由护山墙和主墙体构成。

在含经堂宫苑东侧宫墙外，买卖街对面、假山内侧山脚下及宫苑东北隅北宫墙外侧，还建有库房5座，共29间。

井亭位于含经堂宫苑南区东侧假山西坡脚下，西邻买卖街和霞翥楼。遗址保存尚好，台基平面呈正方形，用毛石、石条、青砖和白灰砌筑，四角均保存有长方形角柱石。井亭中间上部保存有井框，平面呈“回”字形（图11-4）。

从广场南北向中心甬道南端，即从南牌楼中心往南，然后再拐向东南通往长春桥残存甬道1条。从广场东西向甬道东端，即从东牌楼中心往东，然后再拐向东南山口通向云容水态敞厅残存甬道1条。从广场东西向甬道西端，即从西牌楼中心往西，然后往西南山口拐弯，再通向思永斋湖岸残存甬道1条。这3条甬道大部分残存三合土、碎石子和碎砖块混合夯筑的路基，个别地段残存路面上的卵石及包边青砖。

西南山口与思永斋连接处残存木桥基址1处，东西总跨度15.7米。破坏较严重，仅保留有两侧驳岸和桥桩。

东牌楼东南侧残存有1处三合院基址，有主房、西配房和东配房，主房内残存2个灶址。院内有“十”形石甬道，门楼外有“T”字形甬道。

东牌楼外东甬道北侧残存房址1处，坐北朝南，平面呈长方形，面阔4间。房址内残存灶址 2处。

明漪潇照遗址位于含经堂遗址东部土山上，东面临湖，为1座临水方亭建筑，残存拦土墙、夯土台芯、灰土基础、柱础坑、压条石、转角石、散水、台阶和甬道等。基础下还夯有密集的地钉。

云容水态敞厅位于东南山口临水处，与南岸众乐亭相对。遗址保存较好，坐北朝南，平面呈长方形，面阔5间。

静缘亭遗址位于得胜概东。基址为八角形，边长4.96米。破坏较严重，保存下来的遗迹有散水、转角石、阶条石、柱础石、柱础坑、拦土墙、台基、灰土基础、台阶和引路等。

含经堂遗址共出土铜、铁、玉、陶、瓷、螺钿、玻璃、石刻及各类建筑构件近千件（图11-5），绝大多数属残件，完整者甚少。

此次对含经堂遗址的全面考古发掘，彻底搞清了含经堂宫苑建筑景群的建筑格局、规模、结构特点及局部改建和添建的情况。由于该遗址保存状况相对较好，因而获得了一批较为完整而系统的考古资料，结合相关清代史料，明确了含经堂宫苑景群主体建筑的年代，是在乾隆十年至三十五年（1745～1770年）间，即正值清朝盛期时兴建的，如整个南区和北区中路、西路建筑，东路的渊映斋及买卖街、井亭、值房和云容水态敞厅等，仅有很少一部分建筑如扮戏房、戏台、看戏殿和库房，是嘉庆十九年（1814年）年之后改建和添建的。因此，含经堂景群的设计和建造技艺质量与水平，无疑代表了清代盛期皇家园林建筑设计和营造的最高水平。考古发掘所获得的资料，还从多个方面印证了文献典籍中关于含经堂的记载。考古发现表明，大多数宫殿基址及其周围地面，都有被大火焚毁的痕迹，甚至还残留有烧毁的木地板，这些火烧遗存，是圆明园在1860年惨遭英法联军抢掠并纵火焚毁的罪证。圆明园见证了末代封建王朝由极盛到极衰的历史，记录了中华民族伟大而精妙绝伦的创造力以及惨遭欺侮的血泪史，也让我们记住了侵略者的贪婪和残忍。

图11-5 含经堂遗址出土陶范

2. 圆明园长春园宫门区遗址

王继红女士在《圆明园长春园宫门区遗址发掘报告》等著作中报道了长春园宫门区遗址的发掘情况，并结合相关文献进行了研究[1]。圆明园长春园宫门区遗址的考古发掘工作始于2001年8月下旬，结束于2004年11月下旬，发掘面积21000平方米，揭露出宫门、宫墙及其附属建筑（左门、右门和值房）、广场上建筑（东朝房、西朝房、影壁、甬路、地下排水道）、早期房址、牌楼门及其附属建筑遗迹（牌楼门院墙、角门以及甬路）、澹怀堂庭院遗迹（正殿澹怀堂、东配殿、西配殿、回廊以及甬路）、众乐亭及澹怀堂庭院东西侧的地下排水道等遗迹，出土有汗白玉构件、青石构件、砖瓦和瓷器等遗物。

宫门位于宫门区中心，南对影壁。基址残存基槽、砖石墙基、后檐墙、柱础、夯土芯和散水，平面呈长方形，面阔5间，长19.5米，宽10.9米。其后有檐廊。

宫墙位于宫门两侧，东西走向，被破坏严重，残存基槽、石墙基和散水。

左门位于宫门东侧，残存基槽、磉礅、夯土芯和散水，平面呈长方形，长5.63米，宽5.1米。

右门位于宫门西侧，残存基槽、砖墙基、磉礅、柱础、夯土芯、台阶基础、转身台和散水，平面呈“凸”字形，长5.63米，宽5.1米。

东值房位于宫门区的东部，坐南朝北，面阔 2 间，残存基槽、砖石墙基、磉礅、柱础、阶条石、夯土芯、台阶基础、转身台、灶、三合土面、踏步石和散水，平面呈长方形，长 6.5 米，宽 4.95 米。

东朝房位于广场东侧，坐东朝西，面阔5间，前、后各有檐廊，残存灰土基础和磉礅痕迹。平面呈长方形，长18.1米，宽9.65米。

西朝房与东朝房左右对称，形制相同，残存有基槽、拦土墙、柱础、夯土芯和台阶基础。

影壁位于广场的南部，东西向，仅残存花岗岩条石铺成的基础。

主甬路位于宫门正南部，与连接东、西朝房的甬路相交呈“十”字，都仅存部分三合土基础。

宫门南部有一排水道，北起东朝房西南角南侧，穿过影壁向南延伸，仅存三合土基础。

牌楼门为进入宫门的第二道门，坐北朝南，残存灰土基础、三合土柱台、礓礤基础和散水。平面呈长方形，长11.65米，宽8.35米。其东西两侧各有院墙，仅残存基础。

东角门位于东值房的西北角，南北向，残存踏步石、散水和踏步基础。平面呈长方形，残长1.85米，宽1米。

宫门与牌楼门之间设有主甬路，两侧还各有辅路，与中部的东西向甬路相交呈“卅”字形，都破坏比较严重，仅残存三合土基础，

澹怀堂大殿为长春园正殿，位于宫门区北部中轴线上，坐北朝南，面阔5间。有前、后两院，前院正门为牌楼门，东、西两侧各建配殿5间；后院以回廊围筑，北部正中为众乐亭。其中大殿破坏较严重，仅残存基槽、台基、灰土基础、拦土墙、柱础、月台、台阶、土衬石、陡板石、铺地砖和散水等。

众乐亭位于澹怀堂大殿正北，南半部已无存，仅余伸入湖中的部分台基，包括条石、砖基、三合土面和码头石台阶等。

1 王继红：《圆明园含经堂与澹怀堂遗址》，《2001年中国重要考古发现》，文物出版社，2002年；北京市文物研究所：《圆明园长春园宫门区遗址发掘报告》，科学出版社，2009年。

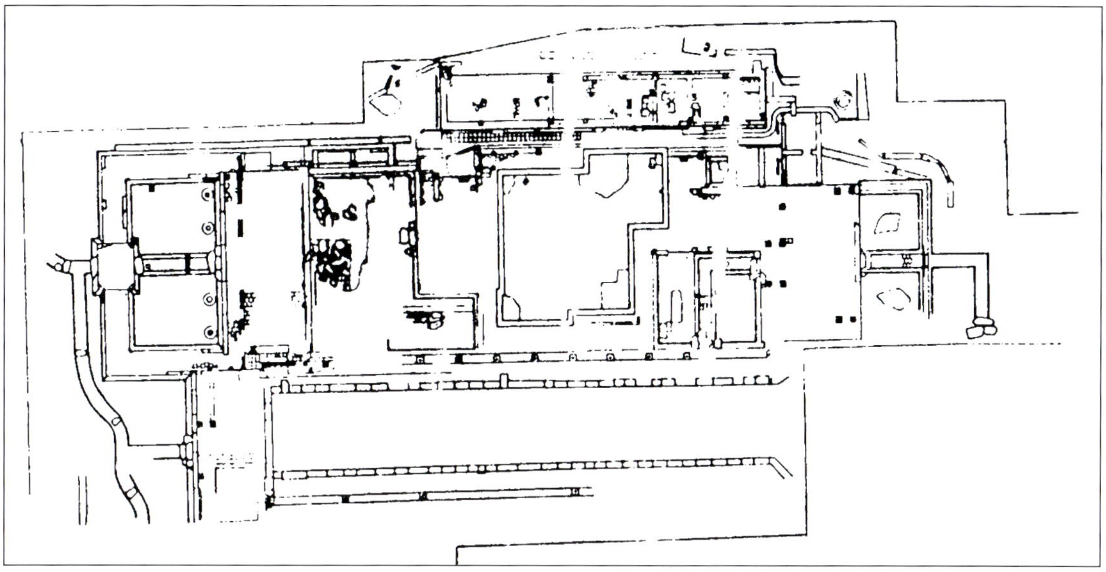

图11-6 圆明园藻园遗址平面图

澹怀堂庭院东西两侧设有排水道，大部分被破坏严重。

长春园宫门区遗址出土遗物共计160件，分为汉白玉件、青石件、砖瓦件和瓷器。

据作者研究，长春园宫门区建筑组群始建年代不晚于乾隆十年（1745年），竣工年代当在乾隆十二年（1747年）。遗址中保存的火烧遗迹，是英法联军火烧圆明园的罪证之一。

3. 圆明园藻园遗址

1994年9～12月，北京市文物研究所对圆明园藻园遗址进行了考古发掘，发掘面积4600多平方米，揭露出藻园遗址西部建筑群之一部和东部之一部，即林渊锦镜、贮清书屋、自远轩、履吉斋、精藻楼、船坞、湛清华、夕佳书屋、凝眺楼、湛碧轩局部、溜琴亭局部、临众芳、水池等（图11-6）[1]。

林渊锦镜又名旷然堂，位于园内西南，南临园门，北为贮清书屋，东临精藻楼。其殿南有院，院阔15.15米，进深8.55米。院四周有回廊。南厢回廊中部有院门，仅存台基，平面呈长方形，四角有角柱石，四周环有卵石散水。门南侧有一如意踏步，前有卵石小径往西南通往藻园门，另有一岔路向东到精藻楼。门北亦有一如意踏步，有甬道抵林渊锦镜殿。林渊锦镜殿台基平面长方形，东西长16.15米，宽8.13米。西北角已残，东北有回廊与精藻楼后船坞回廊相接，前檐与东西回廊相通。台基西南角存有檐柱和内柱柱顶石各一，前部残存四段槛墙裙肩，台基上错缝平铺方砖。前有如意踏步，连接垂花门内的甬道。四周环布散水。

贮清书屋北临水池，东临船坞，西侧有围墙与林渊锦镜相接，东连水池的南岸回廊。台基平面长方形，面阔3间，进深1间。土衬石上有一层阶条石。前、后廊进深皆为1.3米。台基南侧残存两级如意踏步，其南有卵石小径通往船坞。

水池南接贮清书屋，北连自远轩，西北有小亭，除西岸北段外，皆有回廊等建筑环护。平面曲奇雅致，周边砌有石条护岸，石条之间以银锭锁相连。池南回廊仅存夯土台基，与贮清书屋连为一体。池北岸有小亭、自远轩。小亭基础南北长3.55米，宽3.16米。其北边留有阶条石和角柱石，西侧残留腰线石，西北角残存一柱顶石。亭北有小院，西、北为墙，东、

1 王有泉：《圆明园之藻园遗址考古发掘报告》，《北京文博》1999年1期。

南为自远轩与亭。自远轩往东有回廊接船坞西侧水池回廊。东岸回廊东依船坞，与北、南两岸回廊连接。水池西岸北半部应有亭、榭一类较大型建筑，但仅余夯土台基。

自远轩、履吉斋位于水池北侧，北经履吉斋北小院可出藻园。二者位于同一台基上，轩在南，南北向；斋在北，东西向，两者与船坞西岸北段及水池东段回廊形成一座院落。斋北有院墙环绕。台基平面曲尺形，轩南北长8.35米，宽5.7米；斋东西长13.72米，宽9.25米。二者皆用方砖铺地。斋面阔3间，进深1间，四周环有檐廊，廊进深1.3米。轩面阔2间，南部有廊。

临众芳位于贮清书屋、水池、自远轩西侧，西有砾石垒砌的藻园园墙。房基面阔9间，进深1间。除东侧有阶条石外，其余三面均以青砖替代。大部分房间前都残存一阶踏步，两旁散水保存较好。

精藻楼又名萃藻楼，与其北侧藏舟坞位于藻园中部。藏舟坞南北长46.5米，北端接圆明园水系，东西两侧有回廊。东、西、南三面有石泊岸。西侧回廊南端有小廊与林渊锦镜相通。精藻楼位于船坞正南，台基面阔3间。现残存有部分阶条石、角柱石、柱顶石等。精藻楼前有院，院内有卵石花径，一向西南至林渊锦镜垂花门前，一向东北经院门入湛清华前之院落。

溜琴亭位于湛清华正南，亭残存4个石柱和一段墙。花园以亭为中心环绕分布，以假山石堆砌。

凝眺楼位于藻园东部，北临水池，东西长9.65米，宽4.9米，基础以长方形条石砌筑，石条之间以银锭锁相连。石条上为三合土夯土，夯土外围包有青砖。东北残存一段砖墙，南侧有楼梯残迹。其东部台基东西长7.15米，宽6.5米，夯土夯筑而成，周以石墙。

夕佳书屋西北为水池，西南为凝眺楼。南北残长10.5米，宽4米，三合土夯筑台基，方砖铺地。

湛清华西为精藻楼，南为花园。其东西长12.5米，宽8.6米。殿基为夯土，其上为三合土。南侧有一青石台阶，再南为石子甬道，往东、西分别通往凝眺楼和精藻楼。

湛碧轩位于船坞东侧，东南临水池。只清理出部分基础，残长5米，宽4米。轩至精藻楼之间为围墙，两侧有散水。

藻园偏于圆明园西南隅，不在“圆明园四十景”之列，属圆明园后续营建的景点之一，始建年代不晚于乾隆二十四年（1759年），东路水池周围的建筑似应略早于西路，毁于1860年英法联军大火。同治十二年（1873年）进行局部恢复重建，但因财力所限，估计修复范围不大。藻园作为圆明园西南角出入的园门而建，其中斋、堂、亭、轩、楼、馆、榭俱全，假山、水池点缀其间，空间收放有序，为当时园林之佳作，惜国弱敌侮，惨毁于英法联军的一把大火。

4. 圆明园北夹墙

2006年12月6～30日，为配合圆明园遗址的应急补水工程，北京市文物研究所对工程涉及的范围进行了考古勘探。工作范围在圆明园遗址公园北夹墙内，紫碧山房的东侧，北邻五环路，沿北夹墙东西向分布（图11-7）[1]。

本次考古勘探采用勘探结合探沟的方法，共开探沟5条，发现建筑基址8处。

F1位于探区的东部，东西长8.2米，宽1.4米，深0.5～1.2米。

F2位于探区的东部，东西长10.4米，宽1.6米，深0.7米。

F3位于探区的中部偏东，东西长7.6米，宽1.4米，深1米。

1　北京市文物研究所：《圆明园北夹墙考古勘探报告》，《北京考古》第二辑，北京燕山出版社，2008年。

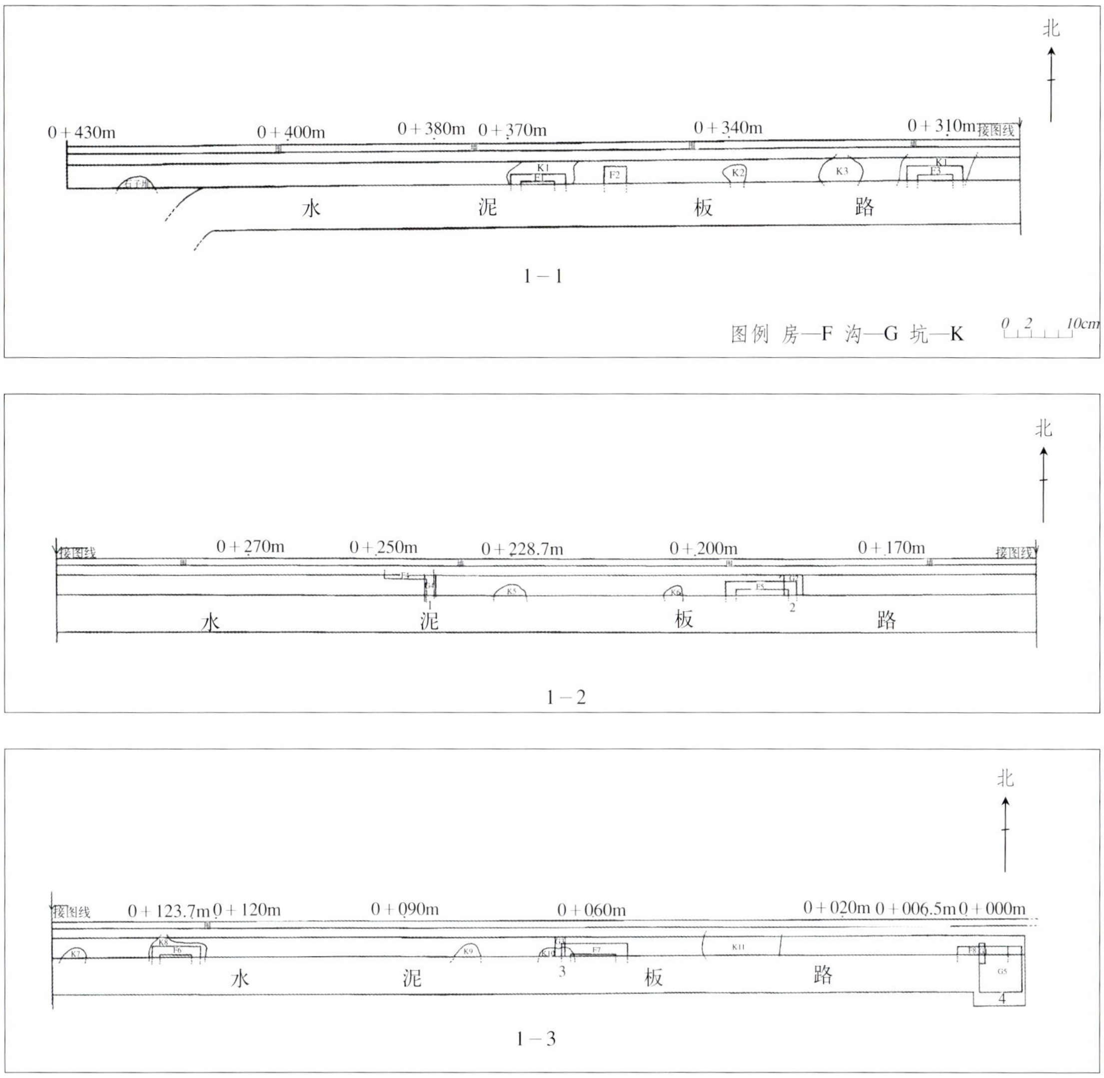

图11-7 圆明园应急补水工程考古勘探平面图

F4位于探区的中部偏东，东西长11.2米，宽1.2米，深0.5～1.2米。

F5位于探区的中部偏西，东西长7.8米，宽1.2米，深1.1米。

F6位于探区的中部偏西，东西长7.6米，宽1.2米，深1米。

F7位于探区的西部，东西长7.4米，宽1.2米，深1.1米。

F8位于探区的西部，东西长3米，宽2.1米，深1.2～1.5米。

房址被破坏严重，大部分仅余三合土基础，部分见石块和青砖。

虽然由于条件的限制，勘探区的南侧不能进行工作，这些建筑基址只能探明北半部分的情况，但基本上可以推测出这一部分建筑的布局。从建筑基址的用料和做法来看，推测它们为清代建筑。从布局和规模来看，其用途可能是清代圆明园内负责安全防卫的建筑设施。

5. 圆明园水闸遗址

2004年11月，为配合北京市一零一中学基建项目，北京市文物研究所对位于圆明园区内的清代水闸遗址进行了考古发掘。遗址位于圆明园西南部一零一中学音美艺术楼东北，东与学生公寓相距21米，西南与礼堂相距3米，北距体育场10米[1]。

1 北京市文物研究所：《101中学清代水闸遗址发掘简报》，《北京文博》2005年1期。

图11-8 圆明园内101中学水闸平、剖面图

图11-9 圆明园内101中学水闸

图11-10 圆明园内101中学水闸上银锭锁

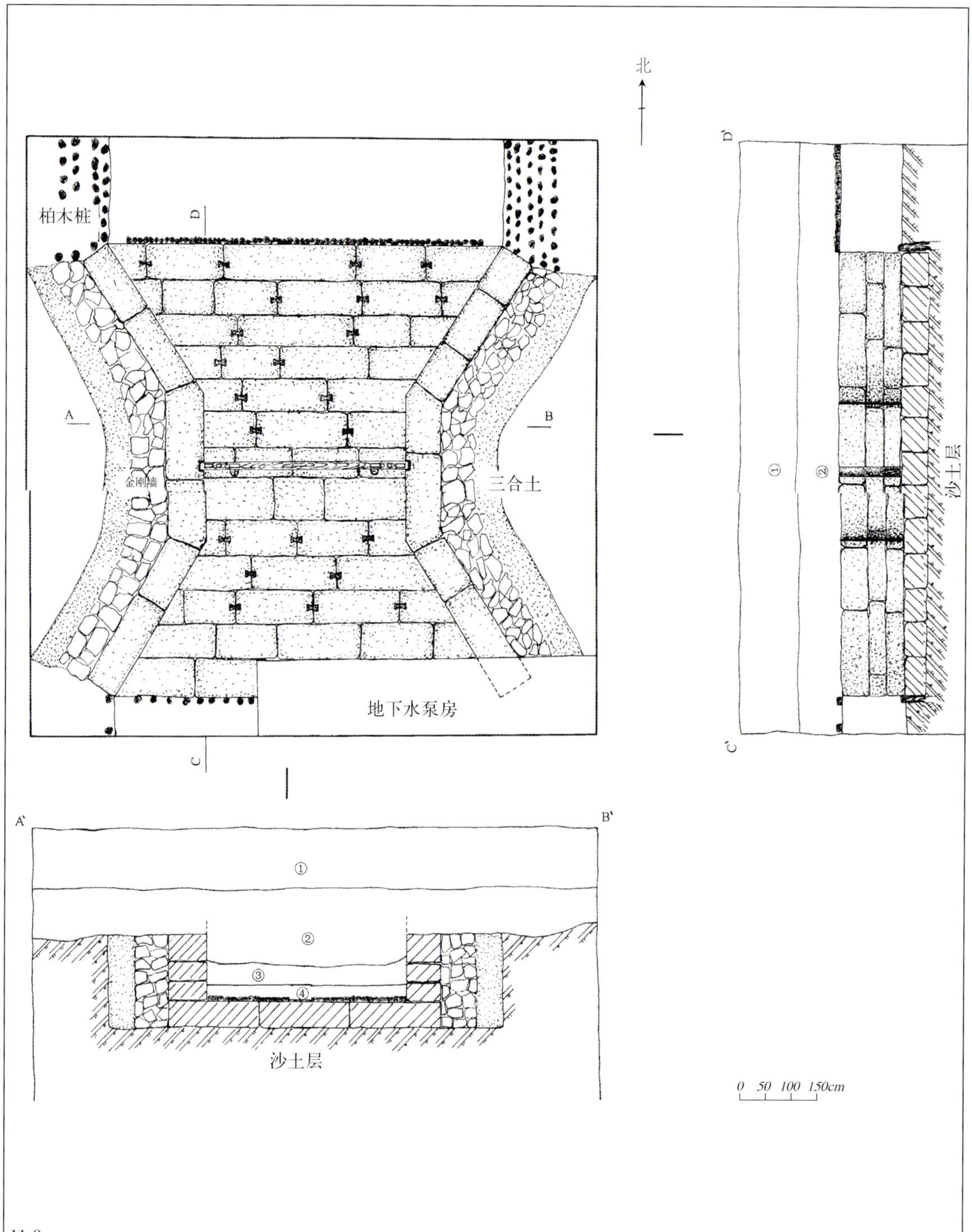

11-8

11-9

11-10

图11-11 圆明园正觉寺天王殿遗址发掘现场

水闸由闸门、水道、护堤和柏木桩等4部分组成（图11-8、图11-9）。闸门水道呈南北向长方形，中间设木结构板闸一道，镶嵌于东西两侧的石堤凹槽内，底部用条石错缝平铺加白灰膏砌成。条石对接处用银锭锁相接（图11-10）。

水闸南北两侧用条石砌成燕尾式护堤，东西宽7.4米，南北通长8.15米。中间水道东西长3.85米，南北宽2.6米，残高1.16米。木闸板长4.1米，高0.25米，厚0.15米，上部东西两端凿有长方形榫窝三处，系用油松木加工而成。南北两侧燕翅与水道石堤夹角35°。

燕尾式闸门水道两侧均用条石错缝砌成护堤与土岸之间用自然石坐白灰砌有金刚墙一道，金刚墙外侧与土岸间用白灰三合土填充夯实。在石结构水道南北两端钉有柏木桩，其作用是为了加固水道的稳固性。

护堤柏木桩位于燕尾式石堤南北两端，其特点是南端木桩分布稀疏；北端东西两侧护堤柏木桩分布密集，起到很好护堤作用。

《钦定日下旧闻考》卷八十《国朝苑囿·圆明园一》载："园内为门十八，南曰大宫门，……为闸三，西南为一空进水牐，东北为五空出水牐，为一空出水牐。"又载："圆明园之水发源玉泉山，由西马场入进水牐，支流派衍，至园内日天琳宇、柳浪闻莺诸处之响水口，水势遂分，西北高而东南低，五空出水牐在明春门北，一空出水牐在乐珠宫北，水出苑墙经长春园出七空牐，东入清河。"此次清理的水闸位于圆明园的西南部，应为文献所载"进水牐"。

6. 圆明园正觉寺天王殿遗址

正觉寺位于圆明园内万春园的中南部，总体建筑平面呈长方形。由山门、天王殿、三圣殿、文殊阁及东、西配殿等建筑组成。天王殿位于正觉寺内南部，介于山门和三圣殿之间，南距山门26.7米。为配合圆明园正觉寺天王殿的修复工作，2004年3～4月，北京市文物研究对天王殿遗址进行了考古发掘工作（图11-11）。

天王殿基址坐北朝南，平面呈长方形，东西长19.35米，宽9.12米，面阔五间，进深2间，无前廊后厦。殿基基础为夯筑三合土，厚约0.8米，共分8层。基础表面残存砖磉墩16个。其东西墙基础用城砖砌成，南北墙基础由自然石块垒砌而成，宽0.55米，残高0.4米，残长2.15米。天王殿前、后踏步基础因被破坏严重，其范围结构不详。

正觉寺始建于乾隆年间，属典型的清式建筑，1860年被英法联军烧毁。通过此次发掘工作，确定了天王殿在正觉寺中的准确位置，了解了天王殿形制结构，为下一步的修复工作提供了科学依据。

7. 圆明园正觉寺门前道路等遗址

圆明园地铁站位于正觉寺山门前南侧，清华西路正中，万泉河的北岸。2005年6月，北京市文物研究所对圆明园地铁站占地范围内进行了考古勘探和发掘，发掘240平方米，发现清代三合土路基1条（L1）、正觉寺山门前甬路1条(L2)、房址1处(F1)和水道2条(G1、G2)（图11-12）[1]。

三合土路基（L1）位于正觉寺南，北距正觉寺山门66.6米。东西向，残长65米，主路宽4.2～4.4米，主路两侧辅道各宽1米。主路基为三合土夯筑而成，土质坚硬，夯土内浇灌糯米糊，厚0.45～0.9米。上有铺有大量的白灰，并能清晰地看见原铺石条的痕迹，所用石条从痕迹判断长1.03～1.65米，宽0.5～0.55米，厚0.25米，错缝南北向平铺。辅路亦为三合土夯筑而成，但较主路基酥软，未加灌糯米糊，其底部局部打柏木桩加固，柏木桩相距0.3～0.37米。

甬路（L2）位于正觉寺山门正南与L1垂直相交，北达正觉寺山门，南北长66.6米，东西宽5.6米。路基为三合土夯筑而成，共4层，厚约0.36米。路南端存留东西向错缝平铺石条两排，路基东西两侧还发现南北向包边石条，石条长1.03～1.65米，宽0.5～0.55米，厚0.25米。

F1位于发掘区东北部，正觉寺“八”字墙东南端。平面呈长方形，坐北向南，面阔2间，宽6.1米，进深4.65米。墙基用毛石堆砌，较为规整，石基上垒砌青砖。

水道共2条。G1东距G2约6.4米，南北向，底部铺石条，两侧砌青砖，上用石条封盖，宽0.86米，高1米。从其走向推断，应与正觉寺东门东侧水道相通。G2位于G1的东部，南北向，底、边和顶全用石条砌成，宽0.55～0.65米，宽0.9米，深0.68米。水道北端与正觉寺东南角水道相通，南通向万泉河。

清档《圆明园》记载，正觉寺于清乾隆三十八年（1773年）建成，为喇嘛寺。

圆明园地铁站发现的东西向石甬路，规模大、规格高，是清盛世圆明园外围非常重要的交通要道，它与圆明园内及外围水道、陆道联成一体。其结构和位置充分反映了它在圆明园中的重要性，是研究清代道路结构的重要资料。

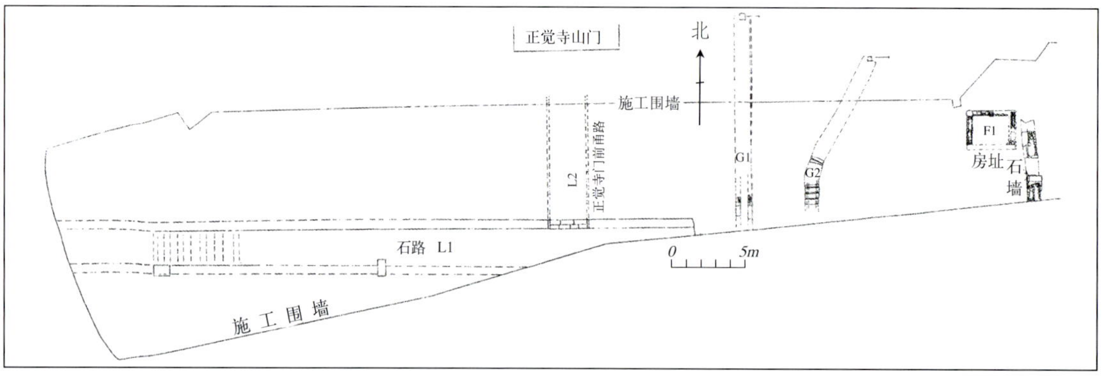

图11-12 圆明园正觉寺门前道路等遗址平面图

1 北京市文物研究所：《地铁四号线圆明园车站考古发掘报告》，《北京文博》2006年2期。

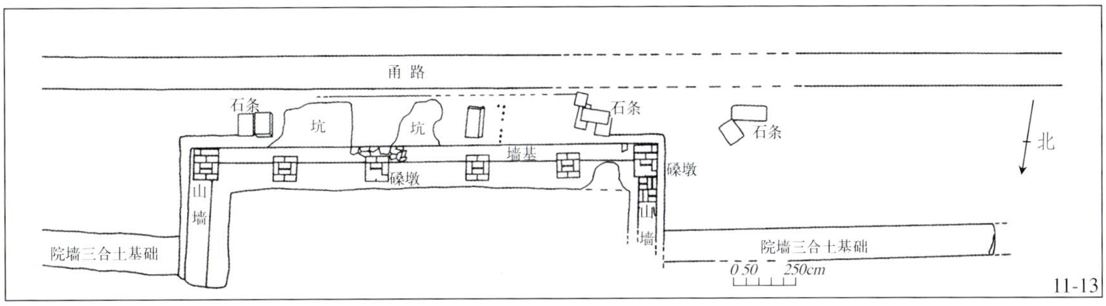

图11-13 畅春园大宫门建筑遗址平面图

图11-14 畅春园大宫门建筑遗址

二、畅春园大宫门及西花园石桥遗址

2000年4月25日～6月4日，北京市文物研究所在配合西北四环路工程的建设中，对清代著名园林畅春园大宫门建筑遗址和西花园一石桥遗址进行了大规模的考古勘探和发掘，发掘总面积2300余平方米[1]。

1. 畅春园大宫门建筑遗址

畅春园大宫门建筑遗址位于海淀镇西上坡以西，现存中部的大宫门基址、两侧的朝房基址和西面的一段院墙基址。由于近现代地面设施的破坏，这些建筑遗迹基址仅部分保存下来。受地形的限制，这组建筑群的方位略偏向东南，每一单体建筑的基础做法也不尽相同。

畅春园大宫门建筑遗址居于正中，面阔5间。东西长约17米，北半部残毁，南部墙基上有6个砖砌磉墩，两侧与院墙相接。磉墩平面方形，现仅剩底部一层的砖痕。东、西两墙宽0.9米，由青砖两顺两横错缝所砌而成。墙下有三合土基础，基础宽1.5～2米，厚0.7米。三合土基础下有地钉，地钉直径为0.1～0.11米。院墙宽1.6米，厚0.7米，分别向东、西延伸（图11-13、图11-14）。

1 北京市文物研究所：《清代著名园林畅春园大宫门建筑遗址及西花园一石桥遗址发掘简报》，《北京文博》2003年3期。

图11-15 畅春园东朝房遗址

图11-16 畅春园西朝房遗址

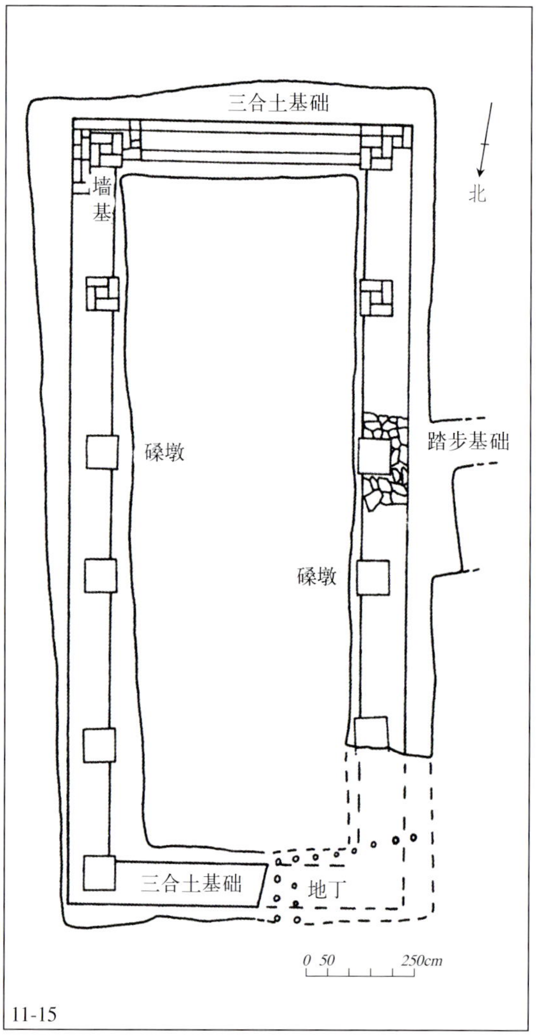

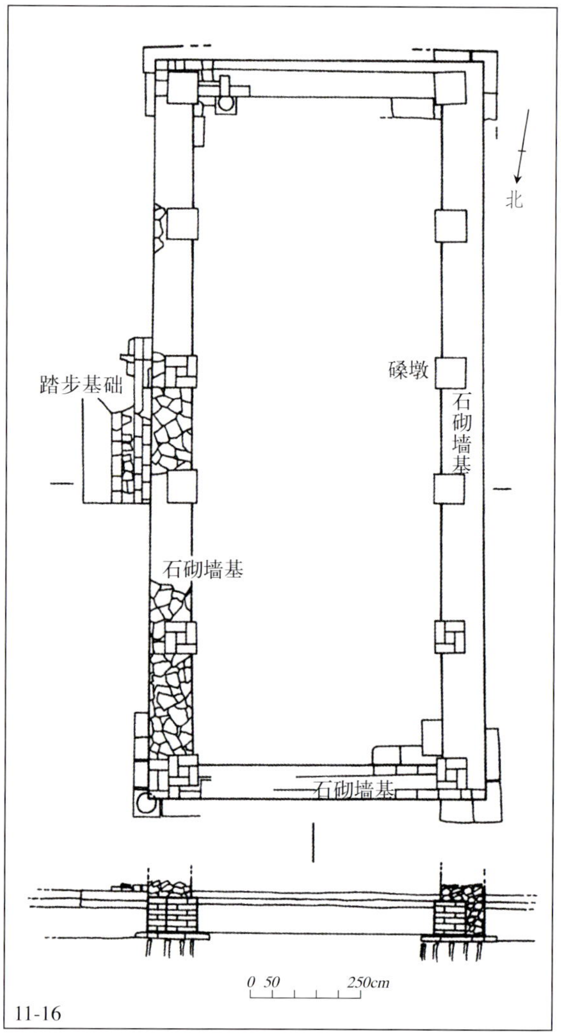

大宫门南侧6.3米处对称分布2个砖墩，东西相距16.2米，规格相同，平面均呈长方形。西侧砖墩下面基础的石条及砖下设有地钉。这2个砖墩应是大宫门前兽座。

东、西朝房长17.1、宽8.1米，均面阔5间。东、西朝房相距8.4米。东朝房仅存三合土基础及东西墙基上砖砌礎墩痕迹各6个，礎墩长宽均为0.75米，三合土基础宽1.8～2米，厚0.75米，其下有地钉。南、北墙基宽0.95米，东、西墙基宽1.1米（图11-15）；西朝房保存状况较好，南、北墙基砖砌，东、西墙基由砾石垒就，东墙基残高0.9米，东、西墙基长宽及砖砌礎墩规格都与东朝房相同。正中踏步基础也基本完整。该建筑基础的三合土下有地钉（图11-16）。

东朝房西北角外侧发掘出一明代砖井，直径1米，深8.6米。井底有木井圈。砖井座于木井圈之上，井圈内外侧各出井壁0.1米。井内出土一青花双凤大盘。

东朝房东北角外侧有一组三合土基础，东西长7米，北半部残毁，厚0.4米。其南墙基仅存砖砌礎墩及东西拦土墙基痕迹，礎墩平面长宽均为0.75米，东西拦土墙基宽0.75米。

西朝房西侧有一南北向三合土墙基，宽1.3米，厚0.75米，基础下有地钉。

大宫门南墙基与门前砖砌兽座间有一东西向甬道，宽约1.25米。

2. 西花园石桥遗址

西花园石桥遗址位于万泉河路以西，南北跨度2.25米，东西宽5.2米，残高1.7米。桥底平铺石砌海墁，两端各有一闸槽，海墁下有地钉，保存状况较差。西北堤岸桥体内侧用规整石条垒砌，石条与石条间由银锭锁连接，石条外侧用不完整城砖砌筑，燕翅两侧河堤由不规则石块砌筑所成（图11-17）。据所在位置及其西北堤岸的垒砌情况，该桥当为畅春园西侧西花园南端的遗迹。

桥北侧正中有一南北向三合基础，南端被毁，向北延伸，宽1.1米，厚0.5米，其下有地钉，应是墙基。

清朝定鼎中原后，至康熙年间开始在西郊建筑行宫，在供清帝经常驻跸和听政的西郊皇家园林中，畅春园应是经营最早的一个。其园位于南海淀大河庄之北，本是明朝万历皇帝外公武清侯李伟的别墅。康熙因故改建，并赐名畅春园。康熙在御制《畅春园记》中讲道，此园的重建，只是在"圮废之余"的基础上，"少加规度"。"因山成峻，就谷斯卑。咨彼将作，毋日改为"，所以"撰辰经始，不日落成"。但是究竟何时始建及竣工，都未详言。不过根据《清实录》和《起居注》的记载，康熙首次"移驻畅春园"是在康熙二十六年二月二十二日（1687年4月3日）。由此推知畅春园竣工时间也应当在这一年。畅春园建成后，不但成为每年夏天康熙奉太后避暑的离宫，而且成为紫禁城外的政务活动中心。《日下旧闻考》记载："西花园在畅春园西，与其相接……皇上问安之便，率诣是园听政。"当康熙在畅春园时，朝廷大员和皇子往往也随行。为了给这些人提供随侍的居处，在畅春园左近地方，或修复明代遗园，或造新邸，于是园林建设出现了第一个高潮。

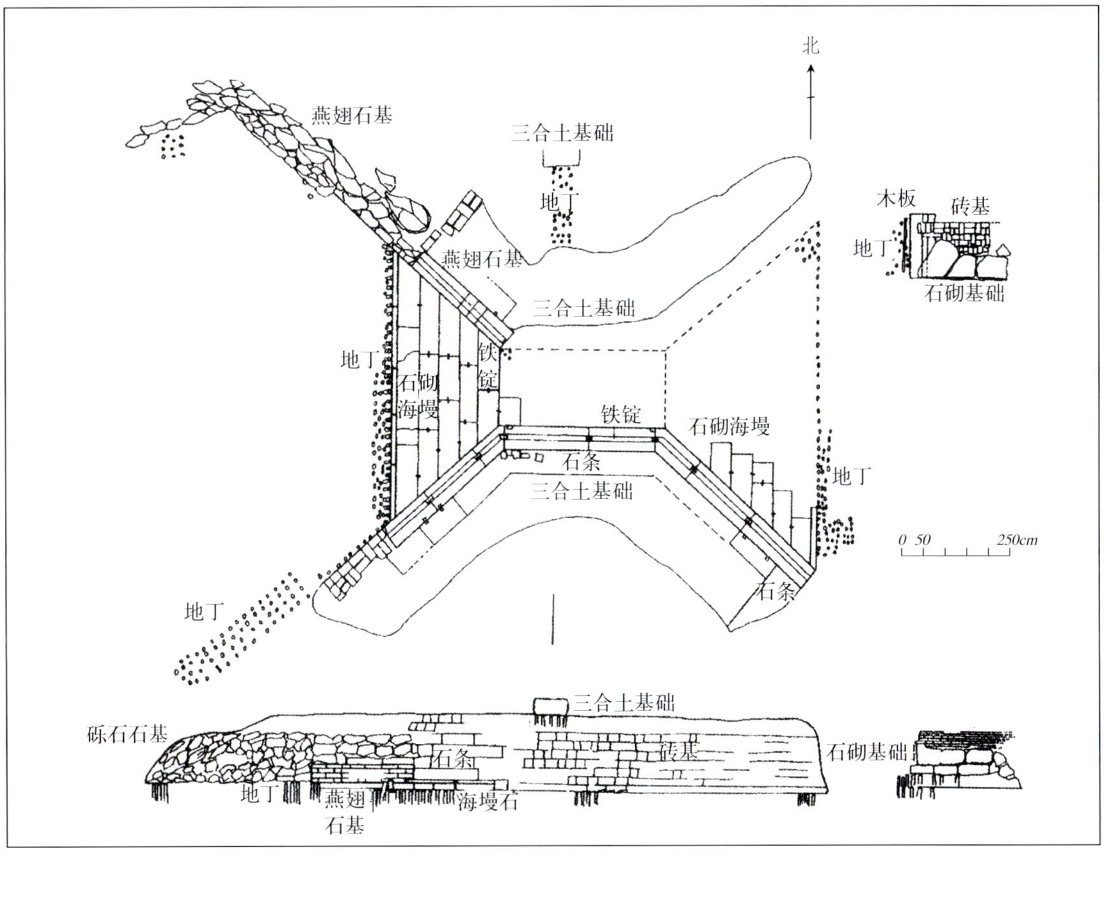

图11-17 西花园石桥遗址平、剖面图

图11-18 “金台夕照”遗址发掘现场

鉴于有关畅春园和西花园建筑格局的文献记载十分稀少，此前也未进行过正式的考古发掘，特别是畅春园遗址范围内，目前已是高楼林立，其遗址的破坏状况可想而知，因此此次考古发掘为了解这一遗址的建筑形式提供了难得的资料。

三、金台夕照遗址

图11-19 “金台夕照”碑

金台夕照遗址位于朝阳区东三环中路北侧23号院内财富中心西南部，东临住总大厦，西临旺座中心大楼，北临财富中心写字楼A座。2004年2月14日～4月底，北京市文物研究所为配合基建工程对金台夕照遗址进行了考古发掘，发掘面积2401.4 平方米（图11-18）。此次发掘清理出夯土台基 1 处，出土石碑 1 件[1]。

夯土台基平面近似梯形，南北长约67米，东西宽约37米。夯土厚0.9～1.68米，共分7～11层。

夯土台基东北部有一灰坑，打破夯土。平面近长方形，南北长3.9米，宽2.1～2.25米，深0.5～1.2米。坑内出土石碑 1 件，长方形，总长3.3米，碑身长2.35米，宽1.15米，厚0.5

1　李华、王燕玲：《“金台夕照”遗址钻探、发掘与研究》，《北京考古》第一辑，北京燕山出版社，2008年。

米；碑座长1.3米，宽0.7米，高0.95米。碑阳刻“金台夕照”四个大字，字上方加盖乾隆帝玉玺四字阳文“乾隆宸翰”。碑阴刻乾隆皇帝题诗1首，诗云：“九龙妙笔写空濛，疑似荒台西或东。要在好贤传以久，何妨存古托其中。豪词赋骜谁过客，博辩方孟任小童。遗迹明昌重校检，罩然高望想流风。乾隆辛未初秋御题。”下刻篆文玺印两方（图11-19）。

“金台夕照”中的“金台”，应当源于史载战国中晚期燕昭王建来招贤纳士的“黄金台”，简称为“金台”。金代自海陵王（1149～1160年）迁都今北京为中都后，金人上层汉化的程度与步伐进一步加深加快。至金章宗明昌年间，仿效北宋宋迪作《潇湘八景》平远山水图画，将金中都燕京周围风景也优择其中8处，命名为“燕京八景”，“燕山八景”。这八景，据《日下旧闻考》引明人著《寄园寄所记录》记载，其原名是：居庸叠翠、玉泉垂虹、太液秋风、琼岛春阴、蓟门飞雨、西山积雪、卢沟晓月、金台夕照。清乾隆年间成书的《日下旧闻考》卷八《形胜》篇所增清乾隆撰文的《燕山八景图诗序》讲，“其后金人慕其好贤之名，亦建此台，今在旧城内”。因此，这座黄金台的地点应“在旧城内”，即清代的北京旧城之内。显然，金章宗明昌年间“燕京八景”中“金台夕照”的黄金台，并不是我们这次发掘的黄金台。从这次出土的清乾隆帝御题《金台夕照》诗碑看，这次发掘的朝阳门外东三环中路23号院内的夯土台基，应当就是清乾隆帝在《燕山八景图诗序》中所说“后之游者……以寄其遐思”而“故曰”的始建于元明时期的“金台夕照”遗址。从《日下旧闻考》卷八《形胜》的记载看，乾隆曾就“金台夕照”一景先后作过诗二首。这次发掘的碑阴上的题诗，正是其中的第二首，它作于辛未年，即乾隆十六年（公元1751年）。从建筑形制和夯土来看，此次发掘出的“金台”应该在清代初期又重新修建过。

四、香山静宜园来清轩遗址

来青轩遗址位于北京海淀区香山公园内，坐落在香山东南麓的一处缓坡上。南邻香山寺，西为半山亭，其东、北面是山坡林地。南北长约80米，东西宽约80米，地势高敞而开阔[1]。

2008年5月13日～6月26日，为配合香山公园管理处对来青轩遗址的复原保护工程，北京市文物研究所对该遗址进行了考古发掘工作，发掘面积2200平方米。此次发掘揭露出清代和民国时期的建筑组群，发现有房屋建筑基础和附属于房屋的散水、甬道、踏跺、廊道、灶坑等遗迹。出土少量琉璃构件和灰陶瓦件。本书仅介绍清代时期的遗存。

清代遗迹即为来青轩遗址。来青轩是组群建筑，由山门、影壁、东西配殿、观音阁、来青轩、青霞敞厅、妙高堂、海棠院及游廊等部分组成。整个建筑群坐北朝南，依山就势而建。自南端山门而入，沿中轴线往北为影壁，左右两侧对称分布着东、西配殿。沿中轴线往北拾级而上，为观音阁月台和台基，平面呈“凸”字形，地势高亢，位于来青轩建筑组群的最中心，也是最重要建筑。观音阁台基东侧与东配殿地面相平的长方形台地，南北向分布着来青轩和青霞敞厅。观音阁台基北侧是海棠院，青霞敞厅与海棠院之间以游廊相连。西配殿西侧高台之上为妙高堂，自观音阁至妙高堂有一拱石桥相通。妙高堂西侧是高峻的护坡。整个来青轩遗址的东、南、北三面皆围以女墙，东女墙外为陡坡。

1　北京市文物研究所：《北京皇家建筑遗址报告集》，科学出版社，待出版。

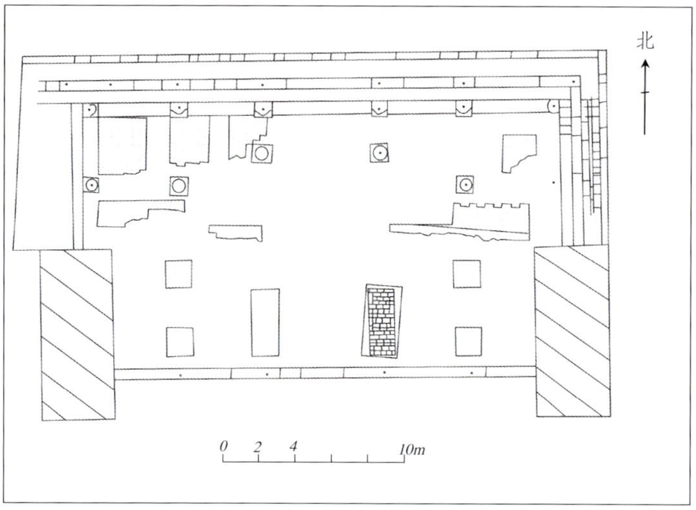

图11-20 静宜园观音阁遗址平面图

影壁位于山门以北5米处，坐落在中轴线上。为“一”字影壁，仅余砖基础。平面呈长方形，东西长5.4米，南北宽1米，现残留的影壁基础是用砖块、石块抹白灰相互错缝平砌而成。砖基础下部夯筑一层三合土。

东配殿位于中轴线东侧，与西配殿左右对称布局。基址坐西朝东，面阔5间，进深4.8米。前部有廊。东配殿基础保存稍好，自磉墩平面以下基本完整。前、后檐及两山的基础明显可分为露明及背里两部分，露明以青砖抹白灰错缝平砌而成，背里部分用虎皮石砌筑。

西配殿位于中轴线西侧，坐西朝东，面阔5间，进深4.55米。前部有廊。明间在廊道外砌有石条垂带踏跺，仅存三级。露明部分用砖砌筑，地面用方砖墁地。檐廊露明外侧有砖砌散水。前檐及两山基础的做法及尺寸与东配殿相同。

观音阁位于影壁以北，是来青轩建筑群中最重要的单体建筑，不但占据着最中心的位置，而且体量也最大。基址坐北朝南，面阔5间，进深3间，四周有回廊。台基部分保存稍好，与月台连在一起呈“凸”字形（图11-20、图11-21）。柱顶石以上部分荡然无存。部分基础和墁地砖被民国时期建筑所叠压。观音阁大殿北部保存稍好，墁砖地面、阶条石、柱础、角柱石等清晰可辨，且均在原位。大殿南部损毁严重，铺地砖荡然无存，大部分柱顶石也不在原位。埋头外围即是散水，用方砖墁地而成。

来青轩位于观音阁台基东侧，与东配殿地面相平，破坏严重。现残留有部分虎皮石所砌的建筑基础以及砖石混砌的甬路，其东部另有游廊与西北方向的海棠院相连。来青轩坐西向东，面阔5间，南部有1耳房，东部环砌甬路（图11-22），北面是青霞敞厅，西侧在观音阁护坡下有南北向的砖砌甬路，甬路北端建一角门，残留条石门槛及“八”字形门枕，角门北端以游廊与海棠院相连。主体建筑南面阔16.4米，进深4.75米，前有檐廊。墙基础用虎皮石砌筑。遗址西侧为甬路，宽约1.5米，用方砖平铺砌成。

在来青轩东边，发现一条甬路，南北两端分别与来青轩南耳房、青霞敞厅相连，以卵石和青砖混合铺成，中部是平铺方砖，两边是铺卵石，两侧以青砖匝边。

来青轩南端有1耳房，南北宽3.2米，东西长5.15米。东南角被现代女墙叠压。在该耳房基础东西两侧各有一如意踏跺，尺寸大体相当。

青霞敞厅位于来青轩北端，其南部山墙和来青轩北山墙相接。南北长7.2米，东西宽4.2米。该建筑遗址损毁严重，仅残留有部分虎皮石墙基础，北部散水与游廊相连。青霞敞厅的西南角与砖砌甬路相连，正东与来青轩东侧砖石混铺甬路相交，通过角门，又和通往海棠院的游廊相连。青霞为一开放式建筑，推测其四角仅有承重柱而无墙。

妙高堂位于西配殿西侧的高台上。由妙高堂正殿和南北偏殿及西北角耳房组成。妙高堂

图11-21 静宜园观音阁遗址

图11-22 静宜园来清轩遗址东南角甬路

图11-23 静宜园妙高堂正殿前的十字甬路

正殿原址被民国时期及近现代建筑所破坏，仅发现前檐墙、散水、南北山墙散水及西耳房，内部结构不详，仅能复原其四至范围。妙高堂正殿坐西朝东，面阔5间，长19.6米，进深6.8米。墙基础以虎皮石抹灰土砌筑。散水主要发现于前檐墙东侧，南北山墙东端也有小段出露。北偏殿完全被民国时期房屋叠压，无法发掘。仅在前檐墙外侧发现砖石混砌的散水，据散水的长度，能确定北偏殿面阔为3间。南偏殿仅发现前檐墙基础，以虎皮石抹灰土砌筑。南北偏殿之间有砖石混砌的甬路，东西宽1.35米。另妙高堂正殿明间东侧，亦有一段甬路与南北配殿之间的甬路相交，皆以卵石铺砌，外用青砖匝边（图11-23）。

紧挨妙高堂正殿的西北角，建有1耳房，除东南角柱础石缺失外，其余3个柱础石仍在原始位置。

海棠院位于观音阁台基北侧，原址被民国时期房屋建筑叠压，无法发掘。仅找出其东侧的一段虎皮石墙基础。游廊南起青霞敞厅的西北角，折向西北与海棠院东南的虎皮石墙相连，其内侧有卵石散水。

遗址出土有清代的琉璃构件和少量灰陶瓦件。

北京西山一带风景优美，历朝历代都是官、私园林的首选之地。金代大定年间修建的香山寺，开了皇家在香山营建园林的先河。静宜园是清初康熙朝在明代原有基础上扩建而成。1745年，乾隆皇帝对香山静宜园大加营构，建成勤政殿、见心斋、来青轩等建筑50余座。有清末叶，静宜园包括来青轩等大部分建筑，在1860年和1900年两度毁于外敌入侵的战火，现仅存见心斋和昭庙两处建筑。

通过对来青轩遗址的发掘，完整地揭露出一处清代至民国时期的大型房屋组群建筑，使我们对清代来青轩的布局、规模、结构以及保存状况有了一定的了解和认识。来青轩是一处典型的清代官式园林建筑，兼具宗教和游览两种功能或性质，专门服务于清代皇室。整个建筑依山就势而建，参差错落，巍峨壮观又不失精巧秀美。总体布局严谨，讲究对称，不仅是建筑组群符合对称原则，各个单体建筑也满足对称要求。善于沿中轴线方向营建多重院落以增强建筑的纵深感，能够把建筑布局和自然地势巧妙结合，从而使各建筑主次分明，更凸显了中心建筑的重要地位。

来青轩遗址的发掘，对研究清代官式建筑及造园艺术具有重要价值。同时，来青轩遗址也是1860年英法联军和1900年八国联军在北京进行疯狂劫掠的罪证之一，对该遗址的发掘和研究，具有较强的现实意义。

五、水　　系

2007年4月中旬～2008年5月上旬，根据北京市文物局的指示，北京市文物研究所对万宁桥和地安门东大街之间的北京玉河遗址进行了考古发掘，发掘总面积约10000平方米。此次考古发掘除清理出元、明时期的遗存外，还发现了清代玉河堤岸及其河道和2座便桥遗址[1]。

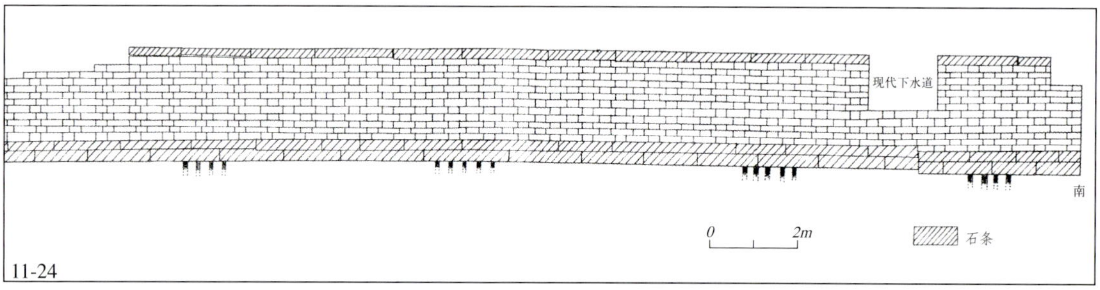

11-24

11-25

11-26

图11-24 清代玉河堤岸遗址正视图

图11-25 清代玉河堤岸遗址

图11-26 清代玉河便桥遗址

1　北京市文物研究所：《北京玉河2007年度考古发掘报告》，科学出版社，2008年。

清代玉河堤岸修建于废弃的明代玉河河道内，走向与明代堤岸相同。其中左岸（东岸、北岸）共清理出4段计283米，其余地段已被破坏。保存完整处的构建方法为，先在明代废弃的河道内挖沟槽，然后在底部打入木桩作地钉，木桩直径0.05～0.09米。木桩上面砌两层青石条，石条上两顺一丁砌城砖，城砖上部再平砌一层石条。保存较差处的压面石条已不存，城砖也仅余数层。砖石堤岸内侧有一排木护桩，直径0.05～0.09米（图11-24、图11-25）。

清代右岸（西岸、南岸）共清理出两段计127米，构造方式与左岸相同。

清代河道宽度为5.25～9.8米。

清代北岸一段基础内出土有带“□□窑大亭城砖”铭款的城砖，据之前的调查，嘉庆时（19世纪初）的城砖上有“大停细砖”的铭文，可见这段的修建年代不早于嘉庆时期。又据乾隆十五年《京师全图》，御河庵系沿玉河堤岸而建，可以推知清代堤岸的始建年代不晚于乾隆十五年（1750年）。

便桥遗址中的一座位于詹天佑故居门前，跨于清代玉河之上，由于发掘条件的限制，只清理出连接清代东岸的南北两条燕翅和部分桥基。用石条和城砖砌成。南燕翅残长2.6米，北燕翅残长3.5米，桥基残长4.5米（图11-26）。

另一座便桥位于拐棒胡同东口东侧，只残存与清代东岸相连的桥基，用石块砌成，多是柱础石，残长8米，残高约0.5米。

《乾隆十五年京师全图》可见在后门桥与东不压桥之间有便桥2座，位置也与发掘情况相符，可见这2座便桥的始建年代不晚于乾隆十五年（1750）年，从发掘情况看，可能后期进行过重修。

第三节 宫苑署邸

一、故宫西河沿清代遗址

西河沿遗址位于故宫长庚门段内金水河西侧，南邻中国第一历史档案馆，西以紫禁城西墙为界，遗址总面积约10000平方米。2007年，为配合故宫博物院的建设，经国家文物局批准，北京市文物研究所对该遗址进行了正式考古发掘，发掘面积6500平方米。此次发掘清理出来的清代遗迹有建筑基址、水井、灶、灰坑以及排水沟等[1]。

清代建筑遗迹共清理出11处。其中房址10处，特殊遗迹1处。房址均遭严重破坏，各房址均仅剩南北向断续分布的墙基础，其中仅F2和F6发现有前、后檐墙和隔断墙，其余各房址的墙基础因残损过甚，其相互连属关系不明。

F1呈南北走向，残长6.67米。南段为砖石混砌，揭露出来的部分宽1.25米，长1.26米，残高0.33米，似为甬路或散水。北段为平砖错缝砌成，长6.52米。

F2位于发掘区的西部，为一大型排房，呈南北走向，残长103米，进深3.8米。发现有前檐墙、后檐墙、隔断墙、灶坑及灰土地基。前檐墙为单砖错缝平砌而成，宽0.22～0.25米，残高0.1～0.15米。后檐墙在前檐墙的西侧，现残存四段，残宽0.42～0.23米，残高0.22～0.35米。隔断墙仅残存一段，东与前檐墙相连，呈东西走向，残长1.6米。附属于F2的灶坑共5

1 北京市文物研究所：《北京皇家建筑遗址报告集》，科学出版社，待出版。

图11-27 故宫西河沿遗址特殊遗迹平面图

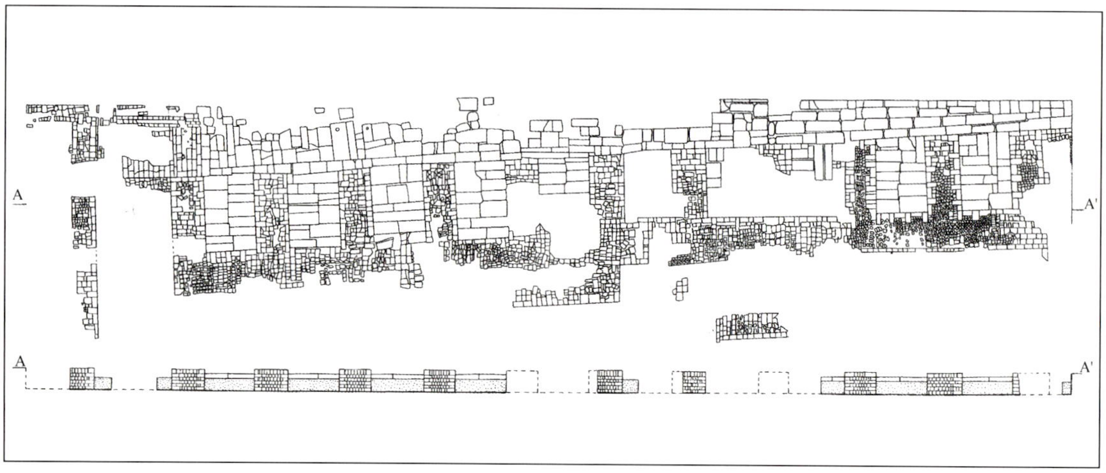

个。或砌筑在后檐墙的底部，或砌筑于室内。均仅残存操作坑及火塘部分，地面以上部分均已无存。其中Z1、Z2分段砌筑于后檐墙底部。Z4～Z6分散砌筑于室内。

F6为一大型排房，破坏严重。发现有前檐墙、后檐墙及隔断墙，砌筑于夯土之上，残长193米，进深5.6米。地基夯土可分为3层，厚0.6～0.65米。F6还发现有大量附属的灶坑。前檐墙呈西北走向，残存三段，总长193米，宽0.75米，残高0.22米，用杂砖平砌而成。东侧露明较为整齐。后檐墙残存三段，均位于前檐墙的西侧，呈南北走向，用杂砖平砌而成，西侧露明较为整齐。三段后檐墙的底部，有灰土断续相连。隔断墙仅发现2段，呈东西走向。附属于F6的灶坑共21个。或砌筑在前、后檐墙的底部，或砌筑于室内。均仅残存操作坑及火塘部分，地面以上部分均已无存。

F10位于发掘区的南部，南北走向，发现有散水、拦土墙、磉墩、墁砖地面、水槽等。遗址损毁严重，残长34米，残宽4～2.4米。散水位于F10的北端，南接砖砌拦土墙。

TS1（特殊遗迹）位于发掘区的东部，呈南北走向，北端与排水沟G1相连。全长40.4米，宽7.6～8.4米。被多个晚期灰坑打破，损毁严重。TS1分为基坑、隔断墙、条石路面、条石散水、墁砖路面五部分。条石散水在西侧，墁砖路面在东侧，中部由10道条石路面和11道隔断墙呈南北向均匀间隔组成。中部的隔断墙和条石路面砌筑于基坑内，条石散水和墁砖路面分布在基坑顶面的两侧。隔断墙共有11道，呈南北向平行分布。条石路面共有10道，呈南北向平行分布，相互间距为1.7米。条石散水在西侧，西距紫禁城城墙4米（图11-27）。

图11-28 故宫西河沿遗址水井

水井共4眼，其中J4为渗水井。其中J3由井台和井筒两部分组成。井口平面呈圆形，直径为1.48米，用青砖平铺成圆形，砖缝用碎砖抹灰填平，井壁用青砖抹灰错缝砌成（图11-28）。

灶共发现34个。按其位置可分为两种，一种是砌筑于墙基底部，一种是建于室内。如Z7平面形状近长方形，由操作坑、火膛、烟道三部分组成。

11-29

11-30

图11-29 故宫西河沿遗址出土琉璃天马

图11-30 故宫西河沿遗址出土紫砂壶

灰坑共清理出96个。平面形状有圆形、近椭圆形和方形等。

排水沟仅清理出1条，位于发掘区中部，呈东西走向，全长26米。西高东低，在筒子河西壁与G1对应处有一出水孔。沟底用石板平铺砌成，南北两壁用青砖抹灰砌成，上口覆盖有不规则的长方形石板。G1应为TS1的附属建筑，其作用是将TS1的雨水或污水导入筒子河。

故宫西河沿遗址出土大批陶、瓷、琉璃、石、铜、玉、骨等质地文物，以瓷器和琉璃构件数量最多，绝大部分已残损，仅有个别完整者，如琉璃天马（图11-29）和紫砂壶（图11-30）。

西河沿遗址各主要建筑遗迹根据相互位置关系和形制、砌筑特点，可分为三组。排水沟G1附属于特殊遗迹TS1，二者的砌筑特点以及用砖规格与F10接近，因此，可以把特殊遗迹TS1（包括排水沟G1）和F10划归为一组。F7、F8的砌筑方法及用砖规格相同，二者应为同一时期，可划为一组。F6与J2、J3的位置关系表明，J2、J3附属于F6，三者应为同一时期。另F6的砌筑特点以及用砖尺寸与F1～F3相同，因此可将F6（包括J2、J3）与F1～F3划为一组。上述三组遗迹存在叠压关系，即F6→G1→F7。这组叠压关系明确显示，F7、F8是西河沿遗址中年代最早的房屋建筑，特殊建筑TS1（包括排水沟G1）和F10年代稍晚，而F6（包括J2、J3）与F1～F3年代最晚。

特殊建筑TS1以及 F6的地基处理方法具有明显的清代特征，如F6地基夯土层底部用砖渣、石片的做法，与清乾隆时期修建的含经堂正殿、梵香楼地基的做法一致[1]，是清代官式建筑的常见做法。因此，把以特殊建筑TS1和F6为代表的两组建筑的年代确定为清代。根据年代最晚的“同治年制”纪年款瓷器残片，可将F6的年代下限确定为清代的同治朝。

西河沿遗址出土大量纪年器物，主要有瓷器残片、铜钱、琉璃瓦。瓷器年号纪年款识有“大明嘉靖年制”、“大明万历年制”、“大清康熙年制”、“大清雍正年制”、“大清乾隆年制”、“大清嘉庆年制”、“道光年制”、“同治年制”等；铜钱年号有“万历”、“天启”、“崇祯”、“康熙”、“雍正”、“乾隆”等；琉璃瓦铭文中出现的纪年有“雍正八年”、“雍正九年”。

西河沿遗址揭露出的二组清代建筑在布局和结构上基本相同，都是长排连间的房屋。以F6和F2为例，其内均发现有冬季取暖用的灶坑，这些灶坑的存在，明确表明这些房屋是用来居住的。这些排房建筑，布局单调，结构简单，地基的砌筑也显得粗糙，总体规格较低，推测也是供下人们居住。

1 北京市文物研究所：《圆明园长春园含经堂遗址发掘报告》，文物出版社，2006年。

关于特殊遗迹TS1的性质和用途，基本可以排除房屋建筑的可能，似为一段废弃的城墙。据李燮平先生对故宫内金水河的研究，长庚门两侧的宫墙，有许多军士轮值的“避风洞”，又称“堆拨”[1]。TS1的结构、形制与这些“避风洞”十分接近，TS1或许就是“避风洞”残存的地面部分。

清朝入主明故宫，在开国之初对紫禁城进行了翻修和重建。西河沿附近的宫殿多有重修者，以其东南方的咸安宫和东北方的英华殿为例，二者分别重建于康熙二十二年（1682年）和二十八年（1689年）。西河沿遗址中以特殊遗迹TS1（包括排水沟G1）和F10为代表的一组建筑，极有可能在此期间得以重建。

通过此次发掘，基本明确了明清时期西河沿地带房屋建筑的布局、规格以及用途，也基本研究明白该处不同时代房屋建筑的兴废变迁过程。遗址出土的瓷片和琉璃构件、戳印铭文的砖瓦对探讨明清宫廷用瓷制度、琉璃窑和砖瓦窑的生产组织等情况具有重要研究意义。

二、恭王府银安殿庭院遗址

清代恭王府府邸坐落于北京市西城区柳荫街胡同，东邻什刹海公园，西邻龙头井胡同。由花园和府邸两部分组成，占地面积约60000平方米，府邸占地31000平方米，分为中、东、西三路，各路均由多进四合院组成，后面环抱着长160余米的通脊二层后罩楼。府邸部分最重要的是中路的正殿，即俗称的银安殿，该殿及其配殿在上世纪20年代被烧毁，现仅残存基址。2004年10月12日～12月26日，为配合银安殿的复建工程，北京市文物研究所对银安殿庭

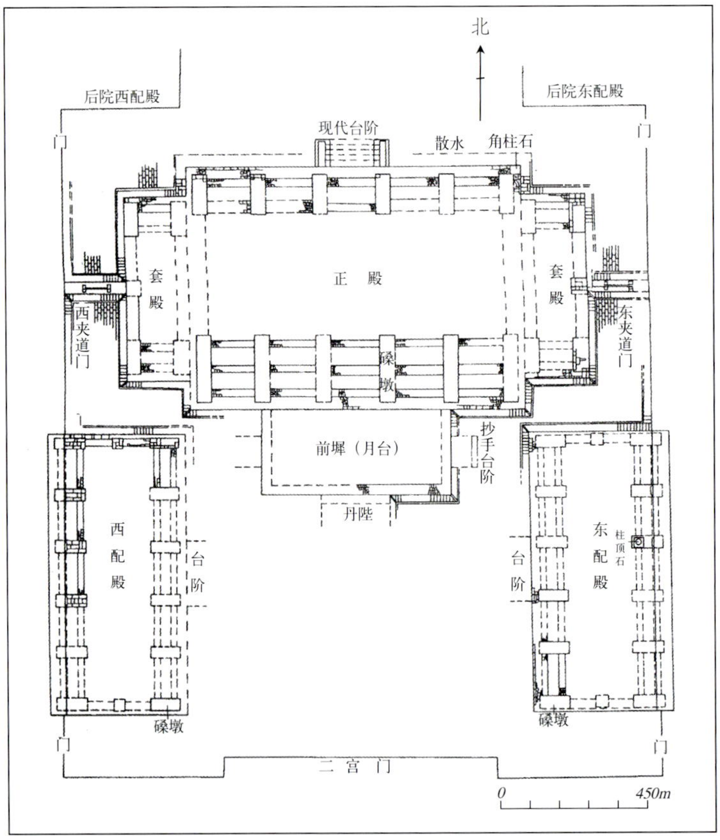

图11-31 银安殿庭院基址平面图

1 李燮平：《五门三朝与明代宫殿规划的若干问题》，《明代北京都城营建从考》，紫禁城出版社，2006年。

院基址及东路乐道堂庭院南侧的垂花门基址进行了考古发掘，发掘面积1382．88平方米（图11-31、图11-32）[1]。

图11-32 银安殿庭院基址发掘现场

银安殿庭院基址位于恭王府府邸中路的第一进院，北侧为后殿，东、西院分别为“多福轩”和“锡晋斋”，南由二宫门(即二道门)进入该庭院。整个庭院平面近方形，南北长39.4米，东西宽40米。该庭院建筑群体主次分明，以正殿基址为中轴线，东西两侧置套殿(耳房)，南端置前墀、丹陛，前墀东西置抄手台阶，正殿北端置台阶。庭院两侧置配殿。东西套殿外侧夹道内各设置角门1个。台基址四周设置砖铺散水，庭院内用条砖十字错缝墁地。该庭院基址的修筑顺序是：先根据庭院的布局挖长方形土坑，正殿和配殿基础之间互不衔接，坑内用三合土回填夯筑基础垫层，在垫层之上砌筑各台基。其后在庭院内铺垫三合土并稍施夯筑，最后于台基四周铺墁散水和庭院地面。

银安殿(正殿)是这一建筑群体的中心建筑，位于庭院中部天井的北端，坐北朝南，现仅存台基部分。台基平面呈长方形，台基外包砖及散水已残缺不全。台基四壁台帮用青砖块浇注白灰浆，三顺一丁砌筑包边，内用残砖块砌制糙墙，从残存部分可看出台帮四角均砌埋头(角柱石)衔接。台基面阔22.08～22.18米，通进深15．6米。台基面及柱础等都已不存。台帮内侧南、北分布两排磉墩，但破坏较严重，有的已荡然无存。据发掘情况可知，该殿为面阔5间、进深2间、前后出廊的建筑。

东、西套殿分别位于正殿的东西两侧，相互对称，形制相同，平面呈长方形，台基总长4.25米，宽11．87米。四壁台帮用青砖十字错缝平砌包边，内用碎砖块加白灰填砌。台明残高0.5米，埋深部分高0.7米。台基面和柱顶石部分等无存。四角砌制连二磉墩，均为长方形，而且在东套殿东墙基中部和西套殿西墙基中部各砌制方形磉墩1个。据发掘情况可知，东、西套殿均为面阔1间、进深1间、前后出廊式建筑。

前墀台基位于正殿南侧的中部，平面呈长方形，面阔12.5米，进深5.5米。用碎砖块加土灰泥砌制台基壁，破坏较严重，仅残存部分台基南壁。

丹陛位于前墀南端中部，用砖块砌制，宽4.5米，仅残留一级踏步底部衬砖。

前墀东西两端置抄手台阶，宽2.1米，进深1.75米。破坏较严重，仅残存东抄手台阶底部角窝石1块。

东、西夹道门位于东西套殿的外侧，形制、结构相同。西夹道门宽1.36米，门的东西两侧置门枕石，枕石下置内外槛垫石，槛垫石之间残留有木槛痕迹。门枕石两侧为夹道墙，西接院墙，东接西套殿台基。在东西夹道门的两端砖墙下均设置排水暗沟，南北贯通。

1 北京市文物研究所：《北京清代恭王府银安殿基址发掘简报》，《文物春秋》2008年3期。

图11-33 乐道堂垂花门基址

东、西配殿基址位于银安殿庭院天井的两侧，相互对称，形制相同。平面呈长方形，长17.9米，暴露部分宽8.1米，为面阔5间、进深1间、前后出廊的建筑。台基周壁外侧用青砖砌制包边，内用碎砖块加白灰填砌。南、北山墙中部置方形山柱磉墩，部分磉墩之上遗留有方形柱顶石。

从庭院基址四周残留散水可看出，在垫层基础之上砌制好各台基后，围台基四周及庭院内又用三合土铺垫行夯，在此垫层之上铺砌散水和墁地。散水为两种铺砌法：月台、正殿前檐及套殿和配殿周边为“一封书”式，正殿后檐散水为“卂字面”式。庭院内均用青砖十字错缝顺铺墁地。

乐道堂垂花门基址位于东路乐道堂庭院中轴线的南端，北距乐道堂13.85米，平面呈长方形，面阔4.85米，进深4.1米。残存台基壁用青砖十字错缝平砌包边，内用碎砖块加白灰填砌，残高0.06～0.27米。垂花门还残存北台阶踏跺底部衬砖。台基东西两侧连接院墙，墙基用青砖十字错缝平砌包边，内用碎砖块加白灰砌筑（图11-33）。

恭王府前身为军机大臣和珅的府邸，乾隆四十一年(1776年)和珅任户部侍郎、军机大臣时建造。乾隆四十五年(1780年)，乾隆帝指婚将和孝公主许配给和珅子丰绅殷德，为了在礼制上符合公主的身份，是年大兴土木，扩建府邸，由此恭王府的格局基本形成。嘉庆四年(1799年)和坤获罪，宅第入官，嘉庆皇帝将其赐与永磷，是为庆郡王府，至道光二十九年(1849年)，传至奕劻，降为辅国将军，依制当年缴府。咸丰元年(1851年)，咸丰帝赐予其弟恭亲王奕䜣，是为恭王府。咸丰三年(1853年)二三月间，曾进行了一次修缮，主要对中路部分进行改造。奕䜣死后，溥伟承袭王爵和恭王府。

通过此次对恭王府中路银安殿庭院基址和东路乐道堂庭院内垂花门基址的清理发掘，不仅为研究恭王府的建筑规模、建筑形制提供了重要的依据，而且从其建筑规格及形制上对当时的封建社会等级制度有了更进一步的了解。

三、国子监

1. 国子监街遗址

国子监街又称成贤街，位于北京市东城区安定门内，东口接雍和宫大街，西口接安定门内大街，南为方家胡同，北为五道营胡同。国子监街共建有4座牌楼，由西向东依次为西“成贤街”牌楼、西“国子监”牌楼、东“国子监”牌楼和东“成贤街”牌楼。2003年3月12日～28日，北京市文物研究所配合市政维修对国子监街进行了发掘，根据条件共开探沟7条。同年8月，北京市文物研究所配合维修工程进度又在国子监街发掘探沟5条。2007年8月，国子监街进行维修时在东“成贤街”牌楼下发现月台遗迹，北京市文物研究所遂对此进行了考古发掘[1]。

1 北京市文物研究所：《北京国子监街发掘简报》，《文物春秋》2008年4期。

国子监街地层堆积极为简单，最上层即为现在国子监大街柏油路面，此层下即为各类遗迹现象。

国子监街交通繁忙，各次发掘均为配合工程进度，由于条件所限，发掘地点较为分散。

TG1、TG8、TG11、TG12分别位于西“成贤街”牌楼东侧、孔庙东南角的马路中部、国子监院墙西南角和国子监街西口东50米的路南侧，被破坏严重，不见任何遗迹。

TG2位于西“国子监”牌楼以西3米，发现有一层竖砖，东西向错缝铺砌，由于中部被晚期破坏分为东、西两部分。西部残存青砖5行。东部残存青砖3行，砖层下压有旗杆石1件。

TG3位于国子监大门西侧,发现有散水,系用一层青砖砌成,北侧砌一行竖砖包边,南部被破坏。

TG4位于东“国子监”牌楼北夹杆石东1米，清理出牌楼前的礓礤、石条、散水和铺砖路面。礓礤西高东低呈斜坡状。石条位于礓礤东侧，北侧和西侧与散水相连，南北向平砌。散水在石条东、北外侧，用白灰顺砌的单行青砖平铺一层，外侧用单行竖砖包边。铺砖路面北接东侧散水，南北向平砌一层青砖，北侧用单行竖砖包边。

TG5位于东“国子监”牌楼南夹杆石东2.4米，发现有南北向散水，系用一层青砖铺就，东侧用南北向的单行竖砖包边。散水东侧接一残石条，条石低于砖面0.15米。探沟东部清理出一旗杆石，旗杆石底部东、西、北侧平砌一层白灰勾缝的小青砖。

TG6在孔庙大门西侧，发现有2个东西向摆放的石条，石条下砌有两层青砖和残石片，青砖下为夯土，夯土下为三合土硬面。

TG7位于国子监大街东“成贤街”牌楼西侧，探沟东部发现有一旗杆石，其西侧有三排东西向竖砌的青砖。

TG9位于国子监与孔庙院落相交接处,发现有与TG4结构相同的砖散水、条石和铺砖路面。

TG10位于国子监门前东侧，发现有残存的三合土，其下为夯土。

东“成贤街”牌楼位于北京市东城区国子监大街东端，东距雍和宫大街西沿15米。此处共清理出牌楼月台和夹杆石基础，其遗迹两端因为分别压在国子监街两侧人行道下没有发掘。月台遗迹位于现存的东“成贤街”牌楼下方，发掘部分长6米，宽2.65米。共清理出南北向铺设的石条5排，其中中部的3排石条两端与牌楼夹杆石基础相接，长3.44米，宽2米，中间一排石条宽约0.9米，其西侧的一排石条宽约0.48米，其东侧的一排石条宽约0.6米。最西侧与最东侧的石条由于两端都压在人行道下只清理了6米长，其南北两端内侧是夹杆石基础，其中西侧一排宽约0.3米，东侧一排宽约0.34米。从月台西侧剖面看，月台石条下即为三合土基础。南北两个夹杆石相距4.54米，其基础间距3.44米。夹杆石基础都是用整块石板做成，石板中间凿方形洞以安放夹杆石（图11-34、图11-35）。

3次发掘出土的遗物较少，仅发现有绿琉璃瓦当和旗杆石。

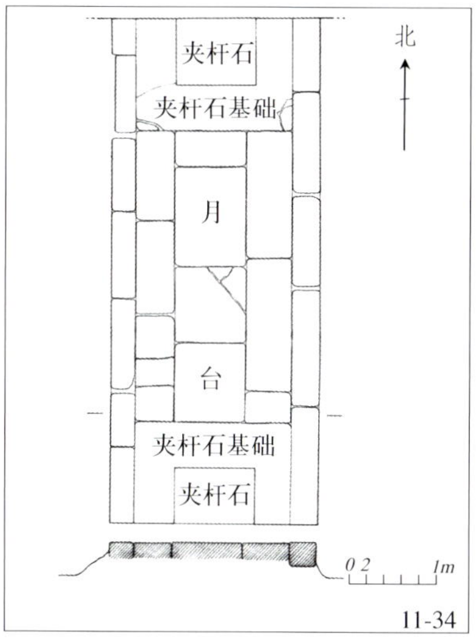

图11-34 东“成贤街”牌楼月台遗址平、剖面图

图11-35 东“成贤街”牌楼月台遗址

根据东“成贤街”牌楼月台遗迹和TG4的清理，基本上弄清了国子监街牌楼地下部分的结构。牌楼系两柱一间式，正东西方向。夹杆石相距4.54米，坐落于用整块石板做成的基础之内。牌楼月台用南北向的石条砌成，月台宽2.65米。月台东西两侧为用石板凿成的礓礤，方便上下月台。礓礤外侧为石条用以加固，再外侧又用青砖砌散水。

根据发掘前的实地调查，在国子监的原路面中部发现有东西向摆放的石条。从TG4和TG9的发掘情况来看，当时的国子监街路面两侧应该是铺有青砖，青砖外用竖砖包边，其路边应该与夹杆石内侧齐，路面宽约4.54米。TG6的发掘情况表明，路面青砖下应该是三合土，三合土下为素夯土。TG2、TG5和TG7都出土了旗杆石，且旗杆石周围都砌有青砖，它们的位置在路面范围的两侧，也就是说当时国子监街两侧应该分布有旗杆。

综上所述，国子监街最下面先用素夯土做基础，夯土上为三合土，其上为路面。路面中间砌东西向的石条，石条两侧铺青砖并包边。街两侧则有旗杆，重要节日或庆典时大街两侧应该是彩旗飘飘。

2. 国子监祭酒院落和琉球学馆遗址

国子监位于北京市东城区国子监街15号,东临孔庙，南侧为国子监街。2005年8～10月，北京市文物研究所为配合国子监的规划工作，对国子监东厢祭酒院落遗址和西厢琉球学馆遗址进行了考古发掘工作，发掘总面积1727平方米。祭酒院落遗址位于国子监院内敬一亭东侧，琉球学馆遗址位于国子监院内敬一亭西侧。经过发掘，共清理出祭酒院落遗址的甬道、中厅及月台、后厅、后轩等建筑基址和琉球学馆的3处馆舍建筑基址（图11-36），出土石碑1件。

(1) 东厢祭酒院落遗址

祭酒院落由大门、中厅、东西配房、后厅和后轩组成，其中东配房和大门因现场条件限制无法发掘，西配房已被破坏，清理出的有通往大门的一段甬路、中厅及月台、后厅和后轩等遗迹。

甬路位于月台的南部，通往东厢大门。甬路北侧略高，南侧渐趋平坦。南北残长7.3米，东西残

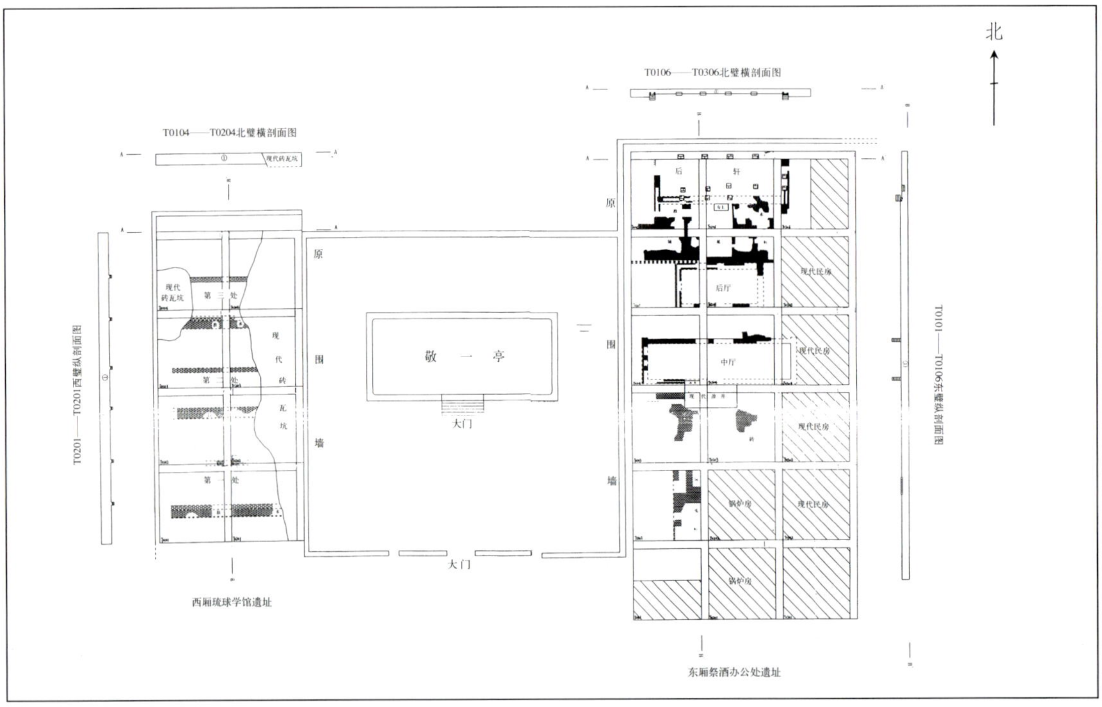

图11-36 国子监东厢祭酒院落遗址和西厢琉球学馆遗址平面图

宽3.4 米。大部分铺地砖保存很不完整，错缝平铺，外有侧砖包边。青砖长0.48米，宽0.22米，厚0.12米。

图11-37 国子监东厢祭酒院落后轩遗址

中厅位于后厅正南侧，坐北朝南，面阔5间，总面阔20.15米，进深6米。前后墙墙基宽0.5～0.55米，东西两墙基宽0.75米。墙基下为夯土，共分4层，每层厚0.19～0.25米，上砌青砖5层。月台位于中厅的正南侧，仅西侧残存地面，南北残长2.2米，残宽约1.5米，用青砖错缝铺地。

后厅位于后轩和中厅之间，大部分基址已被严重破坏，东西面阔11.8米，进深5.6米，墙体用残缺不完整的青砖垒砌而成。

后轩位于祭酒院落遗址的北部，面阔18.4米，进深6.5米（图11-37）。墙基宽0.95～1.1米，用青砖垒砌而成。磉墩残存18个。前侧设回廊，进深1.1米。地面用方砖错缝平铺而成，边长为0.35米，厚0.06米。方砖下地面为夯土，夯土层厚为0.09～0.16米。后轩大门仅余台阶底部夯土。后轩前侧还残存散水，用青砖错缝平铺而成。

(2) 西厢琉球学馆遗址

西厢琉球学馆遗址破坏较为严重，现仅存3处馆舍基址，由南向北依次为F1、F2和F3。

F1仅存南墙和北墙墙基，面阔残宽8.35米，进深5米。墙基用大小不均的残砖错缝垒砌，宽0.5米，残存二层砖，残高0.18米。墙基下有一层素夯土，厚0.12米。南墙基前有散水，宽0.95米，水外边用侧砖包边。

F2和F3亦仅存南墙和北墙墙基，形制、结构与F1相同。

东厢祭酒院落遗址内出土石碑1件。碑首圭形，碑额为篆书“太学奉旨积分题名碑”，碑文楷书。通高1.76米，宽0.53米，厚0.14米（图11-38）。

国子监是我国元、明、清三代国家管理教育的最高行政机关和国家设立的最高学府，整体建筑坐北朝南，中轴线上分布着集贤门、太学门、琉璃牌坊、辟雍、彝伦堂、敬一亭，东西两侧有四厅六堂，构成传统的对称格局，是我国现存唯一一所古代中央公办大学建筑。

通过此次发掘，使我们对国子监东厢祭酒院落遗址、西厢琉球学馆遗址的基本布局有了初步了解。据相关文献记载和发掘情况，推测前者应该为国子监最高长官祭酒办公场所，后者应为琉球学馆学生宿舍。

根据建筑形制、用材和出土遗物，初步判断祭酒院落遗址和琉球学馆遗址应为清代遗存。

图11-38“太学奉旨积分题名碑”

第四节 寺庙宫观

一、寺庙遗址

1. 天宁寺钟鼓楼遗址

天宁寺位于宣武区西北部，东邻西二环，西邻手帕口北路，北邻莲花池东路，南邻广安路。2007年10月19日～11月5日，北京市文物研究所对天宁寺钟鼓楼遗址进行了考古试掘工作，清理了3组建筑基础（图11-39）[1]。

F1北距药师殿42米，坐东朝西。面阔6.5米，发掘部分进深3.6米。南墙、北墙和东墙都是用大小不等的残砖砌成，其中南墙宽0.4米，残高0.06～0.55米；北墙宽0.75米，残高0.05～0.45米；东墙宽0.4米，残高0.06～0.4米。墙下有厚约0.7米的夯土，共分4层。房内地面为夯土，用内含有碎砖、瓦片、青花瓷片、白瓷片的渣土加少量白灰打成，厚约1.7米，共分11层，夯层上见排列规则的圆夯夯窝。南、北、东三墙外均残留有散水。从位置和形制推测F1为天宁寺钟楼遗址（图11-40、图11-41）。

F2与 F1相距1.4米，北距药师殿31米，坐东向西。面阔9.8米，清理部分进深3.68米。南墙、北墙和东墙仅残存一层青砖，残高0.1～0.13米，其中南墙和北墙宽0.53米，东墙宽0.6米。墙下基础夯制，厚0.51米，共分4层，前两层为三合土，以下两层用渣土打成。从位置和形制推测F2为天宁寺东配殿遗址。

F3北距弥陀殿42米，与F1相距32米，坐西朝东。面阔6.5米，清理部分进深3.6米。南墙、北墙和西墙宽约0.4米，其中南墙残高0.06～0.25米、北墙残高0.05～0.28米，西墙残高0.06～0.4米。房内地面为夯土，厚约1.7米，共分11层。南、北、西三面均残留有散水。与F1、F2不同的是，F3上的青砖上多见沟纹。从位置和形制推测F3为天宁寺鼓楼遗址（图11-42、图11-43）。

根据钟楼、鼓楼和东配殿的形制以及建筑材料，初步判断它们为清代遗存。

2. 崇文区夕照寺遗址

夕照寺位于北京市崇文区夕照寺中街13号，西邻北京市崇文区教委，东邻夕照寺街，南邻光明西街。2006年6月，北京市文物研究所在夕照寺遗址共清理出前殿、东配殿、西配殿、东朵殿、西朵殿等5处建筑基址，山门遗址因位于夕照寺中街现马路下面未做发掘[2]。

前殿位于夕照寺院内南部，基址坐北朝南，保存基本完整，东西面阔3间计9.5米，南北进深6.35米。平面上分布有东西向5排、南北向4列柱础。南墙基宽0.65米，北墙基宽0.73米，东墙、西墙基宽均为0.53米。南墙和北墙基上残存有压面石。大殿南北侧均设有廊道，各宽1米。殿基南北两侧中部均发现有踏跺，南侧踏跺系用石条砌成，直接叠压于散水砖面上。北侧踏跺残存石踏跺1阶。殿基的南、北、西侧均发现有散水，用青砖两丁一顺铺成，外侧用竖砖包边。通往山门的甬道与大殿南侧踏步相连，通往中殿的甬道与北侧踏步相连（图11-44、图11-45）。

东配殿位于中殿东侧，坐东朝西，平面呈长方形，通面阔38.5米计12间，进深6.1米。配殿四周残存柱础石8个。西墙宽0.4米，东墙宽0.55米，南墙宽0.45米，北墙宽0.6米，其中西

1　北京市文物研究所：《北京天宁寺钟鼓楼遗址试掘简报》，《文物春秋》2008年5期。
2　北京市文物研究所：《北京市崇文区夕照寺遗址发掘简报》，《北京文博》2008年4期。

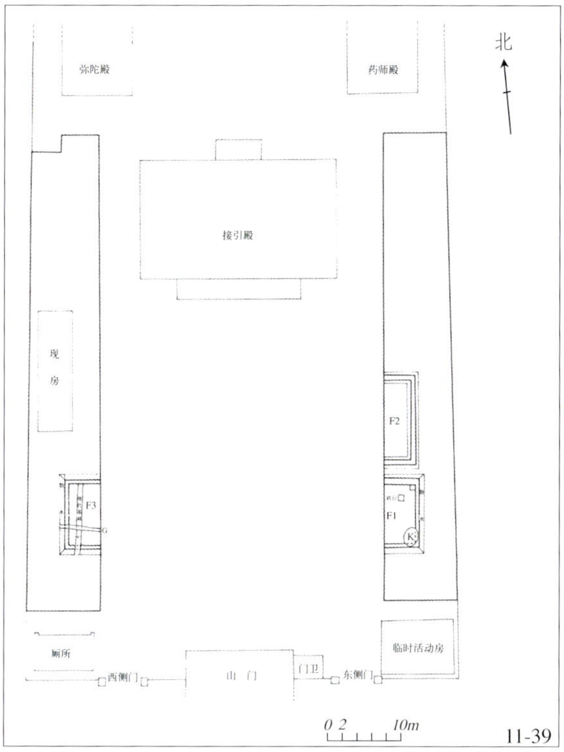

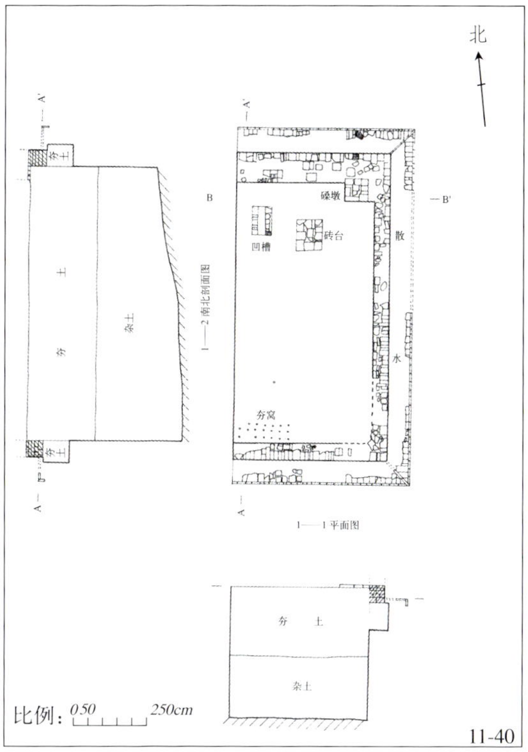

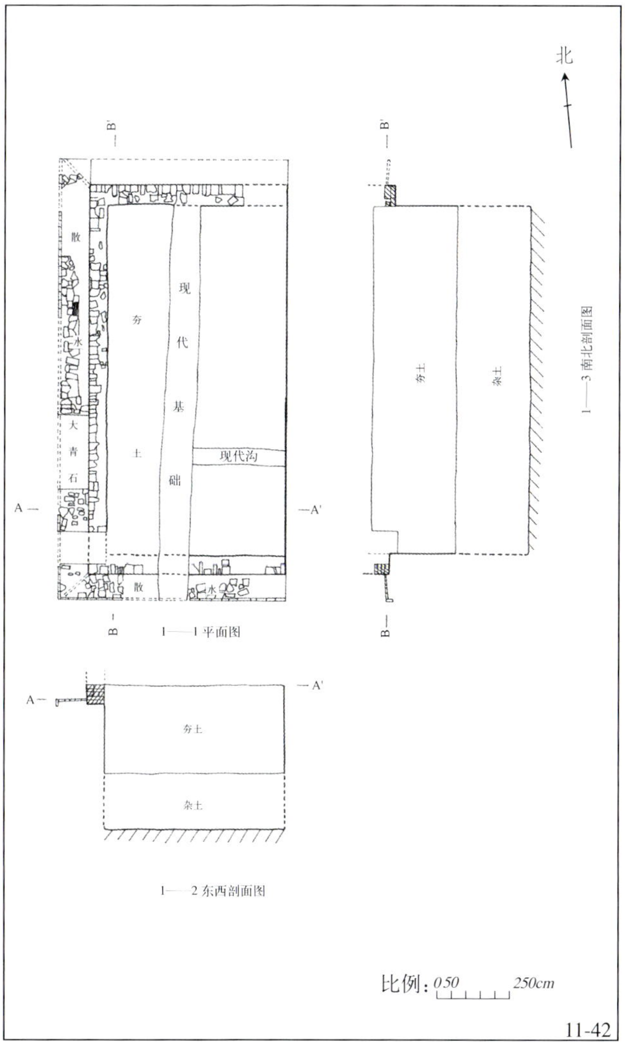

图11-39 天宁寺钟、鼓楼遗址总平面图

图11-40 天宁寺钟楼遗址平、剖面图

图11-41 天宁寺钟楼遗址

图11-42 天宁寺鼓楼遗址平、剖面图

图11-43 天宁寺鼓楼遗址

图11-44 夕照寺遗址总平面图

图11-45 夕照寺前殿遗址

图11-46 夕照寺东配殿遗址平、剖面图

图11-47 夕照寺西配殿遗址平、剖面图

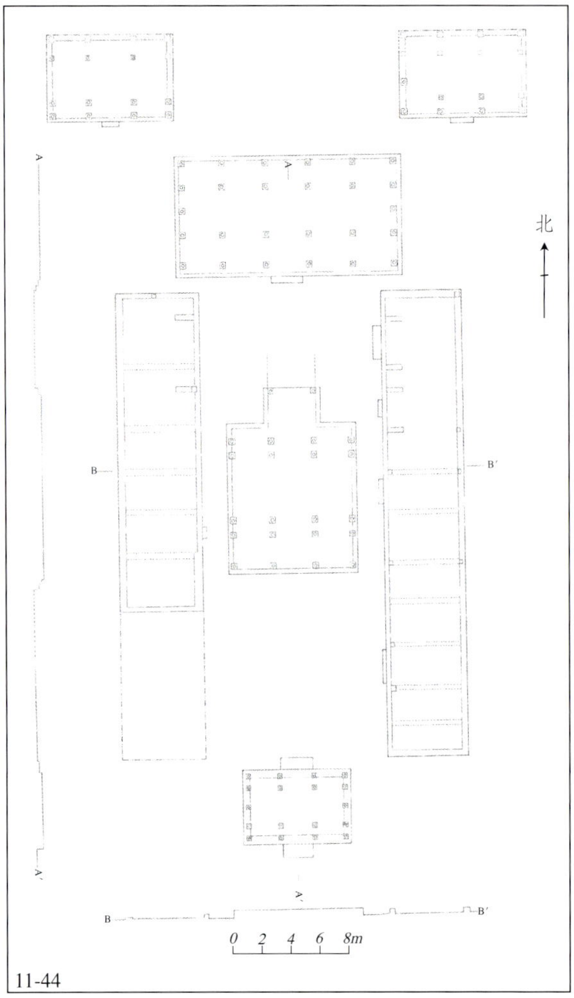

11-44

11-45

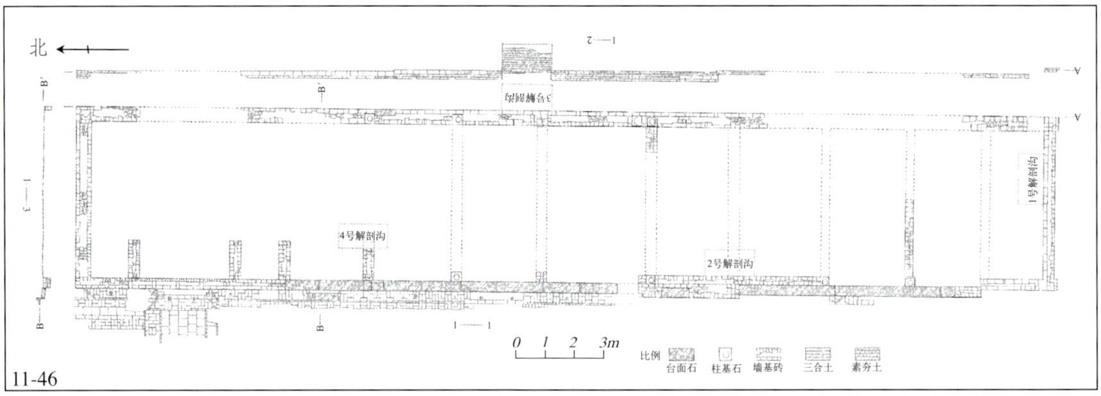

11-46

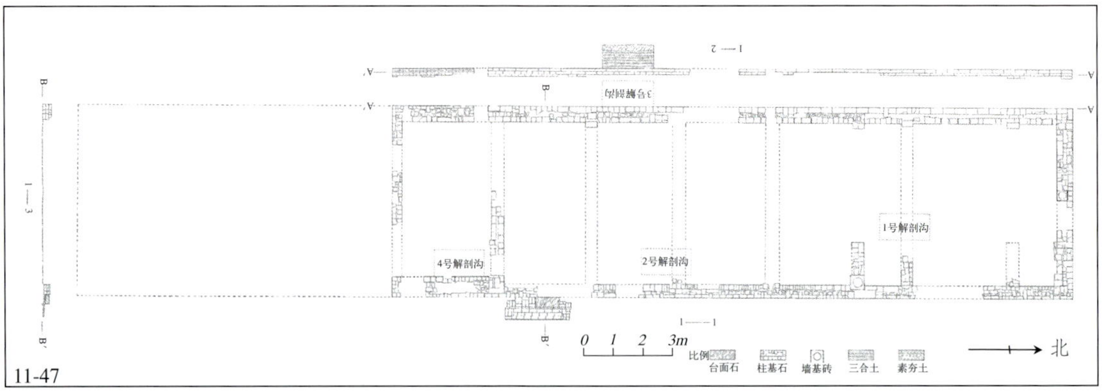

11-47

图11-48 夕照寺西朵殿遗址

墙基上残存有压面石。除北部5间外，南部7间均设有拦土墙，经解剖，拦土墙基槽宽1.1米，内夯筑素土。从北端起第2间、第4间、第6间前均残留有踏跺遗迹，其中第4间残留有石踏跺一阶，直接叠压于散水之上。第2间踏跺处西侧残存有甬道，用方砖错缝平铺，外侧用竖砖包边。东配殿西墙外侧残存有散水，用青砖铺成，用青砖两竖一横错缝平铺，外侧用竖砖包边（图11-46）。

西配殿位于中殿西侧，坐西朝东，平面呈长方形，南半部被破坏，仅清理出北部的一段基址共8间，南北残长27.1米，东西宽7.3米。整个西配殿仅残存柱础石1个。东墙宽0.5米，西墙宽0.6米，北墙宽0.6米。现存8间基础内共发现有6道承重拦土墙，拦土墙下为三合土夯土基槽。从北端起第7间前残存石踏跺1阶，直接叠压在散水上。石踏跺下及两侧残存有散水一段。石踏跺前还残存有砖铺甬道（图11-47）。

东朵殿位于夕照寺正殿东北侧，坐北朝南。该殿东墙和北墙已不存，残长10米，残宽5.7米，计南北进深2间，东西面阔3间。南墙基上残存一层阶条石。西墙基残长5.8、宽0.58米，最高处残存5层青砖，墙基下衬3层碎砖。柱础下系砖筑磉墩，共4层。由残存的柱础石可以看出，该殿前有走廊。明间前正中残存石踏跺1阶。

西朵殿位于夕照寺正殿西北侧，坐北朝南。该殿北墙已不存，东西长11.1米，残宽5.4米，计南北进深3间，东西面阔3间。东、西墙宽0.48米，各残存三层青砖，内外侧用长方形青砖错缝垒砌，中间填以碎砖。南墙宽0.6米，高0.67米，其上有一层阶条石。由残存的柱础石可知该殿有前、后廊，前廊宽0.8米，后廊由于压于隔壁单位墙下而只清理出部分柱础。在前廊及东、西次间内残存有铺地方砖。明间前正中残存石踏跺1阶。踏跺两侧残存有散水，用青砖两竖一横错缝铺砌而成，外侧用一行竖砖包边。散水外侧还残存有砖铺甬道（图11-48）。

据《日下旧闻考》，夕照寺在育婴堂东，创建年月无可考……顺治初已圮。又据《北京寺庙历史资料》，夕照寺坐落外三区板厂一号，建于明万历年，清嘉庆三年蓄款重修，属私建[1]。从建筑形制结构和用材来看，清理出来的遗迹年代为清代，结合文献，应该不早于清嘉庆三年（1798年）。

3. 玉河庵遗址

北京玉河庵遗址位于北京市东城区交道口街道办事处福祥社区，南距地安门东大街约10米，东临东不压桥胡同。2007年5月7日～20日、2008年4月4日～17日，北京市文物研究所分两次对玉河庵遗址进行了考古发掘，发掘面积742平方米。

整个遗址平面近长方形，长约42米，宽16.5～20米，由山门、前殿及其东西配殿、后殿及其东西配殿、围墙等组成（图11-49）。此次发掘共清理出玉河庵山门、前殿散水、前殿东配殿、后殿东配殿、后殿散水及踏跺、后门和围墙等建筑基址，出土有玉河庵碑。

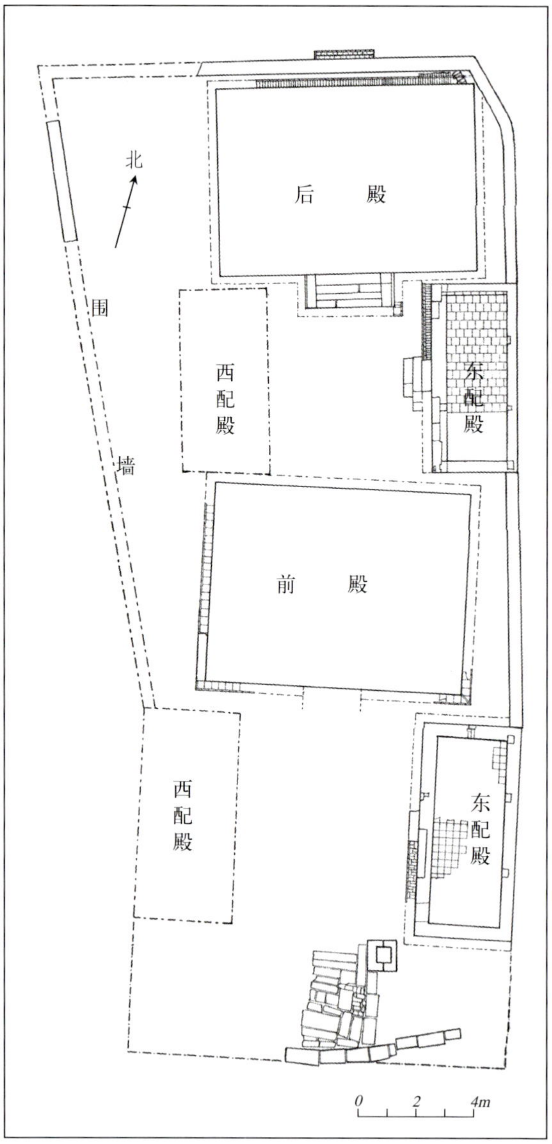

图11-49 玉河庵遗址总平面图

山门遗址位于玉河庵前殿正前约15米处，由于破坏严重，仅残存痕迹，残长5米，方向163°。山门北侧院内原应有2座夹杆石，此次清理出1座夹杆石及西侧的一片道路地面。

前殿至今尚存，但散水已被压于地表下。此次共清理出东侧散水一段、西侧散水一段和前侧散水两段。

前殿东配殿位于前殿前方东侧，北端距前殿1.3米，东墙东侧压于东不压桥胡同下。平面呈长方形，通面阔7.85米，进深3.05米，由明间和两次间组成，各间以柱础分开。

后殿建筑今尚存，此次清理出门前的3级踏跺和后殿北侧散水。其中踏跺及其垂带用石条砌成。

后殿东配殿位于后殿前方东侧，北端距后殿0.5米，东侧紧邻东不压桥胡同。平面呈长方形，通面阔6.9米，进深2.6米，由明间和两次间组成，各间以柱洞分开。明间和北次间残存有铺地砖。西墙外侧残存有阶条石，阶条石外侧还残存有散水。明间前现存3级踏跺。

发掘共清理出西、北围墙各一段和东围墙两段，墙体两侧一般用残城砖包边，里面填碎砖，基础一般用城砖砌筑。

1　北京市档案馆：《北京寺庙历史资料》，中国档案出版社，1997年。该段资料属1928年调查资料。

11-50

11-51

图11-50 “玉河庵碑”碑首阳面

图11-51 “玉河庵碑”碑首阴面

玉河庵北墙中部设有后门，清理出的后门遗迹，除散水外其他结构已不存。

山门附近清理出汉白玉雕刻的“玉河庵碑”碑一通，已残。碑首浮雕四条蟠龙，前后左右对称，阳面篆刻“玉河庵碑”，阴面篆刻“万古留名”。碑文漫漶严重，残存11行215字（图11-50、图11-51）。

玉河庵，《京师全图》作“御河庵”，图上可见该庵平面长方形，西北、东南向，可见其前殿3间，正殿东、西配殿各3间；后殿3间，后殿东配殿3间，是否存在西配殿不详[1]。1928年调查资料记载：“玉河庵……坐落内五区地安门外皇城根十六号，建于嘉庆十三年，光绪十四年（1888年）募修。本庙面积南面三丈七尺，北面五丈八尺，南北十二丈五尺，院后南北二丈七尺，东西五丈，殿房共二十间（其中包括附属房屋，东不压桥东胡同十六号住房五间）……另有石碑一座。”[2]

据《京师全图》，玉河庵始建年代当在乾隆十五年（1750年）之前。1928年调查时该地尚有碑存在，应即《清重修玉河庵碑记》。根据出土石碑碑文记载，主持心然于嘉庆十三年（1808年）重修玉河庵，因此，此次清理出的遗存年代当不早于嘉庆十三年。清理过程中不见前殿及后殿的西配殿，但文献明确记载前殿有西配殿，根据中国古代建筑的布局风格，后殿也应有西配殿，二者应已为后代破坏无遗。

通过此次对玉河庵遗址的发掘，弄清了玉河庵的形制、布局及范围，为玉河庵的复建提供了依据。

二、宫观遗址

1. 平谷丫髻山碧霞元君祠遗址

碧霞元君祠遗址坐落于平谷区刘家店镇北吉山村西北部的丫髻山上，东北距北京市75公里，西北距平谷区政府驻地23.5公里，地理坐标为北纬40°04′、东经115°33′，海拔361

1 北京市古代建筑研究所、北京市文物局资料信息中心：《加摹乾隆京师全图》，北京燕山出版社，1995年。

2 北京市档案馆：《北京寺庙历史资料》，中国档案出版社，1997年。该段资料属1928年调查资料。

图11-52 丫髻山碧霞元君祠遗址远眺

米（图11-52）。丫髻山因其两峰高耸若少女丫髻而得名，当地百姓又称之为“东大山”，曾被御封为“护国天仙宫”、“金顶”、“畿东泰岱”、“近畿福地”、“灵应宫”等称号。2003年，丫髻山古建筑被列入2008人文奥运修复计划中。2007年7月6日～10月4日，北京市文物研究所对该遗址的部分建筑基础进行了考古发掘，发掘面积450平方米，共清理出4组建筑基础[1]。

该遗址共分为两区，即Ⅰ区和Ⅱ区。Ⅰ区位于丫髻山西顶，Ⅱ区位于西顶南侧断崖下的山门西侧坡地上。两区共清理出F1和F2～F4等4组建筑基础，都叠压于近现代渣土之下。

Ⅰ区清理出1组建筑基础及其排水道，编号F1。F1位于碧霞元君祠的东南侧，南侧和东侧为断崖，方向340°。系先依山顶地势垫石块、砖块、土夯平作基础，呈曲尺形，南北长11.2米，东西宽10.9米（图11-53、图11-54）。墙基用大小不等的石块加三合土砌制而成，其上残存青砖，南北向错缝平砌。F1共分5间，其中坐东向西者3间，坐南向北者 2间，各间以柱础为界，进深都是4.45米。面向西之3间面阔9.8米，其中由北向南第一间面阔3.2米，第二间面阔2.6米，第三间面阔4米。面向北之两间面阔5.2米，其中由西向东第一间面阔2.7米，第二间面阔2.5米。房间内铺有三合土。西侧及北侧设有走廊，走廊柱础与房间柱础分别对应，走廊进深1.3米。走廊前有散水，残存部分包边砖和铺地砖。西侧散水前残存一踏步石。坐南朝北之由西向东第一间房内中部偏西处有一暗排水道，底部为三合土，两壁用大小不等的青砖错缝平砌，上盖不规则石块和大青砖。

1　北京市文物研究所《北京平谷丫髻山碧霞元君祠遗址发掘简报》，《文物春秋》2009年1期。

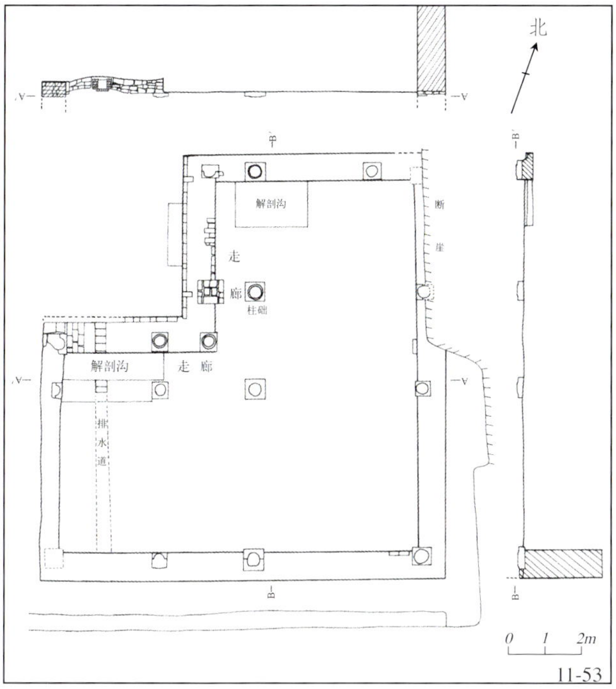

图11-53 丫髻山碧霞元君祠遗址F1平、剖面图

图11-54 丫髻山碧霞元君祠遗址F1

图11-55 丫髻山碧霞元君祠遗址Ⅱ区平、剖面图

图11-56 丫髻山碧霞元君祠遗址Ⅱ区全景

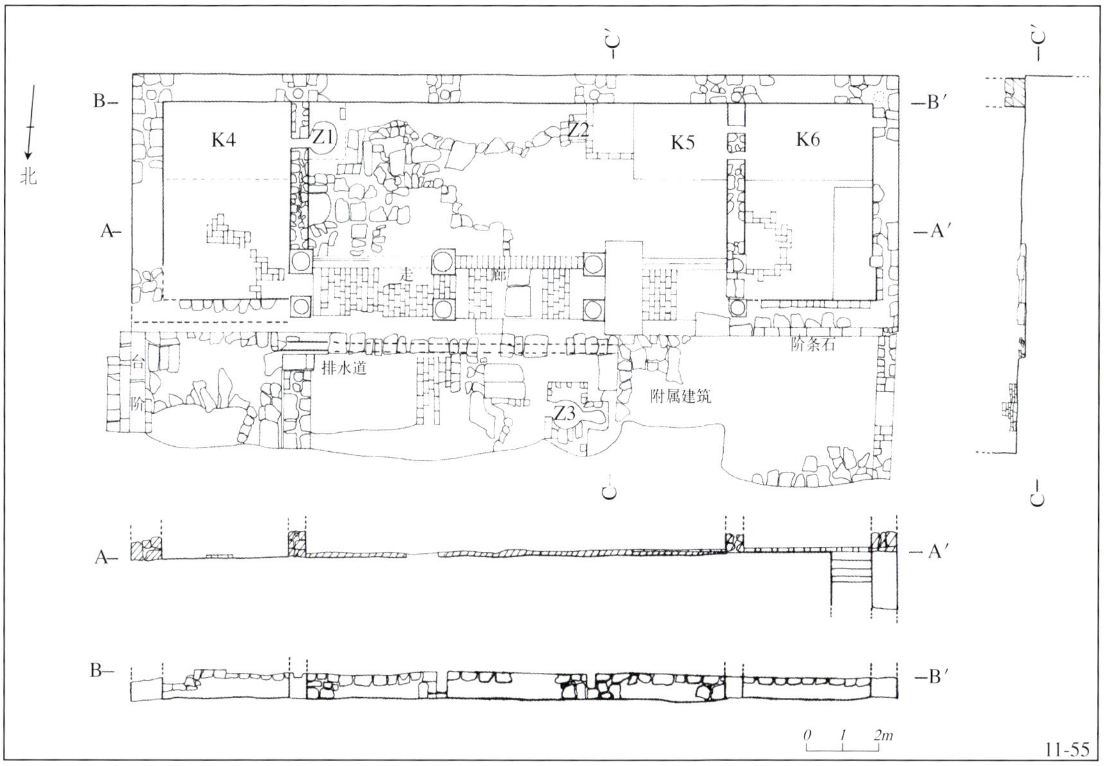

Ⅱ区位于山顶南侧断崖下的山门西侧坡地上，最高处与Ⅰ区高差约22米。Ⅱ区共清理了高低错落相连的3组建筑基础，编号F2、F3和F4。其共同的特点是依山坡地势垫石块、砖块、土夯平作基础，其厚度因地势而异，上面再分三合土；墙均用大小不等、形状不规则的石块加三合土砌成虎皮墙；方向都是353°（图11-55、图11-56）。

F2位于山门西侧，坐南朝北，西与F3相连，南墙外为悬崖。平面呈东西向长方形，东西长16.2米，南北宽5.6米，面阔5间，其中一明间、两次间、东西稍间各一。南墙沿悬崖用石块修建成虎皮墙，墙面上先抹一层麦秸泥，外再抹一层白灰。房间内地面为三合土，不见铺地砖。各间进深皆为3.4米，明间面阔3.4米，次间面阔3.2米，东稍间面阔2.6米（残），西稍间面阔2.85米。明间、两次间和西稍间北侧设有走廊，进深1米。走廊内用青砖或方砖铺地。走廊外侧残留有用石板铺就的散水。F2内共发现炕3个。K1位于东次间东部，平面长方形，南北长3.15米，宽1.9米，残高0.05米。其东南角在东次间和东稍间隔墙上设一火道，应是从东稍间向K1供暖所用，但由于东稍间被破坏严重，其内没有找到灶。K2位于西次间西部，底部被破坏。从南墙和西墙烟熏痕迹看，南北长3.15米，宽1.9米，高0.4～0.5米。其西南角在南墙壁上开有一个烟囱。K3位于西稍间南部，平面长方形，东西长2.85米，宽1.7米，残高0.4～0.5米，炕的东壁上砌一层青砖，其下抹一层麦秸泥，外再抹一层青灰。

F3位于Ⅱ区中部，坐南朝北。东邻F2，西邻F4，其南墙临崖而建。其地面比F2高1.25米，比F4低2.65米。平面呈东西向长方形，长6.55米，宽5米。面阔2间，因受地势限制，门向东。东间面阔2.65米，进深4.1米。其东北部为台阶。东墙直接砌在山体上，墙面先抹一层麦秸泥，外再抹一层青灰。西间面阔2.72米，进深3.2米。地面用石块铺砌，石块下为三合土，再下为山体。北墙紧贴山体而砌，墙面上抹一层麦秸泥，然后从地面向上0.95米高抹一层青灰，青灰以上抹一层白灰。西墙紧贴F4东墙，直接砌在山体上，墙面上先抹一层麦秸泥，外再抹一层白灰。F3墙内共有9个柱洞，柱洞底部都垫有石块。F3东北角设有台阶，与F2走廊相连，系由F2走廊到F3的通道，共6级。

F4位于Ⅰ区西部，坐南朝北。东与F3相邻，南墙外为悬崖。平面呈长方形，长17.2米，宽5.5米。面阔5间，即一明间、两次间和东西稍间。明间面阔3.3米，次间面阔3米，明间、次间进深3.3米；稍间面阔2.85米，进深4.2米。大部分地面残留有铺地石或砖。东次间东北角有灶，灶之北有灶台。西次间西南部有一炕和一灶。东、西稍间南部各有一土炕。门道向西从走廊进入东稍间，宽约0.9米。明间和两次间北侧设有走廊，进深1米，走廊内用青砖南北向错缝铺地。F4前侧有宽约0.2米的阶条石，其中西稍间前侧的阶条石保存较好。阶条石北侧有一东西向的排水道。

F4之北有一附属建筑，坐北朝南，其北墙系利用崖壁，平面略呈长方形，面阔13.8米，进深因崖壁凸凹而宽窄不同，最宽处3.5米，最窄处仅1.8米。西墙上留有西向的门道，宽0.7米，应是通往山之西平台所用。大部分地面上铺有石块，少数地方铺砖。其中部崖壁下有一灶。由于地势的限制，从F3到F4没有通道。附属建筑之东有一长方形平台，东西长3.6米，宽约2.4米，地面铺石块。平台之东有三级台阶，分别用石条或石块砌筑。这三级台阶再往东、往下堆满了从悬崖上坍塌下的石块等，从地势看应通往山门。此处的平台和台阶应是从山门到F4的通道。

F4及其附属建筑内共发现了灶3个、炕3个。Z1位于东次间东南角，仅留痕迹。平面长方形，南北长1.3米，宽0.9米。中部为灶膛，平面圆形。灶后有一通道与东稍间内的K4相连，应是为其供暖所用。Z1北侧有一土台，半圆形，应是放厨具所用。Z2位于西次间东南角，仅残留底部一层砖。平面长方形，南北长1.5米，宽0.9米。此灶应是为K5、K6供暖所用。Z3用残砖加泥砌筑，位于F4附属建筑的中部崖壁下，其北部进入崖壁内凹之处。灶台平面长方形，南北长约1.3米，宽约0.9米，残高0.3～0.4米。灶门向东，火膛圆形，灶台之西凸出部分为烟道。K4位于东稍间南部，已残，平面长方形，残存部分东西长2.85米，宽1.4米，残高0.3米。K5位于西次间南部，平面长方形，东西长2.1米，宽1.65米，残高0.45米。北侧抹有青灰，底部有一层平砖。其东南部有一近方形洞，呈斜坡状进入Z2内，应是Z2为K5供暖设置。K6位于西稍间南部，平面长方形，东西长2.85米，宽1.75米，残高0.2～0.35米。正面用不同规格的青砖错缝平砌，残留4层。

图11-57 丫髻山碧霞元君祠遗址出土铁筒瓦

图11-58 丫髻山碧霞元君祠遗址出土铁板瓦

该遗址出土遗物比较单一，主要是铁质筒瓦和板瓦，比较完整的有铁筒瓦和铁板瓦各1件。铁筒瓦瓦身长26厘米，宽12厘米，厚1厘米；瓦头长4厘米，厚0.5厘米（图11-57）。铁板瓦长28厘米，一端宽20厘米，一端宽18厘米，厚0.4厘米（图11-58）。

《日下旧闻考》记载："县东南九十里有丫髻山，二峰高耸，上有碧霞元君祠。"[1]唐贞观六年（公元632年）始有道士于丫髻山西顶结庐修炼。元代改为碧霞元君庙。明嘉靖年间，重修碧霞元君殿（铁瓦殿），明世宗敕赐"护国天仙宫"门额。清初曾进行大规模扩建。康熙年间撤铁瓦殿，改建大殿三间[2]。现存康熙御制丫髻山玉皇阁碑记载："自元明以来，号为近畿福地。"康熙、乾隆、道光等皇帝多次驾临丫髻山。后丫髻山大部分建筑毁于战火[3]。

从清理出的房址、炕的形制来看，这些遗迹时代不早于清朝，这与文献记载丫髻山建筑群曾于清代被改建是符合的。《光绪顺天府志》记载，明嘉靖年间王姓老媪募化铁瓦建成铁瓦殿[4]。此次发掘出土了铁质板瓦和筒瓦，可见铁瓦殿确实存在过。

根据F1的位置和形制，初步判断F1为碧霞元君殿的东配殿。F4及其附属建筑内都设有灶，应该为斋房。F2和F3内都有火炕遗存，推测为道士或香客住房。

通过此次考古发掘，使我们对丫髻山的建筑布局、形制及年代有了一个比较明确的认识，也为将来进行规划、保护提供了依据。

2. 北顶娘娘庙遗址

北顶娘娘庙遗址位于北京市朝阳区西部，南距北四环中路约150米，西距北辰西路约200米，北临国家游泳中心。2004年9月13日～11月6日，为配合奥运工程北顶娘娘庙的修复工作，北京市文物研究所对该遗址进行了考古发掘，发掘面积约为2150平方米。北顶娘娘庙原存山门、鼓楼和天王殿此次发掘共清理出钟楼、娘娘殿及其配殿、寝殿及其配殿，藏经阁及其东朵殿（关公殿）、西朵殿（药王殿）、东配殿和西配殿以及围墙等建筑基址。

北顶娘娘庙坐北朝南，由四进院落组成，平面呈长方形，南北长150米，东西宽67.5米。

钟楼与鼓楼对称分布于中轴线的东西两侧。现存台基、外墙基、拦土墙和磉墩。台基坐西朝东，平面呈正方形，边长5.6米。

娘娘殿位于娘娘庙的中轴线上，南距天王殿20.7米。坐北朝南，面阔5间，进深5.1米。其前后有檐廊，宽均为1.6米。共清理出殿前甬路、殿前碑座、台阶、前抱厦、台基、台基夯土芯、柱础、磉墩、外墙、拦土墙、门槛、神台、铺地砖和散水等。大殿台基平面呈"凸"字形，东西长30米，南北宽14.3米。抱厦位于大殿正南，平面呈长方形，东西长13.7米，宽

1 （清）于敏中等：《日下旧闻考》，北京古籍出版社，1981年。
2 《平谷县志》编纂委员会：《平谷县志》，北京出版社，2001年。
3 北京市平谷区文化委员会：《平谷文物志》，民族出版社，2005年。
4 （清）周家楣、缪荃孙：《光绪顺天府志》，北京古籍出版社，1987年。

4.5米。大殿平面呈长方形，东西长21米，宽10.35米。殿内残存3座神台。甬路位于殿前台阶正南，用方砖错缝砌制而成。甬路两侧尚残存部分卵石散水。殿前甬路两侧各有一碑座，均为长方形，四壁浮雕龙纹。前台阶共有东、中、西三进，后台阶位于大殿北侧正中。大殿四周局部残留鹅卵石散水。

娘娘殿东配殿位于第二进院落的东部，坐东朝西。该殿面阔3间，进深4.45米。前后有檐廊，宽1.3米。共清理出台阶基础、台基、台基内芯、磉墩、外墙、拦土墙和散水等。台基平面呈长方形，南北长11米，东西宽8.35米。台基西侧正中为台阶。台基的南、北、西三侧都保留有部分鹅卵石散水。

娘娘殿西配殿与东配殿对称分布于中轴线的两侧，坐西朝东，与东配殿形制相同。

寝殿位于北顶娘娘庙的中部偏北的中轴线上，南距大雄宝殿21米。坐北朝南，面阔3间，进深5.64米。前后有檐廊，各宽2.35米。共清理出台阶、台基、台基夯土芯、磉墩、外墙、拦土墙和散水等。大殿台基平面呈长方形，东西长12米，南北宽11米。台基南、北两侧正中都设有台阶，周边有卵石散水。

寝殿东配殿位于第三进院落的东部，坐东朝西，面阔3间，进深4.52米。前后有檐廊，宽1.35米。共清理出台阶、甬路、台基、台基芯、磉墩、外墙、拦土墙和散水等。台基平面呈长方形，南北长11米，东西宽8.5米。西侧正中设有台阶，台阶前残存甬路基础。台基东、北侧残留鹅卵石散水。

寝殿西配殿与东配殿对称分布于中轴线的两侧，坐西朝东，与东配殿形制相同。

藏经阁位于娘娘庙北部的中轴线上，南距寝殿20.5米。坐北朝南，面阔3间，进深6.51米。前后有檐廊，宽1.55米。共清理出台阶、台基、台基芯、磉墩、外墙、拦土墙和散水等。台基平面呈长方形，南北长14米，东西宽12.5米。台阶位于台基南侧中部。

东朵殿（关公殿）位于藏经阁东侧，北距北围墙16.4米。坐北朝南，仅残存台基及台基芯。台基平面呈长方形，东西长9.5米，南北宽6.5米。

西朵殿（药王殿）位于藏经阁西侧，与东朵殿对称分布于藏经阁两侧。坐北朝南，面阔3间，进深3.9米。前有檐廊，宽1.35米。共清理出台阶、台基、台基芯、磉墩、外墙、隔墙和拦土墙等。台基平面呈长方形，东西长9米，南北宽6.1米。西次间前残存台阶。

藏经阁东配殿位于第四进院落的东部，坐东朝西，面阔3间，进深3.85米。前后有檐廊，宽1.95米。共清理出台基、台基芯、磉墩、外墙和拦土墙等。台基平面呈长方形，南北长11.15米，东西宽8.35米。

西配殿与东配殿对称分布于中轴线的两侧，坐西朝东，与东配殿形制相同。

娘娘庙四周设有围墙，墙基用石块加白灰砌成虎皮墙。山门两侧清理出“八”字墙，宽1米。

“八”字墙两侧设有掖门，仅残存夯土基础，平面都呈长方形，面阔2.8米，进深2.65米。

西南角发现有1座转角房，只保留有北墙和东墙一段的夯土基础。

整个娘娘庙规模宏大，布局严谨，采用中轴对称格局，由四进相对独立的院落组成，主要大殿坐落于中轴线上，附属建筑东西对称。

娘娘庙，又称碧霞元君庙，由碧霞元君又名圣母娘娘、泰山娘娘而来。碧霞元君是司管妇女多子，并保护儿童之神，其信仰是道教信仰的一种。追溯其起源，“碧霞元君”一词最早出现于唐代，此时也应出现了其祠庙。北宋真宗时期，真宗皇帝于泰山封禅，将浮出玉女池中的石人像封为“天山玉女碧霞元君”，并修建了泰山碧霞祠，娘娘庙信仰得以初步发展。明清时期，碧霞元君的影响进一步扩大，娘娘庙遍布北方地区。

北京地区比较重要的娘娘庙应属环列于京城四周的“五顶”，即南顶、北顶、西顶、东顶和中顶。《日下旧闻考》记载：“北顶碧霞元君庙在北极寺之东，本朝乾隆年间奉敕新修。炉一，明万历年造。钟一，宣德年造。”[1]因此，可以推测该庙于乾隆（1736～1795年）年间得到重修，如果钟或炉原本是该庙内法器的话，其始建年代当不晚于明朝宣德（1426～1435年）或万历（1573～1620年）年间。又如钟或炉不属原庙内法器，其始建年代也不会晚于崇祯（1628～1644年）年间，因为于此期间成书的《帝京景物略》上已明确有“五顶”的记载[2]。从考古发掘出来的建筑基址形制、建造方式和用料看，现存遗址的年代为清朝时期。

此次考古发掘所获得的资料，为北顶娘娘庙的修复提供了科学依据。如今，坐落于“水立方”前的北顶娘娘庙，已与奥运场馆一起成为北京亮丽的人文景观。

第五节 重要墓葬

一、陵寝和园寝

清代入关以前，在关外先后建有4个陵区，即东京陵、永陵、福陵和昭陵。入关以后，先后在河北遵化和易县建有清东陵和清西陵，陵墓从规划建制到建筑造型均仿照明朝。在陵寝之外，清王朝又把妃嫔、宗室王公、公主及有一定封号爵级的宗女的墓葬称为“园寝”，在等级上仅次于陵寝的园寝实际上可以作为其缩影。

1. 课题研究

(1)《清代园寝制度研究》

宋大川、夏连保先生合著的《清代园寝制度研究》[3]是北京市社会科学“十五”规划的重点课题之一。该课题在对大量相关清代文献资料梳理的基础上，结合实地考古调查，对清代园寝制度产生的社会历史背景进行了深入的分析，不仅对不同类别、不同等级的园寝规制进行了探讨，同时还对不同时期的园寝制度流变进行了深入研究，是一部结合考古调查对清园寝制度进行研究的专著。该书首先明确了“园寝”的概念，即将包括皇帝的妃嫔和皇子、公主以及皇族中其他所有封授爵位的宗室贵族墓葬统称为“园寝”，包含有“园”与“寝”，即不仅包括墓葬，还包括祭礼。

全书总结了满族兴起、清朝建立的历史，回顾了中国历史上的封建和封爵制度，指出清朝的宗室封爵是在明朝封爵制度的基础上，充分吸取了中国历史上历朝的“封建”和“封爵”的经验教训后逐渐建立起来的。清朝的宗室封爵制度有一个形成、发展和完善的过程，康乾时期至清末，宗室封爵定型为功封、恩封、袭封和考封四种形式，定爵十四等二十级，并完善了降封和停俸制度。清代的封爵，除了对宗室男子授封外，也包括对皇族眷属的封

1 (清)于敏中等编纂：《日下旧闻考》卷一百七《郊坰》。
2 刘侗、于奕正：《帝京景物略》卷三《弘仁桥》。
3 宋大川、夏连保：《清代园寝制度研究》，文物出版社，2007年。

号，主要是与夫权、父权和妇权相关。宗室亲王以下的妻室封号有福晋、侧福晋、夫人、淑人和恭人等。与父权有关的宗室女性封号，是指公主及亲王以下王公女儿的封号。其中公主分为固伦公主和和硕公主两等，其中由中宫（皇后）所生的封固伦公主，妃嫔所生的封和硕公主，由中宫收抚的宗室女下嫁时也封和硕公主。格格有和硕格格、多罗格格、固山格格和格格四种称号，分为五个等级，依次为郡主、县主、郡君、县君和乡君。公主和格格出嫁后，其额驸的封爵品级依公主或格格的品级而定。

全书论述了宗法和宗庙制度形成和发展的过程。作者认为宗法制度的本质，是对统治阶级内部财产和政治地位继承权的维护；宗庙是宗法制度观念的物化体现，而“陵寝”（或园寝）制度的产生与古代的丧葬及宗庙祭祀制度有着深刻的渊源关系。书中阐述了中国从周代到清朝的宗庙制度特征，昭穆制度与陵寝安排的关系，庙、寝和陵的关系。中国陵寝制度经历了建立、衰退、复兴、变异和改革的过程。清代的陵寝制度，大抵以满族入关为界，分为前后两个时期。满族入关之前，在关外先后建有东京陵、永陵、福陵和昭陵四个陵区，前期制度草创，无论祭祀制度还是陵寝建筑，都较多地保留了满族风俗习惯，且未有统一的规范标准。入关以后，清廷先后设了清东陵和清西陵两个陵区。由于各陵兴建的时代不同，在建筑上呈现出了不同的特点。

自顺治以后，在帝后陵寝之外，清朝又把包括历朝帝王的妃嫔、宗室王公、公主及有一定封号爵级的宗女的墓葬称为“园寝”，在传统的“陵”与墓之间，建立起一个新的墓葬等级，与以往的历代封建王朝有所区别。清代的园寝实际上是清代陵寝的一个缩影，清代的园寝制度则是这一时期陵寝制度的一个组成部分。所谓的“园寝制度”，指的就是园陵及寝庙的礼仪制度，包括墓葬地宫及封树的规制、陵墓及其祭祀处所的建筑规模、祭祀礼仪等不同方面的内容。清代所谓的“园寝”，主要包括皇帝的妃嫔墓葬，皇子、亲王以下所有功封、恩封、袭封、考封的宗室贵族的墓葬，固伦公主、和硕公主、格格及其额驸的墓葬。朝廷依据墓主生前的身份地位主要是爵级和血缘远近的不同，对他们死后的墓葬及其地面建筑制定了不同的标准。清代园寝制度，是清朝皇族宗室、觉罗内部等级制度在丧葬上的具体体现，也是中国宗法制度和封建礼制在清朝皇族内部的一种新的表现形式。清朝把园寝从陵寝中分离出来，用以专门指称宗室、觉罗具有一定爵位的人的墓葬，体现了清朝统治者的一种特殊的等级制度和等级观念，与清朝的政治制度有密切的联系，即为了体现满族宗室贵族与普通民众的等级区别，从而在思想意识领域内进一步建立和突出其皇族贵族的特殊身份和地位，借以加强其政治统治，是对封建等级观念和制度的强化和发展，反映了其君主集权制度不断强化的过程。

清代宗室在入关前盛行火葬，甚至在入关之后，这一习俗也还在继续。但清朝统治者为了体现等级制度，不断吸收汉族的土葬习俗，乾隆时明令禁止满族施行火化。因此，清朝宗室的丧葬方式，大致以乾隆朝为界分为前后两个时期，前期大约主要以火葬为主流，后期一般以土葬的方式入葬。

清朝入关之前，就已经接受了汉族传统的宗法观念。入关之后，满族统治者不断对“继统法”进行改革，在接受传统的宗法制度的同时，最终放弃了嫡长子继承制，公开承认大宗可以由非嫡系或非长子的后裔来继承，小宗相应的也受到了大宗改革的影响。这种宗法制度，不仅深刻地影响着清朝的政治制度，也直接影响了清朝宗室的园寝制度。

清朝入关之后，宗室墓葬一般均为家族式墓葬，以皇子或始封祖立祖，按照传统的宗法关系建立家族墓地。皇子受封，是为一小宗，其后裔袭爵者为小宗正派，子孙相沿，按照昭穆制度，在祖茔建立园寝。其小宗支派，亦按血缘关系，或另立茔地，或葬于祖坟一侧。但墓地及墓位的选择，要受到地形地势风水观念及其他各种因素的影响，所以也有小宗袭封者的园寝并不建于祖茔而另选茔地者。如果出现这种情况，则在新的茔地上建立的园寝，也依然按照原来的昭穆顺序来排。园寝的昭穆安排，依照的是承袭次序，而不是嫡长顺序。一支之中，可以有茔地一处或数处。但在每一处茔地上，墓位的布局，昭穆的顺序依然可寻。或有因事夺爵，家道败落，或因爵位世降，财力不支，无力再建园寝的，遂将其坟建于父祖园寝之中，这就形成了父子数代宝顶的现象。

后金时期的园寝有3座，墓主分别为舒尔哈奇、褚英、穆尔哈奇及其子夫而差。从这3座园寝可以看出，早期园寝规模都比较小，地面建筑都比较简单。满族入关后，清朝由工部统一掌管园寝事宜，建造费用由国家划拨，对园寝的建造有了严格的规定，如碑制，从碑身、碑首、碑座等三个方面对其高度、宽度以及雕刻的类型做了细致的规定；根据等级的不同，园寝坟茔等地面建筑也有等级上的差距；守坟户数量也依等级的差别而有增减。总体上来说，一般园寝的地面建筑除规模大小会因其身份的差异有所不同外，模式则都大体相同。清代园寝的园茔坟地和祭田用地，一般有以下几个方面的来源：恩赐地或划拨地、“老圈地”、购置地或置换地。

特别需要指出的是，公主、格格乃皇家贵胄，其品级都高于其额驸的品级，所以，她们即使与额驸合葬，其园寝也称之为公主园寝。另有一些早殇或未嫁而卒的公主，则与未成年的皇子一样，由皇室统一安排茔地埋葬并建立园寝。远嫁的公主或格格薨逝后，一般在所属领地建立园寝；居住于京师的一般在京城附近设园寝。从待遇上讲，固伦公主、和硕公主和格格按照品级分别也有所区别。清代除皇后以外的其他妃嫔一般另外建造一座独立的园寝。

(2)《清代园寝志》

有清一代宗室封爵人员先后有数千人之多，其园寝主要分布在北京、河北、天津、内蒙及东北三省等地，不仅数量多，而且分布面广。虽然清代是中国古代最后一个封建王朝，但关于清代园寝的专门文献却非常之少。加上清末以来的战乱等因素，大多数的园寝都已被破坏，有的甚至地面上的遗迹全无，因此要编写一部翔实可靠的清代园寝方面的志书，应当说是一项艰巨而困难的工程。由宋大川研究员主持的《清代园寝志》[1]课题，为北京市社会科学规划资助项目，属北京市“十一五”社科规

图11-59 野外考古调查清代园寝

1 宋大川等：《清代园寝志》，待刊稿。

图11-60 昌平恭亲王园寝遗址远眺

划重点科研项目之一。本课题首先从文献资料研究工作入手，对能够考据到的每一个园寝进行了文献学意义上的梳理，确保有文献记载的每一个园寝都能收录不遗。在文献研究的基础上，又实地进行考古调查，先后行程3万余里，对每一个园寝遗址点都进行了认真的测量，共完成了北京、内蒙古、辽宁、吉林、天津和河北等6个省、市、自治区近300个点的调查测量工作，调查走访当地知情人士数百人。在调查走访过程中，又厘清10余处前人未知或混淆的园寝地点。此次调查不但遵循了传统的考古调查方法，还采用了GPS定位、全站仪测点等方法，避免了今后因地标变动而引起的各种混淆（图11-59、图11-60）。

《清代园寝志》的编著，对研究清代政治、经济、文化和社会生产等方面具有重要意义。首先，将文献研究和考古调查严谨的结合起来，既弥补了文献资料记载的阙疑，又能纠正长期以来人们认识的不足。其次，填补了关于清代园寝志书方面的空白，其内容不仅包括对文献涉及的清王室诸王贝勒、公主格格及其历代君王的妃嫔等所有有封爵人员这一特殊阶层的研究，还有以实地考古调查为基础的严格意义上的考古学数据记录，这是以往所没有的。再次，其范围不仅仅包括北京地区的园寝，还尽可能囊括了周边地区的园寝；不仅对园寝主人的身份进行甄别，还对其谱系、生平、园寝规格、现存遗迹进行记述，为一部关于园寝方面的志书。最后，在调查走访程中，对民间传说和人们的回忆采取存疑的态度，综合各个方面的研究，认真厘清，去伪存真，尽可能的使其成为信史。总之，《清代园寝志》对研究清代政治背景、文化背景、民族关系、丧葬文化、宗教信仰等具有重要意义，有着重要的史料价值。同时，也为今后清代园寝的保护、规划和利用提供了科学依据。

2. 清代园寝的考古发掘

北京作为清王朝的首都，分布着数量众多所谓的“王爷坟”和“公主坟”，即园寝，但正式进行过考古发掘的仅2处：复兴门外公主坟与和硕和嘉公主园寝。

(1) 复兴门外公主坟

复兴门外公主坟位于海淀区复兴路与三环交会处，1965年，一线地铁建设时对清仁宗嘉

图11-61 和硕和嘉公主园寝出土文官石像

图11-62 和硕和嘉公主园寝出土武官石像

图11-63 和硕和嘉公主园寝出土石龟趺底座

庆皇帝第四女庄静固伦公主和第三女庄敬和硕公主园寝进行了考古发掘，但由于1939年被日伪军队盗掘，墓室内没有发现遗物[1]。

(2) 和硕和嘉公主园寝

和硕和嘉公主园寝位于朝阳区高碑店乡光辉桥东通惠河北40米左右，东距大望写字楼约100米。2005年6月，北京市文物研究所为配合通惠河北道路工程5标段施工对该园寝进行了考古发掘，由于条件的限制，仅清理出碑楼基础、2处月河驳岸基础和2处石像生基础。

碑楼基础由三合土夯土和青砖砌成，东西残长11.3米，南北残宽3～3.3米，残高0.48米。青砖基础内又清理出4个0.8米见方的方砖脚痕迹。

驳岸基础为三合土夯制而成，一个东西长3.2米，残宽1.5～1.9米，残高0.3米；另一个东西长3.8米，宽3.1米，残高0.43～1米。

石像生基础也是三合土夯制而成，一个东西长4米，南北宽3米，残高2米；另一个形制与之相同。

此次发掘还出土了文官石像1件（图11-61）、武将石像1件（图11-62）、石马1件、石兽座2件、石碑1件、石龟趺底座1件（图11-63）、柱础石1件和石刻3件。

经调查，发掘区西南40米处有一座四柱三间的冲天火焰牌楼，正面题有“银汉分光”，背面题有“金枝毓德”。

出土的石碑为谕祭碑，碑上刻有“兵部尚书和硕额驸一等忠勇公福隆安碑文”等字。福隆安，字珊林，其父傅恒为乾隆孝贤纯皇后的亲弟弟。福隆安生于乾隆十一年(1746年)，二十五年(1760年)，与和硕和嘉公主成婚，乾隆四十九年(1784年)三月二十四日去世。结合文献记载和考古发现，此处应为和硕和嘉公主园寝。

二、其他高等级墓葬

1. 索家坟清代墓地

墓地位于西郊小西天，现北京师范大学西南角。1962年7月配合基建工程进行了考古发掘。墓葬共4座，皆为砖室墓，其中M1、M2规格较高[2]。

M1墓室平面呈正方形，顶为三层拱券，南北向。边长1.82米，高2.95米。东、西、北三壁分设壁龛，南壁正中设甬道，甬道为券顶，南端有一青石质墓门。墓室北部有棺床，高24厘米。床面铺砖，中央放置边长44厘米、高48厘米木质骨灰盒1个。棺床前正中设有汉白玉石供桌1个，上置铜方炉、烛台等祭器。甬道中央有汉白玉碑1通，上刻“清故淑女黑舍里氏圹志铭”。

1　王同祯：《公主坟琐考》，《北京文物与考古》第六辑，民族出版社，2004年。
2　苏天钧：《北京西郊小西天清代墓葬清理简报》，《文物》1963年1期；北京市文物研究所：《北京考古四十年》，北京燕山出版社，1990年。

北壁龛为门楼式雕砖仿木建筑。悬山顶，雕花大脊，龙头吻。两侧岔脊各有雕砖立兽2个；两侧抱框前有粉彩雕砖仙人男女各一立在须弥座上。整个门楼朱漆彩画云鹤、旋子。壁龛内放置笔、墨、砚、图章等随葬品。东西两壁龛也是雕砖仿木结构，两者形制相同，灰瓦悬山顶，花脊、勾头、梁头、立柱、额枋等彩画。龛内分放瓷器、玉器等随葬品。

随葬品有瓷器、玉器、铜器等。瓷器以斗彩、五彩、青花三类最为珍贵。随葬玉器共28件，有玉瓶、杯、洗、砚和多种玉制佩饰。出土铜器6件，铜壶、方壶、炉、镜各1件，铜蜡台2件。

据出土墓志可知，墓主人黑舍里氏是清初辅政大臣一等公索尼的孙女，其父索额图，官至保和殿大学士太子太傅。黑舍里氏死时仅7岁，就为其修建了如此豪华的墓室，随葬如此之多的珍贵瓷器和玉器，足见史书所载索额图“居官贪黩”之实。

M2南北向，墓室平面呈长方形。长5.4米，宽2.5米，高1.4米。四壁青砖垒砌，上顶平铺石板。东西两壁各有壁龛1个，内盛青花小瓶和小罐各1。墓底平铺青砖，未设棺床。墓室中有长方形金丝楠木棺椁一具，尸体着单、夹、棉衣7层，外裹大衾，头部插满金饰件，左右手腕戴金镯。

出土遗物大都为金器，有手镯、凤饰、发钗、各种发簪、耳挖、纽扣等，共计39件。这些金饰品用垒丝、盘丝、雕花、镂空等工艺制作，技艺精湛，式样古朴。如金凤饰，其细部用盘丝、垒丝两种工艺作成，以手摇动，羽翎颤动，有飞动之态。2件万事如意金簪，用垒丝、雕花制作，如意头上镶嵌红宝石1块。另外还有金朵云顶簪、二龙戏珠簪、金麒麟簪、狮子绣球簪等。另外，该墓出土“康熙通宝”2枚。

M3、M4内葬骨灰，均出土“康熙通宝”。

从出土遗物来看，4座墓皆为清康熙年间的墓葬。

2. 荣禄墓

荣禄墓位于北京朝阳门外高碑店乡西花营村的荣家茔地内。茔地占地30余亩，周以围墙，南墙中间开门，门前有石拱桥。门内有大型龟趺石碑2座。石碑北为坟墓。荣禄墓居中，两侧为其儿子、儿媳墓[1]。

荣禄墓平面呈长方形，水泥墓室，南北向。墓内葬荣禄及其妻妾三人，四棺共一椁。椁平面呈长方形，东西宽4.8、南北长3米，前后立壁向后倾斜14～21厘米，前壁高1.87米，后壁高2米，形成前低后高的椁顶。椁内平行等距东西并排放置长方形木棺4具。四棺均长2米，宽0.95米，高1.65米。棺与椁间用黄土填实。在木椁板四周和椁顶，浇筑成厚40～64厘米的水泥墓室。墓室四周，还有一道31厘米的钢骨水泥墙。南水泥墙与钢骨墙之间填实黄土，顶上用钢骨水泥封顶，与两墙相接。墓室上面用三合土夯筑起高约7米的圆形宝顶。

荣禄及其妻妾棺中随葬大批金银玉器，其中金器有金叶、镯、葫芦、簪、戒指、花、指甲套、耳环和金锭等，银器有银戒指、镯、指甲套、扁簪及银元宝等，玉器有翠、玉烟壶、玉坠、佩饰、搬指、玺坠、翎管、雕龙带勾、戒指及玛瑙人物佩。另外有朝珠、西洋怀表等。计148件（套）。许多制品堪称工艺佳品。其中金葫芦重达139.6克，上双勾刻字“丙申重阳皇太后赐臣荣禄”。荣禄生于道光十六年，丙申年受赐时正当花甲之年。因此，这件金葫芦当为慈禧太后对荣禄的60岁寿辰的赏赐。

荣禄在《清史稿》有传，称“荣禄久值内廷，得太后信仗。眷顾之隆，一时无比。事无巨细，常待一言决焉”。可见，荣禄深得慈禧太后崇信，墓中随葬品之金玉珍宝可能与宫中赏赐有关。

1 北京市文物研究所：《北京考古四十年》，北京燕山出版社，1990年。

3. 丰台区刘秉权墓地

刘秉权墓地位于丰台区长辛店乡大沟村，南临芦井西路、西临大沟村公路（幽香谷路）。墓地位于路边高台之上，从西侧断壁上看，两侧护坡为夯土，夯土从中部到南北两边由薄变厚。墓地东西长112米，宽52米。四周探得夯土墙基，地表尚有华表等遗物（图11-64、图11-65）。2004年11月30日～12月17日，北京市文物研究所考古人员对刘秉权墓地进行了调查及清理工作[1]。

墓地西部南北两侧各有一个夹杆石，两夹杆石间距2.9米。夹杆石呈方形，边长0.82米，高1.95米，下部埋于地表以下。

华表位于夹杆石以西10.58米处，分立南北两侧，两华表间距15.4米，华表底座为须弥石座，束腰埋在地表以下。底座为八角形，顶部为圆形，刻有云纹图案，通高5.05米（图11-66）。

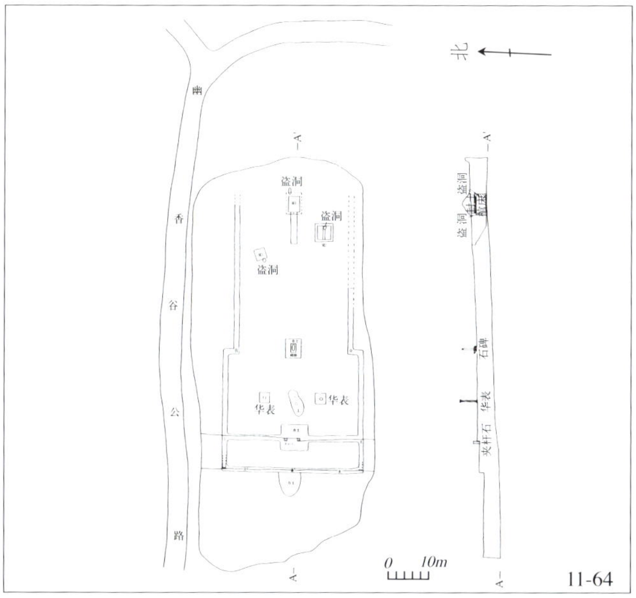

图11-64 刘秉权墓地平、剖面图

图11-65 刘秉权墓地全景

图11-66 刘秉权墓地华表

1 朱志刚、李华：《丰台区刘秉权墓地调查与发掘报告》，《北京考古》第一辑，北京燕山出版社，2008年。

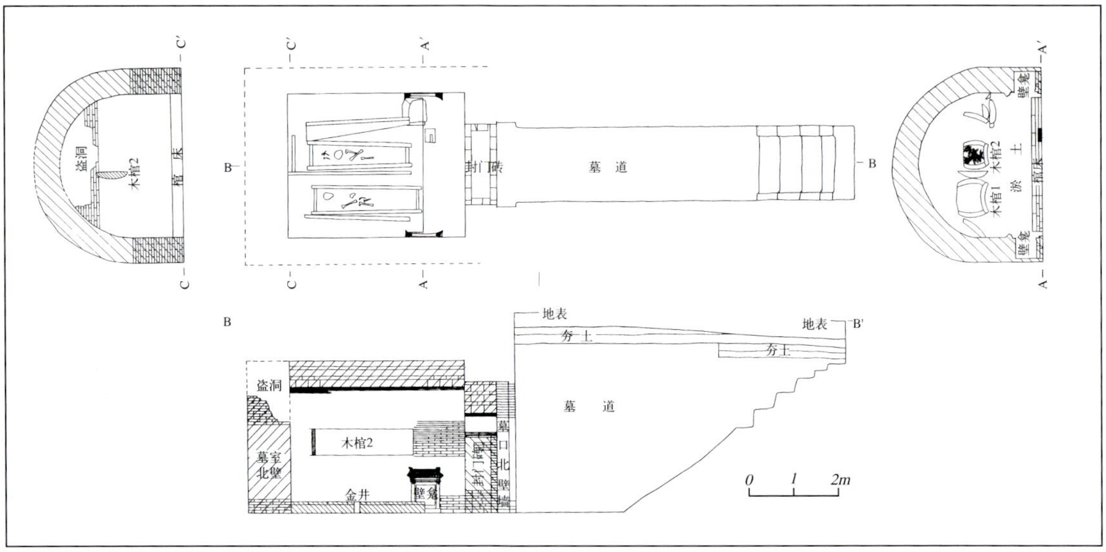

图11-67 刘秉权墓平、剖面图

石碑位于华表以西12.1米处。石碑底座东西长2.3米，南北宽1.56米。碑身高3.52米，宽1.02米，厚0.42米。龟趺座，石龟高0.9米，长2.5米。底部至碑顶通高4.42米。碑身上刻有“康熙十五年六月御敕”等字样。底座由两块石条东西向平砌，石条下为三合土。

M1西距台地边缘10米，南距台地边缘28.5米，方向70°。单室砖墓，平面呈“甲”字形，由墓道、墓门和墓室组成（图11-67）。

墓道东西长8.27米，上口宽1.8米，底部宽1.7米。墓道上部呈台阶状，下部为斜坡状直至墓底。墓道中间台阶为二次葬时所挖，将先前的夯土和部分台阶破坏。

墓门由青砖砌制，从1.25米处开始起券，顶部三复三券，券顶厚0.7米；墓门高2.26米，面阔1.84米，进深0.74米。封门使用青砖，中间用残砖、青灰填实。

墓室平面呈长方形，东西长4.15米，宽3.3米，高2.85米。券顶，从1.25米处起券，顶部有盗洞。墓室中部有砖砌棺床，东西长3.17米，宽3～3.3米，高0.25米，上铺青砖。棺床中部有一金井。棺床上现存2具木棺。北棺主人为刘秉权，棺前后绘彩画，东西长2.46米，宽0.54～0.66米，高0.55米。棺外有木椁，底部和上盖已朽，东西长2.92米，宽0.72米，厚0.07米；木椁上亦有彩绘，正面有贴金轿顶及牌位图案，牌位字迹已模糊。南棺主人应为刘秉权夫人。两棺内骨架均已零乱。

壁龛位于墓室南北两壁，两龛形制相同，仿房屋建筑，有椽、檩、房脊、滴水、瓦铛、瓦、门槛、门框等。通高1米，东西宽0.87米，进深0.49米。

填土中清理出铜钱2枚；木棺中出土金币1枚，圆形方孔，素面，直径0.06米。

棺床前出土有残墓志，残长0.3米，宽0.24米。志文如下：皇清诰封资政大夫巡抚广东等处地方提督军务兼管粮饷监法兵部左侍郎兼督察院右副都御史生于天聪壬申年十一月二十五日亥时卒于康熙甲寅年十一月十六日子时谥荘勤刘公讳秉权字持平之墓志。

M2位于M1的东北侧，方向257°。封土为穹隆形，直径5.2米，残高1.93米，盗洞开口于封土表面。竖穴土坑双室墓，平面呈长方形。南侧墓室东西长3.46米，宽1.6米；北侧墓室东西长3.46米，宽1.55米。两墓室间隔一道三合土墙，墙宽0.65米，墙的中部设一个用薄石板砌的窗户。

两墓室四周为三合土夯筑的墙，宽0.6米～0.7米。

两墓室内各有木棺1具，棺内骨架零乱。由于已被盗扰，未发现任何遗物。

M3，位于M1的东南侧，方向237°。封土穹隆顶形，直径5.2米，高地面1.6米。竖穴土坑墓室，平面近似方形，南北长3.2米，宽3～3.16米，深2.53米。西壁及东北角均有盗洞。墓内有3具木棺，俱已朽。北棺东西长2.3米，宽0.5～0.75米；中棺东西长2.12米，宽0.58～0.77米；南棺东西长2.12米，宽0.65～0.68米。北棺、南棺内无头骨，中棺内东西部各有一个头骨，其余骨架零乱。南棺北侧斜放1件方形墓志砖，朱砂书写，但字迹已模糊。北棺骨架下清理出铜钱18枚。

清代文献对刘秉权的生平事迹略有记述，如朱方增辑《从政观法录》、李桓辑《国朝耆献类徵初编》、清国史馆编《满名臣传》等，所述一致，只是详略不同。此次出土的墓志叙述较为简略，可与文献记载相互对照、补充。刘秉权生于清天聪六年（1632年）十一月，逝世于康熙十三年（1674年）十一月，官至资政大夫，正二品。曾任兵部左侍郎、督察院右副都御史。康熙六年（1667年）十二月，刘秉权任广东巡抚。

墓地四周探得夯土墙基，因刘秉权位列二品，据《清史稿》，“一品茔地九十步，封丈有六尺，递杀至二十步封二尺止。缭以垣。公、侯、伯周四十丈，守茔四户；二品以上周三十五丈，二户”[1]。按规制，该墓地应该周三十五丈，但墓地墙基南北宽38.8米，残长70余米，显然较规定尺寸略大。

刘秉权自康熙六年任广东巡抚，至康熙十三年卒于军中，在任期间实心任事；在与叛军的战斗中数次大胜，招抚海澄、揭阳、潮阳三县，立了战功。于是，康熙下旨“赐祭葬如例”并撰文立碑。

通过此次清理调查，了解了刘秉权墓地的布局及各墓葬的形制，与《清史稿》中记载的凶礼相对照，可以看到刘秉权逝世后基本上按照清制予以厚葬，可惜墓地已被盗掘，出土遗物甚少。

4.清河永泰庄墓地

永泰庄墓地位于海淀区清河镇永泰庄村。1993年8月上旬～10月下旬，北京市文物研究所在该地清理出1处墓园基址及清代墓葬8座（图11-68）[2]。

墓地地面上还残留有半圆形夯土围墙，半径约25米，夯筑于地表之上。M10南侧有一夯土台，夯土台上有2处房屋基础。

M10为单室砖墓，由墓道、甬道和墓室组成。斜坡式墓道，石质门颊，上青砖起券。墓室平面圆形，直径3.8米。穹隆顶，高3.86米。墓壁上开3处壁龛，为砖雕仿木建筑门楼式样。底部青砖墁地。

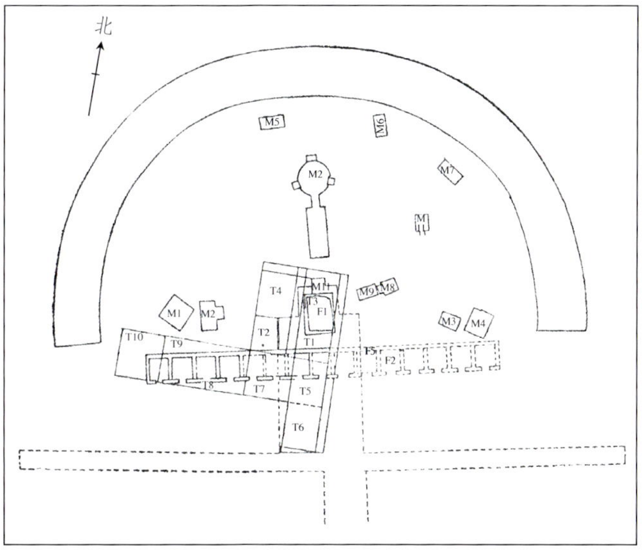

图11-68 永泰庄墓地总平面图

1 《清史稿》卷九十三《礼》。

2 北京市文物研究所：《北京文物与考古》第四辑，1994年。

墓室中发现一残墓志盖，上阴刻楷书“□封显考□进光禄大夫固山额真加伯爵荫溪祖公墓志铭”。未见葬具、尸骨和其他遗物。

M11为单室砖墓，由墓道和墓室组成。带台阶斜坡式墓道，券门。墓室平面长方形，长1.9米，宽1.6米。三合土夯筑宝顶，已坍塌。东西两壁各有一壁龛，砖雕仿木建筑结构。墓底青砖墁地。墓室内除出土一残陶器外，不见葬具、尸骨和其他遗物。

M12为龟形砖室墓，平面呈六角形，内出土有铜镜1件、铁犁2件、石砚1方、瓷罐1件、瓷壶1件、鸡蛋壳2枚和200余枚“顺治通宝”。推测为火葬墓。

其他墓葬中，M3、M8为火葬墓，葬具为瓷罐。M2、M4为竖穴土坑墓，仰身直肢葬，葬具为木棺。M1为3人合葬墓，其中一人为火葬。这些墓中出土有饰品和铜钱（乾隆通宝）。

根据夯土墙、墓葬和房屋的布局看，该墓地应属于家族茔地，祖茔为M10，另外几座有的可能属于同一家族并按昭穆顺序安葬。根据墓志盖记载和文献记载，推测M10墓主人应为祖大寿之子祖泽润。该墓地的布局应为固山一级官员的规制。

三、太监墓葬

鲁淇、刘精义先生在《清代太监恩济庄茔地》中对恩济庄茔地的调查情况进行了报道，并对清末大太监李连英墓的情况进行了描述[1]。李连英墓在今北京阜成门外八里庄迄西约1公里的恩济庄，这片茔地是清雍正皇帝“御赐”的太监茔地，“工始于雍正十二年八月，竣于乾隆三年七月”，共占地“四顷六十三亩八分一厘”。《日下旧闻考》记载：“雍正十二年，世宗宪皇帝赐内监等茔地一区，名恩济庄，并于其地敕建关帝庙，于乾隆三年二月落成。”李连英墓就在关帝庙北一个虎皮石墙的院落里。占地20余亩，由地上建筑和地下墓室组成。地上部分从南往北依次为祠堂、东西配殿、石桥、牌坊、五供、供案和宝顶。石牌坊东约5米处有四角攒尖方亭1座。祠堂3间，前出轩，大式硬山作法，面阔12.45米，进深7.8米。东西配殿各3间，大式硬山作法，面阔11.05米，进深6.5米。石桥宽3米，桥身长2.3米。大小石五供两套，雕刻细致，浑厚精美。石牌坊为四柱三楼，下带石座。石牌坊横眉上书“钦赐大总管李公之墓”，左侧题字“阆苑风清”，右侧题字“仙台缥缈”，石坊正面柱子上对联为“通幽向明昭垂万禩”、“大中至正巩固千秋”。牌坊后面立有汉白玉石制成墓碑2通，一为墓地记碑，一为墓志碑。墓碑宽1米许。碑额篆书“永垂不朽”。碑阳正书，18行，每行17～70字。碑文按例记述李连英家世、生卒年月等。碑阴篆额“流传奕叶”，正书8行，每行3～10字，记载李连英生前死后所受皇后赏赐。墓碑后面即用三合土夯筑的宝顶，直径4米，高3.6米。下面建有条石砌筑的方形石座。

墓穴结构为二门五楦，石门为汉白玉所制，两道石门相距约3米。第一道石门外有金刚墙。第二道石门上建有门楼，门楼两侧汉白玉石墙上雕有精美蝙蝠图案。两侧门框上有联一付，东侧为“秉性惟真承眷厚”、西侧为“居身克谨能心安”。两道石门之后都有石质圆球形门闩。石球直径30～40厘米，卧嵌在两扇石门缝后地上的石槽里。墓室面积约为12平方米，正中偏北有石刻棺床。棺床上雕满钱纹，并有金井，内有铜钱、荷包、玉坠。葬具为一

1　鲁淇、刘精义：《清代太监恩济庄茔地》，《故宫博物院院刊》1979年3期。

棺一椁，放在棺床上。棺椁为楠木制成，椁外髹红漆，上贴金画。棺椁右侧有石墩，上放瓷瓶1件，内置供物[2]。尸骨腐烂，大部不存。

墓中出土文物皆放在棺内，总计有50余件，有翠烟嘴、翎管、烟壶，白玉云纹环，由各种翠饰、宝石串成的朝珠1串等。许多都是珍品。如直径1.6厘米的钻石帽正、花宝石镶钻石戒指、翠搬指、光绪款金烟碟、宋代的青玉环、汉代的满黄浸玉镯等，都是稀世珍宝。据《李连英墓碑碑文》记载：李连英“年九岁入内廷充役使”、“历更咸丰、同治、光绪、宣统四朝”，从一名小太监升迁到大总管，成为慈禧太后心腹。碑文又云：“太上孝钦显皇后升遐公之退志决矣，退居之时年已衰老，公殁于宣统三年二月初四日，生于道光二十八年十月十七日，年六十有四。”据此，可知李连英在光绪三十四年慈禧太后死后，就出宫回家，三年后于宣统三年（1911年）死去，享年64岁。

有人认为李连英是被人暗杀“人头落地身亡的”，但据向当年清理者调查，证实不仅有头颅在棺内，而且有一段未腐烂尽的小腿骨。因此，李连英被人“暗杀”之说难以成立。

另据调查，恩济庄有墓碑并留有拓片的近300人，其中乾隆朝约占三分之一。碑文上提到的太监官职、品级，与乾隆七年十月“钦定太监凡例”基本相符。碑文所记太监入宫年龄及升迁情况，也基本符合当时文献记载。除恩济庄外，清代太监的墓地还有以下几处：西直门西北七里的皂君庙、西直门西北的觉生寺（大钟寺）、西直门西北二十里的槐树居遗光寺（始名龙泉庵）、西直门外豆腐闸，另外还有葬于海淀东冉村、西冉村、万寿寺、青龙桥四槐居、红勾口村等地的[1]。

四、普通墓葬

20世纪六七十年代，北京地区发现一批以明清青花瓷罐和黑白釉瓷罐为葬具的火葬墓。1964年安定门外大屯村发现5座，墓室平面皆呈正方形，墓壁用青砖平砌，石条平铺盖顶。4座墓葬具为青花瓷罐，另1墓葬具为楠木骨灰盒。其中较大1座，长宽各2.5米，东西墓壁上有壁龛，墓室中央有棺床，上置青花瓷罐1件，棺床四周散置康熙铜钱数枚，南侧放有五彩洗1件。1977年西郊中国气象局院内发现1座火葬墓，墓室平面近似方形，墓壁用单层砖垒砌，墓顶用条石覆盖。墓门在北壁正中，东西两壁各置一龛。束腰须弥座式棺床，其中两块方砖上雕出四出钱纹，黑釉骨灰罐分别放在这两块方砖上。1979年在西郊政治干校和公安印刷厂之间发现1座清代火葬墓，墓室平面呈长方形，墓壁用青砖砌筑，顶部用三层砖叠涩收分，墓口用两块大方砖盖住。墓内由西向东依次排列3个酱釉骨灰罐[2]。

1996年3月7日～18日，江西九江石化总厂驻京办事处基建工程中发现了1座砖室墓。其地点位于朝阳区安定门外小关。该墓为单室砖墓，外观仿明清院落建筑形式，以墓室和天井象征房屋和庭院，南北长约4.45米，宽约3.45 米（图11-69）。天井由东、西、南三面砖墙构成长方形的院落，南墙正中做庭院券门，青砖封门。天井内青砖墁地，顶部用石板封盖。墓室外观为小式硬山建筑，面阔三间。正面居中开墓室券门，券门下置一阶条石，前有一级踏跺，左右附垂带。券门两侧蹲伏一对青石石狮，下为莲花座。券门内下部置门枕和下槛，上

1　鲁淇、刘精义：《清代太监恩济庄茔地》，《故宫博物院院刊》1979年3期。
2　北京市文物研究所：《北京考古四十年》，北京燕山出版社，1990年。

图11-69 朝阳区安定门外小关清代墓葬平、剖面图

图11-70 五棵松篮球馆出土玉如意

图11-71 奥运村M36平、剖面图

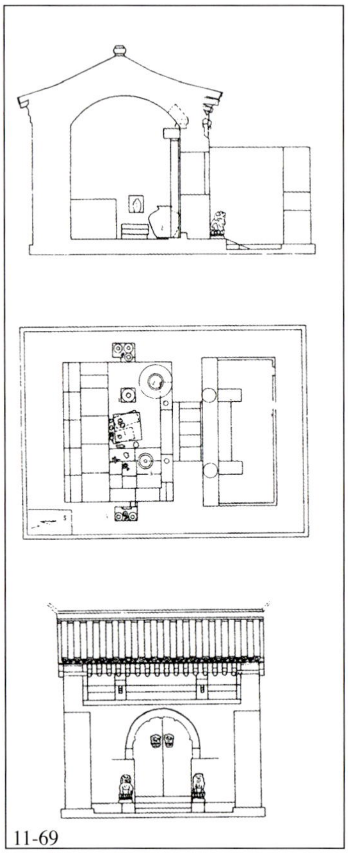
11-69

11-70

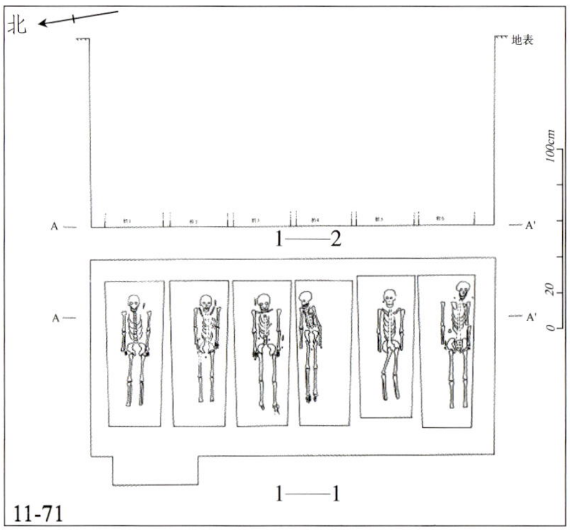

11-71

部装石连楹。两扇汉白玉石门上凿刻一对兽面铺首。门券之上青砖磨作签尖，上影作梁柱、檩椽、沟滴等结构。柱头之上露梁头，下有随梁枋。檐檩上依次承托檐椽及飞檐椽，其上均有望板。最上为瓦栊屋脊。两侧山墙上开有小棂窗。屋顶前后坡铺瓦栊砖，中间起清水脊。墓室内部平面呈东西向长方形，墓顶作筒券，四壁及墓顶挂白灰。墓室中部为供台，供台及其左右倒覆一组锡器。墓室东西两壁各有一个小龛，东龛内存放3件青花五谷罐，西龛内放置2件青花五谷罐。两侧砖墁地上各开一金井，东侧金井内置1青花瓜棱罐。墓室前部、券门西置1青花将军罐盖；券门东放置1件酱釉罐，内盛骨灰及7枚金冥钱。墓室后部为棺床，其下部刻出壶门等，东西两端留出烟道，象征火炕。棺床及其附近散落有骨灰，出土金簪2件、金耳环1对、铜烟袋1件。据出土遗物和火葬等特点，初步判定这是一座清代早期夫妇合葬墓。该墓用砖将墓室和墓道做成院落房屋形式，形制特殊，并且保存完整，在北京地区尚属首次发现，对于研究北京地区清代葬俗具有十分重要的意义[1]。

五棵松篮球馆位于北京市海淀区复兴路北250米处，西距西四环约450米。2004年4月4日～5月2日，北京市文物研究所对五棵松篮球馆工程进行了考古勘探和发掘工作，清理出古代墓葬48座，其中明清时期墓葬30座，其中5座只出土了明代遗物，暂定为明代墓葬，其他25座墓葬暂定为清代。清代墓葬全为竖穴土坑墓，其中单人葬9座，2人合葬11座，3人合葬墓4座，无人骨者9座；大部分尸骨保存较好，一般仰身直肢，少数为二次葬；有人骨的墓葬中，15座头南脚北，6座头西脚东，2座头北脚南；大部分都有葬具木棺，一座无葬具；出土器物有陶、瓷、金、银、铜和玉器等。其中1座墓葬中出土器物20件，有瓷罐、铜簪、铜押

1　北京市文物研究所：《北京朝阳安外小关发现的一座清代砖室墓》，《北京文博》1996年2期。

发、玻璃饰件、铜烟袋、小铜鱼、铜龙、玉猫、玉鱼、玉如意（图11-70）、玉簪等，数量较多，制作精美，墓主人可能有一定的社会地位。另一座出土有顶戴，墓主人生前可能有着一定的官阶[1]。

奥运村西邻林萃路，东邻北辰西路，南邻中科院地球物理所，北邻奥运村路。2005年3月22日～5月13日，该地勘探、清理出清代墓葬58座，全部为竖穴土坑墓；单人葬17座，2人合葬28座，3人合葬墓7座，6人合葬墓1座，5座不见人骨；大部分为仰身直肢，少数二次葬；少数头西脚东，绝大部分头北脚南；53座葬具为木棺，5座不见葬具；随葬品有陶器、瓷器、金器、银器、铜器、玉器、料器和铜钱等。其中6人合葬墓规模较大，随葬器物较多，且制作精美，还出土有顶戴，可能墓主人之一生前有一定官阶（图11-71）[2]。

奥运一期工程位于朝阳区奥运场馆区域内。2005年4月30日～7月9日，该区域勘探、清理出清代墓葬178座，其中竖穴土坑墓176座，砖室墓2座；单人葬67座，2人合葬83座，3人合葬墓14座，4人合葬墓2座，6人合葬墓1座，火葬墓9座；大部分为仰身直肢，极少数二次葬和侧身屈肢葬；大多数头北脚南，少数其他头向者；167座葬具为木棺，7座为瓮棺，2座无葬具；随葬品有陶器、釉陶器、瓷器（图11-72、图11-73）、金器、银器（图11-74）、铜

11-72

11-73

11-74

图11-72 奥运一期工程出土青花瓷罐

图11-73 奥运一期工程出土粉彩瓷罐

图11-74 奥运一期工程出土银器

1 北京市文物局、北京市文物研究所：《北京奥运场馆考古发掘报告》，科学出版社，2007年。
2 北京市文物局、北京市文物研究所：《北京奥运场馆考古发掘报告》，科学出版社，2007年。

器、玉器和铜钱等。其中2座砖室墓平面为龟形，为一种特殊的墓葬形制，其随葬品较多，规格较高，火葬，墓主人可能是清代前期有一定社会地位的满人。有的火葬墓中使用的瓷瓮棺制作极为精美，器型较大，墓主人生前可能地位也较高。还有的墓葬中出土了顶戴，随葬品也较多，墓主人应有一定的官阶[1]。

张营遗址位于昌平区东部，隶属南邵镇，西距昌平区政府4.5公里，北为蟒山，西南为介山，西南为东沙河，南为京密引水渠。2006年12月1日～2007年1月21日，张营遗址发掘清理出清代墓葬102座，全部为竖穴土坑墓；单人葬29座，2人合葬者59座，3人合葬者12座，不见尸骨者2座；尸骨头北脚南者99座，头南脚北者3座；大部分为仰身直肢葬，少数侧身屈肢葬者一般与仰身直肢者合葬，有1例骨灰罐与仰身直肢同葬者；全部使用木棺葬具，一人一棺；随葬品有瓷罐、瓷碗、瓷瓶、陶罐、釉陶瓶、砂锅、金戒指、银簪、银耳环、银手镯、银戒指、铜簪、铜手镯、铜顶针、铜耳环、铜钗、铜饰件、铁器、料珠、骨簪、烟具、玻璃器、玛瑙珠和铜钱等。个别合葬墓可能存在二次埋葬现象，如同一墓中一棺打破另一棺或骨灰罐打破另一棺；13座墓葬中放有镇墓瓦，或头枕或面覆，或者覆于腹部，有的瓦上还书有朱砂文字。4座墓葬中还放有带朱砂字的墓志砖。这批墓葬中，除少数几个分布相对分散外，其他大多数都相对集中于9个区域。每个区域内的墓葬排列有序，相互之间绝少打破关系，形制一致，墓向一致，葬式和葬具相同，随葬品摆放位置也无差别，应该是9个家族的墓地。由于每个墓地的距离远近不同，这9个家族的亲疏关系也有所不同[2]。

2007年3月28日～4月22日，北京市物资储备职工中等专业学校南院清理出8座清代墓葬，其中6座为竖穴土坑墓，2座为砖室墓；其中单人葬1座，2人合葬3座，3人合葬墓3座，4人合葬墓1座；5座墓葬中的尸骨保存状况较好，其中1座中与骨灰同葬，尸骨全部为仰身直肢葬，3座墓葬中只葬骨灰；4座墓葬中尸骨头北脚南，1例头东脚西；5座墓葬的葬具为木棺，一人一棺，4座墓葬使用瓮棺；出土器物有瓷瓮、青花将军罐、金簪、金凤饰件、金耳环、包金银簪、包金银耳环、镏金银簪、银扁方、银簪、银扣、银耳环、银饰件、铜烟袋、铜扣、铜佩、玉坠、玉扳指、顶戴、朝珠、珠饰、串珠、瓴管、珊瑚珠和铜钱等。这批墓葬规模相对较大，出土的器物较为精美，尤其是顶戴和朝珠，说明这些墓葬的主人生前有一定的官阶[3]。

1　北京市文物局、北京市文物研究所：《北京奥运场馆考古发掘报告》，科学出版社，2007年。
2　北京市文物研究所：《北京考古》第二辑，北京燕山出版社，2008年。
3　北京市文物研究所：《北京考古》第二辑，北京燕山出版社，2008年。

北京考古发现与研究

1949-2009

上

宋大川　主编

科学出版社

北　京

图书在版编目(CIP)数据

北京考古发现与研究／宋大川主编．—北京：科学出版社，2009
ISBN 978-7-03-025569-3

Ⅰ．北…　Ⅱ．宋…　Ⅲ 考古发现-北京市-1949～2009　Ⅳ．K872.1

中国版本图书馆CIP数据核字(2009)第161189号

责任编辑：宋小军　雷　英／责任校对：包志虹
责任印制：赵德静／装帧设计：北京美光制版有限公司

科学出版社 出版
北京东黄城根北街16号
邮政编码：100717
http://www.sciencep.com

北京华联印刷有限公司印刷
科学出版社发行　各地新华书店经销
*
2009年9月第　一　版　开本：889×1194　1/16
2009年9月第一次印刷　印张：31 3/4
印数：1～1500　字数：878 000

定价：600.00元（上、下册）

（如有印装质量问题，我社负责调换）

主　编：宋大川

副主编：夏连保　张治强

撰稿人：郭京宁(史前)　张智勇(商周)　胡传耸(春秋战国)

张治强(两汉)　董坤玉(魏晋隋唐)　于　璞(辽代)

丁利娜(金代)　孙　勐(元代)　李永强(明代)

朱志刚(清代)　张中华(清代)

前言

北京地区的考古工作起步较早，早在1927年中国考古学的萌芽阶段，就开始了对北京房山周口店的猿人遗址的试掘，并于1929年出土了引起世界轰动的完整的北京猿人头盖骨化石。但是，北京地区科学考古发掘工作的大量展开和北京地区考古文化序列的建立，则是在新中国成立以后，是由北京市文物研究所的考古学者完成的。

新世纪以来，随着城市基本建设的飞速发展，北京作为首都，配合城市基本建设的田野考古工作全面铺开。在新的形势下，北京市文物研究所不仅注重田野考古发掘，更加注重科学研究和对文物的保护工作，采取积极有效的措施，组织科研人员认真编写考古发掘报告，把田野考古、文物保护与科学研究三者紧密结合起来，使北京的考古工作出现了一个新的局面。从新中国的建立到新世纪的发展，60年来，老一辈考古学家和新一代考古工作者为北京的城市建设和历史研究，付出了辛勤的劳动，取得了丰硕的成果。

一、史前时期与夏商周考古

1. 新、旧石器时代的考古发现

学术界一般将史前人类使用文字之前的远古时代划分为两个阶段，即旧石器时代和新石器时代。北京地区的史前时代，是一个非常漫长的历史发展过程。从1918年瑞典学者安特生对北京周口店古猿人遗址的试掘开始，到1949年新中国成立，中、外科学家对北京地区远古时代历史发展脉络的追寻，一直没有停止过。

新中国成立以后，北京地区旧石器时代的田野考古工作大体可以分为两个阶段。第一个阶段自20世纪50年代到70年代末，主要由中国科学院古脊椎动物与古人类研究所主持，对周口店遗址开展了多学科研究。第二阶段是20世纪90年代开始至今，主要由北京市文物研究所、中国科学院古脊椎动物与古人类研究所等多家单位在全市范围内进行了广泛的田野调查，新发现了一批旧石器时代不同阶段的遗存。迄今发现的北京地区旧石器时代各阶段遗址和石器出土地点，约有48处，涉及北京9个区县，大多数集中于山区、半山区，平原地区只发现有3处。北京地区旧石器时代文化可以分为早、中、晚三个时期。早期大约属于地质时代的中更新世，绝对年代为距今60万～20万年前，当时的北京人已进入直立人阶段。中期在地质时代属于晚更新世初期，距今20万～10万年，当时的北京人已进入早期智人阶段，旧石器晚期属于地质时代的晚更新世晚期，距今10万～2万年，此时的北京人已进入晚期智人阶段。北京地区旧石器晚期已发现的遗存分布比较广泛，不仅在北京的郊区有所发现，而且在城市的中心区也有分布。目前，已发现的有房山周口店山顶洞、田园洞，密云东智，延庆佛峪口，怀柔杨树下、东帽湾，平谷罗汉石、马家屯、上堡子、刘家沟、海子、泺水、小岭、豹峪、甘营、夏各庄和安固，昌平雪山遗址、门头沟西胡林和齐家庄，朝阳双桥，王府井东方广场，西城西单中银大厦等22处。

北京地区进入新石器时代不晚于1万年前。新石器时代的地质年代属全新世，这一时期的人们逐渐使用研磨的方法制造石器，开始制作陶器，定居生活，产生原始农业并饲养家畜。在此基础上，人们从山洞中迁徙出来，选择平原地区定居。北京地区的新石器时代考古资料，全部都是在新中国成立以后获得的，目前已发现的遗址、墓葬和零散遗存点约有40余处，较早时期的有门头沟东胡林遗址、怀柔转年遗址等，年代在距今10000～9000年前。新石器时代中期的考古发现较为重要的典型遗址有平谷上宅遗址、北埝头遗址、密云县燕落寨遗址及镇江营遗址等，其年代在距今9000～7000年前。

2. 夏商周考古发现

在公元前2000年左右，北京地区进入了青铜时代，即历史上的夏至西周这一历史阶段，历史学家通常也将这一时代称之为“三代”。公元前1045年，周武王灭商后，分封周王室同姓贵族召公于北燕，即今天的北京及周围地区。北京地区的夏商周考古工作，始于20世纪60年代，此后，特别是70年代以来，取得了重大的突破。迄今已发现的夏商周时期重要遗址和墓葬有夏家店下层文化遗址、张营遗址、镇江营与塔照遗址、龙坡遗址、琉璃河遗址、夏家店下层文化墓葬、刘家河商墓、琉璃河西周燕国墓地、白浮村西周木椁墓、金牛村墓葬等。此外，还有一些其他零散发现。随着田野发掘所获得的考古信息的不断增多和考古学文化的确立，目前学术界已对这一时期的年代谱系认识日趋完善，研究表明，北京地区夏商周时期的考古学文化，主要包括了夏家店下层文化、商文化以及西周燕文化等几个部分。

3. 燕文化与玉皇庙文化

北京地区在春秋时期属于燕国的境域。燕国自西周初年就封在今北京地区，根据史记的记载，西周初年“周武王之灭纣，封召公於北燕”。也就是说，到平王东迁的时候，燕国已经在这里存在了300余年，其都城所在地过去一直未能确定其位置。自1958年琉璃河遗址被发现以后，我们才知道当时的燕国都城位置就在今北京市房山区琉璃河镇董家林村。

考古学的发现和研究表明，春秋时期，当时的北京地区始终存在着南北两个不同系统的考古学文化，一个是位于北京南部的燕文化，另一个则是位于北部燕山山地间的“玉皇庙文化”。这意味着当时在北京地区很可能存在着两个不同的政治、经济和文化体系。从目前的考古发现来看，春秋时期燕国的境域或许并不能够覆盖今天的整个北京地区，春秋时期燕文化的遗存，大部分分布在今北京西南部的房山区境内，如镇江营与塔照遗址、丁家洼遗址、前后朱各庄遗址等，只有一处发现于顺义区境内，而该处遗存的年代已经到了春秋晚期到春秋战国之际；“玉皇庙文化”主要集中分布于北京市延庆县北部的军都山等燕山余脉的山前地带，主要遗址有玉皇庙墓地、葫芦沟墓地、西梁垙墓地等。春秋时期是玉皇庙文化的繁盛时期，这种繁盛的局面可能一直持续到春秋战国之际。

进入战国以后，随着玉皇庙文化向北、向东——主要是向今河北省怀来、滦平等地的迁移，燕国的境域基本完全覆盖了今天的北京地区，甚至还向东北等地有了较大的扩展，考古发掘资料表明，当年的燕国长城已经延伸到了今天的辽宁、河北、内蒙古等境内，证实了文献记载的战国时期燕国向北开疆拓土的事实。而文献记载的上谷、渔阳、右北平、辽西、辽东等燕北五郡的大致范围内，也发现了较多战国时期燕文化的遗存，基于这些发现，可以说战国时期的今北京地区，基本是燕国一统的局面。

二、汉唐时期重要考古发现

就北京地区而言，汉唐时期在考古学上一般是指秦朝建立之后至后晋石敬瑭将幽云十六州之地献给契丹1000余年的历史。这一时期，北京地处北方草原文化与中原农耕文化的过渡区，在地理位置上具有重要的战略意义。因此，这一时期在考古学上呈现出鲜明的军事色彩与民族融合特点。北京地区的汉唐考古始于20世纪50年代，新中国成立以来，这一时期的考古调查与发掘，在城址和墓葬等方面均有较大的收获。

1.汉唐时期的城址

新中国成立后，北京地区在汉唐城址的考古发现上取得了重大进展，两汉10个县城、西晋蓟城、唐幽州城城址的具体位置通过考古调查和发掘已经基本得到确定。作为北方重镇与民族融合的重要区域，这一时期北京地区发现的城址所体现的军事防御功能与民族贸易中心的特征尤为强烈。

西汉建立后，实行郡、国并行制度，郡和王国以下设县，北京地区时属涿郡、广阳、上谷、渔阳、右北平等5郡14县的管辖之下。 自20世纪50年代始，至今已发现两汉时期的县城城址10余处，这些城址分布较为密集，其中，较为重要的大致有6处，即朱房村古城、蓟城、良乡、广阳、西乡、阴乡等县城城址，这些城址多为战国或西汉时期修筑，东汉时期继续沿用。1954～1958年，考古工作者在清河镇西约1公里的朱房村，发现了一座古城，并先后5次对该城址进行了不同规模的发掘，城墙遗址大小基本符合秦汉时期的县城规制，推测可能是秦汉时期防御胡人的重要军事基地和贸易集散地。1956年，在北京的宣武门至和平门一带发现最为密集的战国至西汉陶井群，据其地理位置，基本可以推断两汉时期的蓟城在宣武门至和平门一带。1959年，在今房山区窦店镇西侧发现一座古城遗址，经考证为汉良乡故城。1962年，在位于房山区良乡镇东4.5公里的广阳城村调查时，发现村东南有一段长约40米、高约4米的残土城墙，经考证确系为汉广阳城旧址。 1962年，在房山区长沟镇东测，发现一保存较好的城址，从城址规制和城中采集物判断，调查者认为该城址为汉西乡县故城。 2001年7～9月，北京市文物研究所和大兴区文物管理所对大兴县芦村古城进行了考古调查和勘探，调查者依据现场调查和历史文献记载，认为该城址为汉阴乡县城遗址。

唐幽州，治蓟城，又称幽州城。安史之乱爆发后，安禄山、史思明先后称帝，相继以范阳(幽州)为都，安史之乱平定后，改范阳郡为幽州，以蓟城为州治。根据60年来考古发现的部分唐代墓志，结合房山石经题记，现已基本可以复原唐代幽州城的城址四至：东墙约在今法源寺东墙的南北延长线上，西墙大致在今会成门村稍东一带，南墙大致在今白纸坊东西街一带，北墙约在今头发胡同一线。幽州城内部分巷坊的名称虽已经明确，但具体位置目前尚难以确定。此外，已发现的唐代墓志与房山石经题记对于幽州城郊的蓟、幽都、潞、昌平、良乡等5个县属乡村（里）均有记载，其中蓟县的7乡15村、幽都县的9乡11村（里）、昌平县的4乡4村（里）、潞县1乡2村（里）、良乡县的5乡18村（里）均有记载，这些乡村（里）的一部分具体位置已大致考证清楚。

2. 汉唐时期的重要墓葬

新中国成立以来，北京地区田野考古发现的汉唐时期墓葬计有80余处，广泛分布在今北京城区与各郊县，而两汉与唐代墓葬占了绝大数量。其中可以确定为两汉墓葬的点共发现40多处，墓葬约1540多座，既有等级较高的燕国诸侯王及王后墓，也发现了数量众多的平民墓葬群。考古发现的魏晋北朝墓葬较少，共清理13处19座，主要分布在海淀、顺义、石景山、延庆、房山等5个区县，由于发现数量较少，这个时期的墓葬还难以从考古学上进行系统的分期。唐代的墓葬30余处，这些墓葬中最为典型的是少数民族首领墓葬的发现，为研究唐代幽州地区的民族与羁縻府州制度提供了实证材料。

在北京地区考古发掘的两汉墓葬中，位于今丰台区郭公庄的大葆台汉墓和位于北京市石景山区老山教练车场东南环路北侧的石景山老山汉墓，是迄今为止在北京地区发现的两座两汉时期最高等级的墓葬，为研究两汉时期贵族的丧葬礼制与墓葬形制演变提供了重要信息。

北京地区考古发现的魏晋北朝时期墓葬较少，共有13处，其中魏晋时期9处，北魏、北齐各2处。魏晋9处墓葬分布在海淀区清河镇、海淀区八一小学、海淀区景王坟、海淀区八宝山、顺义县马坡公社大营村、石景山老山南坡、石景山八角村、房山区小十三里村和延庆县东王化营村等地。北魏的2处墓葬，为房山区长沟镇南正村北魏纪年墓和大兴黄村镇小营村北魏墓。北齐的两座墓葬，其一在怀柔县韦里村，据出土的墓志，墓主为傅隆显，其二在西城区王府仓。魏晋北朝时期较为典型的墓葬当数西晋华芳墓，该墓位于北京西郊八宝山以西约500米，发现时间为1965年，对研究西晋时期的历史与官制均有重要价值。

北京地区已发掘的唐代墓葬数量较多，最有历史价值的是史思明墓、归义王李诗与其妻的合葬墓。史思明是唐代"安史之乱"的主要发动者之一，1966年在丰台区林家坟村西发现了史思明的墓葬，1981年考古工作者对该墓进行了抢救性发掘。发现该墓为单室，仿帝陵形制，用汉白玉石条砌成，墓室前设有20余米斜坡式墓道，墓道内填满石料，并发现有石像生的残断手臂，墓室两侧各设有一耳室，东侧耳室已毁，唯西侧残存一耳室，耳室内有壁画残迹。该墓随葬品除60年代搜集到的铜牛、嵌金铁马镫外，总共还出土了40余枚玉册，分为哀册和谥册。1993年北京市文物研究所在房山县医院，对唐归义王李诗及妻合葬墓进行了发掘。该墓早年被盗，男主人墓志仅存志盖，上书"李府君墓志"；女主人张氏墓志则被完整地保存了下来。张氏墓志中间篆书，有"唐故归义王李府君夫人故贝国太夫人清河张氏墓志铭"等字样。据两《唐书》记载，唐代共设了四个归义王，分别为西突厥处罗可汗、东突厥颉利可汗、史思明以及奚族酋长李诗。唐代曾在幽州设立了众多的羁縻府州用于安置内附的少数民族部落，归义州便是其中一个用于安置奚族的羁縻州。史思明墓与李府君夫妇墓葬的发现，再现了唐代北京地区的民族生活，为研究唐代的藩镇与羁縻府州制度提供了重要史料。

三、辽、金、元时期的考古发现

10世纪初到14世纪中叶，北方草原民族的崛起，使中国社会的政治格局发生了重大的变化。兴起于中国北方的契丹、女真等少数民族相继在北中国建立政权，北京地区的政治、经济和社会文化也随之发生了重大的改变，进入了一个崭新的历史发展阶段。契丹统治者在得到燕云十六州之后，于公元947年改国号为大辽，以幽州为陪都，称南京，又称燕京。到辽圣宗开泰年间，辽在南京置析津府，治所也在南京。金帝完颜亮南迁，在原辽南京的基础上建立金中都，北京成为北方政治、经济和文化中心。元朝建立后，又在原金中都的北部建大都，北京地区由汉唐时期的边疆重镇，成为全国的政治、经济、文化中心，历史地位发生了重大变化，北京的城市发展也达到了一个新的高度。

1.辽金元城址考古

新中国成立以后，考古工作者对辽南京城的考古调查研究取得了很大的进展。根据文献资料及考古调查及发掘资料研究，辽南京城是在唐幽州城旧址上加以修建而成的，大致位于今北京市西南部的宣武和丰台区，由大城和皇城组成.辽南京皇城位于城西南隅，幅员五里，四面均有门。

对于金中都的考古调查及清理工作始于20世纪50年代，当时在修建广安门火车站时曾发现几百座辽墓，以护城河与之相隔的陶然亭正北也发现了金代建筑遗址，出土沟纹砖以及石球等，根据墓葬一般在城外，石炮弹一般储存在城边作防守的规律，基本确定金中都的东城墙在直贯陶然亭南北一线不远，发现的建筑遗址可能就是东墙遗迹。金中都的北垣与辽南京北垣重合，东北转角在今宣武门内翠花街，今白云观西1公里有会城门，是北垣西边的门。西垣的北端在会城门东不到0.5公里的地方，南端在今万泉寺西南的凤凰嘴村，南北端之间有断断续续的城墙遗迹，夯土层厚5～10厘米。1992～1994年的北京西厢工程发现地下遗迹700余米。南垣的西南转角在今凤凰嘴村，东南转角在今永定门火车站东南的四路通，两端之间一段由西向东的凉水河，曾作为金中都的南护城河，其岸可见断续土丘状城墙。1991年发现的金代水关遗址，基本确定了南垣出水口的具体位置。这些考古发现资料，基本都与文献记载相吻合。

元世祖忽必烈于至元四年（1267年）开始在金中都的东北方修建大都，至元二十四年（1287年），筑城工程全部完工。元大都城的修建利用了金代离宫的旧有基础，都城的布局安排，大体沿袭了金中都的做法，外郭城、皇城、宫城三重城套合组成，规模宏大，形制整齐，既是当时全国的政治中心，也是闻名世界的国际大都会。元大都后直接为明清北京城所继承，直至今天北京的许多街道和胡同仍保留着元大都布局的旧迹。根据新中国成立以后对元大都的考古调查、勘探以及发掘资料，元大都外郭城平面为长方形，经实际勘测，北城垣长6730米、东城垣长7590米、西城垣长7600米、南城垣长6680米，周长共约28600米，这与史料中记载的"城方六十里"、"周长二十四英里，每边为六英里"大体相吻合。元大都北面的城墙和东西两面城墙的北段，至今地面上仍旧保存有遗迹，即今北京北二环外的所谓"土城"。元大都东西两面城墙的南段，与明清北京城的东西城墙一致；南城墙的位置在今东西城长安街的南侧。1969年发现的和义门瓮城城门遗址中保留较为完整的铁"鹅台"（即承门轴的半圆形铁球）和《营造法式》的记载完全一样，为考古发现中仅见的实例。这座城门在明代继续使用了60多年，明太祖洪武十四年（1381年）曾重修一次，到明英宗正统元年（1381年）重建北京各城门、瓮城时，才被废弃而包入西直门箭楼下的城墙内。

近年来对元大都的考古工作最重要的有两项。2002年在元大都北土城花园路段的西部清理了一处水关遗址，南北向穿通土城，用砖石垒砌而成。2007年玉河遗址的发掘中，发现了一处元代的堤岸遗址，下层为石结构，上层为夯筑而成。这些都为对我们了解和研究元大都排水系统工程具有重要意义。

2. 金代皇陵的考古发现

金代皇陵是近年来北京金代考古最重要的发现之一。金陵位于房山周口店镇西北10余里的龙门口村北大房山下。这是有史以来在北京地区营建的第一个封建王朝的帝王陵墓群。金陵的营建比明陵约早260余年，明天启二年（1662年），统治者惑于形家之说，对金陵进行了毁灭性破坏。清朝入关后，虽曾派人对金陵进行了部分修建，但历经300余年的风雨，尤其是经过"文化大革命"时期人为的破坏，陵区内的地面建筑早已荡然无存，致使人们对金陵陵区内的建筑和墓葬情况很少了解。

新中国成立以后，在金陵的主陵区内不断发现金代墓葬，并有零散文物出土。如1971年初，在周口店坟山村，曾出土6具石棺，并在石棺随葬品中发现鎏金金面具1件；1972年12月，长沟峪煤矿在陵区兆域内的猫耳山断头峪基建施工中发现一组石椁墓，由5具石椁组成"十"字形，主墓正中，石椁东西向，椁内有一具柏木红漆残棺，外壁用银钉嵌錾精美华丽的火焰云龙纹，棺内瘗葬11件精致的雕花玉佩和花鸟饰件；1978年冬，在金陵主陵区内的陪葬墓中，出土宋代三彩琉璃枕1件；1986年北京市文物研究所再次对金陵进行了历时3年的考古调查，发现了大量的汉白玉、青石花岗岩等建筑构件。2001年春，北京市文物研究所对金陵主陵区进行全面考古调查，并在2002年6月，经国家文物局批准，对主陵区进行考古勘查和试掘，通过1年多的田野考古工作，基本了解了主陵区地上地下遗存的具体位置、形制和结构等，为研究金代社会政治、经济、文化及金代陵寝制度提供了弥足珍贵的资料。根据田野考古调查和发掘资料可知，金陵主陵区的平面布局以神道为中心轴，两侧对称分布，由石桥、神道、石踏道、东西台址、东西大殿、陵墙及地下陵寝等组成。此次对金陵的清理和试掘，还基本确定了《金史》中记载的十帝陵的位置，最重要的收获是清理了金太祖睿陵地宫。金太祖睿陵地宫为石圹竖穴，平面长方形，内共瘗葬4具石椁，M6-1、2为两具青石素面椁，南北向放置于地宫西侧。M6-3、4为汉白玉玉雕凤纹、龙纹石椁，东西向放置于地宫中部偏北。龙椁明天启年间被火药炸毁，出土头骨一具。凤椁保存完好，为太祖的钦宪皇后，出土有金丝凤冠和白玉耳坠等物品。

3. 佛教遗迹的考古调查和发掘

早在辽南京时期，北京地区的佛教即得到了空前的发展，城内外庙宇相望，古塔林立。到了金中都时期，城内更是“僧居佛寺，冠于北方”。随着历史的发展和朝代的更迭，大量的辽金元时期的佛教寺庙早已不存，有的甚至不见于文献记载，湮没于历史的长河中。因此，新中国成立以来的考古调查和发掘中，这一时期的佛教遗迹的发现，就成了辽金元时期考古发现的一大收获。

20世纪七八十年代对昌平银山宝塔群所做的考古调查，确认了该宝塔群中7座宝塔的建筑年代，为金代5座，元代2座。这是当年北京地区的一座以墓塔为主体的寺院，当时认为可能是金中都延圣寺的下院和塔院。后据20世纪90年代的考古清理，证明银山塔林的塔与寺庙不是同时期的建筑，后者年代大约在元末或明初 。

在北京地区考古发现的辽金元佛教遗迹中，塔基的发现是最多的一项。已发掘的辽代塔基最主要的有房山区云居寺南塔塔基、密云县冶仙塔塔基、顺义县净光舍利塔塔基、通州辽代塔基地宫等共计7处。金代时期的塔基有丰台区瓦窑村塔基和房山县坨里乡上万村的“土寺”塔基。2008年北京市文物研究所在大兴康庄发掘的25座塔基，是国内迄今为止考古发现的最大规模的塔基，均为砖塔，塔上部已被破坏，塔基形状可分为方形、圆形、六边形等。塔基前有踏道，塔基四周有散水，塔座转角处用经过加工磨制成各种样式的砖砌成。其中一座大型塔基前不仅有踏道，而且有祭台和经幢座。出土瓷器主要有瓷香炉、白釉杯、黑釉茶盏、白瓷盘、白釉印花瓷碟、白釉印花瓷碗、白瓷杯、白釉长颈瓶等。另外还出土有汉白玉菩萨、铜菩萨、舍利盒、描金皮盒、石块等。

四、明清时期的考古发现

北京地区的明代考古起步于20世纪前半叶，一些学者对明北京城及宫苑进行了考古调查研究，中国营造学社对十三陵、长城也进行了考古调查研究。清代的考古则因为长期受考古学界厚古薄今观念的影响，一直没有受到应有的重视。新中国成立后，北京地区的明代考古工作有了较大的进展，而清代考古则直到新世纪以后，随着大量基建工程的开展，才渐渐走进人们视野，目前所涉及的主要有墓葬、园林水系、皇家建筑、宫苑署邸和寺庙宫观等方面。

1. 城垣遗址

20世纪60年代，为配合大规模城墙拆除工程，考古工作者对明北京城的内城垣进行了局部的发掘清理；1998年改建平安大道时在北海中学发现一段明皇城北墙基础；2001年，北京市文物研究所又对明皇城遗址公园进行了勘探和发掘，大致明确了皇城东墙的走向及建筑结构，并发现了东安门、望恩桥燕翅等多处重要遗迹。通过对内城城垣的解剖，基本弄清了明北京城内城以及皇城城垣的结构和砌筑方法。

2004年，北京市文物研究所对明城垣遗址进行了考古发掘。发掘表明，明代北京外城城垣的体量比内城城垣小。外城垣的土墙芯均以黄土夯筑而成，每隔四、五层黄土夯层，则夹夯一层碎砖头瓦片与土的混合物，厚在10厘米左右。从土芯的断面看，没有明显的二次夯筑现象。外城垣的基础部分随地势的高低而深浅不同，有的地段深达2.5米，有的地段仅深1米左右。外城垣内、外壁包砖，全部是用白灰浆砌筑的大城砖，外包皮砖层厚近1米，内包皮砖层厚0.7米左右。城垣上顶部的构造与内城相同，是在厚20厘米左右的三合土夯层上海墁一层大城砖。内、外包皮城砖的下部亦垫有2～3层衬基大条石 。

2. 明代陵寝考古

明朝在北京建立的帝陵共有两处，分别为十三陵和景泰陵。十三陵位于北京昌平区以北10公里的天寿山，从明成祖朱棣至崇祯帝朱由检，除景泰帝别葬金山外，其余十三个皇帝均埋葬在这里，合称十三陵。另外十三陵还葬有从成祖到崇祯帝的十三位皇帝以及他们的皇后，少数享有特殊礼遇的嫔妃也从葬于此。景泰陵则除葬有在“夺门之变”中被废的景泰帝外，还葬有早夭的诸王、公主以及不从葬的嫔妃。1956年，北京市文物调查组和中国科学院考古研究所联合对位于十三陵中部偏西的大峪山下明神宗朱翊钧与其孝端皇后王氏及孝靖皇后王氏的合葬陵墓定陵进行发掘，发掘历时两年多，共出土文物2648件。这些随葬物的出土，对研究明代帝陵的丧葬制度、礼仪制度以及各类工艺技术等都有很高的价值，定陵的发掘是北京地区明代考古的一块丰碑。

3. 明代太监墓

太监是中国古代封建社会中的一个特殊群体。明代太监数量众多，宫廷里以太监为主体的衙门就有十二监、四司、八局，统称“二十四衙门”，另外还有一些非常设宦官机构，负责监军、采办、征税、开矿等任务。除宫廷使用宦官外，宗室和王公贵族也大量任用宦官。有明一代，阉党专权，明朝的灭亡就与宦官的专权有着直接的关系。这些宦官大多在北京终老，因此北京地区的太监墓数量颇丰，形成一种独特的文化现象。自1950年以来，北京地区不断发现有明代太监墓葬，新世纪以来，在海淀区、石景山区发现大量的明太监墓群。据不完全统计，总数达几百座。2002年北京工商大学出土明太监墓群，2006年奥运射击场发现明太监墓群，数量达169座。从发掘的太监墓的丧葬文化现象可折射出这个群体的一些生活特征。

4. 毛家湾瓷器坑

2005年7月，北京市文物研究所对发现于西城区毛家湾1号院内的明代瓷器坑进行了抢救性考古发掘，出土了大量瓷器残片，仅收归北京市文物研究所的就近100万片。这批瓷器残片大部分属明代早、中期产品，也有少量唐、辽、金及元代瓷器。窑口较多，至少涉及景德镇窑、龙泉窑、磁州窑、钧窑四大窑系，另有少量瓷器不能确定窑口，虽无完整器出土，但有大量可复原器，普遍带有使用痕迹。其中的绝大部分属于民窑产品，仅有极少量官窑瓷器。除瓷器残片外，坑内还出土个别骨牌、猪下颌骨、石雕等遗物。毛家湾出土瓷器数量特别巨大，汇集了元、明时期各主要窑场的产品，为研究元、明瓷器提供了大量的实物资料，具有重要学术研究价值。

5. 清代皇家建筑遗址

2003～2007年间，北京市文物研究所发掘清理的清代皇家建筑遗址较多，故宫内西河沿遗址，清理出建筑基址、水井、灶、灰坑和排水沟等遗迹，并出土了大量纪年器物，如瓷器残片、铜钱、琉璃瓦等。在恭王府，清理出银安殿庭院基址及东路乐道堂庭院南侧的垂花门基址，对研究清恭王府的建设布局、形制、规模有重要意义。在国子监，清理出国子监祭酒院落、西厢琉球学馆基址和国子监街路面及牌楼月台等遗迹。

6. 清代园寝考古调查

从2001年开始，北京市文物研究所组织科研人员对清代园寝制度进行了深入的研究工作。在此基础上，于2008～2009年间，完成了近300个清代园寝的考古调查。清代园寝是包括清代历朝帝王的妃子、公主在内的宗室王公贵族等有爵人员的墓葬，是清王朝独特的一种丧葬文化现象，透过这种丧葬文化现象，可在一定程度上反映出当时的政治制度、民族关系、宗教信仰、家族经济状况等。清园寝这一领域以前学术界涉及很少，且不全面、不成系统。清园寝大多分布在北京地区，也有一部分分布在周边省市。这些园寝目前多数已随着历史的变迁而被毁，通过考古调查来尽可能还原其历史的真实面貌，就成为一项十分迫切而艰巨的重要工作。通过调查，研究人员发现有一些园寝尚存遗迹、遗物，这不仅对园寝研究工作，而且对文物保护工作都有重大意义。

7. 园林水系遗址的考古发掘

近年来在北京地区的考古中，对清代的园林水系遗址的考古调查的发掘工作，也是一项非常重要的内容。从新世纪初到2009年，北京市文物研究所共勘探和发掘清代园林水系遗址12处，其中7处遗址位于圆明园遗址内，另外5处遗址分别是畅春园大宫门建筑遗址、西花园石桥遗址、金台夕照遗址、香山静宜园来清轩遗址和玉河遗址。这些遗址不仅有宫殿、斋、堂、亭、轩、楼、馆、榭、寺庙等建筑基址，还有广场、假山、水池、水闸、桥、道路等遗迹。圆明园内的7处遗址分别是含经堂遗址、长春园宫门遗址、藻园遗址、北夹墙遗址、水闸遗址、正觉寺天王殿遗址和正觉寺门前道路遗址等。2007年4月～2008年5月，北京市文物研究所对万宁桥至北河沿大街段的玉河遗址进行了考古发掘。此次玉河遗址的发掘，对探讨古玉河的走向、建造年代及河道变迁等问题都有重要意义，并为古代北京漕运和水源、供排水系统、环境变迁的研究提供了新的资料。

新中国成立60年来，北京的考古事业蓬勃向上，飞速发展，取得了杰出的成就，为北京的历史文化研究提供了大量实物资料。有的考古发现被列为全国重要考古发现，有的还被评为全国十大考古发现。60年来，北京文物研究所对出土文物进行了科学保护，在土遗址、纺织品、漆木器、金属器物的保护方面做了重要工作，特别是在墓葬壁画的科学保护上有突出的成绩。60年来，北京文物研究所出版了大量的学术研究著作，特别是近几年，每年以十余部的数量出版考古发掘报告和学术专著，在考古学界赢得了好评。60年的风雨，60年的收获，60年的华诞，60年的成就。老一辈的考古学家和新一代的考古工作者用辛勤的汗水和劳动，把沧桑的遗址变为世人瞩目的文化遗产，其辛之艰，其劳之大，其功之伟，历史将永远铭刻。

主编宋大川策划了本书的选题，审阅了本书全稿；副主编夏连保两次审阅书稿，指导作者对书稿进行了修改；副主编张治强负责组织、联系和出版工作；郭京宁撰写了史前时代的考古；张智勇撰写了夏商周时代的考古；胡传耸撰写了春秋战国时代的考古，张治强撰写了两汉时代的考古；董坤玉撰写了魏晋隋唐时代的考古；于璞撰写了辽代考古；丁利娜撰写了金代考古；孙勐撰写了元代考古；李永强撰写了明代考古；朱志刚、张中华撰写了清代考古。

宋大川

目录

第一章

北京史前考古

第一节　北京史前考古概述

史前时代指人类使用文字之前的历史时期，包括了旧石器时代和新石器时代。北京地区的史前时代，占据了北京历史99.3%的时间，是一个十分漫长的过程。

1918年安特生对周口店的试掘，揭开了北京地区史前考古的序幕。此后，特别是新中国成立以来，随着考古工作者们筚路篮缕的工作，迄今发现了史前时期各阶段遗址和石器出土地点80余处，古生物化石地点30余处。这些发现，至少可以把北京地区有人类活动的历史追溯到距今60万年前。

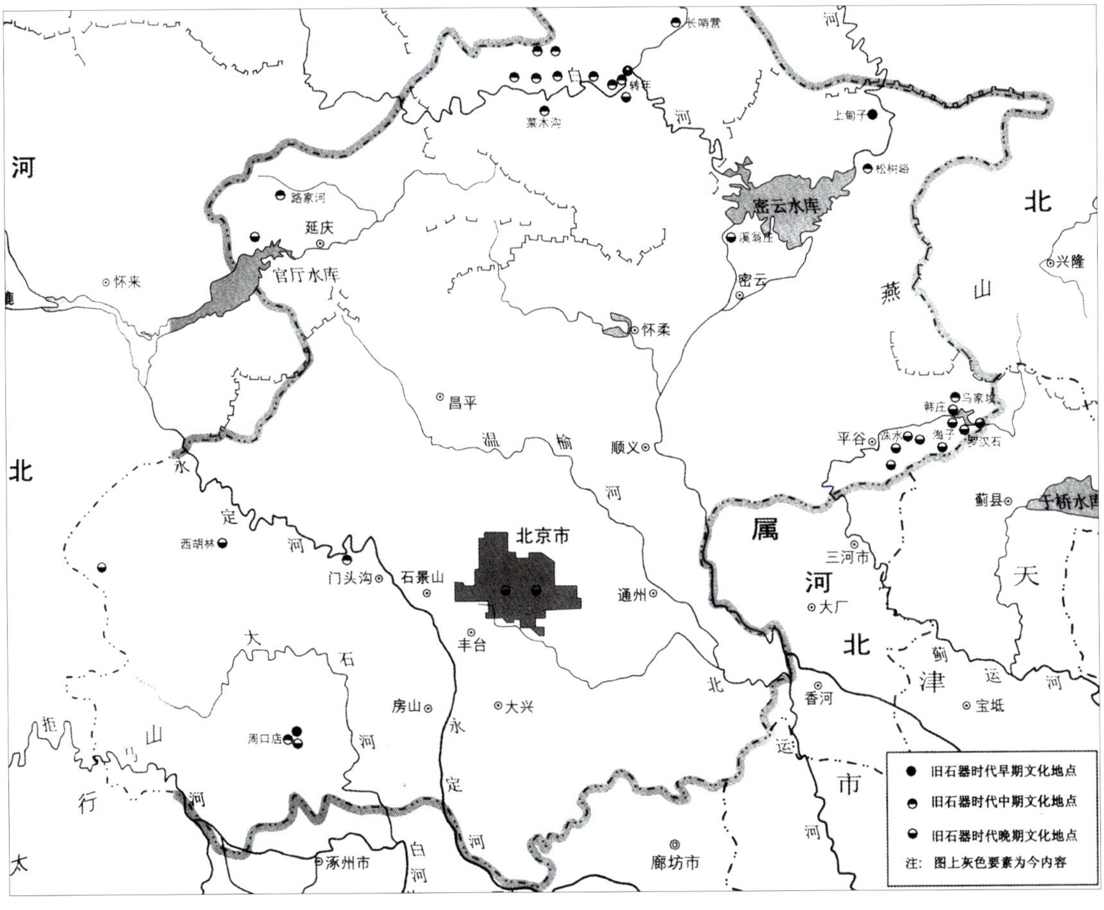

图1-1 北京旧石器地点分布图

目前学术界对我国旧、新石器时代文化发展历程的划分，一般将旧石器时代划为早、中、晚三个时期，地质时代属更新世；将新石器时代划为早、中、晚、铜石并用四个时期[1]，地质时代属全新世。北京地区史前时代的分期和全国大体相当。

新中国成立后至今，经过多年调查、发掘和资料积累，北京地区旧石器时代人类演化的阶段被不断完善。迄今发现的旧石器时代各阶段遗址和石器出土地点，约有48处，涉及北京9个区县，大多数集中于山区、半山区，平原地区发现较少（3处）[2]。另有一些是古动物化石出土地点（图1-1）。这其中，最主要的是1918年对周口店遗址发掘的“北京人”。

北京旧石器考古的田野及研究工作，大体上可分为三个阶段。第一个阶段是1918～1949年，中、外科学家联合对周口店的第1、15、山顶洞等地点进行发掘，确立了周口店在世界古人类遗址中的重要地位，为体质人类学、文化内涵、古地理环境和气候研究积累了一批珍贵的原始资料。第二阶段是20世纪50年代～70年代末，由中国科学院古脊椎动物与古人类研究所主持，对周口店遗址开展了多学科研究。这一阶段田野工作的重要突破是确立了新洞为旧石器中期遗存。第三阶段是20世纪90年代以来至今，北京市文物研究所、中国科学院古脊椎动物与古人类研究所等单位进行了广泛的田野调查，新发现了一批旧石器时代不同阶段的遗存，提供了较丰富的古人类旷野类型遗址的信息。

北京地区已发现的旧石器时代文化，从早期的北京直立人、中期的新洞人，到晚期的山顶洞人，经历了从距今60万年～2万年的时间（表1-1）。这其间始终以小型石片石器为特色，反映出长期以来主要从事草原—森林环境下猎取动物的经济方式。

表1-1　北京地区旧石器时代文化分期表

时期	距今年代（万年）	地质时代	人的发展阶段	典型遗址
早期	60～20	中更新世	直立人	周口店第1地点、密云黄土梁
中期	20～10	晚更新世初期	早期智人	周口店新洞、周口店第15地点、平谷马家坟
晚期	10～2	晚更新世晚期	晚期智人	周口店山顶洞、周口店田园洞、王府井东方广场

北京地区在不晚于1万年前已开始进入新石器时代。新石器时代的地质年代属全新世，人们逐渐使用研磨的方法制造石器，开始制作陶器，定居生活固定化，产生原始农业并饲养家畜。在此基础上，人们从山洞中迁徙出来，选择平原地区定居。严格讲，这时已从依赖天然赏赐到生产经济阶段[3]。

北京地区的新石器时代考古资料，都是新中国成立后获得的。经过多年调查、发掘和资料积累，迄今发现的新石器时代各阶段遗址和石器出土地点，约有40余处（图1-2）。这些发现大大完善了新石器文化的发展序列：新石器早期，以东胡林、转年遗址为代表；新石器中期以上宅一期遗存、镇江营一期遗存、北埝头遗址为代表；新石器晚期，以镇江营二期、上

1　严文明：《中国新石器时代聚落形态的考察》，《庆祝苏秉琦考古五十五年论文集》，文物出版社，1989年。
2　郁金城：《北京地区旧石器时代遗存》，《跋涉续集》，文物出版社，2006年。
3　中国大百科全书总编辑委员会《考古学》编辑委员会：《中国大百科全书·考古学》，中国大百科全书出版社，1992年。

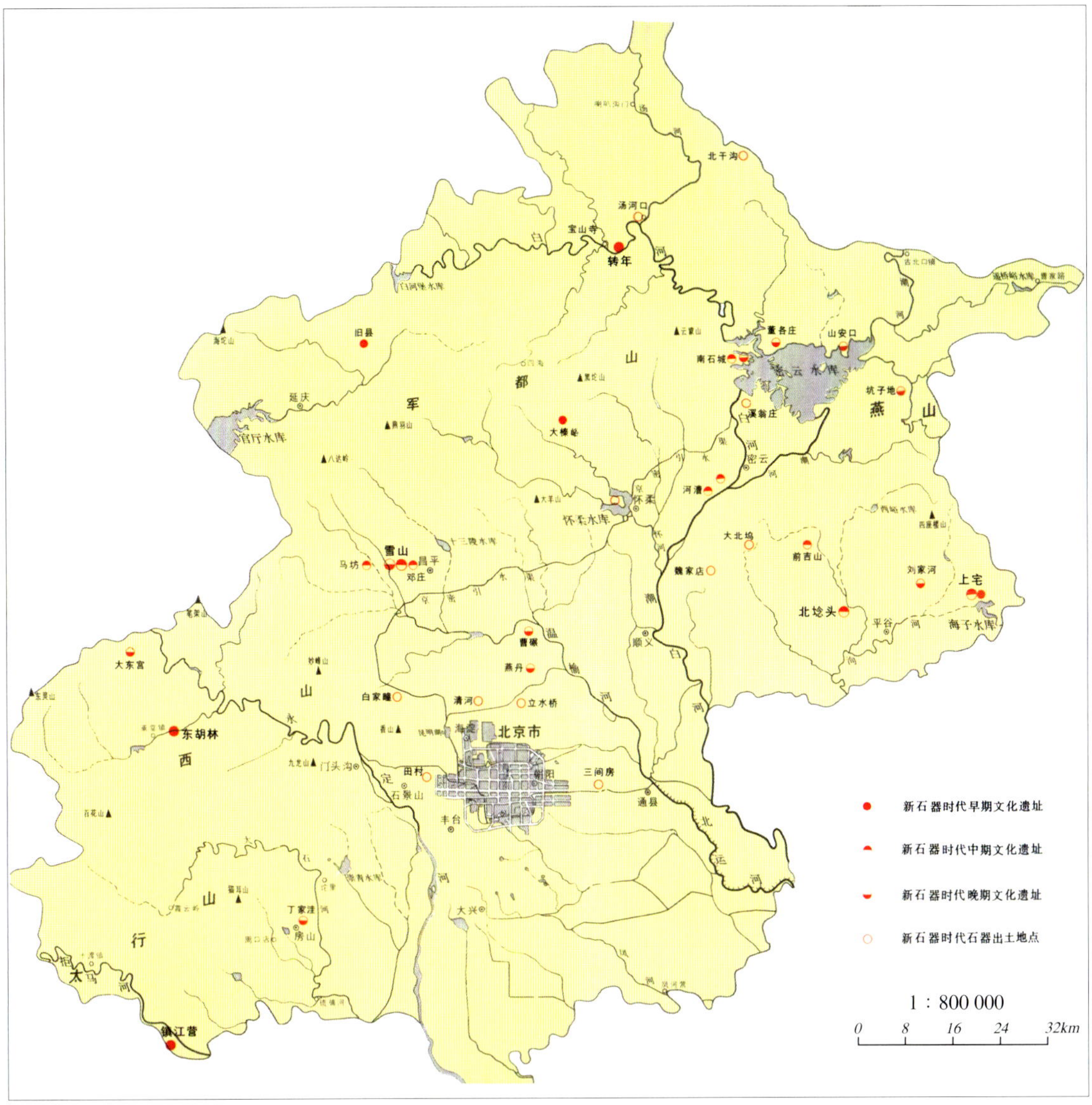

图1-2 北京地区新石器文化地点分布图

表1-2 北京地区新石器文化发展序列表

时期	段落	距今年代（年）	典型遗址
早期		11000～9000	东胡林、转年
中期		9000～7000	上宅一期、镇江营一期、北埝头
晚期		7000～5000	镇江营二期、上宅二期、上宅三期、燕落寨
铜石并用阶段	早段	5000～4500	镇江营三期、雪山一期
	晚段	4500～4000	镇江营四期、雪山二期

宅二期、上宅三期遗存、燕落寨遗址为代表；铜石并用阶段早期，以镇江营三期、雪山一期文化为代表；铜石并用阶段晚期，以镇江营四期、雪山二期文化为代表（表1-2）。

北京新石器时代考古田野及研究工作的历程，可以1982年苏秉琦先生提倡召开的“燕山南北、长城地带（区系考古）系列座谈会”[1]为分水岭划分为两个阶段。此前发掘的雪山遗址以辨识文化谱系为主，侧重于“认清年代”。此后相继对上宅、镇江营、转年、东胡林等遗址的发掘带有解决某一问题的针对性；在研究方法上，年代谱系的建立与多学科、新技术方法的应用，全面提取各种信息成为这个阶段的重要动向，并重于“认清年代”和“了解文化”。

第二节　旧石器时代

一、旧石器早期文化——直立人阶段

北京旧石器时代早期的文化遗存发现不多，所代表的时间也晚于山西、河北、云南等地已发现的旧石器早期遗址。

迄今发现的地点有4处，为周口店第1地点、第13地点、第13A地点和密云上甸子乡黄土梁地点。其中，第13、13A地点于20世纪30年代进行发掘，发现了丰富的哺乳动物化石、用火遗迹和少许石制品[2]。这些地点文化遗存所代表的年代属旧石器早期的中、晚期，地质时代为中更新世，此阶段的人称为直立人，绝对年代为距今60万～20万年前。

以周口店第1地点发现的“北京人”和密云黄土梁出土的石器为这一时期的代表。

1. 周口店第1地点

周口店坐落于北京房山区西山，从大的地势上，位于华北平原西北角与山区交界处。山麓地带的一些低丘像鱼岭、鸡骨山、龙骨山都是在上新世时期因侵蚀而形成的。

周口店遗址在1949年以前发掘取得的成果是决定性的，迄今最为重要的发现皆于那个时期产生，乃至对1949年以后的工作都产生了深远的影响。因而提到周口店，讲到北京地区的旧石器文化，就断不能撇开1949年前的基础[3]。

在龙骨山不到1平方公里的范围内发现有5个洞穴，其中最大的一个称为周口店第1地点，位于龙骨山东北坡。第1地点因发现古人类化石又被称为猿人洞，是我国最早发现的直立人遗址，也是目前我国发现古人类化石最多的一个地点。

长期以来周口店地区的居民多以采石灰石和采煤为生。在采矿过程中，岩洞和裂隙中蕴藏的哺乳动物化石屡有发现。

1918年2月，时任中国政府矿政顾问的瑞典地质学家安特生（Andersson，J.G），偶然听说周口店附近一个叫龙骨山的地方有“龙骨”和石灰岩洞穴，于是只身前往。他对一小块遭到破坏的含化石的堆积物进行了小规模发掘，找到两个种的啮齿类和一个种的食肉类动物化石。此次短暂考察虽无重要发现，却揭开了周口店工作的序幕[4]。

1921年，安特生与奥地利古生物学家师丹斯基(Zdansky，O.)、美国古生物学家格兰阶(Granger，W.)再赴周口店。在当地矿工引导下，他们来到现今的周口店第1地点。安特生在考察这个地点时就宣称，“有一种预感，我们祖先的遗骸就躺在这里”。果然师丹斯基在其

1　《燕山南北、长城地带考古专题座谈会纪要》，《文物》1983年12期。
2　高星：《周口店第15地点石器原料开发方略与经济形态研究》，《人类学学报》2001年20卷3期。
3　参见陈星灿：《中国史前考古学史研究（1895-1949）》，生活·读书·新知三联书店，1997年。
4　参见Andersson，J.G.，Children of the Yellow Earth，94～97，London,1934.

后的发掘中发现了两枚牙齿，不过他当时并未认出[1]。1926年，瑞典皇太子伉俪来华访问，在为他们举行的欢迎会和学术报告会上，安特生宣布了这一消息。在当时人类化石极为罕见的情况下，这一发现对世界学术界不啻于一次巨大的震动。

从1927年起，由美国洛克菲勒基金会资助，中外双方合作对周口店连续进行了10年大规模发掘。代表中外双方的为中国地质调查研究所和北京协和医学院。1927年的发掘由中国地质学者李捷与瑞典古生物学者步林（Bohlin，B.）主持。在第1地点中段进行了系统的大规模发掘，发掘面积东西长17米，南北宽14米。挖掘深度近20米，挖出的堆积物近约3000立方米，获得动物化石标本500箱。尤其是找到一颗保存完好的人类左下第一臼齿化石，步达生（Black，D.）将人类牙齿命名为中国猿人北京种（Sinanthropus pekinensis），可谓旗开得胜。

1928年，发掘工作成员中增加了中国学者杨钟健和裴文中先生。开掘了一个长20米、宽12米的探方。这年除继续发现大量的哺乳动物化石外，又发现了一件少女右下颌骨和一件保存有三颗完整臼齿的成年下颌骨[2]。使得1927年根据一个单牙建立起来的"北京人"这个新属得到了更为充分的证据。

1929年，农矿部准予在中国地质调查所设立新生代研究室，聘法国人德日进（Tgukgard de charlin，p.)为顾问。12月2日下午4时，裴文中先生发现了第一具完整的北京人头盖骨化石（图1-3），发掘时已经日落，洞里很暗。裴文中先生就点着蜡烛把头盖骨取出，脱了上衣将其包裹起来取回。这光辉的一页被载入中国古人类研究的史册。

1931年在周口店第1地点鸽子堂区发现了更多的石制品、烧骨、烧石及灰烬等。其中对灰土的化学分析结果与在欧洲的同类标本完全一致，使得直立人用火能力得以确认。后来，著名的法国考古学家布日耶（Breuil，H.）先生访问周口店，肯定了周口店的发掘成果[3]。

但直至1936年，周口店并没有新的重要发现。于是，洛克菲勒基金会只给了6个月的经费，如果这年的6个月内再无新的发现，基金会将可能中断对周口店的资助。当时在周口店负责工作的魏敦瑞和贾兰坡先生都心急如焚，但先生们的担心很快被突如其来的收获打消了。这一年的11月15日至11月26日，贾兰坡先生先在一筐碎骨片中辨认出一个人的头骨，接着相继发现了二个相当完整的猿人头盖骨。据说魏敦瑞先生听到这一喜讯后，当时连裤子都穿反了。11天发现3个头盖骨，成为当时的爆炸性新闻，轰动了全世界。

从1937～1949年，战乱的原因使得周口店的发掘和研究工作完全停止，更令人痛心的是周口店所有的人类化石都在战争中失落，从而造成无法挽回的重大损失。

新中国成立后，国家的科研机构分别在50、60、70年代对第1地点进行了6次发掘，发现了北京人的六枚牙齿、两件肢骨、一具下肢骨、一具头骨，以及大量的哺乳动物化石和石器。

1961年3月周口店北京人遗址被国务院公布为第一批全国重点文物保护单位。由于周口店在世界古人类学研究的重要地位，因而1991年被联合国教科文组织列为世界文化遗产。正如美国著名古人类学家约翰·奥尔森所言："国际学术界认为，由于周口店能比亚洲、欧洲或非洲其他地点在有关人类生活方式和环境方面提供与日俱增准确的图式，所以它无疑是世界最重要的古人类遗址之一。"

1　参见Zdansky, O., preliminary notice on two teeth of a homind from a cave in Chihli (China), Bull .Geol.soc.China, 5, 281～284·1927·
2　参见贾兰坡等：《周口店发掘记》，天津科学技术出版社，1984年。
3　参见贾兰坡等：《周口店发掘记》，天津科学技术出版社，1984年。

周口店遗址还是吸引和造就世界级科学家的摇篮，新中国成立前，这里就有瑞典的安特生、布林，奥地利的师丹斯基，加拿大的步达生，法国的德日进、步日耶，美国的魏敦瑞、巴尔博，荷兰孔尼华，我国的裴文中、杨钟健、贾兰坡等世界一流学者在此工作。八方风雨会中州不但载入中国考古学发展史册，也享誉国际史前学界。通过在此进行国际合作，中国学者们不仅了解到当时古脊椎动物与古人类学界的最新动向，也掌握了当时国际上先进的发掘方法和技术，从而大大促进了中国考古学与世界考古学的接轨。

周口店第1地点的洞内堆积厚达40米，划分为13层。据多种科学方法的测定，遗址底部堆积（第13层）形成于60万年前，顶部堆积（第1～3层）形成于20万年前[1]。人类主要活动于三个时期，其早期文化的年代为距今60万～40万年前，中期的年代为距今40万～30万年间，晚期在距今30万～20万年，每一期还可以划分为几个小的活动期。

在北京人所跨越的几十万年的漫长时期内，曾经发生过四五个冰期旋回的气候变化，每个旋回都包括温暖的间冰期和寒冷的冰期，而有人类活动的上文化层、下文化层和表层都大致处在间冰期内。间冰期时比现在略微温暖湿润一些，大致相当于现在淮河流域的气候。

周口店第1地点的动物群以具有葛氏斑鹿和肿骨大角鹿为主要特征，伴生的动物化石达100多种，仅哺乳动物化石就有90多种，主要有中国鬣狗、三门马、狼、剑齿虎、斑鹿、德氏水牛、野牛、周口店犀、葛氏斑鹿等，其中现已绝种的占63%。长期以来把产出这种动物群的堆积作为华北中更新世的标准地层。

肿骨大角鹿和葛氏斑鹿两种大型鹿类是北京人的狩猎对象和赖以生存的食物。因为两种大型鹿类鹿角保存状况不同，说明其被狩猎的季节不同。由现生鹿类鹿角脱落的情况推测，周口店的直立人可能在夏秋之交狩猎斑鹿，而在初冬猎取大角鹿。

通过对北京人周围自然环境与动物种群的研究，表明距今60万年前北京的地质地貌与现在基本相似，但气候比现在要湿润温暖。在丘陵山地上分布有茂密的森林群落，密布着朴树（图1-4）、紫荆之类的丛林，其中栖息着种类丰富的动物种群，有虎、豹、熊、梅花鹿、野猪、大猕猴等。

迄今为止，洞穴中发现的全部北京人的化石，有完整和比较完整的头盖骨6个、头骨碎块7件、面骨6件、下颌骨15件、牙齿157枚、股骨7件、肱骨3件、锁骨1件、月骨1件，总计203件，大约代表了40多个男、女、老、少、幼个体。从出土层位看，已发现的北京猿人个体应是生活在距今46万～23万年之间的古人类。

直立人因为年代久远，完整的骨骼很难保存下来，与国内元谋、蓝田等同时期遗址相比，周口店第1地点的化石保存数量是较多的。但除一儿童的头盖骨外，其他标本都很破碎。

由北京人的骨骼化石可以复原他们的外貌（图1-5），明显看出它们相对于现代人的原始性：前额扁塌，眶上圆枕两侧端稍向后弯曲，眶上圆枕与额鳞之间出现明显的宽沟，眉

1 对北京猿人的年代认识是不断修正的。新中国成立前，我国学者杨钟健等在英国接受第18届国际地质学会议的建议，将周口店的年代定为中更新世，在当时估计其时代为距今四五十万年前。这一看法长期被国内学界所引用。1987年来中国科学院等单位对北京人遗址开展多学科综合研究，采用裂变径迹法、铀系法、古地磁法、热释光法、电子自旋共振法等方法测试，可以初步的认为，北京猿人在周口店的早期年代为距今60万～40万年前。参见张森水：《周口店地区旧石器时代遗址的发现与研究》，《中国考古学研究的世纪回顾》（旧石器时代考古卷），科学出版社，2004年。另据报道，最近南京师范大学的沈冠军等人采用一种名为铝铍埋藏测年法的技术手段，测定北京猿人的年代为距今77万年，误差8万年。该成果已发表于《自然》杂志。但尚需得到学术界的公认。参见《北京青年报》2009年3月13日，A8版。

1-3

1-4

图1-3 1929年发现的第一具北京猿人头骨化石（复制品）

图1-4 北京人地点发现的朴树籽

图1-5 北京猿人复原像

脊连起来成一字形且较粗壮。额骨的矢状脊较突出且两侧有旁矢状凹，颞鳞较现代人为低，脑颅最宽处位置偏低，近颅底。鼻骨较宽，属阔鼻型并接近特阔鼻型。颧骨很高，颧面前突且较垂直。吻部略向前突出而没有下颏，下颌骨具有下颌圆枕，印加骨较多见。平均脑容量约1088毫升，大约相当于现代人平均数的80%，1966年发现于第3层的属中年男性的5号头骨脑量更达1140毫升。外耳门后下方的乳突较小，枕骨圆枕粗壮，面颅与脑颅的相对大小比现代人大，骨壁较厚等。此外，还发现犬齿粗大，齿面结构也复杂得多，这是用火熟食的功劳。这些人类化石最早被称为北京直立人（Homo erectus pekinensis），又称北京猿人。它明显比蓝田人进步，属于晚期直立人。

1-5

从化石特征看，北京猿人的上肢骨已短于下肢骨，下肢骨已基本上具有现代人的形状。股骨的大小、形状和肌肉附着点上也都与现代人的股骨相似。人类特有的股骨嵴的出现，应是由于长期直立行走的结果。但在股骨上也还保留着一些原始性质，如股骨干上半段的内侧缘显著隆起，股骨干最向前弯曲的部分在骨干中部以下周径最小之处，股骨体前后方向上比较扁平等，这些特征都与现生猿类比较接近。

根据肢骨计算身长的方法，可推算出男性的平均身高约为162厘米，女性约为152厘米。寿命比现代人短许多。根据对已发掘的代表40多个男女个体的北京猿人化石研究，统计结果表明，死于14岁以前的儿童，占了近40%，50～60岁死亡者仅1人。

整体观察北京猿人的体质特征可以看出，直立人身体各部分的进化速度并不一致。其肢骨与现代人差别较小，但头骨则保留了较多的原始性质。这种头骨原始而肢骨进步的现象，在东南亚的爪哇直立人和东非坦桑尼亚、肯尼亚等地的直立人标本上也都可以见到。这一情况是人类进化过程镶嵌现象的一种表现。有古人类学者将这种镶嵌现象解释为“在人类进化过程中，劳动起着主导作用，人类的祖先由于愈来愈多地使用前肢作为握持的器官而获得了直立姿势，两腿单独负担行动器官的功能，两手更适应于握持的机能，因而四肢发展比头骨较早达到现代人的状况”[1]。

北京人及其文化的发现与研究，解决了19世纪爪哇人发现以来科学界近半个世纪的“直立人”究竟是猿还是人的争论。北京猿人化石虽然不是最早被发现，但却是最早得到学术界承认的直立人化石。也正是由于北京猿人化石的发现，被遗忘了30年的爪哇猿人化石才得到重新提起并得到承认，以至于有人说北京猿人挽救了爪哇猿人。

事实表明，在人类历史的黎明时代，从体质形态、文化性质到社会组织等方面，的确有过“直立人”阶段，他们是“南猿”的后代，也是以后出现的“智人”的祖先。“直立人”处于从猿到人进化序列中重要的中间环节。到目前为止，“直立人”的典型形态仍然是周口店北京人。

在周口店第1地点的堆积中，发现有几个大的灰烬层。其中第4层的灰烬厚达6米，从中发现了大量烧过的石块（图1-6）、烧骨、木炭、烧过的野果核和一块紫荆树块。20世纪50年代的发掘中，又有成堆的灰烬发现（图1-7）。此外，1955年，在13A地点堆积的中下部又发现灰烬层。

这些情况表明北京猿人可以用火，而成堆的灰烬，则证明他们已有控制和管理火的能力。火的使用至少可以在三个方面对古人的生活产生重大的作用：一是照明取暖，二是烧烤食物，三是震慑野兽。为古人类的生存进化创造了重要条件。

北京人的生产工具主要为石器，历次发掘出土的数量已多达万余件。

由于周口店地区缺少优质石材，北京人便因地制宜采用当地的脉石英为石器原料，几乎占了90%。其次是水晶和砂岩，燧石占第4位。其余40种所占比例甚微，共约占1%。

石器的加工技术以砸击法和锤击法最普遍，碰砧法使用较少。数以千计的砸击石片和数百件的砸击石核，构成石制品的主体。锤击产品多达千余件，说明锤击法也是北京猿人打片的重要方法。锤击石核分为单台面、双台面和多台面石核，锤击石片有自然台面石片和人工打制台面石片。

图1-6 北京人烧石

图1-7 北京人灰烬

1　吴汝康、贾兰坡：《周口店新发现的中国猿人化石》，《古生物学报》1954年2卷3期。

1-8

1-9

1-10

1-11

图1-8 北京人盘状刮削器

图1-9 北京人盘状砍砸器

图1-10 北京人石砧

图1-11 北京人两极石片

砸击法是古代人类群体面对脉石英这样劣质的原料时不得已而为之的方法。它的使用具有很大的浪费性，即大量消耗原材料，在效能上是以量代质。当人们没有能力用更好的办法来开发这样的原料时，采用砸击法便是其唯一的选择。这种情况造成北京人的许多石器打制加工是一种以材料为主的被动行为。也就是说，石材的整体形状决定了石器的形状，这反映了北京人技术上的原始。

北京人的石器种类可分为两大类。有刮削器（图1-8）、尖状器、钻具、雕刻器等轻型工具，而以刮削器为主；也有砍砸器（图1-9）、石球、石锤、石砧（图1-10）等重型工具，轻型工具所占比重具有绝对优势。这些石器有三分之二以上为石片石器，约占70%，且数量自早而晚呈逐渐增加的趋势。石片石器加工方式呈多样性，有向背面、向腹面、复向、错向交互打击，多从劈裂面向背面单面加工，这样加工成的石器占半数还多，并有很多没有经过二次加工就直接使用的石片。其中最具特色的是用砸击法制作的大量两极石片和用两极石片加工成的两端刃器[1]（图1-11）。

按照上述三期的时代分法，早期石器原料中砂岩重要，锤击法多于砸击法，如果有碰砧法，则主要存在于此期，产品粗糙，石片粗大，主要为刮削器和砍砸器。中期石英增加，砸击法超过锤击法，石片石器、刮削器增加，砍砸器减少，新出端刃刮削器，石器逐渐小型化。晚期石英更多，质量更高，水晶、燧石等优质石料增加，砸击法和石片石器占绝对优势，刮削器、端刃刮削器更多，小型尖状器数量大增，新出技术先进、形态成熟的石锥。

石器工具类型的日趋丰富性与制作技术表现出的逐渐多样化，表现出北京人经济活动内容也慢慢的多元，表明北京人进行与狩猎经济有关的行为的增加。

据一些石锤上留下的敲击痕迹可以看出，北京人善于用右手操作。这与某些人类学家的提出百分九十多的灵长类生物，包括猿类都善使用右手，即“右利手”相一致。

除石器外，北京人遗址的一些兽骨疑似具有人工打击的痕迹，因而有些研究者提出北京猿人已使用部分碎骨作为其生活工具[2]。尤其是一些鹿角，显然是从鹿头上有意截断，为了完成某种目地。但这需要进一步的证实。

北京人的出现揭开了北京地区人类历史的序幕，使北京成为世界上最早进入人类社会的地区之一。

1 裴文中、张森水：《中国猿人石器研究》，科学出版社，1985年。
2 参见裴文中：《关于中国猿人骨器问题的说明和意见》，《考古学报》1960年2期。

图1-12 黄土梁地点砍砸器

图1-13 黄土梁地点刮削器

周口店遗址是世界同期古人类遗址中材料最丰富、最系统、最有价值的一个，是当之无愧的人类远古文化的宝库。把周口店称之为古人类和旧石器考古的“麦加”是一点也不过份的。

2. 密云黄土梁地点

黄土梁地点是郁金城、李超荣先生1991年的调查中新发现的一处旷野类遗址，位于潮河右岸的三级阶地[1]。标本采集自红色砾石和亚黏土中，地质时代属中更新世。

发现了50余件石制品，包括石核、石片、刮削器、砍砸器和有人工加工痕迹的石块等。石制品原料以安山岩为主，还有石英岩、脉石英等。打片采用锤击法，未见使用砸击法。石器修整为锤击法，加工方式均为背向加工，加工水平低而粗糙。石制品较粗大，多为中型和大型，小型者极少见到。砍砸器用砾石和石块（图1-12），刮削器则用石片（图1-13）。

石制品的大小与北京猿人文化存在着差异。造成这一情况的原因，有时与原料性质有直接的关系，也有时与人类活动方式有关（黄土梁的古人在旷野中活动，北京猿人在洞穴中生活）。但从石器的加工方式为背面加工等特点看，与北京人的文化有着密切关系。

二、旧石器时代中期——早期智人阶段

距今20万～10万年前，北京历史进入一个新的阶段，即旧石器时代中期。此阶段的人在发展阶段上称为早期智人，地质年代为晚更新世早期。

北京地区现已发现此阶段的遗址地点22处。有房山区周口店第15、第3、第4、第22地点；平谷马家坟；密云松树峪；怀柔帽山、四道穴、西府营、七道河、长哨营、宝山寺、转年南梁和鸽子堂地点；延庆莱木沟、路家河、沙梁子、古家窑、辛栅子、三间房和河北村地点；门头沟王坪。

除周口店的4个地点为洞穴地点外，其他遗址地点均位于河流的二级阶地上，属旷野地点，发现石核、石片、刮削器、砍砸器等。石制品同旧石器早期相比，继承关系明显，但在制作技术上有了提高，主要体现在石器的第二步加工愈发精细。

1 郁金城、李超荣：《北京地区旧石器考古的新收获》，《北京文博》1998年3期。

以周口店新洞（第4地点）、第15地点、平谷马家坟作为洞穴和旷野地点的代表。

1. 新洞人遗址

1937年，裴文中先生在距周口店第1地点约70米的第4地点进行发掘。“文革”期间，来京的红卫兵串联到周口店参观，顺石缝钻入第4地点北边的几个小洞，此地点后被称为新洞。

1973年2月，中科院古脊椎动物与古人类研究所对新洞的堆积物进行清理，认为新洞和第4地点属同一层位。从此便把新洞和第4地点统称为新洞。在新洞中发现一颗保存完整的人类牙齿化石，称之为“新洞人”。“新洞人”的发现，解决了在北京猿人之后与山顶洞人之前，周口店一带是否有人居住的问题。

在原第4地点曾发现2件磨过的骨片。这2件标本，是我国最早的磨制骨质品，代表了一种新的磨制工艺技术的开端[1]。

新洞发现的人类化石出自第5水平层，所出人类化石是男性个体左上第一前臼齿1枚。新洞标本的齿根与北京猿人明显不同，北京猿人上第一前臼齿齿根粗大，有明显的两个根的界限，且根尖分叉成两根；新洞标本的齿根很细，两根的分离已不明显，看不出分叉的现象。另外，新洞标本的齿根，无论是近中、远中径还是颊舌径比北京猿人的男性或女性都小，只是高度上介于北京猿人和山顶洞人之间。

新洞标本牙齿齿冠和齿根都比现代人相应的牙齿要粗壮。牙根，其近中、远中径相当现代人的上限，根上比现代人的上限还要大。各种测量数据表明，新洞标本基本上介于北京猿人和山顶洞人之间（图1-14）。

伴生哺乳动物有40种，可分为三类：第一类是北京人时期的残存属种，有肿骨鹿、披毛犀等；第二类是新出现的晚更新世动物，如岩松鼠和赤鹿等；占据多数的是第三类，即在第四纪早晚一直延续的动物[2]。

据^{14}C法、热释光法、铀系法等方法测试，新洞堆积的年代为距今20万～10万年。

2. 周口店第15地点

周口店第15地点南距第1地点约70米，东距第4地点约10米。1935～1937年对该地点进行较大规模的发掘，从中发现有大量的动物化石及丰富程度仅次于第1地点的石制品。其他出土的还有石制品、灰烬层、烧骨、烧过的朴树籽等。

出土的石制品数以万计，多数用脉石英、燧石和各种火成岩制作。石制品的类型有石核、石片、砍砸器（图1-15）、刮削器、尖状器和雕刻器等，与北京猿人文化的石制品的原料和类型总体上相一致。修理石器用硬锤加工，以向背面加工为主。也表明与北京人石制品生产技术上的联系。

但两者间也存在着不同，例如打片技术与早期相比发生了较大的变化，以往通用的砸击技术变得比较罕见，其位置被锤击法所取代。石器中

图1-14 新洞人牙齿化石

1 参见北京市文物研究所：《北京考古四十年》，北京燕山出版社，1990年。
2 顾玉珉：《周口店新洞人及其生活环境》，《古人类论文集》，科学出版社，1978年。

图1-15 周口店第15地点砍砸器

图1-16 平谷马家坟地点石制品

图1-17 怀柔帽山单刃砍砸器

多刮削器、尖状器、雕刻器和砍砸器，修理把手的大石片为其较独特的器型。这些说明第15地点的石制品承袭了北京猿人文化，但制作技术和水平有所提高。

通过对周口店第15地点含有文化遗物层位的测定表明，绝对年代的测年数据在距今14万～11万年。

锤击技术的进步，能够有效地用石锤从脉石英块上打下可用的石片，而且能够根据原料形态的不同采用不同的方式（例如向中心交互剥片和多向剥片）生产石片，因而在很大程度上摒弃了浪费资源的砸击法，使锤击法成为生产石器毛坯的主要方法。

3. 平谷马家坟等地点

马家坟石器地点位于平谷县城东约21公里处，文化遗物出自红河坎河第二级阶地上。出土石制品19件，地面采集7件，分石核、石片和石器3类。

马家坟地点的石器多为小型石片石器，器形均为刮削器，长度为40毫米以下（图1-16）。石器原料以安山岩为主，也有脉石英、石英砂岩和燧石。打击方式以锤击法为主，偶见砸击法。加工石器的素材均为石片。石器的第二步加工比较精细，多为向背面加工。这些特征与华北地区“周口店第1地点—峙峪系”相似，应归为该文化系统。

虽然打击方法与北京人中后期流行的砸击法不同，但石器类型、尺寸、加工技术均与前者有联系，和晚期的山顶洞人石器也有关系，实际上处于承上启下的位置。

帽山遗址位于怀柔区喇叭沟门乡帽山村小学西约100米处，石制品出自汤河第二级阶地，共发现14件，伴出犀牛牙齿化石。石制品原料以安山岩为主，石器类型为砍砸器和刮削器，石核素材为砾石（图1-17）。

四道穴地点位于怀柔县喇叭沟门乡四道穴村西公路边，9件石制品采集自汤河第二级阶地，有石核、石片等。

三、旧石器时代晚期——晚期智人阶段

从距今10万～2万年间，人类发展史上称为旧石器时代晚期，地质时代为晚更新世晚期，此阶段的人种称为晚期智人。

这一阶段北京地区发现的考古遗存分布比较广泛，不仅在郊区有所发现，且扩展到了城

市的中心区。目前发现的22处遗址地点有：房山周口店山顶洞、田园洞；密云东智；延庆佛峪口；怀柔杨树下、东帽湾；平谷罗汉石、马家屯、上堡子、刘家沟、海子、洙水、小岭、豹峪、甘营、夏各庄和安固；门头沟西胡林和齐家庄；朝阳双桥；王府井东方广场；西城西单中银大厦[1]。除此之外，还在阜成门、上地等地点发现了披毛犀下颌骨、古菱齿象象牙等古生物化石。

这些遗址地点分布广泛，且内涵丰富，有的有用火遗迹、一定形制的墓葬；有的有古人类化石、古动物化石、精美的装饰品、工艺先进的石制品和骨制品等。

旧石器晚期同中期相比，技术工艺上有了较大的提高，主要表现为对石器原料的取舍，细石器的出现，石器种类的多样化，骨器的制作亦渐趋进步，原始艺术的萌芽等。

周口店山顶洞遗址、田园洞遗址、王府井人类活动营地是其中的代表。

1. 山顶洞遗址

20世纪30年代，裴文中先生在周口店遗址发掘区的西南发现了一个小山洞，因洞穴位于龙骨山顶，因而称之为山顶洞。山顶洞据其形状和堆积，分为洞口、上室、下室和下窨四个部分。

在随后1933～1934年的发掘中，发现了丰富的人类化石与文化遗物，包括有3个完整的晚期智人头骨[2]。但研究者们对这个山洞中发现的人类化石究竟代表几个人的个体众说纷纭。魏敦瑞、吴新智先生在其著作中认为一共有10个人，在目前的学术界得到较多的支持。

魏敦瑞在30年代认为3个完整的头骨差别很大，属于3个人种，分别是原始黄种人、美拉尼西亚人、爱斯基摩人。这一结论意味着美拉尼西亚人、因纽特人与北京人不远千里来相聚，读者们听起来实在是有些瞠目结舌。但这一认识曾在一段时期内颇具影响，甚至一位叫厄尼斯特·A·霍顿的学者还曾经以《娶爱斯基摩人和美拉尼西亚人为妻的中国老丈人》为标题讨论山顶洞人的种群[3]。

为了揭示山顶洞人千里相聚的谜底，50年代吴新智先生研究了山顶洞人的模型，认为三个头骨都为原始蒙古人种，从而彻底推翻了这一假说[4]。据研究，与北京直立人相比，山顶洞人的脑容量增加，平均1393毫升，在现代人的变异范围之内，脑内动脉分支也与现代人接近，说明智力发达程度已同现代人接近。男性平均身高1.74米，女性平均身高1.59米，高于北京直立人。

从铲形门齿这一显著特征来看，周口店地区发现的北京人、新洞人、山顶洞人之间存在着一定的继承关系。杨新改先生也据此提出了北京地区在原始蒙古人种的形成和东方文化的起源过程中起到了重要作用[5]。

上世纪70年代末，研究者曾以山顶洞出土的动物化石为样品，用常规碳^{14}C方法对其进行年代测定，得出的年代为距今11000～19000年间，但山顶洞人的头骨形状所表现出的原始性和动物群反映出的温暖气候与这一结论矛盾。于是，上世纪90年代后，陈铁梅先生利用加速

1　参见郁金城、李超荣：《北京地区旧石器考古的新收获》，《北京文博》1998年3期。
2　参见Pei，w.c .The Upper Cave Industry of Chlukoudian，Pal .sin .new ser .D，9：1～41.1939.
3　参见张光直：《古代中国考古学》，辽宁教育出版社，2002年。
4　参见吴新智：《周口店山顶洞人化石的研究》，《古脊椎动物与古人类》1961年3卷3期。
5　杨新改：《略论北京地区的旧石器时代文化》，《文物春秋》2008年5期。

器质谱^{14}C方法对山顶洞的年代再次进行测定，得出的年代在2.7万年左右[1]。这一结果更为符合人类体质形态进化的渐变过程，也合理解释了为何山顶洞动物群反映了一个较温暖的气候。

出土的哺乳动物化石有49种，北京斑鹿、最后斑鬣狗、加拿大鹿等都是华北晚更新世常见的种类，代表了热带和亚热带的动物群。在山顶洞文化层中，还发现了很多鲤鱼骨和一条长约3尺的青鱼骨，说明鱼类也是他们食物的主要来源之一。

接近洞口的上室较为宽阔，有烧过的灰烬，可能是住宿的地方。下室狭小阴暗，集中摆放着人骨，人骨旁边有不少红色的赤铁矿粉末，还有不少装饰品，当为有意识的埋葬，可以认定就是当时的墓地，这也是迄今中国境内发现的最早墓地[2]。

人类遗骨均发现于下室、人骨周围撒有赤铁矿粉、精美的装饰品大部分出在墓葬中，并与人骨有较明确的对应位置。这些情况都说明山顶洞人已形成了一定的生死观念，形成了一定的葬俗。

山顶洞人在人骨周围撒赤铁矿粉末的风俗在欧洲地区旧石器晚期的考古资料中常有所见。赤铁矿是很好的染红色材料。人们不但对死者身上、周围以及随葬器物撒上赤铁矿粉粒，而且用于绘制洞穴中的壁画。

当时人们的意识中，可能把红色作为鲜血的象征，是生命的来源和灵魂的寄生处，人死后灵魂就离开肉体到另一个世界去，过着和人间一样的生活。人死血枯，空余骨架，在死者及周围撒上象征鲜血的赤铁矿粉粒，是希望死者在另一世界中复活。从这个角度看，山顶洞人对死者的安排，或许是上述观念的反映，是一种原始宗教信仰。

在山顶洞下室西部常可见完整的动物头骨和骨架。因此有学者推测，此处是一个天然的动物陷阱。如果这一推测属实，至少可以表明山顶洞人是聪明的猎人。

山顶洞人的石器数量不多，为25件。原料主要是脉石英，其次为砾岩和燧石，使用锤击法和砸击法打片。石制品仍属小石器传统，包括各种石片、砍砸器、尖状器、刮削器、雕刻器等类型。

在遗址中还发现有大量的碎骨片，还有一些打击的骨器和有磨痕的下颌骨，以1枚骨针和1件有磨痕及刻纹的鹿角棒尤为精美。这表明人们已经掌握了骨、角材料的特性，使用了不同于石器制作方法的专门工艺。尤其是骨针的出现意味着当时已可以用兽皮缝制原始衣服，抵御严寒。鹿角的用途不明，有人认为这是旧石器时代的指挥棒，也有人认为这是武器（图1-18）。

这时文化发展的另一重要标志，是山顶洞出土的大量装饰品。已发现的141件装饰品中，包括7件石珠、1件钻孔砾石、1件穿孔鱼骨、125件穿孔兽牙、4件骨管、3件穿孔海蚶壳（图1-19）。多发现于人骨化石附近，当属随身的佩饰、坠饰类，说明当时人类已经有明确的爱美观念。

小砾石的装饰品是用微绿色的火成岩从两面对钻而成，选择的砾石很周正，颇似现代妇女胸前佩戴的鸡心。穿孔的石珠在制作时从一边钻孔，再将另一边稍加磨平。穿孔的牙齿是由齿根两侧对挖穿通齿腔而成。所有装饰的穿孔，几乎都是红色[3]。骨管需要先将选中的鸟骨截断，再刻以纹饰。

1　参见陈铁梅等：《周口店山顶洞遗址年代的加速器质谱法再测定与讨论》，《人类学学报》1992年11卷2期；陈铁梅：《山顶洞文化我国最早的艺术的年代测定》，李伯谦等编：《考古探秘》，科学技术文献出版社，1999年。

2　参见贾兰坡：《山顶洞人》，龙门联合书局，1951年。

3　参见贾兰坡：《"北京人"的故居》，北京出版社，1958年。

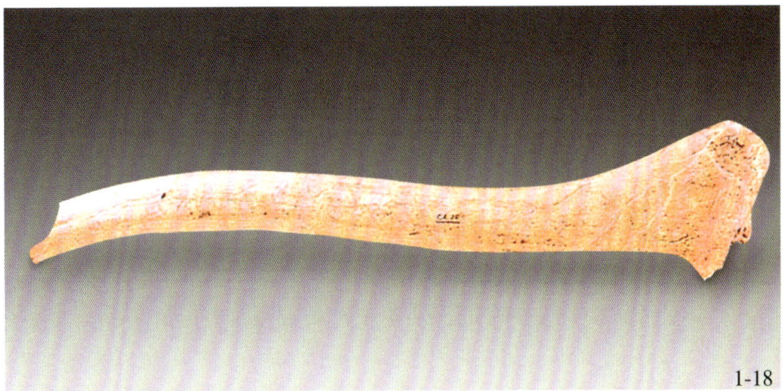

1-18

1-19

图1-18 山顶洞鹿角

图1-19 山顶洞装饰品(模型)

这表明古人对材料的整体把握、对鲜明色彩的突出、抽象思维能力已有了很大的提高。著名的美学家李泽厚先生指出，对使用工具合乎规律性的形体感受和装饰品上的自觉加工，是幻想性的。文化遗物体现出古人将其观念及幻想外化和凝冻在这些物质对象上[1]。这是有一定道理的。

山顶洞发现的赤铁矿（赭石）、海蚶和厚壳蚌都非周口店本地所产。据目前所知的情况，赤铁矿最近的出产地，为河北宣化县附近的龙关镇，距周口店有100公里。那么，赤铁矿如何而来？仍是一个无法合理解释的问题。海蚶壳产地最近的是渤海，距周口店有200公里。厚壳蚌以长江流域为最多。这些物品不论是山顶洞人从遥远的地方采集而来，还是从外地交换而来，都说明山顶洞人活动范围已相当广泛。

2. 周口店田园洞

田园洞位于周口店西南5公里处田园林场内，2001年春，田园林场的工人寻找水源时在半山腰的山洞中发现了一些动物骨骼化石。2003年，田园洞正式发掘，发现了古人类和哺乳动物化石，现田园洞已被定为“北京古人类遗址第27地点”[2]。

目前已鉴定出哺乳动物化石26种，以鹿类为主，并有大量的豪猪化石。该地点的哺乳动物化石中有63%的物种曾出现于山顶洞动物群中；而田园洞中出现的猕猴、猪獾、原麝等是山顶洞动物群中所缺乏的。少量化石上有黑褐色斑块，疑为火烧所致。

更为珍贵的是还在地层中发现了人类的遗骸。这些遗骸多处于破碎的状态，骨块彼此多不连接，有一定的石化。目前所发现人类化石的解剖部位包括：下颌骨（附多枚牙齿）、锁骨、肱骨、桡骨、脊椎骨、股骨、腓骨、跟骨、趾骨。人骨应为一成年男性个体，其身高应有1.6米，并在尸骨上发现了赤铁矿粉。此外，还发现了几枚零散的牙齿，似属另外个体。不过遗憾的是，目前尚未发现任何头盖骨，但发现的古人类化石可以弥补山顶洞人化石丢失的部分缺憾。这些人类化石伴生鹿牙经铀系年代测定距今约2.5万年，可作为人类化石年代的参照数据。

特别值得一提的是，据美国人类学家埃里克·特林考斯研究，田园洞人的纤细趾骨表明当时的古人已开始穿鞋[3]。

3. 王府井人类活动营地

1996年底，考古工作者在王府井地区发现了一处旧石器时代晚期遗址。这处遗址位于东

1　李泽厚：《美的历程》，天津社会科学出版社，2001年。

2　《周口店遗址新发现古人类化石》，《北京文博》2004年1期。

3　《北京田园洞人类趾骨入选美〈考古学〉十大发现》，《中国文物报》2009年1月21日。

图1-20 王府井遗址发掘现场

单三条、王府井大街和东单北大街之间的东方广场工地，面积约2000平方米。北京市文物研究所和中国科学院古脊椎动物与古人类研究所等单位对遗址进行了发掘(图1-20)。文化遗物来自上、下两个文化层，距地表12米左右，为河湖相地层。总发掘清理面积892平方米，出土标本2000余件[1]。

清理的遗迹主要为用火遗迹，内含烧骨、烧石、木炭和灰烬等。用火遗迹的分布有一定的规律，上文化层有2处，下文化层有4处（图1-21）。上文化层的一些烧石和骨片各自还可以拼合在一起。根据含有切痕和砍砸痕的动物骨头、拼合起来的骨制品及烧骨的分布推测，当时人类一边制作石器一边屠宰和肢解猎物，然后围着火堆进行烧烤[2]。

遗物有石制品、骨制品和伴出的哺乳动物化石。有些骨制品和石制品上还附着赤铁矿粉，与山顶洞的赤铁矿可进行对比，反映出王府井古人类可能从事过一些原始的宗教活动。

石制品有700余件，石料以黑色燧石占绝大多数。器形以小型为主，包括刮削器、雕刻器、石核、石片、石屑、石锤、石钻等，以前两种为主（图1-22）。石器的素材主要采用不同形状的石片，偶用石核和石块，是一种以石片工具为主的石器工业。打片技术主要为锤击法，偶用砸击法。加工方式多样，主要是背面加工。

骨制品总数有400余件，占出土碎骨总数的37.4%。据李超荣、郁金城等先生的研究，原料多为大动物的肢骨，有骨核、骨片、骨器、骨屑、人工骨块五类。骨片数量多，约占骨制品的一半，但大多数骨片的形状不规整。打制骨片和加工骨器主要采用锤击法和砸击法，偶用压制法。加工骨器的方式有向骨表面、向髓腔面、错向和屋脊形打法四种。骨器可分为骨尖头器、骨铲、骨刮削器和骨雕刻器等，其中以骨尖头器的数量较多。骨制品上发现的人工

1 李超荣等：《北京市王府井东方广场旧石器时代遗址发掘简报》，《考古》2000年9期。
2 李超荣：《北京城区中心的古人类活动遗址》，《科学中国人》1990年12期。

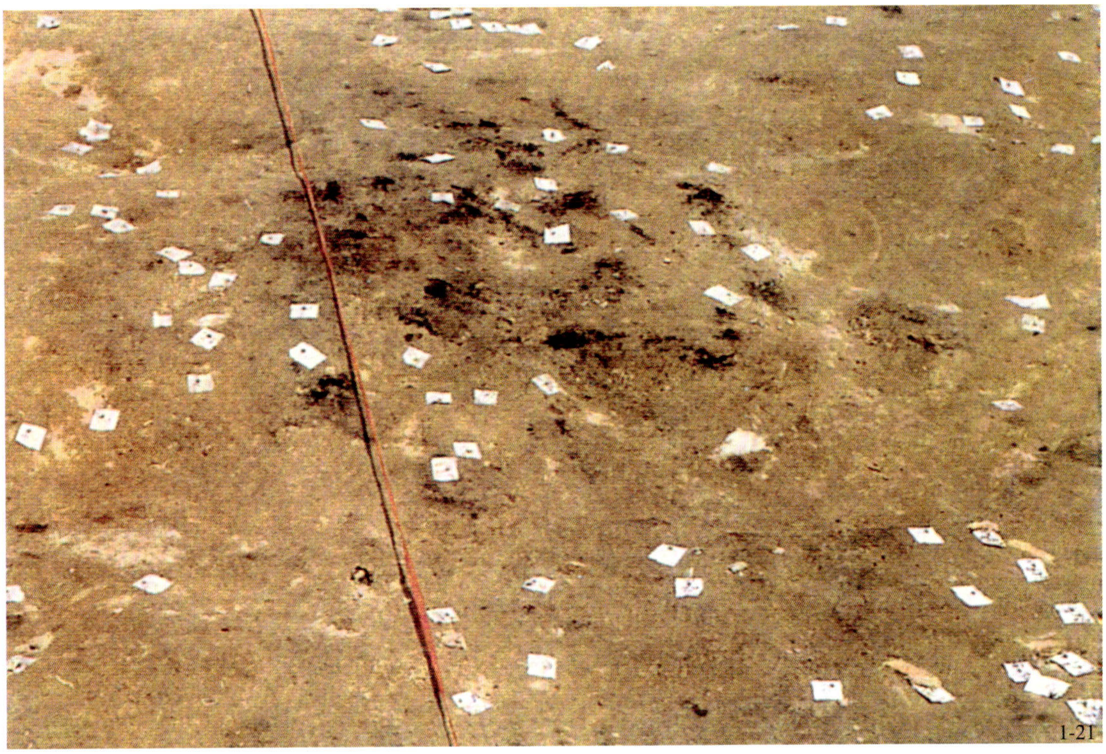

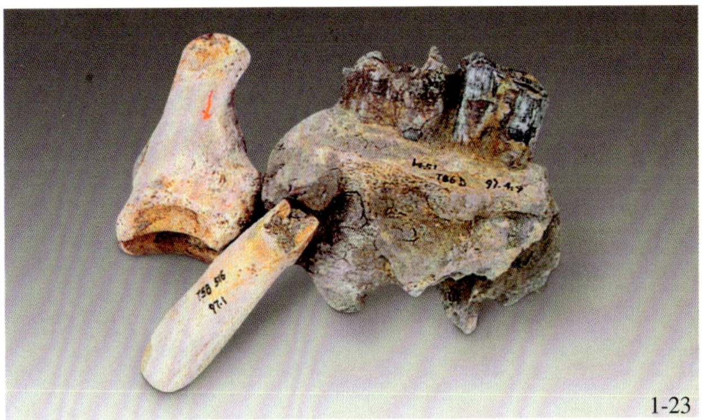

图1-21 王府井遗址用火遗迹

图1-22 王府井遗址燧石刮削器

图1-23 王府井遗址哺乳动物化石

刻划痕、切割和砍砸痕可能是人类肢解动物、剔肉和加工骨器时形成的。骨片上刻划的一些植物痕迹可能是当时人类生活环境的表现[1]。

脊椎动物化石，经初步鉴定有原始牛、斑鹿、蒙古草兔、安氏鸵鸟等（图1-23）。

^{14}C测定的数据显示，遗址年代为距今2.4万～2.2万年，相当于晚更新世晚期。据考察，这一带原属永定河冲积扇构成的前倾斜平原，古人类在此营建了一处临时活动的营地——可能是当时人类因种种原因迁徙至此。从此次发掘的石器以石片为素材，打片以锤击法为主，偶用砸击法，以刮削器为主要类型，以背面加工为主，出土标本被赤铁矿粉着色等情况看，与山顶洞、峙峪、小孤山等著名遗址有较多的共性，表明北京的旧石器时代文化从五六十万年前到2万年前一脉相承。

4. 旧石器时代晚期的古生物化石地点

除上述旧石器晚期遗址或旷野活动地点，还在一些地方发现了古生物化石地点。据不

1　李超荣等：《王府井东方广场遗址骨制品研究》，《跋涉续集》，文学出版社，2006年。

完全统计，约30处，为研究北京平原地区的晚更新世以来的古气候问题与古动物种群的演变提供了若干资料。如阜成门发现的披毛犀下颌骨化石[1]，房山云水洞发现的燕山雉、岩羊化石[2]，朝阳双桥发现了古菱齿象下颌骨化石[3]，海淀上地发现的古菱齿象牙化石[4]等。

第三节　新石器时代

一、新石器时代早期

北京地区新石器时代早期遗存有门头沟东胡林遗址、怀柔转年遗址，绝对年代在距今11000～9000年前。从大的文化格局看，属于面向东北地区的平底器（筒形罐）文化系统。

1. 东胡林遗址

东胡林遗址位于北京市门头沟区斋堂镇东胡林村西，永定河支流清水河北岸的三级阶地的马兰黄土上，为北京市人民政府1995年公布的第二批地下文物埋藏区。

遗址所在地区属于北京西山褶皱断块山地的一部分，处在黄土高原和华北平原的过渡地带，现状为梯田。现存面积约3000平方米，分布在大冲沟的两侧。

1966年北京大学地质地理系同学实习时，在该遗址发现新石器时代墓葬1座[5]。由三对保存完整的髌骨判断，属二名成年男性个体和一名16岁左右的少女。少女属一次葬，另两名男性骨骼相互叠压、排列杂乱，属二次葬。少女高约165厘米，其中一名男性高约174厘米。少女颈部有穿孔螺壳项链（图1-24），腕部戴有骨镯（图1-25）。因人骨发现在马兰黄土上，处于全新世黄土的底部，推断其属新石器时代早期。后经中科院古脊椎动物与古人类研究所鉴定，为距今1万年左右的新石器时代早期墓葬。

1-24

1-25

图1-24 东胡林遗址出土螺壳项链

图1-25 东胡林遗址出土骨镯

此后，在数次调查的基础上，2001、2003、2005、2006年北京市文物研究所与北京大学考古文博学院又对该遗址的西南部、大冲沟的西侧进行了连续发掘，发掘面积总计达270平方米[6]。

因遗址已受到一定程度的破坏，在不同部位的探方，其地层堆积状况有所不同，存在着早、晚区别。经北京大学考古文博学院等单位测定，用^{14}C及热释光测年方法测出的东胡林遗址的

1　黄万波：《北京阜成门一披毛犀化石的发现与晚更新世古气候问题》，《古脊椎动物与古人类》1972年2期。
2　黄万波、刘连海：《北京云水洞的脊椎动物化石》，《古脊椎动物学报》1984年第22卷第2期。
3　黄万波：《记北京双桥古菱齿象下颌骨上的砍痕现象》，《人类学学报》1990年2期。
4　董育纲：《北京上地出土古菱齿象牙与现场起取保护》，《北京文博》2006年2期。
5　周国兴、尤玉柱：《北京东胡林村的新石器时代墓葬》，《考古》1972年6期。
6　赵朝洪等：《北京东胡林新石器时代早期遗址获得重要发现》，《中国文物报》2003年5月9日；东胡林考古队：《北京新石早期考古的重要突破》，《中国文物报》2003年11月7日；东胡林考古队：《北京东胡林发掘再获丰硕成果》，《中国文物报》2005年12月30日；北京大学考古文博学院等：《北京市门头沟区东胡林史前遗址》，《考古》2006年7期。

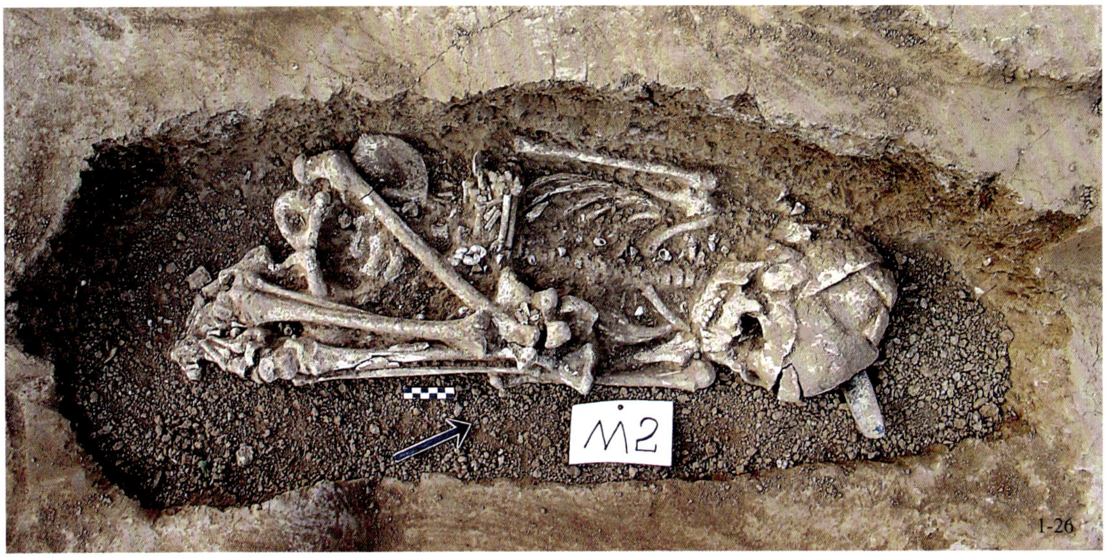

图1-26 东胡林M2

图1-27 HD3

年代数据已有30余个，其中木炭样品20余个，人骨样品5个，另有兽骨、陶片等多种物质的样品。从测年结果看，东胡林遗址的年代为距今11500～9000年间，属于新石器时代早期。较晚文化层中的样品年代也大致为距今10300～9000年间，属于新石器时代早期的偏晚阶段。

数次发掘共清理了新石器早期墓葬2座（另发现半具被扰动的人骨架）、灰堆13座、灰坑5座，及人类活动面、烧烤面、石器加工地点等重要遗迹，获得了石器、陶器、骨器、蚌器、动物骨骼等大量遗物。并采集大量的炭样、土样、动物骨骼、螺壳、蜗牛、朴树籽等标本以供测定年代、进行孢粉分析及DNA研究。对采集的土样用浮选仪器进行了水选，分轻浮和重浮二次浮选，对浮选出的包含物进行分析鉴定和植物考古方面的研究。

墓葬M1为竖穴土坑墓，葬式为仰身直肢。人骨的鼻与口间，随葬一件磨制而成的棍状玉石制品，初步鉴定为方解石。

墓葬M2保存完好，与M1不同，葬式为仰身屈肢（图1-26）。头向东北，在墓主人的头部放置1件磨光小型石斧。根据地层关系看，此次发现的墓葬在时代上要晚于M1，但仍属新石器时代早期墓葬。在颈部及胸腹部还发现有多枚穿孔小螺壳，应为墓主人生前佩挂之物。因为墓葬中的物品性质较为单一，张弛等先生提出山顶洞及东胡林墓葬中随葬的穿孔骨、牙、蚌器都可能仅是死者穿戴的装饰物，还很难说是故意放入墓中的随葬品[1]。

灰堆的平面多呈不规则的圆形，部分灰堆底部堆有石块。中心区域为黑色灰烬，包含物主要有烧烤痕迹的砾石块和动物骨骼（图1-27）。

在2006年度的发掘中，发现有人类踩踏的活动面遗迹。在该遗迹内有两个疑似柱洞的

1 张弛等：《裴李岗文化墓葬随葬品研究》，北京大学中国考古学研究中心等编：《古代文明》，文物出版社，2008年。

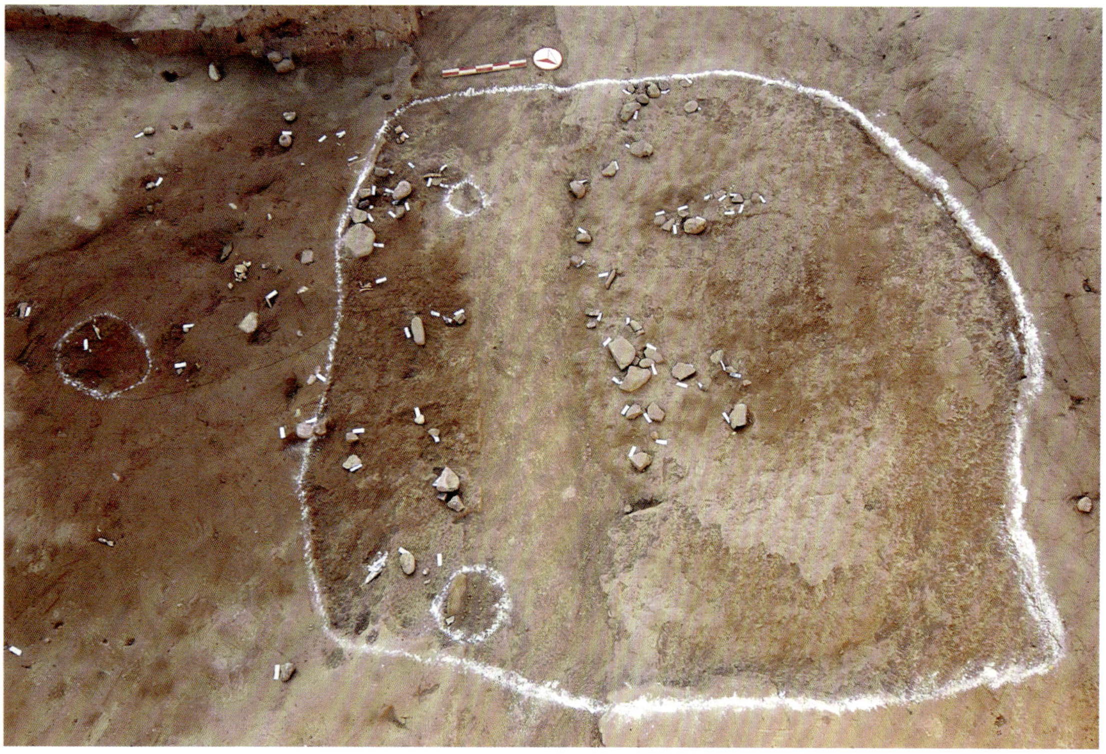

图1-28 人类活动面

迹象，遗迹之外有红烧土面（图1-28）。是否该遗迹与人类早期的居址有关，仍待进一步的论证。

东胡林遗址石器制作场平面近椭圆形，出有大量大小不等的石块、石片、石屑、半成品等（图1-29）。出土的石制品可分为打制石器、磨制石器、细石器、小石器四类。打制石器包括砍砸器、石片、刮削器等；磨制石器包括石磨盘、石磨棒、石斧（图1-30）、石锛等；细石器包括石核及石叶（图1-31）；小石器包括尖状器、雕刻器等。此外，还发现有赤铁矿颜料及石容器残件等。所用石料多取自河滩砾石，质地有凝灰岩、砂岩、脉石英、燧石等。

东胡林遗址出土的陶器多为器物腹片及底片，亦有少量口沿残片，共计60余片。陶片多为红、褐色，因烧制火候不高，大多数颜色斑驳，均为夹砂陶，有夹粗砂和夹细砂之分，而以夹粗砂者占多数。这些陶片质地疏松，火候不均。有的外表红褐色，内壁则为黑色。器表多为素面，少数饰有附加堆纹、压印纹。从陶片的断面看，有泥条盘筑法和泥片贴筑法。从器形看，一般为平底器，未见圜底器，主要有盆（盂）、罐等（图1-32）。

东胡林遗址出土的骨制品有锥、尖状器、笄等，出土的骨梗石刃器和骨鱼鳔十分精美（图1-33），皆用动物肢骨制成。

另外还有一些蚌制品，主要是用蚌壳或螺壳制作的装饰品，一般在一端或两端穿孔，可供系挂。

东胡林遗址出土的动物骨骼数量较多，多为鹿类动物的肢骨及颚骨、牙齿等，还发现有猪骨、大型禽类骨骼等，表明当时人类食物的来源以狩猎为主。

目前在华北地区已发现的年代在距今12000～9000年间的新石器早期遗址除东胡林遗址外，还有河北徐水南庄头、阳原于家沟、北京门头沟东胡林、怀柔转年、山西吉县柿子滩等遗址，而只有东胡林遗址是唯一的一处既有石器、陶器等文化遗物，同时又发现有烧火遗迹及墓葬的新石器早期遗址。

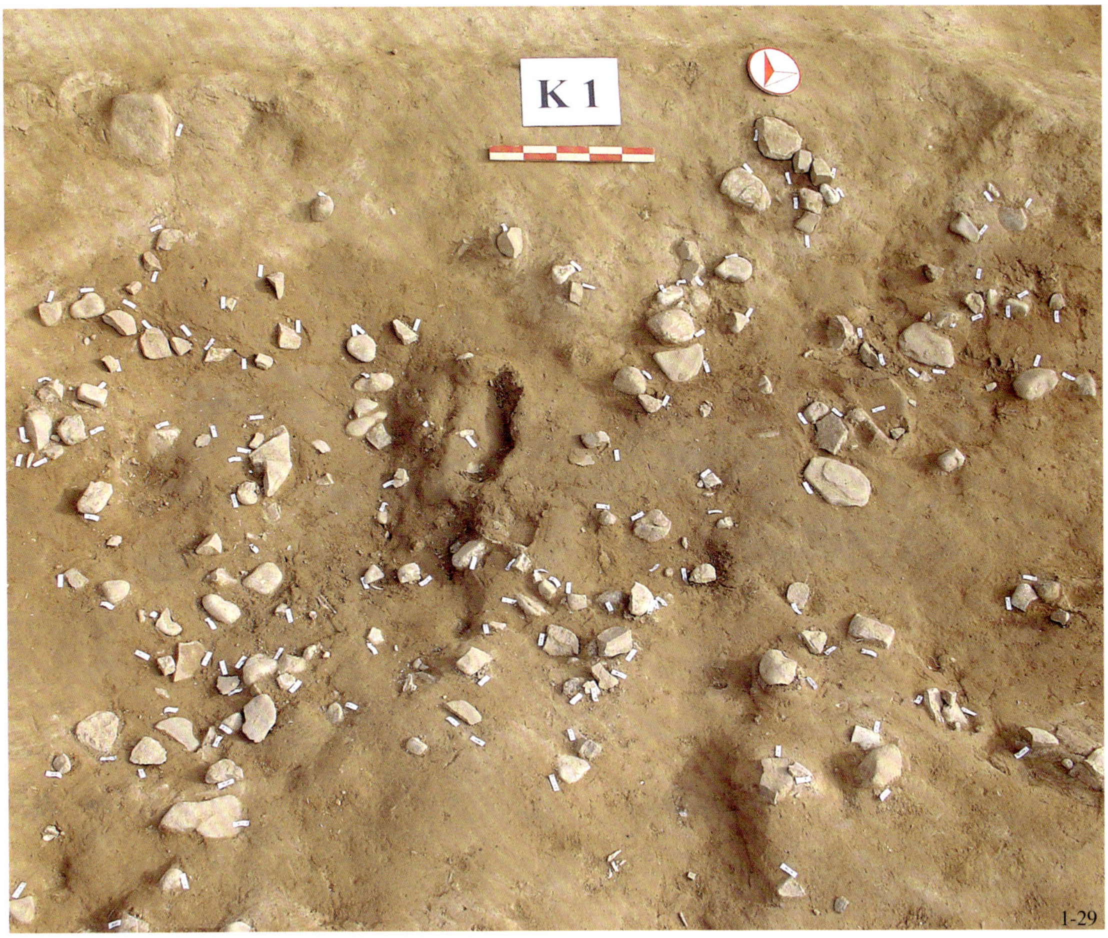

图1-29 石器制作场

图1-30 东胡林遗址出土石斧

图1-31 东胡林遗址出土细石叶

图1-32 东胡林遗址出土陶器

图1-33 东胡林遗址出土骨鱼鳔

东胡林墓葬的发现对于研究中国新石器时代早期人类及其文化有十分重要的意义。东胡林人将他们的遗骸掩埋在黄土台地上，这个变化说明当时的人们可能已离弃世代居住的岩洞，开始在河畔的台地上开辟新的劳动和生活区域。不仅如此，这里发现的保存完好的古人类遗骸，填补了自山顶洞人、田园洞人以来，北京地区人类发展史的一段空白。为了解全新世以来人类的发展与演化，特别是1万年前后正处于晚期智人向现代人演变进程中的古人类活动提供了科学的依据，对于认识新石器时代早期人类的古人类体质人类学、食物结构及谱系有重要的科学价值。

东胡林遗址发掘中揭露的自更新世晚期以来的连续地层堆积厚达2米，包括了从更新世晚期至全新世中期的多层堆积，既有古代人类活动的文化堆积，又有因风沙、水流影响形成的自然堆积，对于研究北京乃至华北地区晚更新世以来的环境变迁以及人地关系具有十分重要的意义，为这一领域的研究提供了十分重要的实物资料。

从东胡林遗址地层和遗迹中发掘和浮选出的丰富的动植物遗存，对于研究中国北方地区粟类旱地农业起源、家畜起源以及农业变迁等许多方面提供了十分丰富的科学资料。韩建业先生就曾提出，北京有可能是东北亚地区最早产生农业的地区之一[1]。据谢飞先生的研究，华北地区旧、新石器过渡进程中存在着两种模式。一种是由旧石器时代晚期细石器工业过渡为新石器文化，另一种是由旧石器时代晚期小石器工业转变为新石器文化[2]。东胡林遗址报告尚未发表，不了解细、小石器的比重关系。仅据笔者发掘的经验看，细石器的比重要大于小石器。是否可将其归为第一种模式或是代表了一种细、小石器并存的新模式，有待于以后资料的正式刊布。

2. 转年遗址

转年遗址位于北京市怀柔区宝山寺乡转年村西，白河西岸的二级阶地上，周围地貌为山谷盆地。遗址原文化堆积厚达3～4米，在正式发掘前遗址上部1～2米已遭破坏。遗址自上而下分为4层，第4层为新石器时代堆积（图1-34）。

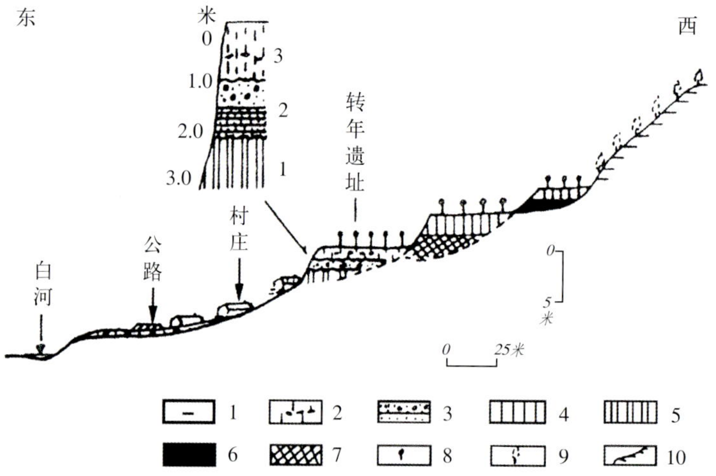

图1-34 转年遗址剖面图

1. 黏砂土 2. 含新石器早期文化遗存的灰黑色黏砂土 3. 沙砾
4. 马兰期黄土 5. 离石黄土 6. 黑色黏砂土 7. 第一层埋藏土
8. 果树 9. 灌木 10. 基岩

1 韩建业：《试论北京地区的新石器时代文化》，《文物春秋》2007年5期。

2 谢飞：《从环渤海地域旧石器文化的发展进程看新石器文化的诞生》，宿白主编：《苏秉琦与当代中国考古学》，科学出版社，2001年。

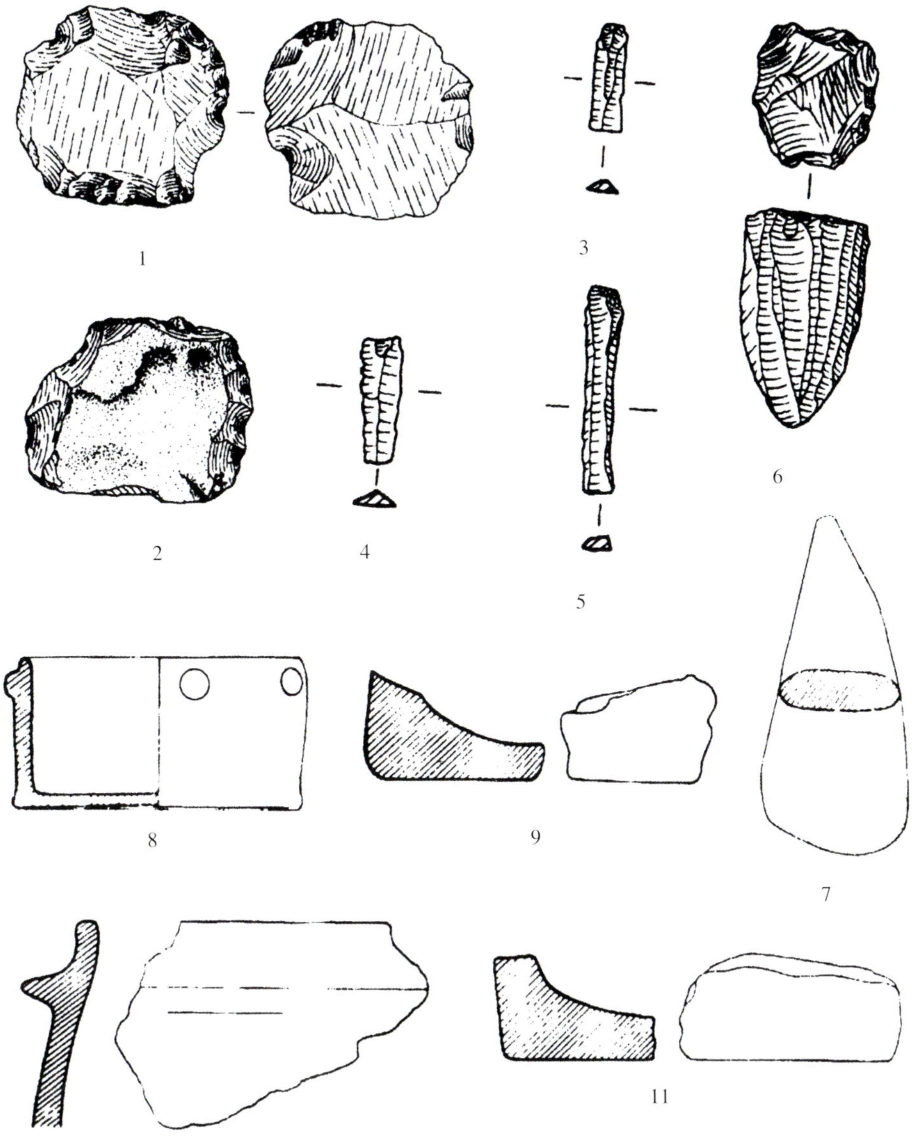

图1-35 转年遗址出土器物

1. 盘状器(INO61)　2. 砍砸器 (INO69)　3~5. 细石叶 (92449、92450、92451)
6. 锥形石核(IN92446)　7. 小石斧　8. 陶盂　9、11. 陶器残底　10. 残陶罐

该遗址是北京市文物研究所和中国科学院古脊椎动物与古人类研究所联合组成的考古队，在1992年北京地区史前考古调查中发现的。1992、1995、1996年对该遗址进行了3次发掘[1]。揭露面积达500平方米，获得石器、陶器等大量遗物（图1-35）。据已公布的^{14}C测年数据，一为距今9200余年，一为距今9800余年。

在遗址的地层中发现一处分布着大量石屑、石核、石片而缺乏成型石器的场所，推测很可能是石器加工场遗迹所在。再加之出土有石磨盘、石磨棒，有些陶器内壁有残留的炭痕，可将此遗址视为古人生活的场所。

1　郁金城等：《北京转年新石器时代早期遗址的发现》，《北京文博》1998年第3期；李超荣等：《北京地区旧石器考古新进展》，《人类学学报》1998年17卷2期；郁金城：《从北京转年遗址的发现看我国华北地区新石器时代早期文化的特征》，北京市文物研究所：《北京文物与考古》（第5辑），北京燕山出版社，2002年。

据郁金城、李超荣等先生的统计，出土的石制品达18000余件，占绝对数量。包括有打制石器、细石器（图1-36）、磨制石器（图1-37）等，缺乏骨、角质类工具。

打制石器有石核、石片、刮削器、尖状器和砍砸器等。细石器甚为发达，有柱形细石核、锥形石核、细石叶、刮削器、雕刻器等，还有琢制的石磨盘、磨棒、小石斧、石锛、石容器等。

值得一提的是转年遗址出土了2个钵状石容器，其中一个还附有绳索状纹饰，令人感到十分精彩。在石容器残片上，有明显的划断磨痕。佟柱臣先生曾指出，划断痕迹的出现，表明这一时期制作石器已懂得使用划断工艺破料，是旧石器时代晚期不曾见到的石器工艺[1]，这代表了一种技术上的进步。石容器的出现应在陶器之后，是对遗址中既有陶器一种

1-36

1-37

图1-36 转年遗址细石器

图1-37 转年遗址磨制石器

1 参见佟柱臣：《中国新石器研究》，巴蜀书社，1998年。

图1-38 转年遗址出土的陶器

仿制，同时也代表了北方“筒形罐”地区的一种文化特质[1]。

陶器的种类较简单，发现有筒形罐、乳凸盂等残片约90片（图1-38）。陶质以夹砂褐陶为主，火候不均，质地疏松，硬度较低。陶胎中惨有大量石英颗粒，胎壁厚0.7～1.6厘米。陶片颜色不均，部分胎心呈黑色。很多陶片外表灰褐色，内壁红褐色或褐色。有的外表褐色，内壁黑色并有炭痕。陶片内表粗糙，外表稍经打磨。除个别陶片施附加堆纹外，均为素面陶。从陶片断面观察，有的陶器可以看出是片状贴筑所制。个别陶片所夹的大砂粒几乎与陶片厚度相等，可能是直接捏成的。

转年遗址的遗物以细石器为主，属典型细石器工艺传统，谢飞先生将其归为北京地区由旧石器时代末期向新石器时代文化过渡的细石叶模式[2]。

东胡林遗址与转年遗址出土的遗物十分相似，属北方地区的平底罐、直腹盂系统，与北福地一期磁山文化具有较多的相似性。根据测年数据，东胡林与转年遗址的年代要早于北福地一期磁山文化，故张弛先生将东胡林与转年遗址所反映出的考古文化现象视为北福地一期磁山文化的源头[3]是有理由的。

从陶器的器形、陶质、纹饰、制作工艺等方面观察，东胡林、转年等遗址的陶器已不是制陶术发明最初阶段的产品，而是古代先民经过相当长时间的制陶实践后的产物。因此，寻找北京乃至华北地区更早期的陶器，探索这一地区早期陶器的起源与发展是今后田野考古工作的一项重要任务。

二、新石器时代中期

北京地区属于新石器时代中期的考古发现有平谷上宅遗址一期遗存、北埝头遗址、房山镇江营一期文化，绝对年代为距今9000～7000年前。

在这一时期，逐渐形成了永定河以北的筒形罐文化系统和永定河以南的圜底釜文化系统共存的局面，两支文化系统各安其境。北京地区实际上成为连接北方地区和黄河流域的纽带。

1.上宅一期遗存

上宅遗址位于平谷县城东北17公里处，金海湖镇上宅村西北，处于泃河旁的二级台地上。该遗址所在的台地由第四纪冲积相物质组成，台地下部为中更新世堆积物，上部为晚更新世黄土堆积[4]。遗址海拔100米，高出泃河河床10～13米，北依燕山条脉。西侧为田野丘

1 郭京宁：《略论中国史前的石容器》，北京大学考古文博学院：《考古学研究》（七），科学出版社，2008年。
2 谢飞：《从环渤海地域旧石器文化的发展进程看新石器文化的诞生》，宿白主编：《苏秉琦与当代中国考古学》，科学出版社，2001年。
3 参见张弛：《〈北福地——易水流域史前遗址〉评介》，《文物》2008年6期。
4 侯仁之主编：《北京历史地图集（第二集）》，北京出版社，1997年。

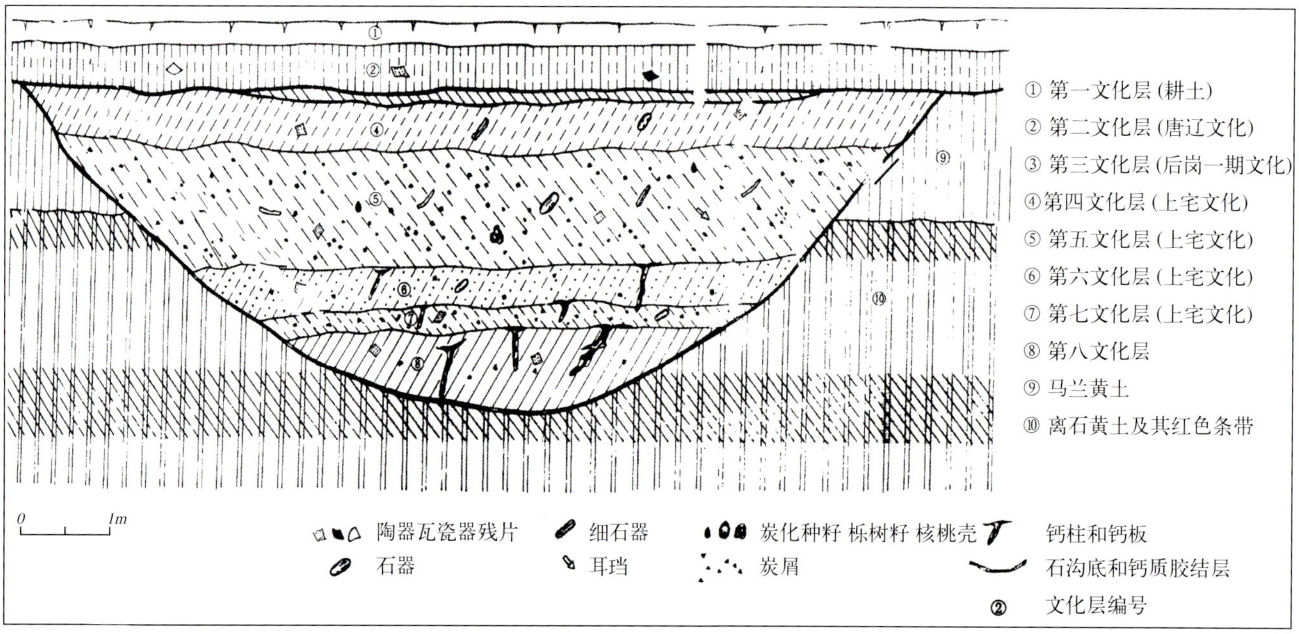

图1-39 上宅遗址灰沟剖面

陵，滑子村坐落于山坳之中，再向西是凤凰山和老虎山。从滑子村北涌出一股山泉，经西山东侧南下与台地西侧穿村而来的小河汇于老虎山下，向西南注入泃河。遗址西端为村砖厂，由于长年取土烧砖加上村民建房，已将遗址西南部严重破坏。

1984年北京市在进行第二次文物普查时，发现了这一遗址，引起了各级领导和专家学者的极大关注。1985年由北京市文物研究所和平谷县文管所组成考古队，对遗址进行了正式发掘。至1988年底发掘结束，总发掘面积2860平方米，其中新石器时代文化堆积较好的约700平方米[1]，遗址东西残长约120米，南北宽60米，面积约7800平方米。地表之上，陶片和石器俯拾皆是。

据发掘者赵福生、郁金城等人的介绍，遗址自上而下可分为8层，①～②层出汉代瓦片、明代瓷片等，为晚期地层；③～⑧层为新石器时代文化层，主要遗迹为灰沟1条（图1-39），出土陶、石器共5000余件。其中，新石器时代的遗存可分为三期[2]。

上宅遗址第⑧层的遗物较少，文化面貌明显与其他各层有别，归为遗址的第一期遗存。

出土陶器均为碎片，夹砂并掺拌有数量不等的滑石粉颗粒。陶片共计89片，1片为外灰内褐色，其余88片外壁均为红褐色，占总数的98.89%；内壁灰褐色65片，其厚度约占器壁厚度的二分之一，占总数的73.03%，应属烧制火候的不同所致。出土陶片均为泥片贴筑法制作。

纹饰为三段式，种类有压印弦纹、压印篦点纹、压印网纹等。陶器颈部以下附加一周圆凸状泥带，压印弦纹在口沿和泥带之间；压印篦点纹施于圆凸泥带之上，横向排列，数排

1 郁金城、郭京宁：《上宅遗址的发掘及上宅文化的若干问题》，中国殷商文化学会编：《北京平谷与华夏文明：国际学术研讨会论文集(2005)》，社会科学文献出版社，2006年。

2 北京市文物研究所等：《北京平谷上宅新石器时代遗址发掘简报》，《文物》1989年8期。

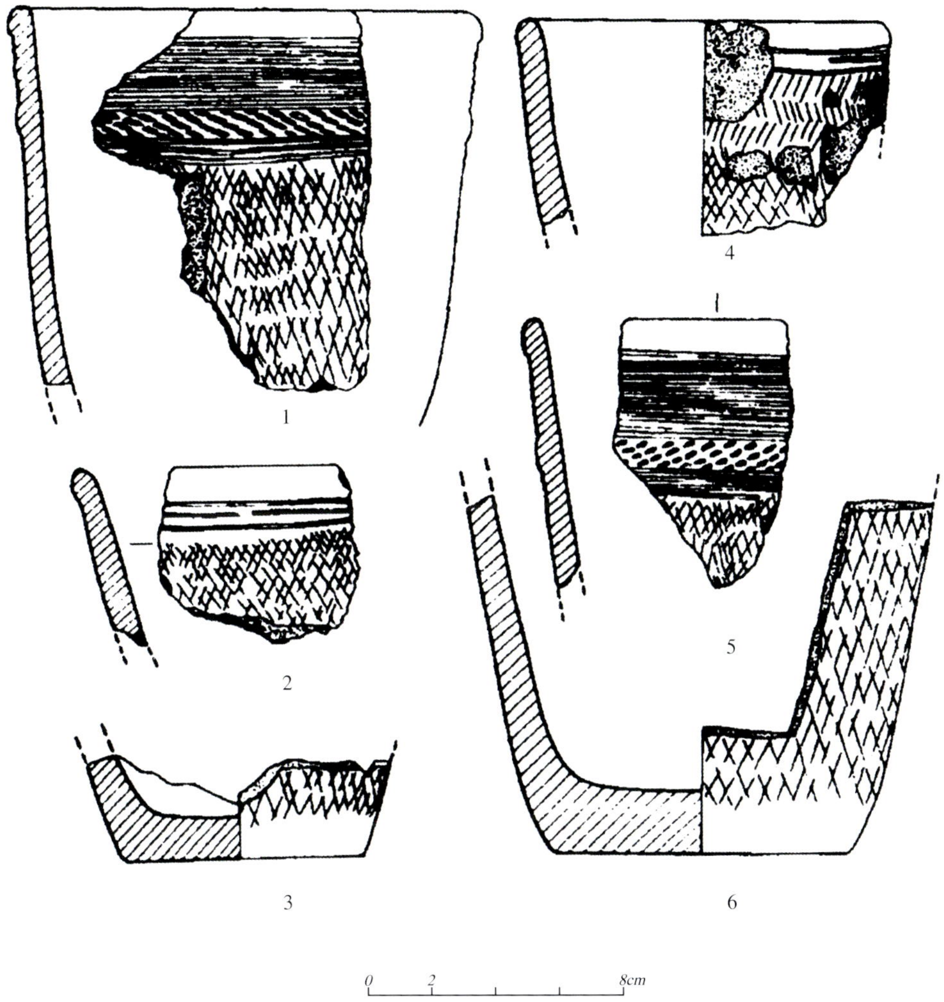

图1-40 上宅遗址第⑧层陶器

不等；压印网纹施于圆凸泥带以下，接近器底处无纹饰。其中1片施以横向人字形压划纹。出土陶片器类为罐，其中腹片61片，占总数的68.54%，口沿15片，占总数的16.85%，底13片，占总数的14.61%（图1-40）。

从上宅遗址第一期遗存面貌上看，与北方的兴隆洼文化相近[1]。

2. 北埝头遗址

北埝头遗址位于平谷县城西北7.5公里的大兴庄乡北埝头村西台地上，自北部山区流出的错河从村北流过。遗址坐落在错河南岸的台地上，高出河床约7米，现存面积约6000平方米。1984年，北京市文物工作队和平谷县文物管理所对遗址进行了发掘[2]。

1　参见中国社会科学院考古研究所内蒙古工作队：《内蒙古敖汉旗兴隆洼遗址发掘简报》，《考古》1985年10期。

2　北京市文物研究所、北京市平谷县文物管理所：《北京平谷北埝头新石器时代遗址的调查与发掘》，《文物》1989年8期。

图1-41 北埝头遗址房址分布图

图1-42 北埝头遗址F2平、剖面图

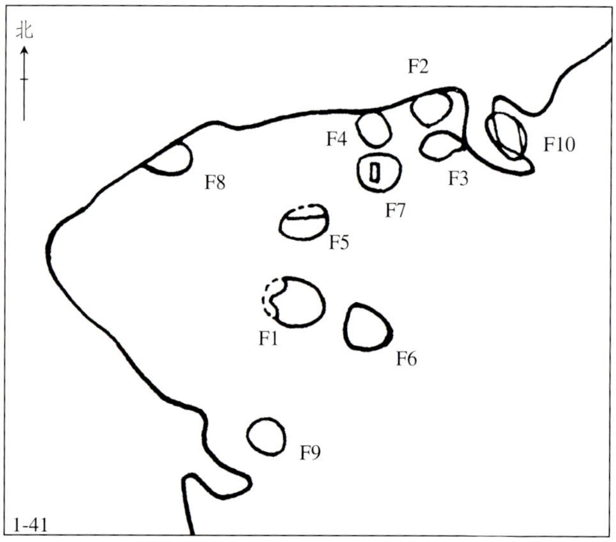

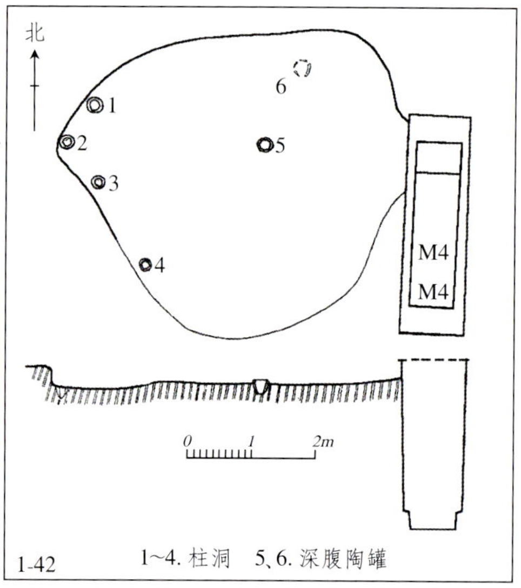

在新石器时代文化层开口下发现半地穴式房址10座（图1-41）。平面呈不规则的椭圆形，长径在4米以上，室内无明显门道。居住面中部埋有一、二件深腹罐，罐内存有灰烬和木炭，靠墙的地面上发现较多的陶、石器。

以F2为例，平面近似椭圆形，东西直径5.6、南北直径4.6米。房址内壁残存深度5～30厘米。居住地面经火烘烤，表面是一层厚5～6厘米的红烧土。由于火候不高，烘烤不均匀，地面颜色斑驳，有的地方红褐，有的地方灰黄，硬度也不相同。室内地面西北部略低于东南。在东壁中部有一个向外延伸的缺口，宽1米，推测是门道的位置。门道以东被1座西汉土坑墓打破。在房址内靠近南壁附近的地面上发现4个柱穴遗迹。北面3个，间距50～60厘米。柱穴均为圆形，大小基本相同，直径22～24、深18～20厘米。穴内残存朽木灰痕，直径12～14厘米。室内填土较硬，含红烧土颗粒。木柱埋入以后又填土夯实。在室内地面的中部偏东位置，埋1件大口深腹陶罐，罐口露出地面6厘米。在房址东北角还埋1件陶罐。两罐内存较多的木炭渣和灰烬土。在陶罐周围的地面上发现较多的红烧土碎块和木炭渣。在居址内的堆积层下及周围的地面上散见许多陶器残片和石器（图1-42）。

总体说来，这批居住房址的分布比较密集，单体房屋的面积也比较大，室内地面经过烘烤，每座房址都埋有保存火种的陶罐，从发现的几个柱洞的位置看，可以推测当时的房屋是一种篱笆墙式的半地穴建筑。

主要遗物为陶器和石器。陶器可辨器形者有93件，但完整器不多。陶质以夹砂为多，泥质陶很少，夹砂陶一般都掺滑石粉。陶色多褐色及红褐色。由于火候不均，同一个体上往往有不同颜色。少量泥质陶为橘红色。陶器全部手制，以泥条盘筑为主。陶胎较为厚重，厚薄均匀。特别是羼滑石粉的器物，内壁及底部都压磨平滑。陶器上为缀合裂隙而钻孔的现象较为普遍，钻孔皆外大内小。纹饰以压印的之字纹数量最多，其次为划纹、刮条纹、篦点纹等，素面陶较少。器类中常见中大口深腹陶罐（图1-43）、圈足碗、鸟首镂空支座（图1-44）、圆陶饼等。

石器计73件，细石器约占到三分之一，由硬度较高的燧石石料打制而成，采用直接或间接打击，有一些石器的刃部经过二次加工。器形有石镞、石刀、尖状器、刮削器等。大型石

1-43

1-44

图1-43 北埝头大口深腹之字纹罐

图1-44 北埝头鸟首支座

图1-45 北埝头遗址出土陶、石器

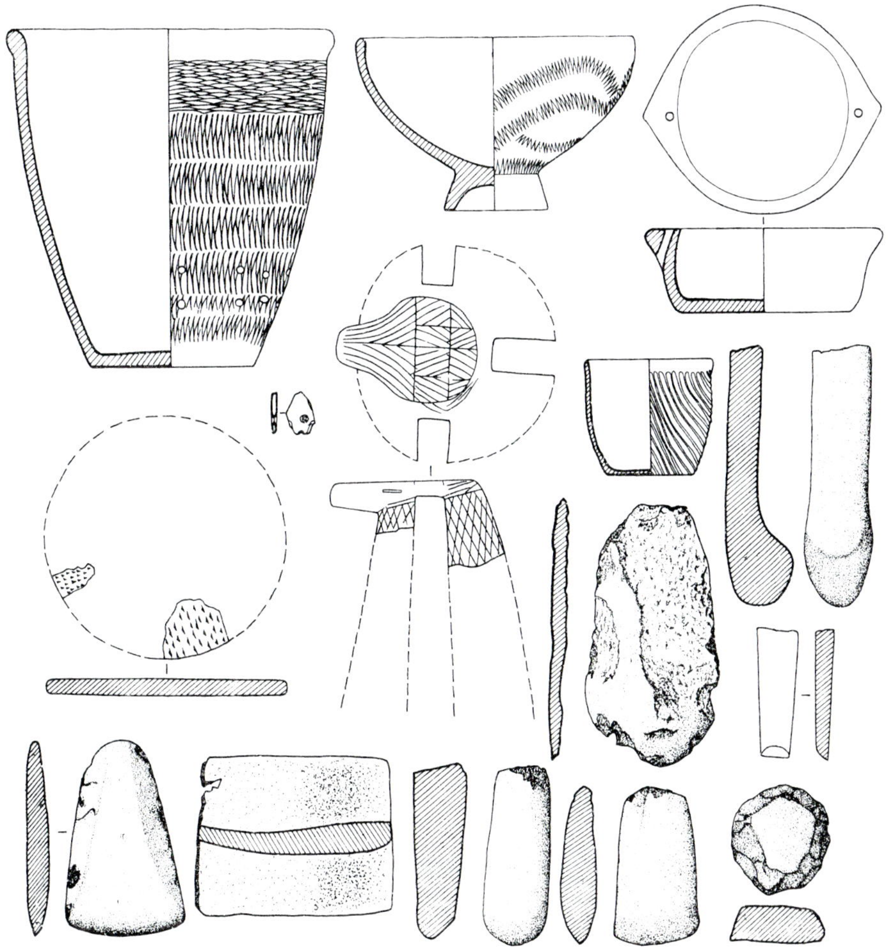

1-45

器有磨石、石斧、石铲、石磨盘、石磨棒等（图1-45）。制作方法以磨制为主，其次为打制和琢制。

北埝头遗址的这批遗存，同时具上宅遗址第一期文化与第二期文化的部分因素。如深腹罐圆唇肥厚外凸，罐身饰以纵向和横向之字纹，圈足钵身饰之字形弧线纹组成的“∽”形纹，鸟首形支座圆喙等。因此，有理由将其归于上宅第一期文化与第二期文化间的过渡阶段[1]。它应该属于兴隆洼文化的较晚阶段。

3. 镇江营一期文化

镇江营遗址位于北京市房山区南尚乐乡镇江营村东北，北拒马河西岸。1986年起，北京市文物研究所对北京境内的拒马河流域进行调查，确定了镇江营新石器时代遗址[2]。同年起，北京市文物研究所等单位对该遗址进行了长达5年的连续发掘[3]。发掘者陈光、王清林等先生将遗址中属新石器时代的遗存分为四期，跨越从新石器中晚期至铜石并用时代晚期，发展序列较为完整。镇江营一期文化即是以新石器时代最下层堆积命名的，被叠压在后冈一期文化（镇江营新石器第二期遗存）下。

镇江营一期遗迹包括房址、灶址、灰坑、灰沟等。房址（F9）为不规则形，南北向最大残径长约240厘米，东西向宽320～360厘米。结构为半地穴式。房内垫土为红花土，厚25厘米，质地坚硬。室内有2处表面平坦的红烧土面，1处为居住面，1处为堆火处。发现有4个柱洞，集中在房址中部和东部。柱洞内堆积为灰土，剖面为直壁平底；灶址发现3个，未出土遗物。其中1个两边置两排石头；灰坑平面分为不规则形、椭圆形、圆形等；剖面分为筒形、锅底形等，有不少是大灰坑。以H321为例，平面近圆形，直径320厘米，剖面筒形，深200厘米。坑内堆积为含大量细沙的浅灰土、黄色淤土和木炭的黄灰土，质地坚硬；灰沟（G3）1条，略呈西北—东南向，残长约730、宽50～80厘米，剖面斜壁平底，深约90厘米。

镇江营一期的遗物包括有陶器、石器、角骨器等。陶器中以夹云母红陶和泥质红陶两大系为主，有少量的夹砂褐陶。陶色以红色为主，多不纯，有灰、黑斑块。陶器以素面为主，个别器表局部有锥刺纹和划纹。器物制作因器形、陶质不同而有异，但多采用泥片捏筑的方式成形，器表经过刮抹、打磨。器型以圜底器为主，釜、钵（图1-46）、罐（图1-47）、支脚（图1-48）等较常见，其次有盆（图1-49）、壶、器盖（图1-50）、人面形陶片（图1-51）、网坠（图1-52）等（图1-53）。陶器烧成温度低，胎壁厚薄不均。

大量使用打制的石片石器，有砍砸器、斧（图1-54）、磨盘、磨棒等，细石器、磨制石器较少。

图1-46-1 镇江营一期夹云母带把钵

图1-46-2 镇江营一期夹云母三足钵

1 参见郁金城、郭京宁：《上宅遗址的发掘及上宅文化的若干问题》，中国殷商文化学会编：《北京平谷与华夏文明：国际学术研讨会论文集(2005)》，社会科学文献出版社，2006年。

2 北京市文物研究所：《北京市拒马河流域的考古调查》，《考古》1989年3期。

3 北京市文物研究所：《镇江营与塔照——拒马河流域先秦考古文化的类型与谱系》，中国大百科全书出版社，1999年。以下凡镇江营遗址的资料均引自此书，不另注。

1-46-3

1-47

1-48

1-49-1

1-49-2

1-50

1-51

图1-46-3 镇江营一期泥质红陶钵

图1-47 镇江营一期小口双耳夹云母陶罐

图1-48 镇江营一期陶支脚、釜

图1-49-1 镇江营一期圜底盆

图1-49-2 镇江营一期圈足盆

图1-50 镇江营一期夹云母陶器盖

图1-51 镇江营一期人面形陶片

图1-52 镇江营一期陶网坠

图1-53 镇江营一期陶器图

1-52

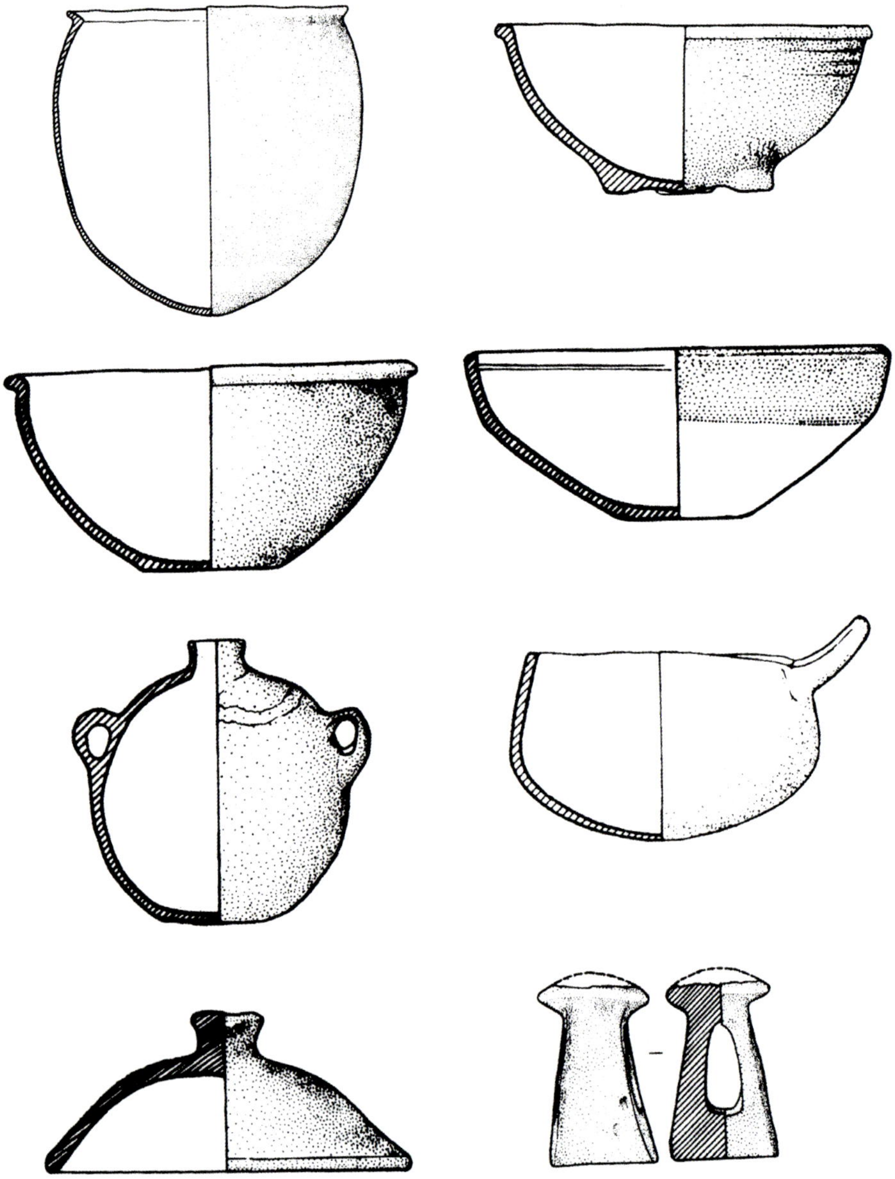
1-53

1-54

1-55

图1-54 镇江营一期石斧

图1-55 镇江营一期骨锥

图1-56 镇江营一期石、骨、角器

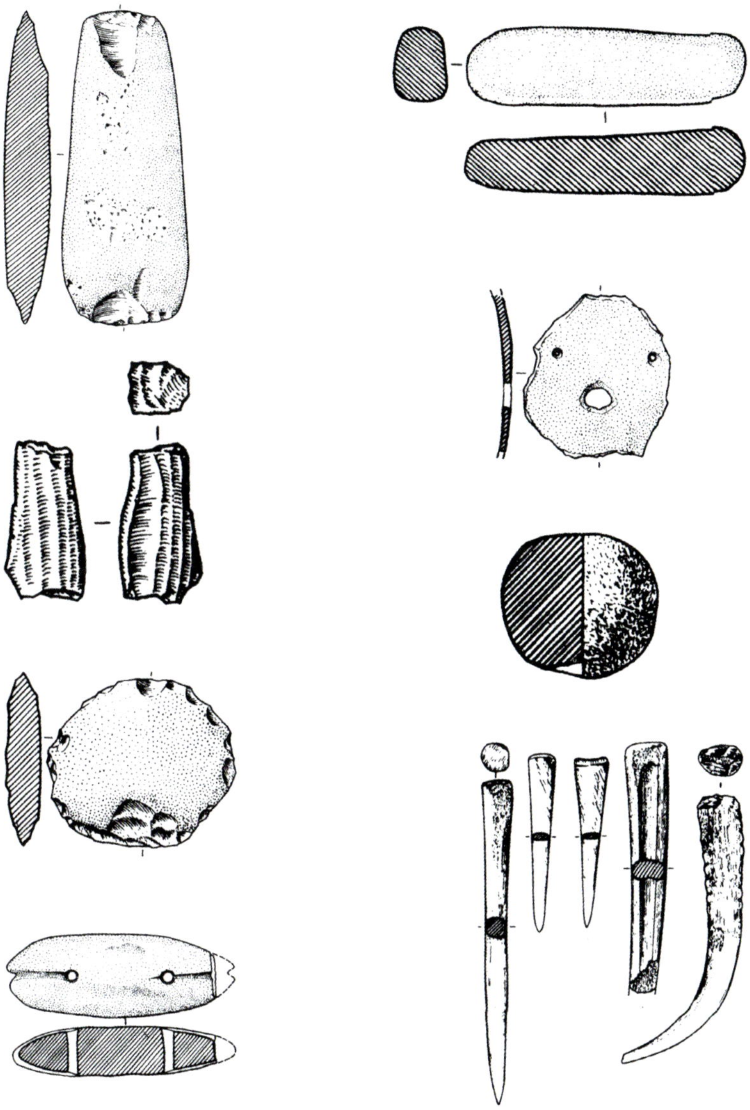

1-56

骨角器发现有角锥、骨锥（图1-55）等（图1-56），系用动物角或肢骨磨制而成。

据新石器一期遗存层位关系提供的相对早晚关系，结合器物的类型学分析，可以将一期的遗迹单位归为6个年代组。第1组以H1129为代表，第2组以H1095、H1096为代表，这两组器类较为简单，主体为釜与支脚的组合，因而归为一段，是文化的产生阶段。第3组以H321、H1067为代表，新出现鼎和盂，划为一段；第4组以H1074为代表，变化较小，归为一段，这两段是文化的兴盛阶段。第5组以H536、1065为代表，第6组以H422、H1339为代表，这两组主要器物变化不大，前4组流行的器形从数量上变少，因而划为一段，是文化衰落阶段。进而可以将这四个阶段分为早、中、晚三期。第一段为早期，第二段为中期早段，第三段为中期晚段，第四段为晚期。组、段、期的关系可归纳如下（表1-3）。

表1-3　镇江营新石器第一期遗存分期表

<table>
<tr><th colspan="2">期</th><th>段</th><th>组</th><th>典型单位</th></tr>
<tr><td colspan="2" rowspan="2">第一期（早期）</td><td rowspan="2">第一段</td><td>第1组</td><td>H1129</td></tr>
<tr><td>第2组</td><td>H1095、H1096</td></tr>
<tr><td rowspan="2">第二期
（中期）</td><td>（早段）</td><td>第二段</td><td>第3组</td><td>H321、H1067</td></tr>
<tr><td>（晚期）</td><td>第三段</td><td>第4组</td><td>H1074</td></tr>
<tr><td colspan="2" rowspan="2">第三期（晚期）</td><td rowspan="2">第四段</td><td>第5组</td><td>H536、H1065</td></tr>
<tr><td>第6组</td><td>H422、H1339</td></tr>
</table>

镇江营新石器第一期文化可视为北京西南地区新石器中期文化的代表。在已区分的早、中、晚三期中，中期的遗迹、遗物非常丰富，表明其繁荣期当在中期。

镇江营一期文化的内涵与河北易县北福地第二期文化有相似性[1]，因而段宏振等先生将其称为“北福地文化”[2]。

从渊源看，发掘者认为镇江营一期文化可能由徐水南庄头遗址的早期遗存发展而来。实际上，镇江营一期文化的主要器类陶釜，同东方地区北辛文化早期同类器十分接近，北辛文化的前身后李文化的特色即是陶釜。因而戴向明先生提出镇江营一期文化是北辛文化北向冲击扩展形成的[3]。韩建业先生则认为，镇江营一期文化的前身并不单纯，是北辛文化北上后融合磁山文化的产物[4]。

从流向看，新石器时代文化势力大盛的后岗一期文化的前身很可能就是镇江营一期文化。

镇江营一期文化公布的测年数据为距今9000多年，因而发掘者一直将其置于新石器早期的编年框架。但这一测年数据的结果明显偏早，对镇江营一期文化的年代认识是随着易县北福地遗址的发掘明晰起来的。

在易县北福地遗址2003～2004年的发掘中，发现相当于磁山文化的“北福地一期”，比相当于镇江营一期的“北福地二期”要早，从层位上确定了这两种遗存的年代关系。

上宅一期属兴隆洼文化，兴隆洼文化与磁山文化的年代基本相当，而相当于镇江营一期的北福地二期又比磁山文化北福地一期要晚，因而，镇江营一期的年代肯定晚于上宅一期，属新石器中期偏晚或新石器中、晚期之交。北福地一期所测得的4个^{14}C测年数据在距今8000～7000年间，由之推断，镇江营一期的年代在距今7000年前后。

1　参见河北省文物研究所：《北福地——易水流域史前遗址》，文物出版社，2007年。
2　参见文物出版社编：《新中国考古五十年》，文物出版社，1999年。
3　戴向明：《黄河流域新石器时代文化格局之演变》，《考古学报》1998年4期。
4　韩建业：《试论北京地区的新石器时代文化》，《文物春秋》2007年5期。

三、新石器时代晚期

北京地区属新石器时代晚期的代表文化遗存有上宅遗址第二、三期文化、镇江营新石器第二期，密云燕落寨等，绝对年代在距今7000～5000年以前。

这些遗存也有早晚的区分，上宅二期是筒形罐系统的延续，出现较早；镇江营二期是圜底釜系统的孑遗，次后出现；上宅三期和燕落寨时代最晚。

1. 上宅遗址第二期遗存

上宅遗址第二期遗存包括遗址的④～⑦层，所谓的“上宅文化”即是专指此类遗存。此期又可分为早、晚两个阶段。第⑥、⑦为早段，第④、⑤为晚段。

陶器以夹砂和夹滑石的红褐陶为主；泥质陶在晚段比重有所增加，还出现了细砂和细泥陶。陶器的制法主要为泥条盘筑或泥片贴筑。器壁厚而火候低，颜色不均，以红褐、灰褐为主。器表多饰抹压、刮条、压印“之”字、篦点、麻点等纹饰；晚段划纹的比重上升，且形式多样（图1-57）。

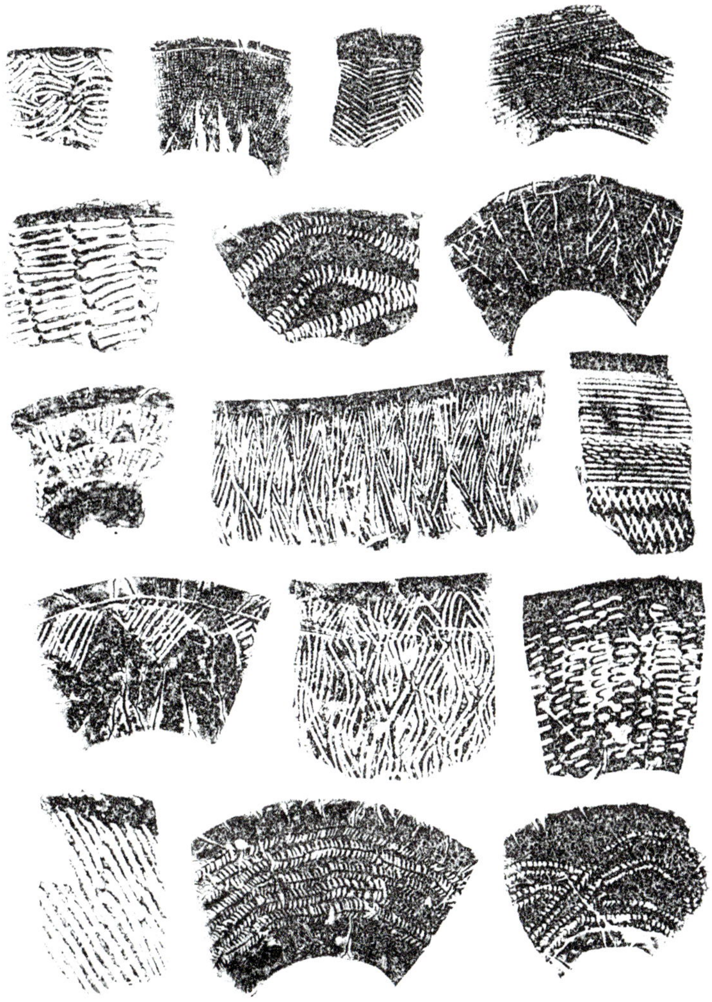

图1-57 上宅遗址陶器纹饰

器型以大口深腹罐（图1-58）、平底钵（图1-59）、圈足钵（图1-60）、盆、钵、鸟首形镂孔器（图1-61）为主，还出有猪头（图1-62）、羊头、海马、石猴（图1-63）、石龟（图1-64）、耳珰形器（图1-65）等小饰品（图1-66）。

石器数量众多，分为打制、琢制、磨制的大型石器和细石器。大型石器以盘状器和单面起脊的斧状器为主（图1-67），其次有凿（图1-68）、铲、磨盘和磨棒（图1-69）、球等。细石器为多为细石叶、石镞、尖状器、复合石刃器（图1-70）等（图1-71）。

1-58

1-59-1

1-59-2

1-59-3

1-59-4

1-59-5

图1-58 上宅二期深腹夹砂抹条纹罐

图1-59-1 上宅二期深腹平底钵

图1-59-2 上宅二期深腹平底钵

图1-59-3 上宅二期深腹平底钵

图1-59-4 上宅二期深腹平底钵

图1-59-5 上宅二期浅腹平底钵

1-60

1-61

1-62

图1-60 上宅二期陶圈足钵

图1-61 上宅二期鸟首镂孔器

图1-62 上宅二期陶猪头

图1-63 上宅二期石猴

图1-64 上宅二期石龟

图1-65 上宅二期石耳珰

1-63

1-64

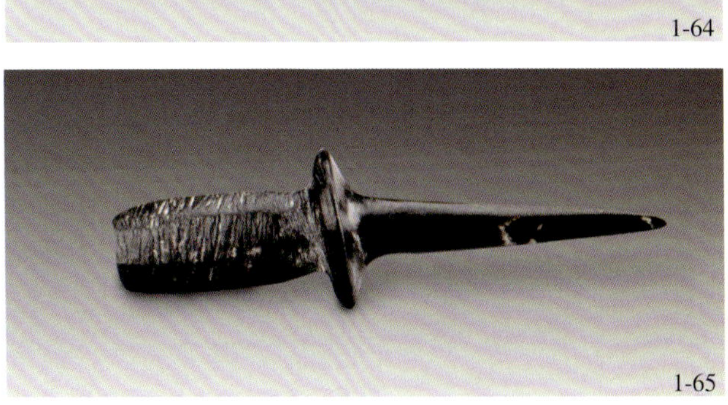

1-65

图1-66 上宅第二期出土陶器

图1-67-1 上宅二期石斧

图1-67-2 上宅二期石斧和磨石

图1-68 上宅二期石凿

图1-69-1 上宅二期石磨盘、棒

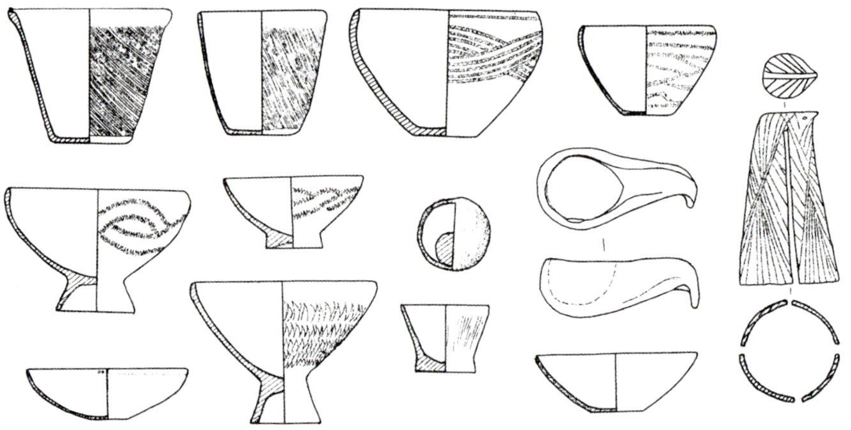

1-66

1-67-1

1-67-2

1-68

1-69-1

1-69-2

1-70

图1-69-2 上宅二期石磨盘、棒

图1-70 上宅二期复合石刃器

图1-71 上宅第二期出土石器图

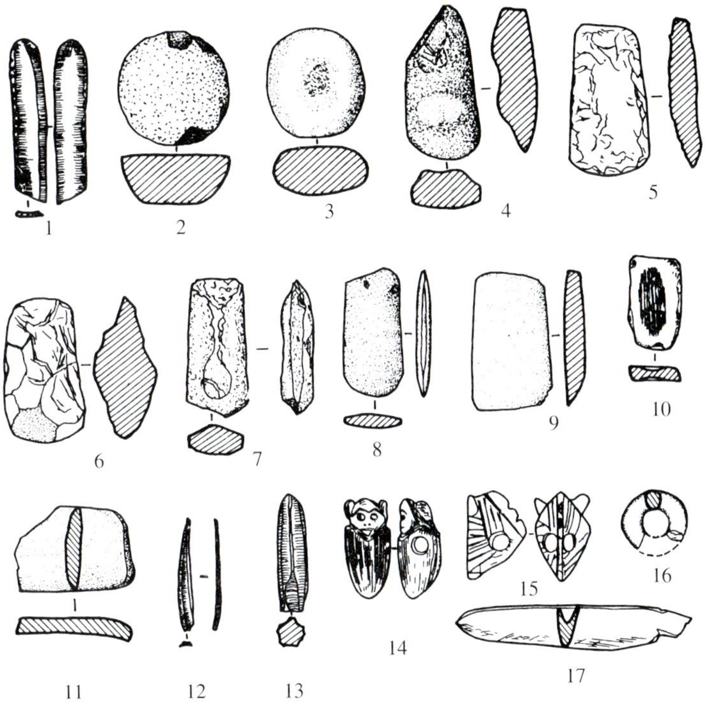

1. 柳叶形细石器　2. 盘状磨石　3.砧　4、5、8. 斧　6. 楔
7. 砍砸器　9. 铲　10. 磨石　11. 磨盘　12. 尖状器
13. 石核　14. 猴形坠　15. 鹗形坠　16. 环　17. 刀柄

1-71

上宅遗址位于泃河旁的一处开阔台地上，事实上，其全部遗存都在这台地的灰沟内，从中看不出灰沟与当时人们所从事的生产和日常起居生活有什么直接的联系。沟内遗物中除含有大量日用陶器外，还以一些做成动物形象的陶、石制品称奇。如陶镂空鸟首支脚，与沈阳新乐下层文化中所出的同类器一致，被认为是祭祀用的特殊器物。其余动物形象的工艺品则都比较小，一般不超过5厘米，如石羊头、陶羊头、陶猪头、双头蛇等。其中一些石制品又都具有一个用作拴绳的穿孔，可知它们是挂在人身某个部位的装饰物，属此类的计有石龟、石猴和鸟形石饰，均采用黑色石料制成。这处遗址的特殊性以及上述可能与祭祀有关的艺术品之存在，说明这里很可能是人们用来举行某种宗教仪式的场所，恐怕就是为求得大自然的庇佑和关照而举行类似“祈年”之礼的地方[1]。

1　苏秉琦主编：《中国通史》（第二卷·远古时代），上海人民出版社，1994年。

关于遗址性质的另一种可能性是：遗址中出土的石器数量众多，许多石器为半成品或没有明显的使用痕迹，因而不排除其作为石器制造场的功能。

从上宅遗址第二期文化面貌看，与燕山以北地区的赵宝沟文化具有一定的联系，如上宅文化以夹砂陶为主，圈足钵、碗、盂等为主要器形，压印纹、篦点纹等为主要纹饰的风格在赵宝沟文化中常见。

但同时，两者间也存在着一定的差异。如上宅遗址的陶器一般呈红褐色，也有灰褐、黄褐色，赵宝沟陶器的陶色多呈灰褐或黄褐；上宅的陶器多以泥条盘筑或泥片贴筑制成，赵宝沟的陶器主要是泥圈套接和包模贴筑；上宅中不见赵宝沟文化中的尊形器、椭圆底罐；陶器中少见赵宝沟典型的动物纹、布局有序的几何纹图；赵宝沟文化中少见上宅陶器中大量的刮抹条纹、盘状石器。

以上情况使得段宏振、韩建业、陈国庆等先生将上宅遗址第二期归为赵宝沟文化[1]，还有研究者把前者看成是后者的源头[2]。朱永刚先生则更进一步把上宅遗址第二期视为赵宝沟文化的“燕南类型”，属赵宝沟文化的较早阶段，反映了赵宝沟文化由南向北传播的迹象[3]。

也有苏秉琦、刘晋祥、刘化成、刘国祥等先生则认为以上宅遗址第二期为代表的燕山以南地区遗存与以赵宝沟遗址为代表的燕山以北地区遗存间文化的差异较大，应各划为单独的考古学文化[4]。

在对燕山南、北地区这两批遗存的认识上，认为属同一文化者强调的是文化面貌上的相同之处，而视为不同文化者更看重其差异。

从在文化层沉积中发现的禾谷作物的孢粉、炭化果核[5]以及出土的石、陶猪头、羊头等分析，上宅文化的原始农业已得到了初步发展。上宅文化是迄今确立的北京地区最早有原始农业萌芽的史前文化，尽管从其发展的程度看，仍存在有更早农业萌芽的迹象。农业产生的粮食便于贮存，帮助人们度过艰难环境和漫长的食物缺乏季节，因而可以养活大量的人口。同时，农业意味着把人及土地牢固地联系在一起。这是不同于狩猎—采集的全新生活方式。不仅仅是生产粮食，农业的产生还带来一系列经济、社会、文化方面的连锁反应，成为其他生活内容改变的基础——如手工业产生、聚落建立、人类社会内部组织性和管理水平加强。总之，农业的产生对人类社会的发展起到了巨大的作用。

2. 镇江营第二期遗存

在镇江营一期文化之上叠压着镇江营第二期遗存。发现的遗迹为零星的灰坑和文化层。灰坑平面分长方形和椭圆形，剖面为锅底形或筒形。例如H537平面大致呈长方形，南北长255～265厘米，东西宽170～210厘米，剖面筒形，平底，深215厘米。

出土遗物分为陶器和石器。陶器以夹云母红陶和泥质红陶为主，有较少的夹云母褐陶。夹云母陶中釜较多，鼎足数量大增。细泥红陶中红顶钵数量最多。其他的器形还有支脚（图1-72）、壶、罐等。

1 段宏振：《燕山南麓新石器时代文化初论》，《北方文物》1995年1期；韩建业：《试论北京地区的新石器时代文化》，《文物春秋》2007年5期；陈国庆：《试论赵宝沟文化》，《考古学报》2008年2期。

2 孙祖初：《东北新石器时代考古学文化的谱系研究》，北京大学考古学系博士研究生毕业论文，1995年。

3 朱永刚等：《大沁他拉陶器再认识》，内蒙古文物考古研究所：《内蒙古文物考古文集》，中国大百科全书出版社，1994年。

4 苏秉琦主编：《中国通史》（第二卷·远古时代），上海人民出版社，1994年；刘晋祥等：《燕山南北长城地带史前聚落形态的初步研究》，《文物》1997年8期；刘化成：《试论上宅文化》，《华夏考古》1999年1期；刘国祥：《关于赵宝沟文化的几个问题》，《北方文物》2000年2期。

5 周昆叔：《北京市平谷区20世纪末两件文化盛事》，北京市平谷区文化委员会编：《平谷文物志》，民族出版社，2005年。

1-72

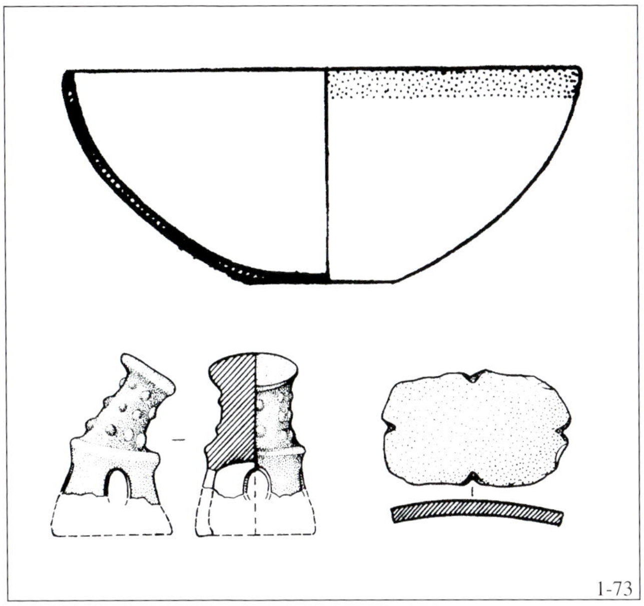
1-73

图1-72 镇江营二期陶支脚

图1-73 镇江营第二期遗存器物

图1-74 上宅第三期红陶钵

石器数量不多，有刀、斧、磨棒等（图1-73）。

据层位关系看，镇江营第二期晚于镇江营一期，而早于雪山一期文化。第二期虽仍有釜与支脚的组合，但所占比例减少近一半；同时鼎的数量增加两倍多，鼎足在侧面有竖向刻槽，呈出一种进步的文化面貌。出现了泥质内折小口壶及带勾状小纽的罐。镇江营一期上部实心、圆形顶、下部圈足直立的支脚演变为顶面倾斜、椭圆形顶。

1-74

从以上文化面貌看，镇江营二期遗存的年代与中原地区的后冈一期文化年代相当，属后冈一期文化的早期阶段。

3. 上宅遗址第三期文化

上宅遗址第三期文化出于少数探方的第③层，遗物数量不多。以细泥红陶为主，其次是夹砂褐陶和灰褐陶，还有少量的泥质灰陶。器表多为素面，纹饰有压印弦纹和划纹。典型器物是口沿外压印一周弦纹的红陶钵（图1-74）、“红顶碗”、夹砂褐陶罐等。

此类遗址与后岗一期文化、红山文化的面貌相近，故大致年代在距今6500～6000年前后。

4. 密云燕落寨

该遗址位于密云县城西南3公里河槽乡燕落寨村南的沙丘上，已严重破坏。残存堆积中含少量的陶片和石器。

陶器均手制，陶质主要分泥质红陶和夹砂褐陶两种，还有少量掺云母陶，呈红褐色，

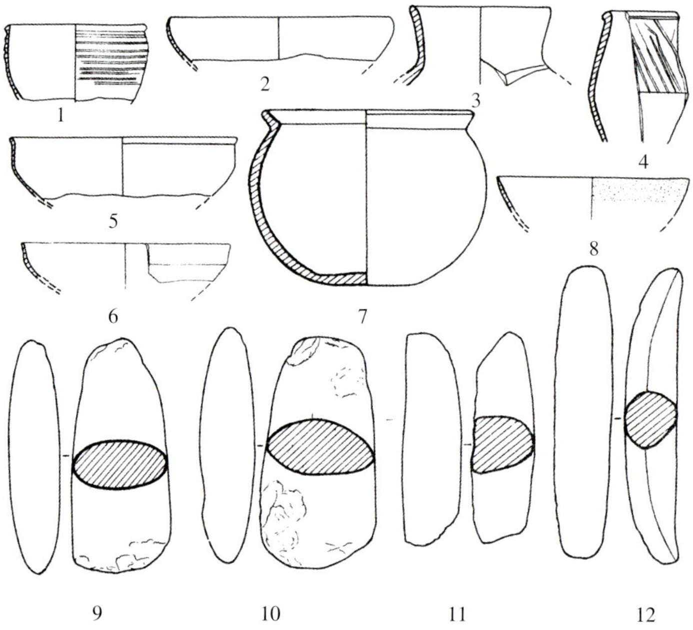

图1-75 燕落寨遗址出土陶、石器

1、4、7. 陶罐　2、6. 陶钵　3. 陶壶　5. 陶盆　8. 红顶碗　9、10. 石斧　11、12. 石磨棒

泥质灰陶极少。器表多素面，仅有少量的陶器饰划纹或压弦纹。有些陶器火候不匀，颜色斑驳。有钵、碗、壶、盆、杯等可辨器形。其中罐有直腹弦纹罐、折腹素面罐；钵有敛口、侈口之分；“红顶碗”腹微折，折腹处胎略厚。

石器主要为磨制和琢制的大型石器。其种类有弧顶弧刃石斧、楔形石斧、柱状石磨棒、月牙状石磨棒、石杵等[1]（图1-75）。

从陶、石器特征看，部分陶器如“红顶碗”、敛口钵等，与上宅第三期同类器物相当，所以该遗存的年代应与之相近。

四、铜石并用时代

据严文明先生对新石器时代的划分，新石器时代的最后一个时期为铜石并用时期，绝对年代为距今5000～4000年前。这一时期又分为早、晚两个阶段，早段的年代为距今5000～4500年；晚段为距今4500～4000年，考古年代学上习惯称之为“龙山时代”[2]。

龙山时代其他地区的考古学文化空前活跃，发现层出不穷，而北京地区在龙山时期显得相当萧条。这一情况已难以用遗址发现的随机性来解释，而是可能反映了该地区在龙山时代确实曾一度萧条[3]。

铜石并用时代早段发现的代表遗存有镇江营三期、昌平雪山一期文化、北京大学理科楼群、昌平马坊、林场等。以前三者作为这一阶段的代表。

在昌平张营遗址发现有器耳、瓮、钵等属雪山一期文化遗存的器物，尽管未见此类遗存

1　参见北京市文物研究所：《北京考古四十年》，北京燕山出版社，1990年。
2　严文明：《龙山文化和龙山时代》，《文物》1981年6期。
3　郭京宁：《燕山南麓地区新石器文化的发现与研究》，《文物春秋》2005年4期。

1-76-1

1-76-2

图1-76-1 镇江营三期大口双耳罐

图1-76-2 镇江营三期夹云母红陶深腹罐

图1-77 镇江营三期陶钵

1-77

专属的层位或遗迹单位，但亦证明该文化曾在遗址上客观存在[1]。

铜石并用时代晚段发现的遗存有雪山遗址第二期遗存、镇江营新石器遗址第四期；昌平曹碾村、燕丹村也有零星发现。以雪山二期、镇江营第四期是为其中的代表。

1. 铜石并用时代早期阶段

(1) 镇江营第三期遗存

镇江营新石器第三期遗存仅发现在镇江营台地上，从层位关系上叠压在新石器第二期遗存上。遗迹种类为灰坑，平面有不规则形、圆形、椭圆形等；剖面有锅底形、筒形等。例如H617平面圆角方形，长210、宽200厘米，剖面直壁平底，深75厘米。

出土遗物数量不多，分为陶器和石器两类。陶器多为夹云母红褐陶，其次为灰陶、褐陶，有极少的细泥红陶、灰陶和黑陶。主要的器形有罐（图1-76）、钵（图1-77）等。

石器出土数量较少，有斧、刮削器等（图1-78）。

镇江营第三期中的侈口鼓腹双耳罐、高领广肩罐、泥质红陶钵均见于雪山一期文化，年代大体与雪山一期相当。所不同的是，雪山所出的小口高领广肩罐是泥质陶，而镇江营所出者为夹云母褐陶。另有一种直口双耳罐在雪山中是不见的。这些差异应是地域类型上的。

(2) 雪山一期文化

雪山遗址位于昌平县城西4公里处的雪山村，是北京市人民政府1993年公布的第一批地下文物埋藏区。村东南为冲积平原，村北、村东有一条时令河，与虎峪沟水汇合后注入北沙河。

1961年，北京市文物工作队会同北京大学历史系考古专业的学生，在此实习发掘，首

1 北京市文物研究所、北京市昌平区文化委员会：《昌平张营——燕山南麓地区早期青铜文化遗址发掘报告》，文物出版社，2007年。

图1-78 镇江营第三期出土器物

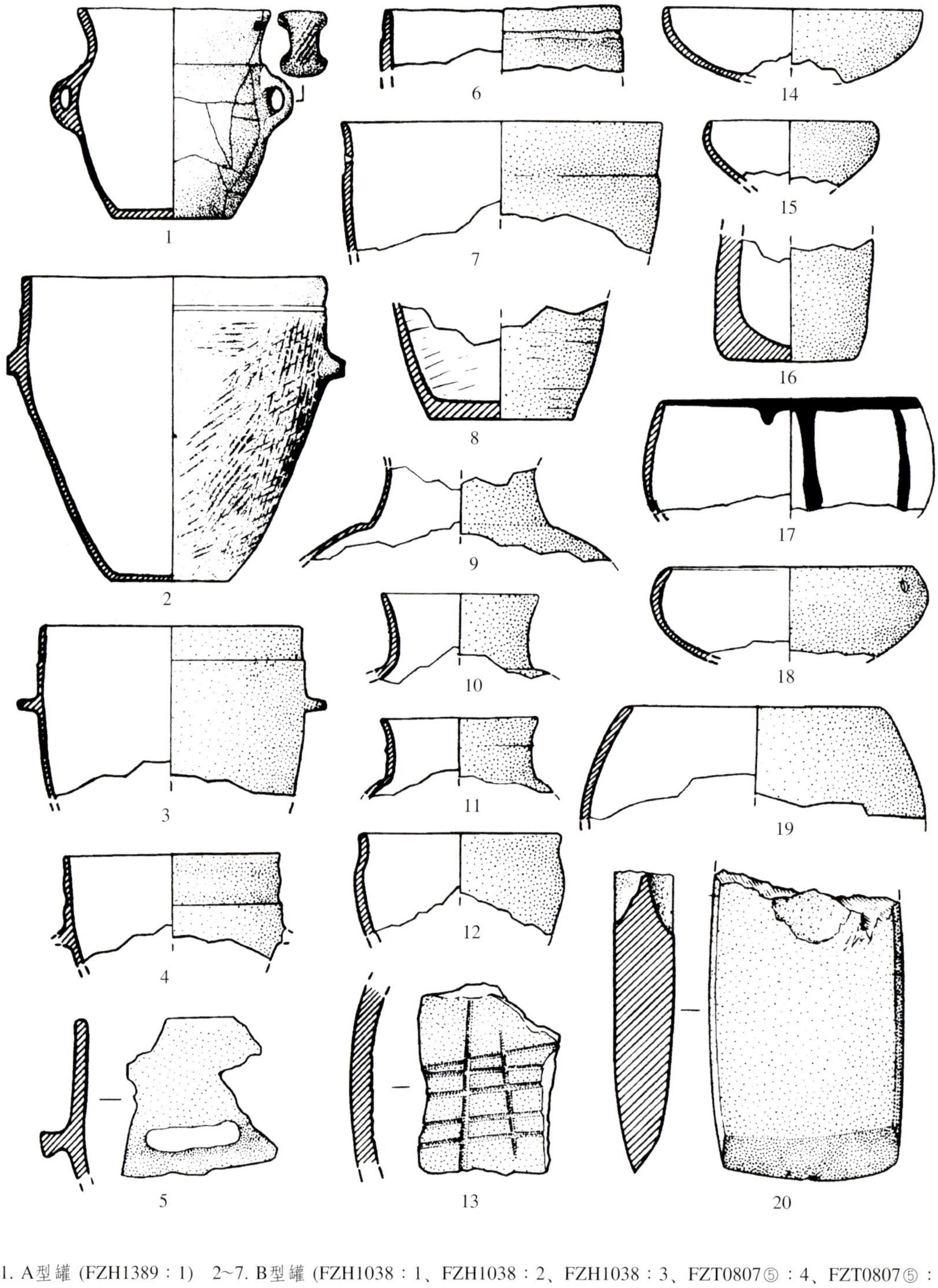

1. A型罐 (FZH1389：1)　2~7. B型罐 (FZH1038：1、FZH1038：2、FZH1038：3、FZT0807⑤：4、FZT0807⑤：3、FZT1108⑦：1)　8. 罐底 (FZT0807⑤：2)　9~11. C型罐 (FZH617：2、FZH70：4、FZH617：1)　12. D型罐 (FZH70：6)　13. 过滤器 (FZH505：39)　14、15、17~19. 钵 (FZH1038：4、FZH505：40、FZH67：9、FZH1108⑦：5、FZH1108⑦：6)　16. 杯 (FZH1385：2)　20. 石斧 (FZH701：11) (未注明质地者为陶器)

图1-79-1 雪山一期夹蚌红陶双耳罐

图1-79-2 雪山一期夹蚌红陶双耳罐

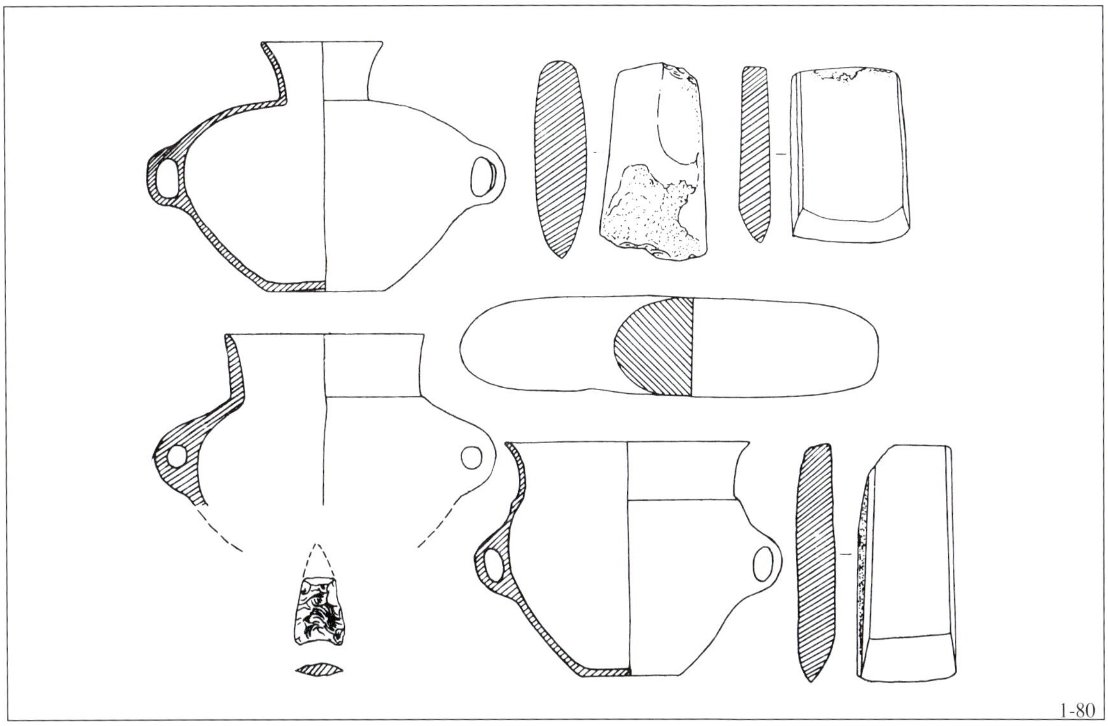

图1-80 雪山一期文化器物图

次在北京地区揭示出新石器时代仰韶和龙山文化时期的堆积层[1]。1982～1983年北京市文物工作队又对该遗址进行了发掘，发掘面积700平方米[2]。据发掘者王武钰、郁金城等先生的介绍，遗址地层叠压关系清楚，出土器物代表了四个时期的文化特征。雪山一期的年代相当于小河沿文化，二期相当于龙山文化时期，三期相当于大坨头文化时期，四期相当于春秋战国之际。

雪山一期文化遗存发现灰坑9个，有圆形和椭圆形两种。圆形灰坑坑壁较直，平底，作筒状。椭圆形灰坑多数是锅底形的，形状不规则。H17坑壁下有红烧土痕，出有烧石和完整陶罐，坑内未发现柱洞，似为临时性的活动场所。

1 《北京大学历史系考古专业四年级在京郊实习发掘到新石器时代至辽代文化遗址》，《光明日报》1964年4月2日。

2 王武钰：《雪山遗址第二次考古调查与发掘收获简述》，《北京考古信息》1989年2期；北京市文物研究所：《北京考古四十年》，北京燕山出版社，1990年。

陶器以夹砂褐陶为主，其次为夹云母红陶，泥质陶很少。陶质较为疏松，陶色不均。除少数的划纹外，全部为素面陶，陶罐的表面经过磨光。大型器物均采用泥条盘筑法成型，小件器物则采用直接捏制而成。主要器形有夹蚌红陶双耳罐、夹砂褐陶高领罐（图1-79）、敛口钵、壶等。石器主要以砂岩制成，磨制为主，有斧、棒、凿等（图1-80）。

雪山一期文化中所出的夹云母红陶小口高领罐、夹砂褐陶敞口罐、折腹钵等典型器物，与辽西地区的小河沿文化相同[1]，故二者的年代比较接近，遗址的层位上也支持这一推断。出土的红陶钵和红胎黑彩陶片，与中原地区的仰韶文化和北方的红山文化具有一定的联系。因而韩建业先生置雪山一期文化的年代大约相当于仰韶文化庙底沟类型、晚于红山文化[2]是大体不误的。

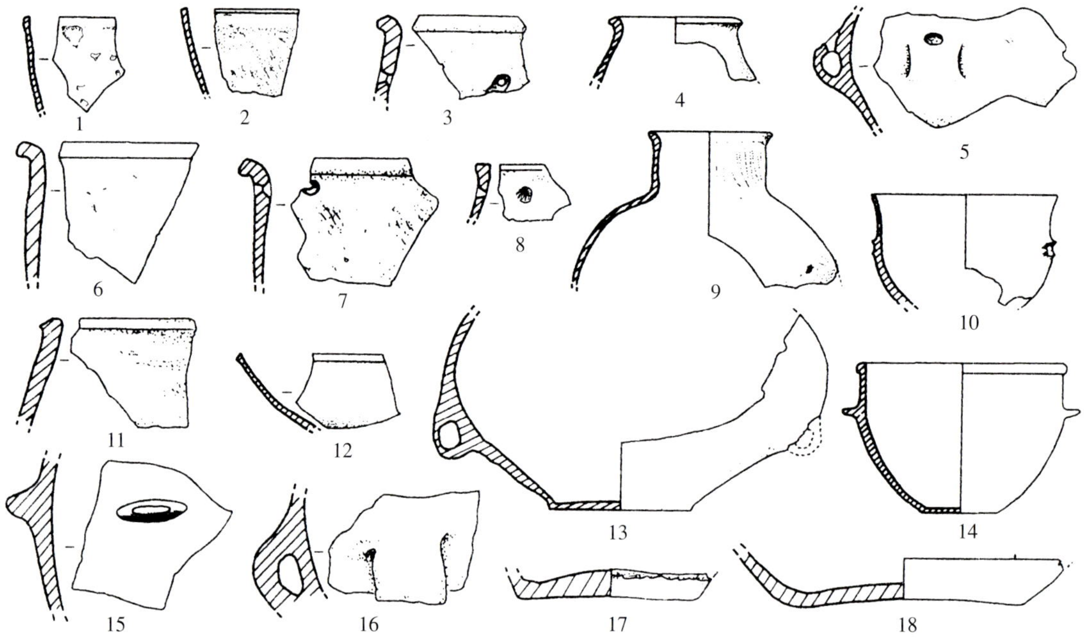

图1-81 北京大学理科楼群出土陶器

1. 罐口沿（D：73） 2. 罐口沿（D：77） 3. 罐口沿（D：8） 4. 小口罐（D：84） 5. 罐耳（D：6） 6. 罐口沿（D：79） 7. 罐口沿（D：9） 8. 罐口沿（D：35） 9. 高领罐（D：33） 10. 敞口罐（D：85） 11. 罐口沿（D：4） 12. 碗口沿（D：1） 13. 双耳罐（D：43） 14. 鋬耳罐（D：70） 15. 乳突（D：80） 16. 器耳（D：108） 17. 器底（D：78） 18. 器底（D：9）

(3) 北京大学理科楼群

1997年10月，岳升阳先生在北京大学校园内的理科楼群建筑工地上发现有古代文物。后经发掘，出土了一批陶、石器、兽骨及植物标本[3]。

该遗址上未发现其他遗迹，所有文化遗物均出自同一文化层内。文化层中的树木经^{14}C测定及树轮较正的年代为距今约4858年。

1 参见辽宁省博物馆等：《辽宁敖汉旗小河沿三种原始文化的发现》，《文物》1977年12期。

2 韩建业：《论雪山一期文化》，《华夏考古》2003年4期。

3 岳升阳等：《燕园遗址调查简报》，《考古与文物》2002年增刊（先秦考古）。

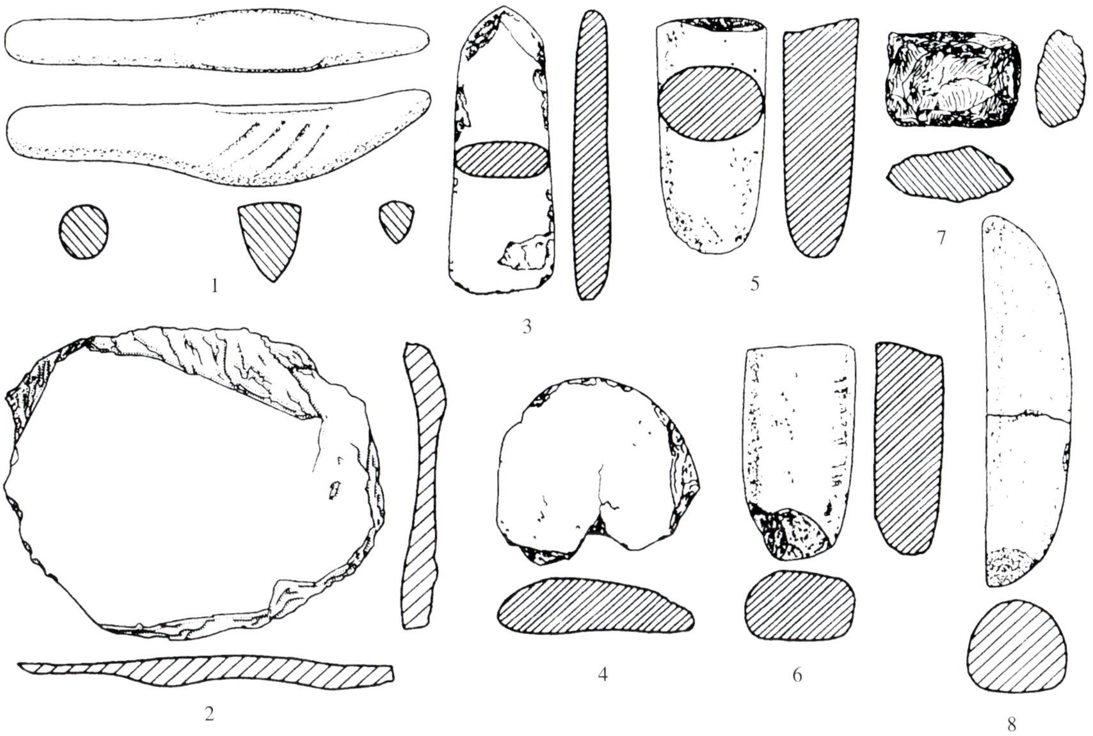

图1-82 北京大学理科楼群出土石器

1. 刀形器（D：66） 2. 磨盘（D：63） 3. 斧（D：12） 4. 磨石（D：101）
5、6. 杵（D：10、11） 7. 坯料（D：14） 8. 磨棒（D：97、D：2）

该遗址出土的陶片有130多片。陶器的陶质以羼云母为主，约占一半；次为夹砂陶，并有少量的泥质陶。陶色以灰陶为主，其次为灰褐和红褐。纹饰以素面为主，部分器表经磨光。陶器基本上手制。器类以罐类为主，并有盆、碗、钵等，罐的种类又有双耳罐、高领罐、小口罐、深腹罐等。均为平底器，没有三足器（图1-81）；出土完整和残损的石器11件，器类有磨盘、磨棒、斧、镰等（图1-82）。

兽骨出有鹿齿、熊甲、鱼骨等，植物标本中，有大量的树叶、树枝、树干等，还有核桃楸等多种植物的果实，以及菱角等草本植物的残体。

从陶器的特征来看，某些方面和雪山一期相近，总体上晚于雪山一期文化范畴，与雪山二期文化差异明显。

根据陈福友、夏正楷等先生对出土物地点的古地貌和古环境研究，这一地点曾是一条斜穿海淀台地的古水沟。

2. 铜石并用时代晚期阶段

(1) 雪山遗址第二期遗存

属雪山遗址第二期遗存的有在1982～1983年的发掘中清理的半地穴房址3座，灰沟1条。房址为椭圆形半地穴式，内有烧土灶坑及斜坡门道。

F3门道中部和地面上，发现有柱洞痕。室内地面中部有平石一块，与门道柱洞相对，可能为柱础石。室内面上有灶址，周围有木炭屑及陶、石遗物。灰坑皆为椭圆形锅底状，以H16为代表[1]。

陶器以夹砂褐陶为主，也有相当数量的泥质灰陶，其次有泥质黑陶、灰陶和红陶。还有少数白陶，白陶的原料实际是白垩土，大多用来制陶鬶。因出土都是白陶碎片所以无法说明

1-83-1

1-83-2

1-83-3

1-84

1-85

1-86

图1-83-1 雪山二期灰陶罐

图1-83-2 雪山二期褐陶罐

图1-83-3 雪山二期侈口鼓腹陶罐

图1-84 雪山二期曲腹盆

图1-85 雪山二期平底盆

图1-86 雪山二期陶器盖

1 由于正式报告尚未发表，灰坑的数量不详。

1-87

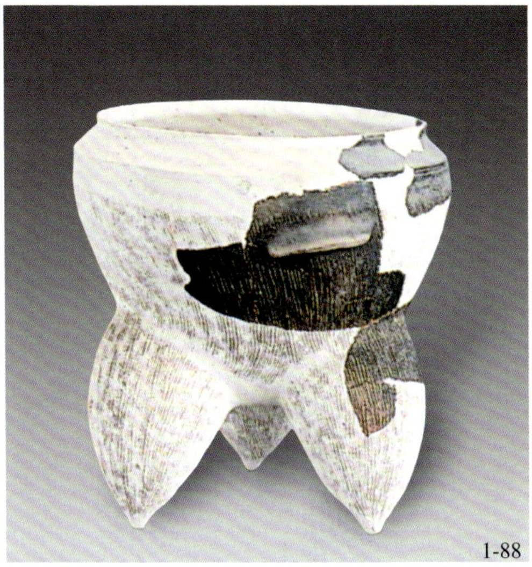
1-88

图1-87 雪山二期陶鼎

图1-88 雪山二期陶斝

图1-89 雪山二期陶纺轮

图1-90 雪山二期石斧

图1-91 雪山二期石锄

图1-92 雪山二期石铲

图1-93 雪山二期石镰

1-89

1-90

1-91

1-92

1-93

图1-94 雪山二期出土器物图

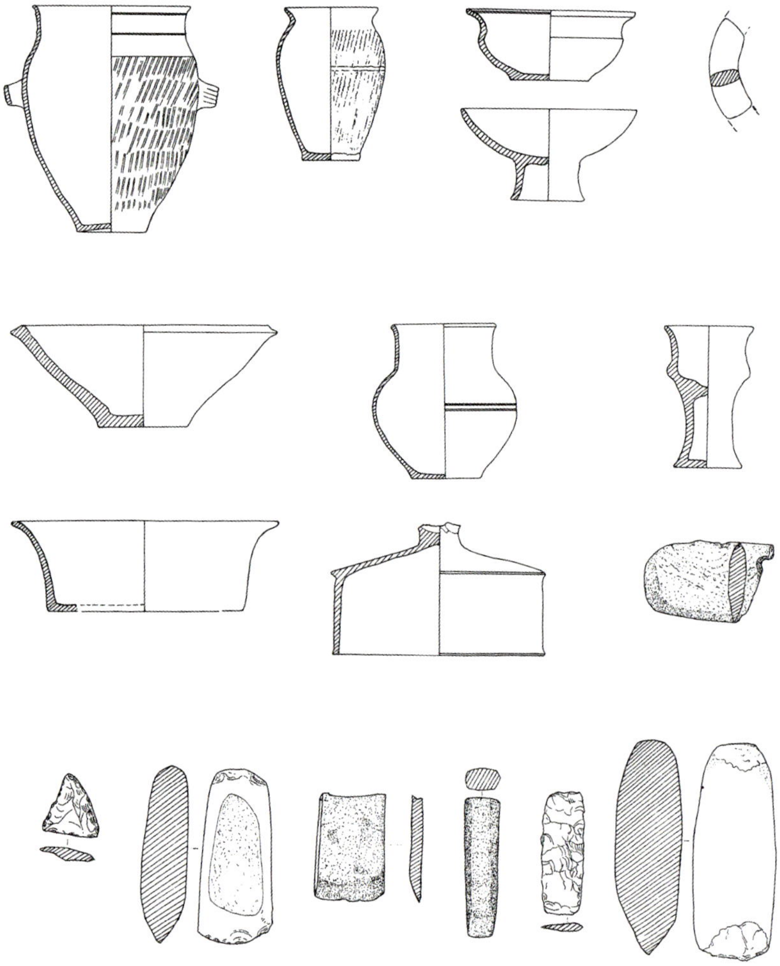

器形。器表纹饰以绳纹为主，其次是篮纹、弦纹、方格纹、附加堆纹等。大型器物为泥条盘筑、快轮修整；小件陶器则为快轮制陶，一些陶罐底部留有偏心涡纹。典型陶器有高领深腹罐（图1-83）、夹砂褐陶鬲、曲腹盆（图1-84）、平底盆（图1-85）、器盖（图1-86）、鼎（图1-87）、斝（图1-88）、曲腹碗、豆、纺轮（图1-89）等。

石器制作精良，以斧为多（图1-90）。通体磨光。还有一定数量的锄（图1-91）、铲（图1-92）、镰（图1-93）、凿、镞、刮削器、石片等（图1-94）。

由于雪山H16打破了H17（H17为雪山一期），而雪山三期的晚期地层中，发现有大坨头文化因素的陶器，因此，雪山二期的年代上限晚于雪山一期，下限早于大坨头文化。陶器中的夹砂灰陶侈口深腹罐、泥质灰陶篮纹双耳罐、大口平底盆等，与后岗二期文化同类器物相近。双腹盆、平底盆、器盖等与王湾三期文化相近。鸟首形鼎足、豆、泥质薄胎黑陶等，受山东龙山文化影响。

由于雪山二期文化与雪山一期文化内涵相差较大，韩嘉谷先生提出，来自豫北一带的中原龙山文化北上，形成了雪山二期文化。雪山二期文化与雪山一期文化属不同的文化谱系，应反映了共工氏北迁的历史传说[1]。

1 韩嘉谷：《北方历史的考古学探索》，《东北亚考古——北方考古研究（四）》，中州古籍出版社，1994年。

(2）镇江营新石器遗址第四期遗存

镇江营新石器第四期遗存仅发现于镇江营的台地上，平面为圆形、椭圆形、不规则形；剖面为锅底形、筒形等的灰坑。打破最晚的新石器三期遗存，被较晚的商周时期遗存打破。例如H532平面圆形，直径203厘米，剖面袋形，坑壁上部较直，近底处向外扩展，平底，深120～150厘米。

遗物分陶器与石器两大类，以陶器为主。陶质陶色以夹砂褐陶为主，其次有泥质灰陶、夹砂灰陶等。器表主要以素面、绳纹为主，其次有篮纹和弦纹等。器形有甗（图1-95）、罐、盆、鬲等（图1-96）。

石器有纺轮、磨棒、斧等（图1-97）。

图1-95 镇江营四期陶甗

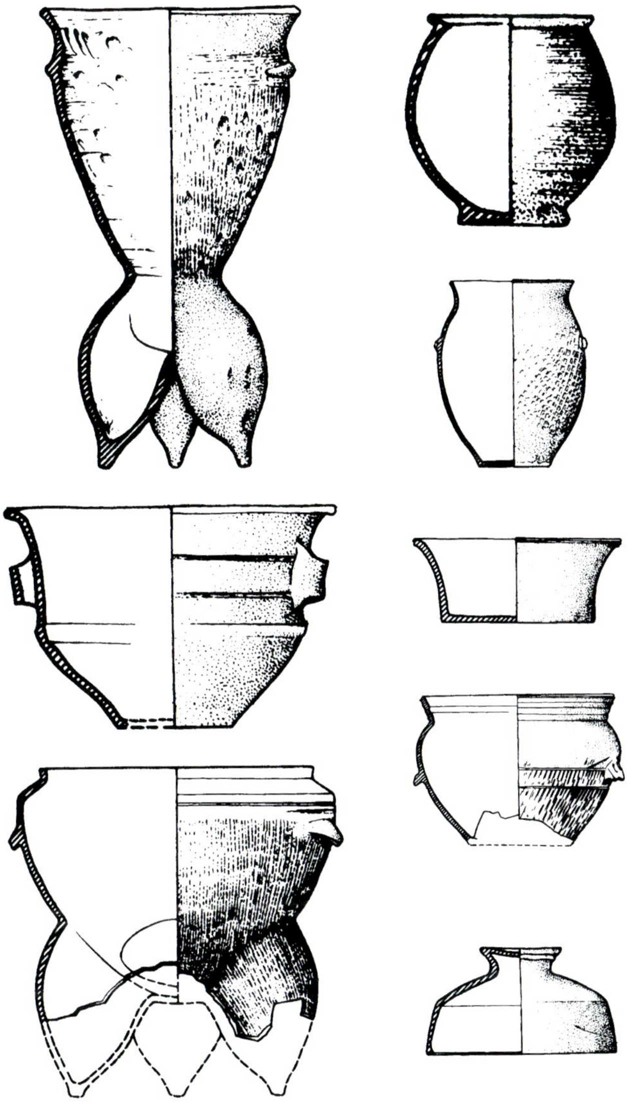

图1-96 镇江营第四期陶器

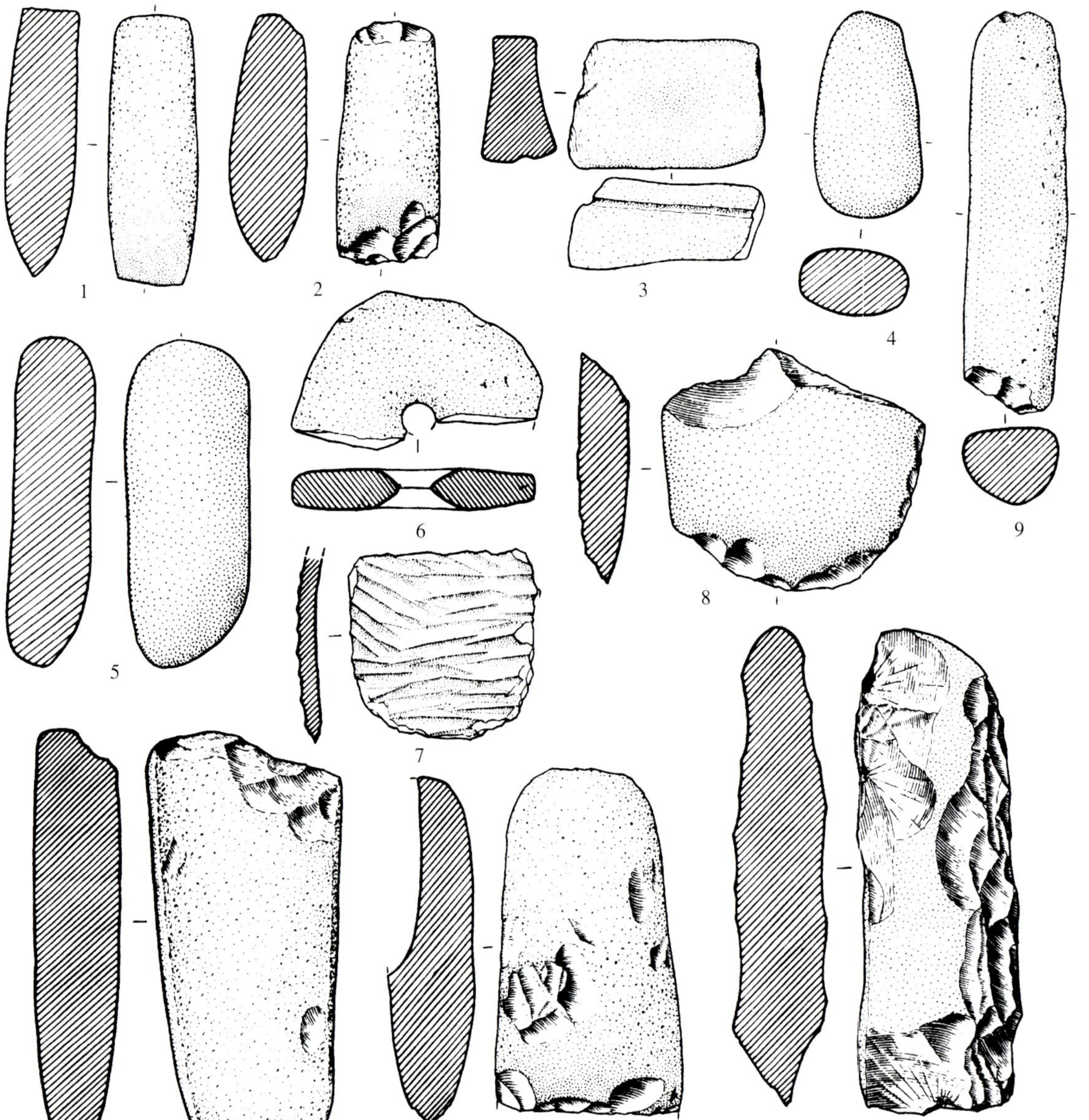

1、12. A型斧（FZH1108：31、FZH1012：3）
2、10、11. B型斧（FZH1108：26、FZH1388：1、FZH281：46）
3. 磨石（FZH1108：27、24） 6. 纺轮（FZH1012：5） 7.陶铲（FZH1012：39）
8. 砍砸器（FZH1108：28） 9. A型磨棒（FZH1108：25）（未注明质地者均为石器）

图1-97 镇江营第四期石器

从文化内涵考虑，可将第四期遗存分为以H1012、H1108、H277为代表的三个器物组群，前两者属第四期的早段，后者为第四期的晚段。陶器由早段的泥质陶为主，素面居多，器形较简单，罐类平底器占大多数；晚段的以夹砂陶为主，绳纹居多，器形丰富，鬲、斝、类三足器居相对多。

早段的年代约相当于龙山文化的晚期，晚段的年代似已进入夏纪年。整体上，第四期遗存的器形种类较多，有较多外来文化因素。

五、零散地点发现的石器遗存

除上述系统发掘外，北京地区在配合各类基本建设和平整土地过程中，曾发现一些零散石器资料。这些地点出土的石器以磨制为主，少量的打制和细石器，其年代均为新石器时代。

例如，在海淀中关村、朝阳立水桥曾发现细石器；怀柔大榛峪村，发现石磨盘和石磨棒；密云南石城、怀柔宝山寺、喇叭沟门，水库，发现有石铲、石锄、石镰；平谷前吉山，顺义大北坞，海淀白家疃，怀柔北干沟，密云董各庄，龟脖子、山安口等地出土石斧和石凿。还在海淀清河、田村，门头沟松树峪、顺义魏家店，怀柔汤河口，密云坑子地、老爷庙等地，也发现过磨制石器和细石器[1](图1-98)。此外，在延庆永宁还发现有石斧，下辛庄村发

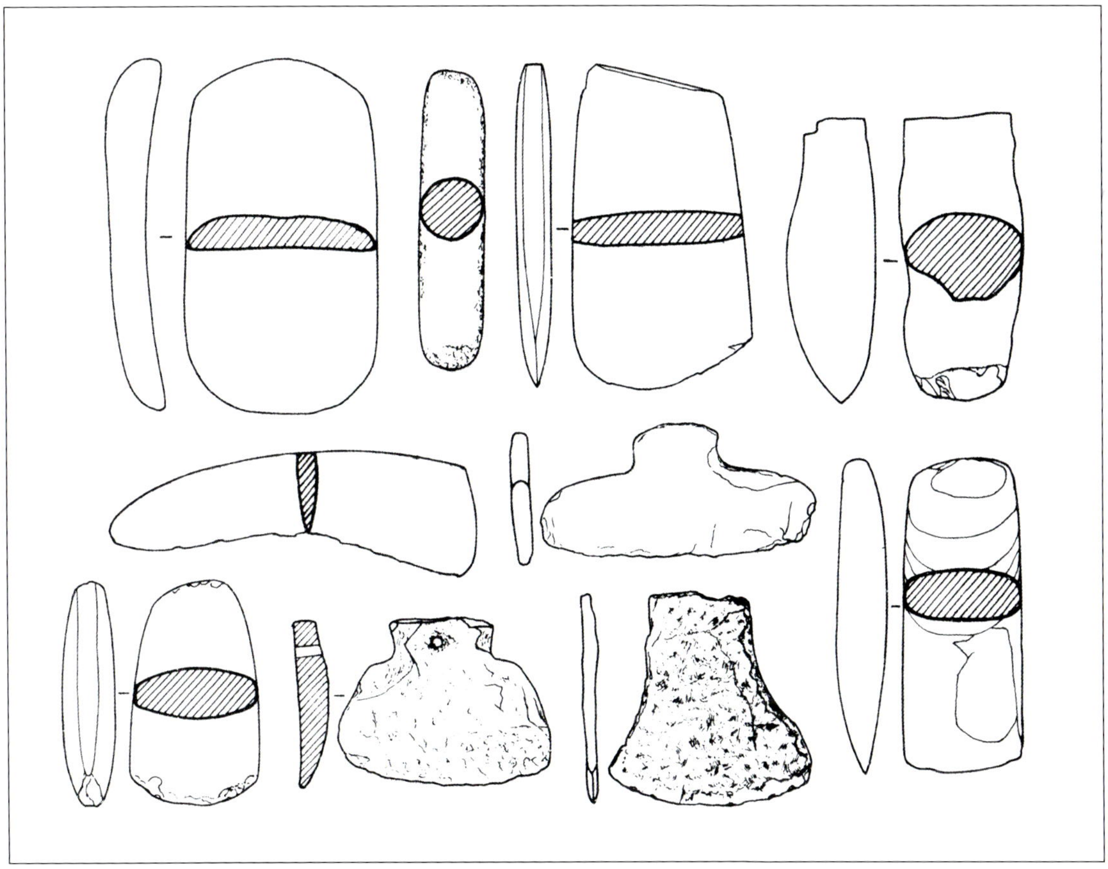

图1-98 零散地点发现的石器

1 以上资料参见北京市文物研究所：《北京考古四十年》，北京燕山出版社，1990年。

现有石斧、石锛、石楔、石凿、石球，在常里营发现有石盘状器，在中羊坊村发现有石钺，柳沟发现有石锄，杨户庄发现有石杵等[1]。

以上地点集中于北京的北部、东部地区，主要分布在山麓坡地和河流冲积扇台地。因为各地点多为采集，故具体年代不易定夺，仅从石器的种类为加工、收割工具皆有之来看，延续的时代是较长的。

1 延庆县新石器时代出土遗物的情况见于延庆县博物馆的陈列展览。其中，杨户庄的骨、蚌、石器等可能年代偏晚，为大坨头文化时期。

第二章

北京夏商周考古

第一节　北京夏商周考古发现与研究

一、概　　述

夏商周时期主要是指夏至西周这一历史阶段，即通常所指的三代。大约在公元前2000年左右，北京地区进入了青铜时代，即历史上的夏商两代。公元前1045年，周武王灭商后，分封周王室同姓贵族召公于北燕，即今天的北京及周围地区。

北京夏商周考古工作始于20世纪60年代，此后，特别是70年代以来，取得了重大的突破。具体表现在通过田野发掘所获得的考古信息的不断增多，考古学文化的确立，年代谱系的日趋完善，聚落考古的初步探讨等。这些成果为研究夏商周时期北京地区的历史提供了重要的资料。

北京夏商周时期的考古学文化，主要包括了夏家店下层文化、张家园上层文化、商文化以及西周燕文化。

夏至商早期，北京地区的原始文化属夏家店下层文化的范畴。在北京昌平区雪山村[1]、下苑和张营[2]，密云县燕落寨、凤凰山[3]，平谷区刘家河[4]，房山区塔照村、镇江营、西营[5]和刘李店[6]，都曾发现此类遗存。北京地区的夏家店下层文化，因其多属发掘其他时代遗址时的偶然发现，资料较为零散，缺乏系统，比较单纯、完整的夏家店下层文化的遗址还未能发现。

比夏家店下层文化略晚的遗址中，以夏商之际的昌平张营遗址[7]、商代中晚期的平谷刘家河商墓[8]最为重要。张营遗址是北京乃至燕山南麓地区发掘面积较大、内涵较为丰富的一处青铜时代遗址，所发掘的古文化遗存，为研究燕山南麓特别是北京地区早期青铜文化的类型与谱系提供了翔实资料，对进一步研究中原与北方古老文化的关系具有重要的意义，为探索这一时期中国北方长城地带考古学文化的布局及互动关系提供了新的线索。刘家河商墓不仅出土了10余件精美珍贵的青铜礼器，所出兵器中的铁刃铜钺，更把我国用铁的历史上溯了500

1　北京市文物研究所：《北京考古四十年》，北京燕山出版社，1990年。
2　王武钰：《昌平张营发现一处商代遗址》，《北京考古信息》1990年1期。
3　北京市文物研究所：《北京考古四十年》，北京燕山出版社，1990年。
4　北京市文物工作队：《北京平谷刘家河遗址调查》，《北京文物与考古》第三辑，北京燕山出版社，1992年。
5　北京市文物研究所：《北京市拒马河流域考古调查》，《考古》1989年3期。
6　北京市文物管理处等：《北京琉璃河夏家店下层文化墓葬》，《考古》1976年1期。
7　北京市文物研究所、北京市昌平区文化委员会：《昌平张营——燕山南麓地区早期青铜文化遗址发掘报告》，文物出版社，2007年。
8　北京市文物管理处：《北京市平谷县发现商代墓葬》，《文物》1977年11期。

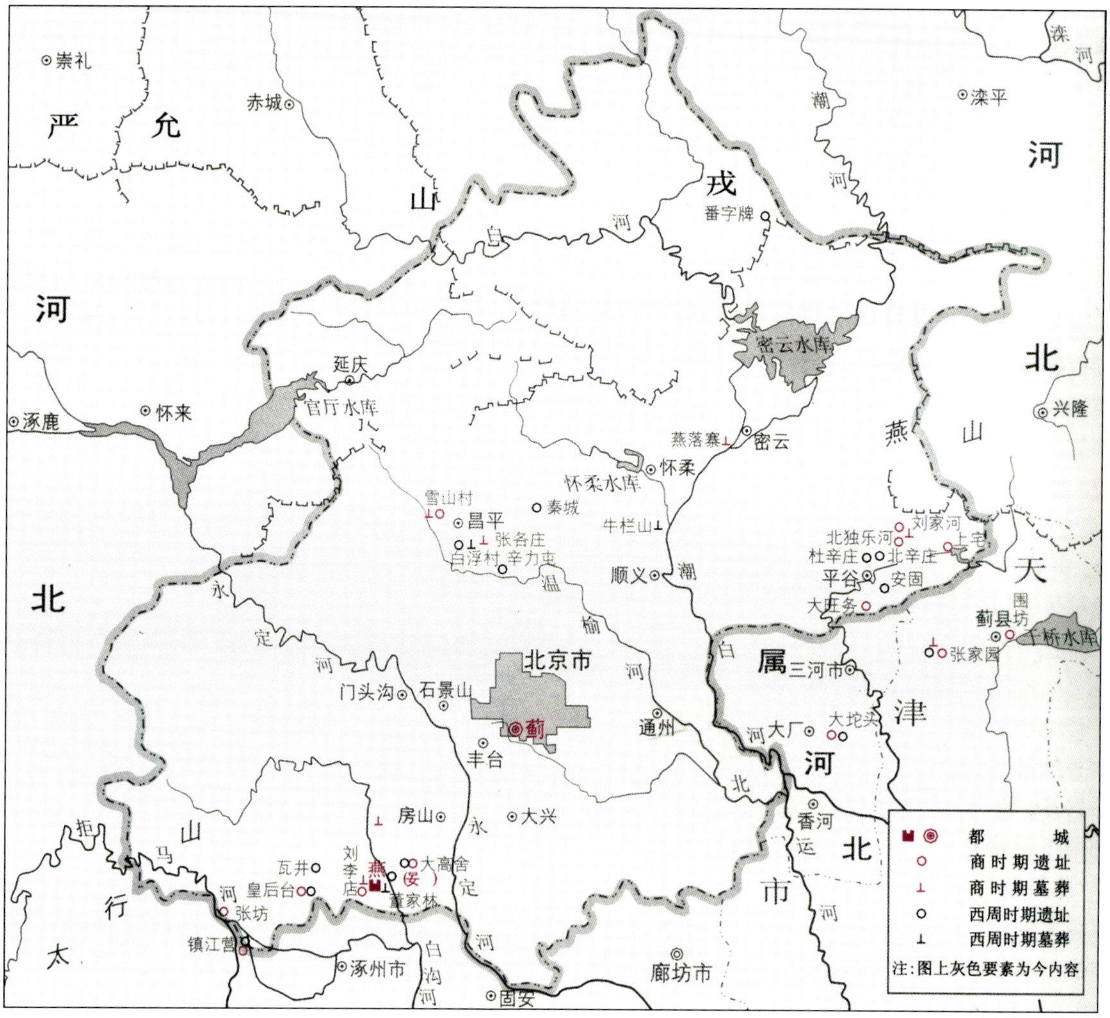

图2-1 北京地区夏商周遗址分布图

多年。墓中出土的中原农业民族和北方游牧民族的代表性器物共存，构成了3000多年前北京地区独具特色的文化。该墓葬的发现填补了北京地区商代考古的空白，为探寻商代青铜文化遗存提供了重要线索，为探讨这类遗存与中原殷商文化和北方夏家店下层文化的关系等问题提供了重要依据和有益的参考。

镇江营与塔照遗址[1]地处华北平原和长城地区的连接点上，考古文化具备了南北汇聚的特征。其夏商周时代四种不同文化遗存的发掘，为研究拒马河流域夏商周时期青铜文化的类型与谱系以及探讨诸文化常用陶器器形谱系、制陶传统的分野、遗址环境等问题提供了重要资料。北京地区的张家园上层文化，主要发现于房山的塔照遗址以及平谷的龙坡遗址[2]，另外在琉璃河遗址[3]中，也发现了大量包含张家园上层文化因素的遗物。

西周初期，北京地区已成为燕国的都城，有了很高的物质文化。琉璃河遗址是目前国内少数具有同时期城址、墓葬、居址的西周早期遗址。它的发掘是北京地区考古工作的一项重要收获，对于北京古代史的研究，特别是西周燕国历史的研究，具有非常重要的意义，同时对于

1　北京市文物研究所：《镇江营与塔照——拒马河流域先秦考古文化的类型与谱系》，中国大百科全书出版社，1999年。
2　王鑫、楼朋林：《平谷县龙坡遗址发掘简报》，《北京文物与考古》第六辑，民族出版社，2004年。
3　齐心：《琉璃河商周遗址发现、发掘与研究》，《北京建城3040年暨燕文明国际学术研讨会会议专辑》，北京燕山出版社，1997年。

研究北京古城建都3000年的历史渊源和西周分封制及政治、文化和北京在历史上的地位作用都提供了重要的资料。一批燕国有铭铜器的出土，为确定琉璃河西周早期燕国城址为周初燕国都城提供了重要证据，从而使长期以来关于燕国始封地的争论得到解决。近年来琉璃河遗址考古发掘又取得较大的进展，墓葬中出土的器物丰富了琉璃河西周燕文化的内涵，为研究琉璃河西周燕文化族别、礼制的差异提供了新的材料。昌平白浮村西周木椁墓[1]的发现是北京地区考古工作的又一项重要收获，为研究我国西周社会的历史和北京地区的历史地理，了解中原文化和北方青铜文化在北京地区的相互影响和融合等方面，都提供了宝贵的实物资料。西周时期的北京考古，随着琉璃河等遗址发现的增多，资料不断积累，研究工作也全面展开，广度与深度大大增加。本章拟对北京夏商周时期的考古进行系统的归纳总结（图2-1）。

二、研究现状与认识

北京夏商周考古，随着工作的不断发展，积累了一批重要的资料。经过整理，编写出版了《琉璃河西周燕国墓地（1973——1977）》[2]、《镇江营与塔照—拒马河流域先秦考古文化的类型与谱系》[3]、《昌平张营——燕山南麓地区早期青铜文化遗址发掘报告》[4]等发掘报告和《燕文化研究论文集》[5]、《北京建城3040年暨燕文明国际学术研讨会会议专辑》[6]、《燕秦文化研究——陈平学术文集》[7]等研究性专著，发表了数十篇发掘简报和研究性文章。

北京夏商周考古工作在应用自然科学手段方面取得了一定的成果。代表性文章有《记北京琉璃河遗址出土的西周漆器》[8]、《几件琉璃河西周早期青铜器的科学分析》[9]、《北京平谷刘家河商代铜钺铁刃的分析鉴定》[10]、《北京琉璃河西周燕国墓地出土漆器复原研究》[11]、《平谷刘家河商墓出土的金器》[12]等。近些年来，北京夏商周考古几项重要的调查和发掘都引用了自然科学方法，尤其是对出土文物成分结构的分析、年代的测定，有助于了解和确定文物的内涵与价值，提高了考古学的科学性。

综合以上夏商周时期北京考古的报告和研究可以看出，北京夏商时期考古因早期工作相对较少，资料较为零散，研究的并不多。随着张营遗址、镇江营与塔照遗址的发掘和资料的发表，相信将来会取得更多的研究成果。与北京地区夏家店下层文化研究相关的文章中，邹衡先生分析了夏家店下层文化的分布范围与延续时间，注意到夏家店下层文化分布范围内文化的地区性差异，将夏家店下层文化分成“辽西型”与“燕山型”，并从房址、墓葬、石器、陶器、铜器等方面进行了异同比较[13]。李经汉先生把燕南地区夏商遗存与辽西、燕北同时期遗存进行了比较，认为张家园遗址第三层代表的发展阶段，属夏家店下层文化晚期，提

1　北京市文物管理处：《北京地区的又一重要考古收获——昌平白浮西周木椁墓的新启示》，《考古》1976年4期。
2　北京市文物研究所：《琉璃河西周燕国墓地（1973—1977）》，文物出版社，1995年。
3　北京市文物研究所：《镇江营与塔照——拒马河流域先秦考古文化的类型与谱系》，中国大百科全书出版社，1999年。
4　北京市文物研究所、北京市昌平区文化委员会：《昌平张营——燕山南麓地区早期青铜文化遗址发掘报告》，文物出版社，2007年。
5　陈光：《燕文化研究论文集》，中国社会科学出版社，1995年。
6　北京市文物研究所：《北京建城3040年暨燕文明国际学术研讨会会议专辑》，北京燕山出版社，1997年。
7　陈平：《燕秦文化研究——陈平学术文集》，北京燕山出版社，2003年。
8　殷玮璋：《记北京琉璃河遗址出土的西周漆器》，《考古》1984年5期。
9　何堂坤：《几件琉璃河西周早期青铜器的科学分析》，《文物》1988年3期。
10　张先得、张先禄：《北京平谷刘家河商代铜钺铁刃的分析鉴定》，《文物》1990年7期。
11　郭义孚：《北京琉璃河西周燕国墓地出土漆器复原研究》，《华夏考古》1991年2期。
12　刘秀中：《平谷刘家河商墓出土的金器》，《中国文物报》1993年8月8日。
13　邹衡：《试论夏文化》，《夏商周考古论文集》，文物出版社，1980年。

出夏家店下层文化“燕北类型”与“燕南类型”[1]。李伯谦先生对夏家店下层文化的房屋、墓葬、生活用陶器等特征进行了探讨，将夏家店下层文化区分为“药王庙（燕北）、大坨头（燕南）、壶流河（壶流河流域）”三个类型，并对各个类型年代分期、相互之间关系及社会发展阶段与族属等方面进行了综合研究[2]。张展先生以夏家店下层文化（燕山型）为研究基础，结合文献记载和邻近的考古发现，对北京地区这一时期的考古文化做了探索，证明夏家店下层文化（燕山型）即是北京地区相当于中原殷商时期又有别于殷商文化的一种地方文化[3]。陈光先生对北京地区夏家店下层文化的研究现状进行了简单的归纳[4]。其他方面，郁金城、郭京宁先生在报告中通过对昌平区张营遗址夏、商时期遗存的介绍，运用地层学与类型学的方法，将遗址中的夏、商时期文化遗存分为三个阶段，并就张营遗址的文化属性、经济结构、聚落形态以及与周邻地区考古学文化的关系等问题进行了初步分析和探讨[5]。杜金鹏先生从对平谷区刘家河村商代墓葬的分析研究入手，就北京地区的商代历史作了初步探讨[6]。此外，许多研究者还对刘家河商墓的年代、族属、文化归属、出土器物等方面进行了研究[7]。

陈光先生在报告中对房山区镇江营与塔照遗址夏商周时代四种文化作了介绍，通过对陶器器形、制陶传统的分析，认为塔照一期遗存、塔照二期遗存、张家园上层文化一脉相承，是西周封燕前的当地土著居民的文化，与商文化有着密切的联系；西周燕文化是西周封燕后的燕文化，对土著文化采取先排斥后融合的态度[8]。

西周燕文化随着琉璃河等遗址的发掘，较多考古工作的开展，积累了丰富的资料，燕文化研究成为更多专家学者瞩目的焦点，取得了重要的研究成果。归纳起来主要有以下几个研究方面。

第一，琉璃河遗址的性质与年代 郭仁、田敬东先生根据董家林古城东墙北端内侧打破内护坡的墓葬出土陶簋的形制，推断其时代为商末周初，认为城墙的始建年代最迟不应晚于商末，古城的结构与郑州商城基本相同，可能就是商代的燕亳，入周城为北燕都城而改称圣聚[9]。李伯谦先生通过对董家林古城内涵的分析，否认了其跨越商周两代的观点，认为古城只能是召公封燕后西周初年燕国建造的都城[10]。刘绪、赵福生先生通过对琉璃河遗址的城墙、居址、墓葬等诸多考古发现的综合分析，指出“琉璃河遗址作为都城主要属西周早期，其废止年代当在早中期之交或稍晚”[11]。

第二，封燕的年代与始封地 郭仁、田敬东先生通过对琉璃河遗址的介绍和周初封燕及燕蓟有关问题的讨论，证明周初燕都的所在为琉璃河商周遗址[12]。另外，郭仁、田敬东先生还在报告中，从遗址的面积、古城址的时代、大型墓的存在及带有“匽侯”铭文青铜礼器的发

1 李经汉：《试论夏家店下层文化的分期和类型》，《中国考古学会第一次年会论文集》，文物出版社，1980年。
2 李伯谦：《论夏家店下层文化》，《纪念北京大学考古专业三十周年论文集》，文物出版社，1990年。
3 张展：《夏家店下层文化与北京地区商代“燕”文化遗存》，《首都博物馆文集》，北京燕山出版社，1990年。
4 陈光：《北京地区“夏家店下层文化”研究现状介绍》，《北京考古信息》1989年2期。
5 北京市文物研究所、北京市昌平区文化委员会：《昌平张营—燕山南麓地区早期青铜文化遗址发掘报告》，文物出版社，2007年
6 杜金鹏：《北京平谷刘家河商代墓葬与商代燕国》，《北京建城3040年暨燕文明国际学术研讨会会议专辑》，北京燕山出版社，1997年。
7 刘绪、赵福生：《围坊三期文化的年代与刘家河M1的属性》，《苏秉琦与当代中国考古学》，科学出版社，2001年。李先登：《北京平谷刘家河商墓发现的重要意义》，《考古学研究》（六），科学出版社，2006年；靳枫毅、郁金城：《北京地区出土青铜器概论》，《北京文博》2002年2期；孙勐：《浅析刘家河商墓中出土的青铜人面形饰》，《文物春秋》2007年4期。
8 北京市文物研究所：《镇江营与塔照——拒马河流域先秦考古文化的类型与谱系》，中国大百科全书出版社，1999年。
9 郭仁、田敬东：《琉璃河商周遗址为周初燕都说》，《北京史论文集》第一辑，1980年。
10 李伯谦：《北京房山董家林古城址的年代及相关问题》，《北京建城3040年暨燕文明国际学术研讨会会议专辑》，北京燕山出版社，1997年。
11 刘绪、赵福生：《琉璃河遗址西周燕文化的新认识》，《文物》1997年4期。
12 郭仁、田敬东：《琉璃河商周遗址为周初燕都说》，《北京史论文集》第一辑，1980年。

现，进一步说明现今的琉璃河地区就是周初燕的封地，而古城址就是当时燕的都邑[1]。王采枚先生通过对燕国始封地在今河北蓟县和今河南郾城两种说法的辩证和对北京房山琉璃河商周遗址内涵的分析，推定"今北京琉璃河地区实为周初燕国的始封地"[2]。侯仁之先生推定封燕年代在公元前1045年，初封地在董家林古城，与燕同时封国的蓟在今北京城，燕并蓟后迁都于蓟[3]。

第三，先燕文化溯源 韩嘉谷先生指出，燕山南麓围坊、张家园上层类型是燕族土著的文化，春秋后期随着分封而来的燕文化的扩展而消失[4]。李民先生讨论了燕文明形成的前提条件，认为燕文明可最早溯源于黄帝、尧、舜时期，育种和萌芽于夏商时期，而到西周初年正式出现[5]。王采枚先生指出"燕文化的来源是比较复杂的，它不是来自单一的一个族，而是直接间接地来自几个族。可见，燕文化形成过程也就是古代各族间相互交往和长期融合的过程"[6]。石永士、王素芳先生对燕文化的渊源问题进行了讨论，认为"燕文化的渊源不是单一的，它是具有周文化、商晏文化、北方文化和其他文化特征的、内涵极为丰富多彩的一种文化。在长期的历史发展过程中，逐渐形成了自己的独具特色的文化体系"[7]。陈平先生在相关文章中重点讨论了周初燕文化的渊源及其因素构成，强调"在考虑周初燕文化的渊源即先燕文化的构成时，不能只考虑本地因素，也要把关中姬周文化作为一个重要因素考虑进去。周初燕文化，应由关中姬周文化、封给燕侯的西北氐羌与海岱东事诸族文化、商末的燕亳、箕、孤竹等北土商文化、早徙的东夷匽族文化、北方戎狄土著文化等诸多因素合成。其中，起主导作用的则是外来的关中姬周文化"[8]。

第四，西周燕文化分期 柴晓明先生首次利用地层关系，结合器形与共存关系，把华北的西周陶器分为三组，对西周时期燕文化的早、中、晚三期进行了主要论述[9]。柴晓明先生还在其他文章中通过已发掘的墓葬材料，将西周燕墓分成了早、中、晚三期，排出了年代序列，并对各期陶器及青铜器的组合、形制、纹饰、演化过程作了描述[10]。郭仁、田敬东先生在报告中将琉璃河西周燕国墓地分为西周早、中、晚三期，并对各期主要陶器的演变进行了类型学排比[11]。

第五，西周燕国铜器研究 殷玮璋、曹淑琴先生以出土的铜器资料为基础，把与召公奭相关的传世品集中一起，用考古方法推断其年代的同时，对它们的铭文内容进行分析，从而对召公在西周初年的政治活动做了尽可能全面的考察。同时，通过对周初燕国铜器的分析，就他曾就封于燕，是燕国的第一代君侯的论点再作论证[12]。李先登先生对西周时期的青铜器做了初步研究[13]。田敬东先生对北京地区发现的商周时期的青铜礼器做了初步研究[14]。齐心先生对北京地区出土的西周兵器进行了研究[15]。

1 北京市文物研究所：《琉璃河西周燕国墓地（1973—1977）》，文物出版社，1995年。
2 王采枚：《论周初封燕及其相关问题》，《燕文化研究论文集》，中国社会科学出版社，1995年。
3 侯仁之：《论北京建城之始》，《北京社会科学》1990年3期。
4 韩嘉谷：《京津地区商周时期古文化发展的一点线索》，《中国考古学会第三次年会论文集》，文物出版社，1982年。
5 李民：《关于燕文明的溯源》，《北京建城3040年暨燕文明国际学术研讨会会议专辑》，北京燕山出版社，1997年。
6 王采枚：《燕国历史溯源与夏家店下上层文化》，《燕都春秋》，北京燕山出版社，1988年。
7 石永士、王素芳：《燕文化简论》，《内蒙古文物考古》1993年1、2期。
8 陈平：《"先燕文化"与"周初燕文化"刍议》，《北京文博》1995年1期。
9 柴晓明：《华北西周陶器初论》，《青果集——吉林大学考古专业成立二十周年考古论文集》，知识出版社，1993年。
10 柴晓明：《论西周时期的燕国文化遗存》，《北京建城3040年暨燕文明国际学术研讨会会议专辑》，北京燕山出版社，1997年。
11 北京市文物研究所：《琉璃河西周燕国墓地（1973—1977）》，文物出版社，1995年。
12 殷玮璋、曹淑琴：《周初太保器综合研究》，《考古学报》1991年1期。
13 李先登：《燕国青铜器的初步研究》，《北京建城3040年暨燕文明国际学术研讨会会议专辑》，北京燕山出版社，1997年。
14 田敬东：《北京地区发现的商周时期青铜礼器的初步研究》，《北京文物与考古》（第四辑），北京燕山出版社，1994年。
15 齐心：《北京出土西周兵器研究》，《北方考古研究》（二），中州古籍出版社，1994年。

第六，西周燕国铜器铭文研究 许多研究者对北京琉璃河商周遗址1193号墓出土的铸有“匽侯克”等铭文的铜罍和铜盉作了不同考释[1]。曹淑琴先生讨论了28件员器及与员器有关的铜器，以铭文为线索，以图像为基础，从青铜器的角度将它们划分出组别，然后用考古类型学的方法划分其时代，再进一步研究铭文揭示的历史[2]。张亚初先生对西周时期燕国早期铭文作了综合研究，确定了燕国的北界至辽宁喀左，南界达河北任丘[3]。

第七，其他方面的研究 如燕文化与周邻文化的关系的研究，李恭笃、高美璇先生对燕文化与辽河、西拉木伦河流域的青铜文化作重点剖析，以探求两者之间的关系[4]。雷兴山先生通过对琉璃河遗址西周燕文化诸文化因素构成与变化的分析，揭示殷遗民文化因素的发展概况及其历史原因[5]。韩金秋先生从微观和宏观两个角度对白浮墓葬进行了分析与比较，指出“白浮墓作为北方文化的墓葬，礼制方面完全是中原的，而在服饰和兵器方面还保留着本民族传统，体现出文化面貌的两面性，说明中原文化对北方文化高级贵族的影响以礼制的输出为主”[6]。其他诸如西周燕都兴废变迁、燕国国内部族构成等方面的研究，不再逐一叙述。

此外，综论性的研究中，陈光先生对1921～1995年70余年燕文化研究的历史与现状作了概述[7]。在另一文章中，陈光先生还对西周燕国文化进行了讨论，文中首先对文化因素、族文化、国文化三种概念作了界定；接着，将西周燕国文化划分成了燕侯、燕侯宗族的显贵、异族贵族、周人与异族中的次贵族、燕国平民等六个等级层面，并作了内涵分析；最后，就建燕的年代、西周燕国文化的构成、西周燕文化、燕国的武备、张家园上层文化的消长、西周燕国的统治方式等问题进行了探讨[8]。通过以上的研究，现已对北京夏商周时期的考古学文化面貌有了相对全面的认识。

考古资料显示，夏商时期，北京地区的手工业生产有了显著进步，制陶与青铜冶铸已经成为独立的手工业部门，生产了大量精巧的陶器，但青铜冶炼因处于早期阶段，只发现了几件形制较小、造型简单的铜耳环。到商代中期，青铜冶铸业取得了相当高的成就。北京地区出现了纹饰繁缛，形体雄伟的大型礼器。平谷刘家河商墓出土的三羊铜罍、鸟柱龟鱼纹铜盘，都是当时青铜艺术中的杰作。西周时期，青铜器的生产规模和能力进一步扩大，种类和数量有了较大的增加，青铜冶铸业成为当时社会生产力最高、最有代表性的行业。由此可见，商周时期北京地区青铜文化的发展已经达到较高的水平。

北京夏商周时期考古文化，是中国青铜文明的重要组成部分之一，从总体看，它既具有与中原青铜文化传统体系相一致的共性特点，又有本地区域的个性特点，这便构成了北京夏商周青铜文化的特有内涵和面貌特征。北京地区位于华北大平原的西北边缘地带，其西部、北部以太行山和燕山山脉为屏障，东南呈向渤海缓缓倾斜的平原，这里的山前台地和平原低

1 陈平：《克罍、克盉铭文及其有关问题》，《考古》1991年9期；陈平：《克器事燕六族会释考证》，《北京建城3040年暨燕文明国际学术研讨会会议专辑》，北京燕山出版社，1997年；孙华：《匽侯克器铭文浅见—兼谈召公建燕及其相关问题》，《文物春秋》1992年3期；方述鑫：《太保罍、盉铭文考释》，《考古与文物》1992年6期；张亚初：《太保罍、盉铭文的再探讨》，《考古》1993年1期；刘桓：《关于琉璃河新出太保二器的考释》，《学习与探索》1992年3期。
2 曹淑琴：《西周员器初探》，《北京建城3040年暨燕文明国际学术研讨会会议专辑》，北京燕山出版社，1997年。
3 张亚初：《燕国青铜器铭文研究》，《中国考古学论丛》，科学出版社，1993年。
4 李恭笃、高美璇：《试论燕文化与辽河流域青铜文化的关系》，《北京建城3040年暨燕文明国际学术研讨会会议专辑》，北京燕山出版社，1997年。
5 雷兴山：《试论西周燕文化中的殷遗民文化因素》，《北京文博》1987年4期。
6 韩金秋：《白浮墓葬的微观分析与宏观比较》，《边疆考古研究》第7辑，科学出版社，2008年。
7 陈光：《燕文化研究的历史与现状》，《燕文化研究论文集》，中国社会科学出版社，1995年。
8 陈光：《西周燕国文化初论》，《中国考古学的跨世纪反思》，商务印书馆（香港）有限公司，1999年。

地宜于人类休养生息。同时，北京地处中原与北方草原和东北平原交通之咽喉要道，是中原文化与北方草原文化的交接地带。因此，其古代文化特别是青铜时代文化，就不可避免地受到中原与北方文化的相互影响。平谷刘家河、昌平白浮墓出土的中原文化和北方游牧文化的代表性器物共存，昌平张营遗址所体现出的文化内涵，琉璃河遗址早期三种文化因素共生等，充分说明了北京地区以其优越的地理位置，成为南北文化交流的重要枢纽。正是由于这种文化间的辐射与汇聚、冲突与交融，构成了夏商周时期北京地区独具特色的文化特征。

北京夏商周时期重要考古发现有夏家店下层文化遗址、张营遗址、镇江营与塔照遗址、龙坡遗址、琉璃河遗址、夏家店下层文化墓葬、刘家河商墓、琉璃河西周燕国墓地、金牛村墓葬、白浮村西周木椁墓等遗址和墓葬。此外，还有一些其他零散发现，将它们统一列表（附表）。

第二节　夏商周时期的重要遗址

一、夏家店下层文化遗址

1978年，北京市文物管理处对平谷县刘家河村附近遗址进行了调查和小面积试掘，在刘家河村东南、海子北干渠附近土坡断崖上，清理夏家店下层文化灰坑1座[1]。灰坑的西半部已被破坏，形状呈椭圆形，坑壁上部不太规整，下壁较直，坑内堆积分四层。出土陶器以泥质和夹砂的黑衣陶为主，其次是夹砂褐陶。素面磨光陶的数量最多。纹饰以绳纹为主，其他仅有少量附加堆纹和篮纹等。器形有罐、盆、盘、碗等。从陶器特征看，灰坑的年代应属于夏家店下层文化偏早阶段。通过这次调查与试掘，发现了夏家店下层文化早、晚期，类似围坊三期至战国等几个不同时期的文化遗存，这一发现不仅为研究燕南夏家店下层文化的分期提供了新的资料，而且为探索燕文化的形成与发展提供了重要的线索。

1986年，在拒马河流域开展考古调查过程中，在房山区南尚乐乡塔照村、镇江营、西营三处遗址的地表，都发现有夏家店下层文化的陶片[2]。陶质以细砂黑皮红褐胎为主，胎质中掺合云母粉末。平底器的口、颈、肩、腹、底及三足器的足跟与袋足结合部位可看出泥片黏结痕迹，然后于器物内壁或外表加一层薄泥片盖住缝隙，器表盖缝的泥片与鬲裆的泥条堆纹用缠有细绳的制陶工具按紧拍实，器物成形后，通体滚印绳纹。罐、盆等平底器上半部绳纹被抹平，划出弦纹，底部保留交错绳纹。

二、张营遗址

张营遗址[3]位于昌平区东约4.5公里张营村东的平缓坡地上，西邻东沙河，东有孟祖河，蟒山在其北约5公里，西南距介山2.5公里，南距温榆河约10公里，属北运河水系。1984年，北京市进行第二次文物大普查，发现了张营遗址。1989年3～6月，因张营村大队砖厂取土，北京市文物研究所与昌平县文物管理所联合对张营遗址进行了抢救性试掘。2004年3～5月，

1　北京文物管理处：《北京平谷刘家河遗址调查》，《北京文物与考古》第三辑，北京燕山出版社，1992年。
2　北京市文物研究所：《北京市拒马河流域考古调查》，《考古》1989年3期。
3　北京市文物研究所、北京市昌平区文化委员会：《昌平张营——燕山南麓地区早期青铜文化遗址发掘报告》，文物出版社，2007年。

图2-2 张营遗址部分遗迹

图2-3 蛇纹陶鬲

图2-4 陶鬲

为配合昌平卫星城东区南环路回迁小区工程，北京市文物研究所与昌平区文物管理所再次对张营遗址进行了抢救性发掘。两次发掘面积总计1570平方米，发现夏商时期灰坑122座、房址6座、陶窑1座、灶址11座、墓葬1座、瓮棺葬3具、灰沟1条（图2-2）。出土完整或可复原的陶器约90件，石器约334件，骨、角器约30件，铜器17件，玉器10件。另外，还获取了大量的陶、石、骨器标本和可供鉴定种属的动物骨骼标本等。

房址按形制分为圆形半地穴式和方形地面式两种。建筑形式比较简单，1座房址一般由居室、灶、门、柱洞等部分组成，部分房址还残存有墙壁。居室面积一般不超过13平方米。居住面多为黄土垫底，也有细砂垫底，均经烧烤。半地穴式房址F1主室平面呈葫芦形，由西南至东北形成三级踩踏台阶面。内壁有12个横向灰孔斜入进壁，可能是为了防潮而搭建交叉树干而形成的痕迹。在主室之西、南最上层台面还各有一个近椭圆形灰坑，可能是与F1一体的次室或偏室建筑。窑址可分为火道、窑室、烟囱三部分。火道呈斜坡状，窑室顶部塌陷，窑箅已无存。从残存的底部可以看出窑址的范围较小。灶址均未出遗物，部分灶址底部发现有陶片铺底的情况，部分灶址位于房址内。灰坑是遗址中数量最多的遗迹，按形制差异可分为圆形筒状、圆形锅底状、椭圆形筒状、椭圆形锅底状等几种类型。绝大多数灰坑的壁、底没有明显的加工痕迹，包含物较杂，应为倒放垃圾使用形成。部分不规则者或包含物极少者，应为自然形成的土坑或对自然坑的利用。个别不规则形状可能属后期坑壁坍塌而形成。H58为椭圆形锅底状，坑内填土呈黑灰色，粉砂性，质较硬。内含炭屑、红烧土颗粒、夹砂陶片等，可辨器型有陶鬲、甗、盆、罐、瓮、钵、碗、簋、纺轮、石磨盘等。墓葬（M6）为长方形竖穴土坑墓，带生土二层台结构，东西向，内填五花土。墓底有黑灰色的木棺痕迹，棺朽，厚度不详。木棺底部有一层青灰色的膏泥。人骨架1具，头向东，骨架已严重腐朽，仅存股骨，面向不清。随葬器物有陶罐、折腹盆、玉饰等。瓮棺葬平面为椭圆形，剖面呈锅底状或斜坡状，由两件陶器对接而成，遗骨已腐朽不存，W3内仅存儿童牙齿1枚，出土器物有陶瓮、罐、鬲。

遗物可分为陶器、石器、玉器、铜器、骨器等。陶器为所获实物资料中最多者，共出土了陶器碎片27600余件，发现完整和可复原陶器90件。可分为生活用器和生产工具两类。器物种类主要有鬲（图2-3、图2-4）、甗（图2-5）、罐（图2-6、图2-7）、瓮、盆（图2-8）、钵、碗、盂、簋、豆、杯等容器及纺轮、拍、垫、模具等工具。所发现的陶器绝大多数为实用器，显示出较成熟的制作水平。极少数形体较小，制作简单、草率，可能作玩具或冥器之用。石器发现石制工具300余件，形制多样，是当时人类从事生产活动所使用的主要工具。采用的石料经鉴定，种类主要有灰绿岩、闪长细砂岩等。多数系就地取材，少数为搬运而来的石料。石器可分为磨制、打制和细石器三大类。磨制石器种类有斧（图2-9）、凿、铲、刀、坠、镰（图2-10）、锛、磨盘、磨棒、杵、环、范等。多数为琢制成形后再经磨制，分为仅在刃部作局部精磨和通体磨光两种，部分石器采用管钻法进行钻孔。打制石器包括砍砸器、刮削器、盘状器等，刃部多进行二次加工。细石器主要为石叶（图2-11）、镞等，数量不多。此外，还有大量石核、石片、石镢、石锤、磨石等人类活动所遗留的石制品。玉器种类有管、珠、玦、坠（图2-12）、水晶、饰等。铜器中铜质工具种类有刀（图2-13）、镞、叉（图2-14）、锥、凿等，均为小型器物，此外还有铜梳妆器、耳环（图2-15）等。骨器可分锥、管、镞、针、匕、刀、牌（图2-16）、卜骨等。

张营遗址中的夏商文化遗存，可分为三个阶段：一段的年代大致为夏代中期至晚期，二段的年代在夏末商初之际，三段的年代自二里岗上层至白家庄期。

2-5

2-6

2-7

图2-5 陶甗

图2-6 陶罐

图2-7 折肩陶罐

图2-8 折腹陶盆
图2-9 石斧
图2-10 石镰
图2-11 细石叶
图2-12 玉坠
图2-13 环首拱背铜削刀

2-8

2-9

2-10

2-11

2-12

2-13

张营遗址的文化内涵十分复杂，至少表现出曾受到中原、内蒙古中南部及东部、辽西、晋中及冀北等周邻地区的文化辐射。这其中，中原、北方两大文化阵营的对峙是最主要的方面，南、北方向的文化交流汇注，在此得到充分体现。张营遗址各阶段遗存在发展过程中，周邻地区同时代的诸考古学文化曾对之施加不同的影响。但是，遗址主要的文化因素明显更与北方系统相亲近，而与永定河以南地区者差异较大。

张营遗址发现的各类生产工具中，用于农业生产和农作物加工的工具如斧、铲、刀、磨盘、石杵等和用于制陶、纺织等日常生产、加工的工具如陶拍、陶垫、陶纺轮等所占比重较大，而与渔猎等有关的工具如鱼钓、网坠等所占的比重较小，由此可知，张营遗址的社会经济形态是以原始农业为主，同时兼营渔猎业。另外，斧、刀、镰、磨盘、石杵等始终是遗址主要的生产工具，一段、二段与三段遗存生产工具的种类、各自所占的比重变化不大，张营遗址这种生产工具的稳定性体现出经济因素在其社会发展中变化得相当缓慢。

2-14

2-16

2-15

图2-14 铜叉

图2-15 铜耳环

图2-16 骨牌

张营遗址破坏较为严重，房址数目较少，分布散乱，整个聚落在空间分布上没有呈现出明显的规律性。遗址房屋的布局没有特别的规划。虽然灰坑间可以见到若干叠压打破关系，但复杂的叠压打破关系及房址间上下重叠的现象不见，因此断定聚落并没有长期延续使用。从所揭露的房址和灶址存在的若干差别推断，该聚落内部有着一定分化，社会内部各组织单位地位并不平等。遗址中发现的1座墓葬与居址范围没有分离，因数量太少，无法了解当时埋葬习俗、社会组织等有关情况。从两次发掘情况来看，古人对张营遗址的经营是由南至北不断游移、扩大的过程。张营遗址面积较小，其性质为一般村落。

三、镇江营与塔照遗址

镇江营遗址与塔照遗址[1]隶属于北京市房山区南尚乐乡。镇江营遗址位于北拒马河西岸镇江营村东北的一个高台地上，距房山县城34公里。塔照遗址位于北拒马河东岸塔照村南，邻近河岸。

1959年，在全国性的文物普查中，北京市文物工作队发现了镇江营遗址，当时确定属商周时代遗址。1986年，在对北京市境内的拒马河流域进行考古调查时，发现了镇江营遗址新石器文化遗存和塔照遗址。1986～1990年，北京市文物研究所连续五年对两遗址进行了发掘。两个遗址的揭露面积共计2170平方米，根据地层关系和文化比较，共发

1 北京市文物研究所：《镇江营与塔照——拒马河流域先秦考古文化的类型与谱系》，中国大百科全书出版社，1999年。

图2-17 折肩陶鬲
图2-18 陶豆

2-17

2-18

现先秦时期的九种文化，分属新石器时代和夏商周时代。其中夏商周时代有四种文化，一至四期分别为塔照一期遗存、塔照二期文化、张家园上层文化、西周燕文化。以下分别对夏商周时期四种文化加以介绍。

1. 塔照一期遗存

塔照一期遗存，在南至拒马河南岸，北至长城，东至滦河区间广有分布，一般称之为大坨头类型。镇江营遗址中此期遗存较少，只见到零星的灰坑和文化层，大量的遗存发现于塔照遗址。

灰坑分为椭圆形和不规则形两种，以后者居多。剖面有锅底形或斗形等，坑内堆积为灰黑色土等，出土陶片多为灰皮褐陶，器形有鬲、甗、罐、瓮、尊等。

灰沟多呈弯曲的弧线走向，沟内堆积为灰褐土、灰黑色土等，出土陶片有夹云母粉的灰皮褐陶或灰褐陶等，器形有鬲、罐、尊、甗、簋、盆等。

塔照遗址的最下层发现11座墓葬，集中在发掘区的中南部，分东、中、西三排，多为东西向长方形土坑竖穴墓。除2座儿童墓墓圹较小外，余9座成人墓墓圹大小相近，长2.3～3米，宽1米左右。二次葬占40%，头向东者占74%。侧身屈肢面北者占一半以上。皆备木棺，木棺四周的填土形成熟土二层台。少数墓有殉牲现象，计有羊、牛、猪。兽头吻部朝东，与人骨头向一致。成人合葬墓是此墓地值得注意的现象。9座成人墓中有4座合葬墓，其中仅1座异性合葬墓，余3座皆男性合葬。2具人骨分上下两层摆放。下层人骨放入木棺内，均为二次葬。上层人骨置于木棺盖板之上，有一次葬也有二次葬。这一点与单人墓葬明显不同。单人墓无一例外地全为一次葬，而合葬墓里二次葬占75%。随葬品分陶器和石器两类，多在1～3件之间，连儿童也有一二件器物随葬。组合为鬲、盆、盂，豆、罐、盂，簋、罐、盂。夹砂褐陶约占陶器总数的80%，余为泥质灰陶。陶质均含云母粉，使器表看上去有星星点点的光亮。器表颜色不尽均匀，以泛黑褐、灰黑色为多。器表多施有纹饰，较常见的是竖绳纹，其次为划纹、附加堆纹、圆圈纹等。一件陶器上有时可见到几种纹饰，如瓮的肩部施网状划纹，腹部施竖绳纹，后又以划弦纹隔断绳纹。器形有鬲（图2-17）、甗、瓮、罐、豆（图2-18）、尊、盆、簋等。石器有斧、镰、楔三种。

塔照一期遗存可区分为先后三个阶段，第一段年代与凤凰山墓葬接近，第三段的早组共生有二里岗上层文化的假腹豆，故知此类遗存在北京结束的时间应略晚于二里岗上层时

图2-19 陶鬲

图2-20 陶瓮

期。塔照一期遗存四个^{14}C树轮校正数据在公元前1881～前1429年之间，基本开始于夏的后期，结束于商之前期[1]。

2. 塔照二期文化

塔照二期文化，于房山区塔照和镇江营、皇后台遗址、平谷区刘家河和龙坡遗址发现此类遗存，以塔照遗址的中层最为典型。

遗迹只见灰坑，分为圆形、椭圆形和不规则形三种。剖面近斗形、斗形、锅底形等。坑内堆积为黑褐土、褐土、黑灰土等。遗物有陶器、铜器、石器、骨器。

陶质中皆含云母粉，以夹砂陶居多，占84%。泥质陶较少。器表颜色较均匀，泛黑褐或灰褐。器表纹饰以绳纹居多，也有弦纹、附加堆纹、划纹等，素面陶器较少。常见器物有鬲（图2-19）、甗、瓮（图2-20）、罐、甑、盆、钵等。最常见的是领部有附加堆纹的高领鬲和敛口深腹钵。高领鬲不仅具有高领、鼓腹、袋足、粗壮足跟的特征，而且模制袋足的作法别具一格，以其形制、制法、纹饰三方面的特点形成了独特风格。另外，器表滚印的粗身而僵直的绳纹也不见于前期文化。塔照二期文化在陶器形制、制陶方式等主体方面都继承了夏家店下层文化塔照一期遗存的风格，高领鬲和领部附加堆纹等则是新的气象。可以这样理解，当塔照一期遗存发展到二里岗上层之后的阶段时，受到了一种具有高领鬲、领部附加堆纹、绳纹粗而僵直的文化的冲击，这种外来的新文化因素属于北方长城沿线地区。因此可见，塔照二期文化是集北方的高领堆纹鬲、本地的小口鬲和瓮、商文化的假腹豆为一体的具有特色的文化遗存。塔照二期文化的^{14}C树轮校正年代数据为公元前1266～前1070年，相当于商的中、晚期[2]。

3. 张家园上层文化

张家园上层文化的命名始于天津蓟县张家园遗址，商末覆盖了永定河南北区域，目前北京地区发现的地点有房山区镇江营遗址、琉璃河遗址，平谷区韩庄[3]，顺义区牛栏山等。以镇江营遗址中的此类遗存为例概括其文化特征。

1 陈光：《北京市考古五十年》，《新中国考古五十年》，文物出版社，1999年。

2 北京市文物研究所：《镇江营与塔照——拒马河流域先秦考古文化的类型与谱系》，中国大百科全书出版社，1999年。

3 北京市文物局考古队：《建国以来北京市考古和文物保护工作》，《文物考古工作三十年》，文物出版社，1979年。

图2-21 筒腹陶鬲
图2-22 八字纹陶拍
图2-23 骨板
图2-24 角镢
图2-25 人面陶拍

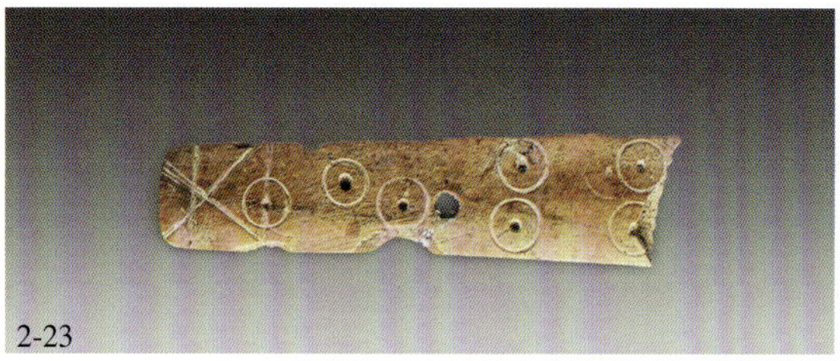

灰坑有圆形、椭圆形、方形、长方形四种。大多数为规整的圆形和椭圆形，底部平坦，有的中间有柱洞，有相当数量灰坑的坑壁上留有掘土工具痕迹，底面留有铺草或树皮类植物的痕迹，有一个灰坑还发现用于葬人。一部分灰坑也可能用于居住。所有的灰坑中未见到门道、灶面等遗迹。

房址均为圆形半地穴式，大房屋直径约3米，浅穴。地面用黄土铺垫，除有两个椭圆形主灶外，沿墙还有二三处烧土面。南壁有斜坡门道通向地面。大房屋周围有众多的圆形小房屋，深穴，直径1.5～2.5米。地面铺垫干草、树皮，没有烧灶。只能居住1～2人。如果将大房屋推测为家族性活动场所无误的话，小房屋应是用于单独居住。

墓葬均为单人仰身直肢，头向东，基本无随葬品，几乎所有未成年儿童都葬在房屋附近的灰坑里。

陶器高大而厚重，以夹云母褐陶为主，有筒腹鬲（图2-21）、鼓腹鬲、袋足鬲、甗、盆、甑、罐、簋及有特色的制陶模具、角制工具、陶拍（图2-22）和骨板（图2-23）。角制工具相当多，常见麋鹿角制作的用于刨土的镢（图2-24）。陶印模则带有某种意识色彩。每件陶拍的表面图案排列均不相同，很可能代表着某一个家族或某个有特殊地位的人。有一件陶拍的表面刻画有人面图案，髡发双髻，两颊纹面，也许表现的就是当地土人的形象（图2-25）。伴随主体文化因素的另一种文化因素以袋足鬲、簋、四系罐和极少量的灰陶甗为代表，明显地属于商文化系统。尤其是泥质灰陶簋的三角缘、器表折线划纹的形态与殷墟晚期至西周初期的簋完全相同。

张家园上层文化可区分为三段，^{14}C树轮较正数据在公元前1408～前930年，经历了商末至西周中期的阶段。分布区域可东至滦河沿岸，北到承德一线，西止太行山，南达大清河。在这样大的范围内，永定河以南地区与商文化和周文化首先发生碰撞，而永定河以北地区与北方的文化有着更密切的联系，因此张家园上层文化客观上有区分地方类型的可能性。由夏家店下层文化、塔照二期文化一脉相承而来的张家园上层文化，商末达到鼎盛时期。有专家考证，该文化具备建立国家政权的实力，否则很难抵御商文化的强大攻势。商王乙、辛之前，燕国的族徽就出现在金文中，如果商代有燕国存在，那必定是张家园上层文化建立的古国[1]。

4. 西周燕文化

以镇江营遗址最为典型。遗址西周时期文化堆积，叠压在相当于商代的先燕土著文化之上，又被春秋时期的灰坑所打破。从地层、房址、灰坑的相互打破和叠压情况分析，这一时期的文化堆积至少可分为三层，为北京地区西周遗址的分期提供了地层资料。

房址较少且破坏严重，大部分房址只有垫土痕迹，形状不够规整，还有更多的零星的与房址和垫土相关联而已被破坏的柱洞。房址基本平地起筑，内外套间，修建前地面均经过细致铺垫，整平地面后挖柱洞，较好的柱洞填土经分层夯实、烘烤形成坚实的柱础，柱础的平面呈现同心圆形，剖面锅底形，每层夯土厚薄均匀。居住面叠压在立柱周围填土之

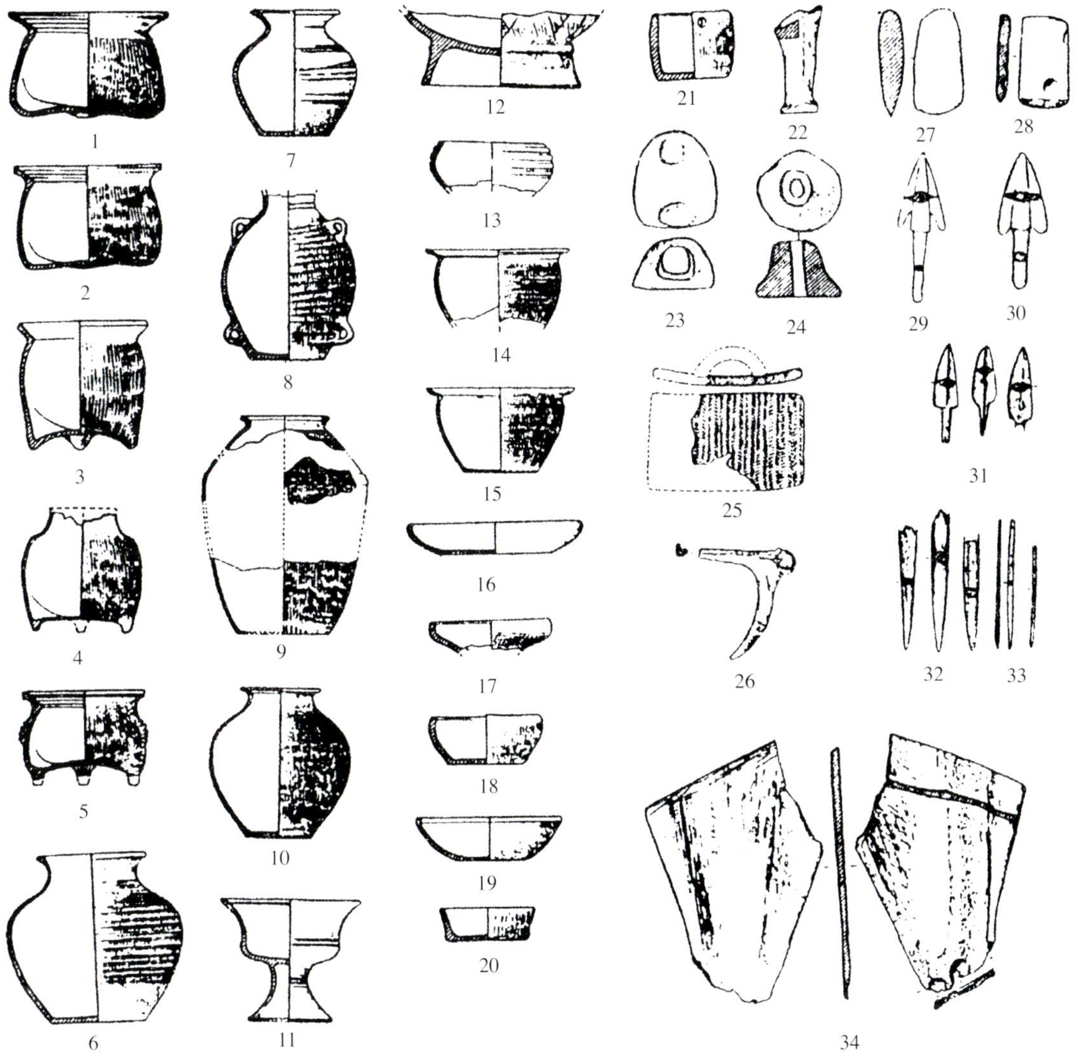

图2-26 镇江营遗址出土器物

1～5. 陶鬲 6～8. 陶罐 9、10. 陶瓮 11～13. 陶簋 14、15. 陶盆 16. 陶盘 17. 陶豆 18. 陶钵 19. 陶碗 20. 陶豆 21. 陶杯 22. 陶鼎足 23. 陶垫 24. 陶纺轮 25. 陶印模 26. 角镢 27. 石斧 28. 石锛 29、30. 铜镞 31. 骨镞 32. 骨锥 33. 骨针 34. 卜骨

1 陈光：《北京市考古五十年》，《新中国考古五十年》，文物出版社，1999年。

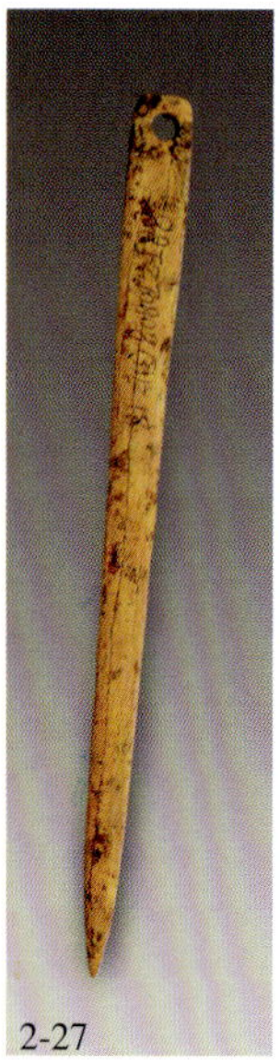

图2-27 骨梭

图2-28 卜骨上的数字

上，分层夯实。西墙处建有烧灶，并有烟道通向墙外。

灰坑平面多为圆形，其次为长方形和不规则形。有的坑底出有兽骨，有的坑壁留有掘土工具痕迹。剖面直壁平底、袋形、锅底形、盆形等。坑内堆积为黑褐土、黑灰土、灰褐土、红褐土、黄灰色间杂的花土等。其中圆角长方形灰坑形状规整，一侧多有柱洞，底部经铺垫加工，应是贮藏用的窖穴。

出土遗物较丰富（图2-26），陶器有鬲、罐、簋、盆、甗、拍等，还有骨簪、骨镞、骨锥、骨梭（图2-27）、铜镞等。陶质中含细砂，掺少量云母粉和粗砂粒，表面多呈灰色，有相当数量的褐色胎质，泥质灰陶较少。豆、簋等较细腻的泥质陶器轮制成形，鬲、罐、盆等胎质略粗的陶器采用泥片套接法，在器物的折沿、颈、肩、中腹、靠底的部位都可看出接茬的痕迹。除小型罐、簋器表素面外，一般都滚印整齐的竖绳纹，有的加弦纹隔断绳纹，器形中最常见的是袋足鬲，其次为罐、盆，簋较少，豆更少见。民用陶器以夹砂灰陶为多，袋足鬲、矮足跟鬲、侈口罐、四系罐、多孔甗、高圈足簋等为常见的陶器组合。遗址中出有卜骨，背面经过平整和钻凿，正面刻出米粒大小的两行数字（图2-28），专家鉴定为易经卦象。

镇江营遗址西周燕文化的初期曾与张家园上层文化的最晚期并行过一段时间，但前者很快覆盖了整个遗址，迫使张家园上层文化的人们离开了家园[1]。镇江营遗址与琉璃河遗址在陶器方面共性较多，是燕文化的组成部分之一。

四、龙坡遗址

龙坡遗址[2]位于北京市平谷区夏各庄乡安固村东200米处，1997年春，北京市文物研究所和中国社会科学院考古研究所联合对遗址进行了发掘。

龙坡遗址是一处商代晚期至西周早期的遗址，现存面积约3000平方米，但大部分遭到严重破坏，本次发掘面积约70平方米，文化层厚度约3米。发掘灰坑10余座、房址1座和圆形夯土台基1座，出土大量陶器和石器以及少量青铜工具。陶器以夹砂陶为主，有少量泥质陶；纹饰以绳纹为主；器类有鬲、罐、钵、甗、盆、圈足、器耳、拍、模、纺轮等。石器有斧、镰、杵、纺轮。青铜工具有刀、锥。其中，花边口鬲、敛口深腹钵、陶纺轮、各种罐类以及石镰、石斧、石纺轮等器物较为典型。

根据层位关系及器物类型等分析，龙坡遗址可分为早、晚两期。经初步整理，发现该遗址内涵单纯，但早期器物有相当一部分夏家店下层文化的因素；与以琉璃河遗址所代表的西

1　陈光：《北京市考古五十年》，《新中国考古五十年》，文物出版社，1999年。
2　王鑫、楼朋林：《平谷县龙坡遗址发掘简报》，《北京文物与考古》第六辑，民族出版社，2004年。

周燕文化有十分明显的区别。这对于研究北京地区商末周初的土著文化以及与燕文化的关系有着重要的意义。

五、琉璃河遗址

琉璃河遗址位于北京市西南43公里处的房山区琉璃河镇以北地区，其范围包括洄城、刘李店、董家林、黄土坡、立教、庄头等村落周围。遗址东西长3.5公里，南北宽1.5公里，面积5.25平方公里（图2-29）。

1958年，北京市进行文物大普查时发现该遗址[1]。1962年，北京市文物工作队在房山县琉璃河公社北部的洄城、刘李店、董家林、黄土坡、立教、庄头村周围发现了商周时期遗址，并在刘李店、董家林村进行了小规模试掘[2]。1964年，在琉璃河黄土坡村发现了两件有铭铜器，鼎铭为“叔乍宝彝”，爵铭为“父癸”，这一重要发现，为了解琉璃河遗址性质提供了重要线索[3]。1972

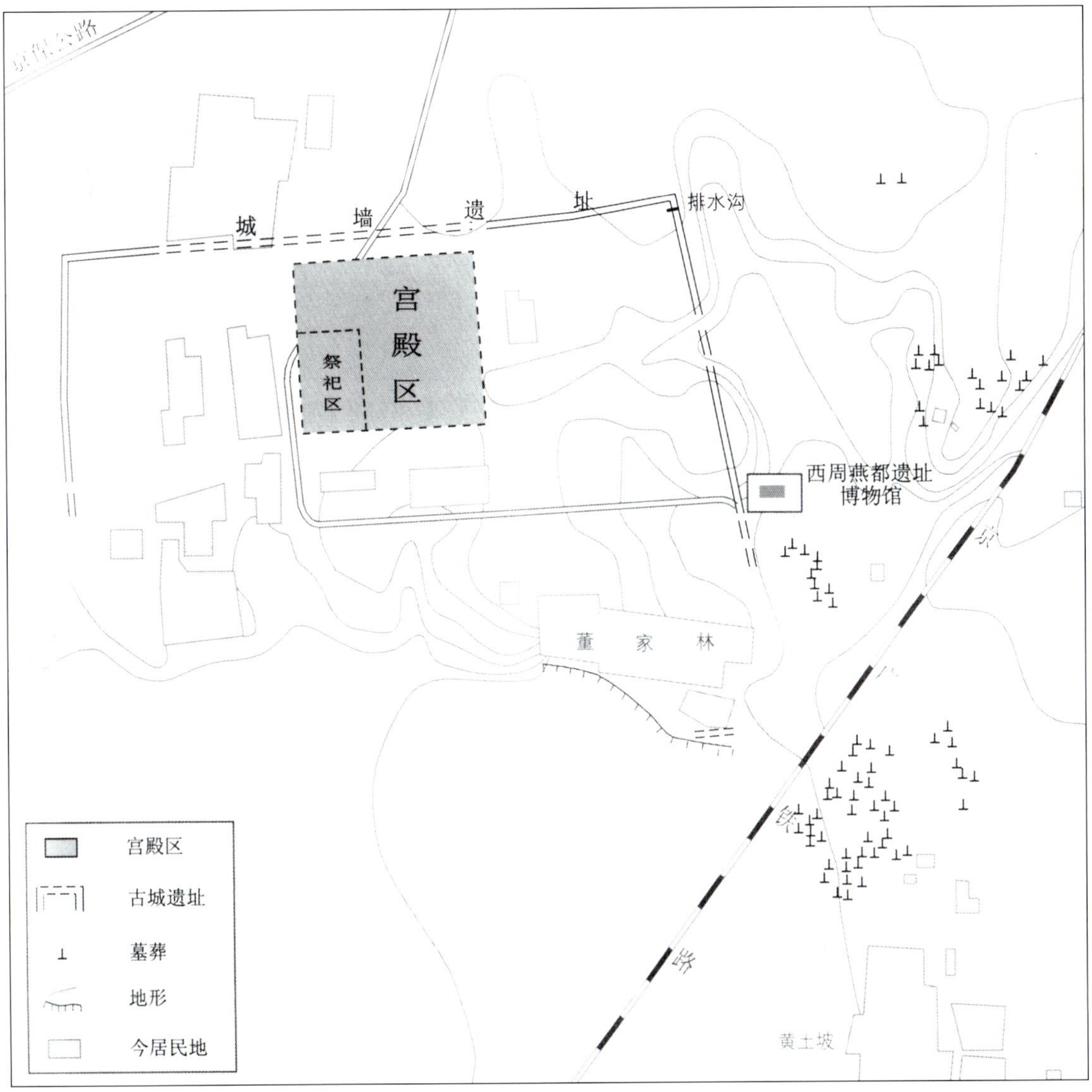

图2-29 琉璃河西周燕都遗址

1 齐心：《琉璃河商周遗址发现、发掘与研究》，《北京建城3040年暨燕文明国际学术研讨会会议专辑》，北京燕山出版社，1997年。
2 北京市文物工作队：《北京房山县考古调查简报》，《考古》1963年3期。
3 齐心：《琉璃河商周遗址发现、发掘与研究》，《北京建城3040年暨燕文明国际学术研讨会会议专辑》，北京燕山出版社，1997年。

年秋，为配合北京大学历史系考古专业教学实习，北京市文物管理处在刘李店、董家林二地再次进行发掘，发现了古代的房基、窖穴、灰坑等遗迹以及生产工具和生活用具。随后又对遗址进行广泛勘查，使遗址范围进一步明确[1]。1973年，为配合当地的平整土地和对遗址作进一步的了解，国家文物事业管理局、北京大学历史系考古专业、北京市文物管理处的有关人员，共同对遗址进行了一次全面的勘查[2]。1973年春，北京市文物管理处、中国科学院考古研究所、房山县文教局共同组成琉璃河考古工作队，对房山县琉璃河镇刘李店村南遗址、立教村西遗址进行了发掘，并对墓葬进行了钻探和发掘工作。当年发掘16座墓葬，其中有2座奴隶殉葬墓[3]。1973～1977年，北京市文物管理处、中国科学院考古研究所、房山县文教局共同组成琉璃河考古工作队，对琉璃河墓地进行了较大规模的考古发掘。在黄土坡、董家林一带共发掘西周时期墓葬61座，车马坑5座，同时对城址进行了小规模的发掘[4]。1976年春、1977年秋及1984年春，北京市文物管理处等单位三次对房山县琉璃河遗址中部董家林村西周时期燕国古城址的东北角、北城墙西段及西北角进行发掘。从三处的发掘结果看，城墙是从生土上起建的，其结构可分为主墙及内外附墙。其中，在1976年春发掘城墙东北角时，发现有时代属于西周早期的墓葬打破内附墙的现象[5]。1981年，中国社会科学院考古研究所和北京市文物工作队联合对琉璃河遗址的墓地进行了发掘。1981年秋～1983年末共发掘面积8900平方米，清理西周时期墓葬121座，车马坑21座[6]。1982年～1985年又发掘了93座墓葬。总共从1981～1986年，共发掘了大、中、小型墓葬及车马坑200余座。其中尤以1986年发掘的带四条墓道的M1193大墓最为重要，出土了带有43字铭文的“克盉”、“克罍”[7]。这一空前发现，对深入研究琉璃河商周遗址性质和燕文化具有关键的作用和极其重要的意义，引起了学术界的广泛重视。1995年11月，北京市文物研究所和北京大学考古学系联合对琉璃河遗址墓葬区进行了小规模发掘，实际揭露面积171.5平方米，共清理西周时期的墓葬10座、灰坑8座[8]。1995年8～11月，北京大学考古学系与北京市文物研究所联合对琉璃河遗址进行了发掘，发掘面积1560余平方米，清理的遗迹包括周代居址、墓葬和20余座灰坑，并试掘古城东城墙北部，发现城墙和排水沟。在F10区和G11区发现有西周早期的云雷纹陶范，可知本遗址有铸铜作坊，其发现为燕国能够制造铜器提供了依据，并为进一步寻找铜器作坊等重要遗址提供了可靠线索。在G11区发现数块西周早期的筒瓦残片，说明在G11区附近有大型宫殿类建筑。在F10区一座西周晚期灰坑中出土完整带“牙”缀柄形器，此类器物以往只见于较大型的墓葬中，居址中出土为全国首见。用卵石砌成的排水沟在我国已发现的西周遗址中尚属首次发现，对研究古代城市排水问题有着重要意义[9]。1996年，为配合“夏商周断代工程”中“琉璃河西周燕都遗址分期与年代测定”专题的需要，北京市文物研究所、北京大学考古学系和中国社会科学院考古研究所联合组成琉璃河考古队，对琉璃河遗址进行了发掘，发掘面积约800平方米，共清理西周时期的城墙2处、灰坑116座、墓葬1座。发掘古城北城墙和城中局部地区，发现了北城墙和护城河。发掘出土的三片带字卜甲，是北京地区继昌平白浮西周墓和镇江营遗址之后的第三次发现，其中

1 齐心：《琉璃河商周遗址发现、发掘与研究》，《北京建城3040年暨燕文明国际学术研讨会会议专辑》，北京燕山出版社，1997年。
2 田敬东：《琉璃河遗址发掘述略》，《北京建城3040年暨燕文明国际学术研讨会会议专辑》，北京燕山出版社，1997年。
3 齐心：《琉璃河商周遗址发现、发掘与研究》，《北京建城3040年暨燕文明国际学术研讨会会议专辑》，北京燕山出版社，1997年。
4 北京市文物研究所：《琉璃河西周燕国墓地（1973—1977）》，文物出版社，1995年。
5 田敬东：《琉璃河遗址发掘述略》，《北京建城3040年暨燕文明国际学术研讨会会议专辑》，北京燕山出版社，1997年。
6 中国社会科学院考古研究所、北京市文物工作队琉璃河考古队：《1981—1983年琉璃河西周燕国墓地发掘简报》，《考古》1984年5期。
7 中国社会科学院考古研究所、北京市文物研究所琉璃河考古队：《北京琉璃河1193号大墓发掘简报》，《考古》1990年1期。
8 北京市文物研究所、北京大学考古学系：《1995年琉璃河遗址墓葬区发掘简报》，《文物》1996年6期。
9 北京大学考古学系、北京市文物研究所：《1995年琉璃河周代居址发掘简报》，《文物》1996年6期。

图2-30 琉璃河西周遗址发掘现场

"成周"等卜甲，对于确定遗址的年代以及燕文化与中原周文化的关系具有重要的意义，为西周早期年代研究提供了重要材料，取得的一系列成果，将琉璃河遗址的研究推向了一个新的高度[1]。1997年度，北京市文物研究所对琉璃河遗址进行了大规模发掘，面积约2000平方米，获取40多种测年标本，原先燕都遗址和董家林城址只能分早晚两期，现在可进一步细分[2]。1997年春、秋两季，北京市文物研究所、北京大学考古文博院和中国社会科学院考古研究所对琉璃河遗址再次进行了大规模发掘，共发掘墓葬11座，其中西周时期墓葬8座[3]。1997、1998年，琉璃河遗址发掘面积500平方米，清理灰坑64座、祭祀坑3座、墓葬3座、陶窑1座，另在一处可能是宫殿建筑基础进行了试掘。此次发掘重要意义在于发现3座祭祀坑，有助于寻找宫殿位置。在发掘同时，还对琉璃河遗址进行了大规模普探，发现至少有6处大型夯土基址，其中4处为圆形锅底状，2处为长方形。这为寻找和研究琉璃河遗址古城城内的大型宫殿基址和建筑布局提供了线索。并对一处直径30余米的大型夯土基址进行全面发掘和解剖，这处圆形锅底状夯土基址，建筑年代不晚于西周中期，西周晚期已遭破坏[4]。2001年4月，为配合黄土坡新村搬迁，北京市文物研究所对琉璃河遗址钻探出来的墓葬进行了发掘，共清理墓葬10座，其中西周时期的墓葬3座[5]。2002年8～9月，北京市文物研究所对京广铁路以西、村民住宅附近属于琉璃河遗址墓葬区中Ⅰ区的部分地点进行了发掘，共发现西周时期墓葬14座，包括中型墓3座，小型墓11座，清理了其中的12座[6]。

经过多年的考古发掘（图2-30），在遗址内不仅发现了各类遗迹，而且获得了上万件的重要文物。其聚落格局主要分为：居住址、城址和墓葬区三部分。该遗址属于商周时代的文化遗存，主体时代为西周时期，至今已有3000多年的历史。

1 琉璃河考古队：《琉璃河遗址1996年度发掘简报》，《文物》1997年6期。
2 齐心：《北京地区考古发现（1989—1999年）》，《北方考古研究》（二），中州古籍出版社，1994年。
3 北京市文物研究所等：《1997年琉璃河遗址墓葬发掘简报》，《文物》2000年11期。
4 齐心：《北京地区考古发现（1989—1999年）》，《北方考古研究》（二），中州古籍出版社，1994年。
5 楼朋林：《琉璃河遗址2001年度西周墓葬发掘简报》，《北京文物与考古》第五辑，北京燕山出版社，2002年。
6 北京市文物研究所：《琉璃河遗址新发掘的西周墓葬》，《2002中国重要考古发现》，文物出版社，2003年。

以下对遗址中居住址和城址两部分发现情况进行归纳概括，墓葬部分在第三节中加以介绍。

在居住址中，有房基、窖穴、陶窑，并发现一些生活用具和生产工具，其中有陶器、陶灶、石器、蚌器和骨角器等。在西周时代地层中，还发现了经钻凿的卜骨。在一些灰坑和地层中，还发现了少数属于商代的陶器，如鬲、甗等。居住址的地层堆积，厚薄不一。

城址位于遗址中部的董家林村及其周围，略呈长方形，南半部被河水冲毁，城址现存形状呈“门”字形。东西长约829米，南北残长300余米。由于城址的最南端发现一处残存的城墙内护坡，推测南、北城墙的距离应有700米左右。城墙外发现有城壕。城墙的部分地段挖有基槽，大部分平地起筑，采用分段、分层夯筑的方法，分为主墙和内外护坡，主墙基宽3米左右，夯打坚实，模板夯筑的痕迹相当清晰，板宽20厘米，夯层亦厚20厘米，此种筑城方式是西周燕都城的建筑特点之一。内外护坡夯打稍差，城外有宽3米的护城河，形状不规整，深度相对较浅，水面较宽，为城址的防卫设施。东城墙的北端发现一条卵石铺就的排水沟（图

2-31

2-32

2-33

2-34

图2-31 排水沟

图2-32 “成周”甲骨

图2-33 绳纹高领鬲

图2-34 绳纹红陶鬲

2-35

2-36

2-37

2-38

图2-35 灰陶豆

图2-36 双耳灰陶罐

图2-37 黑陶贯耳壶

图2-38 双系陶壶

2-31），东西向，用卵石砌成，沟底西高东低，沟口无盖板的痕迹并打破城墙夯土。城中偏北有夯土台基6处，应为宫殿区。在夯土台基的中部偏西，还发现1处平面呈长方形的水井，井四壁皆由方木垒砌，上部只发现朽木痕迹。城址内还发现有西周时期的板瓦、筒瓦，瓦上一般带有瓦钉，应是大型建筑上的遗存。在宫殿区周围还发现西周时期的陶质绳纹水管，这些都足以证明，在燕都城内曾存在过经规划的大型建筑。宫殿区的西南是祭祀遗迹，有的祭祀坑中葬有整头的牛或马，出有很多经过钻、凿的卜甲、卜骨，其中一片刻有“成周”二字（图2-32），为琉璃河遗址的分期与断代提供了新的依据。城内西北部为手工业作坊区和平民生活区。城内民用陶器的器类要比镇江营遗址丰富，如原始青瓷器、仿铜陶礼器、铸铜的陶模和陶范。

琉璃河遗址清理的灰坑数量较多，从口部形状看可以分为圆形、椭圆形、方形、不规则形四类，坑壁有直壁、坡壁、袋状壁三种，坑底有平底、锅状底、凹凸不平底之分。遗物相当丰富，主要有陶器、骨器、蚌器、石器、铜器等。陶器按陶质可分为夹砂和泥质两大类，夹砂陶所占比重较大。陶色可分为灰陶、灰皮褐胎陶、红褐陶3种。纹饰以绳纹为主，还有少量附加堆纹、弦纹、三角划纹以及一些仿铜器的花纹。器类主要有鬲（图2-33、图2-34）、盆、豆（图2-35）、甑、罐（图2-36）、簋、壶（图2-37、图2-38）、瓮、盘等。其他还有骨镞、骨锥、石刀、蚌泡、铜镞、卜甲等。

琉璃河遗址的文化堆积分为早、中、晚三期，分别相当于西周早、中、晚期。早期周文化、商文化、张家园上层文化共生。中期以后，后者逐渐消失殆尽。根据城中夯土台基西周晚期已遭破坏的情况看，该城址西周晚期已不再是都城[1]。

第三节　夏商周时期的重要墓葬

一、夏家店下层文化墓葬

1973年4月，北京市文物管理处、中国科学院考古研究所、房山县文教局琉璃河考古工作队，在房山县琉璃河镇刘李店村商周遗址内，发现夏家店下层文化墓葬2座[2]。均为竖穴土坑墓，南北排列，死者单人仰身直肢，头东足西，无棺。位于南侧的一号墓，人骨脚下随葬陶器5件，为鬲、簋、罐组合，其中鬲分筒腹鬲和鼓腹鬲二种，除筒腹鬲为泥质灰陶外，余皆为夹砂褐陶，器表虽经仔细打磨，仍留有磨过的绳纹痕迹；位于北侧的二号墓，出土了铜指环、铜耳环。发掘者认为这两座墓的年代，相当于商晚期。

1978年，北京市文物管理处对平谷县刘家河村附近遗址进行了调查和小面积试掘，清理夏家店下层文化陶器墓1座[3]。该墓为长方形竖穴土坑墓，墓口及墓坑东部已被破坏，无葬具痕迹，人骨已朽，死者仰身，两小腿作交叉式，头东西向埋葬。随葬品全为陶器，共21件。其中折肩罐18件，折腹盆3件。这些陶器，置于死者左侧及脚下。皆为手制，有泥质黑衣陶、灰陶、红陶和夹砂灰陶、褐陶等。罐的折肩以下施弦断绳纹，折腹盆的折腹以下和盆、罐的底部，均施绳纹，在罐的肩部，多有朱红彩绘痕迹，可辨识的纹饰有三角纹、人字纹等。折腹盆的形制与天津蓟县张家园、围坊等地夏家店下层文化同类器基本相同。折肩罐在其他遗址较少见，但罐腹所施弦断绳纹的作风，却是这类文化比较普遍的特点。

1984年，在密云水库中心岛凤凰山下发现夏家店下层文化墓葬1座[4]。长方形竖穴土坑墓，单人仰身直肢葬，头向西南，未见葬具。随葬鬲、罐、盆、豆等8件陶器，置于头部附近。除1件为夹砂褐陶外，其余的全部是素面磨光黑衣陶。纹饰只有一种较细的绳纹，多饰于鬲足和折腹盆的折腹下部。陶器组合为筒腹鬲、直口鼓腹鬲、高领假圈足罐、折腹盆、粗柄豆等。其中以筒腹鬲数量最多。鬲、盆、罐与内蒙古敖汉旗大甸子墓地同类器物相比，不仅形制接近而且组合关系也基本相同，故年代大致相当，凤凰山墓葬的年代应相当于夏之后期。

二、刘家河商墓

刘家河村位于平谷县城东北14公里，地形呈北高南低的缓坡，有一条东西向的公路从村中穿过。1977年8月，北京市文物管理处和平谷县文教局文化组在刘家河村东公路南侧水塘的南岸清理了该墓[5]。

1　陈光：《北京市考古五十年》，《新中国考古五十年》，文物出版社，1999年。
2　北京市文物管理处等：《北京琉璃河夏家店下层文化墓葬》，《考古》1976年1期。
3　北京市文物管理处：《北京平谷刘家河遗址调查》，《北京文物与考古》第三辑，北京燕山出版社，1992年。
4　北京市文物研究所：《北京考古四十年》，北京燕山出版社，1990年。
5　北京市文物管理处：《北京市平谷县发现商代墓葬》，《文物》1977年11期。

图2-39 三羊罍

图2-40 鸟柱龟鱼纹铜盘

图2-41 方鼎

图2-42 金耳环

墓口已被挖成东西宽约3米，南北长约2米的一个大坑，这批器物即出土于塘坡地表下0.3～1.2米处。铜器已全部被取出，经过现场调查访问及进一步清理，估计该墓可能是南北向，似有二层台，墓底有红黑相间的泥状物。在填土中发现有黑色磨光陶片、夹砂褐色绳纹陶片及夹砂褐色绳纹鬲口残片，应为当时地面上或遗址的陶片填入。青铜礼器出土于南端的二层台上，金饰、玉饰、铜人面饰及铁刃铜钺等均出于墓葬底部。

墓中出土金、铜、玉、陶、铁等文物40多件，其中金、铁、铜器堪称瑰宝，是迄今北京地区发现的年代最早的商代中期的文物，具有重要的历史、学术、科学、工艺价值。

冶铸业在这一时期取得了相当高的成就，16件青铜器中以三羊罍（图2-39）、鸟柱龟鱼纹盘（图2-40）的工艺水平最高，堪称同时期青铜器中的杰作。其他铜器有方鼎（图2-41）、弦纹圆鼎、鬲、甗、爵、卣、斝、罍、瓿、盘、盉和当卢、人面形饰等，金器有金耳环（图2-42）和金臂钏（图2-43）等，玉器有斧、柄、璜等，还有弥足珍贵的铁刃铜钺。在这座墓中，既有典型的商文化的青铜器，又有典

图2-43 金臂钏
图2-44 铁刃铜钺

2-43

2-44

型的夏家店下层文化的装饰品。墓中出土的一件铁刃铜钺（图2-44），是采用天然陨铁，加热后锻打成薄刃，再用青铜浇铸而成的一件兵器，这是我国人民最早用铁的证明。

刘家河墓葬所出青铜礼器的造型与纹饰作风，具有明显商代中晚期青铜器的特点。其云雷纹小方鼎的形制、花纹，与郑州出土的2件大方鼎相近；弦纹鼎、鬲、甗及鸟首鱼尾纹盘、盉等，形制与湖北盘龙城李家嘴墓出土的器物基本相同；饕餮纹鼎具有郑州二里岗上层器物的特点；三羊罍与郑州白家庄二号墓所出铜罍相似；铁刃铜钺与河北藁城台西村出土的标本基本相同；人面纹铜饰与安阳西北岗出土的人面铜饰相似。与上述殷商青铜文化因素伴存的，还有另外一种属于北方青铜文化因素的器物，如一对扁喇叭口式金臂钏和1件扁喇叭口的环钩形金耳环等，明显地与夏家店下层文化同类器物相似。因该墓已被破坏，人骨无存，葬俗情况已不清楚，故这两种金饰品的形制特点和用途，在界定该墓葬文化性质方面就具有格外突出的重要意义。它表明，平谷刘家河这批青铜器遗存，至少包含两种文化因素，即中原殷商青铜文化因素和北方某方国青铜文化因素。而装饰品的形式风格与佩戴部位，是最能反映民族特性的器类之一，所以，这里的中原殷商青铜礼器很可能是属于外来输入文化因素，而以扁喇叭口式金臂钏和金耳环等看似少数的土著文化因素，才是真正体现其文化性质的本质的固有文化因素[1]。

刘家河墓葬的年代和文化性质，目前学术界尚存在不同意见，有的定位商代中期，有的认为应属夏家店下层文化遗存，有的认为这不是夏家店下层文化的遗存，可能为肃慎、燕亳或附近别的其他方国的遗存。根据该墓所出青铜礼器的总体特征，其时代推定在商代中晚期至殷墟早期阶段。从该墓出土的质量很高、工艺精致的金臂钏和金耳环，还有象征权力的铁刃铜钺，以及16件一套的成组青铜礼器分析，该墓墓主应为商代中晚期至晚期前段北方某方国的一位握有重权的贵族首领人物[2]。

夏家店下层文化在北京消失后，北京地区已进入商代晚期。据文献记载，在商代晚期，北京地区有孤竹与燕亳两个著名的部族。这两个部族是商王朝北方的附属国，也是北方的屏障，它们与商王朝有密切联系[3]。

三、琉璃河西周燕国墓地

琉璃河西周燕国墓地，是琉璃河遗址的重要组成部分。墓地位于遗址中部的黄土坡村北

1 靳枫毅、郁金城：《北京地区出土青铜器概论》，《北京文博》2002年2期。
2 靳枫毅、郁金城：《北京地区出土青铜器概论》，《北京文博》2002年2期。
3 北京市文物研究所：《北京建城之始—燕蓟遗迹》，《图说北京史》，北京燕山出版社，1999年。

图2-45 克罍

图2-46 克盉

及古城址以东一带高敞的黄土台地上，京广铁路从墓地中穿过，将墓地分为东西两部分。

1964年，在黄土坡村发现了2件铸有铭文的青铜礼器——铜鼎和铜爵，应是墓葬的随葬器物。从1973年秋季开始，在出土青铜礼器的地点附近进行了钻探，于京广铁路两侧均发现大批西周时期墓葬与车马坑。以京广铁路为界，将铁路以西的墓地，编为Ⅰ区，铁路以东的墓地，编为Ⅱ区。工作经过可分为1973～1977年、1981～1986年和1995～2002年三个阶段。

1. 1973～1977年和1981～1986年墓地发掘情况

1973～1977年[1]、1981～1986年[2]，北京市文物管理处与中国科学院考古研究所等合作，在两区内共发掘、清理墓葬300余座，车马坑30余座。按墓葬规模，可分大、中、小三种类型。在Ⅰ区只有中、小型墓葬；Ⅱ区则大、中、小型墓都有。车马坑二区内均有发现。

大型墓的墓室为长方形竖穴土坑式，一般带有一条墓道，有的带有二条墓道，特殊大墓有的从墓室四角向外斜伸出四条墓道。凡属大型墓，墓室都深在7米以上，有的深达11米。从已发掘的数座大型墓看，均已被盗，随葬器物所余不多。死者尸骨多已无存，个别的仅见零星碎骨。葬具多数保存不好，只有少数墓的木椁板尚未完全腐朽。M1193为长方形土坑竖穴墓，墓口南北长7.68米，东西宽5.25～5.45米。方向352°，该墓形制较为特殊，在墓室四角分别有一条短窄的斜坡墓道。墓室内填土经过夯筑。葬具为一棺一椁，原先覆盖有幔帐一类物品。此墓虽经盗扰，仍出土2件重要的铜礼器——克罍（图2-45）、克盉（图2-46），两器的铭文记述了周初周王分封克为燕侯的史实，极为珍贵。棺椁内的随葬器物因盗扰所剩无几，发掘所获主要是放置在二层台上的兵器、车马器和装饰品。墓内出土的兵器存在着“毁兵葬”[3]的现象，东、西和南侧二层台上发现的戈、戟、矛等兵器几乎都被折断或砸弯，断锋残援多放在北侧二层台上。在墓室内发现有竖立的长矛、铜戈柲和摆放错落有致的漆盾。漆盾有的作长方形，有的上

1 北京市文物研究所：《琉璃河西周燕国墓地（1973—1977）》，文物出版社，1995年。

2 中国社会科学院考古研究所、北京市文物工作队琉璃河考古队：《1981—1983年琉璃河西周燕国墓地发掘简报》，《考古》1984年5期；中国社会科学院考古研究所、北京市文物研究所琉璃河考古队：《北京琉璃河1193号大墓发掘简报》，《考古》1990年1期。

3 唐嘉弘：《西周燕国墓“折兵”之解》，《中国文物报》1992年5月17日。

图2-47 M251部分器物出土状况

部为山形脊，表面髹红色、黑色和褐色的漆，还镶嵌有人面形、兽面形、菱形、圆形大铜泡等作为装饰。墓中还出有“成周”铭文的戈和“燕侯舞易”铭文的铜泡，证明此墓为一代燕侯之墓。根据墓中出土物判断，其年代在西周早期的成康时期。

中型墓的形制，也是长方形竖穴土坑，规格一般长3、宽2米左右。墓内填土一般经过夯打，土色呈红褐色或黄褐色，并夹杂有生土块。葬具一般为一棺一椁，也有一棺二椁者，棺椁多已腐朽成灰。椁室四周有熟土二层台。葬式一般为仰身直肢葬。在两区中型墓附近，一般都有车马坑附葬，没有附葬车马坑者，在墓内则随葬青铜车马器。随葬器物或放在墓主人头前的棺椁间，或棺内，或二层台上，其种类有：青铜礼器、兵器、车马器、工具，陶器，玉石器，原始青瓷器，漆器，以及蚌器、骨角器、货贝等。有的墓随葬器物多为陶器，青铜器少见，有的则随葬较多的青铜礼器，而陶器仅1～2件。M251是一座中型墓，墓中随葬的青铜礼器多达20余件（图2-47），还有很多玉石、象牙用具和装饰品。

小型墓数量最多，约占墓葬总数的3/4，一般规格长2米、宽1.5米左右。葬具一般为一棺，无棺者或有用席裹尸，人骨保存相对较好。随葬品多为陶器，少者1～2件，多者10余件，也有无任何随葬品者，罕见随葬青铜礼器，仅有铜戈之类。

车马坑在墓葬两区都有发现，共发掘34座。大型墓和部分中型墓都有车马坑陪葬，一般均位于主墓的北边，依其墓主身份高低而按其礼制规定，规模也不同。陪葬的车马数量少者2马1车，多者可达42匹马12辆车，车马坑中大都出有铜质车马器。殉葬情况是：有的整车平放，将杀死的马匹置于车辕两侧；有的把车厢、车轮拆开摆放坑中，将杀死的马匹排放坑底；有的大型车马坑叠压几层车马。个别的还殉有“车童”。M1046的1100号陪葬车马坑中（图2-48），第一次发现西周的车伞盖。1100号位于发掘区西侧，坑近方形，南北长6.1米，东西宽5.7米，坑底距地表1.9米。内埋14匹马5辆车，马骨架排列整齐，系杀死后埋入的，马头向北，侧卧于坑底。车是将车轮拆下后斜倚于坑壁上，车厢平放在坑底。5辆车分南北两排放置，其中位于坑中部的三号车舆上装有直径1.5米的伞盖。据考证，东周时才开始流行车上装伞盖，西周殉葬的车舆发现伞盖，目前仅在西周燕都遗址发现一例[1]。在M53的南侧，有一座给主人陪葬的车马坑，坑内葬有6匹马、1辆车、2条狗和1名小马童，车马上的各种铜饰件基本完好。

墓葬中有殉人现象，在Ⅱ区未见，在Ⅰ区中则有7座中、小型墓共殉9人的情况，其中M53、M54、M108殉2人，被殉者年龄皆属青少年，男女都有，最小的5～6岁，最大的17岁。殉人位置，在棺椁间或二层台上，还有的放在椁顶上，椁腐朽后，随顶板塌落下来。被殉者有的颈带黑、白二色石珠串成的项链，有的身上放有铜兵器，如戈、矛、盾饰等。

1　齐心：《琉璃河商周遗址发现、发掘与研究》，《北京建城3040年暨燕文明国际学术研讨会会议专辑》，北京燕山出版社，1997年。

2-48

2-49

2-50

2-52

2-51

图2-48 M1046墓道及1100号车马坑

图2-49 高圈足灰陶簋

图2-50 绳纹灰陶簋

图2-51 瓦纹陶簋

图2-52 绳纹灰陶斝

墓葬和车马坑出土的数千件各类器物中，陶器是其中最多的一类，陶质分夹砂和泥质两种，三足器多为夹砂陶，圜底器和圈足器如罐、簋、豆等多为泥质陶，器表颜色主要是灰、红二色，纹饰以粗绳纹为主，其次为弦纹、三角纹和附加堆纹。器物种类主要有鬲、簋（图2-49～图2-51）、罐、尊、壶、豆、鼎、斝（图2-52）等（图2-53），除部分为实用器外，多数是专门烧制的明器。随葬的青铜器，主要包括礼器、兵器、车马器和工具，礼器主要有鼎（图2-54）、簋（图2-55、图2-56）、尊（图2-57）、卣（图2-58）、爵（图2-59）、鬲（图2-60）、甗（图2-61）、盉（图

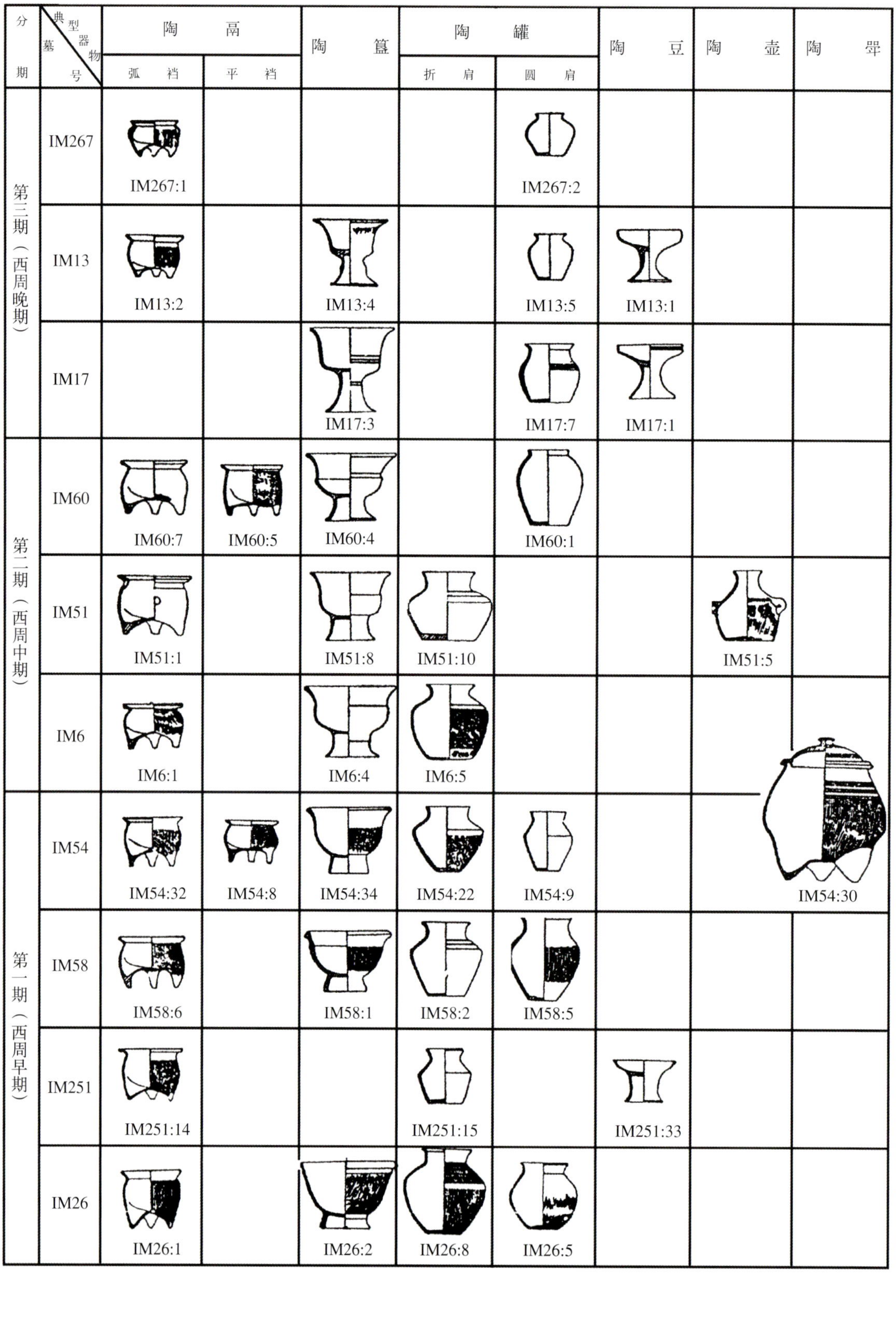

图2-53 琉璃河西周燕国墓地主要陶器演变图

2-54

2-55

2-56

2-57

2-58

2-59

图2-54 饕餮纹鼎

图2-55 云雷纹簋

图2-56 象首三足簋

图2-57 兽面纹尊

图2-58 肇卣

图2-59 毌己爵

2-60

2-61

2-62

2-63

2-64

2-65

2-66

图2-60 戈父壬鬲

图2-61 圉甗

图2-62 父丁盉

图2-63 子罍

图2-64 凤内戈

图2-65 铜盾饰

图2-66 兽面当卢

2-62）、盘、觚、觯、壶、罍（图2-63）等，兵器主要有戈（图2-64）、剑、戟、矛、镞、盔、盾饰（图2-65）等，车马器主要有軎、辖、当卢（图2-66）、銮、轭、铜泡等。

铸有铭文的青铜礼器占绝大多数，如堇鼎、伯矩鬲、伯矩盘、复尊、方罍、圉簋、圉鼎、父乙鼎、父癸鼎、扬鼎、攸簋、戈父甲甗、圉甗、父辛爵、父乙觯、公仲觯、父戊卣、父乙盉等，尤为重要的是克盉、克罍等数十件。铸有铭文的青铜兵器如成周戈、侯午易戈、父辛、匽侯戟、匽侯舞扬等。仅M1193就发现“燕侯午戈”4件，“燕侯午易”铭的铜泡15件。其上铭文少则2字，多则40余字，除铭文本身反映的史实外，很多器物无论从花纹、造型还是从铸造工艺上看，都具有相当高的研究价值。如M52出土的复尊（图2-67），器底铸有3行17字铭文，反映了燕侯赏赐给复男女奴隶和货贝的史实。M251出土的伯矩鬲（图2-68），通体满饰浮雕牛头纹，造型别致，铸造精工，是商周青铜器中不可多得的珍品。盖内和器口沿内都铸有内容相同的铭文，记述了伯矩受到燕侯赏赐的情况。

2-67

2-68

2-69

2-70

图2-67 复尊
图2-68 伯矩鬲
图2-69 堇鼎
图2-70 圉簋

M253出土的堇鼎（图2-69），造型浑厚端庄，纹饰古朴苍劲，给人以庄重肃穆之感；内壁铸有4行26字铭文，记述了堇奉匽侯之命，前往宗周向太保贡献食物，而受到太保的赏赐。铭文所记，与文献所载召公本人并未前往燕国就封燕侯，而以元子就封一事相印证。同墓所出几件圉器，如圉簋（图2-70）、圉方鼎（图2-71）等，铭文也叙述了圉曾参加了周王在成周举行的典礼，而受到周王的赏赐情况。攸簋（图2-72）以三虎为足，虎头顶承簋之圈足，腹之两侧各附2只象头阪耳，设计精巧，形制奇特，纹饰庄严华美。此外还有乙公簋（图2-73）等，都是西周青铜器中难得的杰作珍品。从这些铭文内容分析，当时受封的燕国与西周王朝的关系是比较密切的。此外，在一些盾饰上，还发现铸有阳文的“匽侯”或“匽侯舞易”铭文。

能够反映当时手工艺水平的，还有原始青瓷器、刻纹陶器、玉器、漆器和象牙器的制作。M52出土一组4件完好的原始青瓷器，胎质坚致，青釉光亮纯净。M22出土的刻纹陶簋，纹饰精细华丽，代表了当时烧制陶瓷器的水平。玉器多属小件动物雕刻成的佩饰，有鱼形

2-71

2-72

2-73

2-75

图2-71 圉方鼎

图2-72 攸簋

图2-73 乙公簋

图2-75 青玉龟形佩

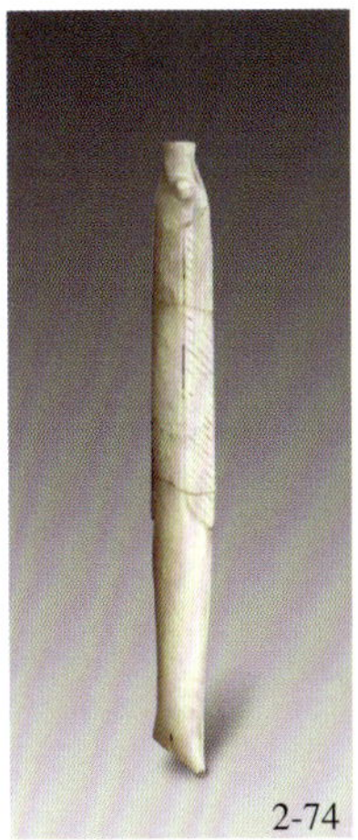
2-74

2-76

2-77

图2-74 白玉鱼形佩

图2-76 白玉璜

图2-77 玉戈

图2-78 玉斧

图2-79 玉柄形饰

图2-80 玉松石玛瑙项链

2-78

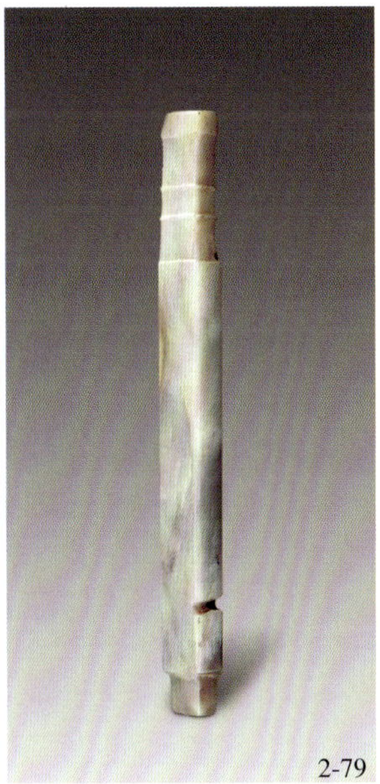
2-79

2-80

（图2-74）、龟形（图2-75）、鸟形、龙形、虎形、兔形、蚕形、蝉形等，此外还有其他各种饰件，如璧、璜（图2-76）、玦、戈（图2-77）、琮、圭、斧（图2-78）、柄形器（图2-79）等，造型生动自然，刻工精细，表现出较高的琢玉水平。在燕国贵族墓葬中发现的大玉戈，长达35.5厘米，与另一座墓出土的镶嵌绿松石的象牙梳都是不可多得的珍品。在燕国贵族墓中还发现有用玉石、玛瑙及其他石料制成的项链，尤其是M2发现的一串项链（图2-80），用1000多颗小石珠串成，中间有钻孔，反映出当时较高的加工水平。漆器种类较多，有豆、杯、俎、簋、盘、彝、觚、壶、罍等器形，有的器表镶嵌蚌泡、蚌片、绿松石或金箔等，并有彩漆绘成各种图案，色泽艳丽，精美绝伦。个别漆器表面雕花，使图案呈浮雕状[1]。M1043出土的一件漆罍，为朱地褐彩，通体花纹由蚌片镶嵌和彩绘组成，器盖上原有四个蚌片镶嵌的木雕兽头，颈部为用蚌片和彩绘组成的凤鸟纹带，肩部和上腹部均为用蚌片镶成的圆涡状和漆绘花纹带，下腹部为蚌片和漆绘构成的饕餮纹，圈足之上镶嵌着多组长方形蚌片，间以长方条形漆绘，器耳为两只由蚌片镶嵌和彩绘构成的带冠凤鸟，是漆器群中的上品。M1043出土的一件漆觚，器身镶三道金箔，在金箔之间，雕刻出三个以绿松石为目的变

1 王巍：《关于西周漆器的几个问题》，《考古》1987年8期。

形夔龙纹。这些漆器的发现，丰富了人们对西周时期漆器制作工艺的认识，将我国螺钿漆器出现的历史，向前提早了大约1500年。

根据黄土坡墓地的规模、布局、墓葬类型、埋葬制度及随葬器物特征等，可以判定这处墓地属于西周时期燕侯家族的墓地。大、中、小型墓葬之间的差别，反映了墓主人生前不同阶级地位和和等级之间的差别。在埋葬习俗和器物组合等方面，京广铁路两侧墓区存在明显差异：殉人现象只在西侧墓区发现，东侧墓区未见；西侧墓区中小型墓多有殉犬习俗，且带腰坑，里面也殉犬，而东侧墓区中基本没有。器物组合方面，西侧墓区中以鬲、簋、罐为基本组合形式，东侧墓区基本上是鬲、罐而缺簋。在车马坑制度上，西侧墓区附葬的车马坑在墓葬的南面，而东侧墓区附葬的车马坑均在墓葬的北面；西侧墓区车体完整殉葬，舆北辕南，马匹的安置作驾车状，东侧墓区则将车体拆散殉葬，多将车轮贴靠坑壁，车轴置于坑底，车厢放在马匹身上。在年代方面，西侧墓区墓葬年代一般偏早，有的上限可能早到商末，东侧墓区墓葬年代大多偏晚，少数较早的墓上限也不过西周早期，多数属西周中、晚期。在墓葬保存方面，西侧墓区墓葬未被盗掘保存完好，东侧墓区墓葬尤其是大、中型墓多被盗掘，破坏严重。

此外，在出土的青铜礼器铭文中，明确记述人名和事迹的，即有10余件，如复、攸、堇、伯矩、圉等，这些人都曾得到过匽侯的恩宠和赏赐，显然皆为匽侯的近臣。因此，田敬东先生指出“黄土坡墓地应是燕侯家族的一处重要墓地，而其中一些大型墓葬，可能就是燕国历史上的某代侯王的墓葬”[1]。

2. 1995～2002年墓地发掘情况

1995～2002年，北京市文物研究所或与北京大学考古学系、中国社会科学院考古研究所合作，在两区内共发掘、清理墓葬37座，祭祀坑3座[2]。墓葬均为中、小型墓葬。

墓葬均为长方形竖穴土坑墓，部分墓的口部小于底部，微呈袋形，有的墓口部呈圆角长方形。方向为南北向或北向略偏东，头向除一座墓外均向北。墓壁一般用青灰泥涂抹，部分墓内填土经过夯打，土色有五花土等。中型墓规格一般长2.9米、宽1.6米左右。小型墓规格一般长2.1米、宽1米左右。各墓棺椁不等，一般为一棺或一棺一椁，一棺二椁者仅发现一座。棺椁仅存板灰，长度可辨，高度只有部分可以确定。棺椁的盖板均为横置，底板则为纵置。一墓内棺髹漆，少数棺上发现有席痕。墓主葬式多为仰身直肢，双手大部分置于腹部或盆骨处，此外还有极少数侧身屈肢、侧身直肢或二次葬。椁室四周有熟土二层台。随葬器物有陶器、铜器、玉石器、原始瓷器、漆器、蚌器、海贝、扇贝等。陶器均放在墓主头端，或棺椁之间，或棺椁盖上，或二层台上；海贝则放在墓主口内，或棺椁盖上，或随葬器物上，或戴在死者项上，少数散见于填土和其他位置；扇贝一般与海贝共出，另外棺盖四角及棺底四周也有较多出土，主要放置在殉人身上；漆器和原始瓷器与陶器放在一起。

部分墓葬有殉人现象，有3座墓葬共殉8人的情况，其中2座墓葬各殉3人，一座墓葬殉2人。部分被殉者年龄皆属青少年，最小的7～9岁，最大的20岁左右。殉人位置，在二层台上或棺椁之间，还有的放在椁内一侧。被殉者有的颈带串珠项饰，有的身上覆盖大量铜车马器

1 北京市文物研究所：《北京考古四十年》，北京燕山出版社，1990年。

2 北京市文物研究所、北京大学考古系：《1994年琉璃河遗址墓葬区发掘简报》，《文物》1996年6期；琉璃河考古队：《琉璃河遗址1996年度发掘简报》，《文物》1997年6期；北京市文物研究所、北京大学考古文波院、中国社会科学院考研究所：《1997年琉璃河遗址墓葬发掘简报》，《文物》2000年11期；楼朋林：《琉璃河遗址2001年度发掘简报》，《北京文物与考古》第五辑，北京燕山出版社，2002年；北京市文物研究所：《琉璃河遗址新发掘的西周墓葬》，《2002中国重要考古发现》，北京文物出版社，2003年。

或面部覆盖大量扇贝，有的身上残留席痕。

殉狗现象较为普遍，一般放置在填土和腰坑中，部分狗骨架残缺不全，狗头的方向一般与墓主人的头向相反，部分狗骨架显示出活埋的迹象。只有一墓的殉狗较为特殊，该墓除在填土和腰坑各放置一条狗之外，还在西部二层台上放置了一条狗，且狗的前肢反绑，显然为活埋。

墓葬出土的随葬器物中，陶器是其中最多的一类，陶质分夹砂和泥质两种，器物种类主要有鬲（图2-81）、鼎（图2-82）、簋（图2-83）、尊（图2-84）、罐（图2-85）、豆、瓿等。随葬的青铜器主要包括礼器、兵器、车马器和工具，礼器主要有鼎（图2-86）、甗（图2-87）、簋（图2-88）、卣（图2-89）、尊（图2-90）、觯（图2-91）、爵（图2-92）等；兵器主要有戈、短剑、

2-81

2-82

2-83

2-84

2-85

2-86

图2-81 云雷纹陶鬲

图2-82 单乳灰陶鼎

图2-83 高圈足灰陶簋

图2-84 云雷纹灰陶尊

图2-85 云雷纹灰陶罐

图2-86 圆鼎

图2-87 青铜甗
图2-88 饕餮纹簋
图2-89 效卣
图2-90 浮雕兽首尊
图2-91 父癸觯
图2-92 弦纹爵

2-87

2-88

2-89

2-90

2-91

2-92

矛、镞等；车马器主要有当卢、璎珞、节约、衔、軛、辖等；工具有锥等；另外还出土了铜面具、盾饰等器物。玉器有玦、琀、瑝、戈、鱼、鸟等。骨器有镞、锥、牌。蚌器有泡、鱼、圭。

墓葬时代均属于西周时期，从目前整理结果来看，可分为早、中、晚三期，其中，中期又有偏早和偏晚之分。

2002年发掘是琉璃河遗址近年来收获较大的一次考古发掘，尤其是M7、M8出土的陶器，显示出这两座墓葬可能是目前琉璃河遗址发现的西周最早期的墓葬。而M2、M5出土的大量车马器，也是自20世纪80年代以来出土最多的一次，尤其是两墓中出土的铜组合面具、双鸟头马具、兽首形当卢等都是琉璃河遗址首次发现，丰富了琉璃河西周燕文化的内涵。同时，此次发掘的墓葬，在葬俗、葬式等方面与Ⅱ区墓葬也有较大的区别，为研究琉璃河西周燕文化族别、礼制的差异提供了新的材料[1]。

琉璃河遗址及其墓地的发掘，是北京地区考古工作的一项重要收获，其考古成果使得西周燕国文化的研究达到了更高的层次。首先，燕国始封当在营建“成周”之后。其次，琉璃河城址主要使用于西周早、中期，晚期迁往他处。第三，琉璃河墓地是燕国公墓，并非仅是贵族墓地。由于西周燕国考古资料的积累，已能够进行燕人等级层次的划分。目前可分为六个等级层面，依据是琉璃河墓地诸墓的规格，墓室越大，等级越高，反之越低。墓室的面积已成为社会地位的象征。城址中出土有张家园上层文化陶器，在墓地中却没有发现相应的墓葬。镇江营遗址的此类文化墓葬与琉璃河墓地的葬俗大相径庭，显然是使用琉璃河墓地的人们排斥的一种文化，应列为另外一种受排挤的等级层面，社会地位最为低下。大大小小的墓多随葬有兵器，燕侯和贵族阶层尤多，甚至还陪葬车马。可以看出，燕侯本人尚武，手下贵族多是军事统领，西周燕国的战争还是相当频繁的[2]。

四、金牛村墓葬

1982年6月，北京市文物工作队在顺义县牛栏山公社接收到当地金牛村农民掘地时发现的8件青铜器[3]（图2-93）。据称，与铜器同出的还有陶罐4件，已佚失。这组铜器包括鼎（图2-94）、卣、尊、觯（图2-95）各1件，觚（图2-96）、爵（图2-97）各2件，器上皆铸有铭文。鼎圆口深腹，平沿方唇，直耳柱足，腹足皆饰扉棱，腹饰雷纹底饕餮纹，上有铭文2行6字，并铸有“亚㠱矣”族徽；二件铜爵均在鋬内铸有阳文“亚㠱矣”族徽，其余各器均铸有“亚㠱矣”族徽和“父已”铭文。

由于铭文相同，说明此组青铜器应是同时期所作。原简报认为，这组铜器的组合、形制、纹饰、铭文都与房山琉璃河周初燕器有密切关系，年代比白浮墓要早，约为西周初期器。根据同时出有陶器和铅器初步判断，这组带铭青铜器应出于墓葬。

带有“亚㠱矣”族徽的青铜器，过去曾在北京卢沟桥、房山琉璃河、辽宁喀左县等北燕国地域内发现过。此次发现，说明“亚㠱矣”一族应是商末周初北燕境内的大族，陈平先生认为箕子之箕国原应在北京地区的推断是有道理的[4]。此组青铜器的发现，为研究该族的地望，增加了新的资料。

1 北京市文物研究所：《琉璃河遗址新发掘的西周墓葬》，《2002中国重要考古发现》，文物出版社，2003年。
2 陈光：《北京市考古五十年》，《新中国考古五十年》，文物出版社，1999年。
3 程长新：《北京顺义县牛栏山出土一组周初带铭铜器》，《文物》1983年11期。
4 陈平：《北方幽燕文化研究》，群言出版社，2006年。

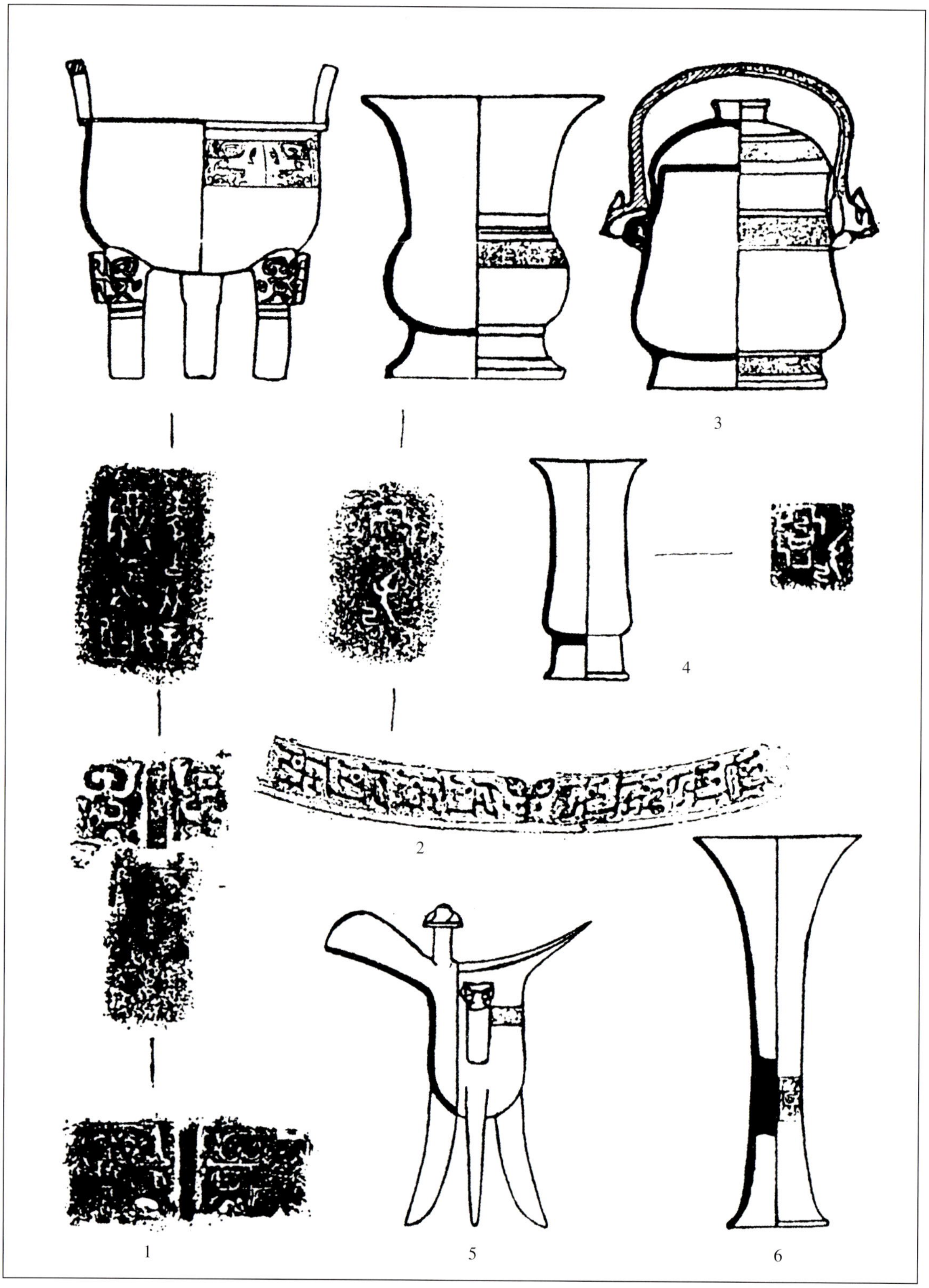

1. 圆鼎及铭文与纹饰　2. 尊及铭文与纹饰
3. 提梁卣　4. 觯与铭文　5. 爵　6. 觚

图2-93 顺义金牛村出土的西周铜器

2-94

2-95

2-96

2-97

图2-94 亚㠱鼎

图2-95 亚㠱觶

图2-96 亚㠱觚

图2-97 亚㠱爵

图2-98 昌平白浮西周墓出土器物

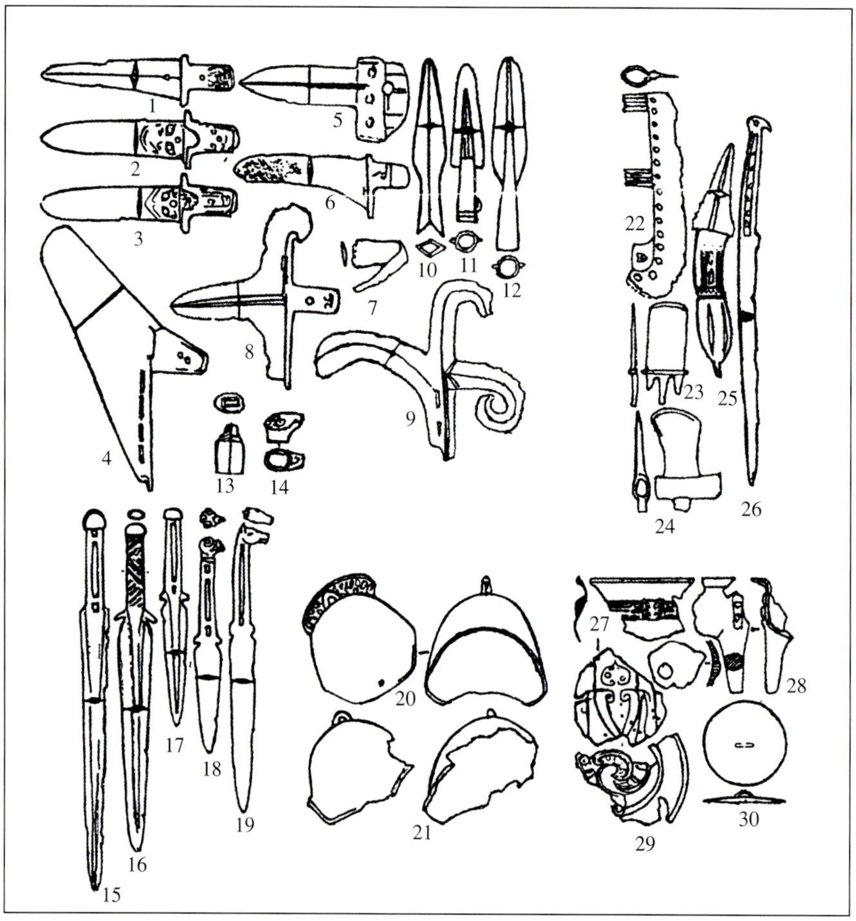

1～6、8、9. 青铜戈　7. 铜戈　10～12. 青铜矛　13、14. 柲冒
15～19. 青铜短剑　20、21. 青铜盔　22. 青铜刀　23. 青铜钺
24. 青铜斧　25. 青铜匕首　26. 青铜刀　27. 残铜𣪘腹
28. 残铜鼎　29. 铜盾饰　30. 铜镜饰

五、白浮村西周木椁墓

1975年3月和6月，北京市文物管理处先后在北京昌平县东南白浮村龙山脚下，发掘了保存基本完好的西周木椁墓3座[1]。3座墓结构类同，均为长方形土坑竖穴木椁墓。呈倒品字形排列，均遭破坏，M1、M3只存木椁底板，M2尚保存有木椁四壁侧板、堵板以及底板。壁板以方木自下而上垒成，底板是用11根长3米多、宽20厘米左右的方木纵向排列而成，在底板下垫有东西向的方子木2根。3座墓椁室底部，都挖有腰坑，坑内殉犬一只。

随葬器物多置于死者头前及其两侧，其中以M2、M3随葬品较多。3座墓共出土各类文物400多件，包括青铜礼器、兵器、车马器、工具、玉石器以及刻字卜甲等（图2-98）。所出青铜器，包含有两种不同文化背景和两种不同文化因素。其中铜礼器中的鼎、簋、壶，以及车马器中的当卢、铜泡等，形制与中原西周文化以及琉璃河西周墓中出土的同

1　北京市文物管理处：《北京地区的又一重要考古收获——昌平白浮西周木椁墓的新启示》，《考古》1976年4期。

类器物基本相同，体现的是中原西周文化因素的特点。富有特色的是青铜兵器和卜甲。兵器主要有戈、戟、剑、刀、匕首、矛、盔和盾饰等。其中鹰首剑（图2-99）、马首剑（图2-100）、鹰首刀，铃首匕、蘑菇首双齿格等直刃匕首式青铜短剑、管銎戈，以及青铜工具有銎斧、三銎刀等，形制具有强烈的北方草原青铜文化的特征，体现的是商周时期北方少数部族青铜文化的因素特点。这体现出中原青铜文化与北方青铜文化在北京地区相互影响的痕迹。因此，该批墓葬的发现，为研究周初燕国文化与中原文化以及与北方文化三者关系提供了重要线索，充分说明早在3000年前北京一带就是中原文化与北方草原文化传播交流的枢纽。

2-99

2-100

图2-99 鹰首铜剑

图2-100 马首铜剑

在M2、M3中发现有100多片卜甲残片，有腹甲，也有背甲，在一些卜甲的背面，有方形平底的凿，排列整齐，并有灼痕，契刻文字字体很小，可辨识的有“贞”、“其祀”、“其尚上下韦驭”等，这是北京地区首次在西周燕文化墓葬中发现刻字卜甲。

白浮西周墓的木椁结构和随葬器物来看，其墓主人可能为有着较高社会地位的贵族。关于墓葬的文化性质和墓主的族属问题，目前存在不同意见。陈光先生从墓葬出土器物及埋葬习俗的分析入手，认为墓主的着装和佩戴的兵器遵循着本民族的习惯，而使用的青铜礼器和埋葬习俗已纳入西周燕国的轨道，推测墓主人为臣属于西周燕国的异族首领之一[1]。靳枫毅、郁金城先生根据3座墓葬的形制、墓向、棺椁结构、死者头向和葬式的特点，以及所随葬的青铜礼器的组合——一鼎一簋或三鼎二簋的礼制特点，所出卜甲的刻辞特点，特别是随葬的日常生活用器陶鬲的形制特点，皆属正宗的西周文化传统，认为“虽然这里面包含有一部分北方草原青铜文化的因素，或还有个别的殷遗文化因素，但这些次要因素都不能掩盖或冲淡、更不能改变对该墓地主导文化因素——姬匽文化性质的认定。因此，白浮村墓葬应是西周早中期阶段姬匽贵胄的宗族墓葬。这其中的部分北方青铜文化因素和个别殷遗文化因素，当是姬匽文化在同北方青铜文化和殷遗文化接触过程中，发生文化交流，并有所兼容和吸纳的结果。其方式，或为战利品，或为馈赠品，或为交换物等。这在北京地区是自古常见的文化现象”[2]。白浮村3座木椁墓墓葬形制、木椁结构、葬俗及随葬器物特征一致，属同一时代，应在西周中期。

1 陈光：《北京市考古五十年》，《新中国考古五十年》，文物出版社，1999年。
2 靳枫毅、郁金城：《北京地区出土青铜器概论》，《北京文博》2002年2期。

附表　北京夏商周考古零散发现列表

工作时间	发现地点	遗存情况	资料来源
1961年	昌平区雪山村	在发掘昌平雪山遗址时，发现此遗址的第三期文化遗存，属于夏家店下层文化	北京市文物研究所：《北京考古四十年》，北京燕山出版社，1990年
1965年	房山区焦庄	商代晚期小型墓2座，出土器物有陶鬲、豆、罐和铜戈等	北京市文物研究所：《北京考古四十年》，北京燕山出版社，1990年
20世纪60年代	平谷区韩庄	发现商代弦纹铜鬲和铜盉残片等	北京市文物研究所：《北京考古四十年》，北京燕山出版社，1990年
20世纪70年代	回收的废铜中	拣选出一批商代青铜器，如龟鱼纹盘、斿觚、旅觚、饕餮纹圆鼎、大于爵等	程长新、张先得：《历尽沧桑，重现光华》，《文物》1982年9期
1978年	房山区琉璃河遗址	一处已被破坏的灰坑。灰坑剖面呈袋形，平底。坑壁坚硬，呈浅黄色。坑内填土为青灰发绿色，土质松软，夹杂大量陶片。可以复原器物有10余件，主要器类有鬲、罐、甗、四系壶等	李华：《北京房山琉璃河遗址发现的商代遗迹》，《文物》1997年4期
1981年	北京铜厂	外地运京的30多吨废铜中，拣选出一组28件带有“举𠭯”铭文的商代青铜礼器，主要器形包括：鼎、甗、簋、爵、觚、卣、罍、尊、盉、盘等	程长新等：《北京拣选一组二十八件商代带铭铜器》，《文物》1982年9期
1996年	房山区岳各庄乡皇后台	发掘面积80平方米，发现大量商代晚期至西周早期的文化。文化面貌比较复杂，存在着三种文化因素，即商文化因素、周文化因素和当地土著文化因素。从其特征来看，以夹砂褐陶、泥质灰陶为主，纹饰多绳纹，其次是附加堆纹，器类主要有高领鬲、袋足鬲、联裆鬲、盆、簋、罐等	齐心：《北京地区考古发现（1989—1999年）》，《北方考古研究》（二），中州古籍出版社，1994年

第三章

北京春秋战国考古

公元前770年，周平王迁都洛阳，至公元前221年秦始皇统一六国，史家一般称之为“东周”，传统上东周又分“春秋”（公元前770～前476年）、“战国”（公元前475年～前221年）两个阶段。周王室的东迁，引起天下局势的改变，各诸侯封国的政治、经济、文化等也随之发生了较多的变化。

东周时期的今北京地区，从传世历史典籍的记载来看，属于燕国的境域。燕国自西周初年就封在今北京地区，著名的琉璃河城址，就是西周时期的燕国都城所在，它位于房山区琉璃河镇董家林村。到东周初年，燕国在今北京地区已经存续了近300年。有关春秋时期燕国的历史，古籍记载的很少，所以关于春秋时期燕国的历史，我们知之甚少，而今天知情较多的，则是战国时期的燕国，这得益于《战国策》、《史记》等历史典籍的记载，例如《史记》卷一百二十九《货殖列传》记载：“夫燕亦勃、碣之间一都会也。南通齐、赵，东北边胡。”《战国策》卷二十九《燕策一》载苏秦说燕文侯曰：“燕东有朝鲜、辽东，北有林胡、楼烦，西有云中、九原，南有呼沱、易水，地方二千余里，带甲数十万，车七百乘，骑六千匹，粟支十年。南有碣石、雁门之饶，北有枣栗之利，民虽不由田作，枣栗之实足食于民矣。此所谓天府也。”

考古学的发现与研究，使得今天的人们对于东周时期今北京地区的社会情况有了新的认识，这一认识与历史文献记载的情况略有不同。考古学的发现和研究，大致可以为我们勾勒出这样一副图景：东周的初年乃至整个春秋时期，今北京地区始终存在着南北两个不同系统的考古学文化，一个是位于南部的燕文化，另一个是位于北部燕山山地间的“玉皇庙文化”。考古发现的种种迹象，证明这两个考古学文化很可能意味着两个不同的政治、经济、文化实体。从目前的考古发现来看，春秋时期燕国的境域或许并不能够覆盖今天的整个北京地区，春秋时期燕文化的遗存，大部分分布在今北京西南部的房山区境内，如镇江营与塔照遗址、丁家洼遗址、前后朱各庄遗址等，只有一处发现于顺义区境内，而该处遗存的年代已经到了春秋晚期到春秋战国之际；“玉皇庙文化”在北京境内的发现，主要集中于北京市延庆县北部的军都山等燕山余脉的山前地带，著名的玉皇庙墓地、葫芦沟墓地、西梁垙墓地等就发现在这个区域，从这些发现来看，春秋时期是玉皇庙文化的繁盛时期，这种繁盛的局面可能一直持续到春秋战国之际。

战国时期，随着玉皇庙文化向北、向东——主要是向今河北省北部、东北部的怀来、滦平等地的迁移，燕国的境域基本完全覆盖了今天的北京地区，甚至还向东北等地有了较大的扩展，历史文献中记载的燕国长城在今天的辽宁、河北、内蒙古等境内发现了较多的遗迹，这就大大证实了文献记载的战国时期燕国向北开疆拓土的史事，而文献记载的上谷、渔阳、右北平、辽西、辽东等燕北五郡的大致范围内，也发现了较多战国时期燕文化的遗存，基于这些发现，我们可以说，战国时期的今北京地区，基本是燕国一统的局面。

第一节　北京春秋战国考古发现与研究

一、概　　述

新中国成立以来，北京地区的东周考古工作，取得了较大的成就，陆续发现了一大批重要的东周时期的遗存。20世纪五六十年代，先后在北京昌平、怀柔等地发现了东周时期燕文化的墓葬约30座，北京市文物工作队还对房山县的窦店古城址做了调查，在配合城市基本建设的抢救性考古工作中，在城区的宣武区等地还发现了战国时期的陶井圈、瓦当等遗存；70年代东周时期的考古发现不多，就公布的资料来看，丰台贾家花园的一座战国晚期铜器墓葬应该是比较重要的资料，延庆县境内也不断发现玉皇庙文化的零星遗存。80年代至90年代初，随着社会的发展，考古工作也有了长足的进步，配合基本建设的考古工作中，发现了许多重要的燕文化墓葬，北京市文物研究所对拒马河流域进行了系统的调查，并对房山窦店古城、镇江营与塔照遗址等进行了科学的考古发掘。北京市文物工作队在房山琉璃河的考古工作中，也发现了战国时期的遗存；随着周边区域考古学文化格局的逐渐明晰，北京地区的考古工作者也把目光集中到北部燕山山地间多次发现的零星遗存，1987年组织了山戎文化考古队对这一区域进行系统的调查，陆续发掘了玉皇庙、葫芦沟、西梁垙等墓地，发掘出一大批重要的文化遗存，在此基础上提出了“玉皇庙文化”的命名。20世纪90年代至今的约20年内，北京地区的东周考古工取得了新的进展，新的发现不断增多，新的研究不断出现，北京地区东周考古的研究也提高到了一个新的水平。

表3-1列举了北京地区20世纪50年代以来发现的比较重要的东周时期墓葬遗存，有关东周时期城址、一般聚落遗址的发现暂未列入上表。另外，在配合基本建设过程中，曾经多次发现零散的文物遗存，只是对这些零散发现公布的资料相当有限。

二、北京地区东周考古的研究现状与认识

随着各类遗存的不断发现，学者对于北京地区东周考古的研究和认识也在不断深入。20世纪五六十年代，北京地区的东周考古处于起步阶段，1959年，苏天钧对1949到1959年10年间北京市所发现的古代墓葬和遗址进行了总结[1]；1962年发表的《北京怀柔城北东周两汉墓葬》一文，对在怀柔城北发掘的23座东周墓葬进行了分期研究，将这批墓葬分为四期，分别相当于春秋时期、战国初期、战国中期、战国晚期[2]，北京地区的20世纪80年代至今，随着更多考古遗存的不断涌现，北京地区东周考古的研究进入了新的阶段，研究的范围不断扩展，

1　苏天钧：《十年来北京市所发现的重要古代墓葬和遗址》，《考古》1959年3期。

2　北京市文物工作队：《北京怀柔城北东周两汉墓葬》，《考古》1962年5期。

表3-1 北京地区发现的东周时期墓葬

时 间	地 点	内 容	来 源
1956～1957年	昌平松园村	战国时期燕文化墓葬2座，出土仿铜陶礼器	苏天钧：《北京昌平松园村战国墓葬发掘记略》，《文物》1959年9期
1959～1960年	怀柔城北	战国时期燕文化墓葬23座，出土仿铜陶礼器	北京市文物工作队：《北京怀柔城北东周两汉墓葬》，《考古》1962年5期
1960年	昌平半截塔村	战国晚期燕文化墓葬2座	北京市文物工作队：《北京昌平半截塔村东周和两汉墓》，《考古》1963年3期
1977年	丰台贾家花园	战国晚期燕文化墓葬1座，出土铜礼器	北京市文物管理处：《北京丰台区出土战国铜器》，《文物》1978年3期
1981年	通县中赵甫	战国时期燕文化墓葬1座，出土成套铜礼器	程长新：《北京市通县中赵甫出土一组战国青铜器》，《考古》1985年8期
1982年	顺义龙湾屯	春秋时期燕文化墓葬1座，出土成套铜礼器	程长新：《北京市顺义县龙湾屯出土一组战国青铜器》，《考古》1985年8期
1985～1986年	延庆葫芦沟	玉皇庙文化墓葬150余座，器物3000余件	北京市文物考古研究所山戎文化考古队：《北京延庆军都山东周山戎部落墓地发掘记略》，《文物》1989年8期；北京市文物研究所：《北京考古四十年》，燕山出版社，1990年。
1986～1991年	延庆玉皇庙	玉皇庙文化墓葬400座，文物60000余件	北京市文物研究所：《军都山墓地》，文物出版社，2007年
1987年	延庆西梁垙	竖穴土坑墓47座，18座玉皇庙文化墓葬，余为战国燕文化墓葬	北京市文物考古研究所山戎文化考古队；《北京延庆军都山东周山戎部落墓地发掘记略》，《文物》1989年8期；北京市文物研究所：《北京考古四十年》，燕山出版社，1990年
1994年	延庆西梁垙	玉皇庙文化墓葬12座	北京市文物研究所：《延庆龙庆峡别墅工程中发现的春秋时期墓葬》，《北京文物与考古》第四辑，1994年
2003年	亦庄西环南路	战国晚期燕文化墓葬1座	北京市文物研究所：《北京亦庄考古发掘报告》，科学出版社，2009年
2006年	房山区岩上	战国时期燕文化墓葬37座，包括长方形竖穴土坑墓和瓮棺葬墓	孙勐等：《岩上墓葬区考古发掘报告》，《北京段考古发掘报告集》，科学出版社，2008年

研究的程度不断深入，研究的水平也不断得到提升，其中涉及先秦史、考古学、古文字学、古钱币学、历史地理学等多个领域，东周燕文化的综合性研究开始出现，玉皇庙文化的外延和内涵也逐渐明朗，关于它的文化属性也展开了热烈的讨论[1]。相信随着新资料的出现，北京东周考古的研究发将出现更大的发展。

另一方面，玉皇庙文化遗存资料的不断发现和公布，引起了学界的广泛重视，对于该文化所属的族群问题，很多学者结合历史文献和考古资料进行了研究，并发表了自己的观点。不过到目前为止，对于这一问题的认识尚不统一，归纳起来大致有两类：一种观点认为，玉皇庙文化的族属应该是“山戎”，玉皇庙墓地的发掘者靳枫毅先生在最初公布他的发现的时候，就提出了这样的观点，他从玉皇庙文化的延续时代、分布地域、生活方式、文化因素等诸多方面进行了分析，认为玉皇庙文化与文献中记载的山戎相符合[2]。张秀荣、田广金、郑绍宗等先生对这一观点表示了支持[3]。另外一种观点认为，玉皇庙文化所属的族群应该是代国，这个由狄人建立的国家在战国时期被赵国灭亡，林沄先生首先提出了这种看法[4]，杨建华先生在她的文章中表达了同样的看法[5]。韩嘉谷先生虽然没有肯定“代国说”，但也表示，军都山墓地“应属白狄无疑”[6]。学者们面临的文献史料和考古遗存基本是一样的，得出的观点却相差较远，对于玉皇庙文化所属族群的探讨，必然还将进行下去，相信随着考古工作的进一步开展，这一问题的答案会逐渐明朗。

第二节　北京春秋战国燕文化的重要考古发现

东周燕文化来源于北京地区传统的西周燕文化，虽与西周燕文化有着较为密切的联系，但又明显不同于后者，是一个崭新的考古学文化。从目前的研究来看，东周燕文化大致形成于春秋中期，目前北京地区所见的春秋时期遗存以房山镇江营与塔照遗址、丁家洼遗址等聚落遗址为代表，其代表性的遗迹为圆形、方形以及不规则形等各类灰坑等，房山前后朱各庄遗址还发现了一座升焰型陶窑，代表性的文化遗物就是燕式高足陶鬲、近乎平裆的袋足陶鬲、折沿深腹圜底陶釜、细高柄陶豆、折沿盆等陶器，陶器表面以不同形式的绳纹为主要装饰纹饰；北京地区春秋晚期至战国时期的燕文化遗存发现数量较多，其中包括城址、聚落遗址、墓葬、窖藏等各种类型的遗存。城址多经考古调查或小规模的发掘，

1 徐自强：《关于北京先秦史的几个问题》，《北京史论文集》1、2辑，1980、1982年，葛英会：《燕国的部族及部族联合》，《北京文物与考古》一辑，1983年。黄盛璋：《战国燕国铜器铭刻新考》，《内蒙古师大学报》（哲学社会科学版），1983年；王翰章：《燕王职剑考释》，《考古与文物》1983年2期；北京市文物研究拒马河考古队：《北京市窦店古城调查与试掘报告》，《考古》1992年8期；杜逎松：《论东周燕国铜器》，《文物春秋》1994年2期；陈光：《燕文化研究论文集》，中国社会科学出版社，1995年；陈光：《燕文化研究的历史与现状》，《燕文化研究论文集》，中国社会科学出版社，1995年；阎忠：《从考古资料看战国时期燕国经济的发展》，《辽海文物学刊》1995年2期；陈光：《东周燕文化分期初论》，《北京文博》1997年4期，1998年1、2期；北京市文物研究所：《镇江营与塔照——拒马河流域与先秦考古文化的类型与谱系》，中国大百科全书出版社，1999年。郑钧雷：《战国时期燕墓陶器的初步分析》，《考古学报》2001年3期；靳枫毅、王继红：《山戎文化所含燕与中原文化因素之分析》，《考古学报》2001年1期。郑钧雷：《战国燕墓的非燕文化因素及其历史背景》，《文物》2005年3期；张晓梅、王纪洁、原思训：《燕国明刀币的合金成分与金相组织的分析》，《考古》2005年9期；郭大顺、张星德：《东北文化与幽燕文明》，江苏教育出版社，2005年；陈平：《北方幽燕文化研究》，群言出版社，2006年。

2 靳枫毅：《军都山玉皇庙墓地的特征及其族属问题》，《苏秉琦与当代中国考古学》，科学出版社，2001年。

3 参见：张秀荣：《古山戎考略》，《北京文物与考古》第四辑，北京燕山出版社，1994年；郑绍宗：《山戎民族及其文化》，《环渤海考古国际学术讨论会论文集》，知识出版社，1996年；田广金：《中国北方系青铜器文化和类型的初步研究》，《考古学文化论集》第4辑，文物出版社，1997年。

4 林沄：《关于中国的对匈奴族源的考古学研究》、《东胡与山戎的考古探索》，《林沄学术文集》中国大百科全书出版社，1998年。

5 杨建华：《冀北周代青铜文化初探》，《中原文物》2000年5期。

6 韩嘉谷：《从军都山东周墓谈山戎、胡、东胡的考古学文化归属》，《内蒙古文物考古文集》第一辑，中国大百科全书出版社，1994年。

主要见于房山区，年代基本集中于战国时期。一般的聚落遗址多属零星发现，2005年房山南正遗址属于规模较大的聚落遗址，其中包括灰坑、灶址、窑址等遗迹，内涵较为丰富。墓葬在各类遗迹现象中为大宗，均为长方形竖穴土坑墓葬，所见葬具以木质棺、椁为主，少量为形制简单的瓮棺葬墓，墓葬表现出不同的社会阶层，其中包括若干出土成套青铜礼器的贵族墓，这些贵族墓除出土青铜礼器外，还出土青铜兵器、车马器等，其余大量则为随葬仿铜陶礼器或仅见一般日用生活陶器的普通民众墓，还有一些不随葬器物的贫民墓葬。燕文化的铜器，包括青铜礼器、兵器、车马器等，器型包括鼎、豆、壶、盘、匜、簋、敦、钫、灯、戈、剑、镞、车軎、盖弓帽等，这些器类均见于中原东周时期的考古学文化，但其造型均带有本地燕文化的特色，如器盖的兽纽风格、细高柄盖豆、椭圆体簋、三环纽敦等，铜器表面装饰的各类兽纹、狩猎纹等也是北方长城地带流行的纹饰。各类仿铜陶礼器与所见铜礼器形态近似，而独具特色的燕式高足陶鬲也存续至战国晚期，并不断演化出新的形式。另外，各类遗址、窖藏中出土了大量尖首刀、“明”（一释为“匽”）字刀币，也是燕文化具有代表性的遗存。

一、城　　址

城市，在古代中国社会，是一个区域、一个国家的政治、经济、文化的中心所在，对于考察一个考古学文化，具有重要的意义和价值。战国时期北京地区燕文化的城址，目前发现较少，从已经发表的资料来看，也以考古调查的收获为主，基本不见系统的考古发掘资料。所以，目前对于战国燕文化城市的认识，还只是停留在较为粗浅的水平。

1. 窦店战国城址

窦店战国城址位于拒马河支流大石河东岸，隶属北京市房山区窦店镇，南距董家林西周燕国都城遗址约3公里，东距京广铁路约1.5公里，一度被称为“芦村城址”，是北京市市级文物保护单位。1957～1962年间，河北省文物工作队、北京市文物工作队等单位先后对此城址进行了调查，对城址有了初步了解[1]。1986、1990年北京市文物研究所拒马河考古队对再次勘察了城址并进行了小规模的试掘，在此基础上对窦店城址的年代以及性质提出了新的观点和认识[2]。

至1990年的考古工作开展时，窦店战国城址的南城墙还残存了高于地表6～7米的墙体，考古工作者正是根据这些残存的墙体和地表以下的墙体基础，大致明确了窦店战国城址的轮廓，可惜的是，自那时起至今的约20年间，这些当年屹立地表的断壁残垣大多数已经不复存在了。从已发表的调查报告中可以得知，窦店战国城的最早的建筑和使用年代不晚于战国早期，是东周燕国境内一处重要的城镇。城带水而建，而后世河道的变迁却早早地毁去了城址的北墙，东西两道城墙也因为靠近村庄而遭到严重的破坏，只有南城墙保存情况较好。从残存的城墙遗迹可以得知，窦店战国城占地面积约128万平方米，周长约4500米，城平面近方形，残存的每面城墙各开设一座城门。城墙均为夯土墙体，墙体宽度约为16米。从残存的夯

1　参见：冯秉其、唐云明：《房山县古城址调查》，《文物》1959年1期；刘之光等：《北京市周口店区窦店土城调查》，《文物》1959年9期；北京市文物工作队：《北京房山县考古调查简报》《考古》1963年3期。

2　北京市文物研究所拒马河考古队：《北京市窦店古城调查与试掘报告》，《考古》1992年8期。

土墙体及出土遗物判断，窦店战国城始建于战国早期，战国晚期进行了一次全面的整修，初建时的筑墙技术显然尚显简单，夯土板块狭窄，夯层厚而且不够坚实，战国晚期的整修遗迹则表现出相当成熟的技术水平，整修时分城墙为内外两块，逐堵夯筑，夯层厚薄均匀，夯打精细，夯窝密集，夯打出来的墙体非常坚硬，为防止夯具黏着，增加夯土强度，夯面屡见垫草痕迹，这些技术均表现出与著名的燕下都遗址相近的技术水平。另外，根据当地群众的介绍，调查者认为城内外一些地方可能存在冶铁遗址和建筑基址。调查和试掘过程中，还发现了一些灰坑和陶罐、陶釜、板瓦等遗物。

叶学明、陈光等先生根据《太平寰宇记》及《资治通鉴》胡三省注文引文中的记载，认为窦店战国城址为东周燕国中都城址，战国早期，燕国为了抵御齐、赵，建造了这座城池，战国晚期又经大规模整修加筑，汉代在此基础上设置了良乡县，北魏时弃大城更筑小城，作为良乡县治，大城至此遂废。

2. 蔡庄城址

蔡庄城址，位于房山区西南部张坊镇，南部不远即为河北省涞水县，城址北至蔡庄0.5公里，南至河北省涞水县板城1.5公里，西至涞水县北庄0.5公里。城址是1959年初文物普查时发现的。城址推测为正方形，长、宽各约300米，调查发现时，城墙仅存东、西、南三面，北城墙可能早年已被河水冲毁。东南、西南两城角，保存尚完整，残存高度约3.5米。南墙和西墙中部各有一处向外突出，或为城门。城墙为版筑，墙上至今仍遗有版筑时的柱孔一排，柱孔间距1.5米左右，孔径为6厘米。夯窝、夯层清晰明显，夯层厚13～15厘米，夯层与夯层之间有铺草痕迹，夯窝呈圆锥状，直径3厘米左右，墙内夹杂有大量的碎陶片和碎石块等。

遗址地表散布有大量陶器残片，均为夹砂陶，包括红陶和灰陶两种，纹饰以粗绳纹为主。调查时采集了部分器物标本，包括青石镰残段、兽面纹半瓦当、夹砂红陶鬲足，还有汉代五铢铜钱等。当地村民在古城址挖坑取土时，还曾发现过瓮棺墓、铜铁箭镞等。由此推测，该城址可能建于战国而沿用到汉代[1]。

3. 长沟城址

长沟城址，位于房山区南部长沟镇，距长沟村东200余米，南部不远即为河北省涿州市。城址平面为方形，长、宽均约500米。城址地势较高，周围地势较低。土城墙大部被毁坏，仅东南角保存有较完整的墙体，城址内出土灰陶瓮、兽面纹半瓦当、夹砂红陶深腹圜底釜、钵等，均为战国晚期至西汉时期的典型器类，由此推测，这座城址的时代应该可以早到战国时期，到西汉时期可能还在使用[2]。

在以往对城址的考古调查工作中，经常可以发现一处城址内既出土战国时期的器物残片或遗迹，又同时发现汉代的遗存。从窦店城址的遗存情况来看，西汉时期对战国城址做了扩充，在其外修建了外墙，很显然，汉代人利用了战国以来的旧有基础。在对蔡庄城址、长沟城址的调查过程中，均发现有战国至西汉时期的遗存，那么这两处城址可能也存在与窦店城址相似的情况，这就需要进一步的考古工作去考察。

1 王汉彦：《周口店区蔡庄古城遗址》，《文物》1959年5期。
2 冯秉其、唐云明：《房山县古城址调查》，《文物》1959年1期。

二、聚落遗址

1. 房山镇江营与塔照遗址

镇江营与塔照遗址[1]，位于北京市西南的房山区。1986～1990年，北京市文物研究所连续5年对两处遗址进行了发掘，两处遗址前后共发掘2100余平方米。镇江营与塔照遗址所发现的遗存中，有两组属于东周时期的燕文化遗存，一是商周时期第四期第三段4组遗存，为春秋早期燕文化遗存，另一组是商周第五期遗存，为战中晚期燕文化遗存。具体的情况如下：

镇江营与塔照遗址所发现的春秋早期燕文化遗存，相当于该处遗址的商周时期第四期第三段4组遗存。该组遗存，共发掘清理了47个遗迹单位，包括灰坑28个、灶1个、分属不同探方的文化层18个。灰坑的形状以圆形和椭圆形为主，少量为方形或长方形，部分形状不规则，出土器物主要为陶器，陶系以夹砂灰陶为主，还有少量泥质灰陶、夹砂红陶以及黑皮褐陶等，出土器类中，袋足鬲占了较大比例，其余器类还包括“足根鬲”、簋、豆、盆、罐、甑、瓮、盂、钵、纺轮等，陶器纹饰以中、粗绳纹为主，多数器类如陶鬲、盆等口沿处会有或多或少的弦纹；除出土陶器以外，部分灰坑内还出土鹿角镢、鹿角锥、角镞、骨锥等骨器以及鹿、獾、狍、猪、牛、鱼、貉等各类动物骨骼。部分典型的灰坑如下：H90，平面形状不清，剖面直壁斜底，深80～100厘米，填土灰色，含大量木炭块、烧土粒、红土块，质软，出土器物绝大部分为灰陶，鬲占绝对多数，极少的黑皮褐陶。夹砂灰陶有鬲、罐，泥质灰陶有簋、小罐。黑皮褐陶有鬲、盆。绳纹中粗，鬲口沿弦纹道多而棱清晰，罐沿一道弦纹，盆沿两道弦纹，出有獾、狍、鹿、猪等兽骨；H107，平面圆形，剖面一壁直立，一壁袋形，深110厘米，填土为浅绿灰土，松软，出土器物均灰陶，粗绳纹，除一簋为泥质灰陶外，其余均为夹砂。一罐夹砂极粗，器形有鬲、罐、盆、簋。鬲口沿弦纹道多而深，盆沿较宽，出有牛、猫科等兽骨；H117，平面形状不清，剖面两壁不直，底微凹，深220～225厘米，出土陶器均夹砂灰陶，极个别的鬲足泛红，绳纹中粗，器形有鬲、盆、罐、瓮。鬲口沿纹不甚凸起，足尖折，裆略高，有的有极低的足根，出有鱼、鹿角镢及骨器（图3-1）。

镇江营与塔照遗址商周第四期第三段4组遗存中，出土的燕式高足鬲（即报告中所说的“C型足根鬲”——笔者按）与瓦棱纹A型豆，在该处遗址中仅见于此组，之前之后的遗存中都不见类似的器物，而这两类器物都是春秋时期常见的器物，同时存在相当大量的袋足鬲里只有少量的裆部下凸，大部分的裆部低平，与河北徐水大马各庄春秋墓的袋足鬲相比，前者矮胖，后者更加瘦长。徐水大马各庄春秋墓的年代约在春秋早期的晚段，那么镇江营与塔照遗址商周第四期第三段的年代相当于春秋早期。镇江营与塔照遗址发现的春秋早期遗存，与该遗址西周时期的遗存以及京、津、冀地区的西周燕文化遗存，均有着一以贯之的传统，无论从其器类组合还是从其器物形态方面看，镇江营与塔照遗址的春秋早期燕文化遗存，均可认为是脱胎于本地区的西周燕文化，是西周时期燕国文化的遗续。但是，相对于西周燕文化，镇江营与塔照遗址所发现的春秋早期燕文化遗存，又创造出新的文化因素，表现出新的文化特征。比如流行于本

1 本文引用镇江营和塔照遗址的资料，均来自《镇江营与塔照》报告，不再分别注明，具体参见北京市文物研究所：《镇江营与塔照——拒马河流域与先秦考古文化的类型与谱系》，中国大百科全书出版社，1999年。

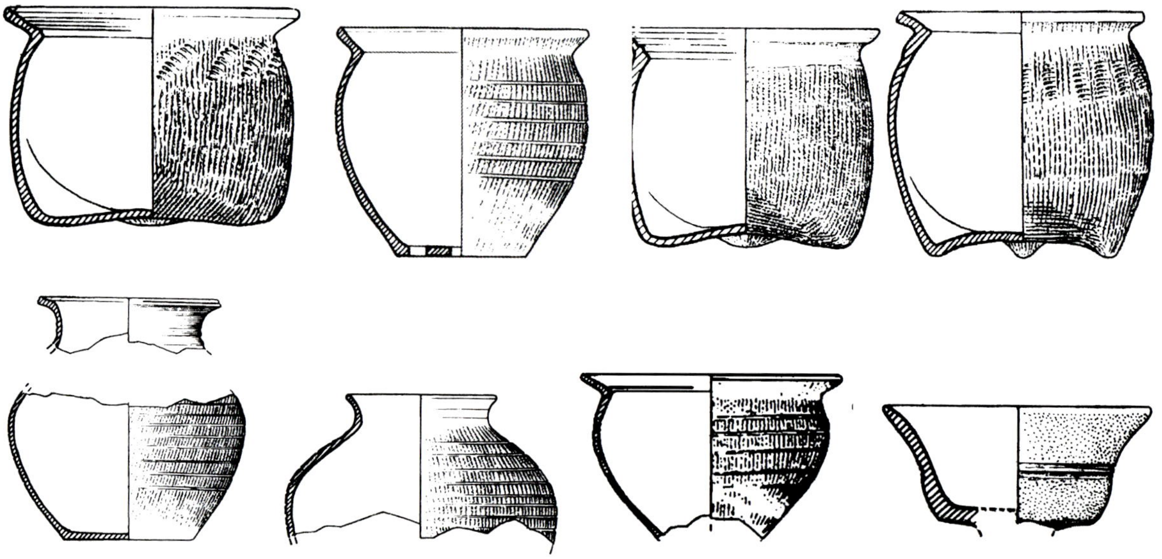

图3-1 镇江营与塔照遗址春秋早期器物图

地区的宽折沿袋足鬲的形态发生了进一步的演变，而前文所述的燕式高足鬲，更是不见于西周时期燕文化而于春秋战国时期却流行于燕文化的一类文化因素，而且这种器类，很少或基本不见于其他考古学文化，所以它又成了辨识东周燕文化的重要的标志。

镇江营与塔照遗址的“商周第五期遗存”，是战国时期燕文化的一处聚落遗址，发掘者认为该处聚落遗址的年代“起始于战国早期晚段，终止于战国中期的晚段，前后历时较短”。镇江营与塔照遗址战国时期的遗存数量较少，遗迹主要包括零星的灰坑或局部的文化层。遗迹中灰坑较多，大都为规整的椭圆形，少量的圆角长方形或圆形，灰沟仅一条。典型灰坑如FZH1202，平面椭圆形，南北1.2米，东西0.66米，剖面筒形，直壁平底，深1.6米。坑内为黄褐土与灰绿土相间杂的堆积，质松软，出有陶釜、单耳罐、筒瓦等遗物。镇江营与塔照遗址战国时期的遗物主要为陶器，还有极少的铁器和石制装饰品。所有的陶器均含云母，泥质陶中也有少量的云母粉。灰陶为主，但红褐陶的比例较大，陶容器中的红褐陶占41%，在釜类中红褐陶占到68%。器形有釜、甑、盆、尊、罐、豆、钵及板瓦和筒瓦，其中釜为较常见器物，占陶容器的42%以上，器表的绳纹印痕细浅，沿部绳纹抹平。全部采用泥条盘筑成形，许多器物内壁可以看到横向排列的手指按窝。发掘报告详细分析了这些器物的制作技术，不同的器型制作程序也不相同，大体可以分为四类：釜、甑、盆的制作法属一类，用泥条先盘出口部，然后向上盘筑形成腹和底，通体分段滚印竖绳纹，底部滚印交错短绳纹，待半阴干后，翻过来续泥条折出口沿，抹平沿部的绳纹。尊、罐、瓮的制法属一类，先用泥条盘出肩部，再向上盘筑形成底部，像釜一样滚印腹部竖绳纹及底部交错绳纹，半阴干后翻过来在肩部续泥条向上盘筑至口沿，器表滚印竖绳纹后，用划弦纹隔断竖绳纹，抹平颈部、沿部绳纹，修出唇部。豆、钵的制法属一类，先用泥条盘出口沿，再向上盘筑一个较浅的圜底钵或盘形，如果制做钵、盘类，将器表抹平即可，如果制作豆类，在钵、盘底部接泥条盘筑圈足，最后抹平器表，翻过来修抹好口沿。瓦类制法属一类，筒瓦是先盘筑一个直径较小的直壁圆筒，器表滚印竖绳纹，修抹出瓦头，然后用利器从外壁切割成两半，形成筒瓦。制作板瓦所盘筑的泥筒直径要大得多，器表滚印绳纹后，用利器从内壁将泥筒切割成四片形成板瓦。除陶器外，遗址中还出土一些铁镢、石壁以及通体磨光的骨板等（图3-2）。

商周第五期出土陶器中的釜、尊、罐、豆及筒瓦、板瓦等都与燕下都的常见器类相同，春秋战国时期，此地属于燕国的境域，商周第五期遗存是东周燕文化的一部分。东周燕文化形成于春秋中期，结束于战国晚期，陈光先生对其作了系统的分期研究[1]。根据出土典型器物如陶釜、尊、豆、罐等的形态特征，发掘报告将这一期的遗存分为两组，第一组以FZH1363、FZH85、H131、H190、FZG6等为代表，年代相当于战国早期晚段；第二组以FZH742、FZH1133为代表，年代相当于战国中期晚段。

2. 房山丁家洼遗址

丁家洼遗址位于北京市房山区城关镇丁家洼村西南，遗址中心位置地理坐标：北纬39° 42.564′ ，东经116° 02.038′ ，高程59米[2]。遗址总埋藏面积约60000平方米，2006年3～5月，北京市文物研究所南水北调考古工作队对管线范围内的遗址中心部分进行了发掘，发掘总面积2850平方米，共发掘东周时期灰坑127个、灰沟4条，根据遗址内遗迹间的层位关系以及出土遗物的形态研究，遗址内发现的各类遗存大致可以分为二期3段，遗存的年代以春秋中、晚期为主，上限可以进入春秋早期，而下限基本不会超过春秋战国

图3-2 镇江营与塔照战国器物图

1 陈光：《东周燕文化分期论》《北京文博》1997年4期，1998年1、2期。
2 北京市文物研究所：《丁家洼遗址发掘报告》，《北京段考古发掘报告集》，科学出版社，2008年。

之际（图3-3）。

本次发掘的遗址区层位堆积较为简单，地表为现代耕土层，发掘所见灰坑多直接开口于耕土层下，不见文化层分布，部分灰坑之间有较为复杂的叠压或打破关系。遗址区内生土层较浅，多数灰坑均直接挖于生土层上。灰坑形状包括圆形、椭圆形、“凸”字形、不规则形等，坑壁多为直壁，底部平整或略有不平，坑内堆积较为简单，有一次堆积和多次堆积等形成方式。

丁家洼遗址出土遗物以陶器为主，也包含少量的铜器、玉器、石器以及动物骨骼。陶器以夹云母陶为主，所含多为白色云母颗粒，泥质陶次之；夹云母陶以红褐色为主，灰色次之；泥质陶以灰色为主，见少量泥质红褐陶。纹饰以绳纹为主，包括粗绳纹和细绳纹，两者比例近似；素面陶片较绳纹陶片少，另出土少量陶片饰以附加堆纹。出土陶片可复原者较少，可辨器形包括鬲、豆、盆、罐、甑、瓮、纺轮等，主要器类组合为鬲、豆、盆、罐，其余如甑、瓮、纺轮的数量均不多（图3-4）。

陶鬲，均为夹砂陶，器表多饰绳纹。据所见口沿和足部残片，可以判断至少包括两种类型的鬲：燕式鬲，可据鬲足辨识出来。所见燕式鬲足形制近似，为上粗下细的圆柱形，一般较高；袋足鬲，所见包括口沿和袋足残片，口沿较宽而且沿面饰多周弦纹，袋足均较浅，

图3-3 丁家洼遗址航拍全景

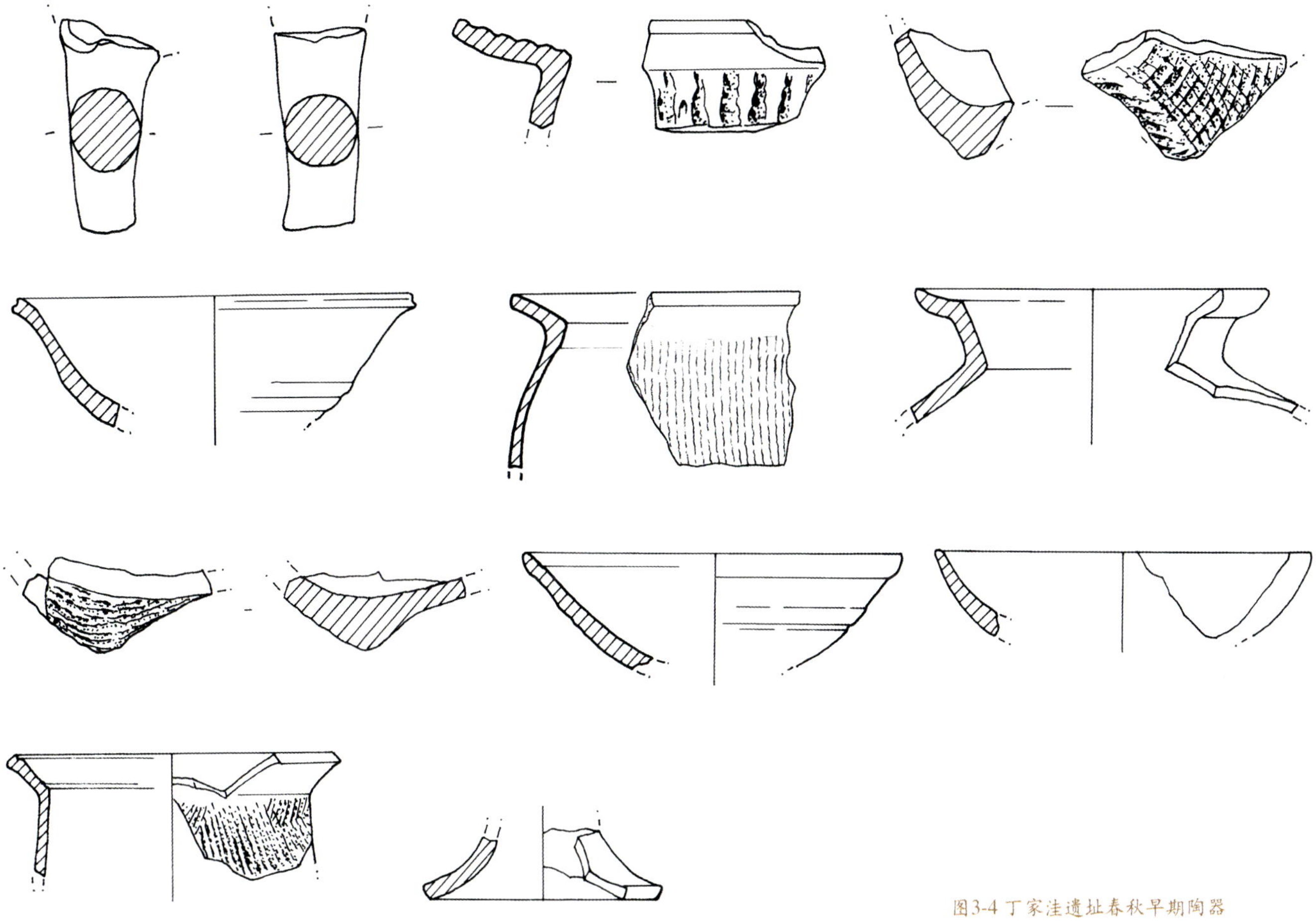

图3-4 丁家洼遗址春秋早期陶器

故而推测鬲裆部较平。陶豆，多为泥质灰陶，少量为夹细砂灰陶，器表素面少见纹饰。所见包括口沿腹片、柄和圈足部位。据所见口沿腹片可以判断至少包括两种类型的陶豆，即斜腹豆和曲腹豆。如H68:2，泥质灰陶，通高15.3厘米，豆盘直径15厘米，圈足直径10.1厘米，尖圆唇，浅腹，腹壁斜收，细高柄，喇叭形圈足，圈足边缘为方唇，豆盘内壁口下施三道凹弦纹，外表通体素面无纹饰。陶盆，仅见折沿盆一种类型。一般为宽折沿，沿面或饰有凹弦纹，沿下角近90°或大于90°，腹壁为直壁或微弧壁，外壁饰细绳纹。如H122:3，泥质灰陶，通高14.1厘米，口径21厘米，底径7.9厘米，方唇，平折沿，沿下角近90°，沿面近外缘和近内缘皆施一道凹弦纹，颈部一周抹光带，腹壁斜直，腹底转折沿处微弧折，底略内凹，腹壁饰交错细绳纹，延及腹底转折处，底部亦饰交错绳纹。陶罐，发掘所得包括罐口沿、腹片和底片。根据所见口沿形态，可以区分出两种类型的陶罐，一种为折沿束颈罐，数量相当少；另一种为折沿直领罐，数量较束颈罐多，包括泥质灰陶和泥质褐陶两类。其他还有少量铜器、玉器和石器。H89出土青铜饰件一件，H89:4，长1.9、残宽1.5、厚约0.3厘米，原应为兽面形，今仅存其半；H113:3出土一枚玉管，长2.15、直径1.3、管径约0.5厘米，玉色透青，玉质略粗糙（图3-5）；H19出土两件石斧，其中一件H19:2，长9.5、刃端宽、5.7后端宽4.1、厚约2.5厘米，泥质板岩，板状结构，青灰色，致密坚硬，断口呈贝壳状，通体磨光，刃缘保留打制痕迹（图3-6）。

图3-5 丁家洼遗址出土青铜饰件、玉管

3-5-1

3-5-2

3-6

图3-6 丁家洼遗址春秋晚期器物图

丁家洼遗址各遗迹单位所见器类组合基本为鬲、盆、豆、罐等，相差不大，各类器物形态方面没有太大的差别，据此可以判断本次发掘所见遗存年代跨度不大；然而各类器物形态亦可以看出细微的差别，故结合遗址所见层位关系，将本次发掘所得遗存暂分为如上文所述的二期。其中一期遗存中所见袋足鬲方唇、宽折沿的形制风格，与北京房山琉璃河遗址[1]、房山镇江营遗址[2]以及河北易县燕下都遗址[3]西周晚期到春秋早期出土袋足鬲近似，而上述诸遗址西周晚期至春秋早期遗存中，并不见有燕式鬲与此类袋足鬲共出[4]。一期所见燕式鬲，其高柱足、腹足相接处内部空足的风格，与徐水大马各庄春秋中期M13所出燕式鬲近似[5]，H73出土折沿圆唇罐与徐水大马各庄春秋中期M22出土罐形口、颈形制以及肩部饰弦断绳纹的风格近似，曲腹豆见于易县燕下都春秋早、中、晚期遗存，综合以上情况，本书将丁家洼遗址一期文化遗存的年代定在春秋中期，上限或可进入春秋早期，鉴于折沿盆、豆、罐等器类的形制变化，又将一期遗存划分为早、晚两段，分别对应春秋中期早段、春秋中期晚段；二期燕式鬲腹足相接处内部空足变浅或消失，介于一期燕式鬲形态与战国早期燕式鬲形态之间，折沿直领罐见于河北徐水大马各庄、唐山贾各庄等地春秋晚期至战国早期墓葬[6]，折沿盆沿下角角度较一期变小，细高柄浅盘豆出土数量不多，是本期新出的器型，在东周燕文化的发展过程中，此类豆至战国时期发展为极为流行的器型，与本期细高柄浅盘豆形制近似的豆发现于北京延庆军都山玉皇庙春秋晚期的M61中[7]，二期遗存中不见战国早期常见的竹节弦纹细高柄豆、折沿直壁釜等战国早期典型器型，故据以上分析，丁家洼遗址二期文化遗存的年代约在春秋晚期至春秋战国之际。

丁家洼遗址，是目前北京地区发掘的最大规模的一处春秋时期燕文化聚落遗址，遗址的年代集中在春秋中、晚期，上接镇江营与塔照遗址春秋早期燕文化，下启战国时期燕文化，使得一直有些模糊的东周燕文化终于有了一个较为清晰的文化发展轮廓，填补了北京地区春秋中期燕文化考古发现中的空白。虽然丁家洼遗址发现的遗迹种类较为单一，但遗址面积较大、遗迹数量众多、遗迹间叠压打破关系复杂、遗物种类丰富，足以表明这是一处规模较大、使用较为频繁、延续时间较长的聚落遗址，春秋时期燕国社会的面貌于此可见一斑，相信以后在此区域的考古工作会给人们带来更多更重要的发现。

3. 房山前后朱各庄窑址

前后朱各庄遗址位于北京市房山区城关镇前后朱各庄村，紧邻前述丁家洼村东南，2006

1 北京市文物研究所：《琉璃河西周燕国墓地1973—1977》，文物出版社，1995年。

2 北京市文物研究所：《镇江营与塔照——拒马河流域与先秦考古文化的类型与谱系》，中国大百科全书出版社，1999年。

3 河北省文物研究所：《燕下都》，文物出版社，1996年。

4 河北省易县燕下都朗井村13号遗址F1出土燕式鬲，《燕下都》报告定其年代为春秋早期，不确，由其共存的深腹圜底釜、深腹圜底盆等器物以及参考其他地区燕文化遗存的分期，笔者定其年代于春秋晚期。关于燕式鬲的发展演变及其年代，笔者认为其演变规律为：鬲腹由扁体到近方体到瘦长方体，鬲底部由略分裆到圜底到略圜底或近平底，腹接相接处内部由空足到空足消失，三足由略内敛或近直立到外撇。目前所见燕式鬲最早的形制为徐水大马各庄M13所出燕式鬲，年代当春秋中期，春秋晚期燕式鬲如前述河北易县燕下都朗井村13号遗址F1所出燕式鬲，战国时期发现较多，如燕下都朗井村10号遗址T11H138燕式豆、北京怀柔城北墓地燕式鬲以及燕下都北董村22号遗址③层燕式鬲等。关于笔者的观点，详参胡传耸：《东周燕文化初步研究》，北京大学考古文博学院硕士研究生学位论文，2006年。

5 河北省文物研究所、保定地区文物管理所、徐水县文物管理所：《河北徐水大马各庄春秋墓》，《文物》1990年3期。

6 河北省文物研究所、保定地区文物管理所、徐水县文物管理所：《河北徐水大马各庄春秋墓》，《文物》1990年3期；安志敏：《河北省唐山市贾各庄发掘报告》，《考古学报》第六册，1953年。

7 北京市文物研究所山戎文化考古队：《北京延庆军都山东周山戎部落墓地发掘纪略》，《文物》1989年8期。

图3-7 前后朱各庄Y1平、剖面图

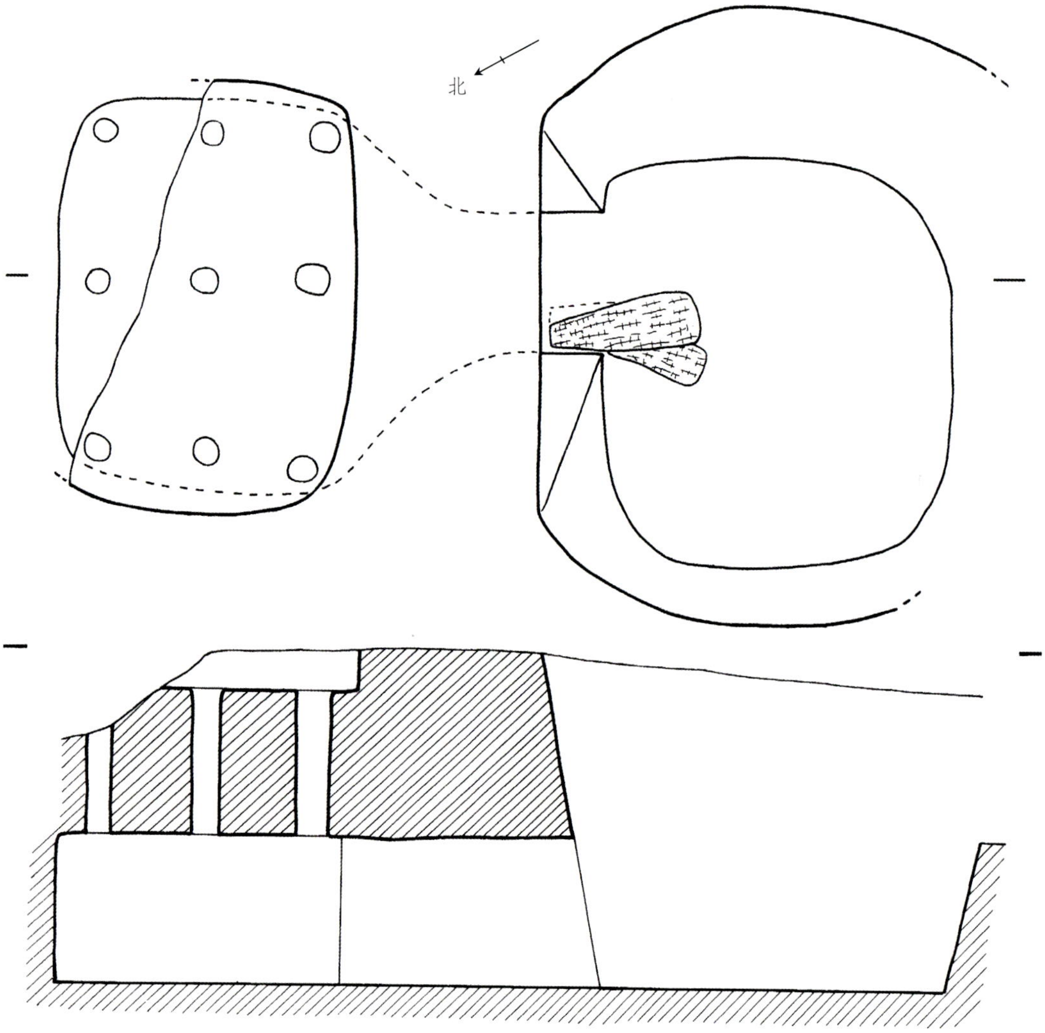

年4月，为配合南水北调中线一期工程，北京市文物研究所在前后朱各庄进行了考古勘探和发掘，其中清理了一座春秋时期的陶窑。陶窑开口于现代扰土层下，距地表0.85米。陶窑顶部已经破坏无遗，但窑炉窑箅以下部分及操作坑等均保存较好，该窑为竖穴升焰式窑，方向26°，由操作坑、火门、火膛、窑箅、窑室等部分组成[1]（图3-7）。

操作间在窑室西北，平面近似方形，平底，口大底小，口部长1.45米，宽1.95米，底部长1.63米，宽1.45米，深1.33米，操作间底部近窑门处清理出两块木炭，大者长0.75米、宽0.22米，小者长0.4米、宽0.18米，据观察为两根较粗的圆木被烧成炭状。

操作间通过火门与火膛相连，火门为弧顶长方形门洞，里侧呈喇叭口状，高0.6米，宽0.57米，进深0.87——1.1米，近火膛处壁面被火烧成红色或青灰色硬面。窑火内即为火膛，火膛平面呈圆角方形，长1.65米，宽1.2米，深0.6米，火膛四壁与火膛顶部窑箆交接处皆为圆弧形，四壁均被火烧成青灰色硬面，火膛内残存有大量的木炭。

火膛的正上方为窑室，二者间由窑箆隔开，窑箆以上的窑室四壁及窑顶等部分已被完全

1 北京市文物研究所：《前后朱各庄遗址区考古发掘报告》，《北京段考古发掘报告集》，科学出版社，2008年。

破坏，窑篦表面为青灰色烧结硬面，较平整，厚度为0.68米，窑篦上掏有9个通火孔，连通火膛和窑室，通火孔孔径不尽相同，在0.01～0.14米间。从残存的窑篦推测，窑室原状应近似长方形，南北长度约为1.26米，东西宽度约为1.74米，高度不明。

在操作间和窑室内的填土中，发现少量陶片，有夹砂红陶和泥质灰陶，可辨器形有鬲、罐、豆、盆等器类。陶鬲残片包括鬲口沿和燕式鬲鬲足，均为夹云母红褐陶，鬲口沿为方唇，折沿，残存腹片饰细绳纹；燕式鬲足的腹、足相接处略内凹形成空足，外部有一浅突，饰交错绳纹。陶豆残片包括残豆盘、豆柄和圈足，均为泥质灰陶，豆盘为方唇，弧腹略深，素面无纹饰，豆柄残存部分细直，素面无纹饰；圈足为喇叭形圈足，中部略偏下部有两道凸弦纹。陶盆残片均为夹细砂褐陶，方唇，折沿，沿面近外缘处饰一道凹弦纹，残存腹片近直，外壁饰细绳纹（图3-8）。

前后朱各庄Y1中出土鬲、盆、豆、罐等器物形制与丁家洼遗址区所出同类器物形制近似，年代约当春秋中晚期。1960年7月至8月间，北京市文物工作队曾在丁家洼村东南清理了6座陶窑址[1]，据房山区文管所的工作人员介绍其位置就在此次发掘区的东部不足百米处，其中5座仅存底部，一座保存较完整，据发掘简报的叙述以及提供的照片看，后者的结构与本次发掘的Y1的结构几近相同。原简报定其年代“或至殷周”，今从丁家洼西南遗址的发掘收获看，此处窑址的年代可以大致定在春秋时期。在不大的范围内清理出7座时代近似的窑，足见当时丁家洼村东南是一处具有相当规模的窑址，联系丁家洼村西南遗址区的发现，可以判断春秋时期丁家洼遗址及其周围必然存

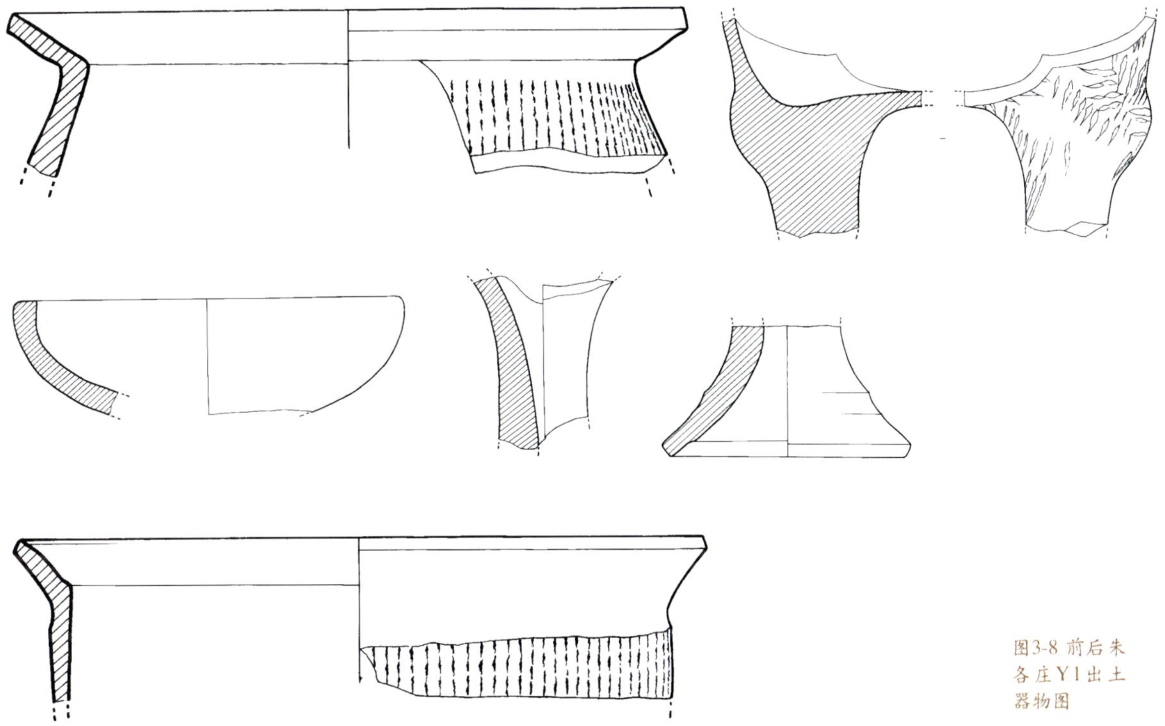

图3-8 前后朱各庄Y1出土器物图

1 北京市文物工作队：《北京房山县考古调查简报》，《考古》1963年3期。

在一个较大的聚落，Y1填土内出土陶器残片皆系鬲、豆、盆、罐等，与丁家洼西南遗址区灰坑内出土器类大致相同，由此推测丁家洼村东南的窑址即为烧制当时聚落内人群生活用陶器所造。

4. 房山南正遗址

南正遗址位于北京市房山区长沟镇南正村北约200米，其西约10公里处为镇江营与塔照遗址。南正遗址中心区域的GPS数据为东经115° 50.85′，北纬39° 34.99′，海拔高程约61米，遗址地势东高西低，据了解，20世纪70年代平整土地以前，在包括该遗址在内的近300000平方米内，均曾发现过古代陶片，而至发掘前埋藏面积仅存约160000平方米。南水北调中线工程（北京段）输水管线从南正遗址中部自东而西贯穿。2005年11月至2006年5月，北京市文物研究所对南正遗址进行了考古勘探和发掘[1]。

南正遗址发掘总面积约为6760平方米，共清理战国、两汉以至辽金以降时期遗迹80余处，出土各类器物500余件。发掘报告中将南正遗址发掘的考古遗存划分为三期，其中第一期的时代相当于战国晚期至西汉早期，而根据各遗迹间的层位关系以及出土器物形态特征，第一期遗存被细分为早、晚两个阶段，其中的一期早段“个别遗物的年代可能早到战国中期”。

南正遗址战国晚期的遗存包括灰坑11座、灰沟3条、灶1座、陶窑5座。灰坑的形状有不规则形、近长方形、椭圆形、圆形等4类，面积大者如H6为4.2米×（2.5～3.1）米，面积小者如0.71米×0.52米，深度在0.4～1.75米之间。灰沟均为长条形，长6～33米、宽2.55～16.4米（图3-9）。灶的结构简单，平面近椭圆形，底和壁残存红烧土痕迹。南正遗址发现的战国晚期陶窑，从窑炉的结构方面，大致可以划分为升焰窑和半倒焰窑两类，其中升焰窑3座，半倒焰窑2座。陶窑一般长4.92～6.45米、宽3.1～4.85米，升焰窑一般仅存操作间、窑门、火膛，火膛以上部位均为破坏无遗；半倒焰窑保存情况较前者略好，从残存部分看，半倒焰窑一般由操作间、窑门、火膛、窑室、烟道各部分组成。

战国晚期遗迹单位内出土陶片60000余片，经过对其中5个典型单位的777件陶器口沿和特征性残片进行统计分析，釜的比例最高，占62%；瓦（及瓦当）次之，占26.2%；瓮占4.9%，其他器型还有碗、钵、豆、盆、罐等，但所占比例都不大；战国晚期陶器的质地可分为夹云母、夹砂、泥质三类，经过对5个典型单位的2869片陶片进行统计分析，夹云母陶占92.5%，占绝对多数。夹云母陶中也有部分是同时掺砂的，夹砂陶和泥质陶所占都较少，分别为5%和2.5%。依陶色分，可分为灰、黑、红、褐四大类，其中褐陶最多，占总数的55.1%，由于烧制时火候不均或使用时炙烤的原因，器物外表往往呈现灰褐、红褐之状。红陶次之，占25.3%；灰陶占18.5%，黑陶最少，占1.2%。陶质、陶色两者综合考虑，可分为夹云母灰陶、夹云母黑陶、夹云母红陶、夹云母褐陶、夹云母红褐陶、夹云母灰褐陶、夹砂灰陶、夹砂红陶、夹砂黑陶、夹砂褐陶、泥质灰陶、泥质红褐陶12类。其中夹云母红陶最多，占25%；夹云母红褐陶次之，占21.9%；夹云母褐陶再次之，占21.6%；夹云母灰陶和夹云母灰褐陶占13.5%和9.8%，其他所占比例都较少。各类陶片纹饰以绳纹为主，还有一定比例的凹弦纹、素面等。绳纹可分为粗绳纹、中粗绳纹、细绳纹、弦断绳纹几种。凹弦纹多饰于瓮、釜的颈部，部分板瓦上亦有。菱形纹饰于瓮的折肩部位。有的先于肩部饰宽泥带，形成

1 北京市文物研究所：《房山南正遗址——拒马河流域战国以降时期遗址发掘报告》，科学出版社，2008年。

图3-9 南正遗址战国晚期灰坑陶器出土情况

堆纹，再在其上拍菱形纹。一些器型往往有“一器多纹”的情况，如瓦的外壁多饰中粗绳纹后弦断，内壁则饰有布纹。

南正遗址是近年北京地区发现的为数不多的战国两汉聚落遗址，遗址内涵丰富，延续使用的时间较长，对于北京地区战国燕文化及两汉文化的研究具有重要意义。

5. 房山黑古台遗址

黑古台遗址位于良乡城区南，遗址以黑古台为中心，台高约6米，长、宽各约40米，其东北方向约400米处为当地俗称为“乐毅墓”的大土丘。遗址的埋藏范围较大，南北长约6公里、东西宽约2.5公里，北至纸房村，南至小营，东至鲁村、常庄，西至大南关富庄一带，1962年10月，曾于纸房村南约200米断崖处，开2米×3米探沟2条。试掘所得大量残瓦，与地面采集标本一致。瓦分两种，一为灰白色掺有大量蚌屑者，凸面印有相互交错细绳纹，凹面印布纹，个别瓦片烧成红色，似为手制；二为青灰色胎质纯净者，凸面印有粗绳纹，凹面印有粗布纹及隐约的粗绳纹，制工规整。这些残瓦，包括板瓦和筒瓦两类。板瓦均为大型的，其长约40、宽约30厘米，青灰色瓦凸面一端或有棱线纹；筒瓦宽约18厘米，长度不详，一端有子口，灰白色者在子口转角处作圆角，青灰色者作直角。有的筒瓦一端带有圆形钉榫或连接半瓦当，半瓦当上皆饰兽面纹。在遗址中还采集到一些陶器残片，有夹蚌屑的红、灰陶釜、瓮、鬲，泥质灰陶豆、高领罐及井圈等。

此外，在常庄村西还发现了数座烧瓦窑址，在窑址底部及附近所出的残瓦，与探沟中出土者相同。根据该遗址出土的残瓦、各种陶器残片及兽面纹半瓦当的形制与纹饰特征，可判定此遗址的时代当属东周时期[1]。

1 北京市文物工作队：《北京房山县考古调查简报》，《考古》1963年3期。

6. 宣武广安门外桥南遗址

1957年5月的考古调查，在广安门外桥南约700米的护城河西岸，发现战国时期和年代更早的遗存。这些古文化层压在辽金时期的夯土基址下面，文化层内出土的器物有饕餮纹半瓦当、陶豆柄、陶鬲足、粗绳纹陶片等，调查者认为有的陶片年代接近西周时期。发现者推测，这处古遗址或许跟“燕上都”有关[1]。

北京地区东周燕文化遗址的调查和小规模试掘，多是在20世纪50年代和60年代初期进行的。以后的80年代初期文物普查工作中，又有新的发现。所发现的遗址或城址，以房山县居多。含东周文化遗存的遗址，除上述几处见诸发表资料的以外，据现在掌握的调查材料，还有如下地点：房山县张坊乡片上村西遗址、长沟乡后干沟遗址、大兴县青云店乡大迴城村北遗址、平谷县马坊乡石佛寺北遗址、英城村遗址、夏各庄乡安固村东龙坡遗址等，这些遗址，大多是近几年各区县进行文物普查时发现的，均未经发掘，具体的文化内涵有待于以后工作的开展。

三、墓　　葬

1. 顺义龙湾屯墓葬

1982年3月，北京市顺义县龙湾屯村社员在大北务北边一里半地的山坡下取土时，发现了一组青铜器。北京市文物工作队的一些同志闻讯赶到时，现场已被破坏，经了解，铜器是出自一座墓葬，事后收集到青铜器17件，包括鼎1、豆1、簋1、戈1、剑1、镞1、车軎2、盖弓帽9件（图3-10）。铜鼎，三兽纽盖，高附耳，扁圆腹，兽面高蹄足；铜簋，三兽纽盖，深腹，圈足，盖、器均为椭体；铜豆，盖顶为圆形捉手，浅圆豆盘，细高柄，圈足。上述三类器物见于河北易县燕下都遗址、山西浑源李峪村代文化墓葬、河北唐山贾各庄燕文化墓葬以及河北满城、三河等地，是春秋晚期燕、代文化的典型器类；同出的青铜戈方内、宽援、长胡三穿，具有春秋时期至战国早期青铜戈的显著特征；鼎、簋、车軎等器体装饰的蟠虺纹也是自春秋中期至战国时期常见的青铜器装饰纹饰。根据以上形制判断，顺义龙湾屯墓葬的年代约当春秋晚期至春秋战国之际。

这批器物大致可以划为分三类：第一类即铜礼器，包括鼎、簋、豆，第二类为兵器戈、剑、镞、盖弓帽，第三类即车马器，主要是车軎。从青铜礼器、兵器、车马器共出的情况来看，该墓的墓主人具有一定的社会地位，应为当时燕国社会的一位下层贵族。鼎、簋二器盖饰三兽纽、簋体椭圆、豆柄细高等特征，均为春秋时期河北、山西北部地带狄、代少数民族的典型器物风格，而鼎、簋器体所饰蟠虺纹以及墓中所出青铜戈、剑、车軎等器物，又均是典型的中原文化因素，所以顺义龙湾屯这座墓葬里综合了南北、中原和边疆、华夏燕文化和狄代民族文化的特征和文化因素，是南北交流、民族融合的重要历史见证[2]。

2. 怀柔城北墓地

1959年冬至1960年春，北京市文物工作队在怀柔县城北师范学校西侧发现了一处东周时期的墓地，发掘了其中的23座墓葬[3]，从近年来的研究来看，已发掘的23座墓葬，其年代范围

1　赵正之、舒文思：《北京广安门外发现战国和战国以前的遗迹》，《文物参考资料》1957年7期。
2　程长新：《北京市顺义县龙湾屯出土一组战国青铜器》，《考古》1985年8期。
3　北京市文物工作队：《北京怀柔城北东周两汉墓葬》，《考古》1962年5期。

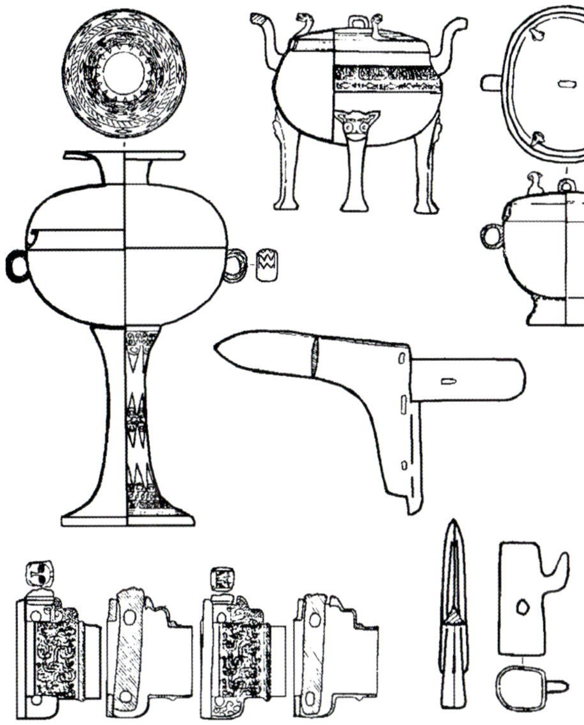

图3-10 顺义龙湾屯墓葬出土器物图

图3-11 怀柔城北东周墓出土铜壶

集中于战国时期。继此之后，大概在此范围内或附近，又发现了一座东周墓葬，该墓出土成套的青铜礼器，年代在战国中期[1]（图3-11）。据此，我们大概可以肯定在这个范围内，曾经存在一个战国时期的墓地，在这个墓地中，存在着多个社会等级的阶层。

铜器墓具体的发掘过程不明，所以关于墓葬的埋葬情况不得而知，关于这座墓葬，目前仅见其中所出土的铜鼎、铜壶等2件青铜礼器，铜鼎为三卧兽盖纽，器腹扁圆，腹中饰一周突棱，盖器皆饰宽带蟠虺纹，铜壶三环纽盖，铺首衔环双耳，粗颈，腹上部圆鼓，底下接圈足。从两件器物的特征看，这座墓葬的年代当战国中期，而两件铜器无论是从造型还是纹饰方面来说，均与中原文化青铜礼器相似，表现出东周燕文化与中原东周文化的密切联系。

1959～1960年发掘的23座战国墓葬，均为中、小型墓葬，多为长方形竖穴土坑墓，墓葬规模较大者如4.5米×3.2米×5.3米，较小者如3米×1.9米×5米。墓室内多有二层台，有的墓四周为二层台，有的墓一端为生土二层台，其余三面为夯土二层台。所见葬具均为木质棺、椁，其中重椁的4座，一棺一椁的13座，有棺无椁的1座，棺椁难以辨明的5座。所见葬式包括侧身屈肢和仰身直肢两类，头向皆向北。随葬品一般出土于墓室内的二层台上，没有二层台的墓，随葬品则多出于死者头端的棺、椁之间。出土随葬品数量较多，以陶器为主，也有少量铜器。陶器器类以仿铜陶礼器为主，出土的陶器178件中，仿铜陶礼器比如鼎、豆、壶、盘、匜就有159件，占总数的95%，一般为泥质灰陶器；而其余19件则为日常生活用类陶器，比如鬲、釜，一般为夹砂红陶器（图3-12）。发掘者根据出土器物组合将这批墓葬划分为四期，年代定在春秋时期至战国晚期。根据近年的研究，出土鼎、豆、壶、

1 北京市文物研究所：《北京考古四十年》，北京燕山出版社，1990年。

图3-12 怀柔城北墓地出土陶器

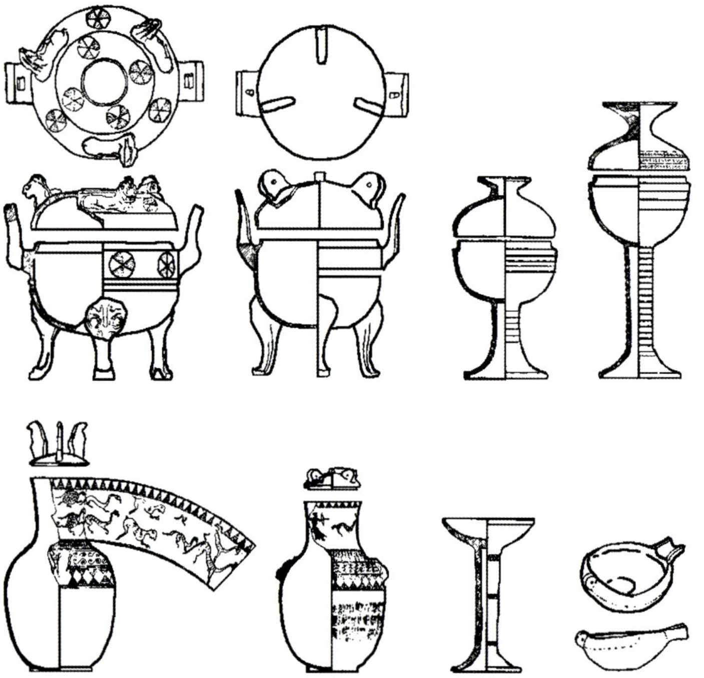

盘、匜等仿铜陶礼器组合的墓葬，年代当为战国早期至战国晚期，而出土夹砂红陶鬲和釜组合的墓葬，年代均应定于战国晚期。仿铜陶礼器无疑来自中原东周文化的影响，而夹砂红陶鬲和釜的组合，则来自于本地燕文化长久以来的传统。

3. 昌平半截塔村墓

1960年，北京市文物工作队在昌平镇西南30公里半截塔村南调查时，勘探发现东周至两汉时期墓葬24座，其中东周墓葬有2座，编号M5、M24。这两座墓，皆为长方形土坑竖穴墓，墓葬规格分别为3米×1.6米×2米和3×1.8米×2.5米。两墓形制相同，均有二层台，随葬陶器均置于其上，皆有木质棺、椁，均系单人仰身直肢葬，头北足南。随葬品少而简单，不见陶礼器，两墓随葬品一共4件，M5出土夹砂红陶绳纹鬲、泥质灰陶大口尊各1件，还有蟠虺纹铜樽1件，M24则仅出土1件夹砂红陶鬲。从出土器物的形制判断，这两座墓葬的年代应为战国晚期[1]。

4. 昌平松园村墓

1956年10月和1957年8月，北京市文物工作队在昌平镇东1公里的松园村清理了中型战国墓2座[2]。两座墓相隔250米，1号墓位于村东北角，2号墓在村西南角。两墓皆为长方形土坑竖穴墓，南北向，墓口略大于墓底，1号墓规格为5米×3米，2号墓为5.6米×3.7米（深度不详），均有二层台。葬式，1号墓人骨尚可辨其轮廓，下肢作屈肢式。1号墓墓室内设有壁龛，龛内放置随葬品；2号墓无壁龛，随葬品置于棺椁前头。两墓随葬器物的突出特点是，出土相同的成套陶礼器，组合关系均为鼎、豆、壶、盘、匜、鬲、罍、簋等，未见铜器。陶鼎盖上立置兽纽3、盖面及腹部镂刻花纹，足膝为兽面；陶豆之小口者，上刻花纹，大口者满身朱绘；方体陶壶身高71厘米，造型挺拔秀雅，颈部四面雕饰对称兽耳，遍体朱绘云纹；还有外展双錾耳大陶盘和鸟形陶匜，以及方座兽耳陶簋，匜皆满身朱绘花纹，精美至极（图3-13）。

松园村两座墓葬出土仿铜陶礼器，与河北易县、赤城等地发现的战国中晚期墓葬中出土的同类器物形态近似，器体满饰彩绘的装饰风格，也与燕下都战国中晚期高级贵族墓葬内所见彩绘陶器近似。依据上述特征，松园村战国墓的年代应当为战国中晚期，而其墓主的身份可能为当时燕国社会的普通贵族。

1 北京市文物工作队：《北京昌平半截塔东周和两汉墓》，《考古》1963年3期。
2 苏天钧：《北京昌平区松园村战国墓葬发掘记略》，《文物》1959年9期。

5. 通县中赵甫墓

1981年12月，通县中赵甫村砖瓦厂工人在村西一里处取土，发现了一座出土青铜礼器的东周墓葬。此墓部分青铜器和全部漆器已散失和损坏，最后收集的随葬器物共31件，计铜鼎3、豆1、敦1、匜1、剑2、戈2、镞2、削2、刻刀1、带钩4、环2、匕3、勺1、车軎2、衔2及玛瑙环2件（图3-14）。墓中所见铜鼎为三环纽盖，腹部双箍形突棱，铜豆盖饰三长足形纽，细柄高足，铜敦盖、器形态近似，铜匜仅存残片。这些青铜礼器表面纹饰饱满，饰蟠螭纹鼎、蝉纹加斜角云纹豆、变形蟠虺纹敦等，纹饰极其繁缛华丽，仅存的铜匜残片上可以看到细线阴刻的宴乐、狩猎纹图案。形制、纹饰近似的同类器物见于河北、山西等地的战国中期墓葬中，据此可知该墓的年代当为战国中期。铜鼎、豆、敦、匜等为典型的中原文化青铜礼器，但铜豆细高三足形纽盖的风格不见于其他地区，所见铜敦见于河北易县燕下都、河北赤城等地，而与其发源地楚、齐等地的铜敦表现出较大的差异，铜匜器壁所见阴刻宴乐、狩猎图案，也是山西、河北、北京、辽宁等北方长城地带常见的纹饰，所以，这座墓葬内出土的青铜礼器，又充满了燕文化自身的特色。从墓葬出土成套青铜礼器、兵器、车马器等器类组合看，墓主应为战国时期燕国社会的一位下层贵族[1]。

6. 丰台贾家花园墓葬

1977年10月，在丰台区永定门外的贾家花园，发现战国晚期墓一座[2]，该墓为南北向土坑竖穴墓，长2.4米、深4米，宽度不详，是一座小型墓葬。墓坑北壁下部设龛，随葬品均置于龛内。葬具情况不明，墓主骨架也腐朽无存。墓内出土5件器物，包括铜鼎1、小口铜鼎1、铜钫1、铜灯1、漆盒1等。漆盒上套扣有错金银铜箍4道，箍上饰错金银卷云纹、草叶纹或鞭

图3-13 昌平松园村战国墓出土彩绘陶器

1 程长新：《北京市通县中赵甫出土一组战国青铜器》，《考古》1985年8期。
2 北京市文物管理处：《北京丰台区出土战国铜器》，《文物》1978年3期。

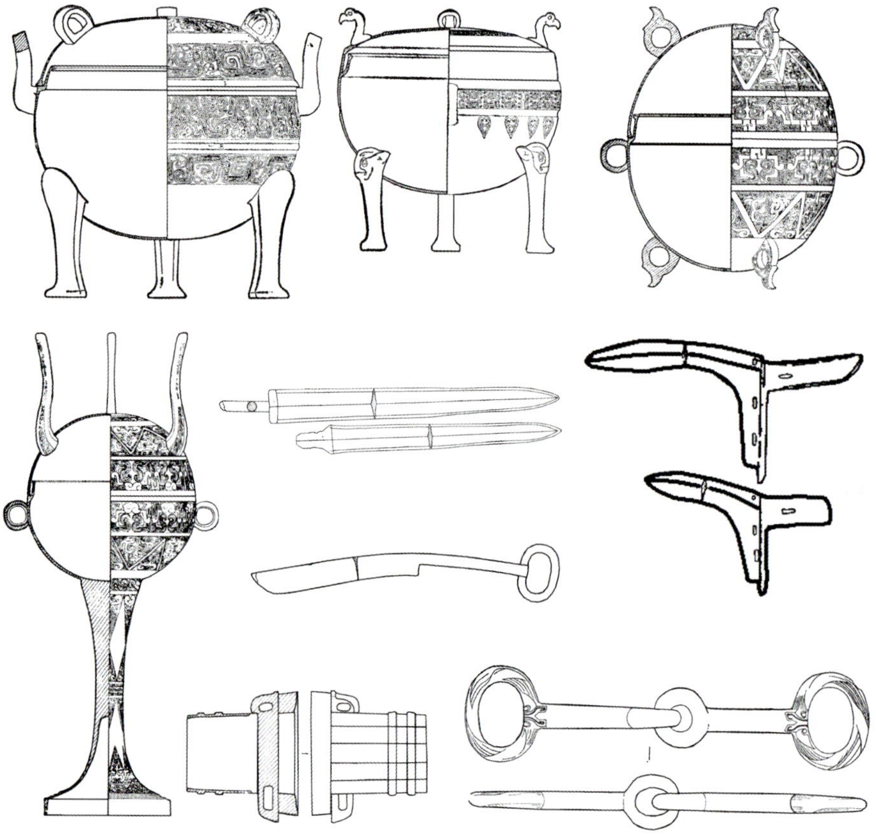

图3-14 通县中赵甫墓葬出土器物图

形纹，华美绝伦。从出土铜礼器的特征看，这座墓葬的年代当为战国晚期，而其中小口异形鼎，与楚文化中常见的小口鼎形制近似，这件小口鼎在北京地区的出现，应该是南北文化交流的结果（图3-15）。

7. 房山岩上墓葬区

岩上墓葬区位于房山区长沟镇南正村西南的一处东高西低的缓坡地上。为配合南水北调北京段工程，2006年5～9月，北京市文物研究所对岩上墓葬区进行了正式发掘，共发掘古代墓葬71座，其中包括战国时期墓葬37座，占墓葬总数的52.1%[1]。

岩上墓葬区发现的战国时期墓葬，位置较为集中，墓区北部被20世纪50年代修建的水渠破坏，现存墓区部分基本处于一个东西长50米、南北宽40米的长方形区域范围内，墓葬自西南向北部渐趋密集，墓葬间距较小。这批战国时期的墓葬，包括23座竖穴土坑墓和14座瓮棺葬墓，各类型墓葬情况介绍如下：

竖穴土坑墓，平面均为长方形，方向在0°～19°和180°～188°间，墓坑一般南北长2.1～2.8米、东西宽0.65～1.56米、深1.2～3米，所见葬具均为木质棺、椁，多数葬具为单棺，少量墓葬为一椁一棺或二椁一棺。墓内所葬人骨均腐朽严重，墓主葬式、性别及年龄特征等均不明。多数墓葬未见随葬品，只有4座墓出土少量随葬器物，包括陶鬲2件、陶豆1件、铜印章1枚、铜带钩1枚。

1 北京市文物研究所：《岩上墓葬区考古发掘报告》，《北京段考古发掘报告集》，科学出版社，2008年。

瓮棺葬墓，均为南北方向。竖穴土坑，大小依瓮棺而定，形状不甚规整（图3-16）。葬具一般由2件或3件陶器组成，包括夹云母红陶釜、灰陶釜、灰陶瓮等，纹饰以绳纹为主。埋葬时陶器的口沿部南北相对或相套接。在其中的5座瓮棺内发现了残存的人骨痕迹和少量牙齿。共出土陶质葬具33件（包括无法复原的陶器），其中陶釜26件，陶瓮7件。完整的陶釜共21件、陶瓮2件，无法修复的陶釜共5件、陶瓮5件。陶釜的残缺部分均为下腹部及底部，陶瓮的残缺部分均为口沿部。这些瓮棺葬的葬具，绝大多数应是日常实用的器物，在陶釜的上腹部内壁留有较为明显的与其他器物共同使用后的磨痕。

图3-15 丰台贾家花园东周墓葬出土铜鼎

从出土的燕式鬲、铜带钩、陶豆等器物形态看，这批墓葬的年代约当战国晚期，是属于东周燕文化的遗存（图3-17）。各墓规模均较小，出土随葬器物数量也较少，从这类迹象看，这应是战国晚期燕国的一处平民墓地。这23

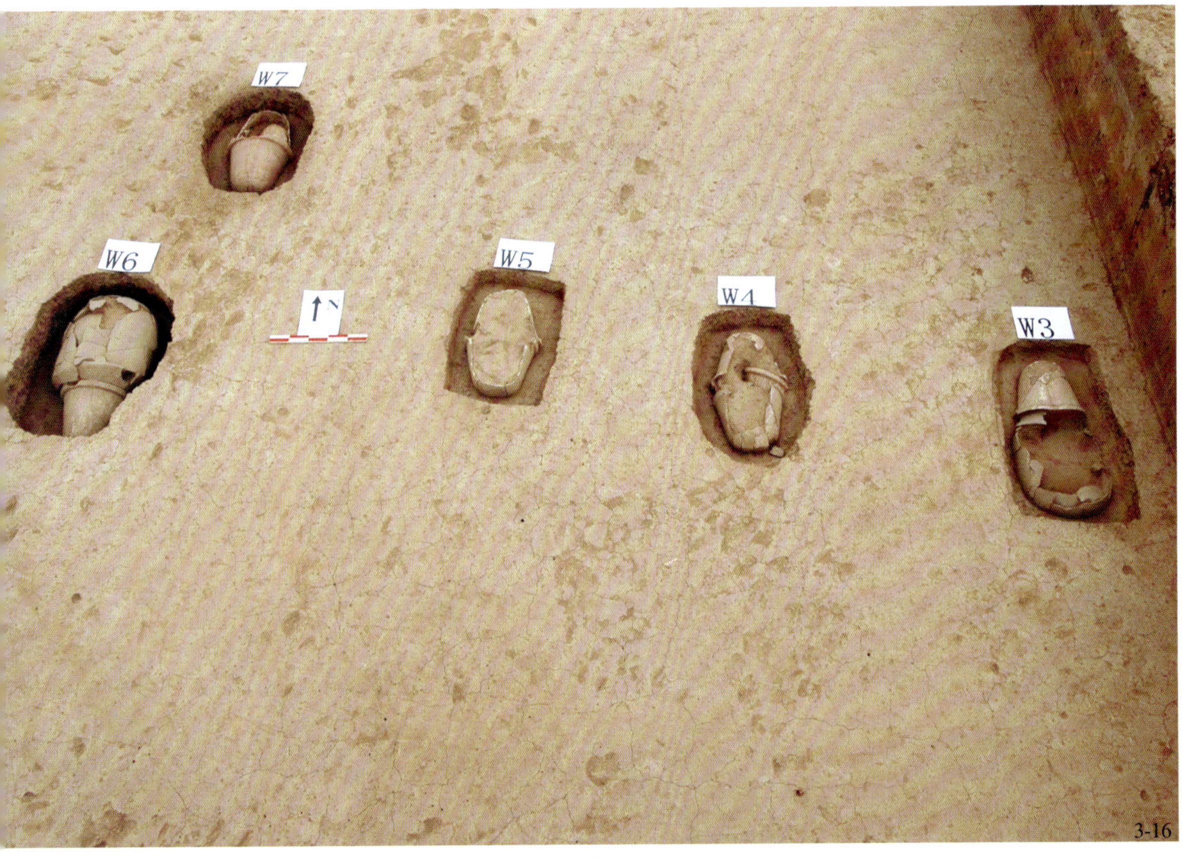

图3-16 岩上瓮棺葬群

图3-17 岩上战国墓葬出土燕式陶鬲、铜印

图3-18 亦庄西南环路战国墓葬陶器图

3-17-1

3-17-2

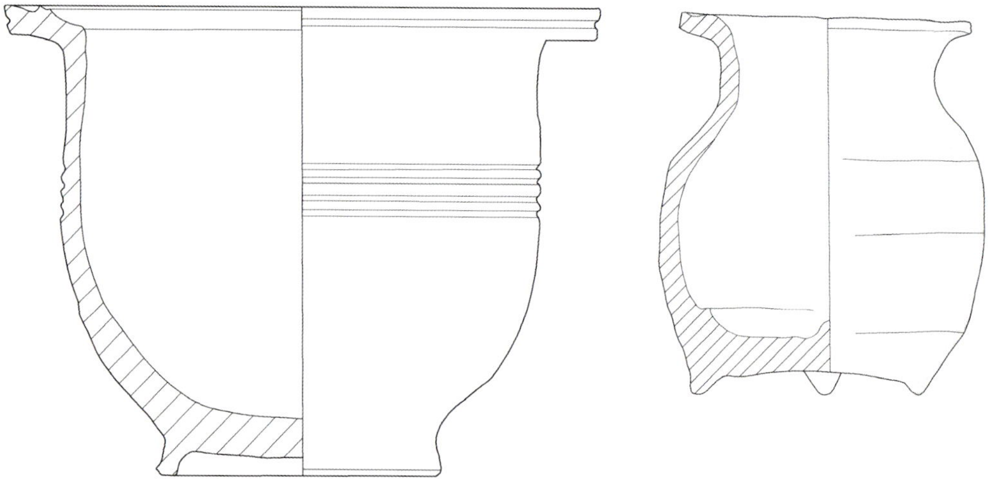
3-18

座竖穴土坑墓葬中，在墓葬的空间位置上，存在两座墓葬并列而葬的现象，非常明显的有六组。这种两两并列而葬的墓葬，间距较小，形制规模近似，很像北京地区汉代墓地中常见的同坟异穴式的“并葬”现象，这是值得注意和进一步研究的；另外，在少数墓葬中，发现墓壁上有脚窝等类修建墓葬时留下的遗迹，应该较为生动的历史写照。

8. 亦庄西环南路M6

该墓位于亦庄开发区西环南路东段的中部，西距永昌南路185米，东距同济南路305米，北依80号地。方向180°，竖穴土坑墓，直壁，平底。平面呈长方形，南北长24米，东西宽14米，深12米。该墓为单人葬，骨架保存较完整，头南脚北，仰身直肢葬。随葬品置于头部南侧，共计3件，包括铁斧、陶鬲和陶簋各1件[1]（图3-18）。铁斧为范铸，双侧开刃，向上渐束腰，楔形銎，长10厘米，宽9厘米，厚2.5厘米；陶鬲为夹细砂灰陶，手工加轮制，敞口，方唇，折沿，沿面饰一周凹弦纹，束颈，微折肩，鼓腹，平底下有三个乳

1 北京市文物研究所：《北京亦庄考古发掘报告》，科学出版社，2009年。

丁形矮足，腹部或有轮制旋痕，通高13厘米；陶簋为泥质灰陶，轮制，敞口，叠唇，宽折沿，沿面饰一周凹弦纹，上腹近直，下腹弧曲，腹中部饰四周凹弦纹，圈足较矮，通高158厘米。墓中出土陶鬲与天津地区战国晚期墓葬中出土的“三足器”形制近似，同类形制的陶簋也多见于河北易县燕下都中晚期的文化层、灰坑中，据此判断，这座墓葬的年代应该为战国晚期。

以上列举的8处战国燕文化墓葬考古发现，均是已经公开发表的资料。另据有关资料，目前北京地区发现的战国时期燕文化墓葬数量已较多，1990年出版的《北京考古四十年》，就公布了10余处战国时期墓葬资料名录，以及20余处散见文物遗存，这些考古发现多是20世纪90年代之前发现、发掘的，遍布今北京市的各个区县，出土的文物数量较多，种类也相当丰富，遗憾的是，其中绝大多数的资料没有发表。

四、其他发现与专题研究

北京地区战国时期的考古学文化遗存，发现数量较多而且已经有了一定研究的，还有两项，一项为瓮棺葬墓的发现与研究，另一项为燕国“郾”字铭刀币的研究。

战国时期的燕文化墓葬中，存在一类瓮棺葬墓，而且数量较多。目前北京地区发现的瓮棺葬墓，分布于延庆、昌平、海淀、石景山、丰台、大兴、房山、平谷等多个区县。所见瓮棺葬墓，规模均较小，其构筑结构简单，一般为方形或不规则形小土坑，坑内置瓮棺葬具，葬具内葬置人骨，一般很少有随葬品。瓮棺葬墓的葬具，以陶釜、罐、盆、瓮等器物较为常见，也有用瓦片与釜、罐等组合套接而成的，其中陶釜是京、津、冀、辽地区最为常见的瓮棺葬具，用陶釜组合作为瓮棺，是东周燕文化及其波及地区的特点，这个特点一直延续到西汉时期[1]。

作为燕国的腹心之地，历年来北京地区出土了较多数量的燕国货币，根据靳枫毅先生的统计，至20世纪90年代初，北京地区的15个区县范围内都出土过燕国货币，具体出土地点有40余处，出土的环境多样，包括遗址、窖藏、墓葬出土等[2]。从北京、河北、天津、辽宁等春秋战国时期燕国境域内发现的货币来看，燕国货币包括刀币、布币和圆钱等几类，其中以一种币面铸有“明”（一释为“匽”字）的刀币出土数量最多。传统的观点认为，刀币起源于东方渔猎地区和商业手工业较发达的地区，由青铜削刀等类工具演变而来，盛行于燕、齐、赵等区域[3]。石永士等先生系统研究了河北易县燕下都遗址出土的燕国刀币，认为燕国是最早铸行刀币的国家，最早的形态为尖首刀币，始铸于春秋早期，“明”（或“匽”）字刀币由尖首刀币发展而来，流行于春秋战国时期，并影响到周边齐、赵等国的铸币[4]。靳枫毅先生根据玉皇庙文化墓葬中出土的尖首刀币的情况，认为尖首刀的创制与玉皇庙文化有着密切的关系[5]。

1 白云翔：《战国秦汉时期瓮棺葬研究》，《考古学报》2001年3期。
2 北京市文物研究所：《北京考古四十年》，北京燕山出版社，1990年。
3 千家驹、郭彦岗：《中国货币发展简史和表解》，人民出版社，1982年。
4 石永士、石磊：《燕下都东周货币聚珍》，文物出版社，1996年。
5 北京市文物研究所：《北京考古四十年》，北京燕山出版社，1990年。

图3-19 玉皇庙墓地全景

第三节 玉皇庙文化的重要考古发现

玉皇庙文化有其自身鲜明的特色，是一支独立的考古学文化。玉皇庙文化在北京的存在，就目前发现而言，局限于延庆县北部山间地带，其存续的年代，大致自西周晚期始，到春秋晚期或春秋战国之际，就大致退出了今北京的范围，退向河北宣化、怀来、滦平等地。

玉皇庙文化在北京地区的考古发现，以墓葬为主要形式，这些墓葬遗存以葫芦沟墓地、玉皇庙墓地、西梁垙墓地等三处墓地为代表，发现比较集中，墓葬数量较多，出土文物数量大而且种类丰富（图3-19）。另外，1975年在延庆县西拨子村还曾经发现一处青铜器窖藏，埋藏形式特殊，出土文物种类丰富，也是一处较好的资料。除此之外，基本都是历年以来农村建设过程零散发现的遗存，虽然不成规模，但数量亦较多。

一、葫芦沟墓地

1985～1986年，北京市文物研究所两次在葫芦沟墓地进行了考古发掘，共发掘总面积约5000平方米，发掘玉皇庙文化墓葬150余座，出土青铜器、陶器、石器、骨器等约3000件[1]。

1. 地理环境和墓地概况

葫芦沟墓地位于延庆盆地北部边缘，在延庆县城东北约12公里，距古城村北约300米。

1　北京市文物研究所：《北京考古四十年》，北京燕山出版社，1990年。

北倚军都山脉的狼牙墩，南临延庆盆地冲积平原，西枕龙庆峡，东邻古城旧墟。古城河水自西北向东南汇入从东北流向西南的妫水，墓地辟在一处北高南低的坡地上，现存海拔高度为569.4～570.8米，约略高出延庆盆地平川60～70米。

葫芦沟墓地面积4750平方米，墓地依山式而建，由西北向东南渐次营造排列，墓葬间很少有叠压或打破关系；墓地大致可以分为南、北两区，北区墓穴分布比较疏朗，南区排列比较密集，绝大多数的墓坑作东西向，仅有少数墓坑呈南北向。呈南北向的墓葬主要集中分布于南区内，均无葬具，而且几乎有一半没有任何随葬品，少数有随葬品的墓，种类与数量也显得很贫乏，陶器则多为泥质灰陶器，少见夹砂红陶器。根据发掘结果判断，葫芦沟墓地北区墓葬的年代，一般多偏早；而南区墓葬的年代多偏晚一些。另外，约占墓葬总数约1/8的儿童、婴儿墓，比较集中地分布于墓区的东南隅。墓葬皆为长方形竖穴土坑墓，彼此间很少有打破关系。这些情况表明，葫芦沟墓地，在最初营造之始，就有族群既定的墓地使用规划。

2. 墓葬埋葬情况和埋葬习俗

葫芦沟墓地发现的墓葬均为竖穴土坑墓，平面近长方形，绝大多数死者都是单人仰身直肢葬，还有少量的屈肢葬、俯身葬等。死者的头向多数向东。少数南北向墓，死者皆头朝北。关于葬具，葫芦沟墓地因绝大多数墓葬皆属身份较低的小型贫民墓，所以多未有木质葬具；仅有少数墓穴稍大、稍深，随葬有青铜短剑等身份较高一些的武士墓，才见用木椁盛殓的痕迹。由于这里的地质条件不好，木椁多腐朽过甚，清理时仅能发现个别墓中残存有局部板灰痕迹。各种随葬品的陈放部位，一般都遵循有一定的规律，如陶器多置于死者头部附近；小铜扣出于死者面部；耳环和绿松石耳坠，出于左右耳下；各式项链珠饰，出于死者颈部至胸前部位；各种动物形铜饰牌，出于颏下——胸上；青铜短剑、铜刀，多出于死者左、右腰间，或与砺石伴出；铜带钩多出于腰部中间部位；铜锥往往与长方形铜锥管伴存，多出于腰与骨盆之间；铜锛、斧、凿之类工具多出于骨盆附近或两膝之间；铜镞、骨镞则多出于死者膝关节以下至小腿内外侧部位，成束者以麻醉痕迹观察，原来都有箭囊盛装；青铜带饰和服饰铜泡之类，一般出在死者腰围及膝关节以上两大腿之间部位。

葫芦沟墓地发现有覆面习俗，覆面之物为饰有小铜扣的麻布一类纺织品，发掘清理时，纺织品已腐朽，小铜扣等饰件则遗留于死者面部，一般为1～3枚，背面有穿鼻，铜扣的穿鼻里还留有腐朽的麻线痕迹。据发掘者统计，这类存在覆面习俗的墓葬约占该墓地墓葬总数的1/5。人骨鉴定结果表明，这些出有覆面铜扣的墓主人，既有成年以上的男女也有儿童和少年，唯有婴儿例外。根据有关民族志的材料，发掘者推测，这类覆面的意义，在于祈望死者的灵魂附体安息，莫再出窍祸乱生人，以保氏族后代平安无恙。葫芦沟墓地的人骨资料，经鉴定，以男性为主，女性仅占1/3多一些，少数为婴幼儿。死者的年龄以青壮年为主，这一点男、女情况近似，只有少数中、老年死者。

葫芦沟墓地发现有殉牲习俗，据发掘者统计，近1/4的墓葬在墓圹填土中发现殉牲现象。用作殉牲的动物，以牛、羊、狗为主，其中殉狗最为普遍。殉牲的方式，都是将牲畜杀死后，取动物头骨、腿骨殉葬，其摆放形式，多是将牲腿放在下边，牲头置于牲腿之上，一般是以一只牲腿加上一个牲头，代表一个牲畜。殉牲的陈放位置，绝大多数都集中陈置于墓东端死者头上方的填土中。只有少数墓，是置于墓圹外，摆作一堆。还有的是在几座墓中间，共同享用一个殉牲堆。这种形式，据发掘者推测，或者与这几座墓死者彼此间的亲缘关系有联系，或者与这些死者出身较低贱、财产较贫乏有一定关系。殉牲的形式和数量，与死者的身份和财富状况有密切联系，发掘结果表明，殉牲数目的多少，或殉牲种类组合的繁简，或是否以大牲畜殉祭，都有标志死者身份和地位的意义。殉牲数目愈多，殉牲种类愈繁，或以大牲畜殉祭者，墓主人身份和地位都相对较高贵一些；反之，墓主人的身份和地位，则相对较低下。

3. 出土文物情况

葫芦沟墓地出土随葬品丰富，器类有青铜器、陶器、石器、玛瑙器和骨器，其中青铜器数量较多，包括兵器、工具以及各种形式的装饰品。

葫芦沟墓地出土陶器数量不多，约半数墓葬中出土陶器，每墓以一件为多。陶器包括夹砂陶、泥质陶两类，器型包括矮领鼓腹罐、折肩罐以及细高柄浅盘豆，为数不多的夹砂三足鼎形罐是玉皇庙文化较具特色的陶器，见于河北唐山春秋战国时期玉皇庙文化及燕文化墓葬。

葫芦沟墓地出土青铜器数量较多，其中包括玉皇庙文化典型的直刃匕首式青铜短剑，其他还有刀、带钩、耳环、牌饰以及尖首刀币等器类（图3-20）。发掘者认为，大量的青铜刀、少量尖首刀币的出现，可能与春秋战国时期广泛见于燕国境内的刀币的起源有密切关系；造型别致的铜带钩、带有大量动物纹饰的青铜牌饰，则是北方长城地带较为常见的文化因素，流行于西至鄂尔多斯、东到辽河流域的广大区域，却很少见于中原文化。

根据对葫芦沟墓地随葬品的统计和人骨鉴定结果，发掘者提出这样几种现象需要注意：①出土数量不多的夹砂三足鼎形罐这类器物，多与泥质灰陶折肩罐伴出，而且多出于以仰身屈肢葬式埋葬的成年男、女墓中。②兵器类如青铜短剑、镞、骨镞和生产工具类如铜锛、斧、凿，以及砺石等，皆出于青壮年男性墓，女性墓不见；青铜刀，除1例因骨骼腐朽成粉而性别鉴定结果不清楚者以外，其余随葬者也均属于青壮年男性墓；女性墓只有1例出铜锥，1例出骨针；铜带钩除1例出于女性墓、1例出于儿童墓中以外，其余的也皆出于青壮年男性墓中，而带钩往往都是与青铜短剑、铜刀相配套出土的。③从随葬品的数量和种类看，男性一般都超过女性。根据上述情况，发掘者推测，从男性享有青铜兵器和青铜生产工具，而女性不具备，仅有个别女性随葬铜锥和骨针等现象看，这个族群可能已存在基于性别差异的社会分工，即男性青壮年承担着军事和日常主要生产部门的双重使命，女性大多是从事家务和哺育孩子等附属性劳动，而且从随葬品的数量和种类看，男性多超过女性，这种现象可能意味着男性的社会地位高于女性。

4. 墓地的年代

通过对比内蒙古自治区境内发现的匈奴文化遗存、河北境内发现的玉皇庙文化遗存，靳枫毅先生认为，葫芦沟墓地的年代，大约相当于春秋早中期或中期前后，其下限大约可能延续到战国初期。

图3-20 葫芦沟墓地出土镂空蛇纹青铜短剑

二、玉皇庙墓地

1986～1991年，北京市文物研究所在延庆县玉皇庙村东进行了考古发掘，共发掘清理春秋时期墓葬400座，出土陶、金、青铜、石、玛瑙、绿松石、骨、蚌、贝、竹、皮革等11类124种大小件器物共计60772件[1]。

1. 地理环境和墓地概况

玉皇庙墓地，位于延庆县城西北约13公里、靳家堡乡玉皇庙村村东军都山余脉的一片向阳台地上，整个墓地坐落在海拔550～530米高程之间。根据地质专家对延庆盆地所作的钻探分层孢粉与同位素年龄的研究和在玉皇庙地采集的孢粉样品的检测结果，延庆盆地军都山地地带玉皇庙墓地及其周围地区，在两周之际至东周时期的古气候与古植被状况是：这一带由于较北京平原地势偏高、偏北，其气候与植被较平原地区存在显著差别，总的趋势是进一步返冷返旱，变得较干凉，在盆地周围的山上生长着并不茂盛的松栎、桦等树木，草本植物则以蒿类占优势。这一古气候与古植被特点，在冀北山地一带颇具代表性。墓地依山势而建，北高南低，墓地范围东西长近200米、南北宽近100米，占地面积总计近20000平方米。依据墓葬分布情况，发掘者将整个墓地划分为南、北、西三个区，各区墓葬分布较为密集，排列有序，墓葬方向多数墓葬为东向，少数为西、南、北向。

2. 墓葬埋葬情况和埋葬习俗

墓葬均为竖穴土坑墓，依据平面形制可以分为5类，包括抹角梯形竖穴土坑墓、凸字形竖穴土坑墓、曲尺形竖穴土坑墓、抹角长方形竖穴土坑掏洞墓、抹角长方形竖穴土坑墓与抹角长方形浅穴土坑墓（图3-21）。发掘报告根据墓圹长、宽、深规格的差异，将这批墓葬划分为大、中、小三个大的级别，并再次细分为8个小的级别，大型墓的长度一般在2.95米以上，而小型墓的长度则一般低于2.4米。多数墓葬中见有木质葬具或残存木质葬具痕迹，还有其他一些葬具形式，如木椁加象征性石椁、木质葬具加石块、象征性石椁、零散自然石块、蓆片等。所有墓葬均为单人墓，不见成人合葬墓和多人丛葬墓，唯有4座成人女性墓，为妇、婴合葬。所见葬式以仰身直肢葬为主，还有俯身直肢、侧身直肢、侧身屈肢、仰身屈肢、二次葬等其他5种形式。390座墓葬的人骨经过鉴定，包括男性死者共177例，占该墓地墓葬总数的44.25%，女性死者共156例，占该墓地墓葬总数的39%，少儿死者共37例，占该墓地墓葬总数的9.25%，婴儿死者共20例，占该墓地墓葬总数的5%。

发现有覆面葬俗遗迹。据发掘者统计，在203座墓葬死者面部或头骨近前，发现有覆面铜扣饰物，占该墓地墓葬总数的50.75%，超过半数。覆面铜扣共出土549枚。这些覆面铜扣，有的处于死者头骨前额或左、右眼部，或鼻骨处，或颧骨处，或颞骨处，或上、下颌骨部位，或滑落于死者口中，或残碎头骨内，或头骨附近，或颈下等。有的铜扣背面还黏附有麻布痕迹，或有的穿鼻内还遗有细麻线残痕。故推测这些覆面铜扣，本是连缀在麻布覆面巾上的，因覆面巾腐朽以后，才遗留于死者面部，或滑落于头骨其他部位，或漏入残碎头骨中。遗留于死者面部或头骨近前的覆面铜扣，数量多少不一，绝大多数情况是1～3枚，4枚

1 北京市文物研究所：《军都山墓地》，文物出版社，2007年。

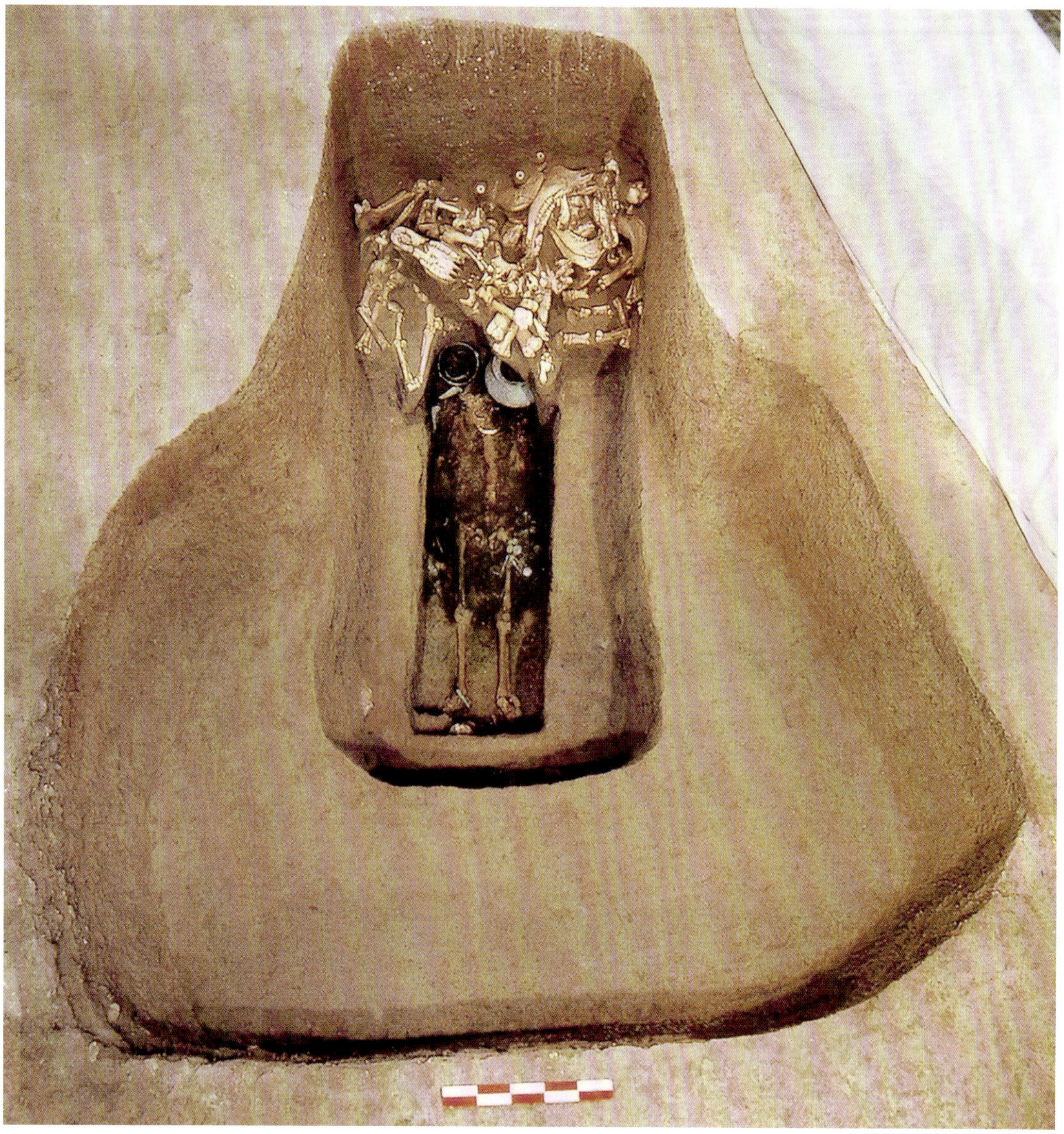

图3-21 玉皇庙墓YYM250全景

或超过4枚的，为数很少。

玉皇庙墓地发现有殉牲习俗，据发掘者统计，发现有殉牲现象的墓葬共计254座，占该墓地墓葬总数的63.5%，接近2/3。殉牲的动物种类，主要为马、牛、羊、狗4种，猪牲仅见猪头骨1例，据报告统计，殉牲总量为2209（头、副、只），其中马牲总数为120（个、副、只），占5类殉牲总数的5.43%；牛牲总数为221（个、副、只），占5类殉牲总数的10%；羊牲总数为419（个、副、只），占5类殉牲总数的18.97%；狗牲总数为1448（个、副、只）占5类殉牲总数的65.55%；猪牲总数为1（个），占5类殉牲总数的0.045%。殉牲的形式一般先将牲畜肢解，然后殉葬其头骨或肢骨。据统计，墓的规格级别越高的墓葬，有殉牲的比例就越高，殉牲配伍组合的级别也就越高，数量也越多，级别较低的墓葬显示出与之相反的趋势。

3. 出土文物情况

玉皇庙墓地出土文物数量较多而且器类丰富，包括陶器、金器、青铜器、石、玛瑙、绿松石制品，骨器、蚌、贝饰品，小件竹、木制品等，总计11类124种大小件器物共计60772件（图3-22～图3-25）。

3-22-1

3-22-2

图3-22 玉皇庙墓出土卧马、奔鹿形牌饰

3-23-1

3-23-2

3-23-3

3-23-4

3-23-5

图3-23 玉皇庙墓地出土青铜礼器

3-24-1

3-24-2

图3-24 玉皇庙墓地出土青铜短剑

图3-25 玉皇庙墓地出土金虎形饰

玉皇庙墓地随葬陶器的墓共278座，共出陶器279件。从陶系看，出土陶器主要分为两大陶系，即夹砂系与泥质系。夹砂系主要是夹砂红陶或夹砂红褐陶器，泥质系主要为泥质灰陶，或少量泥质黑陶器。两个陶系共存于一个墓地，是这支文化发展过程的特点之一。夹砂陶器全系手制，泥质陶器仅少数为手制，绝大多数为手制与慢轮加工相结合。夹砂系陶器绝大多数为素面，少量带有锥刺篦点纹或手捏乳突；泥质陶器纹饰种类略显丰富，包括绳纹、弦纹、指甲纹、楔形纹、绹纹、小圆圈纹、“十”字形符号纹等。出土陶器器型简单，以各类陶罐为大宗，还有陶壶、陶豆、单耳杯、陶盂等。

玉皇庙墓地共出土各类青铜器16119件，占该墓地出土器物总数的27.7%。这些青铜器，可以分为礼器、容器、兵器、工具、马具、装饰品和货币等几类，器型包括鼎、敦、钵、匕、罍、杯、斗、盘、匜、铏、鍑、戈、直刃匕首式青铜短剑、镞、削刀、锛、凿、锥（含骨柄铜锥）、锥（针）管具、针、鐏、衔、镳、节约、铜泡、铜箍、环具、装饰品和尖首刀币等。各种类型的直刃匕首式青铜短剑为其代表性器物，总计出土86件，形式丰富，包括双环羊角形首短剑、横向凹筒状首短剑、横置相叠双圆形首短剑、镂空扁球体首短剑、五边形首短剑、单环形首短剑、鼓面羊目纹首短剑、片状变体抹角长方形首短剑、长方体首短剑、双环蛇形首短剑、动物纹环形首短剑、素面长方形首短剑等。据发掘报告统计分析，玉皇庙文化青铜短剑从春秋早期到春秋晚期有一定的演化趋势：①剑体由偏长型逐渐向短型发展演变，春秋早期以27～30厘米的短剑居多，春秋晚期后段以25厘米以下的短剑为主；②剑身逐渐缩短，剑柄逐渐加长：春秋早期，短剑身长与通长之比在0.65～0.7之间者最多，春秋晚期后段，该数值在0.5～0.6之间者最多；③剑格由垂肩式逐渐向平肩和翘肩式发展，下垂式剑格60%以上集中于春秋早期和中期，平行式和上翘式剑格主要集中于春秋晚期；④剑柄剖面逐渐统一为扁长方形：春秋中晚期以前，剑柄剖面形式复杂多样，到春秋晚期，占主导地位的剖面形式统归为扁长方形；⑤剑首形式由双羊角形向双环蛇形演变：剑首形式在不同时期也有变化，最突出的变化是，在春秋早期至中晚期流行的双羊角形、联体双目形剑首，至春秋晚期变为双环蛇形剑首；⑥剑首纹饰特征：春秋早期以羊角纹、兽面纹、嵌窝纹为主，春秋中期以镂空球纹、镂空羊首纹、镂空网格纹为典型特征，春秋晚期以羊目纹、蛇纹为主。

另外，玉皇庙墓地还出土了一些金器，总计26件，器型包括牌饰、项饰、耳环、串珠、包金铜贝等。牌饰为半浮雕虎形牌饰，模铸；项饰为平面月牙形，以金片压制；耳环多螺旋形，以粗金丝卷制，3～4周；也有个别模铸者，下端呈扁喇叭；串珠以细金丝卷制成螺旋形，口径很小，串于项链中；包金铜贝，是以金片包于模铸铜贝的表面，作为佩饰。经测定，这些金器含金量均在99%以上，属纯金制品。从墓葬规格看，随葬金器的6座墓，均属高级或较高级大、中型墓葬。

大量器物表面装饰有虎、马、鹿、豹、狗、羊、蛇、鸟等动物纹饰，是玉皇庙极富特色的装饰艺术特点。

4.墓地的年代

玉皇庙墓地的年代为春秋时期，上限为春秋早期，下限不晚于春秋晚期。根据玉皇庙墓地的地层堆积情况，结合墓葬中出土的陶器和几种主要的青铜器物的形制特点进行综合比较，可将玉皇庙墓地的400座墓葬，分为三期：第一期为“春秋早期—春秋早中期”，共计墓葬77座，其中包括春秋早期墓34座、春秋早中期墓43座；第二期为“春秋中期—春秋中晚期”，共计墓葬117座，其中包括春秋中期墓78座、春秋中晚期墓39座；第三期为“春秋晚期”，共计墓葬206座，包括春秋晚期前段墓126座、春秋晚期后段墓80座。

三、西梁垙墓地

1987年4～7月，北京市文物研究所在延庆县西梁垙墓地进行了考古发掘，清理了东周时期墓葬47座，其中包括18座玉皇庙文化的墓葬，共出土各式青铜兵器、工具、马具及各种质料的装饰品等约有500件[1]。1994年，为配合龙庆峡别墅工程建设，北京市文物研究所在此区域内再次进行了考古勘探和发掘，清理玉皇庙文化墓葬12座，所见埋葬情况与出土文物与1987年发掘的遗存近似[2]。

1.地理环境和墓地概况

西梁垙墓地位于延庆县古城村西北约700米处，与前文所述葫芦沟墓地相距约800米。墓地坐落在一个较为低矮的丘坡上，坡顶南低北高，海拔高度为622.3～625.7米。西梁垙东坡和东南坡，山皮和土层较厚，坡度也较缓，西坡和南坡则山皮很薄下面岩石很多，土层浅，且坡度大。两次发掘的东周时期墓葬，都集中于东坡和东南坡，而没有在西坡和南坡的。

2.墓葬埋葬情况和埋葬习俗

西梁垙墓地的玉皇庙文化墓葬，均为竖穴土坑墓，平面近长方形，方向皆作东西向。所见葬式，绝大多数都是单人仰身直肢葬，少见屈肢葬，头向一律向东，1994年发掘的M32，为较为少见的大型二人合葬墓。葬具多为木质棺椁，大多保存不好，仅存板灰痕迹，部分墓葬墓圹内堆放石块，发掘者推测为象征性石椁——这与玉皇庙墓地部分墓葬情况类似。典型的木椁平面形制近长方形，如1987年发掘的YXM25，葬具为单层木椁，平面形制近长方形，长2.06米、宽0.63米，由两端挡板、侧壁板、顶板和底板等部分组成。两侧壁板的两端，均向外探出挡板一段，盖板已腐朽塌陷。各壁椁板与顶、底板的结合方式还不明确。西梁垙墓

1 北京市文物研究所：《北京考古四十年》，北京燕山出版社，1990年。

2 北京市文物研究所：《延庆龙庆峡别墅工程中发现的春秋时期墓葬》，《北京文物与考古》第4辑，1994年。

图3-26 龙庆峡别墅工地出土松石玛瑙串饰

地的死者中，以青壮年男、女性居多，据发掘者统计，性别的差异，导致随葬器类组合的不同，如男性一般随葬青铜短剑、青铜生产工具等，而女性多是随葬装饰品，如项链、耳环之类（图3-26）。

西梁垙墓地中发现有覆面习俗，部分墓葬中死者面部发现遗有覆面铜扣，形式与葫芦沟、玉皇庙墓地基本一致。另外，西梁垙墓地发现有殉牲习俗，部分墓葬中发现殉葬牲畜的头骨和腿骨，殉牲的种类包括牛、狗、马，其中马骨发现于随葬品较丰富的墓葬中，与死者的身份、地位较高有关。

3. 出土文物情况

西梁垙墓地出土器物数量较多，种类丰富，包括青铜器、玉石器、金器以及陶器。其中陶器包括夹砂陶和泥质陶两类，以夹砂陶系为主，泥质陶数量较少。主要器类为陶罐，造型简单，皆为手制，器形多不规整；青铜器包括容器、兵器、生产工具、马具、装饰品等，其中小件装饰品数量最多，直刃匕首式青铜短剑等具有玉皇庙文化特色兵器也有少量发现。少量规模较大、级别较高的墓葬出土器物较为丰富，如1987年发掘的YXM25，1994年发掘的M29、M30、M32等几座墓葬，这些大型墓葬，不仅出土有前述具有玉皇庙文化特色的青铜兵器、生产工具、饰品、马具等，还发现有带盖铜鼎、铜舟等青铜容器，铜鼎器体椭圆，腹饰乳钉菱格纹，铜舟双环耳，亦为椭圆体，相同形制的器物见于山西，河北中、北部地区狄人墓葬、玉皇庙文化墓葬，是北方长城地带中、东部较为常见的器物，可能与狄人有关。

4. 墓地的年代

西梁垙墓地的年代当春秋早中期至春秋战国之际。1987年发掘的YXM25出土了一件铜戈，据发掘者报道，该铜戈内、援相平，长胡三穿，与中原地区春秋早期铜戈形制近似，根据该墓地很少发现泥质灰陶器、不见泥质灰陶高柄豆、高领壶、尖首刀币等特征，发掘者认为这处墓地的年代下限不晚于春秋晚期。1994年发掘的12座墓葬可以分为早晚两期，早期墓葬年代当春秋中期，晚期墓葬年代下限可进入春秋战国之际。

四、西拨子窖藏

西拨子村位于延庆县东南部青龙桥车站西北，距八达岭约4公里。1975年，延庆县西拨子驻军在村东古河滩修路取土工程中，发现一处青铜器窖藏，出土青铜兵器、生活用具、生产工具、狩猎工具和装饰品等共计53件，包括青铜鼎11、鍑1、戈1、刀7、匙1、斧7、锛2、凿4、锥1、猎钩1、耳环1、铜泡8、铜鼎残片2、铜渣块6等[1]（图3-27）。

1 北京市文物管理处：《北京市延庆县西拨子村窖藏铜器》，《考古》1979年3期。

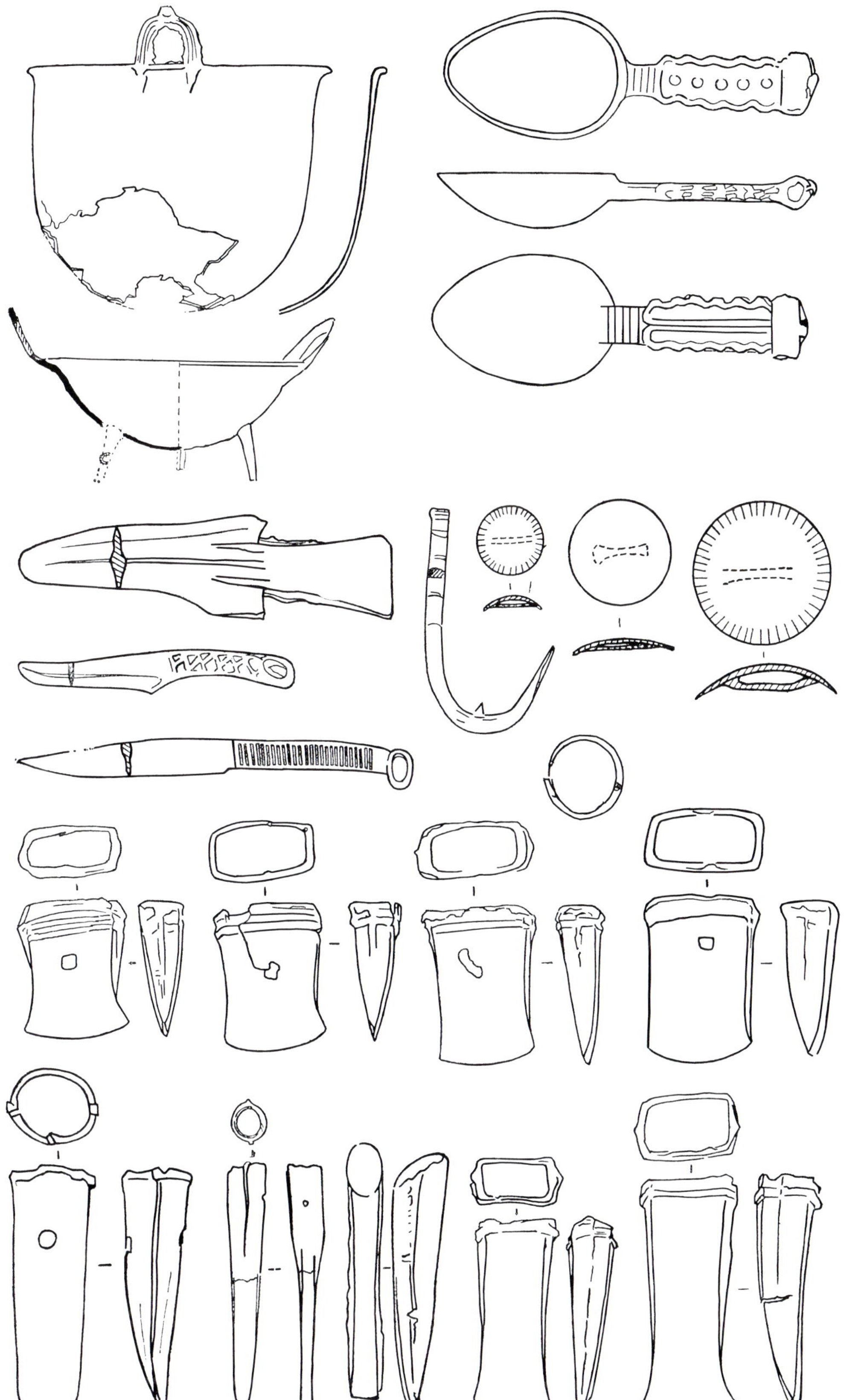

图3-27 西拨子窖藏铜器

铜鍑，对称直耳，耳顶端有小乳突，直筒形壁，深腹，圜底，通体素面无纹饰，通高27、口径38厘米，器底有破洞，并有火灼的痕迹，是经过长期使用的。铜鼎11件，形式完全相同，大小递减。均为四块范铸而成，鼎底铸缝呈三角形，斜立耳，敞口，宽沿，浅腹，圜底，底下三兽形足中空，器形单薄，做工粗糙，通体素面无纹饰，最大的通高18、口径22厘米，最小的通高11、口径15.6厘米。铜刀，有2件保存完整，一件为环首弧背刀，另一件为曲背刀。铜斧均为方形直銎弧刃，合范铸成，锛较斧略细长，凿体一般细长，有圆銎和实体两类。铜戈，无胡直内，内为长方形，援身近三角形，中起长脊，胡与援连接处为中空，呈扁圆形筒状銎，通长9.6、内长3.3厘米。

西拨子铜器窖藏的发现，是北京地区较为重要的考古收获，窖藏铜器的时代，大体属西周晚期或春秋早期。出土铜鼎口沿残片饰重环纹，是西周晚期到春秋早期较为典型的装饰纹饰，所出铜匙、刀与内蒙古宁城南山根夏家店上层文化墓所出同类器物近似。发掘者将该窖藏的性质定为夏家店上层文化，从其发现的区域及周边考古学文化的格局来看，《北京考古四十年》将其视为玉皇庙文化的遗存，还是有道理的，但其年代较所见玉皇庙文化的年代均略早，出土的青铜器与玉皇庙文化的大量青铜器还略有差异，所以关于它的文化性质还可以再作探讨。

五、玉皇庙文化零散遗存的发现与分布

北京地区春秋、战国之际的玉皇庙文化遗存，主要集中发现于北部山区——延庆县境八达岭以北的军都山带。据靳枫毅先生统计，迄今为止，发现出土富有典型玉皇庙文化特色的直刃匕首式青铜短剑等青铜遗物的地点，已有10余处[1]。如延庆县大柏老乡常里营、古城村葫芦沟、西梁垙、靳家堡乡玉皇庙、永宁乡东灰岭、新华营、清泉铺乡马蹄湾、康庄乡大营村，以及西拨子乡东河滩等。出土器物数量较多，种类也比较丰富，包括青铜器、金器、玉石器、陶器、蚌器等，其中青铜器可以分为容器、兵器、工具、车马器、装饰品等几类，金饰品、玉石器、陶器数量较少，主要器型包括青铜短剑、铜刀、铜镞、铜车軎、铜马衔、铜豆、铜锛、铜凿、铜带钩、铜锥、铜锥管、铜牌饰、铜泡、铜坠饰、铜耳环、铜扣、金饰件、玉璜、玛瑙环、绿松石珠、石珠、蚌片、陶罐等，在部分地点还发现了殉葬用的马骨。上述零散发现的玉皇庙文化遗存地点，皆分布于延庆县北境军都山沿线，这对于了解该文化族群的活动区域，提供了非常具体的依据。

1 北京市文物研究所：《北京考古四十年》，北京燕山出版社，1990年。

第四章

北京汉代考古

第一节 概　　述

秦统一六国后结束了诸侯割据的局面，将全国分为40多个郡，蓟城为广阳郡郡治。广阳郡以北有上谷，东北有渔阳等属今北京。后秦灭六国，筑长城。秦二世元年（公元209年）因筑长城发生农民起义，至秦王朝灭亡，楚汉之争，汉灭楚，平定燕蓟。

西汉王朝建立后，实行郡、国并行制度。郡和王国以下仍设县。西汉时期，涉及北京地区的郡县有广阳郡领四县，其中蓟、广阳、阴乡在今北京；涿郡领二十九县，其中良乡、西乡在今北京境；上谷郡领十五县，其中夷舆、居庸、军都、昌平在今北京；渔阳郡领十二县，其中渔阳、狐奴、路、平谷、安乐、犷平在今北京[1]。通过考古发现初步了解的县城址有：蓟城、广阳、阴乡、良乡、西乡、平谷等[2]。

刘秀建立东汉政权(公元25～220年)，在地方的行政区划大体沿用西汉制度。北京地区属幽州，广阳郡治蓟，其下蓟、广阳、昌平、军都在今北京境内；今良乡为涿郡辖县；居康为上谷郡辖县；渔阳郡下辖渔阳、狐奴、潞、平谷、安乐、奚、犷平；右北平郡辖无终县西北在今北京境内[3]。通过考古发现证实的城址多为战国西汉修筑，东汉沿用，如考古发现的广阳、良乡、平谷等县城遗址[4]。

两汉时期的幽州，西始太行山东麓，东达朝鲜半岛，北沿长城，南至大海。现在北京的范围主要属于上谷郡、渔阳郡和广阳国，涿郡仅房山部分地方，现北京应为两汉时期幽州的西部偏北[5]。从两汉的考古学发现看：西汉到东汉，以广阳国为中心，人口逐渐由中心区向邻郡发展，定居农业经济逐渐成为周边地区特别是广阳国以北秦长城以南地域的生产生活模式。如北京地区两汉时期城址分布较为密集，发掘的墓葬数量较多，基本上反映了两汉时期北京地区的历史状况。西汉墓发现的地点有丰台王佐、丰台大葆台、大兴亦庄鹿圈村、亦庄开发区东南部、石景山区老山汉墓、石景山上庄村汉石阙、石景山鲁谷区石虎、海淀区五棵松篮球馆、海淀区上地开发区、延庆颖泽洲、昌平白浮村、昌平史家桥村、昌平半截塔村等（图4-1）。东汉墓发现地点有储运公司三台山、平谷张岱村、西城教育学院、海淀区永定路、海淀区上地村、丰台区三台子山、海淀区上地高科技园区、西城区北京

1　相关内容参见侯仁之等：《北京城市历史地理》，北京燕山出版社，2005年。

2　见本章第二节和第四节相关内容。

3　相关内容参见侯仁之等：《北京城市历史地理》，北京燕山出版社，2005年。

4　见本章第二节和第四节相关内容。

5　谭其骧：《中国历史地图集》（第二册），中国地图出版社，1982年。

图4-1 西汉遗址墓葬分布示意图

图4-2 东汉遗址墓葬分布示意图

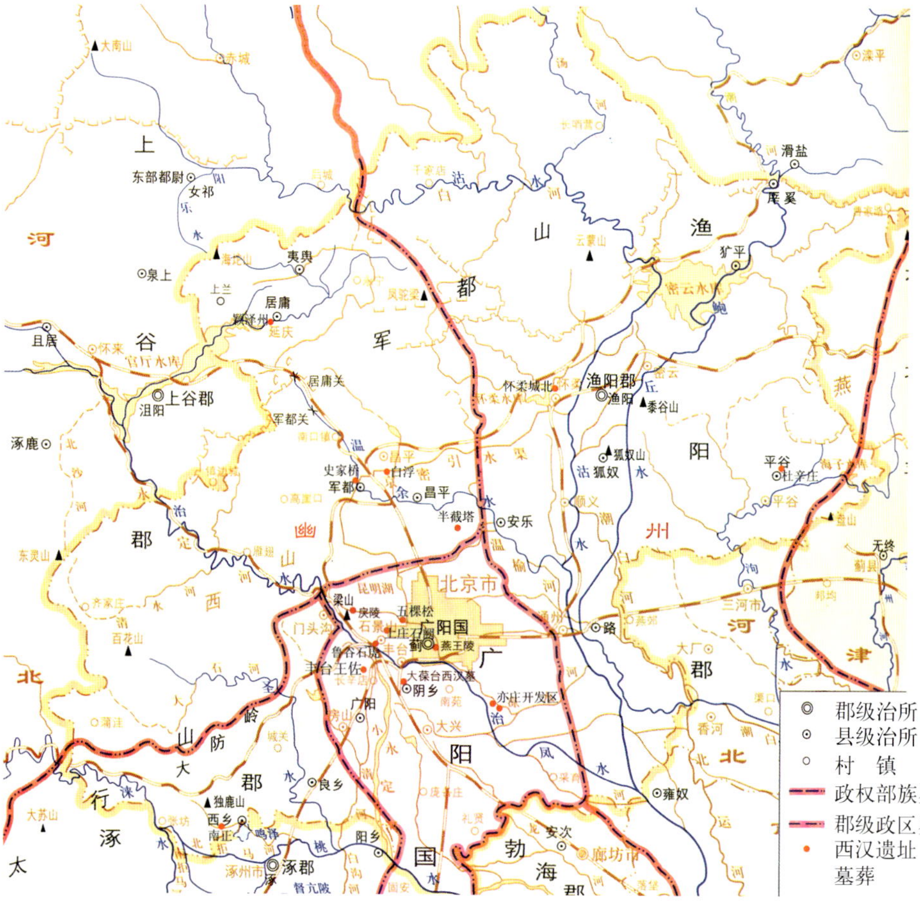

4-1

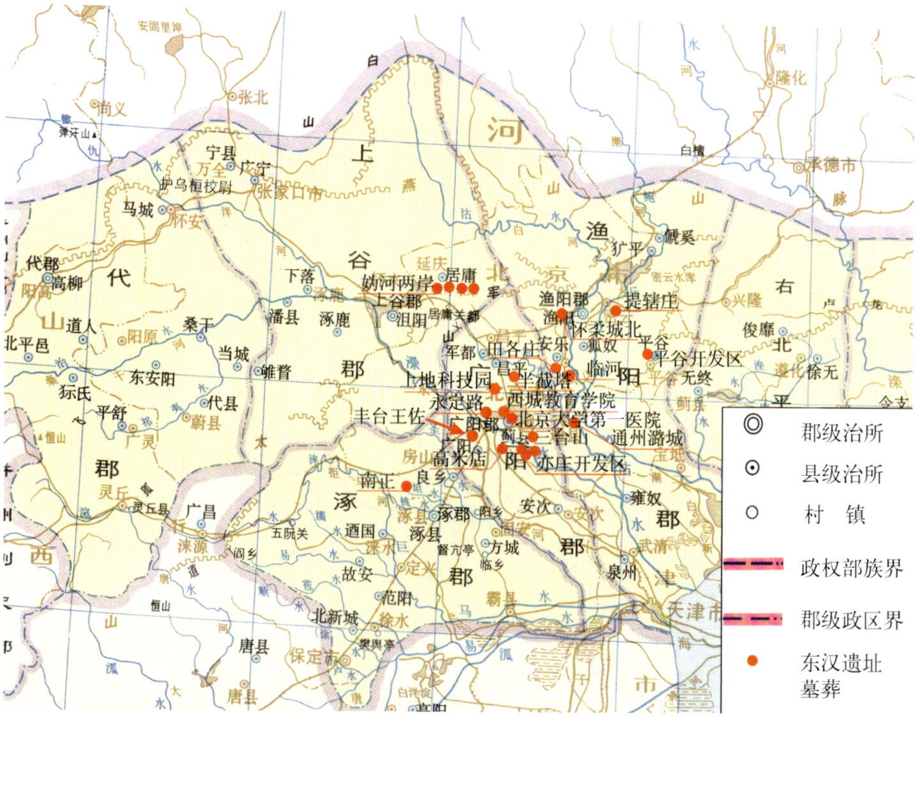

4-2

大学第一附属医院、崇文区开阳里小区、大兴亦庄开发区肖庄村、大兴区鹿圈村、大兴区高米店村、丰台王佐银河小区、大兴区亦庄镇博兴路、昌平半截塔、密云县提辖村、顺义临河村、顺义田各庄、平谷兴谷开发区、通州区潞城镇武夷花园小区、怀柔城北、延庆颖泽洲二期、延庆妫河南岸、延庆第二中学、延庆大案要案基地、延庆县南辛堡村、房山区长沟镇南正村等（图4-2）。

第二节　北京汉代考古发现

北京地区的汉代考古始于20世纪50年代，至今已发现城址10余处，发现墓葬点40多处，墓葬约1540多座（可见资料）。

较为重要的城址有5处：1956年夏，在北京的宣武门至和平门一带发现最为密集的战国至西汉陶井群，推测两汉时期的蓟城应在宣武门至和平门一带[1]（图4-3）。1954～1958年，考古工作者在清河镇西约1公里的朱房村，发现了一座古城，并先后5次对该城址进行了不同规模的发掘。该城址原是秦、汉时期防御胡人的重要军事基地和贸易集散地[2]。1959年，在窦店镇西侧发现一座古城遗址，经考证为汉良乡故城[3]。1962年在位于房山区良乡镇东4.5公里的广阳城村调查时，发现村东南有一段长约40米、高约4米的残土城墙，经考证为汉广阳城旧址[4]。1962年在房山区长沟镇东测，发现一保存较好的城址，从城址规制和城中采集物判断，调查者认为该城址为汉西乡县故城[5]。此外，2001年7～9月，北京市文物研究所和大兴区文物管理所，对大兴县芦村古城进行了调查和勘探，调查者依据现场调查和历史文献记载，认为该城址为汉阴乡县城遗址[6]。1986年夏，在怀柔县城西郊怀柔水库龙山东坡的一断面上，发现了木炭灰和坩埚等，并在此范围内发现铸钱红范母、汉代筒板瓦等，推测是一处汉代铸钱遗存[7]。

较为重要的墓葬有16处。1959年至1960年，北京市文物工作队在怀柔县城北发掘两汉墓30座，其中西汉墓21座、东汉墓9座[8]。1960年北京市文物工作队在昌平白浮村发掘汉墓46座，均为中小型墓，发掘者认为主要为西汉初期、西汉中期和新莽前后[9]。1960年3～

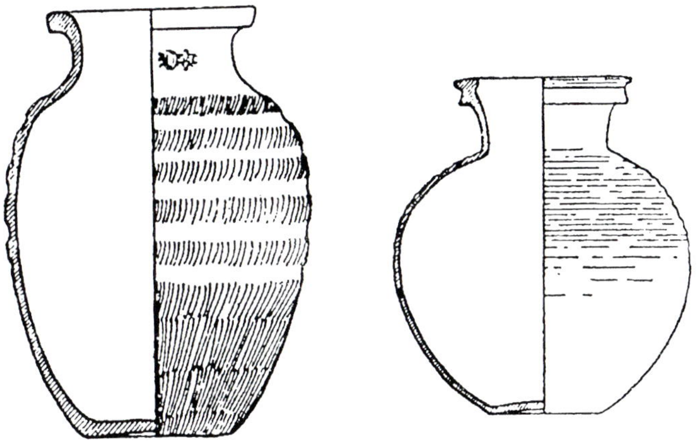

图4-3 北京西郊白云观遗址出土陶罐

1 苏天钧：《北京西郊白云观遗址》，《考古》1963年3期。
2 北京市文物研究所：《北京考古四十年》，北京燕山出版社，1990年。
3 冯秉其等：《房山县古城址调查》，《文物》1959年1期；刘之光等：《北京市周口店区窦店土城调查》，《文物》1959年9期。
4 北京市文物工作队：《北京房山县考古调查简报》，《考古》1963年3期。
5 侯仁之、唐晓峰：《北京城市历史地理》，北京燕山出版社，2000年。
6 北京市文物研究所：《大兴芦城古城遗址调查记》，《北京考古》第一辑，北京燕山出版社，2008年。
7 高桂云：《怀柔县汉代铸铁遗址的发现》，《首都博物馆丛刊》1997年总第11期。
8 北京市文物工作队：《北京怀柔城北东周两汉墓葬》，《考古》1962年5期。
9 苏天钧：《北京昌平白浮村汉、唐、元墓葬发掘》，《考古》1963年3期。

5月，北京市文物工作队在昌平史家桥村发掘汉墓48座，主要为西汉早期、西汉中期和新莽至东汉早期[1]。1960年，北京市文物工作队在昌平半截塔村发掘两汉墓21座，其中西汉墓16座，东汉墓5座，时代定为西汉早期、西汉中期和东汉晚期[2]。1964年6月，在石景山上庄村东，因采石工程发现汉代石刻一批，主要为石阙构件，其中两块刻有“汉故幽州书佐秦君之神道”[3]。1974年6月至1975年4月，北京市古墓发掘办公室在丰台区郭公庄大葆台发掘了西汉广阳王刘建及其夫人墓[4]。1975年4月，北京市文物管理处在t顺义县城东南约6公里的临河村东北，发现砖室墓1座，出土有长宜子孙连弧纹镜等文物。由此推断该墓为东汉晚期砖室墓[5]。1982年1月，在北京市储运公司三台山仓库基建时发现3座墓，地上原坟土，俗称三台，其中一台子下并排两座墓，皆为砖室墓。北京市文物管理处进行了清理，发掘者从墓中出土文物判断为东汉中晚期[6]。2004～2005年，北京市文物研究所配合五棵松篮球馆工程发掘汉代墓葬7座[7]，配合五棵松棒球馆工程发掘汉代墓葬1座[8]。时代为西汉早中期～王莽至东汉早期。2005年11月至2006年5月，配合南水北调工程在房山区南正村北南正遗址墓葬区，发现西汉窑址7座，东汉砖室墓23座[9]。2006年5～7月，配合南水北调工程在房山区长沟镇南正村西北的岩上墓葬区，北京市文物研究所发掘东汉砖室墓共11座[10]。2006年10～11月，北京市文物研究所在通州区潞城镇武夷花园小区，发掘东汉砖室墓10座，发掘者依据墓葬形制和出土文物判断，墓葬时代为东汉中晚期[11]。2006年12月至2007年1月，平谷兴谷开发区建设工程中，北京市文物研究所在平谷区杜辛庄村东北，发掘两汉墓葬21座，窑址12座。发掘者认为墓葬为西汉中晚期和东汉中晚期，窑址主要为东汉中晚期[12]。2007年7～9月，在延庆县延庆镇南辛堡村东，发掘东汉砖室墓22座[13]。2007年4～6月，在大兴区亦庄开发区10号地鹿圈镇鹿圈村，发掘汉墓59座，其中王莽至东汉时期墓59座。此外发现东汉时期窑址8座[14]。2007年12月至2008年1月，在丰台区王佐镇银河星座居住小区内，发掘汉代墓葬37座，汉代窑址2座。时代跨西汉中、晚期和东汉[15]。

此外，其他零星发现有29处。1957年9月，北京丰台区三台子出土若干汉代画像石，发掘者认为是东汉画像石墓[16]。1959年6月，在平谷县城西北7.5公里的西柏店村和唐庄子村，清理砖室墓15座，墓葬时代属东汉至魏晋时期，少数墓的时代属于北朝[17]。1962年，北京市文物工作队在北京永定路发现一座小型土坑墓，发掘者定为东汉早期[18]。1983年4月，北京市文物管理处等进行第二次文物普查时，在平谷县门楼庄乡北张岱村东北发现一座东汉画像石门的

1 喻震：《北京昌平史家桥汉墓发掘》，《考古》1963年3期。
2 北京市文物工作队：《北京昌平半截塔东周和西汉墓》，《考古》1963年3期。
3 北京市文物工作队：《北京西郊发现汉代石阙清理简报》，《文物》1964年11期。
4 大葆台汉墓发掘组、中国社会科学院考古研究所：《北京大葆台汉墓》，文物出版社，1989年。
5 黄秀纯：《北京顺义临河村东汉墓发掘简报》，《考古》1977年6期。
6 北京市文物工作队：《北京东南郊三台山东汉墓发掘简报》，《北京文物与考古》第一辑。
7 张智勇：《五棵松篮球馆工程考古发掘报告》，《北京奥运场馆工程考古发掘报告》，科学出版社，2007年版。
8 胡传耸：《五棵松棒球场工程考古发掘报告》，《北京奥运场馆工程考古发掘报告》，科学出版社，2007年版。
9 北京市文物研究所：《房山南正遗址——拒马河流域战国以降时期遗址发掘报告》，科学出版社，2008年。
10 孙勐等：《岩上墓葬区考古发掘报告》，《北京段考古发掘报告集》，科学出版社，2007年。
11 张智勇等：《北京市通州区武夷花园二期项目遗址考古发掘报告》，《北京考古》（第二辑），北京燕山出版社，2008年。
12 北京市文物研究所：《平谷杜辛庄》，科学出版社，2009年（待刊）。
13 张治强：《近两年北京地区汉代考古的发现与研究》，《汉代文明国际研讨会论文集》，北京燕山出版社，2009年。
14 张治强：《近两年北京地区汉代考古的发现与研究》，《汉代文明国际研讨会论文集》，北京燕山出版社，2009年。
15 张智勇：《北京丰台王佐遗迹考古发掘取得重要收获》，《北京文博》2008年4期。
16 喻震：《丰台区三台子出土汉画像石》，《文物》1966年4期。
17 向群：《北京平谷县西柏店和唐庄子汉墓发掘简报》，《考古》1962年5期。
18 喻震：《北京永定路汉墓》，《考古》1963年3期。

砖室墓[1]。该墓是北京地区首次发现的东汉画像石墓，地面上有封土堆，墓门向南，券顶。石刻墓门，墓门及两侧立柱上刻有画像，右扇门朱雀衔环，门两侧立柱刻武士。在马各庄村还发现清代嘉庆元年据旧碑改制的“东汉全椒侯马成之墓”墓碑[2]。1983年，通县永东店畜牧场发现一座东汉中晚期多室砖室墓。1985年在昌平沙河镇辛力屯村南岗子清理了5座汉墓[3]。1991年11月，西城区北京教育学院内施工中，发现一座双室砖墓，北京市文物研究所和西城区文物管理所，对该墓进行了清理。前室南壁一砖上刻有：“永平元年三月三日”，该墓为东汉墓葬[4]。1991年12月，在海淀区上地村修公路时，发现5座砖室墓。北京市文物研究所和海淀区文物管理所对墓葬进行了清理，发掘者依据出土文物判断属于东汉墓葬[5]。1993年6月，在石景山区鲁谷新住宅区施工中，发现一对汉白玉石虎，发掘者认为与燕王刘泽及家族墓葬地上祭物有关[6]。1998年3月，北京市文物研究所和密云县文物管理所在密云县河南寨镇提辖村西北发掘了10座墓葬，发掘者认为是东汉中晚期[7]。1999年春，顺义区文物管理所在顺义区田各庄村南马鞍山发掘砖室墓45座，发掘者将墓葬年代定为东汉中晚期[8]。2000年，北京市文物研究所在海淀区上地高科技信息产业基地发掘战国至汉代墓葬1000余座；在延庆颖泽洲住宅区建设中发掘汉至辽金墓80座，关于汉代墓葬发掘者推测可能为鲜卑遗存；在北京地铁八通线的施工过程中发掘汉至明清墓100余座[9]。2000年2月，北京大学第一附属医院第二住院部基建施工中，发现砖室墓1座。北京市文物研究所对该墓进行了清理，发掘者认为是一座东汉墓[10]。2000年，北京市文物研究所在石景山区老山发掘一座大型岩坑木椁墓，推测墓葬年代西汉中晚期[11]。2001年，配合开阳里危改小区工程，北京市文物研究所发掘汉代砖室墓16座[12]。2002年4月，配合延庆县颖泽洲二期工程，北京市文物研究所发掘汉代墓葬13座，其中一座规模较大的多室砖墓铺地砖绘有红色彩绘。这批汉墓出土有“位至三公”等铜镜，发掘者认为是东汉时期墓葬[13]；2002年7月，北京市文物研究所在延庆县妫河南岸配合基本建设施工中发现砖室墓两座，发掘者认为是东汉时期的砖室墓[14]。2003年3月，北京市文物研究所在配合延庆县第二中学建设工程中，发掘汉代砖室墓5座，发掘者认为是东汉时期墓葬[15]。2003年4～5月，北京市文物研究所在配合北京市检察院延庆大要案基地工程中，发掘汉墓5座，其中2座长方形竖穴土坑墓，时代为西汉；3座砖室墓，时代为东汉晚期[16]。2003年10月至2004年4月，北京市文物研究所在亦庄经济技术开发区79号地（大兴区肖庄村），发掘清理汉墓14座，发掘者认为是东汉墓葬[17]。2003年11月，北京市文物研究所在亦庄经济技术开发区

1 杨学林：《平谷张岱村东汉砖室墓》，《北京考古信息》1989年创刊号。
2 北京市平谷区文化委员会：《平谷文物志》，民族出版社，2005年。
3 文物编辑委员会：《文物考古工作十年1979-1989》，文物出版社，1990年。有关通县汉墓资料见《北京通县、房山等地汉墓》，《中国考古学年鉴1984年》，文物出版社，1984年。
4 李达、王武钰：《北京教育学院东汉墓》，《中国考古学年鉴1991年》，文物出版社，1992年。
5 李达：《海淀上地村东汉墓》，《中国考古学年鉴1991年》，文物出版社。
6 关续文：《石景山区鲁谷新村出土一对西汉石虎》，《北京文物报》1994年10期。
7 李大儒：《密云又出土十座汉墓》，《北京文物报》1998年7期。
8 李建林：《北京顺义田各庄汉墓发掘简报》，《北京文博》1999年4期。
9 宋大川：《近年来北京考古新成果》，《北京文物与考古》第五辑，北京燕山出版社，2002年。有关内容亦见《北京市文物研究所2000年工作总结》。
10 北京市文物研究所：《厂桥地区一东汉砖室墓发掘简报》，《北京文物与考古》第六辑，民族出版社，2004年。
11 王鑫：《北京老山汉墓》，《2000年中国重要考古发现》，文物出版社，2001年。
12 参见《北京市文物研究所2001年工作总结》。
13 参见《北京市文物研究所2002年工作总结》。
14 参见《北京市文物研究所2002年工作总结》。
15 参见《北京市文物研究所2003年工作总结》。
16 参见《北京市文物研究所2003年工作总结》。
17 北京市文物研究所：《北京亦庄考古发掘报告》（2003-2005年），科学出版社，2008年。

西环南路，发掘清理汉代墓葬8座[1]。2004年2月，北京市文物研究所在亦庄经济技术开发区兴业街，发掘清理汉代墓6座[2]。2004年4～6月，北京市文物研究所在亦庄经济技术开发区80号地，发掘清理东汉墓7座[3]。2004年5～6月，北京市文物研究所在亦庄经济技术开发区博兴路清理东汉砖室墓6座[4]。2004年6～7月，北京市文物研究所在亦庄经济技术开发区新凤河路，发掘清理东汉墓14座[5]。2006年，北京市文物研究所在平谷区王辛庄镇西杏园村北，乐园路东侧，发掘汉代砖室墓6座和陶窑2座；同年，北京市文物研究所在平谷区兴谷开发区河道治理工程中，发掘汉墓16座[6]。2007年7～8月，为配合大兴新城北区8号地建设，北京市文物研究所在大兴区黄村镇前高米店村，发掘汉代砖室墓5座，清理汉代陶窑6座。发掘者依据墓葬和陶窑形制，判断该批墓葬时代为东汉中晚期，陶窑为东汉中期及以后[7]。2008年6月，为配合大兴区亦庄镇博兴七路综合市政工程，北京市文物研究所发掘清理了4座汉代砖室墓，发掘者认为墓葬年代为王莽前后至东汉初[8]。2008年11月，配合卡达克汽车检测技术中心工程，北京市文物研究所在北京市亦庄经济技术开发区的西南部（东邻博兴路，西接博兴六路）发掘清理汉墓9座。发掘者根据墓葬形制及出土器物特征，初步判断这9座墓的年代为西汉晚期至东汉晚期[9]。

以上是新中国成立以来，北京地区两汉时期考古发现的基本概况，其中城址和墓葬的重要发现对研究两汉时期这一地区的历史具有重大价值。

第三节 北京汉代考古的研究现状及认识

以上所列两汉时期的考古发现，基本上是北京地区新中国成立以来所进行的两汉考古工作的重点。对于北京地区汉代墓葬的研究，就目前情况而言，是比较薄弱的。20世纪五六十年代发表的昌平、怀柔等地汉墓的发掘报告中，报告作者对北京地区汉代墓葬的分期、年代等问题曾经作过论述，尤其以《怀柔城北东周两汉墓葬》较为深入，该文总结了西汉、新莽时期、东汉中期、东汉晚期等四个时期北京地区墓葬的一般特征。大葆台汉墓发掘以后，相关学者围绕西汉诸侯王墓的葬制、该墓的墓主身份[10]等进行了较为全面的考证。进入20世纪90年代，北京地区的汉代墓葬发现不少，但发表者相对较少，给这方面研究带来一定的局限性。近几年来，随着北京地区汉代考古成果的发表，不断有学者对北京及相关地带的汉代墓葬考古有了新的认识。

1 北京市文物研究所：《北京亦庄考古发掘报告》（2003-2005年），科学出版社，2008年。
2 北京市文物研究所：《北京亦庄考古发掘报告》（2003-2005年），科学出版社，2008年。
3 北京市文物研究所：《北京亦庄考古发掘报告》（2003-2005年），科学出版社，2008年。
4 北京市文物研究所：《北京亦庄考古发掘报告》（2003-2005年），科学出版社，2008年。
5 北京市文物研究所：《北京亦庄考古发掘报告》（2003-2005年），科学出版社，2008年。
6 见《北京市文物研究所2006年工作总结》。
7 于璞等：《北京市大兴新城北区8号地考古发掘报告》，《北京考古》（第二辑），北京燕山出版社，2008年。
8 见《北京市文物研究所2008年工作总结》。
9 见《北京市文物研究所2008年工作总结》。
10 相关文章主要有：北京市文物研究所：《北京考古四十年》，北京燕山出版社，1989年；北京市古墓发掘办公室：《大葆台西汉木椁墓发掘简报》，《文物》1977年6期；鲁琪：《试谈大葆台汉墓的“梓宫”、“便房”、“黄肠题凑”》，《文物》1977年6期；王灿炽：《大葆台西汉墓墓主考》，《文物》1986年2期；大葆台汉墓发掘组、中国社会科学院考古研究所：《北京大葆台汉墓》，文物出版社，1989年；高崇文：《西汉“黄肠题凑”葬制再研究》，《北京文博》2008年2期；周正义：《大葆台西汉墓及刘建其人》，《北京文博》2008年2期；白岩：《大葆台汉墓“黄肠题凑”用材及相关环境考察》，《北京文博》2008年2期；马希桂：《简述北京大葆台汉墓——西汉广阳王刘建夫妻陵墓》，《北京文博》2008年4期。有关文章较多，不一一列举。

第一，东北、北京、冀东、平壤同属于汉幽州文化区的观点[1]和“汉墓幽州分布区”的概念[2]。作者依据汉幽州区，将北京划入京津唐地区，大致属于燕汉渔阳郡、广阳国的范围。北京地区西汉前期有两种陶器组合，陶礼器墓随葬鼎、盒、壶、罐，日用陶器墓主要有罐。新莽前后出现耳杯、奁、熏、案、勺等陶器和仓、井、灶等模型明器，东汉前期鼎、壶等陶礼器消失。从墓葬形制来看，西汉墓亦以土圹墓为主，西汉中期出现夫妻合葬，在新莽前后出现砖室墓。第二，通过对京津冀地区的汉代墓葬进行详细的考古学观察，在对汉墓分组的基础上，将汉墓分为西汉早、中、晚期，王莽至东汉初，东汉早、中、晚和曹魏时期，共八期。并在进行文化因素分析的基础上，将京津冀地区汉代墓葬划分为五个墓葬文化分布区，北京地区大致属于其中的“西汉墓幽州南部分布区”和“东汉墓幽州南部分布区”[3]。第三，在总结以往北京地区汉代考古发现与研究的基础上，结合近两年北京地区发现的汉代墓葬，对已有发现总结的基础上,从墓葬形制、分期与年代、器物演变等考古学文化方面进行了详细评述[4]。

随着北京地区汉代考古资料的不断出现，结合以往学者的研究成果，我们对北京地区汉代考古提出以下几点认识。

1.两汉时期北京地区墓葬形制和埋葬习俗

目前，关于两汉时期的考古发现分八期。西汉早期、西汉中期、西汉晚期、王莽至东汉初期、东汉早期、东汉中期、东汉晚期和曹魏时期，各时期的墓葬形制和葬俗相对有不同的特点。但东汉晚期和曹魏时期的墓葬因发现直接时代证物较少，尚难明确区分两者差异，故暂按一个时代表述。

北京地区西汉早期一般为长方形竖穴土坑墓木椁（棺）墓，单人单棺或无棺，随葬品置于死者头顶（图4-4，1）。西汉中期，单人单棺竖穴土坑墓和合葬墓并行。一般贫民墓仍为竖穴土坑木椁墓，随葬品一般置于死者头顶或上身的一侧。出现了同坟不同穴的合葬，两者棺椁之间有生土隔梁（图4-4，3、5、6）。西汉晚期发展为同坟同穴合葬，两者棺椁之间生土隔梁消失（图4-4，2）。西汉中晚期诸侯王墓如大葆台1号和2号墓，属同坟异穴土坑木椁墓。老山汉墓为凿岩竖穴木椁墓。这一时期大型墓出现了墓道，整体形状近似“中”字形。王莽至东汉初期，出现了较小的长条形的带墓道竖穴土坑墓和无墓道小型砖室墓。竖穴土坑墓一般有木质棺椁，随葬器置于死者头顶头箱部分（图4-4，4）。砖室墓为在竖穴土圹的基础上构建的四壁直立的长方形，其砖室四壁相当于椁，砖室内放木棺，随葬品置于死者头部。此类砖室墓在发掘时未见顶部塌陷砖块，推测顶部为木板或无砖。东汉早期基本全为砖室墓，一般为较大的带斜坡墓道的单室砖室墓，墓圹形状呈刀形和甲字形两类。砖室墓自墓门始用砖券并封门，墓室为砖券穹隆顶。因多数被盗扰，此类墓中葬具、随葬品位置多较乱。但基本一人一棺，人骨周围撒布铜钱等。东汉中期出现前后室砖室墓。晚期大量流行砖室墓，出现少量带耳室的砖室墓和多室墓，但多室墓的流行大概进入曹魏时期。双室墓之前室为长方形或方形

1 郑君雷：《中国东北地区汉墓研究》，吉林大学博士学位论文，1997年。
2 郑君雷：《论“西汉墓幽州分布区”》，《考古与文物》2005年6期。
3 姜佰国：《京津冀地区汉代墓葬研究》，《边疆考古研究》（第6辑）科学出版社，2007年。
4 胡传耸：《北京地区汉代墓葬初步研究》，《北京文博》2008年4期、2009年1期；张治强：《近两年北京地区汉代考古发现与研究》，《北京汉代国际文明研讨会论文集》，北京燕山出版社，2009年。张治强本章第三节的有关认识。

图4-4 西汉竖穴土坑墓形制举例

1. 篮球馆M13　2. 史家桥M　3. 怀柔城北M61、M62　4. 怀柔城北M63
5. 史家桥M39　6. 史家桥 M16、M17

（横长方形），随葬品多放置于前室，人骨置于前后室者均有，但以放于后室较多。多室砖室墓一般有一个墓道，个别有2至3条墓道。一条墓道的多室墓以中间墓室为中心（中心墓室），多有后室（或前后室）、耳室，生活明器等随葬器，如案、耳杯、动物等多摆于中间墓室，棺椁和大型陶仓等多置于后室或耳室。2至3条墓道的多室砖墓，一般以紧挨墓道的墓室为中心（中心墓室），形成各自的后室、侧室，但各个侧室通过甬道互通。中心墓室中多置祭祀用的生活明器，其他侧室或后室置棺椁等。

埋葬习俗方面，西汉早期基本承袭了战国竖穴土坑单人葬的特点，单人单棺，随葬品多置于头顶部。西汉中期到晚期，逐渐有夫妻同坟异穴合葬墓，后来发展到夫妻同坟同穴合葬。王莽到东汉早期，发展到夫妻同室合葬；东汉中期墓室加长加宽，夫妻同室并排紧贴式合葬；东汉晚期及以后，侧室和耳室增多，墓内空间较大，大家族观念强化，多室墓的出现和增多反映出这一观念。

2. 从墓葬出土陶器的组合看汉代墓葬的物质文化发展

汉代物质文化非常发达，特别是西汉中期以来厚葬习俗的盛行，从墓葬中发现的随葬品，基本代表了汉代物质文化的各个方面。

北京地区汉代各个时代墓葬随葬器物有相对固定的组合，从一个侧面反映墓主生前所用物品的种类和墓主生前的经济状况。西汉早期比较明确的为鼎、壶、盒组合，还有一类墓仅出高领罐，也被认为是西汉早期的一种现象；西汉中期到王莽新朝及东汉前期，鼎、壶、盒的组合为主体，但随时间的推移从早到晚渐出现耳杯、盘、仓等。但诸侯王一级的大型墓里，西汉中期就已出现耳杯、盘、魁、勺等饮食用具类明器，一般的中小型墓里则直到王莽新朝及东汉前期才开始出现，并在东汉中、晚期盛行；东汉中期以后鼎基本消失，出现了灶、井、较逼真的陶质动物等；东汉晚期以后，在东汉中期的基础上，随葬器类更为繁杂，但各类器物向小、向示意化发展，仿生活用的明器特别发达。需要指出的是，釉陶在北京地区西汉晚期已出现，东汉中晚期已相当发达，但随葬的对象似乎还是代表墓主的特有身份和经济地位。一般墓葬中罕有釉陶随葬。

北京地区两汉时期的陶器种类繁多，包括死者生前生活用品的多个方面，对较典型的器物的时代特点有以下初步认识：

(1) 壶

北京地区两汉墓葬中，陶壶伴随着各个时代，是种类也较为丰富的一类器物，基本形制有三类。分别为大敞口束颈壶、小敞口束颈壶、小口直颈壶。

敞口束颈壶从早到晚的发展规律为：西汉早期，弧形盖，敞口，短束颈，溜肩、垂腹，寰底，假圈足。器体多饰彩绘。如五棵松M18:4（图4-5-1，1）。西汉中期，出现了博山盖，敞口近似盘口，束颈，耸肩，近似寰底，浅圈足。王棵松M3:5(图4-6，1)。西汉晚期，壶体变大，出现盘口，束颈渐长，圈足渐高呈喇叭口状，如大葆台M1（图4-7，1）。新莽至东汉初，壶体变得更大，博山盖，口底形状为喇叭状盘口，圈足部继续加高，如亦庄10号地M15

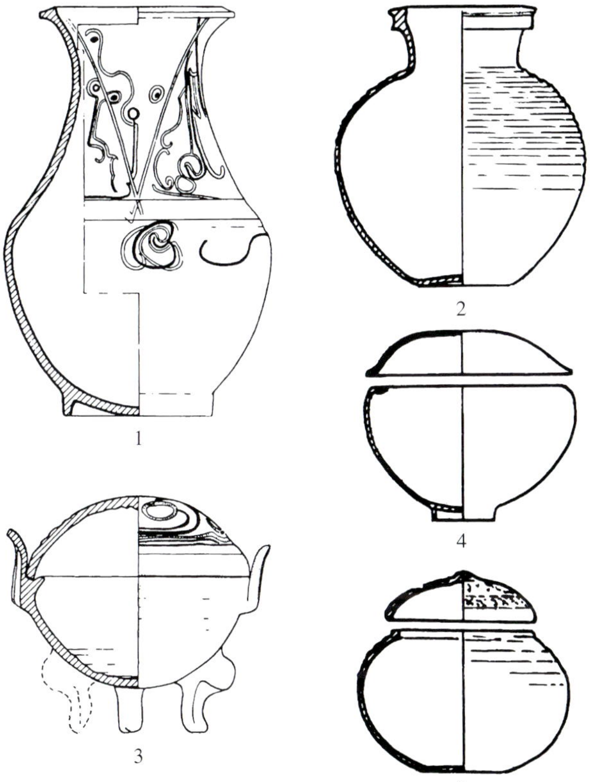

图4-5 西汉早期陶器举例

1. 五棵松M18：4　2. 北京白云观　3. 五棵松M18：1
4. 怀北M108　5. 史家桥Ⅷ式

图4-6 西汉中期陶器举例

图4-7 西汉晚期陶器举例

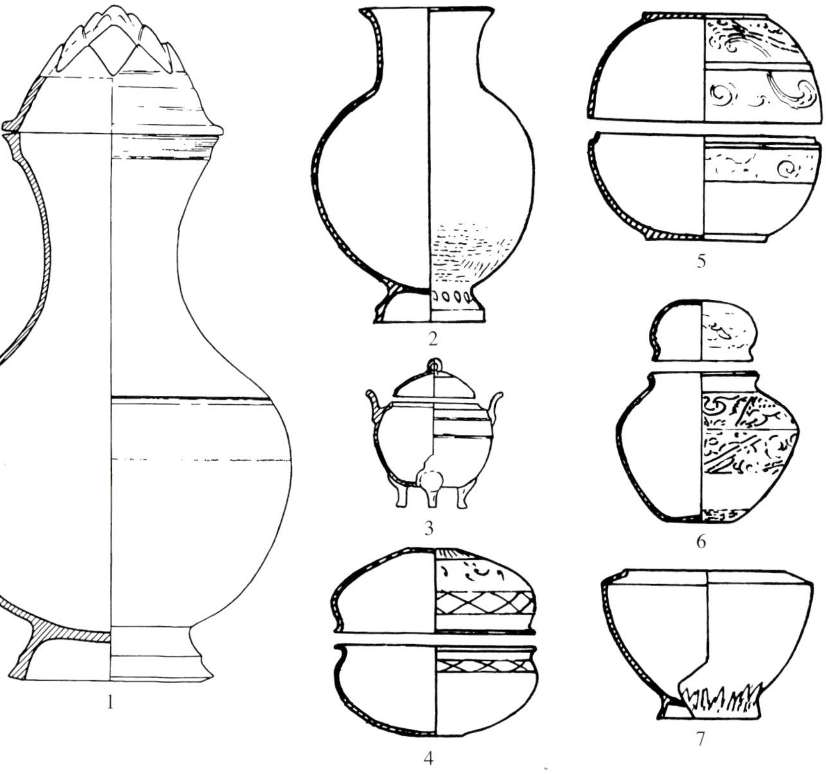

4-6

1. 五棵松M3：5　2. 怀北M63　3. 史家桥Ⅳ式　4. 怀北M63
5. 怀北M110　6. 怀北M104　7. 怀北M101

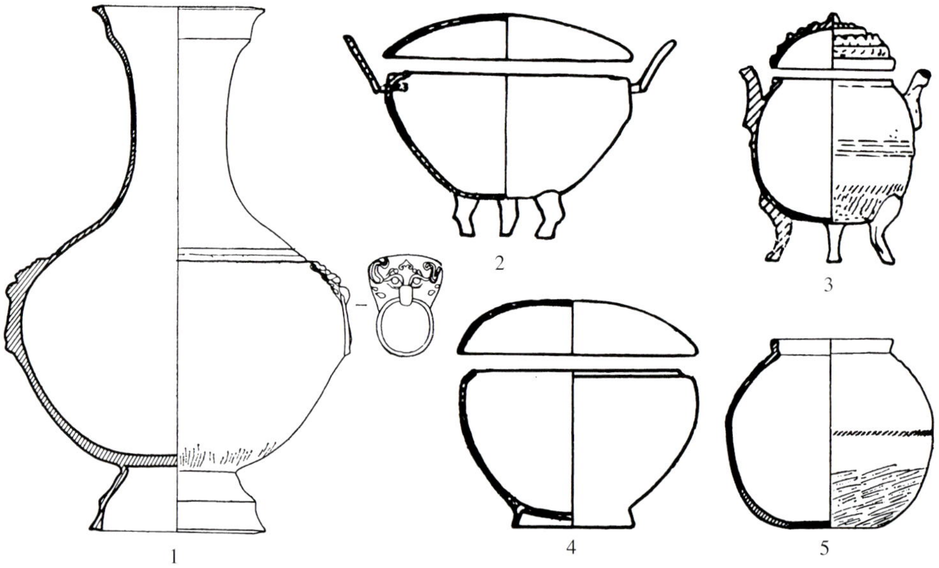

4-7

1. 大葆台M1　2. 怀北M112　3. 使家桥Ⅰ式
4. 怀北M112　5. 太葆台M1

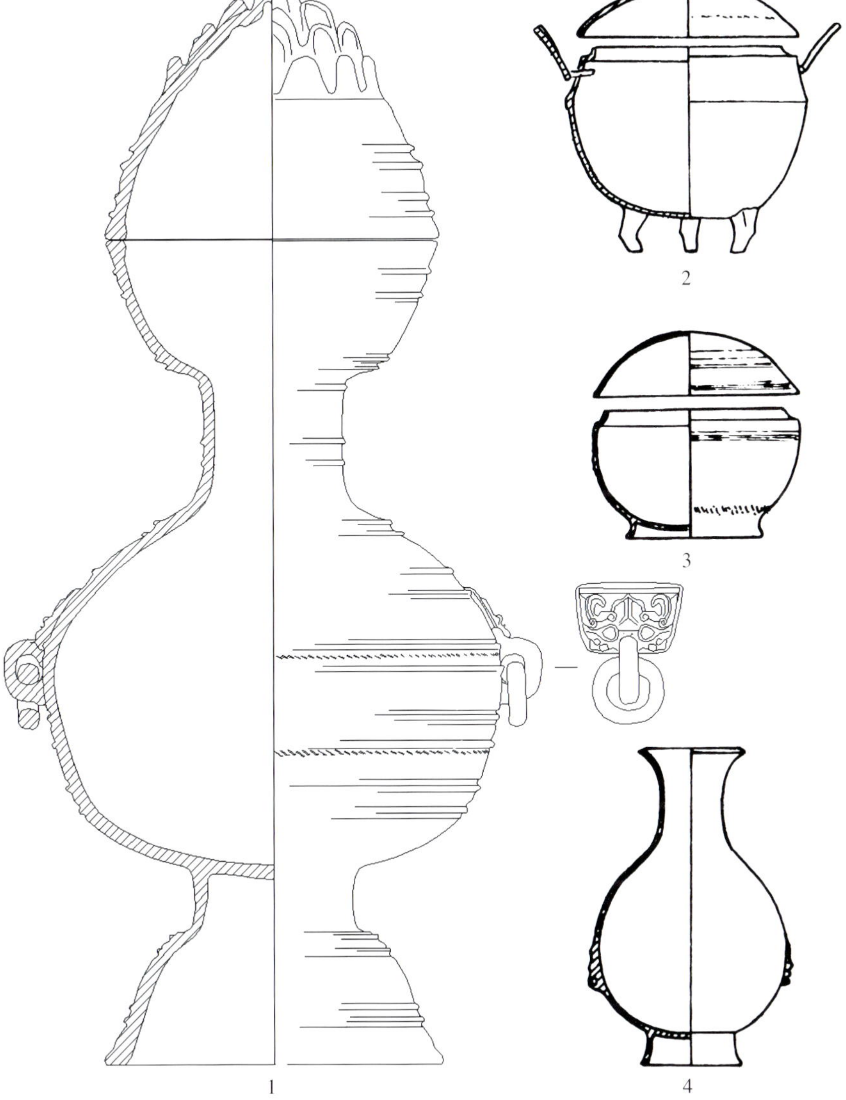

1. 亦庄10号 M15　2~4. 怀北M105

图4-8 王莽至东汉初陶器举例

（图4-8，1）。东汉早期博山盖，盘口，颈更细直，球形腹，喇叭口底座加高，底座沿外侈，如昌平白浮西汉墓（图4-9，1）。东汉中期，博山盖表面突起较小，盘口，直颈，扁圆形腹，喇叭形底座。如通州武夷花园M13:1（图4-10，1）。东汉晚期，博山盖极少或无盖，喇叭状盘口较深，长颈溜肩垂腹，高喇叭状圈足（图4-11，1、2）。

小敞口束颈壶，北京地区主要见于怀来城北汉墓中，发现早者为西汉中期，晚期至东汉早期，其本为弧形盖的腹由浅变深，敞口由大到小，束颈由浅到深，壶体由椭圆向扁圆发展，喇叭状圈足由短到高（图4-6，2；图4-8，2）。

小口直颈壶北京地区新莽到东汉早期有发现，博山盖，盘口直颈，平底。这类壶由早到晚盘口渐大，直颈渐长，壶腹渐大（图4-9，2）。

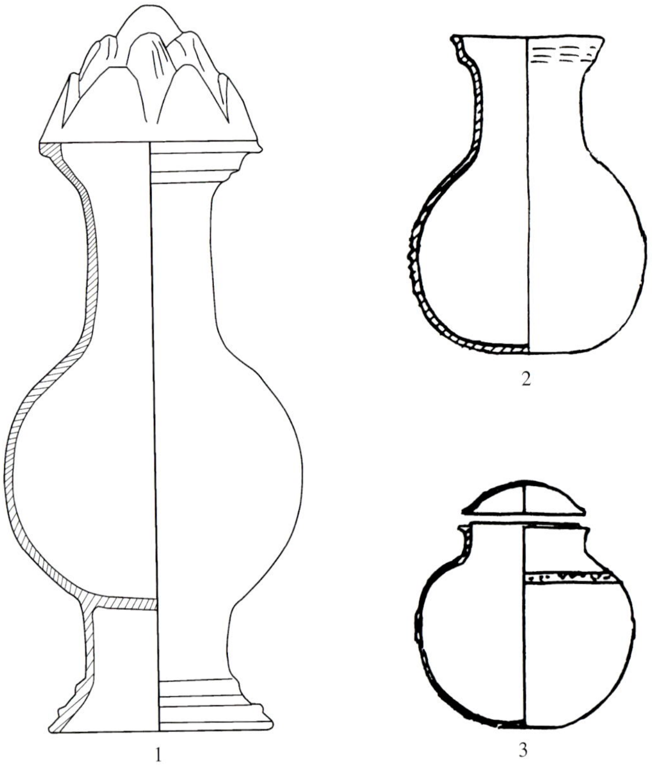

图4-9 东汉早期陶器举例

1. 白浮村　2、3. 平谷唐庄子

(2) 鼎

在北京地区发现较少，但仍是西汉早、中、晚期和王莽至东汉初墓中的常见组合。北京地区汉墓发现的鼎主要有两类。一类敛口深腹鼎，一类为敞口浅腹鼎。

敛口深腹鼎由早到晚腹由浅到深，鼎耳由直到外侈，西汉中晚期出现博山盖。如五棵松M18：1（图4-5，3），史家桥Ⅳ式鼎（图4-6，3），史家桥Ⅰ式鼎（图4-7，3）怀来城北M105鼎（图4-8，3）等。

敞口浅腹鼎，从早到晚腹渐深，耳由外撇到外翻。如怀来城北M112（图4-7、2）。

(3) 罐

长颈罐，主要出现在西汉早期到王莽至东汉初之前，总体发展趋势颈由长到短，由直至斜，腹由鼓到斜，形体由矮胖到瘦高。如白云观出土汉代陶罐（图4-5，2）。

短颈罐，上部多饰弦纹，下半部多饰绳纹。从早到晚基本由鼓腹—折腹—斜腹发展。如史家桥Ⅷ式罐（图4-5，5），大葆台M1：11（图4-7，5），西柏店和唐庄子M106（图4-9，2），怀柔城北M48（图4-10，3）。

(4) 盒

北京地区盒主要流行于西汉，东汉早期已不见。由早到晚，盒的口部逐渐内敛形成子母口，由深腹逐渐演变为浅腹，圈足由小及大，高度由低变高。西汉早期的盒多带浅腹钵式盖，小圈足。如怀柔城北M108（图4-5，4），个别墓出现彩绘盒，西汉中期出现子母口盒，圈足较早期变大，如怀柔城北M101（图4-6，7），同时流行上下大小相同的彩绘子母扣盒，如怀柔城北M110（图4-6，5）。西汉晚期彩绘盒不见，子母口盒圈足更大。如怀柔城北M112（图4-7，4）；王莽至东汉初期，盒体变浅，圈足加大。如怀柔城北M105（图4-8，4）。

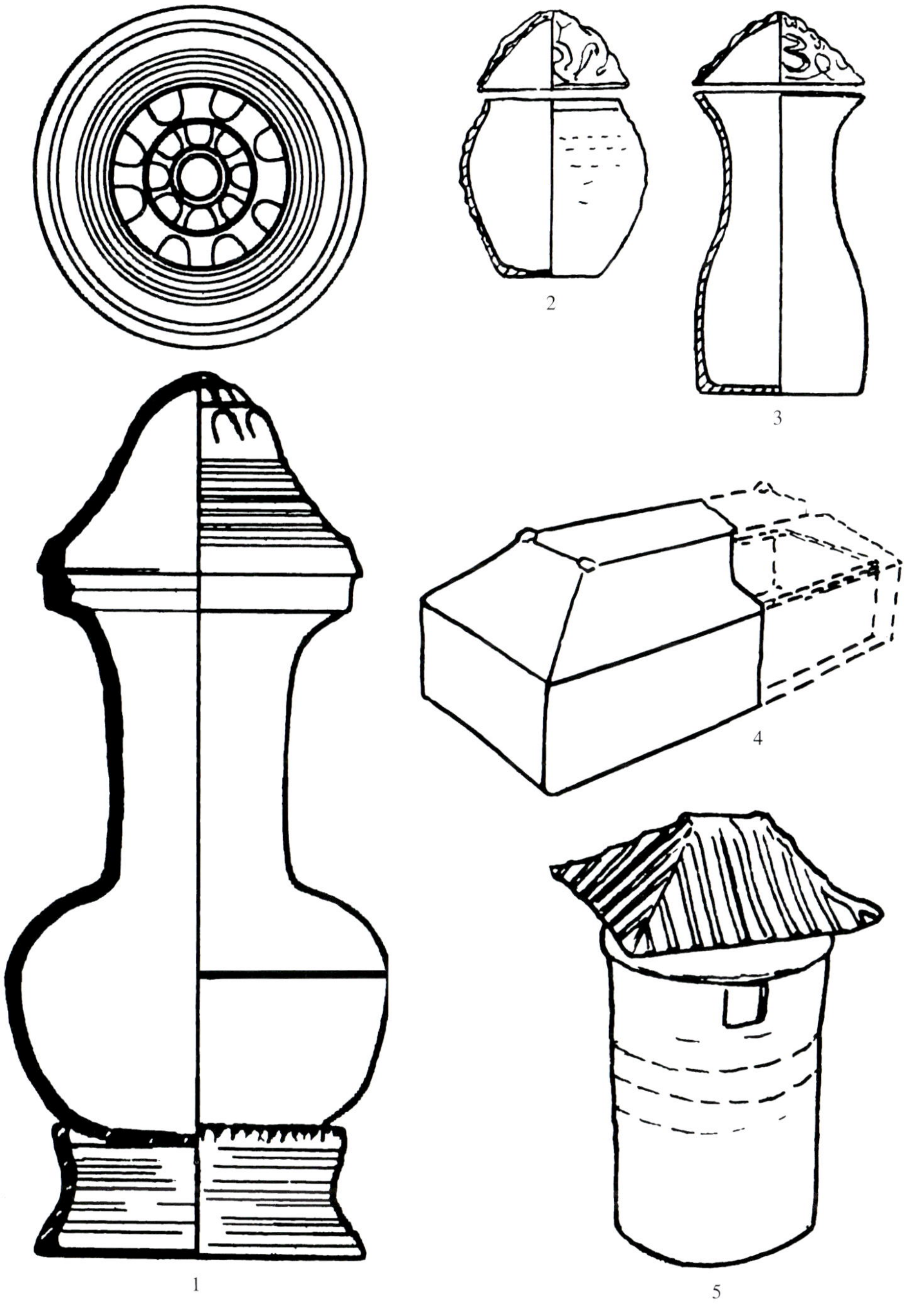

图4-10 东汉中期陶器举例

1. 通州武夷花园M13：1　2~5. 怀北M48

(5) 仓

西汉晚期，小口直腹罐形仓开始出现，新莽时期到东汉前期是这类仓的兴盛期。东汉中期仓的形制开始向多元化方向发展，既存在形制简单的直筒形仓，又出现了仿现实木结构建筑顶的房楼形仓（图4-10，5）。东汉晚期形制复杂、模拟现实、形象逼真的房楼形仓、圆体仓囷完全占据了局面（图4-11，3）。

(6) 灶

西汉时期至今未发现陶灶，北京地区东汉中期流行圆头灶，同时还出现了长囱圆体灶、圆角方体灶；东汉晚期，方体灶大量盛行，灶台上部一般做出挡火沿、挡火墙，而灶面也会印出鱼、猪头等食物或厨具等仿现实生活场景（图4-11，9～11）。

(7) 尊

流行于东汉。口部由敛口至直口最终到敞口，足逐渐加高。东汉晚期还出现了盆形尊（4-11，5）。

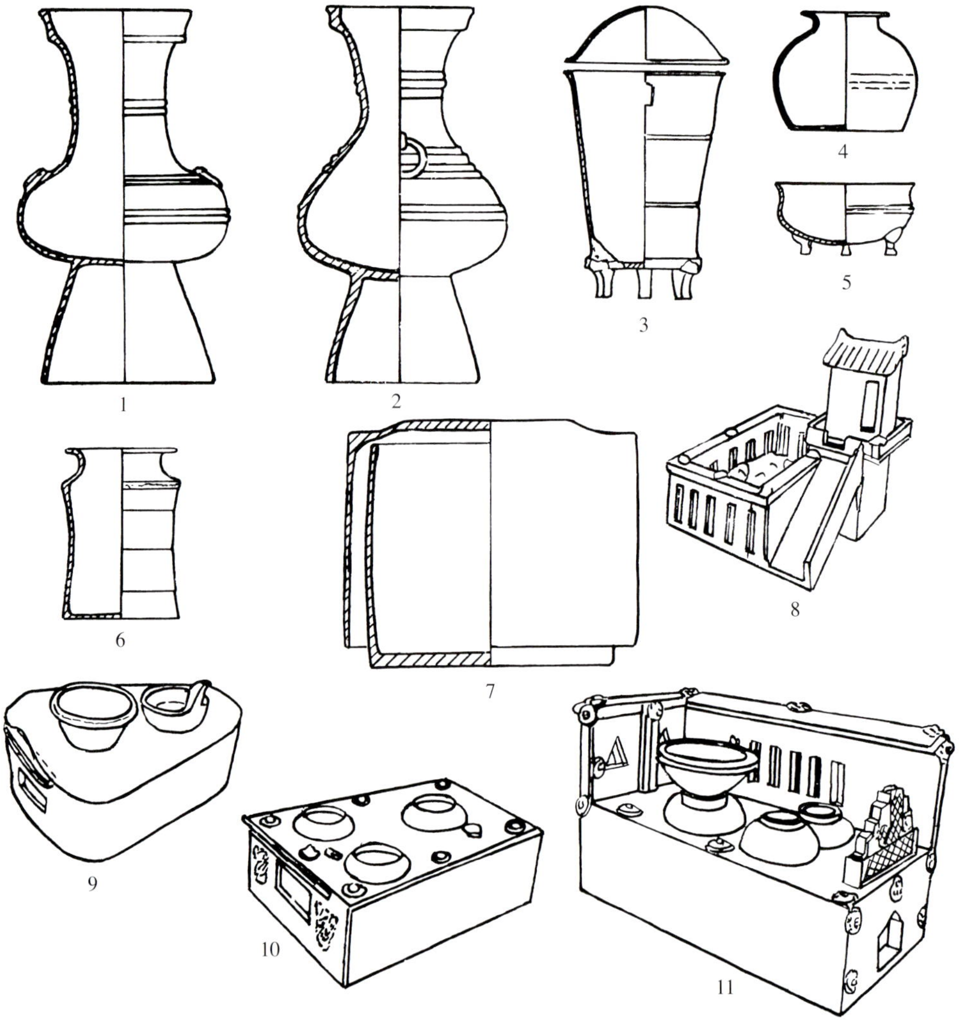

图4-11 东汉晚期陶器举例

1. 三台山M2：23　2. 临河 (45)　3、4、8、10. 怀北M1
5. 平谷唐庄子　6、9. 怀北M43　7. 临河(20)
11. 平谷唐庄子

(8) 奁

出现于东汉早期，有方形奁和圆形奁。方形奁盖由覆斗形演变为盝顶形，奁盖由盖住奁盒全部到仅能盖住奁盒上半部，盖顶由长方形演变为长条形（图4-10，4）；圆形奁发现相对较少（4-11、7）。

(9) 井

东汉中期的墓葬中出现了陶井，最初一般如罐形，形制简单。东汉晚期，井台上一般做出仿木结构井亭。

(10) 魁

发现数量较少，西汉晚期仅见于大型墓如广阳王墓中，造型尤其是柄部造型简单。东汉晚期魁的数量大增，成为普遍随葬的器类，造型精美，柄部龙首做工细致入微。西汉时期魁柄首稍向下弯曲，东汉柄首渐向上昂起，且造型更加精美。

3. 北京地区汉代考古学展望

北京地区两汉时代的城址考古工作相对较少。新中国成立以来，主要对窦店古城进行了几次发掘，基本了解了窦店古城为战国汉代古城，沿用至北朝，是西汉良乡县城遗址。对蓟城的研究，只停留在20世纪五六十年代基础上，对蓟城的范围基本依据同时代陶井分布的范围。其他城址的了解仅停留在考古调查。因此，今后在配合基本建设的同时，结合开展汉代城址的调查和试掘工作，研究当时的城市范围、生产生活场所和活动地域等具有重大意义。

北京地区发现的两汉墓的资料不少，特别是西汉中晚期以后的墓葬为研究两汉北京地区的汉代物质文化提供了极为丰富的实物资料。我们可以结合墓葬出土文物，通过墓葬人骨的鉴定和研究，研究人口和民族迁移等问题；通过对墓葬集中地区墓葬中人骨的性别和人数统计，按一定比例研究该地区人口数量等。

结合汉墓发掘过程中的一些特殊现象，探讨当时的经济和人类的部分社会行为。如北京地区发现的汉代砖室墓与相邻河北省相比盗扰更盛，几乎所有墓葬无砖顶和砖壁。部分东汉墓与辽金墓在同一发掘区的情况下，辽金墓用砖中还能发现东汉墓砖，反映北京地区的东汉墓最晚从辽金时可能已被盗掘。

大葆台汉墓发掘以后，历史考古学界围绕“黄肠题凑”、“便房”、“正藏”、“外藏”等葬制问题进行了不间断的研究，至今仍为西汉诸侯王墓葬制研究的焦点。老山汉墓的发掘，引发了学界对于老山墓主人和大葆台墓主人身份的讨论。有关大葆台汉墓的墓主人基本认同是元帝时广阳顷王刘建夫妻，但老山汉墓的墓主人身份广引争议。一说燕王刘旦夫人墓，另说成、哀时期的广阳穆王刘舜之王后，或广阳思王刘璜之王后，这些问题都待研究和探讨。

大葆台汉墓黄肠题凑多用柏木垒叠而成，老山汉墓的题凑却用了大量的杂木，如板栗木等。这一现象是死者身份的不同、环境的变化还是当时政治发生的变化，需要我们从环境气候、历史环境等诸多方面去探索和研究。

北京地区两汉文化与周邻及全国的比较研究。北京地区主要为燕王和广阳王的诸侯王墓，与周邻及全国诸侯王墓之间的比较研究；北京地区两汉时期的一般墓葬，从墓葬形制、随葬陶器组合、随葬品的变化等诸多方面有自身的演变特点，但与邻近及中原地区同时代汉墓相比有什么变化。造成同一时代物质文化差异的原因是文化传播滞后，还是思想传播滞后，或是生产生活方式的不同造成。这些问题都需要我们在以后的工作中加大工作和研究力度。

第四节　北京汉代重要城址

一、汉 代 蓟 城

汉代的蓟城，是广阳郡的首府。1956年，考古工作者在会城门村至宣武门豁口一带，发现大量陶井。陶井最密集的地方是白云观以西至宣武门豁口一段，有130座，其余均在白云观以西。陶井的时代依据出土文物判断时代为战国至西汉，其中战国36座，西汉115座。汉井中出土陶罐形制与北京地区西汉早期墓出土陶罐相同，因此这批陶井始用于西汉早期[1]。1965年以后，在配合城市上下水道、南护城河拓宽工程中发现65座战国至汉代陶井。在陶然亭、姚家井、广内北线阁、白云观、宣武门内南顺城街和平门一线，发现陶井29座。其中牛街北口出土的汉代陶井发现少量五铢钱和王莽大泉五十铜钱，说明陶井一直沿用到王莽时期。

陶井群的分布情况，说明西汉时期，发现陶井最密集的宣武门到和平门一带，是蓟城的城区所在[2]。

二、汉代广阳城

1962年，考古工作者对位于房山县良乡东4.5公里的广阳村的一处城址进行了调查，城址多被淤沙埋没，地面遗物极少。当时，广阳村东南尚保存一段长约40米，高约4米的残土城墙，当地老乡称此处为广阳故城的西北角。由此段残墙向南望去，尚保留约500米的残墙为城墙的西南段。由此向东约600米有一土坑，与城址西南角对称。由土坑向北约600米有一土坑，从断面尚可观察夯土遗迹，当地老乡称为城址的东北角。城址平面基本为正方形，周长约2400米。地面采集遗物有夹蚌屑红陶、泥质灰陶等战国和汉代文物，可知该城时代为战国末至西汉。《水经注》水条载："㶟水又东迳广阳县故城北，谢承《汉书》曰：世祖与铫期出蓟至广阳，欲南行，即此城也，谓之小广阳。"[3]说明汉代广阳县故城位置。《汉书·地理志》广阳国条载：高帝燕国，昭帝元凤元年为广阳郡，宣帝本始元年更为国，"县四：蓟、方城、广阳、阴乡。"[4]可知广阳县西汉初为燕国属县，宣帝时改属广阳国广阳县。

三、汉代西乡县城遗址

1962年，北京市文物工作队对房山县进行考古调查时，在位于长沟镇东侧，房山和涿州交界处，发现古城址一座。当时城址南、北、西三面城墙尚存一定高度，东墙已夷为平地。城址平面呈刀形，南宽北窄。东墙长500米；西墙北段长290米，南段长210米；北墙东段长320米，西段长40米；南墙长360米。城周长约1720米。城墙最高处约5米[5]。有关专家依据

1　苏天钧：《北京西郊白云观遗址》，《考古》1963年3期。

2　侯仁之、唐晓峰：《北京城市历史地理》，北京燕山出版社，2000年。

3　袁英光、刘宣生整理标点，王国维校《水经注校》，卷十三，上海人民出版社，1984年。

4　《汉书》卷28下，《地理志》。

5　侯仁之、唐晓峰：《北京城市历史地理》，北京燕山出版社，2000年。

《水经注》中有关记载，结合故城所在位置，考证今位于房山区长沟镇的长沟古城址为汉西乡城。在西汉为广阳顷王刘建之子西乡侯容之侯国封地[1]。汉西乡侯之子景袭封西乡侯后免，东汉时已废省。曹魏时复封西乡侯国[2]。

四、汉良乡县城遗址

经考古发掘证实窦店古城即汉良乡县城遗址，位于拒马河支流大石河东岸，房山区窦店镇，南距董家林古城3公里，东距京广铁路1.5公里。1957～1958年，河北省文物局踏查古城，了解到大城城墙分为内外两重，时代约在战国到汉代，当时称为“芦村城址”[3]。1956年，北京市文物工作队调查此城，改称“窦店古城”，推断筑城年代为“战国末到西汉”，为汉之良乡县。1962年3～6月，北京市文物工作队又一次调查该城，对大城内之小城作了建筑年代不早于辽代，与大城年代不同的补充说明。1986年7月，北京市文物研究所对该城址进行了较详细的勘查，1990年7月在原工作基础上又进行了试掘。古城分为大城和小城。大城平面近方形，西南邻芦村，东北为六合庄，东靠窦店镇。有内外两道城墙。两墙内侧间距16.9～19.5米。城墙：北墙因大石河改道，加之人为破坏，已荡然无存；西墙方向为15°，北段被河道冲毁，河以南部分残长830米。部分地段内城墙高出地面5～6米，最宽处约15米，内外墙之间还探出路土；南墙基本正东西方向，全长约1230米，保存相对较好。西部约680米一段两墙宽4～50米，墙现存最高处高于内城表6～7米。从两处剖面测得内墙宽14.9～16米，外墙宽18～20.3米；东南角被基建工程所毁；东墙基本为正南北方向，因距窦店镇和西安庄较近，大部遭到破坏，复原长约1040米。内墙宽约20米，夯土紧密坚硬，外墙宽约24米，内外两墙宽54米，两墙之间探出路土；东北角已被夷为平地。城门：根据铲探情况，大城的西、南、东三面城墙各有一门，中间有路相通。大城西墙中部与小城南墙衔接处之南,有一处宽6.5米的缺口，经解剖分析即大城西门；南墙东部，距东南角420米处有一处较宽的缺口，推测是一处城门遗迹；东墙中部，窦店至房山公路通过处，距东南角约490米，城墙无存，与西墙中部城门遥相对应，可能是大城东门；北墙现为河滩地，无从寻找城门。

发掘者对大城部分城墙进行了解剖，时代属于战国早期、战国晚期、西汉、东汉，废弃于北朝。窦店古城位于大石河东岸，大石河与“防水”合水处在其北，与“乐水”合水处在其南，与《水经注》所记汉良乡县故城位置吻合。窦店古城地处南北交通要冲，其规模大于汉代的一般县城。试掘证明西汉时期修筑大城内墙护坡，东汉时期铺垫环城道路[4]。

五、清河镇朱房村古城遗址

清河镇朱房村古城遗址位于海定区清河西约1公里的朱房村。20世纪50年代古城保存完整的仅西南角。西南角向北保存115米，向东保存150米左右，东南角濒河，城角基点尚存，

1 北京市文物研究所：《北京考古四十年》，北京燕山出版社，1990年。
2 北京市文物研究所：《北京考古四十年》，北京燕山出版社，1990年。
3 冯秉其等：《房山县古城址调查》，《文物》1959年1期；刘之光等：《北京市周口店区窦店土城调查》，《文物》1959年9期；北京市文物工作队：《北京市房山县考古调查简报》，《考古》1963年3期。
4 叶学明、陈光：《北京市窦店古城调查与试掘报告》，《考古》1990年8期。

城东北和西北两角无存，但部分城基夯土尚保存，城墙的走向仍可辨认。由此推断城基本为正方形，边长约500米，周长约2000米。

清河古城遗址前后发掘共5次，较为重要的是最后三次清理发掘。1954年11月因砖窑在古城内取土，破坏一处汉代铜铁冶坊遗迹。经抢救清理，发现炼炉已不完整，铜、铁炉渣、残碎的炉壁、铜镞等很多，还发现汉绳纹砖砌的残墙。在其附近还发现大量铁刀、剑、戟、锄、铲等铁兵器和农具。1955年10月第四次发掘，清理一处城墙断崖：墙基宽11.85，夯土残高3.15、顶残宽1.4米。夯土层最厚的0.2米，最薄处0.1米。夯窝直径6～7.5厘米，夯层十分清晰。在城垣断崖处发现3个柱洞，洞内残存大量木炭，推测夯筑城墙时采用版筑法。夯土层内含夹砂粗红陶、夹砂粗灰陶、泥质红陶等，属北京地区战国时期的陶片，说明筑城的年代为战国以后。1958年第五次发掘，在城址内东北角发现古井10多处，井用陶井圈套接而成，井底发现高领罐及五铢钱。陶井圈外壁印有绳纹、内壁为卷云纹，为汉代陶井圈。地面上分散有大量汉代筒瓦、板瓦和瓦当，有“千秋万岁”等字样。

通过几次清理发掘，对朱房村古城遗址有了基本的了解。古城的建筑年代可能在战国或秦汉之际，最后使用年代在汉代。古城原有的功能主要为：防御性军事基地之一、冶铸作坊要地、民族贸易中心等[1]。

第五节 北京汉代重要墓葬和遗址

一、南正汉代遗址和墓葬

南正遗址位于房山区长沟镇南正村北。2005年12月至2006年7月，北京市文物研究所配合南水北调工程中发掘汉代窑7座，汉代墓葬23座[2]（图4-12）。

1.汉代窑址

南正遗址共发掘窑址7座。分升焰式和倒焰式两类。升焰式为Y1、Y3～Y5、Y7，以Y1为例，由操作间、火门、窑床、残窑室组成。残窑壁与残室底长1.92米，残壁高0.5～0.65米。火堂位于窑室西端，平面呈椭圆形，上部被破坏，残存底部，表面有火烧青结面，残高0.7米，宽0.65米，中间微凹。火道、窑篦、窑顶均被破坏，仅剩残窑壁与窑室底部的火膛部分。其上部堆积同于窑室，有一残陶釜倒置于火膛底上。窑壁厚0.2～0.4米，火烧青结面厚0.06～0.1米，残窑壁高0.5～0.65米，侧壁残长1.1米，残底长1.92米。窑壁有用土砖砌筑，土坯长0.38米，宽0.10～0.12米，厚0.06～0.1米，部分壁面有用草拌泥涂抹与修补痕迹。窑为斜壁内收，部分壁面自然脱落。倒焰式有Y2和Y6，以Y2为例，距地表深0.9～1.2米（图4-13，1）。Y2坐东朝西，方向70°，平面形状近似葫芦形，由操作间、火膛、窑室、火道、排烟孔、烟囱等部分构成，全长6.06米，通宽3.1米。窑门已被破坏，火膛位于窑床西，呈圆弧状，东西长1.7米，南北宽0.7米，火膛内壁呈青蓝色，十分坚硬。火膛系掏挖而成，底部东高西低。火膛口外南半部以残破陶釜口沿叠砌而成，形成高约0.2米的平台，可能为二次利用，其用途起挡火墙的作用。窑室平面呈椭圆形，东西长3.9米，南北宽3.1米，面积约为12平方米。窑壁已坍

1 北京市文物研究所：《北京考古四十年》，北京燕山出版社，1990年。
2 北京市文物研究所：《房山南正遗址——拒马河流域战国以降时期遗址发掘报告》，科学出版社，2008年。

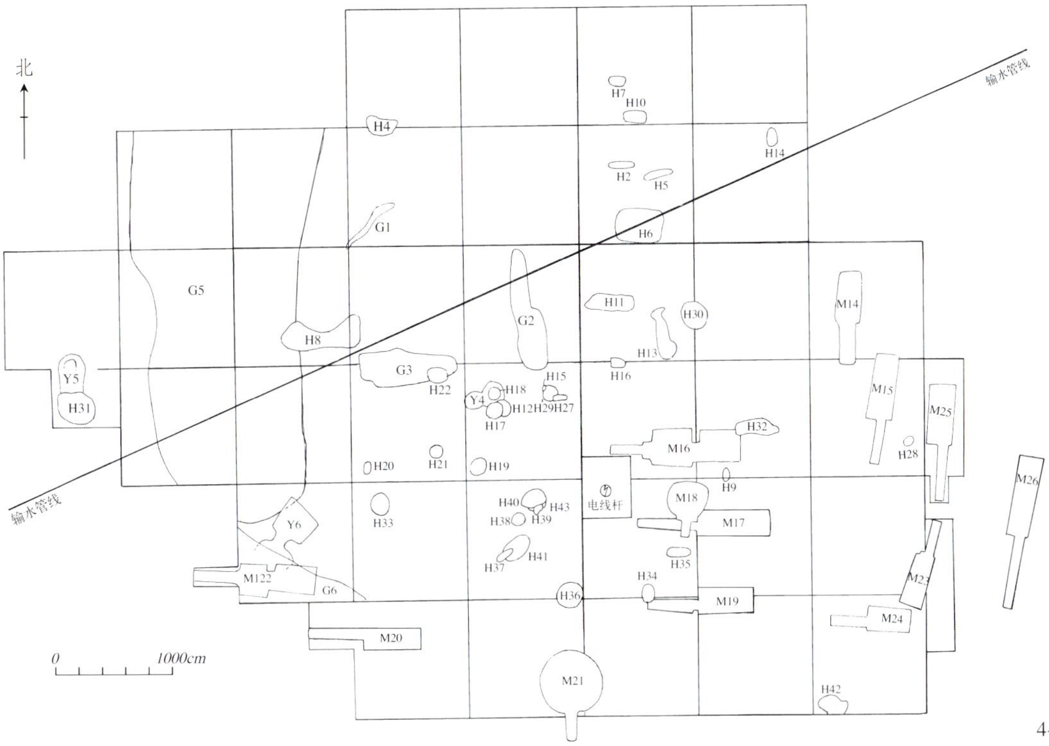

4-12

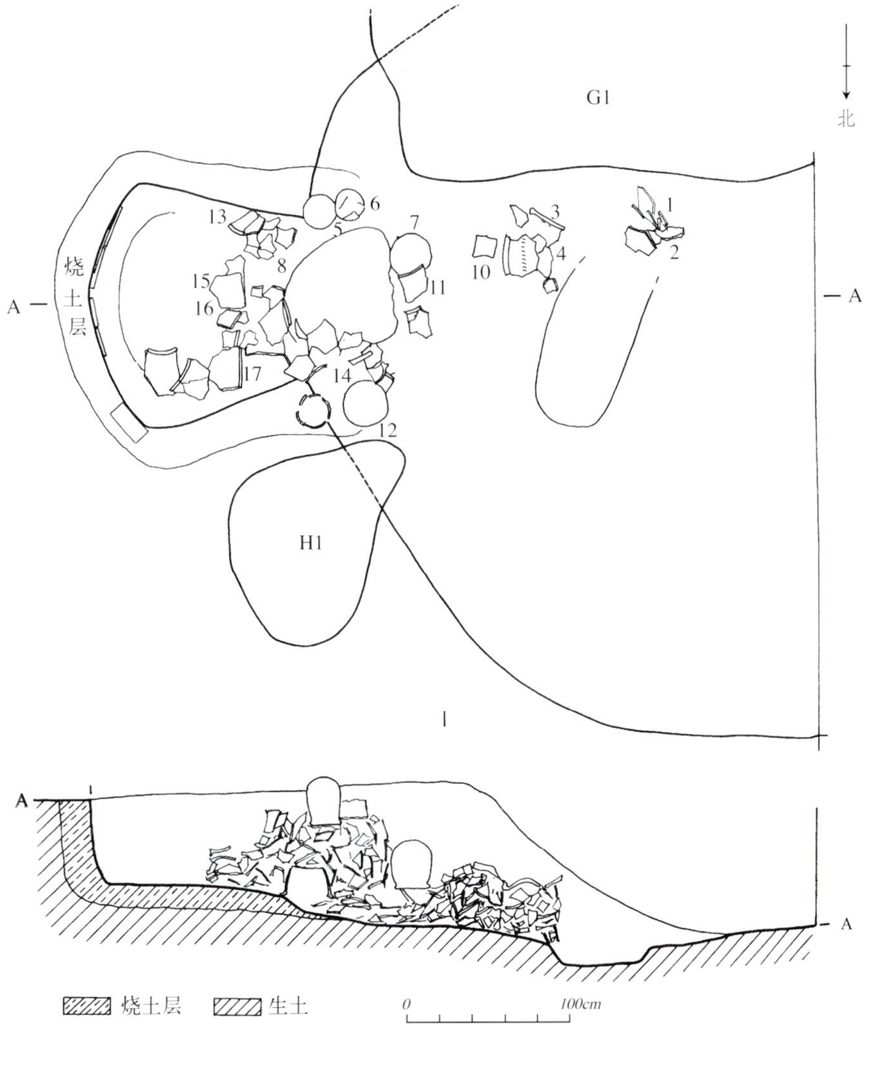

4-13-1

图4-12 南正三区遗迹分布图

图4-13-1 南正遗址Y1平剖图

图4-13-2 南正遗址Y2平剖图

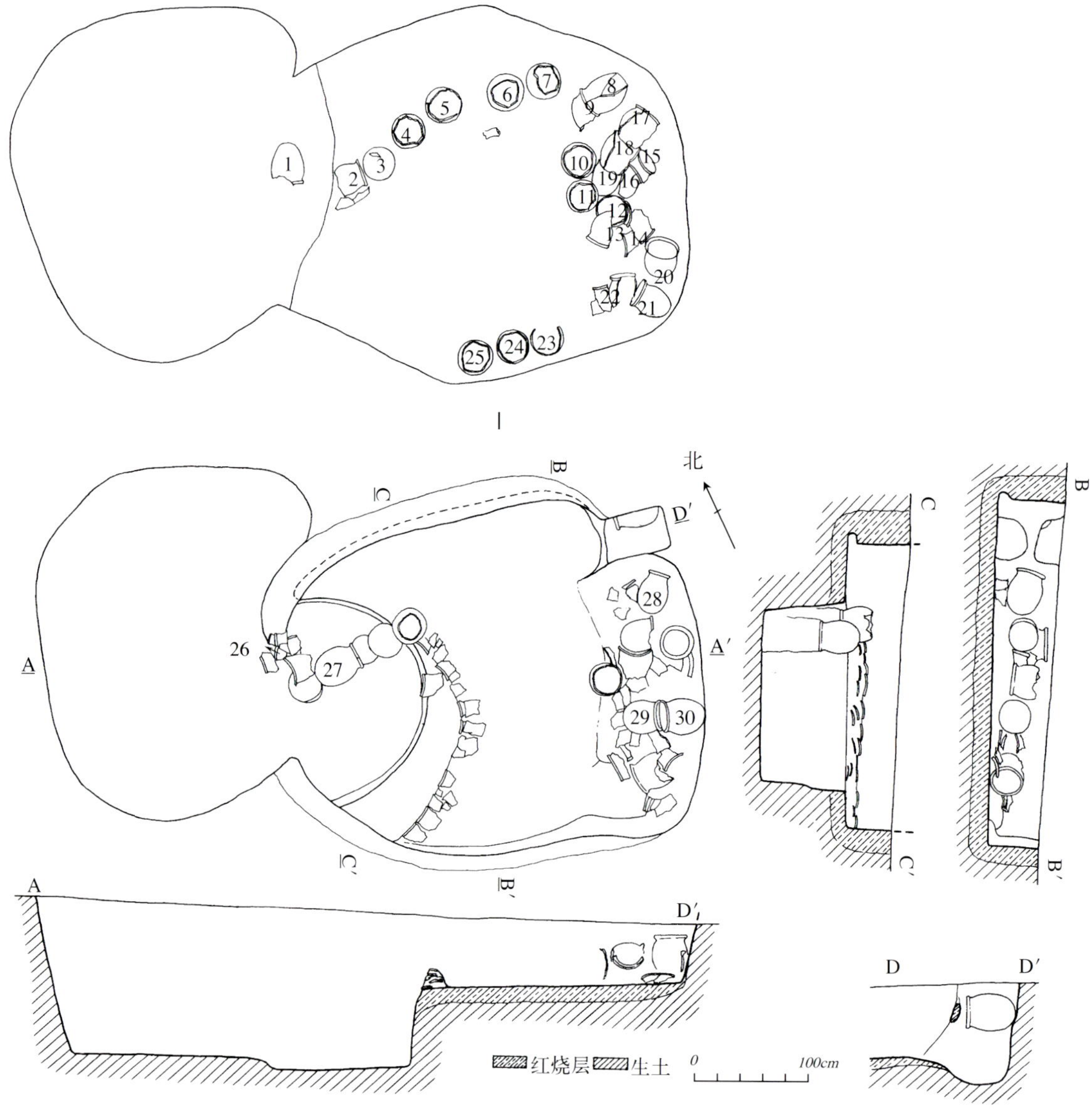

塌，仅存北壁，残高0.6米。窑床东高西低呈缓坡状，底部为烧结而成的青蓝色硬面。火道仅保留窑室北侧1个，宽0.06～0.1米，由火膛沿窑床环至排烟孔。从北侧保留的火道分析，窑室南侧也应有1个火道。排烟孔位于窑室东部的南北两侧，形状为方形。北侧烟囱口宽0.5米，内宽0.4米，东西长0.4米，深0.02～0.22米，底部为烧结而成的斜坡状青蓝色硬面。南部烟囱已被破坏，上口残长0.4、残宽0.36米，下口近似圆形，直径为0.35、残高0.88米。操作间位于窑室的西端，平面呈半圆形，南北长3.25、东西宽2、深1.34米。内填黄灰色土，夹杂炭灰粒、红烧土块、夹砂红陶片等。出土遗物以陶釜为主（图4-13，2）。

2. 汉代墓葬

汉代墓葬23座，皆为砖室墓。墓向多为东西向，M14、M15、M23、M25、M26为南北方向。墓葬按墓室的数量分为单室、双室、多室三类。按竖穴土坑的形状可分为：刀形、甲字形和不规则形（三室以上墓）。

刀形有单室墓和双室墓（前后室），以M26为例。平面呈刀形，由墓道、墓门、墓室组成。墓道平面呈长方形斜坡状。墓道开口距地表0.4米，长6.1米。墓门为砖式结构，单券起顶。墓门高1.42米，宽0.95米，进深0.25米。墓室平面呈长方形，南北长6.5米，东西宽2.2米。葬具为木棺。棺木腐朽，只残存少量棺灰。随葬陶器有：罐、釜、甑、厕所、鸡、猪、狗、井、灶、碗、钵、博山式盖、器座。另有铜镜、货泉铜钱和五铢铜钱（图4-14）。

甲字形墓有单室墓和双室墓（前后室），甲字形墓以M10为例，该墓平面呈甲字形，青砖拱券，顶部已残。东西长12.25、南北宽0.7～0.9米。墓道东端有一生土拱券，残高1.3米，南北宽0.8米。墓道底部为斜坡状，坡长6米，底距地表0.54～2.1米。墓门位于墓道东侧，形状为长方形。东西长5.76、南北宽2.4米。南、北、东壁用青砖一平一竖砌成，上券已残。墓室西壁为平砖错缝所砌，墓底残留有双层铺地砖。棺床在墓室东侧，为生土台，形状呈长方形。该墓已被严重破坏，发现陶器有：灶、井、仓、房、盆、耳杯、奁、钵、勺、魁等生活用器或明器，有人、狗、猪等陶俑。此外出土有五铢、货泉等（图4-15）。前后室甲字形墓以M12为例。平面近似“甲”字形，东西长11.3米，南北宽2.8～4.92米。由墓道、甬道、前室、南侧耳室、后室组成。墓道位于墓室西侧，方向为270°。残长2.48米，宽0.82～0.86米。墓道底呈斜坡状，坡长2.9米，底距地表1～2.6米。甬道残宽1.52米，残高1.32米，甬道底部距地表2.6米。前室内有南耳室一个，生土台两个耳室东西长1.08米，南北宽0.64米，残高1.55米。后室位于前室的东部，有乱砖残块、红陶片、灰陶器物残件、铜钱一串、漆皮、棺钉等。随葬品有耳杯、案、勺 、楼、铜镜、铜刀、五铢铜钱、货泉铜钱、剪轮五铢（图4-16）。

不规则形多室墓（三室以上），一般为一条墓道，以前室为中心有后室、侧室等。以M3为例，由墓道、封门、墓室、甬道、前室、后室、北侧室组成。墓道位于墓室西侧，近似长方形。东西残长3.74米，南北宽0.8～1.2米。墓门在墓室西侧，高1.32米，宽0.78米。前室近似方形，南北长2.96米，东西宽2.74米。甬道长1.14米，后室门高1.28米，宽0.78米，向东进

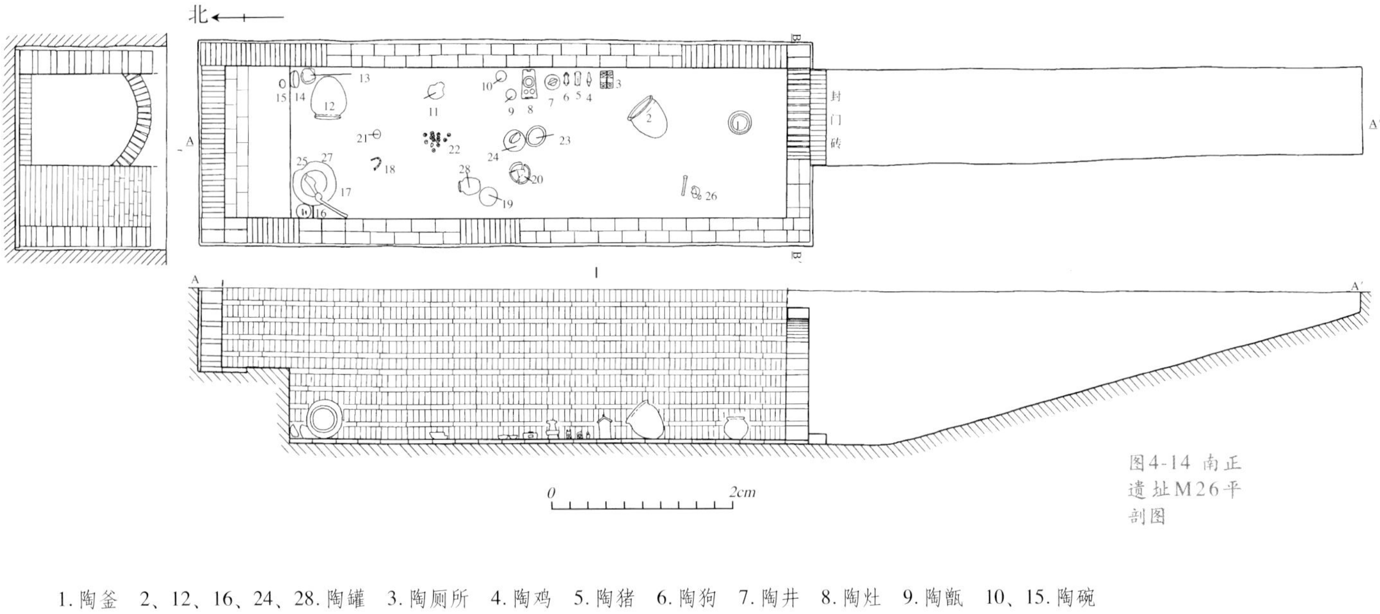

图4-14 南正遗址M26平剖图

1.陶釜 2、12、16、24、28.陶罐 3.陶厕所 4.陶鸡 5.陶猪 6.陶狗 7.陶井 8.陶灶 9.陶甑 10、15.陶碗 11、13、14、17、20、23、25、27.陶盆 18.陶碗 19.陶器座 21.铜镜 22.铜钱 26.陶博山式盖

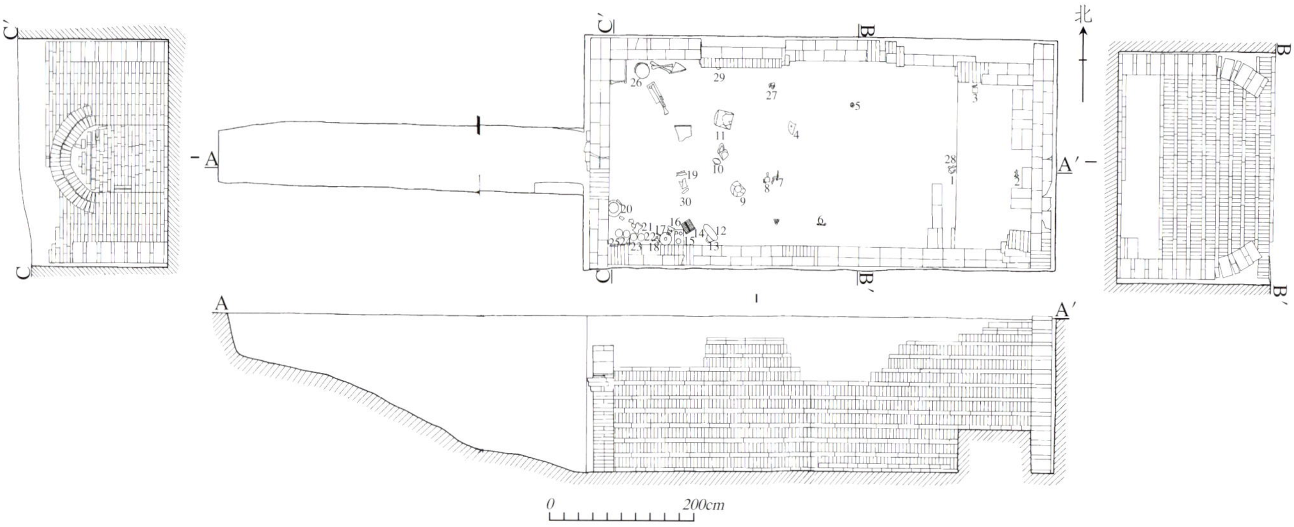

4-15

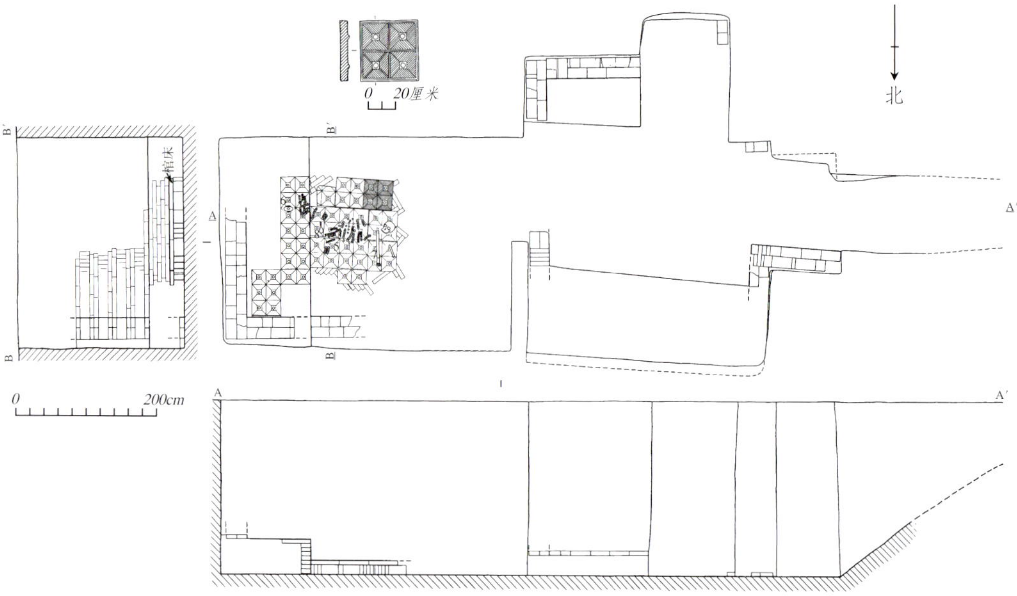

4-16

图4-15 南正遗址M10平剖图

1、28. 陶猪　2. 陶狗　3、8. 砺石　4. 铜泡钉　5. 铜钱　6. 陶魁柄　7. 铜带钩　9、26. 陶盆　10. 陶耳杯　11. 陶奁　12. 石杵　13. 陶钵　14. 陶房　15. 陶灶　16. 陶俑　17. 陶井　18、27、29. 陶鸡　19. 陶勺　20. 陶壶　21～25. 陶仓　30. 铜刀

图4-16 南正遗址M12平剖图

1、2. 铜钱（前室填土）　3. 陶耳杯残片（前室填土）　4. 陶楼（前室填土）　5. 铜钱（后室）　6. 陶盘（后室）　7. 铜刀（后室）　8. 陶勺（后室）

深1米。两壁为双重券，中部残存部分为单券。后室形状近长方形，东西长2.78米，南北宽2.2米。北侧室位于前室北侧，有侧室门，高1.28米，宽0.76米，向北进深1.00米。侧室形状为长方形，南北残长1.2～2.3米。随葬品有陶盏、铜镜、五铢铜钱、剪轮五铢（图4-17）。

南正遗址墓葬区所发现的汉代文化遗存基本分为陶窑和墓葬两大类。陶窑Y1中所出陶釜，特征为夹云母红褐陶，局部发黑。敛口，浅盘状沿，尖圆唇，筒腹微鼓，圜底。腹上部残留数道旋制痕和一对接凸棱，棱下部及底密饰竖细绳纹，相当于西汉早期。

南正遗址发现的汉代砖室墓，全为带墓道的砖室墓，其中单室和双室砖墓相对较多，多室砖室墓较少。随葬陶器模型明器为主，陶质以夹砂红陶和夹砂灰陶为主。生活用器有罐、

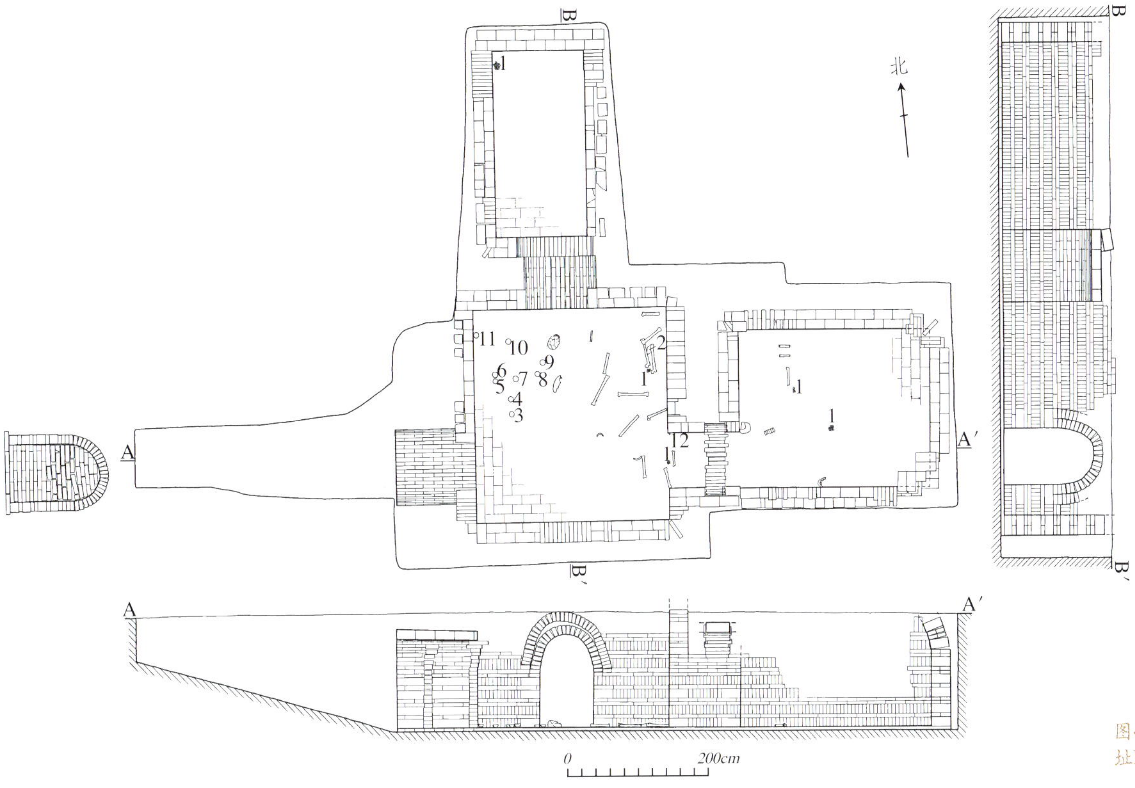

1. 铜钱 2. 铜镜 3～11. 陶盏 12. 铜钱

图4-17 南正遗址M3平剖图

壶、釜、耳杯等，明器有仓、灶、井、楼、俑等。铜器种类有镜、刀、带钩、泡饰等。石器有杵、砺石等。发掘者通过与已往考古发现比较，认为墓的形制与昌平半截塔村的东汉墓[1]相同。随葬器中陶耳杯M11:3与朝阳三台山M2:20相同，捣米俑M11:24与三台山M2:17相近，陶壶与三台山M2:33相同[2]。长宜子孙铜镜与顺义临河汉墓出土的同类器相同[3]。圆头灶与怀柔城北东汉墓相同[4]。因此，这批墓葬应在东汉中期到晚期。

二、怀柔县城北汉墓

1959～1960年，北京市文物局工作队在怀柔县怀柔师范学校附近探明古墓葬79座，其中汉代墓30座[5]。

西汉时期的墓葬共有21座。墓葬形制有长方形竖穴土坑墓和带墓道的刀形墓两种。墓向皆南北向，头向北，葬式为4座同穴合葬，8座为同坟异穴葬，9座为单身葬。长方形竖穴土坑墓均为中小型墓，共19座，深度1.4～4.4米，墓圹最大者3.8米×1.5米，最小者3.21米×0.9米。长方形竖穴土坑墓中有8座同坟异穴墓，即两个并排的墓坑之间有一道生土隔梁，宽度在0.5米左右，两墓坑人骨均放于生土隔梁一边。刀形墓2座，形体相对较大，即在长方

1 北京市文物工作队：《北京昌平半截塔村东周和西汉墓》，《考古》1963年3期。
2 北京市文物工作队：《北京东南郊三台山东汉墓发掘简报》，《北京文物与考古》第一辑，1983年。
3 北京市文物管理处：《北京顺义临河村东汉墓发掘简报》，《考古》1977年6期。
4 北京市文物工作队：《北京怀柔城北东周两汉墓葬》，《考古》1962年5期。
5 北京市文物工作队：《北京怀柔城北东周两汉墓葬》，《考古》1962年5期。

形墓坑的南端有一平面呈梯形的竖井式墓道。两座墓用河卵石铺地、砌墙和封门，发掘者推测原为仿洞室墓。

两类墓均有木棺或木棺椁，随葬品一般置于头顶或身体一侧，个别墓有头箱专置随葬品。随葬品出土陶器108件，铜、铁带钩8件，铁刃器10件，铜器6件，铜印2方，五铢钱100余枚，骨管2件，水晶佩饰1件。陶器组合有：鼎、盒、壶、罐、钵等。发掘者依据出土五铢钱和邻近地区已有汉代墓葬发现，将这批西汉墓定在汉武帝前后至新莽前后[1]。从陶器的形制分析，21座西汉墓以M108为代表的为西汉早期，以M63为代表的为西汉中期，以M112为代表的为西汉晚期，以M105为代表的为新莽至东汉初期。

东汉带墓道砖室墓9座。其中单室墓4座，墓室平面为长方形；双室墓2座，为前后室，两室之间有甬道相连；多室墓3座。所有砖室墓均带墓道，其中M1、M31、M47为多室砖墓，M48和M49为前后室双室墓，M42、M43、M45和M51为单室砖墓。砖室墓被盗毁较为严重，主要随葬陶器有：罐、壶、奁等生活用器，灶、楼、井、炉、长方形奁等生活明器，人俑、动物俑等。依据陶灶、带博山盖陶壶和铜钱等出土物判断，M43、M47～M49时代可能到东汉中期；M1、M31、M42、M45、M51出土建筑模型、动物、人物俑等时代应为东汉晚期（图4-18～图4-23）。

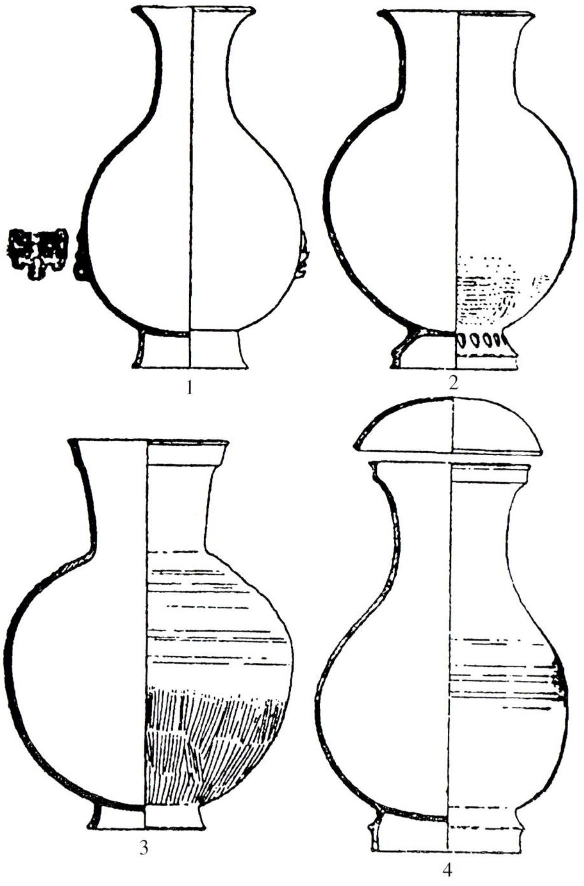

1. Ⅱ式（M105） 2. Ⅳ式（M63）
3. Ⅶ式（M46） 4. Ⅷ式（M55）

图4-18 怀柔城北汉墓出土陶壶

1 北京市文物工作队：《北京怀柔城北东周两汉墓葬》，《考古》1962年5期。

1. Ⅰ式 (M110)　2. Ⅱ式 (M105)　3. Ⅲ式 (M6)
4、5. Ⅳ式(M112、M55)　6. Ⅶ式 (M102)

图4-19 怀柔城北汉墓出土陶鼎

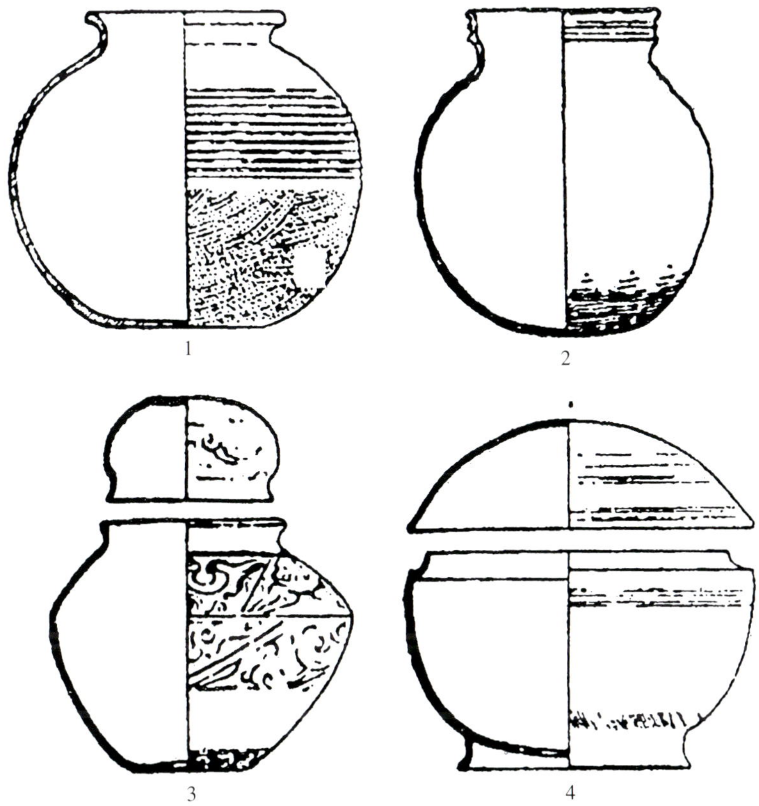

1. Ⅱ式罐（M55）　2. Ⅲ式罐 (M109)
3. Ⅳ式罐（M140）4. 簋 (M105)

图4-20 怀柔城北汉墓出土陶器

图4-21 怀柔城北汉墓出土陶盒

图4-22 怀柔城北汉墓出土陶豆

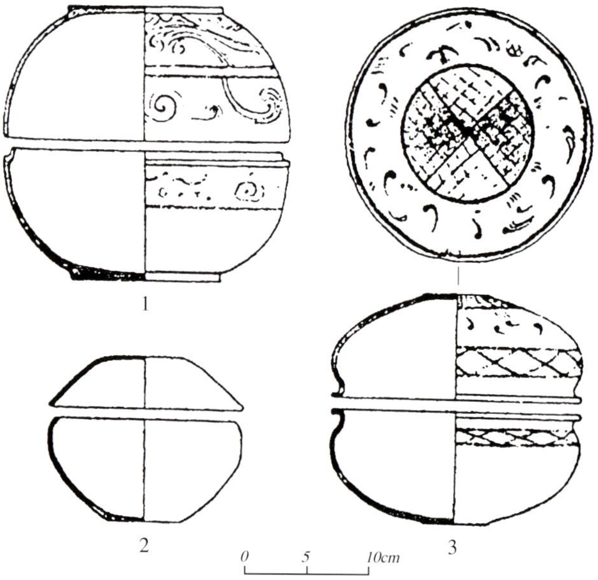

4-21

1. Ⅰ式（M110）2. Ⅱ式（M103）3. Ⅲ式（M63）

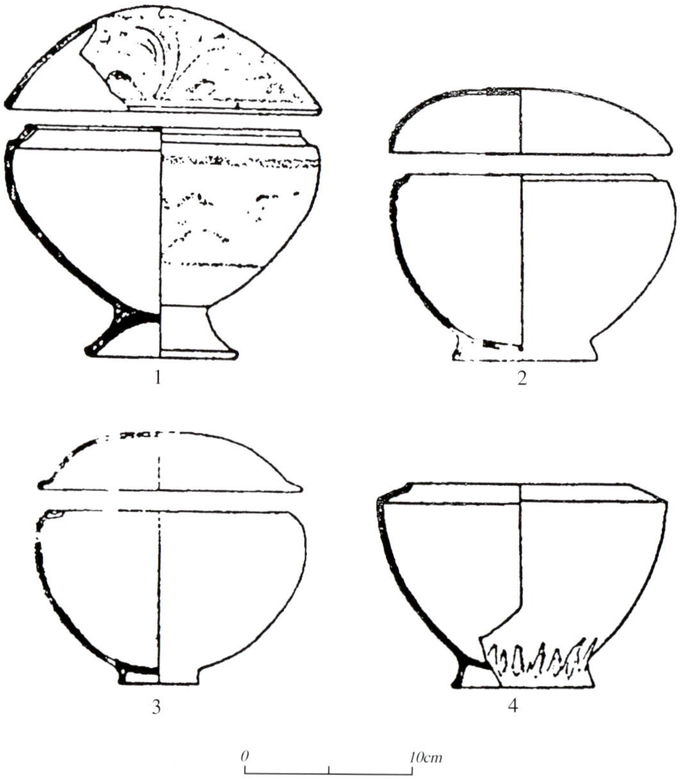

4-22

1. Ⅰ式（M61）2. Ⅱ式（M112）3. Ⅲ式（M108）4. Ⅵ（M101）

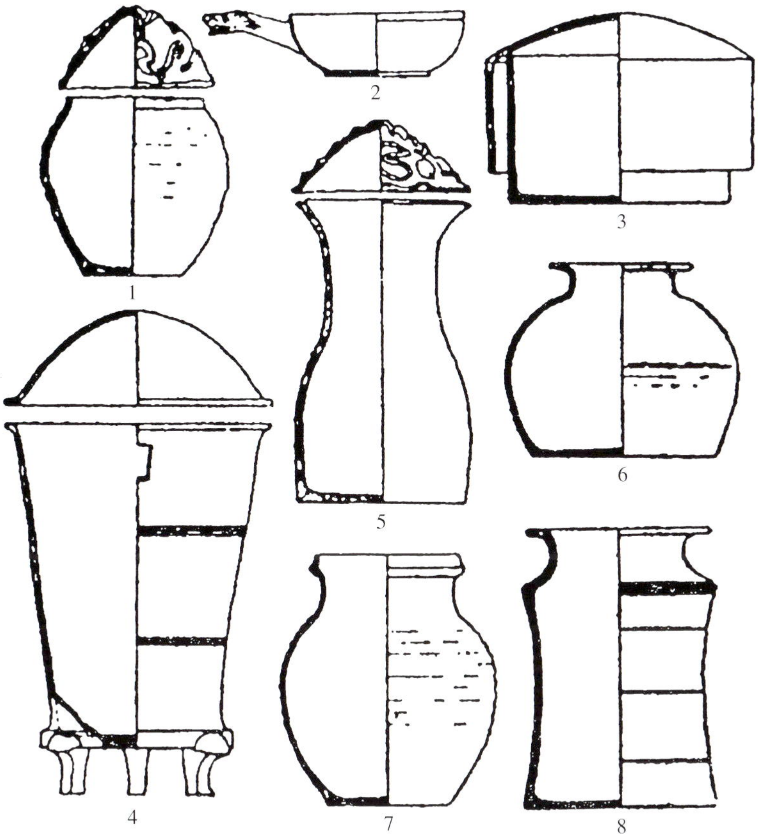

图4-23 怀柔城北汉墓出土陶器

1. Ⅱ式罐（M48）2. 魁（M1）3. Ⅰ式奁（M1）4. Ⅲ式仓（M1）
5. Ⅰ式壶（M48）6. Ⅲ式罐（M1）7. Ⅰ式罐（M31）8. 井（M43）

三、昌平白浮村汉代墓

1960年在昌平白浮村发掘汉墓46座，主要为西汉时期墓葬。均属中小型竖穴土坑墓，分为西汉初期、西汉中期、王莽和东汉初期[1]。

西汉初期墓圹长2.3～3.2米，宽1.04～1.27米。葬具大者有棺椁，小型的仅棺无椁，随葬品主要为罐1、2件。如M19，墓圹长2.9、宽1.27米，一棺一椁，随葬品有2件陶罐。M41墓圹长3.2、宽1.2米。有棺无椁，随葬品有2件陶罐。

西汉中期墓圹长2.12～3.8米，宽0.58～1.9米。葬具为棺椁或有棺无椁，随葬器一般置于顶部或肩部左右。有的墓随葬品置于头顶木箱之内。随葬陶器组合：鼎、盒、壶；鼎、盒、壶、罐，个别墓葬增加瓮、钵等。其他随葬品有铜带钩等。如M17，墓圹长3.4、宽1.4米，一棺一椁。随葬陶器有鼎、盒、壶、罐。M29为同坟异穴合葬，墓圹长3.4、宽2.84米，中间有一道隔梁分左右棺。左棺木痕长2.35、宽0.74米，右棺木痕长2、宽0.84米。陶器组合为鼎、盒、壶、罐、碗。

王莽时期仍为竖穴长方形土坑墓，葬具一般有棺或棺椁。陶器组合有：鼎、盒、壶、瓮、罐；鼎、盒、壶、钵，增加了博山炉、盘等。如M5，墓圹长4.6、宽2.4米，同穴合葬。随葬品陶器有：鼎、盒、壶、瓮、罐、博山炉和五铢钱[2]。

1 苏天钧：《北京昌平白浮村汉、唐、元墓葬发掘》，《考古》1962年5期。
2 李如森:《汉代丧葬制度》，吉林大学出版社，1995年。

图4-24 昌平史家桥村汉墓陶罐

图4-25 平谷西柏店和唐庄子汉墓陶器

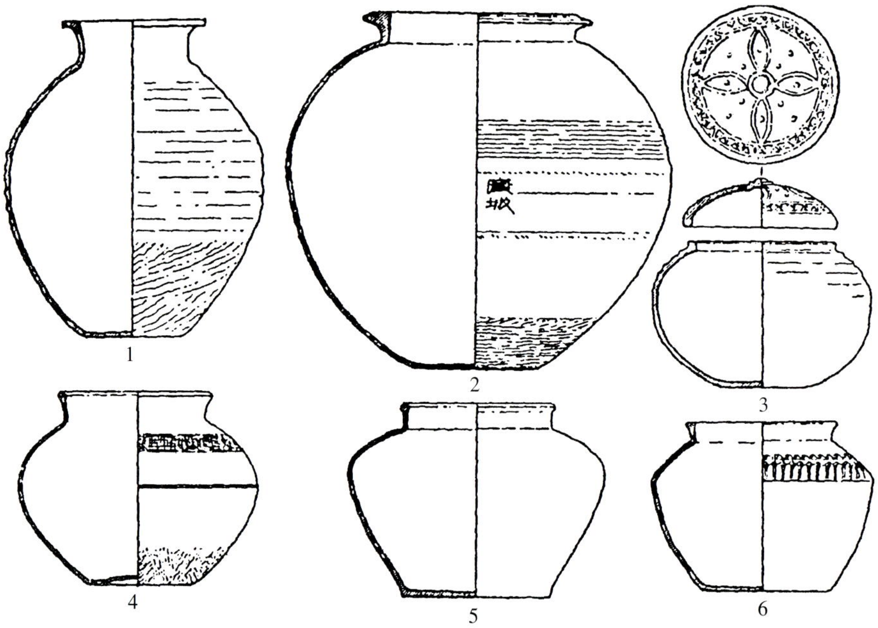

4-24

1. Ⅰ式 2. Ⅱ式 3. Ⅷ式 4. Ⅴ式 5. Ⅳ式 6. Ⅲ式

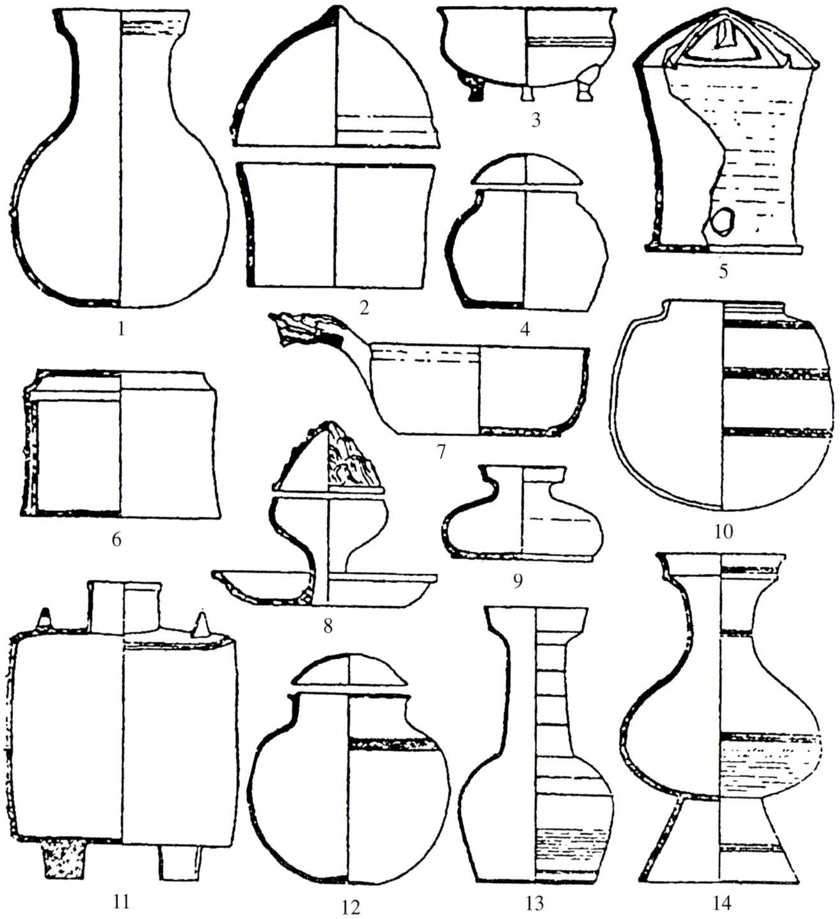

4-25

1、13、14. 壶 2、5. 仓 3. 鼎 4、12. 罐 6. 奁 7. 龙柄勺（魁） 8. 博山炉 9. 唾壶 10. 瓮 11. 扁壶

四、昌平史家桥村汉代墓

1960年3～5月，北京市文物工作队在昌平史家桥村发掘两汉墓48座。竖穴土坑墓共37座，其中长方形竖穴土坑墓24座，近正方形竖穴土坑墓11组（22棺合葬），刀形墓2座。砖室墓1座，瓮棺2座。

长方形竖穴土坑墓为单人单室墓,平面呈长方形，口略大于底。墓圹深2.5～3.3米，少数深度为1.5～1.7米；墓圹平面最大者长4.48、宽2.9米，墓圹平面最小者，长2.3米，宽1.26米。陶器组合一类以罐或壶、罐为主，一类以鼎、壶、罐或鼎、壶、罐、盒为主。

近方形竖穴土坑墓，为同坟异穴墓，平面近方形，一般由并排的两个长方形土圹构成，两者之间有一矮土墙。长方形土圹一般长3～4.1米，宽为1～1.6米，深为0.2～0.4米，中间矮墙宽0.34-0.4米。陶器组合一类以罐为主，一类以鼎、盒（瓮）、壶、罐或鼎、盒、壶、罐、豆为主。

刀形墓，竖穴土圹带墓道，平面呈刀形。呈南北向，在墓室南有斜坡墓道。如M28、墓道长3.5、宽1.45米，坡度15°；M43墓道坡长3.5、宽1.2米，坡度11.5°。陶器组合以鼎、壶、罐、豆、瓮等为主。

砖室墓1座，单室砖室，墓顶坍塌，底面铺砖呈井形，封门砖呈人字形。墓室长28，宽11米，墙体残高11米。墓门外有墓道，但已破坏，形状不明。出土器物仅五铢钱1枚。

瓮棺葬2座，M48用3件夹砂红陶釜合为两节，M16用夹砂灰陶瓮和泥质灰陶甑4件合为三节。

以上墓葬中竖穴土坑墓葬具多用木质棺椁，人骨多为仰身直肢，墓葬分为三期。西汉早期，为竖穴土坑墓，随葬品组合以罐为主，仅1座为罐、壶组合。西汉中期，随葬品组合主要为鼎、壶、罐和鼎、壶、盒为主，个别墓增加了豆。王莽至东汉早期，随葬器组合鼎、壶、罐为主，但部分墓中增加了瓮等。1座砖室墓出土五铢钱，与其他新莽时期砖室墓出土铜钱比较，应为同一时期。因此，砖室墓应为王莽至东汉早期。两座瓮棺墓根据陶瓮和陶甑形状和纹饰判断，M48为西汉早期；M16为王莽至东汉早期（图4-24、图4-25）。

五、昌平半截塔村汉代墓

1960年，在昌平半截塔村发掘两汉墓21座。

西汉墓16座，皆为长方形竖穴土坑墓，分单人葬和双人葬。单人葬12座，一般墓口距地表深0～3.08米，墓圹长2.83～3.72、宽1.2～1.5米，皆南北向。棺椁多腐朽，人骨多保存完整，除M18墓主下肢稍弯曲外，其余人骨为仰身直肢葬。随葬品多置于头顶部位，随葬品组合以鼎、罐、壶、盒为主，个别墓增加瓮等。双人葬墓4座，墓口距地表2.5-3、墓圹长3～4.4、宽2.3～2.6米。棺椁已朽，两棺之间有生土梁，宽0.3～0.5米。应为同坟异穴合葬墓，人骨为仰身直肢。随葬器置于头顶或肩部两侧。陶器组合：罐；鼎、壶、盒和鼎、壶、罐；壶、罐、盒等为主。16座西汉墓中年代有相对早晚，如被发掘者分为Ⅱ式罐的墓，时代可能在西汉早期；Ⅰ式罐的墓，时代可能到汉代中晚期[1]。

1　北京市文物工作队：《北京昌平半截塔东周和西汉墓》，图版一，5、7，《考古》1963年3期。

东汉墓5座，皆为竖穴土圹砖室墓，发掘者未交代砖室墓的详细情况，但从文字描述和个别器物图片判断，如1件壶，从形制判断时代应为王莽至东汉早期[1]。

六、石景山汉代石阙

1964年6月，在石景山上庄村东，因采石工程发现汉代石刻一批，主要为石阙构件。经考证为汉幽州书佐秦君石阙及墓表的石构件，共17件（编号为1～17）。1号石柱（图4-26，1），通高2.25米，柱额面作长方形，刻字三行，内容为“汉故幽州书佐秦君之神道”。6号石柱风化字迹不清，其内容与前者同（图4-26，2）。石柱基础2件（5、7号），中间穿圆孔，孔径0.24～0.26米。孔两侧各雕一伏虎，形态生动。石屋顶1件，顶的平面用直线雕成四个垂脊。石长方柱3件，2号方柱高2.07米，正面刻一武士手持兵器，上端刻一飞雀，左侧刻一龙；8号方柱高1.88米，左侧刻“乌还哺母”，正面刻“永元十七年四月□□□元兴元年□十月鲁工石□宜造”。11号方柱残高0.92米。方柱础1件（13号），柱础如覆斗，四周分刻三角纹和棱纹，中间开长方形槽。石阙顶7件（4、9、12、14～17号），其中一件阙顶为三面坡式，其他6件阙顶呈四阿式。石雕双人1件（10号），高0.2米，面部已残。

17件石构件，基本上能够复原石阙。秦君墓表，下部在石础上浮雕二虎，其上立柱。柱的平面将方柱四角磨成弧形，柱身上刻凹槽纹。柱上端以二虎承托矩形平板，镌刻死者的官职和姓氏。平板上置顶。这种石阙是东汉晚期的典型作品[2]。

关于石阙所刻铭文，邵茗先生撰有释文[3]，郭沫若先生撰写补充考释[4]，陈直先生又有补充意见。秦君石阙是其子秦仙为父所树神道；“乌还哺母”喻指孝道；“鲁工石巨宜造”是石工名之意。秦君神阙的发现，是北京地区较早的石刻，基柱形、纹饰、文字、雕刻工艺等具有相当高的艺术性[5]。

七、北京丰台区大葆台汉墓

大葆台汉墓位于北京西南部郭公庄西南，西临永定河，南靠京广铁路，同属一封土丘下的两座墓，编号为1号墓和2号墓，1号墓位东，2号墓居西，两墓相距约26.5米。发掘工作始于1974年8月，终于1975年6月[6]（图4-27）。

1. 墓葬形制

1号墓坐北朝南，平面呈中字形(原《报告》称凸字形),墓坑口大底小，如斗状，上底口南北长26.8、东西宽21.2、深4.7米。墓由封土、墓道、甬道、外回廊、黄肠题凑、前室、后室等组成。墓室早年被盗，部分被火烧坍塌。墓的建构方法是：先挖一个深4.7米的斗状长方形坑，在坑底部依次铺垫白膏泥、木炭，木炭上置垫木和木地板，地板之上贴坑边竖扁平立木一周为壁，立木外侧与坑壁有空隙处用夯土填实。最上以圆木和方木为顶，其上铺一层木炭

1 北京市文物工作队：《北京昌平半截塔东周和西汉墓》，图版一，6，《考古》1963年3期。
2 北京市文物工作队：《北京西郊发现汉代石阙清理简报》，《文物》1964年11期。
3 刘敦桢主编：《中国古代建筑》第三章战国、秦、汉、三国时期的建筑，中国建筑工业出版社，1980年。
4 郭沫若：《“乌还哺母”石刻的补充考释》，《文物》1965年4期。
5 有关资料详见北京市文物研究所：《北京考古四十年》，北京燕山出版社，1990年。
6 大葆台汉墓发掘组、中国社会科学院考古研究所：《北京大葆台汉墓》，文物出版社，1989年。

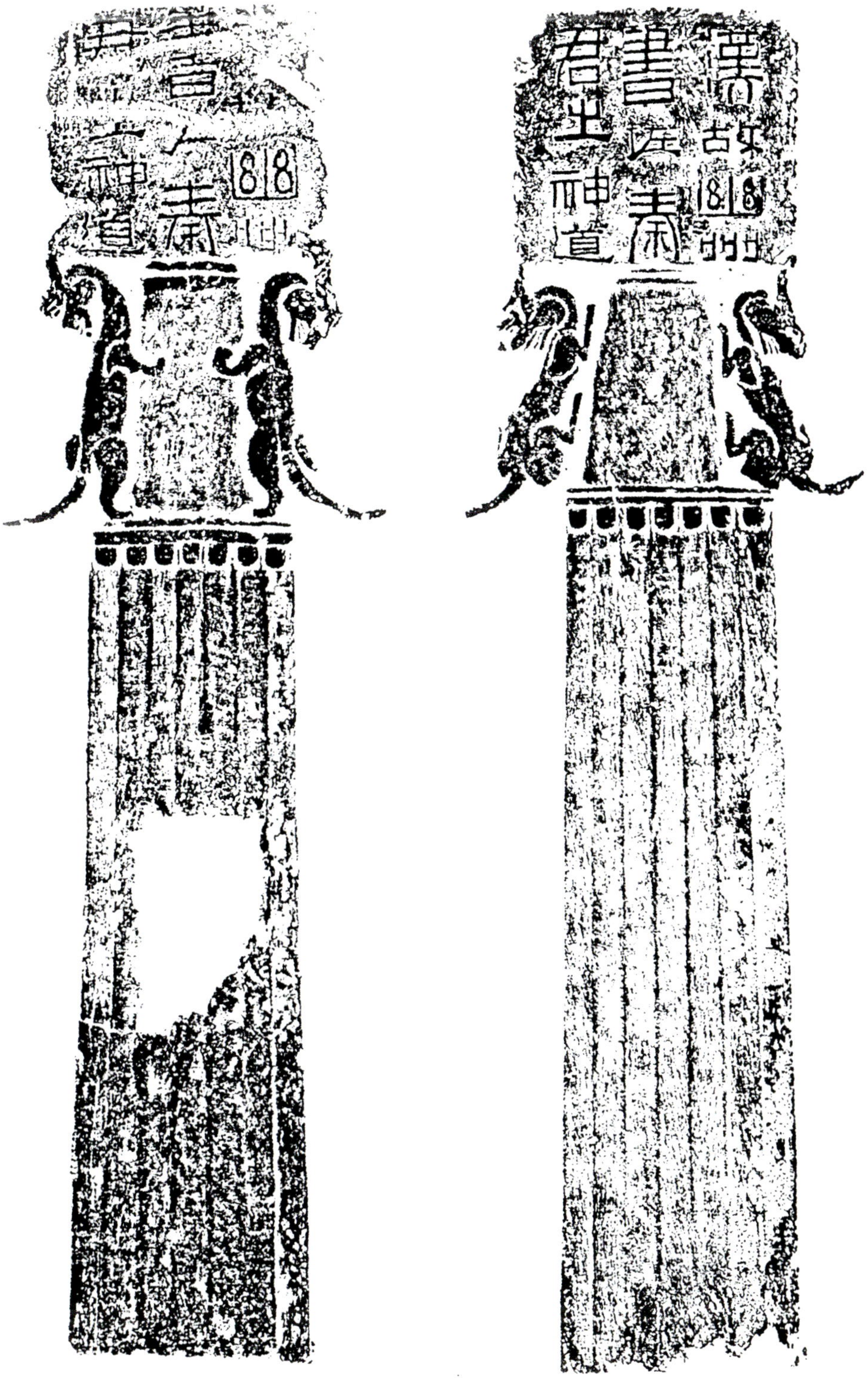

1　　2

1. 1号石柱拓片

2. 6号石柱拓片

图4-26 石景山汉代石阙1、6号石柱

图4-27 大葆台1号墓发掘现场

后有白膏泥封顶（图4-28）。

封土高8米，顶部圆平，底径东西宽50.7米，南北长约90米。封土经夯打，夯层10～25厘米，夯径4～5，深1～1.5厘米。因后期木构墓室坍塌，封土亦下沉呈锅底状。

墓道，位于墓室南部，呈斜坡状，残长16.7、宽4.25米。墓道北段底部铺白膏泥和木炭，木灰上有两条南北向沟槽，沟槽伸向甬道，与甬道内的垫木相接。墓道北部埋藏不同形制的朱轮华毂车3辆，马11匹，实用车为木质单辕双轮车，车身彩绘绚丽。墓坑的北部正中，有一斜坡便道，残长4米，底宽3.4米，发掘者认为是造墓时为运料和出土方便而形成的[1]。

墓室，位于墓道北侧，平面呈长方形，长23、宽18.3米，包括甬道、外回廊、题凑、前室、内回廊和后室等。

甬道，位于黄肠题凑南面正中，南北长3.4，东西宽3.6米。甬道北端与前室相接，南端与埋藏车马的墓道相连。东西两面通向外回廊，甬道西部南、北两端分别放置残门板两块。

外回廊，紧贴墓壁的环形通道，四面通长75.6米，总宽3.6米，复原高3米。外回廊分为两层，外层回廊底横铺枋木，两壁侧立枋木，顶部横铺枋木。内层底部亦铺枋木，外壁为外层的内壁枋木，内层为黄肠题凑的外侧，其顶部横铺枋木与外层外回廊顶部共用。

黄肠题凑，处于外回廊内侧，平面呈长方形。用长条枋木，头内向，层层垒起，形如木墙。题凑外周南北长15.7、东西宽10.8米；内周南北长13.9、东西宽8.9米。保存最高处2.7米。题凑所用黄肠木一般长90厘米，宽、厚各10厘米。南壁正中辟门宽3.6米，与甬道相通。门两侧有立柱，柱上有门楣，门楣下尚残有门板一块，在门南侧的铺地板上还有零星门板残块，推测此门可以能为双扇对开。在东西两立柱旁分别站有数名陶俑，守卫大门。

1　墓道应有南北两条，南墓道主要通向墓室，北墓道较短，主要是为造墓时通向后部运土、运料等。墓建好后便于随葬品的搬运。因此，M1应为“中”字形。

前室，位于题凑内，后室、内回廊之南部，南面有门与甬道相通。南北长7，东西宽8.95，复原高3.95米。

内回廊，位于题凑内前室之北部，环绕后室（棺室）东、西、北三面，南面两端与前室相通。三面通长约23，宽1.6，复原高2.95米。内回廊外侧为题凑，内侧有大扁平立木组成的木结构板墙。回廊内侧三面分别用13块扁平立木构成一道板墙与后室隔开。内回廊出土器物主要有铜镨、铜仪仗顶饰、龙凤纹残漆器、残漆弓、各类生活用陶器等。

后室，位于内回廊内前室北侧，东、西、北三面的扁平立木围成一个棺室。长、宽各为5.4米，复原高3.3米。后室铺地板上放有长方形棺床,长、宽同于后室，高20厘米，由10行20条扁平木拼成。

2号墓位于 1 号墓的西侧，两墓相距26.5米。从封土剖面显示2号墓封土压在1号墓封土之上。该墓坐北朝南，方向186°，平面呈中字形(开状应同于1号墓，北端也有墓道)。墓坑口大底小，上口南北长17.7米，东西宽11.75米，底口南北长17.3米，东西宽11.5米，墓口距地表深3.2米。该墓形制同于1号墓，由墓道、甬道、前室和后室等构成。

墓道位于墓室南部正中，残长24.5米。北段长15.5、宽3.4米，底于墓室底齐平，内殉车马；南段呈斜坡状，残长19、宽4米。2号墓之墓道底、顶和壁用枋木铺、砌而成。墓道北段殉有车马，从残留痕迹判断，可辨者有3车10马。墓室北侧有斜坡便道（应为墓道），长5.5、宽2.25米，南端距现地表2.9深，距墓底深0.3米。

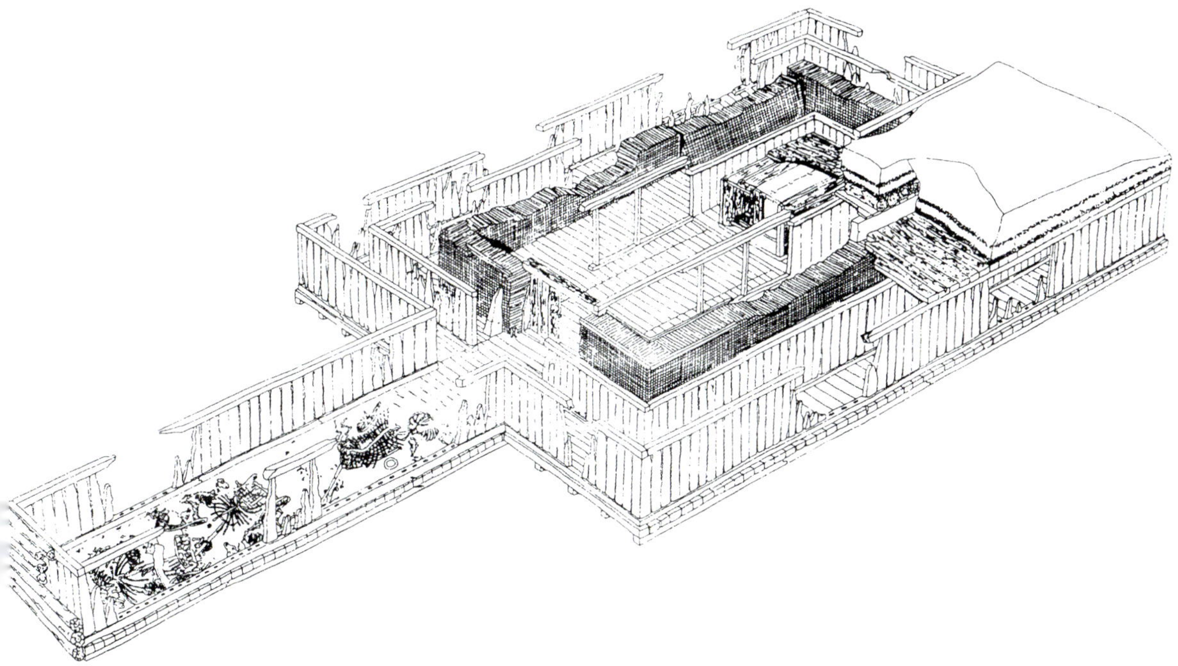

图4-28 大葆台1号墓木结构复原示意图

墓被盗并被焚毁，内部结构不详。从墓室底部残留垫木判断，内部建构方式同于1号墓。棺床位于后室正中，仅留残迹。人骨为一具年龄为20～25岁的女性。

2. 随葬品

1号墓随葬器物大多被盗，出土遗物有陶、铜、铁、玉、玛瑙饰件、漆器、丝织品等近400余件。铜器有鎏金铺首、铜豹；玉器有镂空龙凤纹玉璧；陶器有鼎、罐、壶、盘、盆、魁、钫、瓮及耳杯等，器表多施一层漆衣（图4-29）。2号墓因早期被盗，出土文物极少，墓道北部出土车3辆，马12匹。墓室内有灰陶钫、釉陶壶、红陶盆形器等。此外还有玉舞人、镂空螭虎玉佩、镂空凤纹玉觿、玉璧和大量五铢钱（图4-30，1～3）。

3. 墓葬年代

大葆台1号墓是目前国内发现的最大的西汉时期的“黄肠题凑”墓，从两墓的形制分析，其时代晚于西汉初期常见的木椁墓，但又早于东汉时期的砖室墓。从墓所随葬的遗物看，出土的2面昭明镜，是典型的昭、宣时期的铜镜；1面四螭四乳镜为西汉中晚期。陶器组合鼎、

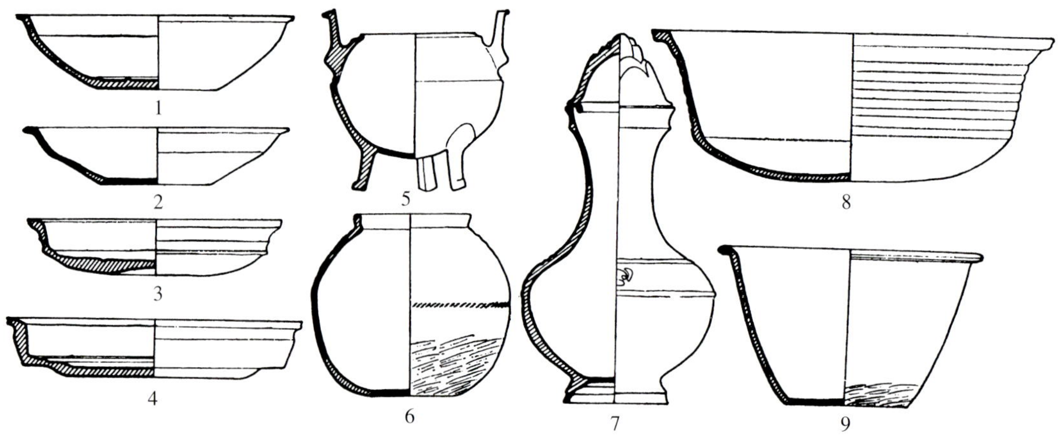

4-29

1. 2. 式盘（18、15） 3. Ⅲ式盘（20） 4. Ⅱ式盘（19） 5. 鼎（1） 6. 罐（11）
7. Ⅰ式壶（2）8. Ⅰ式盆（13） 9. Ⅱ式盆（14）

图4-29 大葆台汉墓出土陶器

图4-30-1 大葆台2号墓出土镂空螭虎玉佩

图4-30-2 大葆台2号墓出土玉舞人

图4-30-3 大葆台2号墓出土玉觿

4-30-1

4-30-2

4-30-3

盆、罐、瓮、钫、魁等是西汉中晚期墓中常见的组合器物。2号墓中出土1件绿釉陶壶。由此观之，2号墓时代应为西汉晚期。两座墓陶器组合中均未出现东汉晚期常有的灶、仓、井等，更未出现东汉中晚期的猪、狗、鸡等动物。因此两座墓的年代应在西汉中晚期之间，其中2号墓较1号稍晚。

4. 墓主人身份

北京地区西汉时期属燕国（广阳国），都城在蓟，大葆台1、2号墓处燕国（广阳国）境内，位于蓟城之西南。1号墓位于东，墓主为男性，2号墓位于西，墓主人为女性。1号墓主人身着玉衣，使用了二椁三棺的棺椁制。玉衣是汉代皇帝、帝后、诸侯王、贵人、公主等高级贵族死后的殓服；二椁三棺是“诸侯五重”的制度；墓葬制度使用了西汉帝王使用的“明堂”、“梓宫”、“便房”、“黄肠题凑”等。1号墓中出土1件针刻“二十四年五月丙辰丞”字样的纪年漆器。西汉燕国前后共有8个王，广阳国前后共有4个王，其中在位24年以上的有4人，即燕康王刘嘉，在位26年；燕王定国，在位24年；燕剌王刘旦，在位38年；广阳顷王刘建，在位29年。1号墓中大量出现西汉五铢钱，未见王莽时期的钱币。《汉书·武帝纪》公元载：元狩五年（公元前118年）“罢半两钱，行五铢钱”[1]，而燕康王刘嘉死于景帝前元五年（公元前152年），燕王定国死于武帝元朔二年（公元前127年），皆在行五铢钱之前。燕剌王刘旦企图谋反，阴谋败露后，昭帝给刘旦一道玺书，将其赐死。刘旦以叛国伏诛，被迫自杀。《水经注》卷十四鲍丘水条载：“高梁水注之，首受㶟水于戾陵堰，水北有梁山，山有燕剌王旦之陵，故以戾陵名堰。”[2]据此戾陵乃刘旦之陵，梁山即今石景山，故M1墓主人应排除刘旦。据墓葬形制和随葬品及组合判断，该墓属于西汉中晚期，结合文献记载，1号墓主为元帝时广阳倾王刘建的可能性较大。《汉书·燕剌王刘旦传》载：“天子加恩，赦王太子建为庶人，赐旦谥曰剌王。”[3]宣帝继位后，置广阳国，立刘建为广阳顷王，元帝即位后，刘建与朝廷的关系更为密切。故发掘者认为刘建在元帝初元四年（公元前45）年死后，享用诸侯王葬制是自然的。1号墓主即为元帝时广阳顷王刘建，则2号墓主当为广阳顷王王后，其下葬时间晚于1号墓，两墓为夫妻并穴合葬，即所谓“同坟异葬”。

八、北京石景山老山汉墓

老山汉墓位于北京市石景山区老山教练车场东南环路北侧，1999年12月发现被盗，2000年12月，北京市文物研究所进行了发掘清理。老山汉墓为凿岩而成的长方形竖穴岩坑墓，由封土、墓道、墓坑和墓室组成，方向355°（图4-31）。

封土呈覆斗形，南北宽约55、东西长约60米，顶部距南坡下现地表高约11米。因依山势而建，封土北坡高于南坡近8米。封土为夯筑，同时在封土的四周填加大量碎石块，起加固和保护的作用。在封土东南部有一深5米的盗洞，接近外回廊顶部，是1999年盗墓者所为。

墓道位于墓室南侧正中，残长约24、宽8～9米，用夯土和大石分层填实。墓道东壁一早期盗洞，直入封门墙进入墓室，在盗洞中发现有用筒瓦构成的通风管道。

1 《汉书》卷6《武帝纪》。中华书局，1962年。
2 王国维：《水经注校》卷14，上海人民出版社，1984年。
3 《汉书》卷63，中华书局，1962年。

图4-31 老山汉墓发掘现场

墓坑为凿岩而成的长方形竖穴石坑，上口南北长24.5～26、东西宽22～23.5米，底口基本同于墓室底。墓室建于墓坑内偏西，主体结构由枋木或圆木铺、垒而成，墓室西侧和南侧距坑壁约1米，东侧和北侧距坑壁2～3米。平面呈长方形，南北长16、东西宽13米。由外回廊、题凑、内回廊三部分组成。墓室底部最底层铺一层厚0.5米的碎石和青膏泥，之上是一层厚约0.2米的木炭，木炭之上有8根通贯墓室南北用以承托铺地板的垫木，垫木之上为东西放置的铺地板，铺地板分为三段，之间接缝正好位于东西题凑墙下。墓室的盖板多使用圆木，少量枋木。有些圆木只经过简单修整，有些圆木还残留树皮。盖板之上发现有席子和成束蒲草的痕迹。顶板用木大多为东西向排列，只是在北侧中部为南北向纵放。

外回廊环绕题凑墙四周，宽1.3～1.4米，其外侧均为以榫卯形式与铺地板相接的立柱，高约2米。南壁中部有大门与墓道相通，大门宽约5米。紧贴大门外用较粗大的长枋木，按南北纵向和东西横向交错垒叠成一道封门墙，封门墙南边为墓道。

题凑位于外回廊内侧，平面呈长方形，围绕内回廊，用长条枋木层层垒起，形成一道木墙。所用枋木一般长0.9～1米。题凑南墙正中有门与外回廊大门相对，与前室相通，门宽约5米。题凑墙用长方形柏木按南北纵向或东西横向垒叠成墙，题凑的四角采用南北纵向、东西横向分层垒叠，题凑的四角及内壁有立柱枋木，与题凑墙形成了类似框架结构。题凑墙外周南北长13、东西宽10米，内周长11、东西宽8米。题凑现高2米，大部分题凑保存相对较好，东、西、北三面大体保持了原来的位置和高度。

内回廊位于题凑墙内侧，东、西侧直接与题凑南墙相接，三面通长28、宽约1米。由内回廊围起形成墓室中心部位，又分为前、后室两部分。南部为前室，南北宽3、东西长6米；北部为后室，南北长7、东西宽6米。椁室位于后室中间，与内回廊间距约0.9米，为三棺两椁。外椁长方形，东、西、北三面椁壁由粗大的枋木构成，南面有门。内椁长方形，也由长枋木组成，枋木之间有榫卯结构，南面有两扇保存完整的大门。内椁壁及大门均外髹黑漆，内髹红漆。三重棺均为长方形，内、中、外三棺套放。三重棺均内外髹黑漆，在棺的内壁涂朱砂。在中棺的底部保留有6条用于下棺时系棺的丝带。棺盖之上覆盖1件较完整的丝织品。因墓室早年被盗，棺椁遭受严重破坏。

随葬品主要放置于前室和内外回廊。在前室中部放置有漆案、耳杯、方盘、圆盒、壶等。后室放置有陶钫等。内回廊西侧放置彩绘陶壶、罐等。北部外回廊发现较多的陶器，有些陶器内盛放粮食。此外，还发现有3件大型木器和数件木俑等[1]。经过清理和修复，老山汉墓陶器149件（套），可复原者90余件，包括彩绘陶壶24件，彩绘钫、罐、盒、耳杯、鼎等一批珍贵文物[2]（图4-32～图4-35）。

老山汉墓早年被盗，但考古发现仍取得了重大收获。老山汉墓的年代和墓主人是学者们讨论的焦点。一种观点认为有可能是燕剌王刘旦王后之墓。西汉时期的北京地区隶属燕国或广阳国，都城蓟。当时统治燕蓟地区的燕王有8位，广阳王有4位。《汉书·燕剌王刘旦传》记载："赐旦谥曰剌王[3]"；颜师古注曰："谥法，暴戾无亲曰剌。"《水经注》卷十四鲍丘水条载："高梁水注之，首受㶟水于戾陵堰，水北有梁山，山有燕剌王旦之陵，故以戾陵名堰。"按《光绪顺天府志·地理志·冢墓》宛平县条载："汉燕剌王旦陵在县境西。"据考梁山，即今石景山[4]。据此，有关学者考证戾陵即燕剌王旦之陵，位于梁山。有关学者据此推断该墓有可能是燕剌王刘旦之墓[5]。一种观点认为是成、哀时期的广阳穆王刘舜之王后，或广

4-32-1

4-32-2

图4-32-1 老山汉墓出土玉璧

图4-32-2 老山汉墓出土玉璧

1 王鑫：《北京老山汉墓》，《2000年中国重要考古发现》，文物出版社，2001年。
2 首博资讯：《北京老山汉墓出土陶器清理修复取得丰硕成果》，北京市文物局信息中心，2004年7月12日。
3 《汉书》卷63，燕剌王刘旦传。
4 侯仁之：《关于古代北京的几个问题》，《文物》1959年9月。
5 王鑫：《北京老山汉墓》，《2000年中国重要考古发现》，文物出版社，2001年。

图4-32-3 老山汉墓出土玉带钩

图4-32-4 老山汉墓出土漆案

图4-32-5 老山汉墓出土彩绘陶壶

图4-32-6 老山汉墓出土陶鼎

图4-33 老山汉墓漆纹局部

图4-34 老山汉墓出土木俑

图4-35 老山汉墓出土丝织品

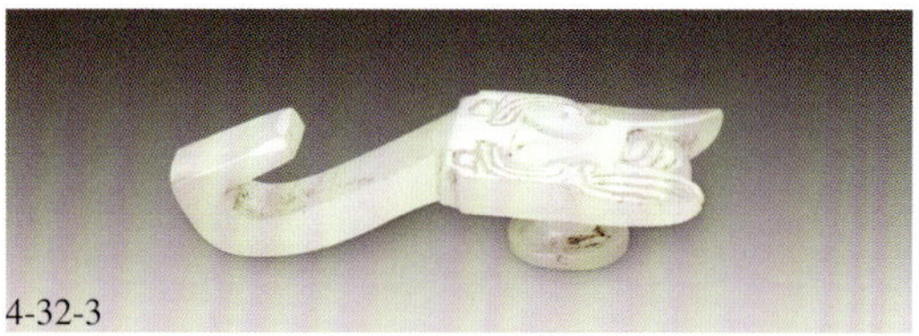
4-32-3

4-32-4

4-32-5

4-32-6

4-33

4-35

4-34

阳思王刘璜之王后。老山汉墓与大葆台汉墓同为诸侯王墓，规模、形制、棺椁层数等又均相同。但老山汉墓无殉葬车马，这表明老山汉墓的时代在汉成帝废除殉葬乘舆车马禽兽制度之后。由此推断老山汉墓墓主不会是燕王刘旦王后，只有可能是成、哀时期的广阳穆王刘舜之王后，或广阳思王刘璜之王后[1]。

九、五棵松篮球馆汉墓

2004年4～5月，北京市文物研究所配合五棵松篮球馆工程建设，发掘清理一批汉至明清的墓葬，其中汉代墓葬7座，分别为M3（图4-36）(此墓土圹形制可能受到后期墓扰动,应为长方形竖穴土坑)、M12、M13、M15、M16、M18、M19。发掘者按照墓葬形制分为有墓道和无墓道两类，两类墓全为竖穴土坑墓。有墓道的墓仅M15一例，该墓整体呈刀形，墓室在东，墓道在西，墓室东西长3.6、宽1.13、深0.78米。墓道东西长2、宽1.3、最深0.78米。墓室内从朽木痕判断为双棺，棺痕长1.9、宽0.7米。随葬器置于墓室东北部，即死者的头顶部位。随葬器组合有：罐、壶、盆等。不带墓道的均为长方形竖穴土坑墓，陶器组合为：壶、盒或壶、盒、罐（鼎），个别墓葬陶器组合为：壶、鼎、罐、仓等。墓葬均为单人葬，葬具有棺椁，随葬器置于死者头顶棺椁之间。如M18为长方形竖穴土坑墓，南北向，土圹长3.55、宽1.2～1.48、深0.7米。棺木痕南北长1.95、东西宽0.68米（图4-37）。随葬品组合为壶、鼎、盒。出土1枚西汉五铢钱。如M12为长方形竖穴土坑墓，随葬品组合除壶、鼎、罐外，还出现了仓及博山盖等[2]（图4-38）。

五棵松篮球馆发现的汉墓，从墓葬形制、陶器组合、出土铜钱判断，M16、M18等为西汉早期偏晚，M3等为西汉中期，M12、M13等可能晚到王莽至东汉初。

十、丰台王佐汉代墓葬

丰台五佐墓葬区位于丰台区银河星座居住小区内，东邻东王佐村，西接芒牛河，南连大灰厂路。发掘汉代墓葬37座，汉代窑址2座[3]。汉代墓依据椁室可分为：

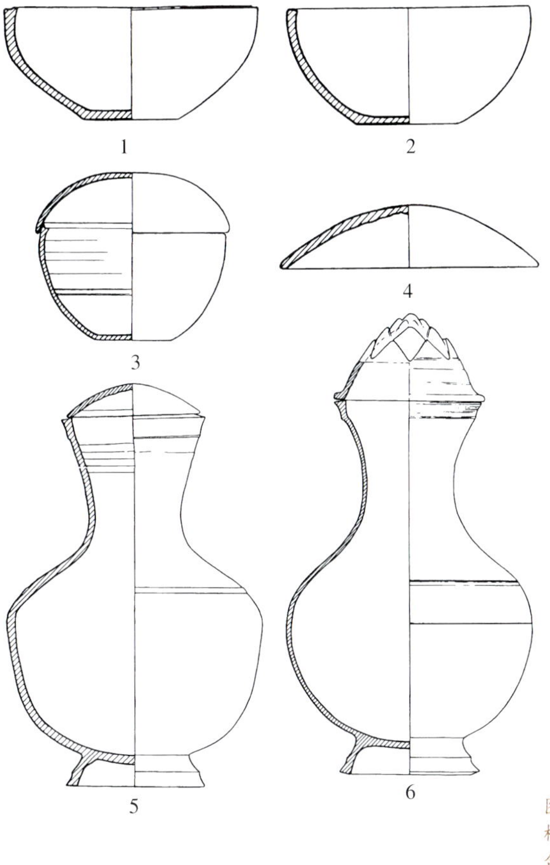

1、2. 钵（M3：1、M3：2） 3. 盒（M3：7）
4. 器盖（M3：4）5、6壶（M3：6、M3：5）

图4-36 五棵松M3陶器组合图

1 高崇文：《西汉“黄肠题凑”葬制再研究》，《北京文博》2008年2期。
2 张智勇等：《北京市通州区武夷花园二期项目遗址考古发掘报告》，《北京考古》（第二辑），北京燕山出版社，2008年。
3 张智勇：《北京丰台王佐遗迹考古发掘取得重要收获》，《北京文博》2008年4期。

图4-37 五棵松
M18陶器组合

1、2. 陶壶（M18：3、M18：4）3. 陶体（M18：2）
4. 铜带钩（M18：6）5. 陶鼎（M18：1）6. 陶盒（M18：5）

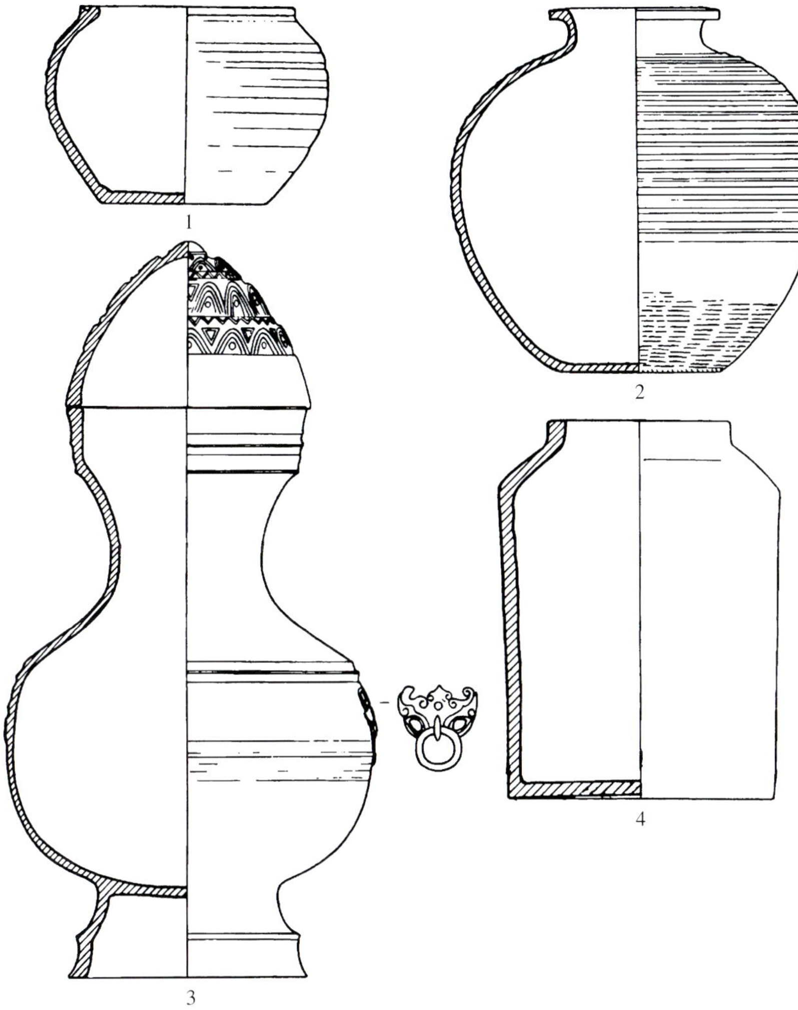

1、2. 罐（M12：2、M12：1）3. 壶（M12：3）4. 仓（M12：6）

图4-38 五棵松M12陶器组合图

竖穴土圹木椁墓和竖穴土圹砖室墓。

1. 竖穴土圹木椁墓

可分有墓道墓和无墓道墓，墓室规格较小，葬具一般为单人一棺一椁，随葬品置于头顶棺椁之间。

无墓道墓以M55为例，长方形竖穴土圹墓，方向12°。墓口距地表深0.8米，墓底距地表深2.2米，南北长3.5米，宽1.12～1.22米。头箱长0.96米，宽0.86米；棺长2米，宽0.48～0.52米，头北足南，葬式为仰身直肢。出土随葬品有陶仓、陶壶、陶鼎、陶奁、陶盆、铜钱（图4-39）。

有墓道墓以M28为例，竖穴土圹墓呈刀形，坐北朝南，方向175°。墓口距地表深0.7米，墓底距墓口深1.3米。由墓道、墓室组成。墓道呈长方形斜坡状，长3.3米，宽0.7～0.8米，底坡长3.6米，深0.05～1.3米。墓室位于墓道的北部，呈长方形竖穴土圹，南北长4米，东西宽1.20～1.4米。棺椁已朽，椁大小基本同于墓室土圹。棺痕长1.9米，宽0.7～0.85米，骨架保存较完整，头向北，葬式为仰身直肢。出土随葬品有陶仓、陶鼎、陶罐、陶壶、陶熏炉（图4-40）。

图4-39 丰台王佐M55发掘现场

图4-40 丰台王佐M28发掘现场

2. 竖穴土圹砖室墓

分无墓道墓和带墓道墓，带墓道墓依所竖穴土圹形状可分为围甲字形和刀形。

无墓道墓为长方形竖穴土圹内修建砖椁。以M58为例，方向15°。墓口距地表深1.4米，墓底距地表深3.1米，上口长3.5米，宽1.3米，墓室长3.34米，宽0.98米，高0.84米。东、北、西三壁用青砖错缝平砌，呈长方形砖室。南壁未见封门砖。墓室内葬单棺已朽，棺痕长1.8米，宽0.46～0.5米，头北足南，面向上，葬式为仰身直肢。随葬品有陶罐、铜钱等（图4-41）。

甲字形墓相对较多，有小中型两类。小型墓以M29为例，方向182°。墓口距地表深1米，墓底距地表深3米。由墓道、封门、墓室组成。墓道：位于墓室的南部，呈长方形竖穴斜坡状，长2.9米，宽0.7～0.8米，深0.8米。封门位于墓室门外，底部距墓室门0.1米。墓室上部已坍塌。土圹南北长2.32米，宽1.2米，深0.8米，内圹南北长2.1米，东西宽0.84米，残高0.76米，为平砖错缝砌制，出土随葬品有陶罐等（图4-42）；中型墓以M23为例，方向185°。墓口距地表深1.13米，墓底距墓口深2.93米，南北长7.2米。由墓道、甬道和墓室组成。墓道位于墓室的南部，呈长方形竖穴土圹斜坡状，南北长3.6米，宽0.86～1米。甬道南北长0.76米，东西宽0.9米，残高0.34米。墓室为平面正方形砖室，外土圹边长3.48米，内圹边长2.8米，底部用青砖呈“人”字形铺底。出土随葬品有奁、壶、灯、喇叭形器、耳杯、俑、灶、狗、鸡、铜钱等。

刀形墓以M21为例，方向190°。墓口距地表深1.2米，墓底距墓口深2.6米。该墓上部已

4-41

4-42

图4-41 丰台王佐M58发掘现场

图4-42 丰台王佐M29发掘现场

塌落，残留东壁和南壁。由墓道、墓门、墓室三部分组成。墓道呈长方形，南北长3.9米，东西宽1～1.2米。墓门进深0.28米，宽0.8米，券高1.38米。墓室呈长方形，南北长3.7米，东西宽1.96～2.3米，底部是用青砖错缝平铺。随葬品有小盆、猪、鸡、铜镜、铜钱等。

丰台王佐发现的汉墓，有小型竖穴土坑墓、砖室墓和较大的带墓道的砖室墓。随葬品中陶器组合为：第一组罐。主要为无墓道的竖穴土坑墓和无墓道的小型砖室墓；第二组组合为鼎、壶、盒（罐）或鼎、罐、壶、仓，主要为带墓道的土坑墓；第三组陶器组合主要以奁、壶、灯、喇叭形器、耳杯、俑、灶、狗、鸡等为主。该批墓葬的年代初步判断自西汉中晚期至东汉中晚期。如M56为竖穴土坑墓，出土壶、鼎、盒，其壶为博山盖、敞口、长颈、圈足，应为西汉中期。M46为竖穴土坑墓，出土两灰陶罐，口微敞，束颈，腹部有弦纹，底部有绳纹，形状与怀柔城北M63出土一罐非常相近[1]，相当于西汉中期。M55为竖穴土坑墓，一棺一椁，棺椁头部之间随葬以鼎、壶、盆、奁为组合，陶器组合和形制与亦庄10号地M15相近，应为西汉晚期或晚到王莽到东汉初。M30为小型长方形砖室墓，出土陶罐1件，敞口，颈稍细长，溜肩，腹部有弦纹，器身整体较瘦，为新莽时期或东汉初[2]。M8、M23和M22等为较大的砖室墓，从墓葬形制同于东汉中晚期同类墓，出土器物组合不见鼎等，以模型明器为主，从M21出土的动物明器观察，可能更晚[3]。

1 北京市文物工作队：《北京怀柔城北东周两汉墓葬》，《考古》1962年第5期。

2 姜佰国：《京津冀地区汉代墓葬研究》（四期A型罐），《边疆考古研究》第6辑，2007年。

3 张治强：《近两年北京地区汉代考古发现与研究》，《北京汉代国际文明研讨会》，北京燕山出版社，2009年。

十一、平谷杜辛庄汉墓和遗址

杜辛庄遗址位于平谷区兴谷开发区，2006年12月～2007年1月由北京市文物研究所发掘，发掘面积2000平方米，共清理汉代墓葬16座，砖窑12座（图4-43）。

1. 汉代墓葬

竖穴土坑木椁墓8座。以M8为例，单墓道长方形竖穴土坑墓。方向280°，斜坡式，长2.99米，宽0.9～1.32米；墓室为长方形竖穴，长2.98米，宽0.32～0.9米，深0.8米；二人合葬，葬具为一椁双棺，棺东部有头箱；随葬品除铜钱外，皆出于头箱内，包括陶罐1件、陶壶2件、三足陶罐2件、铜盆1件。

砖室墓8座，其中7座为刀形单室墓，1座为前横室后双室墓。以M9为例，单墓道长方形单室砖墓。方向275°，东部带一条墓道。墓门以砖封闭，封门砖残存高度为0.36米，墓门残存高度为1.3～1.44米，宽0.84米，门顶双券，用青砖二平一竖砌起。墓室为长方形，长3.8米，宽1.24～1.46米，砖壁残高1.3米，内无葬具痕迹，墓主骨架保存极差。随葬品均出于墓室内，包括盘、奁、耳杯、罐、灶、锅、井、仓、猪圈、陶猪、陶盒等[1]。

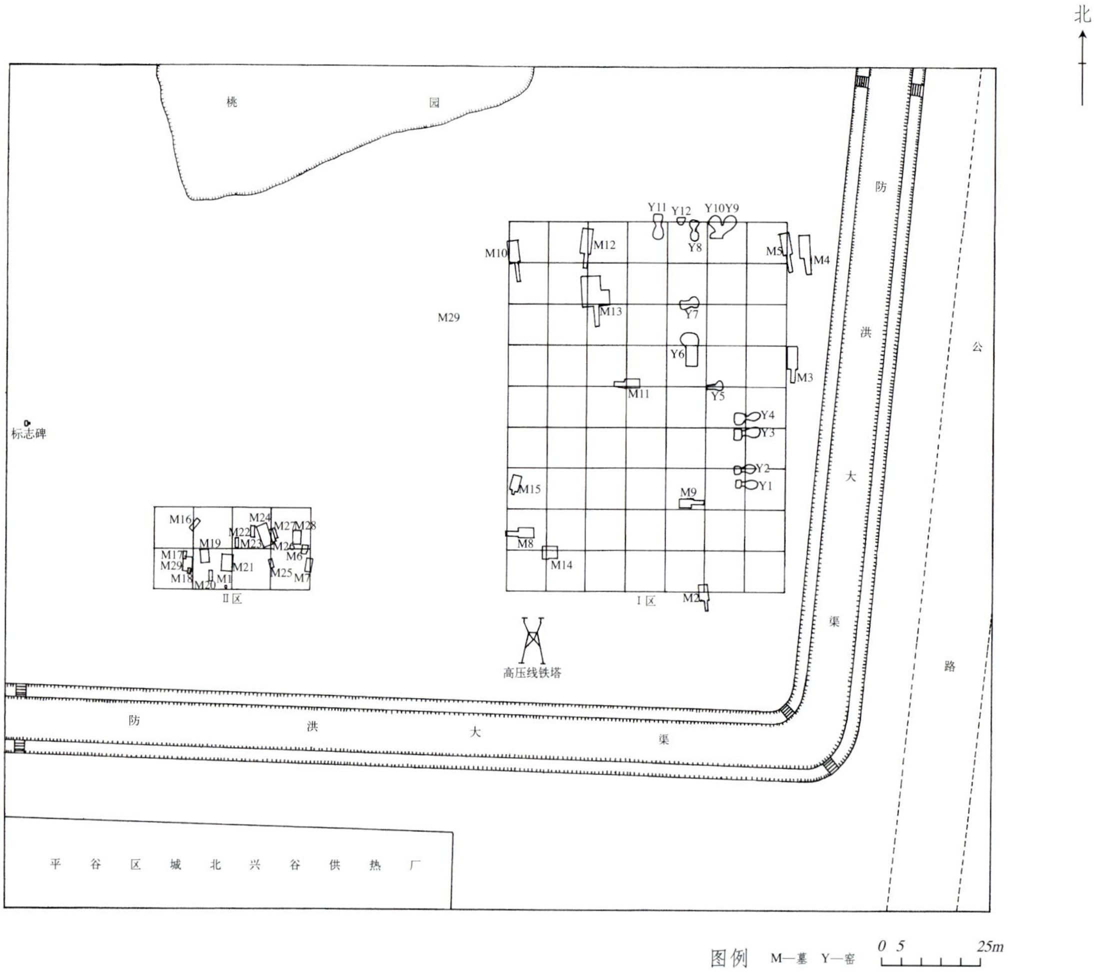

图4-43 杜辛庄遗址平面图

1 北京市文物研究所：《平谷杜辛庄》，科学出版社，2009年（待刊）。

2. 汉代砖窑

本次发掘的汉代砖窑，均为半倒焰式窑，一般由窑室（烟道、窑床、火膛）、窑门和操作间各部分组成：窑室平面均呈马蹄形，窑室后壁一般沿生土壁掏出2～3条烟道，横剖面近方形，唯Y6在后壁以砖砌出2条烟道，与众不同；窑床一般为方形，表面为青色的烧结的硬土，一般较平坦，靠近窑门的前端立面亦平直，表面亦为烧结的硬土，或以砖包边；窑门多近圆形，底部近操作间部位多砌以矮砖墙，当为挡火之用；操作间平面多为不规则形，近似椭圆形，一般有3～6阶台阶，或直接下行，或螺旋下行[1]。

平谷杜辛庄遗址的木椁墓类似于箱式木椁墓，如M8和M11为棺椁制，分棺同椁合葬墓，椁内分隔成头箱、棺等二至三部分，时代为西汉中晚期。

平谷杜辛庄发现的砖室墓，墓葬形制为带墓道的单室或双室墓，双室墓前室为横向。器类主要包括壶、罐、耳杯、盘、盒、奁、仓、井、楼、猪圈、陶俑等。M5出土陶仓同于怀柔城北东汉晚期M1出土的陶仓[2]。平谷杜辛庄发现的陶窑均为马蹄形半倒焰式窑，窑室床上残存烧制青砖和东汉晚期墓用砖相同，其时代亦应为东汉晚期。可以判断,这批窑烧砖主要为建墓所用。

十二、亦庄开发区10号地汉代墓葬和遗址

亦庄开发区10号地位于大兴区的东南部鹿圈头号村，2007年4月1日～6月4日发掘汉墓59座，汉代窑址8座[3]。

1. 汉代墓葬

汉代墓葬从竖穴土圹的形状可分为：刀形、甲字形和不规则形（三室以上墓）。

刀形墓有竖穴土坑木椁墓和砖室墓两类。竖穴土坑木椁墓以M15为例，方向178°。该墓为近刀形竖穴土圹，由于上部被破坏严重，残存底部，南北总长7.7米，总宽1.6～3.2米，墓口距地表深3.1米。由墓道和墓室两部分组成。墓道位于墓室的南部，平面呈长方形斜坡状，上部被破坏。南北残长1.2米，宽1.6米，墓底距地表深3.1～3.47米。墓室位于墓道的北部，呈长方形，土圹南北长5.66米，东西宽3.2米，墓底距地表深3.96米。内填花沙土、木炭残块和红烧土。墓室底部东西向铺8根未经任何加工的原木，原木两端大部分被烧毁。在墓室北部出土大量陶器，出土随葬品有陶罐、壶、鼎、仓、钵等（图4-44）。

刀形砖室墓，墓道和墓室土圹形状呈刀形，有单室和前后室墓。以M25为例，南北长8.9～9.16米（南端被现代坑破坏），东西宽2.52米，由墓道、墓门、墓室组成。墓道形状为长方形斜坡状，方向175°。南北残长3.2～3.54米，宽1.04～1.1米，墓口距地表深1.5米，墓底距地表深0.4～1.37米。墓门东西宽0.76米，高1.02米，进深0.86米。墓室形状长方形，四壁青砖一平一竖交替砌制，残高0.77～1米。铺地砖五块横五块竖，交替平铺。随葬品有仓、盒、案、盘、壶、耳杯、锅、炉、罐、俑、鸡、狗、铜钱（五铢）等。

甲字形墓，墓道与墓室土圹形状为甲字形，此类墓一般为单个或前后室砖室墓。以M17为例。M17墓道朝南。该墓为青砖砌制“甲”字形单室墓，顶部已残。南北总长5.07米，宽2.5～

1　胡传耸：《北京平谷杜辛庄汉代窑址发掘报告》，《北京考古》第二辑，北京燕山出版社，2008年。
2　北京市文物工作队：《北京怀柔城北东周两汉墓葬》，《考古》1962年5期。
3　张治强：《近两年北京地区汉代考古发现与研究》，《北京汉代国际文明研讨会论文集》，北京燕山出版社2009年。

图4-44 亦庄10号地M15发掘现场

2.64米，墓口距地表深1.5米。由墓道、墓门和墓室三部分组成。墓道平面呈长方形台阶状，方向167°。南北长3.24米，宽0.92～1.36米，墓底距地表深2.17～3.05米。墓门东西宽0.78米，券高0.98米，进深0.3米。墓室长方形，南北长4米，宽1.25～1.76米。四壁用青砖和红砖一平一竖交替砌制，1.12米处开始起券。出土随葬品有壶、盒、陶井、灶、耳杯、铜钱（五铢）等。

不规则形墓（三室以上墓）全为砖室墓，此类墓为多室砖室墓，多有一条墓道。以M28为例。M28多室墓。顶部已残，南北总长9.9米，东西宽3.4米。1条墓道4个墓室。墓道位于墓室南侧，长方形斜坡状。南北向，方向174°。南北长3.14米，宽0.9～1.16米，斜坡长3.14米，墓口距地表2.1米，墓底距地表深2.9米。墓门东西宽0.9米，进深0.3米，上部已残，残高0.64～0.7米。前室南北长2.4米，东西宽3.4米，墓底距地表深2.9米。铺底砖为“人”字形，大部分已破坏。 后室分东后室、中后室和西后室。随葬品有仓、盆、锅、灶、甑等。

2. 汉代陶窑

汉代陶窑9座，编号为Y1～Y4、Y6～Y10，其形状和大小基本相同。以Y2为例，平面近似“葫芦”形，由操作坑、窑门、火道、火膛、窑室组成，方向70°。残长4.6～5.3米，窑室现有宽度为2.7米。操作坑，位于窑室西端，为椭圆形土坑，南北长3.07、宽2.98、深1.42米。在操作坑北部设有二级台阶。内填灰褐色淤土、炭灰颗粒、红烧土颗粒。窑门，形状近似于长方形，窑门高0.88米，底部小，中部大，宽0.6～0.72、进深0.2米，窑门上方用绳纹砖错缝平砌5层。火道，位于窑门以西，由窑门底部通至火膛，火道平面呈长条形，东西长0.82米，南北宽0.24米，残高0.69米，火道上部已被破坏，只在位于火膛西部火道上方残留一块经火烧呈红色的砖，呈南北向平放于火门之上。火膛，位于窑室西部，呈半圆形，南北长2.6、宽0.8、深0.74米，火膛内壁呈青蓝色硬面，壁厚0.14米，火膛上方为青砖错缝平砌，砖墙0.52米，底部不太平整，火膛内堆积有红烧土、炭灰、细绳纹砖、素面布纹板瓦、磨光灰陶片。窑室，由于窑室东部大面积破坏，排烟孔、烟囱、窑顶已不存在，仅留少量窑的东西两壁及底部，南北残长2.62、宽0.1～1.18米，残高0.54米。窑壁及底部成青蓝色，厚0.1～0.14米。出土有内布纹外素面瓦片、夹砂红陶器物残片。根据包含物及窑的形状结构，这批陶窑与平谷杜辛庄东汉晚期窑址形状相同[1]，初步判断为建造同期砖室墓而建的砖窑。

亦庄开发区10号地的汉代墓，竖穴土坑木椁墓以M15为代表，出土器物组合有鼎、壶、罐、仓等。壶与大葆台M1:4[2]相比，壶腹已上移，口和底皆呈盘口状，时代应晚于西汉晚期，相当于王莽至东汉初。需加以注意的是，M15出土的陶器皆体形较大，陶器制作精美，有仿铜陶礼器的倾向。M54为夫妇异穴合葬，一穴为土坑墓一穴为砖室墓，砖室墓明显打破土坑墓，其中砖室墓中出土陶壶为盘口，弧腹，大平底，为东汉初或稍晚。M55出土陶壶，深盘口，细颈，高圈足，为东汉早期。此外，在一砖室墓中出土了长方形陶奁，相当于东汉中晚期。亦庄开发区10号地M51和M52等，出土陶俑、鸡、狗、井明器，制作简单粗糙，此类墓时代为东汉晚期或更晚。

十三、岩上墓葬区汉墓

岩上墓葬区位于房山区长沟镇南正村西北，处在一地势东高西低的缓坡上。2006年5-7月，北京市文物研究所配合南水北调工程的考古发掘，发掘总面积为3250平方米，发掘东汉砖室墓共11座[3]（图4-45）。

仅M28的墓向为东西方向，墓道位于墓室的东部，其余均为南北方向，墓道或在墓室北部或在南部。发掘者依据砖室墓墓室的数量，分为单室墓（7座）、双室墓（2座）、多室墓（2座）三个类型。

单室墓有M28、M34、M38～M40、MM46、M48，土圹平面基本呈刀形或甲字形，两类墓只是墓道和墓门位于墓室的位置不同而已，其砖室的大小和构筑方法基本无差别。以M34为例，墓土圹平面呈刀形，由墓道、甬道、墓门、墓室组成。开口距地表深0.5米，斜坡状墓道，方向183°。墓道北长3.56、东西宽0.98～1.08米。往北为甬道，顶部已毁，东西宽0.82米，进深0.8米，残高0.8米，两侧砖壁用两平两竖砌成；墓室位于甬道北侧，墓圹长4.94、宽2米，墓室长3.38、宽1.52米。残留四壁高0.4～0.92米，砌法为二平一竖。墓室出土陶器有：盆、罐、钵、甑、圆头灶等。铜钱有五铢和货泉（图4-46）。

双室墓有M33和M57。墓圹形状呈刀形或甲字形，前后砖室，一般前室摆放随葬品，后室为棺椁和人骨。以M57为例，从北至南依次有：墓道、墓门、前室、甬道和后室五部分。墓道位于最北端，呈斜坡状，宽0.64～0.93米，斜坡长1.06米，墓口距地表深1.7～1.9米。墓门由青砖砌成，一平一竖或三平一竖结合，宽0.54～0.74米，高0.84米，进深0.32～0.46米。

1 北京市文物研究所：《平谷杜辛庄》，科学出版社，2009年待刊。
2 大葆台汉墓发掘组、中国社会科学院考古研究所：《北京大葆台汉墓》，文物出版社，1989年。
3 孙勐等：《岩上墓葬区考古发掘报告》，《北京段考古发掘报告集》，科学出版社，2007年。

图4-45 岩上墓葬区东汉墓分布图

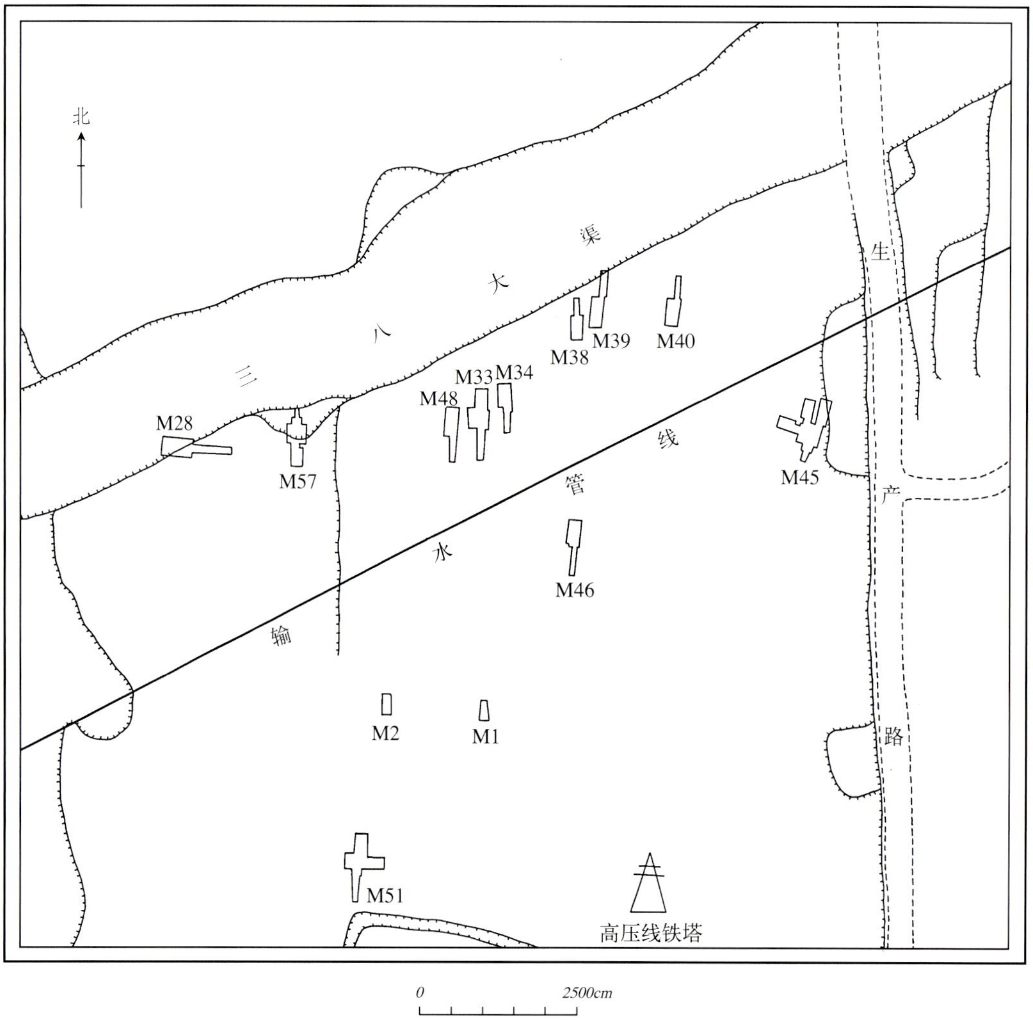

甬道位于墓门南，顶已破坏，应为券顶，残高1.28米。前室墓圹东西长3.14～3.36米，南北宽2.5～2.58米，砖室平面呈扁长方形，东西长2.46～2.66米，南北宽1.88～1.96米，墓室顶部已遭破坏。前室之南有甬道与后室相通，后室南北长3.38～3.48米，东西宽2.22～2.3米，残高1米。随葬器物有：陶仓、井、厕、灯、磨、盘、灶、盆等，另有鸡、狗、猪、俑等，出土铜钱为五铢钱（图4-47）。

多室墓有M45和M51，一墓道，多墓室，破坏均比较严重，多数墓室仅余墓底铺砖。以M45为例，墓道位于南部，通过甬道进入前室，往北有东西双后室，往西有耳室。墓内基本被盗掘一空，随葬品仅见陶盆、罐、磨。发现4枚五铢铜钱。

岩上墓葬区已遭到严重破坏，但仍保留下相当数量的随葬器物，有陶器、铜器、铁器、琉璃器等。陶器以夹云母红陶为主，还有夹云母灰陶、泥质红陶、灰陶等，器型包括罐、盘、釜、甑、耳杯、灶、仓、井、猪圈、人物俑、动物俑等。铜器有铜钱（五铢、货泉等）、铜环等。岩上墓葬区11座砖室墓，其中个别单室砖墓出土圆头灶、货泉和五铢钱混出，出土器物时代有可能早到东汉早期；个别双室墓出土器物有单室墓中出土器物的特点，但随葬动物和陶俑增多，动物和俑形象较为逼真，且这类墓不出货泉，时代可能早到东汉中期；多室墓和个别单室墓出土小陶仓等，且随葬的鸡、狗、猪和俑形象示意特征明显，我们认为时代可能属于东汉晚期或更晚。

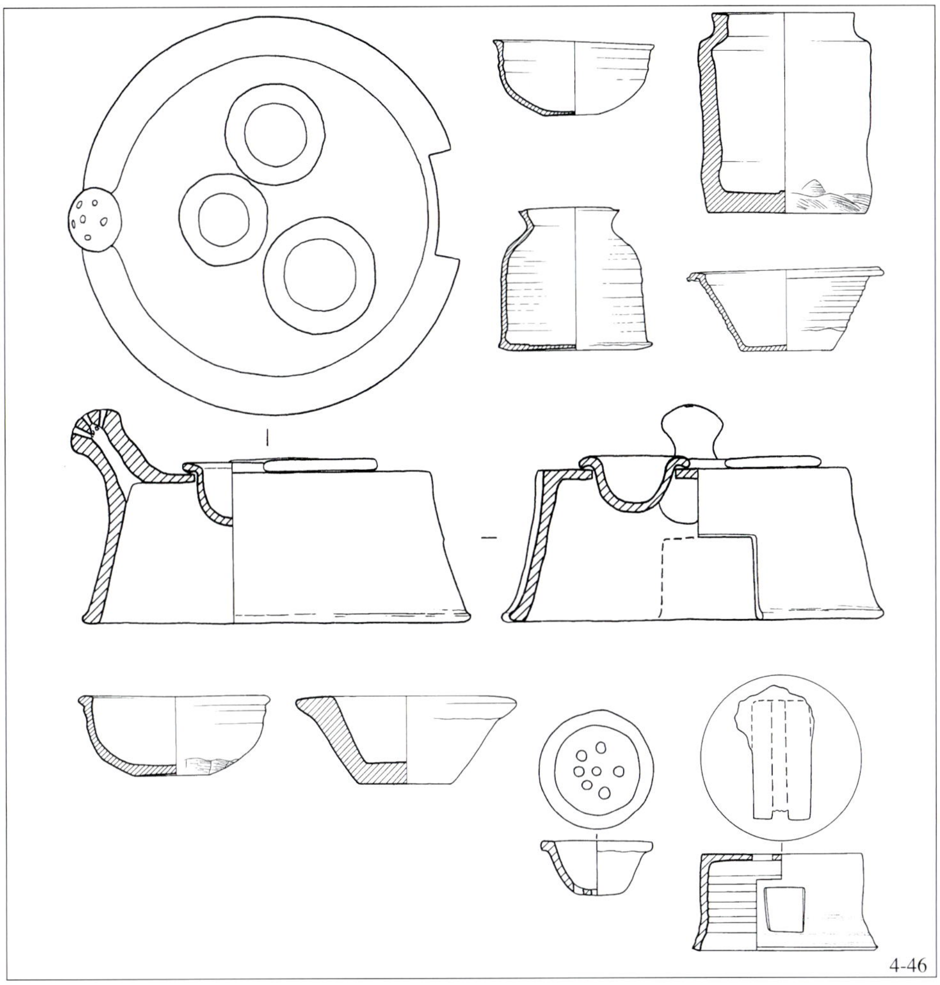

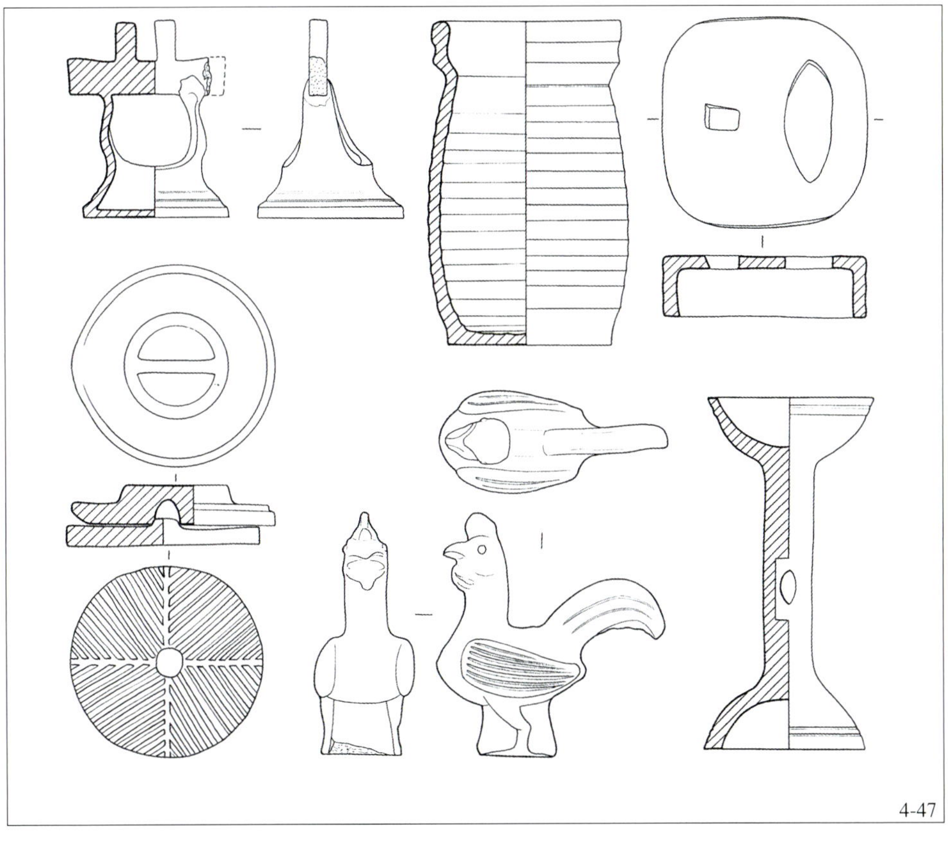

图4-46 岩上墓葬区M34出土陶器

图4-47 岩上墓葬区M57出土陶器

十四、三台山汉墓

三台山汉墓位于大兴区和朝阳区交界处凉水河边，1982年由北京市文物工作队发掘。发掘前地表为三座大封土台，本次发掘的为北边的二台子，发现2座多室砖墓，编号为M1和M2。M1墓道位于南，墓道通往墓室有一东耳室，进入墓室中央，其东有2座并排的耳室、东北角和西北角各一后室、西侧正西有一侧室、西南角有一耳室。M2位于M1的东侧并排，M2从墓道往北有砖券过道，进入墓室中央，其东有两耳室、东北角和西北角各一后室、西南角一耳室。三台山汉墓被盗扰较盛，但其重要的是出土了釉陶楼（图4-48）、釉陶壶等一批较为珍贵的文物。陶器主要有：壶、扁壶、奁、盘、灯、勺、魁、盆、耳杯等生活用品，磨、圈厕、灶、井、猪、狗、博山炉等明器[1]。

三台山汉墓形制为多室砖室墓，墓内出土的灶、魁、扁壶、圈厕等与怀柔城北东汉墓[2]、平谷西柏店和唐庄子[3]等地东汉墓同类器相近。因此，三台山汉墓应为东汉晚期墓葬。

十五、延庆南菜园汉墓

延庆南菜园遗址位于北京市延庆县延庆镇南辛堡村东，2007年7～9月发掘汉代砖室墓22座，从竖穴土圹的形状可分甲字形、刀形和不规则形（三室以上墓）。砖室有单室墓、双室墓、三室墓、四室墓、五室墓、七室墓葬，规模均较大，一般为南北向，墓室前部均带一条墓道，多数墓室早期盗扰破坏较为严重，部分墓室形制保存较好，葬具一般保存较差，多数仅残存木棺痕迹，人骨保存情况亦较差。出土器物包括铜镜、铜钱、陶罐、陶壶、陶俑、陶仓、陶盆、陶盘、陶耳杯、陶楼等。

甲字形竖穴土坑砖室墓。以M47为例，平面为甲字形，为竖穴墓道、大瓦封门、土洞墓室组成。墓道，长2.08米，南宽1.1米，北宽1.03米，南深1.5米，北深1.85米。封门，高0.94米，厚0.32米，用板瓦竖立“八”字形斜插垒砌而成。墓室，南高北低，高差36厘米，墓室长2.7米，南宽1.03米，北宽0.9米，南深2.55米，北深2.91米。骨架基本完好，头向南，面向西，仰身直肢，女性。墓室内置一木棺，棺长1.68米，南宽0.7米，北宽0.54米。随葬品包括铁器1件、陶罐1件、铜钱3枚。

刀形竖穴土坑砖室墓。以M209为例，平面呈刀把形砖室，分为墓道、甬道、封门、前室与后室，其墓道位于墓室南端，方向190°。墓道，墓道底部由南向北有四个台阶进入甬道，斜行进入墓室（略阶梯形结构），南低北高。长2.4米，宽0.8～0.9米。封门，仅保存底部，残高0.31米。甬道长1.4米，宽0.48米，残高0.12米。墓室，由前室、过洞、后室组成。前室为长方形砖室，长2.96米，宽2.84米，墓底距地表深2.54米。过洞将其前室与后室连接在一起，长1.06米，宽0.84米，残深0.82米。后室为长方形砖室，南北长2.5米，东西宽1.5～1.6米，残高0.31米。随葬品仅见铜镜、陶仓、五铢钱等。

1 北京市文物工作队：《北京东南郊三台山东汉墓发掘简报》，《北京文物与考古》第一辑。
2 北京市文物工作队：《北京怀柔城北东周两汉墓葬》，《考古》1962年5期。
3 北京市文物工作队：《北京平谷县西柏店和唐庄子汉墓发掘简报》，《考古》1962年5期。

图4-48 三台山汉墓出土釉陶楼

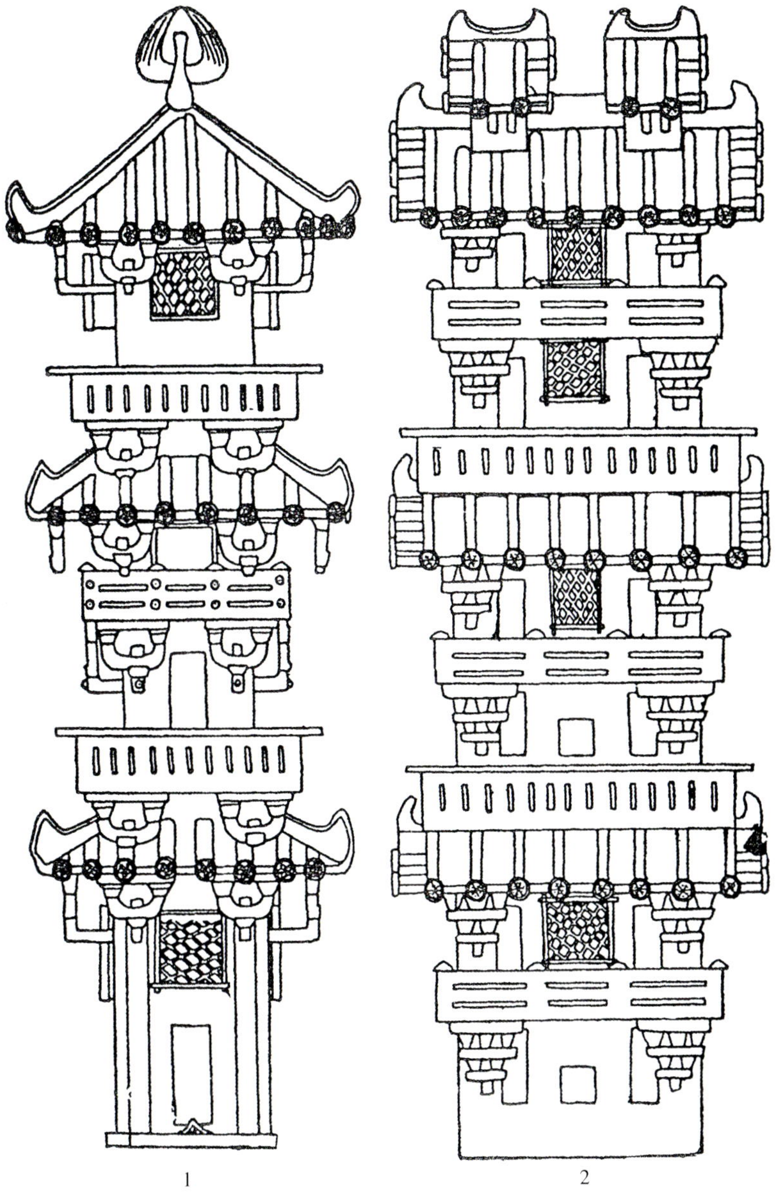

1、2. 釉陶楼（M2：7、M2：10）

竖穴土坑不规则形（三室以上墓）砖室墓。以M208为例，形状与结构：该墓平面呈南北向“井”字形，由墓道、甬道、封门、前室、双后室、左右（东西）双耳室所组成。其墓道位于墓室正中南端，方向186°。墓道，平面呈长方形，斜坡，南高北低，墓道残长3.82米，宽0.8米，墓底距地表3.8米，墓道北端底残深约0.7米。封门，平面呈长方形，残高0.8米，长0.15米，厚5.5厘米。甬道，长方形砖室，长1.4米，宽0.8米，砖墙残高0.75米。前室，平面呈长方形砖室，墓顶盗扰不详，前室长2.8米，宽2.83米，墓底距地表深3.8米，砖墙残高约0.7米。后室为双后室，前室东西分别有双耳室。后室与前室之间，耳室与前室之间有砖券甬道相通。该墓被严重毁坏，随葬品仅前室出土陶勺、陶猪圈和五铢钱（图4-49）。

延庆南菜园遗址是北京市划定的地下文物埋藏区，历年基建工程中发掘的以唐墓为主，2007年发掘以汉墓为主，特别是多室砖墓为主，多为四至七室，个别墓有两到三条墓道。此类墓

图4-49 延庆南菜园M208

类似于北京东南郊三台山M1、M2[1]；从北京东南郊三台山M1出土陶壶判断，应为东汉晚期[2]。

十六、顺义临河东汉墓

1975年4月北京市文物工作队在顺义县城东南约6公里，临河村东北发掘砖室墓1座。墓室坐北朝南，由墓道、甬道、前室、后室和东、西耳室构成，南北长11.7、东西11.1、墓地距现地表深2.3米。墓道为斜坡式，长2.4、宽1.05米。甬道长1.2、宽1.05、残高1.3米。前室平面为横向长方形，长4.8、宽3、残高0.6米。前室左右各有一耳室，东耳室长2.8、宽2、残高1.3米；西耳室长2.1、宽1.2米。后室为纵向长方形，长6.3、宽3.5、残高0.35米。筑墓用绳纹砖和席纹砖。此墓随葬器共有131件，主要集中放于西耳室、前室。西耳室存放绿釉陶器主要有楼、仓、俑、陶动物等；前室东侧和正中集中存放日用陶器，有灰陶瓮、陶罐、博山炉、案、长方形奁、盆等，朱绘的陶魁、碗、三足炉等，绿釉陶灶、灯、壶、耳杯、磨等。铜器有虎子、镜、盆、熨斗等。漆器有圆奁、长方盒、耳杯等。另有木梳等（图4-50）。

顺义临河汉墓墓葬形制为前横室后长方形，前室带两耳室，此类形制的墓葬在北京地区较少。其形制与洛阳烧沟汉墓第五型"前堂横列式"较为相似[3]。长宜子孙连弧纹镜与烧沟汉墓出土的第八型第二式特点相同，已近东汉晚期[4]。此外，铜钱中出土的剪轮、磨廓等五铢钱特点与烧沟汉墓四、五型钱相同[5]。因此，临河汉墓应为东汉晚期墓。

1 北京市文物工作队：《北京东南郊三台山东汉墓发掘简报》，《北京文物与考古》1983年。
2 姜佰国：《京津冀地区汉代墓葬研究》，《边疆考古研究》（第6辑），科学出版社，2007年。
3 中国社科院考古研究所洛阳区考古发掘队：《洛阳烧沟汉墓》，科学出版社，1959年。
4 中国社科院考古研究所洛阳区考古发掘队：《洛阳烧沟汉墓》，科学出版社，1959年。
5 中国社科院考古研究所洛阳区考古发掘队：《洛阳烧沟汉墓》，科学出版社，1959年。

图4-50 顺义临河东汉墓出土陶器

1. 绿釉壶（45） 2. 壶（79） 4. 三足炉（22） 5. 朱绘鼎（28） 6. 朱绘陶碗 （87） 7. 绿釉僬壶（44） 8. 朱绘扁壶（19）
9. 绿釉俑（34） 10. 绿釉磨（43） 11. 朱绘奁（20） 12. 朱绘长方盒（21） 13. 井（14）

十七、通州区武夷花园汉墓

通州区武夷花园墓葬区位于北京市通州区潞城镇，2006年10～11月由北京市文物研究所发掘，发掘面积1500平方米，共清理汉代墓葬10座[1]（图4-51）。墓葬土圹形状基本为甲字形砖室单室墓和多室墓。

单室墓4座，分别为M4～M6、M11，以M5为例，方向200°，总长9.13米，墓口距现地表深3.8米。由墓道、墓门、墓室等几部分构成，墓室用青砖砌成，墓底铺砖三层。随葬品陶器有：壶、瓮、盆、奁、盘、耳杯、灯、灶、井、房、圈厕等。

双室墓1座，M8墓道位于前室正中，墓道与前室之间有一较长的甬道。墓向203°，墓南

1 张智勇等：《北京市通州区武夷花园二期项目遗址考古发掘报告》，《北京考古》（第二辑），北京燕山出版社，2008年。

图4-51 通州武夷花园汉墓分布图

北总长14.12米，东西宽3.74～4.88米，由墓道、甬道、前室和后室组成。

多室墓6座，分别为M7、M9、M10、M12、M13，以M12为例，墓向190°，呈甲字形砖室墓，墓口距现地表深0.3米。由墓道、甬道、前后室和东、西耳室组成。墓道长方形斜坡状，南北长6.9米，东西宽0.8～0.84米，深2.3米，坡长7.04米。甬道长方形砖室三重券顶，已残。总长1.96米，券顶高1.2米。前室平面呈长方形，长2.54米，宽2.36～2.46米。四壁残高0.2～1.5米，墓底距地表深2.26米。后室长2.64米，宽2.04米。四壁残高0.44～0.8米。墓底距地表深2.3米。前部有一甬道，已残。宽0.9米，进深0.84米，残高0.46～0.6米。东耳室位于前室东部。长方形砖室券顶，低于前室0.12米。门宽0.9米，进深0.6米，券顶高0.86米。耳室长1.2米，宽1.08米，券顶高1.5米。券顶上影壁长2.08米，宽0.14～0.24米，高0.22～0.32米。西耳室位于前室西部。长方形砖室三重券顶，已残，低于前室0.12米，平面呈长方形。长1.12米，宽0.96～0.98米，券顶高1.32米。随葬品有盒、灯、盆、盘、井、奁、灶等。

通州区武夷花园汉代墓葬从砖室墓和出土文物总体为东汉中晚期。如陶壶（M13:1）、四角带乳钉的长方形奁（M12:9-10）为东汉中期陶器，M7出土的方形陶灶和形象很模糊的俑、猪等，表现出东汉晚期或更晚的特征。

第五章

北京魏晋北朝考古

第一节　北京魏晋北朝考古发现与研究

魏晋北朝上起曹魏代汉，下迄隋代北周，自公元220年开始，至公元581年结束。在这360年间北京地区历经曹魏、西晋，十六国时期的后赵、前燕、前秦、后燕，北朝的北魏、东魏、北齐、北周等10个王朝，政权频易，匈奴、鲜卑、羯、氐、羌等各个少数民族统治者纷纷入主中原，建立政权。在这个时期，北京地区基本处在幽州的行政范围内。蓟城在前燕朝还曾一度作为都城。前燕主慕容儁于元玺元年(公元352年)即皇帝位，以蓟城为都，光寿元年(公元357年)迁都邺，在蓟立都共计6年。北周大象三年（公元581年），隋国公杨坚迫使周静帝禅位，建立隋朝，结束了魏晋以来北方长期混战的局面。

这个时期是中国历史上南北分裂、政权频繁更替、军阀混战的一个特殊时期，也是中国历史上继春秋战国之后的第二次民族大融合时期。各政权、民族间相互攻伐，形成复杂动荡的社会局面。北京在这一时期成为北方的军事重镇，不仅是汉族政权防御少数民族进攻的屏障，也成为诸少数民族征战的场所。

一、概　　述

北京地区魏晋北朝时期的遗存发现较少。从已发表的材料来看，目前发现遗址与遗迹共计17处。其中魏晋时期最多，共有10处，其中墓葬9处，20余座（表5-1）、另有西晋蓟城西北转角城墙遗址1处；北魏墓葬发现2处[1]、另有铜造像1尊[2]；北齐时期的墓葬发现2座，即傅隆显墓与1973年6月在王府仓

表5-1　北京地区魏晋墓葬表

发现时间（年）	名　称	数量（座）	发现地点
1953	魏晋砖室墓	1	海淀区清河镇
1953	魏晋北朝土坑墓	1	海淀镇八一小学
1962	西晋砖室墓	2	海淀区景王坟西北
1965	西晋华芳墓	1	海淀区八宝山
1981	西晋砖室墓群	8	顺义县马坡公社大营村
1983	西晋墓	1	石景山区老山南坡
1990	西晋砖室墓	1	房山区小十三里村
1997	魏晋砖室壁画墓	1	石景山区八角村银杏宝宝乐园东侧
2007	魏晋十六国墓葬	3	延庆县东王化营村西

1　一处为2006年5月在房山区长沟镇南正村岩上墓葬区发现2座北魏纪年墓；另一处为2008年9月在大兴黄村镇小营村发现的1座北魏墓葬，墓中出土一块宣武帝正始四年（公元507年）的铭文砖。

2　即1977年在延庆县宗家营村发现的大代鎏金铜造像。

清理的北齐砖室墓。这些遗存分布在海淀、石景山、房山、西城、顺义、延庆、怀柔、大兴等六个区县，其中海淀区5处，延庆县、石景山、西城、房山各2处，顺义、怀柔、大兴各有1处。

二、北京地区魏晋北朝考古学研究现状和认识

北京地处各朝代的边境，是北方地区与中原汉文化交流的中间地带和重要通道，北京既往的考古工作中，这一时期的遗存发现较少，因此，尚未见系统深入的综合性研究。发表的考古材料虽不多，但这些资料仍如实地反映了当时北京地区的社会现状。在考古学方面，本期具有这样几个特点：

1. 地方性明显，多民族特征突出

魏晋北朝时期，少数民族统治者纷纷入主，他们各自为政，少与其他政权交往，因此北京地区考古资料的地方性较明显，多民族文化特征强烈。门头沟东魏武定三年刻石关于用丁夫修建城池的记载，就生动地再现了当时民族政权之间地域争夺的场景。各民族之间虽在战场上相互征战，但在社会风俗与生活习惯等方面却又相互影响。2007年在延庆东王化营村发现了一座竖穴土坑墓，从该墓的墓葬形制与随葬器物判断，墓主应当是一位魏晋时期的汉族人，但随葬品中有一件颈部带戳印凹点纹饰的陶壶，该壶颈部有两周戳印凹点纹饰，是典型的鲜卑族器物纹饰，这说明墓主应当是一位受鲜卑文化影响的汉族人。

2. 墓葬分散

与南方豪门地主聚族而葬、等级森严的墓葬相比，北京地区这一时期的墓葬呈现出较为分散的特点。北京地区作为游牧与农耕民族的交界地带，时常成为各民族竞相争斗的战场，缺乏世家大族生长的土壤，时人每言“河北少人士”[1]，因此，聚族而葬的特征不明显。

3. 各种佛教建筑、与佛教有关的石刻、佛像大量出现，佛教雕刻与绘画技术得到发展

佛教自西汉末年传入我国后，在魏晋南北朝时期兴盛起来，名族统治阶级为稳定人民情绪，维护自身统治，大力提倡佛教。社会的动荡、长期的战乱给人民带来无穷灾难，佛教所宣传的“生死轮回”、“因果报应”使人民很容易精神麻痹并得到精神寄托。皇帝、王公贵族和普通百姓，纷纷成为佛教信众，人数众多。佛教寺庙遍布各地，僧尼众多。受印度文化的影响，中国雕刻与绘画艺术空前繁荣，与佛教有关的建筑、石窟艺术、绘画都获得了长足发展。

4. 葬制特点

这一时期墓葬的等级差别更加明显，墓葬形制又进入了一个新的发展阶段。

(1) 北京地区魏晋时期的墓葬以砖室墓为主要形式，墓葬建造的比较规整，墓室多采用“四面结顶”的方式建造，墓壁采用两卧一立砌法。墓葬不论大小，其墓室平面多呈长方形，甬道不在墓壁正中处，而是偏在左侧或者右侧，使整个墓葬平面看起来呈菜刀形状。较大型的墓有长斜坡墓道，并在墓道两侧壁留出递减的台阶，甬道间安置多重石门。

《晋书》记载：“丧纪之制……魏晋以来，大体同汉。”[2]早期的砖室墓在形制结构方面

---

1 《晋书》卷七十一《陈頵传》，中华书局，1974年。《陈頵传》记载了豫州刺史解结问僚佐之语，言曰：“河北白壤膏粱，何故少人士，每以三品为中正？”

2 《晋书》卷二十《礼志》，中华书局，1974年。

还保留着东汉的传统，但有简化的趋向。大型墓葬多有斜坡墓道、甬道、方形前室和长方形后室，但耳室已不存，简化为甬道壁上砌筑的耳室式小龛。也有少数大型墓还保存着三室墓的形制，由前室、中室、后室三部分组成，前后室呈长方形，中室为正方形，三室间以甬道相连。中后期多为单室墓，改变了东汉以来流行的多室墓形制，墓室加高，结构更加牢固，装饰更加华丽。

(2) 这一时期北京地区的瓷器工艺较为落后，随葬品中瓷器极为罕见。随葬器物多为陶器，以陶制的牛车、武士俑、侍俑、镇墓兽、长方形格盒（也有文称果榼）、绛釉小陶罐最具特色。而此时南方随葬品中陶器已经减少，瓷器增多，且制造工艺成熟。竖行铭文的“位至三公”铜镜也是这个时期的典型器物。魏晋时期南方经济逐渐赶上并在某些方面超过北方，南北方手工业制作技术在这个时期差距逐渐拉大。这个时期大部分南方政权之间的更迭并未引发大的战乱，政局较为平稳，手工业没有受到影响，制作工艺能够精益求精；而北方，尤其当时的北京地区，受各少数民族政权变换频繁、战乱频仍的影响，人民生活在水深火热之中，手工业技术缺乏更新改进的环境。

第二节　蓟城遗址

西汉时期，汉武帝在全国设置十三部州，幽州占其一，西晋因而不改，西晋幽州州治在蓟城。西晋蓟城历经千年岁月的洗礼，已完全湮没在历史的长河中。近年来，随着考古工作的深入，蓟城的面目已逐渐显现，结合历史文献，蓟城的大体布局与部分域内建筑设施渐露端倪。

1974年，为配合白云观西的基建施工，北京市文物工作队对“蓟丘”做了发掘工作。在清除地表遗物后，清楚地发现了残城的城墙遗址，城墙虽略有破坏，但夯土层次清楚，其中南北墙遗存略长，墙北端向东转，略短。由此分析，该墙址乃城的西北转角。这种判断恰恰与北魏郦道元《水经注》“今城内西北隅有蓟丘”的说法相合。在清理城墙残址时，又发现了3座东汉中、晚期的墓葬，1座位于城墙残垣转角处北墙正中的夯土层之下，为城墙所压；另外2座被压在北墙北侧的城墙夯土之下，1座完整，1座残破，残破者仅剩残砖，可能是修筑城墙时破坏的。这种现象说明城墙筑造的年代要晚于墓葬。根据考古学的“叠压关系”可以判定墓葬的年代早于城墙，由3座墓的墓葬结构和墓中出土的陶器形制判断，这3座墓葬的年代属于东汉中晚期[1]，则城墙的修筑年代在东汉中晚期之后。成书于北魏的《水经注》中对蓟丘已有记载，说明该遗迹在北魏之前就已存在。因此，这段城墙的建成时间当在东汉中晚期以后至北魏之前，可能是西晋蓟城城墙。

1965年在八宝山以西约500米处，发现了西晋华芳墓[2]，墓中出土墓志一方，明确交代了墓主下葬的时间为西晋永嘉元年（公元307年），埋葬地点为“燕国蓟城西二十里”。同时，墓中出土骨尺一把，长24.2厘米。以此尺长度折算晋里，则晋1里合今435.6米，20里则相当于8712米。从华芳墓地向东8712米的地方，为今会城门村附近。这说明西晋时期蓟城的西垣当在今会城门村稍东一带地方，这与“蓟丘”处发现的残垣西墙距华芳墓的方位、里程基本相符，进一步印证“蓟丘”处发现的残破城址即西晋蓟城。蓟城的西垣在今会城门村稍东一带。

1　赵其昌：《蓟城的探索》，《北京史研究》（一），北京燕山出版社，1986年。
2　北京市文物工作队《北京西郊西晋王浚妻华芳墓清理简报》，《文物》1965年12期。

据《晋书·王浚传》记载，西晋成都王司马颖密使幽州刺史和演刺杀王浚，“演与乌丸单于審登谋之，于是与浚期游蓟城南清泉水上。蓟城内西行有二道，演、浚各从一道。演与浚欲合卤簿，因而图之。值天暴雨，兵器霑湿，不果而还。……诸避乱游士多归于浚。浚以强盛，乃设坛告祭，建立皇太子，备置众官。浚自领尚书令，以枣嵩、裴宪并为尚书，使其子居王宫”[1]。又据《晋书·石勒传》：“（石勒）于是轻骑袭幽州……勒晨至蓟，叱门者开门。疑有伏兵，先驱牛羊数千头，声言上礼，实欲填诸街巷，使兵不得发。……焚烧浚宫殿。”[2]另据《晋书·刘琨传》载，幽州刺史鲜卑段匹磾与琨结婚，约为兄弟，“时琨别屯故征北府小城，不之知也。……匹磾遂留琨。琨之庶长子遵惧诛，与琨左长史杨桥、并州治中如绥闭门自守。”[3]再按《晋书·慕容儁传》记载，永和六年（公元350年），“儁率三军南伐，出自卢龙，次于无终。石季龙幽州刺史王午弃城走，留其将王他守蓟。儁攻陷其城，斩他，因而都之。……（儁）命铸铜以图其象，亲为铭赞，镌勒其旁，置之蓟城东掖门。是岁，象成而马死。”[4]据上引文献，西晋时期，蓟城之内建有王宫、征北府小城，有南北和东西大道。王浚、和演曾行东西道。石勒曾在南北道上纵放牛羊。王浚子所居之王宫后为石勒焚毁，后慕容儁迁都蓟城，或于王宫故址重建宫殿及宫城。其殿有正阳殿。殿门之前有“观”，而宫殿及观之外似环筑宫城，城之东门曰东掖门，门前立有赭白马铜像，世称铜马门。征北府小城，刘琨曾屯军闭门自守，足见其具有防御功能。蓟城内因有宫城与征北府小城，故该城称大城。大城西墙设有两门通向清泉河，而东城墙某门内之大道左侧有刘靖政绩碑。蓟城南门则为石勒入城之处。[5]

第三节 重要墓葬

北京地区的魏晋北朝墓葬发现较少，据已发表的资料统计，大约有13处，魏晋时期墓葬就占了9处，较为重要的有大营村西晋墓、华芳墓、老山南坡西晋墓、小十三里村西晋墓、八角村魏晋壁画墓和延庆县东王化营村魏晋十六国墓葬；北魏墓葬2处，较为重要的是南正村北魏墓；北齐墓葬2座，分别为傅隆显墓和王府仓北齐墓。由于资料较少，目前尚无法对这批魏晋北朝墓葬进行较为系统的分期。

1. 大营村西晋墓

1981年4月，北京市顺义县砖场在马坡公社大营村外平地取土时，发现8座券顶砖室墓（图5-1）。该墓群位于顺义县城北约2.5公里的大营村之东北部，北距潮白河、西距京承铁路各约1.5公里。8座墓中仅2座保存较好，其余6座皆被扰乱。经发掘，这8座墓分前后两列，前列为1座，后列7座，后列呈东西向排列。8座墓分单室墓、双室墓、三室墓三种形制。

单室墓1座，为7号墓。该墓平面呈刀把形。长方形墓室带甬道，墓室长2.95、甬道长1.4米。墓道为斜坡式。墓室内木棺和骨架均被扰乱，出土器物有铜盆、镜、熨斗、铁斧等。

双室墓共5座，分别为1、2、4、6、8号墓，其中2号和4号墓保存较好。2号墓墓室平面呈长方形，全长11米，前面还设有长1.25米的砖筑甬道和长3.8米的斜坡式土圹墓道。前室平

1 《晋书》卷三十九《王沈传附王浚传》，中华书局，1974年。
2 《晋书》卷一百四《石勒传》，中华书局，1974年。
3 《晋书》卷六十二《刘琨传》，中华书局，1974年。
4 《晋书》卷一百十《慕容儁传》，中华书局，1974年。
5 北京市文物研究所：《北京考古四十年》，燕山出版社，1990年。

面呈正方形，长、宽各1.85米。后室窄于前室，平面呈长方形，长2.98米。墓室中部有长0.78米的砖筑甬道沟通前后两室。后室置木棺两具，男性骨架保存较好，仰身直肢葬。出土有铜镜、铁镜、铜带钩、铜钱等。女性骨架出土时头骨压于胸部，下肢也未在原位，似二次葬。出土器物有金手镯、金发钗等物。4号墓的形制略同于2号墓，只是在甬道东壁加砌一耳室式小龛。后室置木棺两具，棺内骨架仰身直肢。

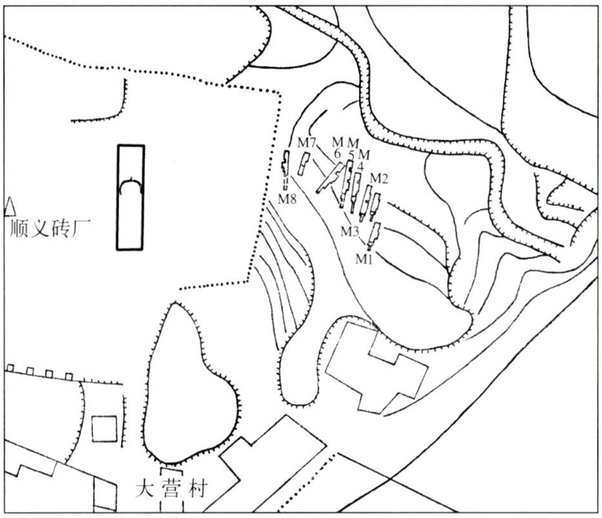

图5-1 北京顺义大营村西晋墓分布图

双室墓的随葬品大多置于前室，有陶罐、碗、盘、钵、灯、灶灯，大都为仿实用生活用具的明器。其中8号墓出土一块纪年铭文墓砖，文为“泰始七年夏四月作砖”（图5-2）。

三室墓2座，分别为3号和5号墓。三室墓由前室、中室、后室三部分组成，两座墓形制大体相同。以3号墓为例，墓圹全长约12.74米。前室平面呈长方形，长2.62、宽1.68米。中室平面呈正方形，长宽各1.7米。后室平面呈长方形，长2.8、宽1.05米。墓室内砖筑甬道3个，均作长方形，顶部起双券弧顶，分别贯通前室、中室、后室。墓道系土圹斜坡式，长2.9米。中室和后室各置木棺一具。随葬品皆被扰乱，其出土位置不详。

8座晋墓共出土器物50余件，以陶器为主，其次为铜器、铁器、金银饰物和部分漆器残片等。只有8号墓出土有“泰始七年（公元271年）”的纪年砖。泰始是晋武帝的年号，故8号墓应为西晋初期墓葬。该墓出土的铜镜、双系陶罐、陶磨、银发钗等物，其风格同于其他7座墓的同类遗物。而2号墓、4号墓和5号墓所出土的青石板以及共存的铜发饰、“位至三公”（图5-3）铜镜等均和沈阳东郊伯官屯汉魏墓葬中出土器物组合相同，均为西晋初期的典型器物。由此可见，大营村发现的8座西晋早期砖室墓，从形制、结构和随葬遗物等方面看，多数还保留着汉末曹魏时期砖室墓建有前后两个墓室的传统。由于北京地区西晋墓发现不多，已发现的又容易和东汉晚期墓葬混淆，这一时期是北京地区考古的一个缺环，而8号墓出土的铭文砖纪年明确，墓葬器物组合清楚，填补了北京地区东汉末年至西晋初墓

5-2

5-3

图5-2 泰始七年砖

图5-3 “位至三公”铜镜

葬研究的空白，具有相当重要的研究价值[1]。

2. **华芳墓**

1965年，在北京西郊八宝山以西约500米，发现西晋王浚妻华芳墓。该墓系用一面印有绳纹或条纹的青砖砌成。砖长30、宽16、厚5.2厘米。墓室平面呈长方形，南北长5.6、东西宽2.7米。由墓室和墓道两部分组成，墓道中设有二重石门和四堵封门砖墙。墓顶为盝顶式券顶。墓道在墓室南端偏左，砌成拱券形，总长5.7、宽1.2米。该墓早期被盗，第一道石门的左扇被砸断，第一堵封门墙的上部被拆毁，墓室顶部北边发现一盗洞。墓室内填满夹有碎石的淤土。黑漆棺翻倒，人骨架散落棺外，棺长2.6米。

墓室早年被盗，墓内出土随葬器物不多，有骨尺、漆盘、铜熏炉、铜弩机、银铃各1件，陶罐2件，铜钱200余枚。银铃制作精致，上有8个乐人正在全神贯注地吹奏笛子、排箫、喇叭等各种乐器，是研究晋代音乐史的一件难得的资料。骨尺出土时长24.2厘米，是一把标准晋尺，为研究西晋计量单位和经济的重要资料。但最有研究价值的是华芳墓志。墓志为青石，长131、宽57、厚7厘米。四面连纹环刻，阳面18行，每行4～42字；阴面21行，每行27～49字；左侧2行，行42字；右侧2行，字均未写满。无撰文、书丹者姓名，志文完好无泐损，长达1600余言，可谓最早的鸿篇巨制。墓志在我国虽已有3000余年的历史，因为埋在地下，必须陵谷变迁，然后得出，故传世墓志知名之士绝少，虽然传说发现过王戎的墓志，但无确切记载，更无拓本流传。王浚为幽州刺史，他在晋武帝死后的“八王之乱”、“十六国”时期都有很大影响，曾借助鲜卑、乌丸骑兵来巩固自己的地位，甚至“设坛告祭，建立皇太子，备置众官”，意图称雄。他为其妻华芳刻的墓志，具有相当高的研究价值。清叶昌炽《语石》卷一谓：“汉魏墓志世所未见，有之也自晋为始，然传世者只有刘韬、房旋、荀岳、石尠诸志，但其记载简略，非如后来之铺叙行实者可比。”遂言“谓晋无墓志可也”。该墓志出土，叶氏的话遂被根本否定，不但志有铭，而且形式体例均有突出之点，其文体形式开后来之先河。其书法隶古，绝无楷意，对研究西晋时期的书法艺术也具有相当高的价值。志文称华芳“假葬于燕国蓟城西二十里”，墓中出土的晋骨尺恰可折算晋里，为确定西晋蓟城的地理方位提供了重要依据。志中对家族世系、戚里的介绍娓娓不绝，不但为历史研究提供了新的史料，还为研究西晋官制提供了重要依据，晋人崇尚门阀风气之盛从中可略见一斑[2]。

3. **老山南坡西晋墓**

1983年12月，北京市文物工作队在位于石景山老区老山南坡山脚下、西距革命公墓“骨灰堂”0.5公里处，发现1座西晋墓葬。该墓为单室墓，由墓道、墓门、甬道及墓室组成。南北通长4.8米。墓门、甬道均为券顶。墓室平面为长方形，长2.5、宽2米。墓顶为盝顶式，高2.3米。墓道、甬道及墓室均有砖铺地。在墓室北侧发现了漆木棺痕。墓内还出土了金串珠、银铃、银环等金银饰件以及铜耳杯、带釉双系小罐和陶壶、陶钵等各类随葬器物21件。值得注意的是在墓室南侧甬道处发现东西排列的3方墓志，墓志大小均相同，长30、宽17、厚6厘米。均在一面阴刻志文。志文总计250字。据志文可知，该墓系永嘉元年（公元307年）四月二十日迁葬至此，共葬有姑、叔、侄三人，皆不足周岁。这种不同性别、辈分的两代人同葬一墓的现象十分罕见[3]。

1　参见北京市文物工作队：《北京史顺义县大营村西晋墓葬发掘简报》，《文物》1983年10期；黄秀纯：《顺义县大营村西晋古墓群》，《北京考古信息》1989年2期。

2　参见鲁琪：《北京出土西晋王浚妻华芳墓清理简报》，《文物》1965年12期。

3　参见王武钰：《石景山老山西晋墓》，《中国考古学年鉴（1984）》，文物出版社，1984年。

4. 房山区十三里村西晋墓

1990年9月北京市房山区小十三里村砖厂在取土时发现砖室墓1座。墓为砖砌单室墓，东西向。墓室长3.6、宽2.3米，四壁用绳纹砖两卧一立砌成，四角略有弧度。墓道开在墓室的东部北侧，长2.4米，宽1.1米。墓道中部设有一道石门，将墓道分为前后两部分。在墓道的前端还有一道封门砖，呈人字形码砌。墓室出土两具尸骨，分装在两具棺内，棺具已腐朽成灰，仅留有痕迹，由此判断此墓应为夫妻二人合葬。在棺内底部，两人尸骨下面，均匀散布一层五铢钱。随葬器物主要摆放在墓室的东部，有铜器、银器、黄褐釉陶器及灰陶器。铜器有铜镜、铜簪、铜削器，在墓主人腰部随葬有一方私人小铜印和1把长约一寸的弩机模型。出土银器乃银簪1枝。釉陶器有陶格盒（图5-4）、羽觞、陶盘、武士俑（图5-5、图5-6）、鸭勺（图5-7）及尊等。陶器有夹砂陶钵、陶缸、陶灯座，灯座上放1件银质灯盘。

5-4

5-5

5-6

5-7

图5-4 黄釉陶格盒

图5-5 黄釉陶俑

图5-6 酱黄釉武士俑

图5-7 黄釉陶鸭形勺

西晋时期的墓葬，在北京地区出土的不多，像这样随葬品较丰富的墓葬，更不多见。从该墓的形制及随葬器物的组合、造型推断，墓葬的年代应为西晋时期。这些随葬品既有墓主人生前使用过的器物，也有专为随葬而制作的明器，既有生活用品，也有军事武器，不仅显示了当时人们的生活状态，还展示了当时生活用具与武器的制作工艺。尤其武士俑的发现，为研究魏晋时期武士俑的演变，揭示当时人们发型服饰的演变具有十分重要的意义。这批出土器物既丰富了北京地区的考古资料，又为北京地区西晋时期的墓葬断代增加了新的依据[1]。

5. 八角村魏晋壁画墓

1997年3月24日石景山区房地产开发公司在八角村银杏宝宝乐园东侧建居民楼施工时，在地表下3米处发现一古墓。该墓长9、宽2米。墓室呈刀把形，是1座由墓门、墓道、前室、甬道、后室组成的砖室墓。墓门两扇，东向，每扇门正面有浮雕两幅，上幅刻执戟（弓箭）的武士各一人，下幅刻三角纹。前室东西长2.19米、南北宽2.15米。后室东西长2.9米，南北宽1.93米，前室与后室之间又有甬道相连，甬道长、宽各1.08米。前室中部是以青石板块仿帐篷式组成的矩形石椁一个，石椁由后壁、左右壁、地板、顶板5块石板组成，无前壁。地板宽135厘米、深70厘米、厚8厘米。后壁高115厘米、宽136厘米、厚5.5厘米。东西壁各高115厘米、宽85厘米、厚5.5厘米。顶板似庑殿式顶，前檐宽136厘米，高约9厘米，檐部正面刻绘5个兽头和4个红色圆形图案，屋脊四角雕有兽头。椁中墓主骨骼壮健硕大。

前室绘有壁画，共计4幅，分别位于后壁、东西壁和顶部。由于室内被淤土填塞和被水浸泡，有些地方已经漫漶不清。后壁绘家居图，男性墓主人端坐榻上，身穿红褐色便袍，宽袖、束腰带，头戴一顶红褐色披肩风帽。蓄须红唇，右手执一饰有兽面的麈尾。主人面前置一平几。左右各一侍女，面向主人。东壁上部绘条形图案，正中绘一曲足案，案左侧一侍女，画面已漫漶不清。西壁画为墓主人生活图，分上下两部分：上部绘双牛耕耘图，下部为乘车出行图。顶为穹隆顶，上画两个圆形图案，东侧圆内画日中三足乌，西侧圆内画月中蟾蜍，两处图画相映成趣。

陪葬物品置于椁内墓主人身旁，主要有赭黑色雕刻的尺半大的石马及做工精湛的铜弩机、陶俑、灶具等，此外，墓中还出土不少钱币，有燕刀、东西汉的五铢和直百五铢，王莽时期的新布，魏文帝时复铸的五铢钱以及陶俑等[2]，但未发现墓志。

从出土文物的种类及墓室的造型上初步肯定，该墓建于魏晋时期。由于这种墓的形制在全国并不多见，故此墓的发现就极具研究价值。从墓主人的遗骨可看出墓主属华北类型人，从牙齿的磨损程度分析，墓主的年龄不低于60岁，生前还患有严重的关节炎等多种老年性疾病。众所周知，魏晋时期的蓟城地区多强宗豪族，而且聚集了为数众多的士大夫，如精通《春秋》和《易》的梁祚、著述《略注》的平恒，他们在蓟城一带设馆收徒，大兴讲学辩论之风。由此推断，该墓主很可能是蓟城一带的某位文人名士。在四幅墓室壁画中，其中的两幅特别引人注意：一幅是三足乌（俗称太阳鸟）画像，另一幅是墓主持麈尾的画像。魏晋时期，麈尾不仅是征战沙场的武将指挥作战的重要器具，还是魏晋时期名士清谈时必不可少的道具，是名流雅士身份的象征，具有标识身份的作用。因此，是当时高级武官或文人名士身

1　参见朱志刚：《房山区小十三里村西晋墓》，《北京考古信息》1991年1期。
2　关续文：《京西发现一座古墓》，《北京文物报》1998年9期。

份的象征。而三足乌也是名人权贵的象征。由这两幅壁画可以推断，该墓主生前当是一位声名显赫的豪门贵族或者文人名士[1]。

6. 延庆东王化营魏晋十六国墓群

2007年6月，为配合东王化营土地开发工程，北京市文物研究所、延庆县文物管理所在东王化营村西部进行了考古发掘，清理了魏晋十六国时期墓葬3座，其中土坑墓1座，砖室墓2座。

竖穴土坑墓，长方形，南北方向。墓口距墓底深2米。墓坑南北长2.4米，南端宽1米，北端宽1.1米。墓坑内葬1人，葬具为单木棺，木棺放置于墓内偏东侧，木棺已腐朽。棺下前端和后端分别垫有1行砖。棺内骨架一具，葬式为头向南，面向东，仰身直肢葬。墓内出土有铜镜1枚，陶壶、陶罐各1件。铜镜，位于墓主头部下方颈部西侧，圆纽，变形四叶纹纽座，四叶间铸“长宜子孙”四字铭文，外围为8段内向连弧纹，素缘，边缘多处残损，镜面微凸。陶壶为夹砂褐陶，敞口圆唇，曲颈微束，颈下有两周戳印点纹，圆鼓腹，平底略内凹。

2座砖室墓均为单室，南北方向，形制大体相同。其中1座平面近“甲”字形，由墓道、封门墙、甬道、墓室等部分组成。墓室位于甬道北端，平面近方形，长2.4米，宽2.18米，高2.17米。墓室东、西、北三壁向外微弧。墓室内残存骨架2具，因该墓曾被盗扰，骨架均显凌乱，清理时头部均向南，葬式等均不明。另1座平面呈“刀”形，由墓道、甬道、墓室等部分组成。墓室位于甬道的北端，平面近方形，长2.3米，宽2.1米，残高2.16米。墓室东西两壁略向外弧，后壁为直壁；顶部为四隅券进式顶，顶部中心位置遭到破坏，结构不明。因该墓曾遭盗扰，墓内骨架凌乱，于墓室西南角发现头骨1个，墓室中部残存一些肢骨，这些肢骨两侧隐约残存一些棺木腐朽的痕迹。从2座墓中清理出了银钗、银镯和铜魁等器物。银钗1枚，菱形钗首，两股。铜魁1件，柄为龙形，龙首高昂，器身近圆形。

从竖穴土坑墓的形制与出土器物基本可以确定该墓属于魏晋时期。原因如下：该墓出土的陶壶（图5-8），在内蒙古陈巴尔虎完工墓地、扎赉诺尔墓地[2]、巴林左旗南杨家营子墓地等均有较多同类器出土，其颈部戳印两周凹点纹饰，也是上述3处墓地较为常见的一类纹饰，上述三处墓地均被推定为鲜卑民族的墓地[3]，年代从东汉前期延续到西晋时期；河南安阳孝民屯M195出土的2件陶壶也与该墓陶壶近似，而孝民屯M195为西晋末十六国早期的前燕鲜卑墓葬。基于以上情况，本书认为，该墓属于魏晋时期，而随葬的陶壶，代表了该时期鲜卑民族的文化特征，与鲜卑民族有很密切的关系。但是，该墓出土的“长宜子孙”连弧纹铜镜（图5-9）则属中原汉文化类型。该墓简单的长方形竖穴土坑墓及其南北向的特点，与同时期大量东西向、有殉牲的鲜卑民族墓葬存在较大的差别，故这座竖穴土坑墓的墓主人应当是受到鲜卑族民族文化影响的中原汉族人。延庆，在汉与魏晋时期皆属上

5-8

图5-8 陶壶
（M12：2）

1 参见石景山区文物管理所：《北京市石景山区八角村魏晋墓》，《文物》2001年4期；田悦阳：《石景山区出土的魏晋墓墓主之身份》，《北京文博》2000年2期。
2 内蒙古文物工作队：《内蒙古扎赉诺尔古墓群发掘简报》，《考古》1961年12期。
3 宿白：《东北、内蒙古地区的鲜卑遗迹——鲜卑遗迹辑录之一》，《文物》1977年5期。

图5-9 铜镜
(M12：1)

图5-10 铜魁
(M14：1)

5-9

5-10

谷，颇与乌桓、鲜卑杂处，东王化营魏晋竖穴土坑墓就反映了这类汉、鲜卑民族文化共存的现象。

2座砖室墓，墓室为单室，平面近方形且墓壁外弧，自西晋中晚期开始即在中原地区流行[1]，而墓道或甬道偏于墓室中轴线一侧的风格，在北魏及其以后的北方单室砖室墓中很少发现。北京顺义大营村、西郊景王坟[2]发现的西晋单室砖室墓以及华芳墓[3]，墓室皆为长方形，年代皆在西晋时期。两座墓出土的银钗、银镯，见于北京顺义大营村西晋墓，也广泛出现在北方魏晋北朝墓葬。而出土的铜魁（图5-10），龙首独角下垂，与辽宁北燕冯素弗墓[4]、后燕崔遹墓[5]所出铜魁形制极为相似，鉴于以上情况，2座墓的年代可定在十六国时期，上限或可进入西晋晚期。

北京地处汉、魏晋边境，是北方地区与中原汉文化交流的中间地带和重要通道，北京既往的考古工作中，魏晋十六国的遗存发现并发表的资料较少，延庆东王化营3座魏晋墓葬的发现，进一步丰富了这一时期的考古资料，对北京史研究具有重要意义[6]。

7. 南正村北魏纪年墓

2006年5～9月在对南水北调中线一期工程北京段的岩上墓葬区进行的考古发掘过程中，在房山区长沟镇南正村西北，发现2座北魏纪年墓。

这2座墓为竖穴砖石混构墓、南北向，均为单棺葬。其中一号墓（图5-11）平面呈梯形，墓圹南北长2.88米，东西宽1.16～1.6米。墓室由砖石混构而成。墓顶为砖砌的拱券形，北窄南宽。墓内葬具已朽，应为木棺。人骨架1具，保存状况较差，性别不详。头骨位于南部，面向不详，应为仰身直肢葬。人头骨的西南有青砖1块，素面，南北向摆放。并有已生锈的铁铺首。该墓共出土随葬器物3件，除了2件铁铺首衔环外，最为重要的是出土了1块墓志砖。墓志砖出土于墓圹内南部中间，距地表深0.76米处，东西向平置。墓志砖长方形，长27.1厘米，宽12.9厘米，厚4厘米。砖铭的读法自左至右、自上至下，内容为“皇兴三年五月□丑日死涿黄鉴铭”。皇兴是北魏献文帝拓跋弘的年号。据志文，墓主人之名应为黄鉴，死于北魏皇兴三年（公元469年）。

二号墓（图5-12）与一号墓形制基本相同，只是墓圹略大，平面也略呈梯形。在墓坑南壁

1 张小舟：《北方地区魏晋十六国墓葬的分区分期》，《考古学报》1987年1期。
2 北京市文物工作队《北京西郊发现两座西晋墓》，《考古》1964年4期。
3 北京市文物工作队：《北京西郊西晋王浚妻华芳墓清理简报》，《文物》1965年12期。
4 黎瑶渤：《辽宁北票县西官营子北燕冯素弗墓》，《文物》1973年3期。
5 陈大为、李宇峰：《辽宁朝阳后燕崔遹墓的发现》，《考古》1982年3期。
6 参见北京市文物研究所：《延庆县东王化营魏晋十六国墓葬发掘报告》，《北京考古》第二辑，燕山出版社，2008年。

上部的中间，距地表深0.81米处，发现一长方形壁龛。壁龛长0.29米，宽0.25米，进深0.2米，修制不甚规整。壁龛内放置1件灰陶罐。在墓坑内的南部，距地表深0.86米处，发现1块墓志砖，志砖西偏北平置。在墓室内发现人骨架1具，保存状况较差。头骨位于南部，面向不详。残存少量肢骨，性别不详。葬具已朽，据腐化痕迹判断应为木棺。该墓随葬品主要为陶器和铁器。陶罐1件，夹云母灰陶，轮制而成。口沿部分已残缺，圆肩鼓腹，下腹内收，平底，肩部有二道凹弦纹，底部有一“田”字。但更为重要的是，该墓也出土了一块墓志砖。墓志砖，长方

图5-11 M1

图5-12 M2

形，长31.6厘米，宽17.2厘米，厚5.2厘米。带榫卯结构。砖铭的读法从右至左、从上至下，内容为“太和十一年七月八日涿□黄□□□……”。太和是北魏孝文帝的年号，太和十一年即公元487年。

2座北魏纪年墓在北京地区还是首次发掘，其发现具有重大意义。虽没有发现完整的随葬品，但是墓葬保存完整，未遭破坏，为我们了解当时的墓葬形制和葬俗提供了新材料[1]。

8. 北齐傅隆显墓

1963年3月北京市怀柔县韦里村驸马人民公社社员李文财在盖房挖土时，发现北齐墓志一合。由于墓室在取土时已被破坏，因此形制不明。墓志系用艾叶青石制成，墓志盖上呈盝顶式，顶长22、宽12厘米，无刻字，下面长52、宽14、厚5厘米。墓志长方形，长52、宽22、厚14厘米，比一般墓志要小。志文“大齐武平二年岁次辛卯十一月乙巳朔十六日庚申渔阳郡功曹二代郡正解褐平北将军幽州治中土垠雍奴路渔阳四县令傅隆显铭”。与该墓志同时出土的还有墓砖2块及陶俑多件。墓砖系红砖，上刻有“安太二年傅隆显铭”。另一砖上刻有“记”字。陶俑已碎断，系女俑，梳高髻，长服有彩绘。铁器多件，已生锈，不能辨认清楚。据墓志可知，该墓墓主系北齐后主高纬武平二年（公元571年）下葬的渔阳等四县县令傅隆显。

傅隆显墓是北京地区发现的第一座有纪年的北齐墓葬，该墓墓志也是北京地区出土的第一方北齐墓志，对研究墓志文化的演变有着非常重要的意义[2]。

9. 王府仓北齐墓

1973年6月北京市文物管理处在配合西城区王府仓三十八中基建施工中，清理了1座北齐砖室墓（图5-13）。

墓室南北方向，平面呈半圆形，东西长3、南北宽2.7、墓壁残高1.18米。墓顶因早年被盗掘，塌陷，推测可能为穹隆状。整个墓室系用长28、宽14、厚0.7厘米的细斜绳纹灰砖砌成。墓壁砖两卧一立排列砌起，墓底用一层条砖铺地，墓壁和墓底砖均用白灰灌浆。墓门在南壁略偏东处。墓室与墓道之间有长0.56、宽1.16米的甬道相连。甬道为拱券顶，残高1.42米。甬道底用黄土夯实，墓道未清理，情况不详。墓门用条砖两卧一立排列垒起，残高约63厘米。墓周壁抹一层白灰，整洁光平。西北壁被另一墓打破。清理时发现有厚约1厘米的白灰碎片，上绘红、绿、黑等色线条，可能原有壁画，现已剥落。墓室西侧有一人骨架，女性，头骨已砸碎，头南脚北，仰身葬，骨架周围发现铁棺钉数枚，说明原有木棺，现已腐朽无存。

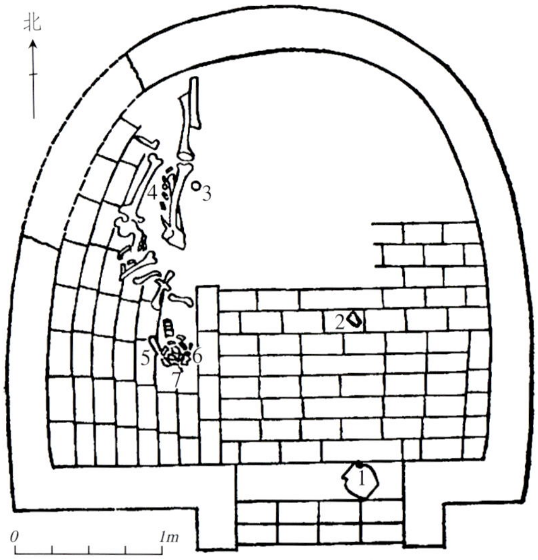

图5-13 墓室平面图
1. 陶罐
2. 铁斧
3. 灰陶碗
4. 铜戒指
5. 铜发钗
6. 常平五铢
7. 头骨片

随葬器物共15件，其中陶器11件，有罐、碗、壶等。铜发钗1件，呈“U”形，

1　参见北京市文物研究所：《岩上墓葬区考古发掘报告》，《北京段考古报告集》科学出版社，2008年。
2　参见郭存仁：《北京郊区出土一块北齐墓志》，《文物》1964年12期。

上圆下尖，出土时位于枕骨处。“常平五铢”钱1枚，“常平五铢”四字篆文，直径2.4厘米。陶壶1件，敞口，短颈，削肩，下部收敛成小平底，肩上有凹弦纹两道，泥质灰陶，质细腻，火候较高。红陶碗2件，直壁、圆唇，下部收敛为平底高足，足上窄下宽，底心微凹入，器表光滑平整，并涂一层黑色陶衣。

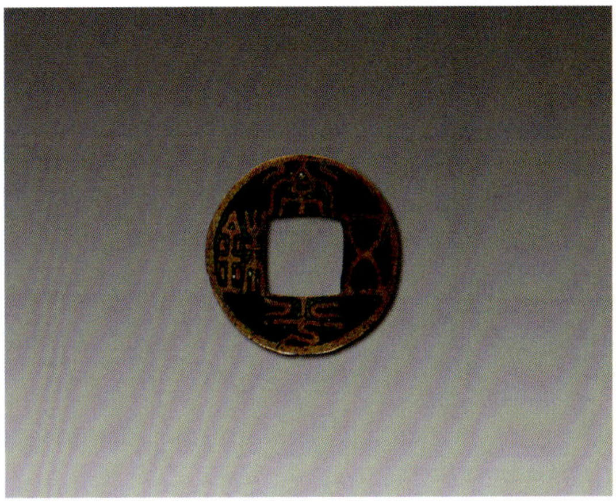

图5-14 常平五铢钱

该墓出土的红陶碗与1971年5月河南安阳北齐范粹墓出土的红陶碗和瓷碗形制极相似。铜发钗与1964年北京顺义县临河村北朝墓、1955年洛阳涧西区北朝墓出土的发钗相似。陶壶与1965年山西大同石家寨北魏司马金龙墓出土的灰陶壶相似。该墓所出“常平五铢”（图5-14）与北齐范粹墓、1971年9月河南安阳北齐颜玉光墓出土的“常平五铢”相同。所以该墓亦当为北齐时代墓葬[1]。

北齐自公元550年高洋建国，至公元577年亡于北周，前后仅28年，由于时间较短，在北京地区，北齐墓发现不多。该墓的清理，为我们了解北京一带北齐的物质文化，提供了一些实物资料。

第四节　宗教遗迹

1977年北京市延庆县宗家营村社员耕地时，在距地表约30厘米的耕土层偶然发现了一尊铜造像。

该造像为正面高浮雕释迦牟尼说法像，铜质、鎏金。锈蚀不多，表面光亮，除部分文字被戳损和背光丢失外，通体完好。像高19厘米，顶有髪髻，头部微向前倾，眼睑下垂，前额饱满，鼻高且直，大耳垂肩，左手放于膝上，右手上举作“说法印”。面相虽带微笑，但微笑中却蕴藏着肃穆。身披袈裟，偏袒右肩，结跏趺坐于须弥式的金刚座上。线刻铭文字迹纤秀，在鎏金上用刀划字，草草有致，为北魏早期铜造像所罕见。座分上下两层。下层为带四足长方形座，高8.3、宽15.5厘米。座中部为方形空龛，座前、左、右均有纹饰，背面线刻题记。正面龛楣饰卷云纹垂幔和流苏，两侧龛柱旁各立一头戴风帽、右手持莲蕾、左手贴在胸前的供养人。供养人旁饰盛开莲花的莲枝一束，龛楣之上雕出四段首尾相接的蔓叶形状构成的四个椭圆圈，圈内装饰着一个姿态生动的鸟形图案，互相陪衬，极为别致。座之上层为束腰须弥座，高5.2厘米。中部为素面束腰一层，两侧雕二伏狮，束腰上面雕复瓣莲花纹一层，下面两侧雕鳞纹，中间雕火焰纹一层，该层上下缘各雕忍冬纹一层。金刚座高13.5、宽15.6、通体高33厘米。座背面自右至左刻铭“大代□□□□□日弟子□德□□为□……”。大部分字磨损，无法辨认。

1　参见马希桂：《北京王府仓北齐墓》，《文物》1977年11期。

北魏拓跋部初建国时国号“大代”，拓跋跬继代王后改国号为北魏。大代本为拓跋部建国初期的国号，但这尊造像铭文的“大代”，却是指拓跋跬改国号后的北魏。拓跋部虽改国号北魏，但却时常与大代通用，如《魏书·崔浩传》云：“方士初谶，奏改代为万年，浩曰：‘太祖道武帝应期受命，开拓洪业，诸所制置，无不循古。以始封代土，后称为魏，故代、魏兼用，犹彼殷、商。’”魏、代国号兼用。另外，从造像的形制特征方面分析也属于北魏时期的作品，该造像带四足的长方形座与河北满城出土的北魏铜造像座相似[1]，座上四个圆圈与云岗第九窟柱头雕饰的蔓形植物纹相同，所以该造像的年代当属于北魏[2]。

1　《新中国出土文物》图版134，外文出版社，1972年。

2　参见齐心：《大代鎏金铜造像》，《文物》1980年3期。

第六章 北京隋唐五代考古

第一节　北京隋唐五代考古发现与研究

隋唐五代起于隋（公元581年），止于五代（公元960年），期间历经隋、唐、后梁、后唐、后晋、后汉、后周7个朝代。隋的统一，结束了中国长期分裂割据的局面。隋唐300年的统一，谱写了我国古代历史最为绚烂夺目的篇章，政治上统一、经济上繁荣、文化上鼎盛，加之与国外交往频繁，唐文化的影响超越了国界，泽被深远。

隋文帝统一全国后，废燕郡存幽州，大业初年又改幽州为涿郡，均治蓟城。唐兴隋亡，控制涿郡，自称幽州总管的隋将罗艺归于唐，唐改涿郡为幽州，仍治蓟城(又称幽州城)。唐玄宗天宝元年(公元742年)，幽州改称范阳郡，仍设治蓟城。节度使安禄山兼领范阳、平卢(治所在今辽宁朝阳)、河东(治所在今山西太原)三镇，在蓟城北面另筑雄武城，治兵积谷。他于天宝十四年(公元755年)起兵蓟城，后攻占洛阳。翌年，安禄山自称皇帝，国号大燕，年号圣武，他封王置相，以范阳(幽州)为大都，这是北京称大都之始。后安禄山的部将史思明夺安氏权自称大燕皇帝，并以范阳为燕京，北京正式称燕京。安史之乱成为唐代由盛而衰的转折点，安史之乱平定后，唐肃宗改范阳郡为幽州，自此，幽州成为唐后期一个重要的割据藩镇，中央政府对其无力干涉，藩镇官员乃至节度使的废立都掌握在骄兵悍将的手中。隋唐时期北京的地理位置处在北方草原文化与农耕文化的融合过渡区。

唐天佑四年（公元907年）宣武军节度使朱温废唐哀帝，建立后梁，开始了中国历史上分裂割据的五代十国时期。此后，各割据政权之间为争夺土地人口，互相攻讦残杀，延续了唐后期藩镇割据的局面。北京在这一时期先后历后梁、后唐两个朝代，后梁时期北京归幽州节度使管辖，乾化元年（公元911年）八月，幽州节度使刘仁恭之子刘守光称皇帝，国号大燕，以幽州城为都城，这一政权三年即亡，幽州重归幽州节度使管辖。后唐时期幽州政区未变，仍以蓟城为治所。后唐河东节度使石敬瑭反后唐自立，向契丹求援，在契丹扶植下建立晋国，辽太宗耶律德光与石敬瑭约为父子。作为条件，天福三年（公元938年），后晋高祖石敬瑭把幽云十六州之地献出来，幽州自此成为辽的属地。耶律德光得到幽州后，升幽州为南京，又称燕京，作为陪都。辽国的疆域扩展到长城沿岸，契丹族从单纯的游牧民族，向游牧与农耕相交杂的民族转变。汉族和契丹族混居，幽州成为汉族与少数民族杂居融合的重要区域。

因此，隋唐五代时期北京地区在社会经济、文化、民族等各方面无不呈现出多元化的特点。

一、概　　述

北京地区明确为隋和五代的遗存较少，且多集中在房山地区。目前，考古发现隋代佛教遗存1处，即房山雷音洞中发现隋代安置的佛舍利；五代时期遗存1处，即房山北郑村辽塔内发现的后唐陶幢与陶塔[1]。唐代的遗存在新中国成立后，尤其近年来大量发现，丰富了北京考古史的内容。据已发表的材料统计，已发现的唐代遗存近百处，除了出土有墓志（参见表6-1）的几十个被损毁的墓葬外，还发现了40余处遗存。这些遗存分城址、墓葬、宗教遗迹、窑址四类，其中墓葬数量最多，已见诸报刊的约30处（参见表6-2）；窑址目前仅见3处，即发现于延庆县东王化营、大兴新城十九号地、大兴亦庄鹿圈拆迁安置用房工程区的窑址；考古发现的佛教遗迹主要有开天塔地宫一处。这40余处遗址遗迹主要分布在宣武、丰台、大兴、海淀、房山、延庆、密云、石景山、昌平、西城、朝阳、通州等12个区县，其中丰台区最多共9处，宣武区8处，海淀区6处，大兴、房山各5处，延庆、密云各3处，西城、石景山区各2处，昌平、朝阳、通州区各1处。

二、北京地区隋唐五代的考古学研究现状和认识

北京市文物研究所成立60年以来，北京地区在隋唐五代时期的考古调查与发掘，收获丰盛，主要集中在城址、墓葬、宗教遗迹与窑址等四个方面。依据唐代墓志和房山石经题记，唐代幽州城的城址四至基本可以复原，城内巷坊和城郊部分乡村行政归属与位置基本可以确定。北京地区唐代墓葬出土较多，但大部分已遭到盗毁，许多墓中仅剩墓志，本书在重要墓葬部分列举10余处较为重要的墓葬详细介绍。这一时期宗教在北京地区得到广泛传播，寺庙林立，信众诸多，但考古发现的遗迹却不多，最为重要的莫过于石经山雷音洞发现的佛舍利，另外，20世纪90年代在开天塔地宫中发现了一批珍贵的佛教文物，这批文物的出土推翻了开天塔创建于辽的旧论，证实其创建时间为唐代。北京地区的唐代窑址发现不多，规模较大的窑址尚未发现。

北京地区发现的唐墓，一方面具有隋唐时期墓葬的一些共性，如墓葬内多出土墓志，绘有壁画，壁画中多见牡丹花、十二生肖图案；另一方面在墓葬形制与随葬器物等方面还有着北京地区的特色。据已发表资料，北京地区发现的唐墓下葬年代多在唐高宗之后，由于墓葬多已损毁，特征明确者仅为少数，发表材料较少，学术界对该地区考古学的研究还比较薄弱，部分学者研究华北地区考古时曾略有提及，系统深入的专门研究寥寥无几，目前仅见刘耀辉《试论北京地区唐墓》文，对北京地区唐墓进行过系统归纳与探讨。该文虽谓“北京地区”，实际包括了河北北部、天津蓟县、北京市区以及密云等地，即唐代范阳节度使所辖九军驻防的范围。文章对这一区域内出土的唐代墓葬形制、随葬器物进行了归类分析，初步归纳了北京地区唐代墓葬与唐墓随葬器物的特征，并将本区域与西安、朝阳地区的唐墓进行了

1　1977年在房山北郑村1座辽塔内出土五代后唐长兴三年（公元932年）的陶幢和陶塔。陶幢，1件，有别于一般的八棱形石经幢，该幢为陶制，圆形，是塔内的装藏物。

对比。但是，随着北京地区基本建设的快速进行，唐代墓葬不断被发现，因此，该文部分观点已不适用，但大部分观点仍然具有很高的参考价值，本书在北京地区唐墓的特点方面主要参考该文观点。

北京地区隋唐时期墓葬就墓室的用材大体分为三种类型，即砖室墓、土坑墓和石室墓。北京地区出土的墓葬基本都是砖室墓。土坑墓数量很少，目前仅在先农坛和朝阳区生物院小区各发现1座，这2座墓规格较低，当为下层民众墓葬。石室墓更少，仅史思明墓1座，该墓是一座仿帝陵的墓葬，属于特例，不具有普遍意义。

砖室墓按照墓室的结构大体分为两种形制，即双室墓和单室墓。双室墓仅1座，即姚家井发现的薛府君墓，该墓墓室结构为前后双室，前室小于后室，两室均为东、西、北三壁外弧的弧方形。单室墓按照墓室的形状大体可以分为圆形与弧角方形两类。

圆形墓：墓室平面为圆形。按墓室内部结构的差异，又可分为二型。

一型：墓室圆形 这种形式的墓葬仅2例，即丰台区大葆台附近发现的唐代宗永泰二年（公元766年）阳氏墓与海淀区翠微路14号院内发现的唐宣宗大中元年（公元847年）墓。阳氏墓，南北向，由墓门、墓道、墓室组成。墓室平面呈圆形，直径4米，墓室北部用楔形砖砌成凹进的半圆形龛1个。墓室南面设有一条斜坡墓道。翠微路唐墓为圆形穹隆顶单室砖墓，南北向，由墓门、甬道、墓室等部分构成。墓室直径3.32米，墓室靠北壁有四周砌砖的棺床一座，室内壁四周用朱砂影作木结构。

二型：墓室为椭圆形或者不规则圆形 这种形制的墓葬在北京地区发现数量较多，如大兴黄村发现的唐玄宗开元三年（公元715年）贾瓛墓、延庆县铝箔厂发现的开元廿二年（公元734年）侯臣墓、灵境胡同东口外发现的天宝十二年（公元754年）纪宽墓、丰台区西罗园小区发现的文宗大和元年（公元827年）陶氏墓及宣宗大中十三年（公元859年）董庆长与妻合葬墓等。这种形制的墓葬在北京地区出现的最早时间为唐玄宗开元三年（公元715年），到唐后期始终都在沿用。这些墓葬基本为南北向，由墓门、墓道、甬道、墓室等部分组成，墓室内多砌有棺床，棺床位置位于西、北面者较多，位于东、南侧者较少，有的墓室内还绘有壁画。侯臣墓在墓门门券上出现了影作直棂窗，董庆长与妻合葬墓墓室内还出现了朱砂影作的木结构建筑。

弧角方形墓：墓室平面为弧方形。

墓室平面为弧方形形制的墓葬在北京地区发现数量最多，从唐早期至唐末，盛行不衰。根据墓室内部的结构，这种类型的墓也可分为二型。

一型：墓内无仿木结构 这种形式的墓葬以北京清河发现的王徽墓为代表。该墓南向，由墓门、甬道、墓室组成。墓室东西长4米、南北宽3.84米，除北壁为直壁外，东、西两壁均向外凸出约50厘米的弧度，墓室北部设有棺床。姚家井发现的薛府君墓虽为双室墓，但墓室形制也属于此式[1]。此外，朝阳区生物院小区3座唐早中期砖室墓、钓鱼台东门外发现的开元二十一年（公元733年）唐墓、下葬于代宗大历十二年（公元777年）的赵悦墓、德宗贞元五年（公元789年）的王郅夫妇合葬墓、僖宗乾符五年（公元878年）的茹弘庆墓等均属于这种形式。先农坛唐墓形制虽不甚规则，但基本仍属于该式。

二型：墓内有仿木结构 这种形式的墓葬在北京地区发现的最早时间是在唐肃宗时期，

1 刘耀辉：《北京地区的唐墓》，《北京文博》1998年4期。

以燕京汽车厂发现的唐肃宗乾元二年（公元759年）何府君夫妻合葬墓、八里庄发现的唐宣宗大中二年（公元848年）王公淑夫妇合葬墓为代表。何府君墓为单室砖墓，由墓门、甬道、墓室三部分组成，墓室平面近方形，四壁微弧，南北约3.6米、东西约3.7米，棺床位于墓室西北。该墓墓室壁、券门周围有影作立柱、门簪、阑额、斗拱等结构，墓室内还有影作灯台、衣架、椅子等日常用具。王公淑夫妇合葬墓为单室砖墓，由墓道、天井、墓门、甬道、墓室组成。墓室平面弧方形，墓室靠北壁有一棺床，四周砌砖，中间填土，该墓墓门墙、甬道壁、墓室东西两壁上均用砖砌涂成朱红色的门、窗、角柱和斗拱等仿木结构建筑。

从上述墓葬的比较中可以发现，无论圆形墓，还是弧角方形墓，墓中出现仿木结构均是在唐玄宗时期。据刘耀辉《试论北京地区唐墓》，河北地区圆形墓出现的时间是唐玄宗天宝年间，北京地区圆形墓出现的时间与河北地区大体相同，一型即墓室呈圆形的墓，这类墓在北京地区出现的时间是唐玄宗开元三年（贾瓛墓），略早于河北地区；二型即墓室呈椭圆形或不规则圆形的墓，这类墓在北京地区出现的时间是在唐代宗永泰二年（阳氏墓），略晚于河北地区。北京地区隋唐时期弧角方形墓数量最多，是唐代流行的墓葬形制。其中一型自唐初至晚唐始终盛行，二型最早见于唐肃宗乾元二年（何府君夫妻合葬墓），晚唐依然流行。北京地区墓葬形制自北魏至唐形成一定的演化趋势，即北魏、隋代以类似刀把形的长方形砖室墓为主。唐早期承隋余续，仍以长方形墓室为主，但墓室壁多出现弧度，墓室以弧角长方形、弧角方形为主，这种形制终唐之世始终盛行。唐玄宗时期墓室开始出现圆形，一直到唐末圆形墓室成为仅次于弧角方形墓室的流行式样。北京地区自玄宗以后盛行的仿木结构墓葬与辽宁朝阳地区发现的唐代墓葬类似，这种建筑形式在唐代两京及其南方地区的墓葬中未见。

北京地区发掘的唐代墓葬在随葬器物方面具有如下特征。单室砖墓的随葬器物以陶器为主，瓷器与铜器较为少见，陶器中常见器形为罐、碗、盆、四錾釜、三足或四足盘、鼎和曲柄鐎斗等，这些陶器多为明器，实用器较少。大型砖室墓墓主人多为高级官吏，墓室均早期被盗毁，只剩下墓志和极少量随葬品。随葬品中三彩器较少，一些人首兽身的十二生像和陶俑非常流行。由于物质文化发达程度较两京地区低，直至中唐时期才形成唐代特征[1]。

北京地区唐代墓葬还有一个显著特点就是等级越礼。北京地区官员与庶民的墓葬普遍存在等级混乱的情况，墓葬形制多高于中央规制。唐代凶礼对于不同身份人的墓葬面积有着严格规定："三品以上官员墓室的长、宽为4～5米；五品以上官员墓室的长、宽为3～4米；九品以上官员墓室的长、宽为2.5～3米；庶人墓大多在2.5米以下。"[2]但是，北京地区唐墓面积并不像中原地区那样严格，特别是中唐以后，墓葬的形制远远高于礼制的规定。庶人的墓室长度多在2.5米以上，多数官员墓葬的规格也远远超出自身品级，与唐政府所规定的"诸丧葬不得备礼者，贵得同贱，贱不得同贵"的法则相悖。这种现象的出现一方面与北京地区远离唐代两京政治文化中心，中原文化习俗播迁较慢有关；另一方面则与朝廷法令无法彻底贯彻有关，安史之乱后北京地区藩镇割据势力强大，朝廷积贫积弱根本无力对其进行干涉，因此僭越礼制的事情屡见不鲜，人们多不以为意。

北京地区地处隋唐帝国北部，远离当时的政治、经济中心长安和洛阳，北与突厥、契丹等民族为邻，不仅是安史之乱的始发地，也是安史之乱后藩镇割据混乱的重要区域。因此，

1 刘耀辉：《北京地区的唐墓》，《北京文博》1998年4期。
2 秦浩：《隋唐考古》，南京大学出版社，1992年。

其文化、社会风俗与同期两京所在的中原地区相去甚远，区域特点显著，除了墓葬方面的特征之外，在考古学方面还表现出以下几方面特征。

1. 正统观念淡薄

官员、民众对地方政权的认同感要超过中央政权。北京地区出土多方墓志均不以中央政府年号纪年，而使用安禄山、史思明所建政权的伪年号即可为证，反映了官员百姓正统观念的淡薄。幽州自安史之乱后自成一体，中央政府的统治鞭长莫及，因此，幽州在政治方面显示了较强的独立性。

2. 民族多元化

隋唐承魏晋南北朝民族融合之余绪，为各地区、各民族的交往和流动提供了更为广阔的社会背景和区域空间，靺鞨、高丽、室韦、突厥降众、契丹和奚等部落相继被安置在幽州，唐政府设羁縻府州对其进行管辖，“自燕以下十七州，皆东北蕃降胡散诸处幽州、营州界内，以州名羁縻之，无所役属[1]”。大量少数民族部众与汉族民众杂居，互相融合，这一时期北京地区的墓葬文化呈现出民族多元化的特点。

3. 佛教兴盛

北京地区自魏晋以后，佛教开始盛行，隋唐时期佛教寺庙及遗迹众多。慧聚寺（今戒台寺）、悯忠寺（今法源寺）、兜率寺（今卧佛寺）及房山磁家务的万佛龙泉宝殿均建于唐代，云居寺内除金仙公主塔外，还伫立着不少唐代的佛塔。此外，房山还留有规模宏大的石经，这些足以说明隋唐时期佛教在北京地区的盛况和影响。

第二节　唐幽州城与县属乡村

一、幽州城址

自20世纪70年代以来，考古工作者便根据出土的唐代墓志和房山石经山发现的唐代石经题记等，结合考古调查，对唐幽州城址（图6-1）、城坊以及郊区乡村的复原进行了探索与研究。近年来出土的一批唐代墓志，为幽州城的研究补充了新的考古资料。鲁琪、赵其昌等学者在这方面做出了突出的贡献，为确立唐代幽州城的位置，复原唐代幽州做出了突出贡献。

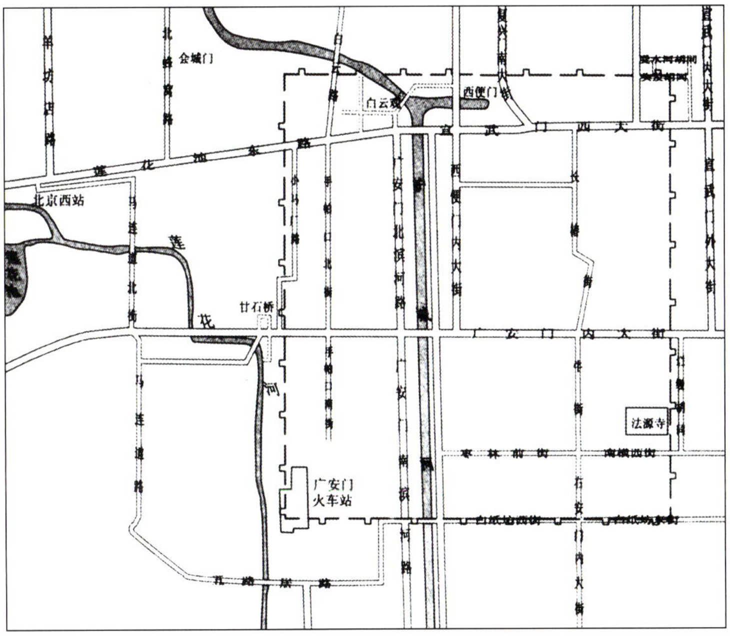

图6-1 唐幽州城垣位置示意图

1　《旧唐书》卷39《地理志》，第1527页，中华书局，1975年。

唐高祖武德七年（公元624年）于幽州置大都督府，九年(公元626年)改都督府，开元十三年（公元725年）复为大都督府。天福三年（公元938年），后晋高祖石敬瑭割幽云十六州之地给辽，幽州自此成为辽的属地，升为南京，又称燕京，成为辽的陪都。辽南京城因唐幽州城未进行改动。《辽史·地理志》载，燕京城（南京）方三十五里。《太平寰宇记》又载，幽州城“南北九里，东西七里”。据近60年来北京地区所出土的唐墓志，幽州城的城垣方位大致可以确定。

唐幽州城东墙约在今烂缦胡同偏西地方。1951年东单御河桥出土唐任紫宸夫妇墓志，任志载“宅兆于幽州城东北原七里余”，其妻桑氏志云“葬于幽州城东北五里”。1956年永定门外安乐林出土唐《棣州司马姚子昂墓志》称“葬于幽州城东南六里”。按：两墓一座在幽州城东北、一座在东南，大致在南北一条线上，说明幽州城东墙当在此二墓之西北、西南6～7里的连线上。1989年在西城区灵境胡同东口外出土唐纪宽墓志，志载“葬于郡城东北三里平原”，证实该墓西南3里即幽州城东北垣，今灵境胡同西南3里大致为头发胡同附近，而头发胡同距离任紫宸墓志出土的东单御河桥也将近7里，证实头发胡同附近乃唐幽州城东北角。唐景福元年（公元892年）沙门南叙撰《重藏舍利记》云“大燕城内东南隅，有悯忠寺，门临康衢”，“大燕城”即指幽州城，“悯忠寺”即今法源寺。悯忠寺位于城东南隅，其东距幽州城东墙不远。（清）赵吉士《寄园寄所寄》云：“京师二月淘沟，秽气触人，南城烂面胡同尤甚。深广各二丈，开时不通车马，此地在悯忠寺东。唐碑称寺在燕城东南隅，疑为幽州节度之故壕也。”今新文化街东，旧有大明壕，直抵城下闸口入护城河，与烂缦胡同故濠南北相直，唐时当同为幽州城东之壕也。因此，唐幽州城东墙当在烂缦胡同稍偏西一点地方，东墙最北端至头发胡同。

唐幽州城北墙约在今头发胡同一线。据前段分析，东墙最北端至头发胡同，则北墙可能在头发胡同一线。这就与1974年在白云观附近“蓟丘”工地所发现的西晋蓟城之北墙的延长线一致[1]。自白云观北之小河向东流，穿东西太平胡同，达头发胡同之北的受水河胡同，似幽州城之北护城河。《日下旧闻考》卷37记载康熙二十年（公元1681年）在西安门内发现《唐故濮阳卞氏墓志》云：“窆于幽都县东北五里礼贤乡之平原。”1956年在爱民街出土《唐卢龙节度使都押衙周元长墓志》云：“葬于蓟城东北七里龙道之古原。”1976年在北海中学教学楼前出土《唐宋在初及夫人蔡氏墓志》云：“归窆于幽都县界礼贤乡龙道村。”周、宋二墓地相距约1里。1929年在今西城区二龙路教育部院内出土《唐仵钦墓志》云：“咸亨元年，迁柩于城东北五里之平原”，说明唐初幽州城北墙在今二龙路西南约5里，恰恰是头发胡同一线。

唐幽州城南墙大致在今白纸坊东西街一带地方。1965年在右安门外四顷三村发现唐王郅与妻崔氏合葬墓，出土墓志两合。《王郅妻崔氏合祔墓志》云：“窆于府城南十里姚村之南原。”[2]《王郅墓志》又云：“起坟于蓟县姚村南一里之原”，“府城”即幽州城，由两方墓志得知，姚村在幽州城南10里，二人合葬墓又在姚村南1里，则该墓距离幽州城共计11里，即今四顷三村北11里乃唐幽州城南垣。1985年5月在丰台槐房乡六必居酱菜园工地发现《唐王时邕墓》载：“卜葬于蓟县南一十五里广宁乡鲁村东一里之原。”今四顷三

1　赵其昌：《蓟城的探索》，《北京史研究》（一），北京燕山出版社，1986年。
2　北京市文物工作队：《北京市发现的几座唐墓》，《考古》1980年6期。

村以北11里、六必居酱菜园以北15里，大致在今白纸坊东街一带。又据《光绪顺天府志·寺庙》："崇效寺唐刹也，在白纸坊，唐刘济舍宅为寺，地在唐城之内，元至正初重葺（见明碑）。"据此可知崇效寺所在的白纸坊在唐幽州城之内，则白纸坊之南即今白纸坊东西街一带当为幽州城南垣。

西墙大致在今会成门村稍东一带。1974年在马连道中街商场北约500米甘石桥北面，北京钢厂院内出土唐《涿州范阳县主簿兰陵肖公夫人侯氏墓志》云："殡于幽州幽都县西三里许原"，是所见唐墓中距城郭最近之墓，唐幽都县东3里、今北京钢厂东1.5公里，即幽州城之西墙。今北京钢厂东1.5公里大致在今会城门稍东一带地方。1959年海淀紫竹苑三虎桥出土的《唐卢公夫人赵氏墓志》称："葬于府城西北十里"，府城即幽州城，在今三虎桥东南10里。1966年西八里庄出土唐《云麾将军青山州刺史李永定墓志》谓"葬郡西北十五里"。郡指幽州城，时为范阳郡治。今三虎桥东南10里、西八里庄东南15里大致都在会城门村东附近，时即唐幽州城西墙所在地。今莲花河过甘石桥之小河，在唐似为幽州城西故壕[1]。

二、幽州城里坊

唐代两京和州县城均以里坊为基本单位,郊区则有乡、村、里等基层行政组织。据宋人路振《乘轺录》云：幽州"城中凡二十六坊，坊有门楼，大署其额，有罽宾、肃慎、卢龙等坊，并唐时旧名"。北京出土的唐辽墓志和石经题记中记录下很多唐幽州城坊的名称，为考稽唐幽州城坊提供了珍贵实物资料。现据北京地区出土墓志和房山石经题记，已知属于幽州城的里坊共计19个，它们是：卢龙坊、燕都坊、花严坊、通圜坊、归仁里、东通圜里、通肆坊、时和里、遵化里、平朔里、辽西坊、归化里、蓟宁里、肃慎坊、蓟北坊、铜马坊、军都坊、招圣里、劝利坊[2]。由于墓志中所提到的这些里坊多为墓主所殁之地，而非下葬之所，故而这些里坊的具体位置，尚不明确。

三、幽州各县属乡村

唐代20多年间，幽州所领县废置不常，大体有10个，即"蓟、潞、雍奴、渔阳、良乡、固安、昌平、范阳、归义也[3]"。今据出土墓志与房山石经题记，蓟、幽都、潞、昌平、良乡等5个县属乡村（里）均有发现，其中蓟县的7乡15个村、幽都县的9乡11个村（里）、昌平县的4乡4个村（里）、潞县1乡2个村（里）、良乡县的5乡18个村（里）均有记载，部分乡村的位置已得到考证。幽州各县所属乡村要全部复原，尚待考古新发现的进一步补充完善。

1. 蓟县

(1) 燕夏乡，海王村、甘棠村。1951年冬《唐任紫宸墓志》与妻《桑氏夫人墓志》同时在东单御河桥附近出土。《桑氏墓志》云：元和八年（公元813年）"十一月十七日卜葬于幽州城东北五里燕夏乡海王村"。任氏志其葬地在"幽州城东北原七里余"。清乾隆三十五

1 参见鲁琪：《唐幽州城考》，《北京史论文集》第二辑，1982年。
2 参见鲁琪：《唐幽州城考》，《北京史论文集》第二辑，1982年。
3 《旧唐书》卷39《地理志》，第1516页，中华中局，1975年。

年（公元1770年）在和平门外琉璃厂出土《辽李内贞墓志》载：辽保宁十年（公元978年）“八月八日葬于京东燕夏乡海王村”。“京东”者，乃辽南京城东，即唐幽州城东也。“下”、“夏”通用，辽燕下乡，即唐燕夏乡，可证唐至辽，乡、村名沿用未变。1972年在西四羊肉胡同西口出土《唐任希墓志》云：“以贞元己巳（公元789年）岁安厝于府城北燕夏乡原。”清乾隆五十五年（1790年），在广渠门内出土《唐王仲堪墓志》云：贞元十三年（公元797年）“四月六日葬蓟县燕夏乡甘棠原”。又于1985年在永定门外四路通出土《唐赵悦墓志》载：大历十二年（公元777年）“十月十九日葬蓟城东南燕下乡之原[1]”。

综上所述，唐幽州蓟县燕夏乡范围大致可复原，其东北界在今东单御河桥；东界在今广渠门内；西北界在今西四羊肉胡同西口；东南界在今永定门外四路通；北部东与幽都县礼贤乡交界。

燕夏乡见村二，一为海王村，该村范围较大，当在今东单御河桥至琉璃厂之间。另一村为甘棠村，在今广渠门内附近。

(2) 会川乡，邓村、姚村、从善村。《唐敬延祚墓志》云：“中和三年（公元883年）二月十一日葬于蓟县会川乡邓村里之北原。”《光绪顺天府志·地理志》称：“敬延祚墓在大兴境内。”又1956年11月在德胜门外500米冰窖口出土《唐张建章墓志》云：“咸通八年（公元867年）迁窆于府城东南七里邓村之原。”今永定门外1.5公里有邓家村，或即其地。1985年在永定门外西罗园小区出土《唐陶氏夫人墓志》载：“太和元年（公元827年）葬于会川乡从善村。”西罗园在邓家村西约500米。1965年丰台四顷三村出土《唐王郅及夫人合袝墓志》云：“元和九年（公元814年）窆于府城南十里姚村之南原。”1982年右安门外东三条发现《唐刘钤墓志》，志曰：文德元年（公元888年）“归葬于蓟县姚村北原之先茔”。可知姚村属蓟县无疑，四顷三村距右安门外东三条约2.5公里，两地距西罗园均约5里，据此，将姚村归会川乡为宜[2]。

据分析可知，会川乡东北与燕台乡交界；南部与广宁乡交界。村三：邓村在今永定门外1.5公里邓家村之附近，姚村在今四顷三村至右安门外东三条之间，从善村在今永定门外西罗园附近。

(3) 燕台乡，高义村。1956年在永定门外安乐林村出土《唐姚子昂墓志》载：宝应二年（公元763年）“葬于幽州城东南六里燕台乡之原”。1985年丰台区焦家花园出土《唐彭城夫人刘氏墓志》云：大和十年（公元836年）“葬于幽府东南十里燕台乡高义村之原”。《新唐书·地理志》载：“幽都县，管郭下西届，与蓟分理。”可知燕台乡属蓟县，北界与燕夏乡交界；西南与会川乡交界，村仅见一，高义村在今丰台区焦家花园附近[3]。

(4) 招贤乡，西綦村、东綦村、平村。据房山石经山出土《大般若波罗蜜多经题记》载：“幽州蓟县招贤乡西綦村院主尼志满合村人等造一条。贞元十四年四月八日上，卷三八六。”另有“蓟县招贤乡平村院主尼静空和村人同造石经一条。幽州智妙闫静和。贞元十四年四月八日上卷”。此外，1979年大兴县京开公路东侧西红门与前高米店之间北京液压机械厂院内出土《辽马直温夫人张氏墓志》云：辽天庆三年（1113年）“五月二十四日癸卯

1 参见赵其昌：《唐幽州村乡初探》，《中国考古学会第一次年会论文集》，文物出版社，1979年。
2 参见赵其昌：《唐幽州村乡初探》，《中国考古学会第一次年会论文集》，文物出版社，1979年。
3 参见赵其昌：《唐幽州村乡初探》，《中国考古学会第一次年会论文集》，文物出版社，1979年。

葬于燕京析津县招贤乡东綦里之生藏[1]”。《辽史·地理志》：“析津县，本晋蓟县，改蓟北县，开泰元年（1012年）更今名[2]。”

据房山石经题记和辽墓志的记载，唐幽州城蓟县确有招贤乡，其范围不详，似在今西红门至前高米店附近一带，其北界与广宁乡交界。其属村见三，西綦村、东綦村似相距不远。平村地不详。

(5) 广宁乡，鲁村。1985年5月在丰台区槐房乡出土《唐王时邕墓志》云：“会昌六年（公元846年）沽洗月朔日卜葬于蓟县南一十三里广宁乡鲁村东一里之原。”其墓地，北距四顷三村约2公里，西南距西红门约5公里，由此观之，广宁乡位于会川乡与招贤乡之间。村仅见鲁村，在今丰台区槐房乡附近[3]。

(6) 归仁乡，刘村、李曲村。1941年在阜成门外迤南铁旗杆庙出土《唐陆日岘夫人王氏墓志》云：“元和九年（公元814年）七月十四日葬于蓟城北归仁乡刘村。”[4]另外，房山石经《大般若波罗蜜多经》题记载：“蓟县归仁乡李曲村邑人录事裴庭倩持戒……卷三七七。”可见蓟县确有归仁乡，其东与燕夏乡交界；北界与幽都县保大乡相邻；西界与幽都县归义乡交界。归仁乡见两村，刘村似在阜成门外迤南一带。李曲村位置不详[5]。

(7) 正礼乡，南胡垡。丰台区大葆台汉墓博物馆南0.5公里曾发现唐大历二年（公元767年）《阳氏墓志》，志云：“葬于蓟城西南廿里正礼乡南胡垡。”按，正礼乡当在今丰台区大葆台一带，南胡垡无考。唐建中二年（公元781年）曾分蓟县西置幽都县，大历中蓟城四郊只有蓟县，故阳志不书县属[6]。

此外，唐蓟县有记载的村落尚有石崖村和中平村。《房山石经题记汇编》“唐天宝九载（公元750年）蓟县石崖村邑主艾二娘等造经一条”、“唐建中五年（公元784年）经主幽州蓟县石崖村刘惠仙……中平村马思悌”[7]。按，今北京海淀区有西平、南平庄，唐中平村当在此。

2. 幽都县

(1) 礼贤乡，龙道村、黄城、刘村、别驾村。西安门内出土《唐故濮阳卞氏墓志》云：贞元十五年（公元799年）“葬于幽州幽都县东北五里礼贤乡之平原”。可知今西安门内一带唐时为礼贤乡。西直门外数里出土《唐常俊墓志》称：“大历十四年（公元779年）葬于蓟城北高粱河南礼贤乡之原。”今西直门外紫竹院北侧为古高粱河所流经，此地在唐属礼贤乡。1956年德胜门外冰窖口东，出土《唐张建章墓志》志后刻：“中和三年（公元883年）自邓村原改葬于幽都县礼贤乡高粱河北平原。”可知今德胜门外冰窖口唐时属礼贤乡，在高粱河北岸。

1976年地安门西大街北海中学楼前出土《唐宋再初墓志》及其妻《蔡氏墓志》。宋氏墓志云：“大中十三年（公元859年）正月十五日归窆于幽都县界礼贤乡龙道村。”1978年北池子北口证章厂院内出土《唐孙逵墓志》云：“开成三年（公元838年）葬于幽州幽都县礼贤乡黄城。”今北池子北口在唐为礼贤乡范围。1969年西直门拆南墙时发现《唐侯元知墓

1 北京市文物工作队：《北京大兴县辽代马直温夫妻合葬墓》，《文物》1980年12期。
2 参见赵其昌：《唐幽州村乡初探》，《中国考古学会第一次年会论文集》，文物出版社，1979年。
3 参见赵其昌：《唐幽州村乡初探》，《中国考古学会第一次年会论文集》，文物出版社，1979年。
4 周肇祥：《辽金京城考》，《中和》月刊，1941年11期。
5 参见赵其昌：《唐幽州村乡初探》，《中国考古学会第一次年会论文集》，文物出版社，1979年。
6 参见于德源：《唐幽州村乡补缀》，《北京文博》1999年4期。
7 《房山石经题记汇编》，第91、116页。

志》作为城墙基石，志称："中和三年（公元883年）冬十一月二十一日窆于幽都县界礼贤乡刘村之原。"侯氏墓地不详，当距西直门不远。《京畿冢墓遗文》载《唐穆征墓志》云："咸通十二年（公元871年）十月十七日葬于幽都县礼贤乡别驾村之原。"按，穆征墓志出土地址不详。

综上所述，可知幽都县礼贤乡范围相当广阔，地跨高梁河南北两岸，北界在今德胜门外冰窖口一带；西北界在西直门外紫竹院一带与保大乡相邻；西界在今阜成门外二里沟与归仁乡交界；南界在今北池子北口与燕夏乡交界。礼贤乡所属村见四：龙道村在今地安门西大街北海中学附近，别驾村址不详，黄城在今北池子北口一带，刘村在今阜成门外二里沟一带。

(2) 房仙乡，庞村。1949年在石景山东南庞村首钢院内出土《唐乐邦穗墓志》称：中和二年（公元882年）"葬于幽都县界房仙乡庞村"。今地仍名庞村。1971年首钢院内出土《唐南阳郡张氏夫人墓志》云："夫人大中三年己巳岁（公元849年）五月甲寅十一日甲子葬于本县（幽都县）房仙乡庞村东南上约三里之原"。张氏志与乐志都在首钢院内出土，其墓地皆在庞村。1981年9月在万寿路出土《唐温令绶墓志》云：咸通十五年（公元875年）"闰四月二日取门氏夫人之柩合窆于本县（幽都县）房仙乡之□北原"。即今万寿路一带，在唐属房仙乡。

另外，还见有辽墓志记载房仙乡者，1964年八宝山革命公墓出土《辽韩资道墓志》云：咸雍五年（1069年）"五月十九日葬于宛平县房仙乡鲁郭里[1]。"1957年复兴门外公主坟出土《辽王师儒墓志》称：天庆四年（1114年）"葬于宛平县房仙乡池水里"。1981年在八宝山革命公墓西侧发现《辽韩佚墓志》云：统和十三年（公元955年）"葬于幽都县房仙乡鲁郭里之西原"。按《辽史·地理志》载："宛平县，本唐幽都县，开泰元年（1012年）改今名。"故韩佚志仍称幽都县，而韩资道志则改称宛平县。辽改唐幽都县为宛平县，房仙乡沿唐旧名，故可大概观房仙乡范围，约在今复兴门外公主坟西经万寿路八宝山附近鲁谷村，一直到石景山庞村，已靠近永定河岸，可见唐幽都县房仙乡范围较广。其东界归义乡，西临永定河，南连幽都乡。

唐代房仙乡唯见一庞村，该村不久前仍用此名，已有千余年历史了，今已划入首钢院内。

(3) 保大乡，杜村、樊村。在旃桧寺西（今爱民街）出土《唐崔载墓志》云："元和十四年（公元819年）十一月十六日葬于幽州幽都县保大乡杜村北一里之原。"旃桧寺在西四北大街北端。1956年在旃桧寺西街（今爱民街）出土《唐周元长墓志》称：开成三年（公元833年）"葬于蓟城东北七里龙道之古原"。龙道之古原，即龙道村，属幽都县礼贤乡界，故可知保大乡东邻礼贤乡。其乡当在西四北大街分界，不远处是北沟沿，为古水道所流经，其北沟沿或为两乡之界，这应为保大乡之东界。1956年紫竹院三虎桥出土《唐赵氏墓志》云："文德元年（公元888年）二月九日葬于府城西北十里樊村之原。"据前引《唐常俊墓志》，可知紫竹院北侧属礼贤乡，而保大乡在其南。1952年在阜成门外甘家口北京钢丝厂出土《唐姚季仙墓志》云：咸通五年（公元864年）"窆于幽都县界保大乡樊村之原"。1966年西八里庄出土《唐姚季仙墓志》云：咸通五年（公元864年）"窆于幽都县界保大乡樊村之原"。1966年西八里庄出土《唐耿宗倚墓志》称："以广明二年（公元881年）十月二十七日葬于幽都县界保人乡一樊村里原。""保人乡"乃保大乡之误。又西直门外出土

1 鲁琪：《北京出土辽韩资道墓志》，《文物资料丛刊》二辑，文物出版社，1978年。

《唐闫好问墓志》云："咸通十四年（公元873年）仲秋月二十八日厝神于幽州之乾十里高梁河岸保大原。"高梁河岸似在保大乡界内。

综上所述，保大乡东界礼贤乡，约以北沟沿为界。北跨高梁河，南以阜成门外甘家口为界；南界蓟县归仁乡、幽都归义乡；西至八里庄；西南界临房仙乡；北及西北之界，目前尚不清楚。保大乡见二村，杜村在今地北沟沿北端附近，樊村约在西直门外至甘家口到西八里庄一带地方，其范围较大。

(4) 丰乐乡。1981年11月在钓鱼台东门北，今三里河路东侧发现《唐□□□墓志》云："以开元廿一年（公元733年）七月廿日安厝于蓟城北丰乐乡。"可知今三里河钓鱼台附近在唐属丰乐乡，其东似临归仁乡，其西似为归义乡。丰乐乡仅在墓志中见此一例。

(5) 归义乡，刘村。1962年阜成门外二里沟出土《唐王叔原墓志》云："元和八年（公元813年）春二月十八日宅兆于幽都县归义乡。"1983年阜成门外二里沟进出口大楼后出土《唐茹弘庆墓志》称："乾符岁在庚子（公元880年）正月乙卯朔七日辛酉奉迁府君于幽都县刘村。"据志可知阜成门外二里沟一带在唐属归义乡，其北界似与保大乡交界；西与房仙乡为邻；南与太平乡交界。

归义乡见村一，刘村，在今二里沟附近。

(6) 太平乡，仵村。1970年广安门外马连道商场前出土《唐故汝南郡夫人周氏墓志》云："元和三年（808年）七月二十二日葬于幽都县太平乡之西原。"1974年10月，马连道商场略南北京钢厂院内出土《唐侯氏墓志》称："大中九年（公元855年）十月九日葬于幽州幽都县西界三里仵原。"仵原即仵村。1970年丰台镇桥南出土《辽故陇西郡夫人李氏墓志》云："重熙十四年（1045年）十月十二日葬于宛平县太平乡万合里。"辽改唐幽都县为宛平县，其太平乡仍沿唐之旧名。太平乡东界紧邻幽州城西垣；北界与归义乡、丰乐乡交界；南界到今丰台镇桥南。太平乡见村一，仵村在今广安门外马连道南北京钢厂附近。

(7) 幽都乡，石槽村。1985年在海淀区太平路石槽村发现《唐纪公夫人张氏墓志》云：大中元年（公元847年）"葬于蓟城西幽都县幽都乡石槽村之原[1]。"另，海淀区翠微路14号院内发现大中元年（公元847年）《张氏墓志》云："以其年十月八日庚子卜葬于蓟城西幽都县幽都乡石槽之原。"石槽村今仍名之，已有千余年历史了。幽都乡北与房仙乡交界，南与太平乡为邻。

(8) 美锦乡，南四村。据房山石经《大般若波罗蜜多经》题记载："幽都县美锦乡南四邑即诸村等石经邑张令芬（卷三七七）。"可知幽都县有美锦乡，其地望不详，当在幽州城西部。南四村位置尚不详。

(9) 效德乡。《京畿冢墓遗文》载大燕《段夫人常氏墓志》云："以其年十一月廿一日权殡于燕京城南□□□。"从"大燕"看，其入葬似在安史之乱期间，后三字左侧均有残剥，后二字似为"德乡"，而前一字似"效"字，当为"效德乡"。燕京即幽州，似幽州城南有效德乡，但不能确其乡位[2]。

3. 昌平县

(1) 安集乡，怀居里。1957年温泉乡白家滩出土唐广德元年（公元763年）《安氏夫人墓

1　《海淀区出土一座唐代墓葬》，《北京日报》，1985年5月26日第二版。
2　参见赵其昌：《唐幽州村乡初探》，《中国考古学会第一次年会论文集》，文物出版社，1979年。

志》：“十二月二十九日葬于昌平县安集乡怀居里。”罗振玉《京畿冢墓遗文》卷下唐大和八年（公元834年）《高霞寓玄堂铭》云：“葬于昌平县安集乡□□□里之原。”[1]

(2) 太尉乡，司徒里。《略谈》1958年昌平县何家营东南洼出土唐开元二十四年（公元763年）《王仙墓志》曰：“葬于幽州昌平县东十五里太尉乡之北。”《旧唐书·刘怦传》：“（怦）遣人赍书谓（朱滔）曰：……今昌平故里，朝廷改为太尉乡，司徒里，此亦大夫不朽之名也。”《古今图书集成·方舆汇编·职方典·顺天府·古迹考》云：“唐朱怀珪墓，在（昌平）州西北十五里积粟山下。怀珪官拜太尉。”按，朱怀珪大历元年卒，累赠左仆射。官拜太尉者系朱怀珪之子朱泚与朱滔，太尉乡、司徒里得名于朱泚兄弟。

（3）武安乡。《京畿冢墓遗文》卷下唐建中四年（公元783年）《宋俨墓志》，“葬于幽州昌平县东北十里武安乡”。

（4）辅化乡，□寇村。《房山石经题记汇编》载：“唐大和五年（公元831年）幽州昌□县辅化乡□寇村弟子郝忠孝。”按，唐幽州只有一昌平县，故前缺字当为“平”。

另，永宁村。《京畿冢墓遗文》卷下唐中和三年（公元883年）《敬延祚墓志》，“以中和二年九月十八日终于昌平县永宁村之私第”。按，永宁村无考，所属乡不明[2]。

4. 潞县

(1) 路城乡。《房山石经题记汇编》载：“唐贞元中，幽州潞县路城乡潞河油邑录马浮江。”按，唐潞县治今北京通县。周良《通县确曾有长城》称通县文管所于1984年从通县南土桥砖瓦厂收集到唐大历十三年（公元778年）《孙封墓志》云：“权厝于潞城南潞城乡之原。”路城乡即潞城乡，在今北京通县城东南之砖厂、土桥一带。

另，潞县尚有采贵里和临高村见于记载。采贵里，《京畿冢墓遗文》卷下唐建中三年（公元782年）《彭涚墓志》：“葬于古渔阳城北采贵里之原。”按，今北京通县潮白河东岸城子村即北齐渔阳郡治，采贵里当在其北。临高村，《房山石经题记汇编》载：“唐天宝中，潞县临高村邑主赵法意等上经条。”按，今北京通县西南有大、小稿村；通县南又有临沟屯，唐临高村似以稿村当之[3]。

5. 良乡县

(1) 復叶乡，白水里、董村。《房山石经题记汇编》云：“唐广明元年（公元880年）幽州良乡县復叶乡白水里。”按，今房山窦店镇东南有南白、北白村，从其位置判断当为唐白水里旧址。

《房山石经题记汇编》：“唐会昌二年（公元842年）良乡县復叶乡董村。”按，今房山县窦店镇西北8公里左右有大、小董村，但其距南白、北白村过远，从位置判断，復叶乡董村可能为今董家林村。

(2) 昌乐乡，北陶村。《房山石经题记汇编》载：“唐贞元中经主良乡县昌乐乡北陶村邑主僧道一。”按，今房山县窦店镇东南有大、小陶村，大陶村在北，从位置判断，当即唐北陶村。

(3) 尚义乡，北乐城村。《房山石经题记汇编》：“唐元和十一年（公元 816 年）良乡县尚义乡北乐城村邑人张希品”。按，今房山县良乡镇西北之丰台境内有南、北乐平村，可能为唐乐城村旧址。

(4) 金山乡，中继村，五□村。《房山石经题记汇编》载：“唐贞元末良乡县金山乡中继

1　参见苏天均《略谈北京出土的辽代以前的文物》，《文物》，1959年第9期。
2　参见于德源《唐幽州村乡补缀》，《北京文博》，1999年第4期。
3　参见于德源：《唐幽州村乡补缀》，《北京文博》1999年4期。

村邑主周内正等造经一条”。按房山县西南有大、小韩继村，二村南有韩村河，当为唐中继村旧址。

《房山石经题记汇编》载：“唐咸通十二年（公元871年）良乡县金山乡五□村李□兴。”按，今房山县南韩继村西南、韩村河村之西有五侯村，以方位而言当与韩继同属一乡，故唐金山乡五□村当即今五侯村。

（5）观音乡，成村。《房山石经题记汇编》载：“唐贞元中良乡县观音乡成村石经邑主。”今已无考。

此外，良乡县见诸石经的村落尚有北郑村、团园村、砖头村、上落村、独树村、鲁张村、弁城村、北张村、南张村、交道村、北李村等11个村落，这些村落所属乡尚不明确[1]。

第三节 重要墓葬

由于已发现的唐代墓葬多数被损毁，特征不明确，难于从考古学进行分期。其中较为重要的墓葬有10余处。

1.朝阳区生物院小区唐墓

2003年6～10月，北京市文物研究所与朝阳区文物管理所对北京市朝阳区生物院住宅小区工程占地进行了考古发掘。该地位于朝阳区三间房乡，京通快速路双桥出口北侧，朝阳路南侧。此次发掘共清理出唐代砖室墓4座，除1座为长方形土坑竖穴墓外，其余3座均为砖砌单室墓。土坑竖穴墓规模较小，土坑长2.5米，宽0.9～1.02米，深1.4米。内有一单砖平铺错缝垒砌的平面呈梯形状砖棺。砖砌单室墓基本由墓道、甬道、主室三部分构成，方向大致呈南北向。墓道为斜坡式长方形，位于主室南侧中部。甬道位于墓道北侧，北接主室。墓室四壁均向外凸作弧形。以上4座墓因早期盗毁严重，墓葬的具体形制、随葬器物数量、主人葬式、性别等均难详细考证。

出土器物主要是陶器与瓷器。瓷器以陶盘、陶罐类为主，瓷器主要有碗、托盏、水盂等，既有实用器，也有明器。

墓葬中出土的陶罐（图6-2）唇口，短颈，最大腹径在中部略偏高，腹圆鼓，平底，与《隋唐考古》中“图五中原地区唐墓陶瓷器演变示意图(一)[2]一期2排陶罐基本相同。陶罐（图6-3）微折沿，圆唇，短颈，圆腹，平底，与“图五中原地区唐墓陶瓷器演变示意图(一)”中二期近似。瓷碗（图6-4）圆唇，浅腹，壁微曲大致呈45° 斜角，平底内凹，外侧用刀旋削一周，呈上敛下撇状，与表中大中年前瓷碗相近。“大中年间以前，往往口、底的直径近似，大中以后则口沿大于底部，显得更为矮胖了[3]。”另据李知宴先生的《唐代瓷窑概况与唐瓷

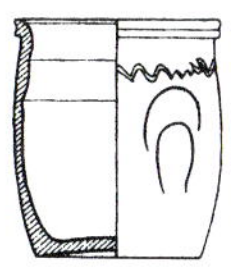
6-2

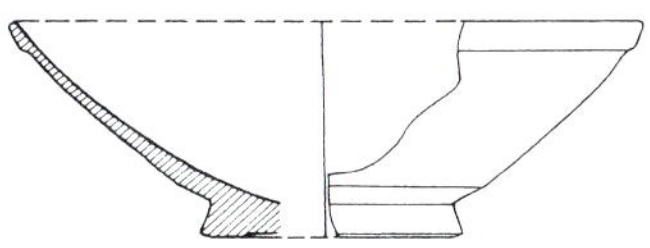
6-3

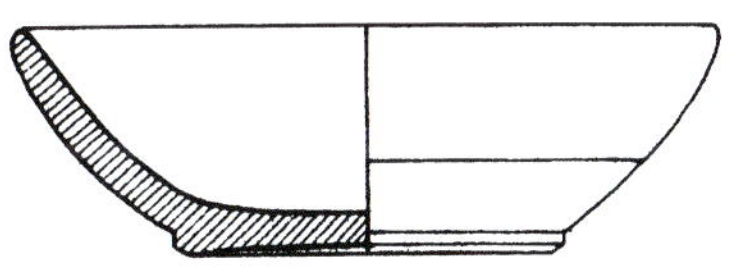
6-4

图6-2 陶罐（M59：3）

图6-3 瓷碗（残M48：1）

图6-4 白瓷碗（M59：6）

1 参见于德源：《唐幽州村乡补缀》，《北京文博》1999年4期。
2 秦浩：《隋唐考古》，南京大学出版社，1992年。
3 秦浩：《隋唐考古》，南京大学出版社，1992年。

的分期》一文“II式：（陶罐）初唐是平口、颈很短、平底。中宗神龙年间以后口微侈，圆腹。代宗大历年间以后的器形修长，最大腹径在腹的上部，下腹收的很小，实足。瓷碗，一期唐初，常见深腹、直壁、平底碗、口沿较厚。高宗时，腹略浅、壁微曲、仍以平底居多；二期武则天晚期口微侈、腹壁曲度增大、碗足以内凹的所谓‘壁形底’最常见。开元、天宝时已出现了翻沿圆唇碗，腹壁斜、碗底较小”[1]。4座唐墓出土陶、瓷器与《唐代瓷窑概况与唐瓷的分期》中早、中期陶、瓷器特征相符。结合铜钱、墓葬形制等因素分析，北京朝阳区三间房唐墓大致年代应为唐代早中期。

北京地区发现的唐代早中期墓葬较少，生物院小区唐墓的发现，有利于弥补这种缺憾。这些墓葬虽被早期盗毁，但墓葬形制及规格较高，为研究北京地区唐代墓葬形制结构、葬制习俗提供了依据。随葬品中陶器、瓷器种类丰富，为研究北京地区唐代瓷器形制的演变提供了可靠的实物依据[2]。

2. 大兴黄村贾璥家族墓

2005年5月，大兴区黄村老街危房改造工地距地表4.5米处发现1座唐墓，墓砖叠堆，系早年坍塌毁坏。经清理，墓墙残高1.2米，为砖砌单室墓，墓呈不规则圆形，南北长3.9米，东西宽3.5米，墓门南向，棺床位于墓室西侧，墓志1盒置于棺床南与南墓墙之间。无其他出土物，疑早年被盗。志盖篆书题“贾君墓志”，2行4字，覆斗式，坡上线刻四象，左龙、右虎、上雀、下龟蛇，四刹面线刻十二辰兽，交角处刻牡丹花纹，每组图案之间均以双线分界。虽雕刻笔法简单，寥寥数笔，但却精美灵动，栩栩如生。志无首题，无撰志人，先序后铭。全文23行，满行23字，共计518字。墓志长58.5厘米，宽59.5厘米，厚7厘米，青石质，完好。志文书写采用行书，间或有楷意，方界格，笔法流畅娴熟，写刻遒健，艺术效果堪称上乘。志主贾璥“奉敕本州经略军部伍，任虞侯判官”，“以开元三年岁次乙卯葬于蓟城南四十里之平原”。

同年7月，同一工地距贾璥墓东北约百米又发现1座墓葬，此墓较前墓损毁更为严重。墓砖全部碎毁，在墓底清理出墓志1方（无盖）及一些早年残碎的彩陶片，后对彩陶片进行辨认、经过拼对修复，发现这些陶片是马俑、骆驼俑和武士俑残片。墓志正方形，边长67厘米，厚7厘米，青石质。首题“大周洪源府队正上骑都尉贾君墓志铭并序”。志文楷书，24行，满行25字，共计555字，方界格，通篇书法秀丽，运笔柔润，“日”、“月”等字异体变形，字形端庄中含古意，为武则天当政时所改新字。惜志石左上角稍残，缺8字。志主贾明，以永徽年任“左威卫洪源府队正上骑都尉”，卒于乾封元年（公元666年），大周二年[3]，与夫人刘氏“合葬于蓟县崇礼乡黄村东南二里平原”。贾明官终“洪源府队正”即折冲府队正，按《旧唐书》卷42《职官志》每折冲府设队正二十人，队正属卫官，官阶正九品下，每队正领50人。

由出土的两则志文与墓主二人的墓葬排列方位可知，两人为祖孙关系，贾明为祖，贾璥为孙。他们的活动年代、所任职官等，在一定程度上反映了当时幽州地区的军职设置与变化，给今人的研究提供了实证依据。贾氏家族自隋开皇元年（公元581年）至唐开元三年（公元715年）130余年间均在幽州地区活动，历经六代，世代为官，为研究贾氏家族及唐代家族史提供了历史依据。两方墓志中所涉及的史事、地名等也是研究幽州地区政治、地理变

1 李知宴：《唐代瓷窑概况与唐瓷的分期》，《文物》1972年3期。

2 参见北京市文物研究所：《北京朝阳区生物院住宅小区唐代墓葬发掘简报》，《北京文博》2004年4期。

3 按，唐睿宗载初二年（公元690年）废睿宗，自称圣神皇帝，国号周，年号天授。该墓志中大周二年，可能为建大周国号次年，即天授二年，公元691年。

迁的珍贵实物资料[1]。

3. 姚家井薛府君墓

1952年11月在外城姚家井发掘了1座唐墓，砖室全长17.1米，墓室结构的平面与江苏宜兴发现的东晋周处墓相似，由墓道、甬道、前室、后室组成[2]。由扰乱的情形分析，可能墓主下葬后不久便被盗掘，尤其是清光绪年间恰在墓顶上开南北行的一条泄水明沟，开沟时该墓被发现，因此又被大大的扰乱了一次。墓圹四壁高处只剩了1米左右，低处只剩20厘米，以致壁画全毁，只看到一些花卉和禽鸟残片。殓物也因多次扰乱余存不多，仅有一块径80厘米，周边琢宝相花纹，中篆“大唐故信州刺史河东薛府君墓志之铭”的斗形墓志盖1块。另有五个高一尺上下不等，汉白玉石刻的兽首人身龙、鸡、蛇、羊、猪的精美雕像，为不可多得的古代艺术品。此五石俑出土时已被砸成数段，其余七俑可能在光绪年间开沟时就被损失了。

该墓因墓志已失，墓主名字及墓葬年代很费推测，但据墓志十六个篆字及宝相花纹看，约葬于唐武则天时代。墓主薛氏，尚不可考。墓中出土的兽首人身十二辰像为隋唐墓中习见的殉葬俑，不过以前所见的都是瓦制，塑制粗陋，雕刻的如此精美的石俑尚属初次发现[3]。

4. 归义王李诗与妻合葬墓

1993年北京市文物研究所在房山县医院发掘了1座唐代砖室墓。该墓早年被盗，男主人墓志仅存志盖，上书“李府君墓志”；女主人张氏墓志则被完整地保存了下来。张氏墓志有志盖与志座各一方，志盖呈覆斗形，72厘米见方，厚14厘米，中间阴文篆书“唐故归义王李府君夫人故贝国太夫人清河张氏墓志铭”(图6-5)，周迴十二生肖，四角刻牡丹纹(图6-6)。志座方形，边长72厘米，厚14厘米，正面行楷书墓志铭并序，有线划行栏，在志座的四个侧面装饰有壶门，内绘有双犀相向、山石花草，均为阴线雕刻。在出土的唐代墓志中，志座侧面装饰图案的情况极为少见。

据两《唐书》，唐代共设四个归义王，分别为西突厥处罗可汗、东突厥颉利可汗、史思明以及奚族酋长李诗。这四个人中除李诗外，其余三人均未取得唐朝国姓。且处罗可汗在唐高祖武德初年死于长安、颉利可汗卒于唐太宗贞观八年（公元634年）、史思明墓则已在北京丰台区林家坟发现，由此推知，在房山县医院出土的唐归义王李府君墓墓主当为李诗。李诗带领部众归附唐中央以后，就被安置在归义州，朝廷设置羁縻府州对其进行管辖。李诗死后没有按照奚族的传统火葬，而是照汉族葬俗土葬，说明其本身已经汉化。李诗之子在两《唐书》仅记载李延宠一人，并未载其余子。该墓志中记载李诗有二子李献诚、李献直，对李延宠却只字未提。李延宠曾勾结党项叛唐，墓志中未载其名，原因或在于此。墓志的出土可补史之不足。另，该墓的发现对研究唐代羁縻府州制度以及中央政府对待少数民族的政策提供了实证性材料[4]。

6-5

6-6

图6-5 张氏墓志铭并序

图6-6 张氏墓志盖

1 参见刘丽玲：《唐贾氏家族墓志简析》，《北京文博》2006年2期。
2 刘耀辉：《试论北京地区唐墓》，《北京文博》1998年4期。
3 参见周耿：《介绍北京市的出土文物展览》，《文物参考资料》1954年第8期。
4 参见王策：《唐归义王李府君夫人清河张氏墓志考》，《北京文物与考古》第6辑，民族出版社，2004年。

5. 延庆县铝箔厂侯臣墓

1991年在延庆县发现1座保存完好的唐代壁画墓，该墓位于延庆县东南约2.5公里的铝箔厂院内。9月，北京市文物研究所与延庆县文物保管所对该墓进行了清理。墓门方向南偏西，墓道宽2.4米，向南呈斜坡状。墓门墙宽2.3米，残高2.8米。门券之上砌有影作直棱窗。窗上部砌1个壁龛，龛内立置方砖墓志1合。壁龛长35、宽33、深12厘米。墓门宽0.9、高1.6米。甬道券顶，长1.2米。墓室平面呈椭圆形，直径3.52～3.62米。墓室平面呈椭圆形，直径3.52～3.62米，穹顶。甬道顶部被破坏，顶至墓底残高3.8米。室内及甬道地面均铺设残砖。靠墓室北壁砌有棺床，棺床南边长2.6米、东西边长1.2、高0.16米。墓门墙、甬道、室内墙壁、棺床及地面均抹有一层白灰面。

在棺床上发现了一个男性和一个女性头骨，在头骨附近还发现了2件铜带饰及一些散置的铁棺钉。在墓室东西两侧发现了铁鼎、铁镳斗各1件，陶罐4件，陶钵1件。从两具头骨可以确定该墓为1座男女合葬墓。

室内墙上壁画保存基本完整。东壁靠顶部绘红色的太阳，其下围墓壁一周绘十二生肖。生肖像下、门券之上绘有四神。门两侧绘身穿铠甲、手执长戟的守门武士。武士脚旁各有1只镇墓兽。镇墓兽的后面是身穿胡服，腰挎弓和箭囊的男侍。男侍之后是手持笏板的文吏，再后是侍女，其中一侍女双手捧方盒，另一侍女手捧包袱。在棺床后面的北壁上，绘有屏风式的六幅画，每幅画都有红色边框，框内绘人物1个、大树1株和山石2块。六幅画中人物皆为男性，体形肥胖，身穿相同的圆领宽袖红袍衫，裤腿肥大，头戴方冠，脚穿翘头履，展现的是墓主人生前饮酒、吟诗的生活情景。

墨笔书写的砖墓志，在北京地区尚属首次发现。据志文记载，墓主人侯臣字唐客，59岁，卒于唐开元廿二年（公元734年）二月四日。这座唐代壁画墓保存完好，它的发现，为研究北京地区唐代墓葬增添了重要资料[1]。

6. 清河镇道士王徽墓

1973年11月海淀区清河镇朱房大队在平整土地时发现了1座唐天宝十三年（公元754年）道士王徽的墓，当时的北京市文物工作队在当地群众的大力支持和协助下对该墓进行了清理。墓址在朱房村西北，汉清河城址的正北。该墓是1座砖室墓（图6-7），方向256°。墓室东西长4米，南北宽3.84米，墓室北部设有棺床。墓壁与甬道均用长34、宽17、厚6厘米的单面

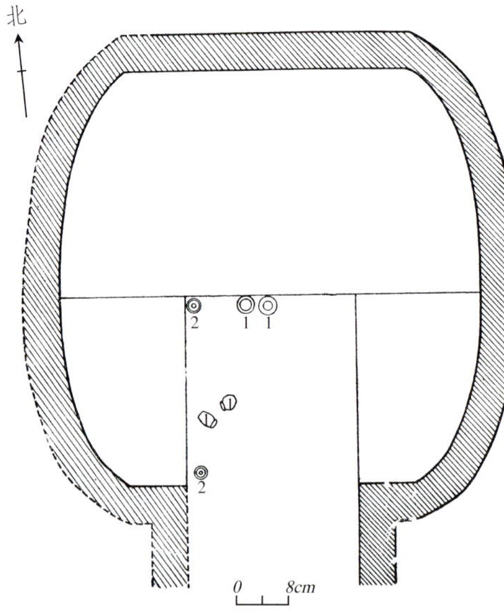

6-7 1.陶罐 2.陶罐盖

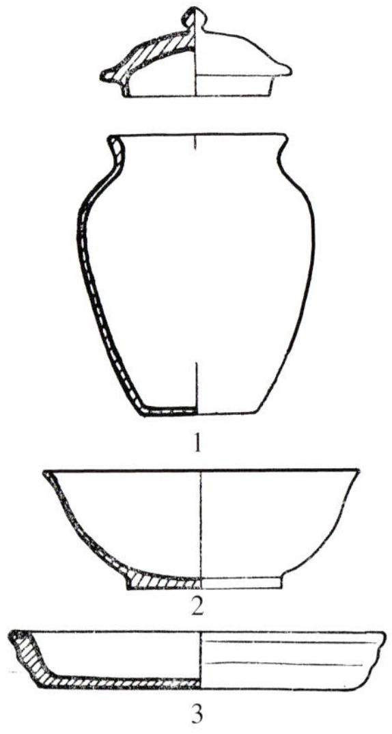

6-8 1. 罐 2. 碗 3. 盘

图6-7 王徽墓平面图
图6-8 王徽墓出土器物

1 参见王武钰：《延庆县铝箔厂唐代壁画墓》，《中国考古学年鉴》（1991），文物出版社，1992年。

绳纹灰砖，两卧一立层层垒砌而成。该墓除北壁为直壁外，东、西两壁均向外凸出约50厘米的弧度。墓门在南侧，甬道长0.96米，宽1.64米。

该墓因被盗掘，所剩随葬器物（图6-8）寥寥无几，计有：黑陶碗1件、彩陶带盖罐4件、双唇陶盘1件和墓志1合。

陶罐4件，形制相同，大小各异。卷唇，短颈，鼓腹，平底，僧帽式盖。罐身原有彩绘现已剥落。通高23厘米，罐口径11、腹径16、底径8、高17厘米。

陶碗1件，侈口，壁外弧，圈足，深腹。口径20、高7.5厘米。

陶盘1件，敞口，双唇，斜壁，浅腹，平底。口径23.5、底径20、高3.5厘米。

墓志1合。长、宽均为42厘米，通高13厘米。盖为覆斗状，盖正中阴刻“王君墓志”隶书四字，四面斜坡阴刻十二属像。志石上先阴刻出方格，再在方格中阴刻楷书志铭。志铭共19行，计301字，铭曰：“大唐天宝十三载故开元观道士王公墓志铭并序。”

该墓墓主为开元观道士，据《旧唐书·礼仪志》载：“（天宝）三载三月，两京及天下诸郡于开元观、开元寺，以金铜铸玄元等身天尊及佛各一躯。”[1]据文中所言，天宝三载（公元744年）前两京及天下各郡已普遍建有开元观、开元寺，湖北荆州现存开元观也为唐开元年间始建，寺观的名称统一，说明开元年间在两京、诸郡均建有开元观和开元寺，开元观的创建是唐玄宗时期为了拨乱反正，重振李唐宗室威望，抬高道教教主李耳的地位而在宗教方面采取的措施。该墓的发现为研究唐玄宗时期的宗教措施与政治举措提供了重要的参考资料[2]。

7. 史思明墓

1966年在丰台区林家坟村西约百米处发现1座唐墓，此墓在唐代已遭破坏，“文化大革命”中再度受劫，面目全非。1981年对该墓进行了抢救性发掘。经清理发现，墓室被破坏严重，单室，仿帝陵形式用汉白玉石条砌成，墓室前设有20余米斜坡式墓道，墓道内填满石料，并发现有石像生的残断手臂。墓道两侧各设有一耳室，东侧耳室已毁，惟西侧残存一耳室，耳室内有壁画残迹。墓道之南约50米处有夯土台基。

该墓随葬品除20世纪60年代中搜集到的铜牛、嵌金铁马镫和几枚玉册外，这次出土有铜、铁、瓷、陶（图6-9）、石器、金箔花等，多数残坏。其中铜座龙（图6-10）工艺精湛，通高16.5厘米。另出土有40余枚（段）汉白玉磨制而成的玉册，由于墓葬多次破坏，玉册混杂于墓内填土中，8枚较完整（图6-11），余者皆残断。完整者每枚长28.4～28.6厘米、宽

6-9

6-10

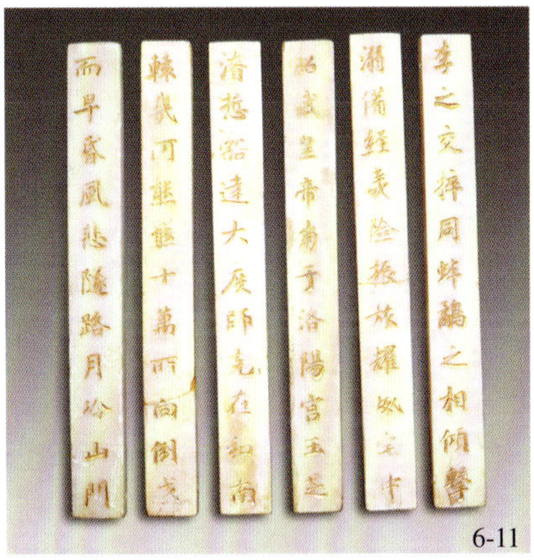
6-11

图6-9 红陶武士俑

图6-10 铜坐龙

图6-11 玉册

1 《旧唐书》卷二十四《礼仪志》，第926页，中华书局，1975年。

2 参见北京市文物工作队：《北京市场发现的几座唐墓》，《考古》1980年6期。

2.8～3.2厘米，厚1.2～2.1厘米。每枚玉册上下两端1.5厘米处各有一个直径0.3厘米的横贯圆，当为编联穿绳之用。玉册阴刻文字，字口填金。满行11字，行书体，字迹端正秀润，涂成朱红色。44枚玉册共存文字252字。根据册文内容，分为“谥册”和“哀册”两套。在这44枚（段）玉册中，有6枚册背面刻画极细的“哀”字，一枚背后有磨痕，尚可辨出“七”字，这几枚玉册当为哀册。

玉册乃一种泛称，随不同场合称谓有所变化，即位的称玉册，随葬的称谥册、哀册，郊庙、陵庙的祝文、祭文等。使用玉册肇始于唐，《旧五代史》卷143《礼志》载：“魏、晋郊庙祝文书于册，唐初悉用祝版，惟陵庙用玉册，玄宗亲祭郊庙，用玉为册。”[1]在史思明墓发现之前，仅发现使用玉册的墓葬数座，有唐李重润墓、前蜀王建墓、南唐二陵。另外，在洛阳宫城曾出土过唐哀宗即位玉册[2]，显示出玉册的使用有着严格的等级规定。通过比较，除李重润册相差较远外，其余玉册大小相差无多。除南唐李昪用硬度颇大的浅绿色或白色玉外，其余均为石质。谥册文为皇帝死后、在南郊请谥时所读的文章。哀册文是在送葬日举行仪式时所读的祭文。谥册、哀册文均有一定的格式。唐代谥册一般首称年月日，次称艾子嗣皇帝。哀册文同样首称年月日，后为大行皇帝崩于某某殿，殡于某某殿之西阶，下接将迁座于某某陵。嗣皇帝例称“哀子嗣皇帝”。该墓玉册上书有“血未乾唐有异端讒人冈极”[3]、“攀恋往驾之不留痛灵依之”、“帝朝义孝乃因心亲惟□□”等文字，加之，该墓葬的形制、随葬品及其被破坏的情况，基本可以确定该墓墓主乃唐代安史之乱的发动者之一史思明。该墓埋葬地点为今地林家坟，在唐代属良乡县，唐良乡县故城在今房山县豆店村西。据《安禄山事迹》记载：“葬思明于良乡县东北岗”，林家坟村正处良乡城的东北部，与文献记载相吻合。《新唐书·史思明传》记载：史朝义“去至良乡，拜思明墓”，可为佐证。

安史之乱作为一场叛乱，这个过程中的诸多史实，在史籍中均未有详细记载，史思明作为安史之乱后期的领导者，其墓中玉册的出土对于研究安史之乱后期的历史具有非常重大的意义[4]。

8. 陶然亭何府君夫妇合葬墓

1988年12月9日位于陶然亭东侧的燕京汽车厂院内发现了2座唐墓。其中1座唐代砖室墓规模较大。该墓单室结构，由墓门、甬道、墓室三部分组成，通长约5.82米。墓门南开，墓门墙残高约3.6米，宽2.72米，中为券门，两侧及上部影作立柱、门簪、阑额、柱头斗拱、补间斗拱、人字拱、挑檐、瓦垄等结构。甬道长1.69米，宽1.22米，通高1.68米。两侧各有两个小龛，砖雕灰塑成力士和菩萨形象。甬道两端砌有两道封门砖。墓室平面近方形，四壁微弧，南北宽约3.6米，东西长约3.7米，墓壁高约2.92米，穹隆顶已不存。棺床位于墓室西北，西北临墓壁，东、南两面作成须弥座形，装饰有壶门和彩画。墓室四角及东、西、北三壁中部影作出七根立柱，上有柱头斗拱，柱与柱之间以阑额相连。四壁上部对称装饰八个小龛和放置十二生肖的小台。十二生肖用整砖刻成，外涂以灰，现只能见到两个残坏的躯干，躯干为人形。南壁券门东侧影作一灯台或衣架，西侧影作两把椅子。西壁南部有一塔形浮雕（图6-12），用砖磨成。西壁北侧及北壁西侧各有一副壁画，西壁上为墓主人及侍女形象（图6-13）；北壁为马厩，内绘马夫和1匹骏马。北壁东部及东壁的南北各有1个壁龛（图

1 《旧五代史》卷一四三《礼志》，第1910页。

2 中国社会科学院考古研究所洛阳唐城工作队《唐洛阳宫出土哀帝玉册》，《考古》1990年12期。

3 该处玉册中“冈”当为“罔”之简化字。

4 参见北京市文物研究所：《北京丰台唐史思明墓》，《文物》1991年9期

图6-12 塔

图6-13 墓西壁壁画

图6-14 墓东壁南侧小龛

6-14），壁龛外观影作成建筑形式，均有彩画。其中，北壁上的壁龛内部空间较大，南北宽0.84米，东西长0.87米，通高1.37米。该墓早年被盗，仅出土墓志1合，墓志首题“大燕柳城何府君墓志铭并序”[1]，据志文内容可知该墓墓主乃史思明僭号的“天顺元年”（公元759年）合葬的何府君与其妻兰陵康氏。

该墓的发现有利于进一步研究盛唐时期北京地区的丧葬规制、社会风俗及其绘画艺术，该墓墓志的出土，为研究安史之乱时期幽州的政治、民风以及藩镇兵制、军将制度，提供了确切的实物资料[2]。

9. 前后朱各庄唐墓

2006年3～9月，南水北调工程一期文物调查时在房山区城关镇丁家洼村东南和羊头岗村发现了前后朱各庄遗址。在该遗址发现墓葬4座，其中M4因征地问题未发掘，另外3座为唐墓，其中M1、M2位于丁家洼村东南，M3位于羊头岗村北。3座墓朝向南，均为带一条墓道的单室圆形砖室墓，墓室均遭到较为严重的破坏。

M1（图6-15）为夫妻合葬墓，男性年龄35～40岁，女性30岁左右。骨架凌乱且腐朽严重。由墓道、甬道、砖室三部分组成，砖室顶部已坍塌。墓道在墓室南侧，呈梯形竖井式，券形顶，中部坍塌，两侧用单行砖错缝平铺垒砌而成。墓室在甬道北面，平面呈圆形，墓

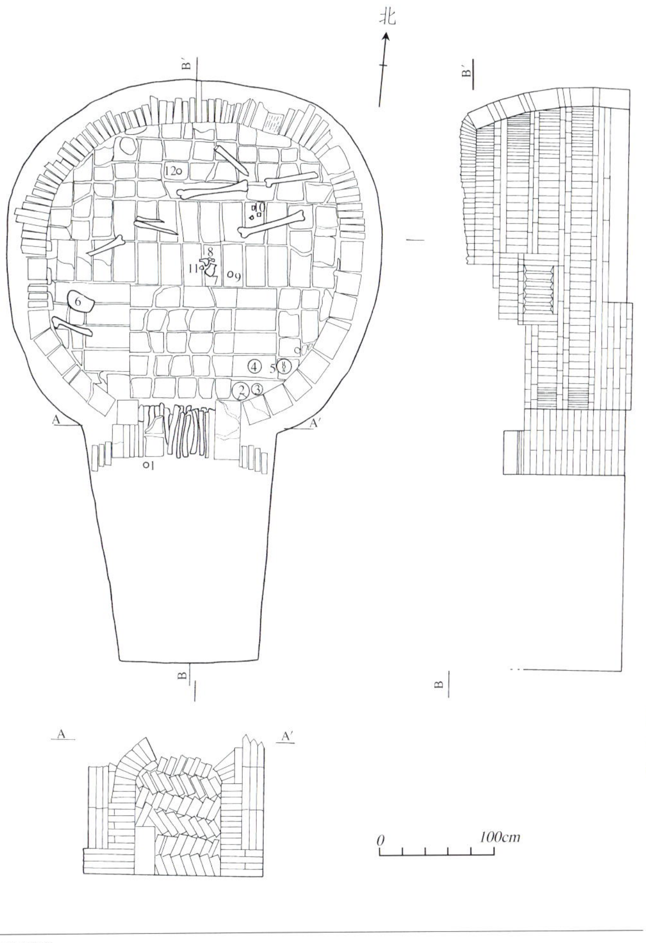

图6-15 前后朱各庄M1平剖面图

1 《大燕柳城何府君墓志铭并序》现存放于北京市文物研究所。
2 参见王策：《燕京汽车厂出土的唐代墓葬》，《北京文博》1999年1期。

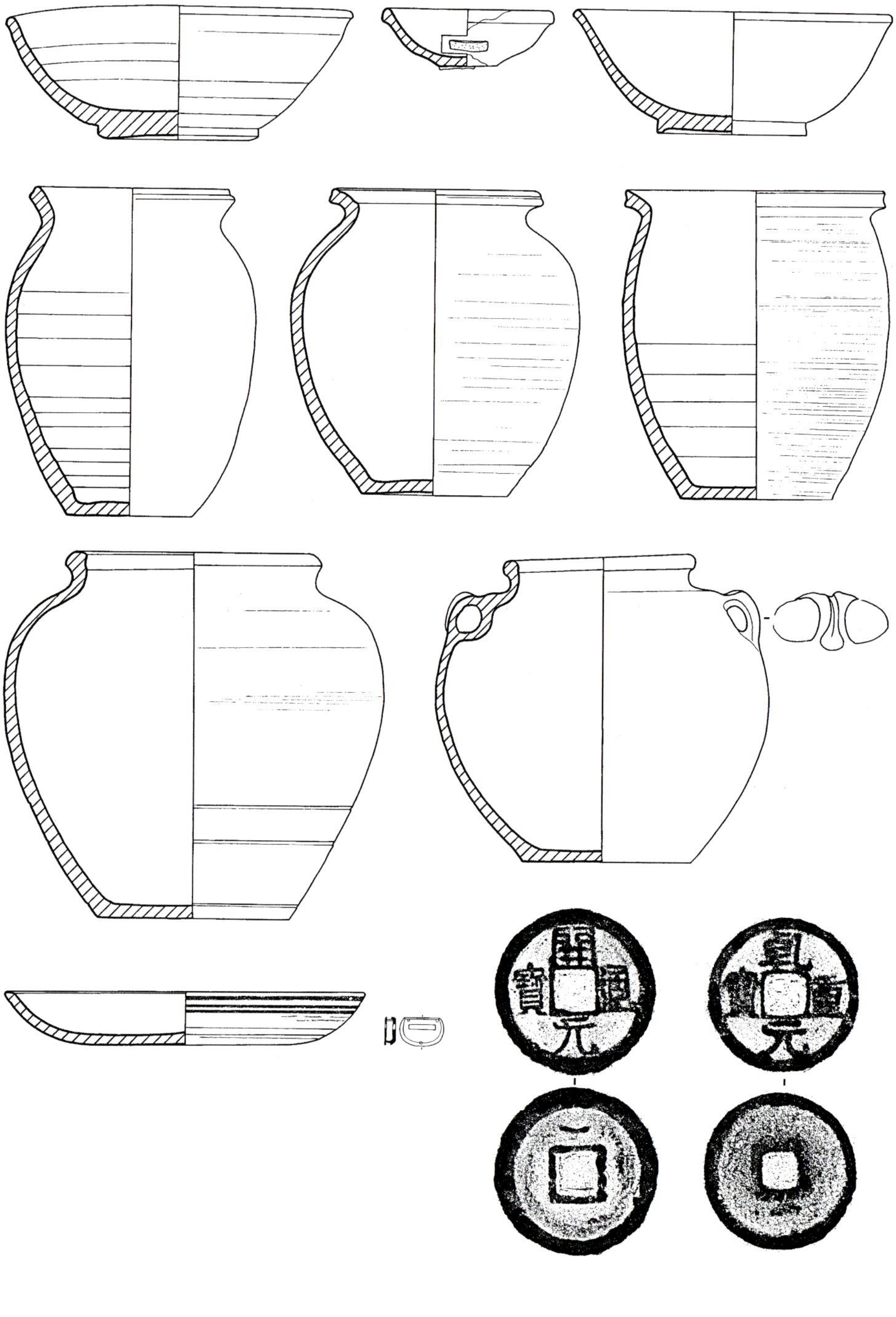
图6-16 前后朱各庄M1出土器物

室顶部已完全坍塌。墓室东西长2.5米，南北宽2.3米，高0.85～1.25米。东西两壁中部，各有1个用砖砌成的仿木结构的窗棂。棺床平面呈“凹”字形，骨架及随葬器物均在棺床上。出土白瓷碗、酱釉碗、陶碗、红陶小罐、红陶双系罐、陶盘各1件，灰陶罐3件，铜带扣1件，“开元通宝”、“乾元重宝”铜钱各1枚，共计12件随葬品（图6-16）。

M2也为夫妻合葬墓，女性年龄40～50岁，男性50岁左右。葬式均为仰身直肢、头西脚

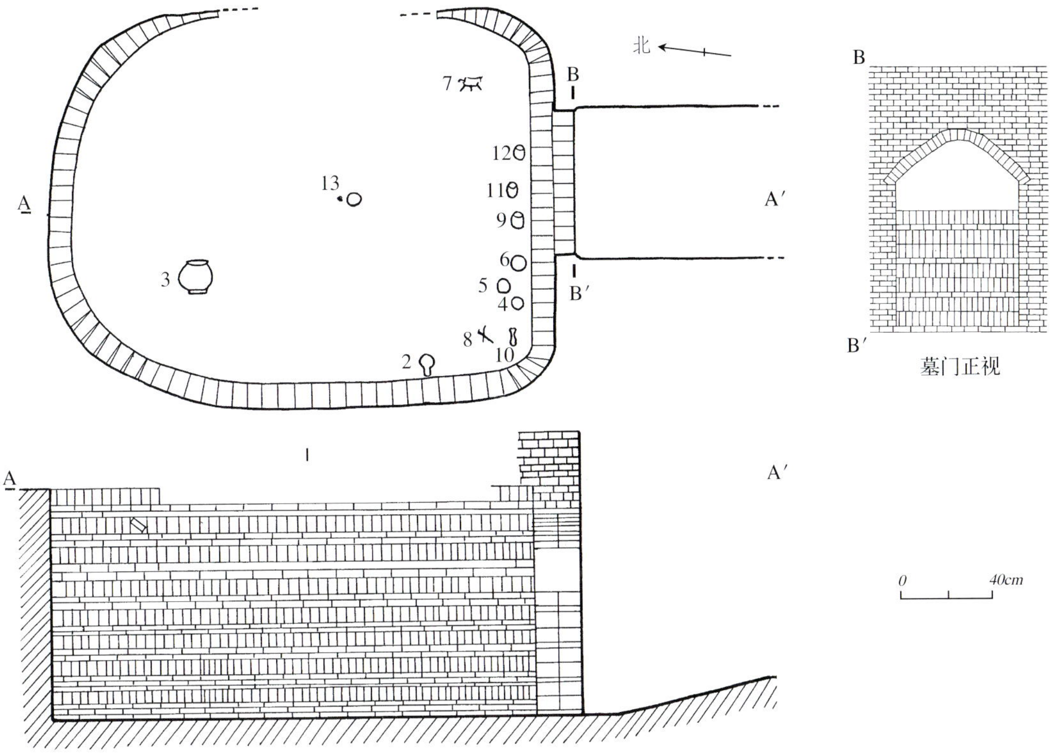

图6-17 前后朱各庄M3平、剖面图

东。该墓与M1形制相同，由墓道、甬道、砖室三部分组成，甬道在墓室南端。砖室平面略呈圆角方形，顶部角与甬道底部齐平。出土铜簪1件、铜带扣残件3件、灰陶罐1件。

M3（图6-17）是一座夫妻合葬墓，骨架凌乱且腐朽严重，葬式不明。男性年龄40～50岁，女性年龄不详。该墓规模稍大，墓道在墓室南端，由墓道、甬道、墓室组成，呈南高北低的斜坡状。墓室略呈圆角方形，顶部坍塌。墓室内未铺地砖和棺床，墓壁用砖垒砌而成，砌法为平砖错缝。出土随葬品13件（图6-18），包括铜镜

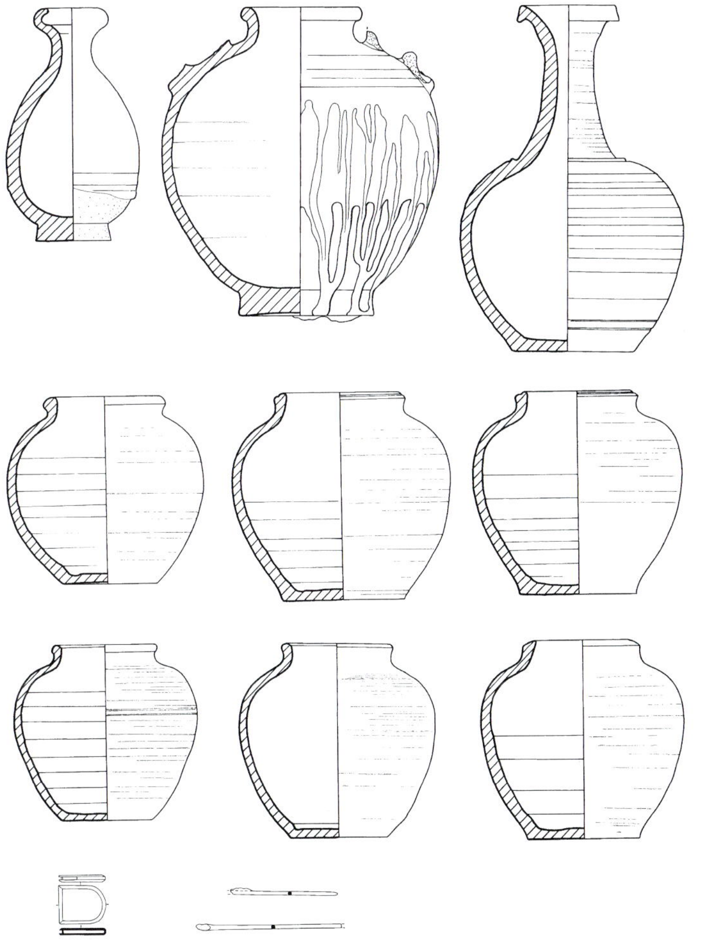

图6-18 前后朱各庄M3出土器物

1面、铜簪1件、酱釉瓷器2件、灰陶罐6件、灰陶瓶1件、铁炉1件、铜带扣1件。

M1中出土“乾元重宝”铜钱1枚，该钱铸行于唐肃宗乾元年间，即公元758～759年，因此M1的年代不早于此时。M1、M3出土红陶双系罐、酱釉双系罐、灰陶罐形制均为侈口、圆唇、束颈、圆肩、鼓腹、平底，与河北省邯郸市鸡泽县武周如意元年（公元692年）郭行墓、万岁登封元年（公元696年）郭进墓[1]所见同类器物形制近似，墓葬结构也与鸡泽县发现的6座唐代砖室墓类似；M3所出酱釉细颈瓶胎质较粗，色黄白，外壁施半釉至下腹处不及底，内壁施釉，口形如钵，细颈，腹瘦长微微鼓，圆饼状实足，与河北沧县前营村M2、M3[2]所出白釉、黄绿釉蒜头细颈瓷瓶形制近似，根据同出的圆饼形底实足深腹碗、瑞禽葡萄镜等器物判断，前营村M2、M3的年代不晚于唐中期；M1所出“开元通宝”，轮廓深峻，面文精美，“元”字第二笔左挑，也符合唐代早中期“开元通宝”钱的形制特征[3]。根据以上分析，M1、M3的年代定在公元8世纪中期为宜，M2墓葬结构形制与M1近似，年代亦当与此相差不远。这3座唐墓的发现为研究唐代燕山南麓地区的葬制葬俗提供了新资料[4]。

10. 丰台区大葆台阳氏墓

1981年11月在丰台区大葆台南约500米的铁路边上，发现唐墓1座。该墓南北向，墓室平面呈圆形，直径4米。墓室北部用楔形砖砌成凹进的半圆形龛1个，宽90厘米，进深30厘米。墓室南面设斜坡墓道，长3.8、宽1.4米。此墓早年被盗毁，墓室内有散乱的人骨架、牙齿、棺钉及陶片等物。

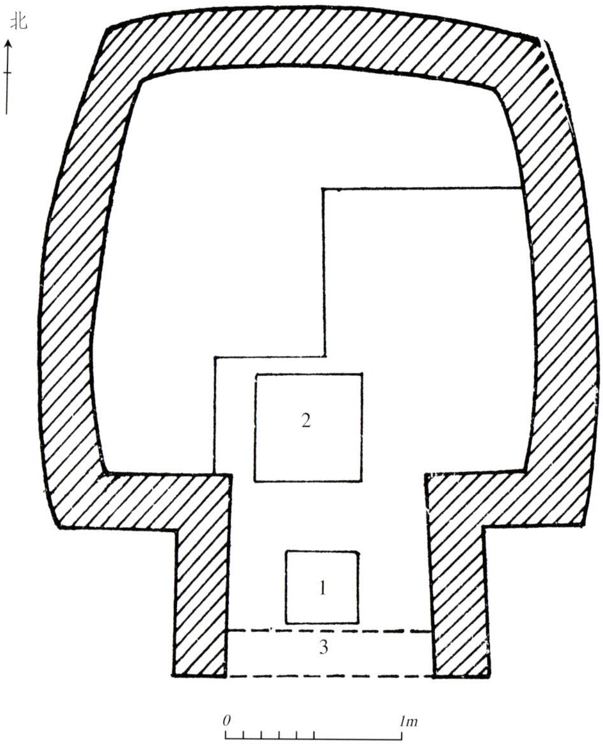

图6-19 王郅夫妇合葬墓平面图
1、2. 墓志铭
3. 封门砖

墓内出土墓志1合，有志盖、志铭，共二石。盖为青石，呈方形覆斗状，长宽尺寸均为43厘米，厚6厘米，正中阴刻篆文“阳氏墓志”四字，四坡为线刻十二臣怀抱十二生肖像及宝像莲花图案。志铭较志盖略大，汉白玉制成，长宽尺寸为54厘米，呈正方形，厚10厘米。出土时志铭已断裂为几块，虽有少部分文字被泐去，经过黏对，尚能看出志文绝大部分内容。志铭为楷书，共有18行，每行5～24字，残存约322字，志文语言简略，无撰写刻石者姓名。由志文可知该墓墓主为唐代宗永泰二年（公元766年）下葬的唐处士田公的夫人阳氏。

该墓墓志记载了下葬的具体位

1 邯郸市文物保护研究所：《河北鸡泽县唐代墓葬发掘简报》，《文物春秋》2004年6期。
2 沧州市文物保护管理所、沧县文化馆：《河北沧县前营村唐墓》，《考古》1991年5期。
3 朱活：《古钱小辞典》，文物出版社，1995年。
4 参见北京市文物研究所：《北京段考古发掘报告集》之《前后朱各庄遗址区考古发掘报告》，科学出版社，2008年。

图6-20 王郅墓志拓本

置，对于研究唐代蓟城的城址、确定幽州城的方位，进而复原幽州城提供了新的实物资料[1]。

11. 王郅夫妇合葬墓

1965年4月在丰台区右安门外草桥东南四顷三村，发现1座唐王郅夫妇合葬墓（图6-19）。该墓被盗，保存极不完整。墓为单室砖墓，坐北朝南，方向正南北，东西长2.58、南北宽2.28米。东西北三壁微向外弧，墓室和甬道残留墓壁高约1.3米，墓壁是用长32、宽16.4、厚5厘米的单面绳纹灰砖（少数为素面）垒砌。甬道在南面稍偏东。长1.1、宽1.2米。顶作拱券式。墓室北部和西部砌有棺床，高约30厘米，前脸用条砖围砌。淤土底部发现带有红、黑诸色的小块白灰，可能墓壁原有彩绘现已剥落。墓内发现两个头骨和凌乱的肢骨。墓内淤土底部还发现少量陶片，从器型上看多为罐、盘之类。此外，在棺床和甬道外各发现一合墓志。盖均作覆斗状，中阴刻“王公志铭”篆书四字，四坡刻十二辰，皆兽首人身。志石上阴刻“大唐故瀛洲司马兼侍御史太原王府君墓志铭并序”（图6-20），志文共20行，每行26～31字。另一铭曰“唐故瀛洲御太原王公夫人

1 参见《新中国考古五十年》之《北京考古五十年》，第14页，文物出版社，1999年。

图6-21 崔氏墓志拓本

博陵崔氏合祔墓志铭并序”（图6-21），志文共17行，每行20～22字。两块墓志四周均有花纹。

由志文可知，这座墓为瀛洲司马兼御史王郅夫妇合葬墓，王郅死于贞元五年（公元789年），而其妻崔氏死于何年却未见记载，不过崔氏是在元和九年（公元814年）十一月十七日自陉邑迁葬至此与王郅合葬的。据志文所载知丰台区草桥四顷村之北一里许为唐时蓟县的约略方位，为研究当时蓟县的地理位置提供了新资料[1]。

12. 八里庄王公淑墓

1992年9月2日在海淀区八里庄某单位施工中发现1座唐代壁画墓，墓葬位于玲珑公园西墙外，东距京密引水渠约400米。墓为弧方形单室砖墓，由墓道、甬道、墓室三部分组成。墓道位于墓室南侧，为斜坡式。北端有一个南北宽0.92～1.34、东西长3.3米的上宽下窄的天井。墓道天井北接墓门和甬道。墓门券形，以青砖顺砌，两翼有隔墙，上部已残，仅西墙上残存一砖砌棂窗。棂窗西侧还残存砌出的角柱和柱顶的残斗拱一朵，柱及斗拱皆涂成朱红色。甬道过洞式，券顶，长2.65、宽1.58、高约2.2米。甬道东西两壁贴地面各有一马蹄形壁龛，宽0.37、进深0.18、残高0.88米，龛顶略弧，龛外涂有朱红色边框。墓室平面弧方形，

1 参见北京市文物工作队：《北京市发现的几座唐墓》，《考古》1980年6期。

南北宽4.72、东西长约4.85米，顶已坍塌，四壁以青砖两顺一丁砌成。东西两壁各有一砖雕仿木构门，两门皆涂成朱红色。西壁残高约2米，正中有一砖雕仿木构门，门宽1.08、高1.3米；东壁残高1.6～2.4米，正中也有一砖雕仿木构门，门宽1.2、残高1.25米。墓室靠北壁有一棺床，四周砌砖，中间填土，长3.55、宽2.25、高0.79米。棺床上东西两侧砌有帐形隔墙，西隔墙已无。南侧有栏杆的痕迹。棺床正面装饰精美，束腰式，束腰部分饰缠枝牡丹纹雕砖。棺床两侧各出一壶门，表面涂朱红色。另外，墓室四角均有砖砌的方柱和柱础。墓室北、东、西壁上均有壁画，北壁的保存最好，东西长3米，高1.5米。主要内容为花鸟，以大幅的牡丹花为中心，并配有两只栩栩如生、相互呼应的鸬鹚鸟和两只生动活泼的蝴蝶。

该墓因早年被盗，随葬品仅残存少量器物碎片。甬道中出土墓志一合，青石质。覆斗形盖，长0.62、宽0.61、厚0.09米，志石与盖大小相同，正斗形。墓志载墓主人王公淑，曾任唐幽州节度判官兼殿中侍御史、银青光禄大夫、检校太子宾客、卢龙节度留后、营州都督、柳城军使、平妫等州刺史等职，唐大中二年（公元848年）病殁。

王公淑夫妇合葬墓形制具有明显的北京地区的地方特色，即由墓门、甬道、墓室三部分组成，墓室平面为抹角弧方形。另外，从该墓坍塌的砖中发现了许多仿木结构的砖构件，墓门隔墙顶部也有斗拱的痕迹，墓壁砌出门窗、柱子等，与海淀区太平路纪公夫妇合葬墓的结构十分相似，说明在唐代晚期，北京地区的唐墓在建筑上有简单仿木构的特点。上述墓葬形制与朝阳地区（辽宁西南部）的唐墓有诸多相似之处，却与西安以及南方地区的唐墓存在较大差异，其墓葬分期与唐代营州即今朝阳当同属一个区域。墓室北壁发现的完整的大幅花鸟壁画在唐墓葬壁画中十分少见，在北京地区则更为少见，该壁画反映了唐代早期表现庄园生活、乐舞、供奉内容的壁画至唐晚期越来越少，花鸟画内容越来越多[1]。

13. 先农坛神仓唐墓

2006年3月先农坛神仓在绿化工程建设过程中发现元代墓碑1块，北京市文物研究所闻讯后立即前往并配合施工，对该单位施工区域进行拉网式文物勘探，在勘探过程中发现古代墓

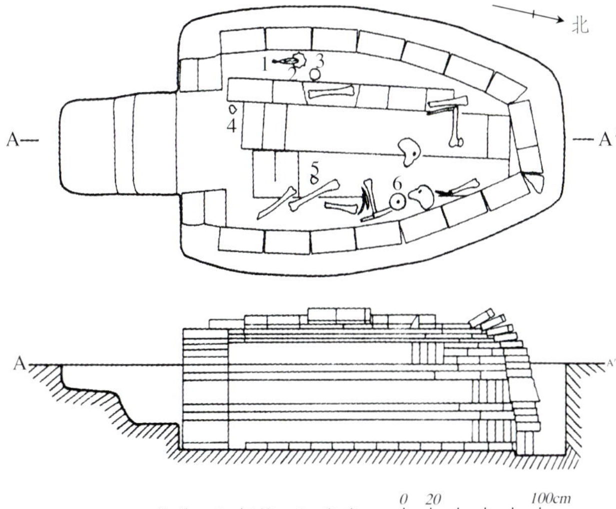

1. 铁剪　2. 铜镜　3. 瓷碗
4、5. 蚌壳　6. 陶器盖

图6-22 唐墓平、剖面图

1　参见北京市海淀区文物管理所：《北京市海淀区八里庄唐墓》，《文物》1995年11期。

葬2座，随即对其进行清理发掘。其中1座墓保存基本完整。该墓位于先农坛神仓北大门东南约70 米，为单室砖券墓（图6-22），整体似“船”形，平面呈“梯”字形。整个墓葬由墓道、墓门、墓室组成。墓道位于墓门南端，墓门位于墓室南端，南、北分别与墓道、墓室衔接。墓门平面呈长方形，上阔下窄，顶部已残缺，可看出为拱形券顶。墓室位于墓门北端，南宽北窄，底阔，壁面向内倾斜略弧，平面呈梯形，整体似“船”形，全部用青灰色细绳纹砖顺基槽营建。墓内置两具骨架，应为夫妻合葬墓，头均向北，西侧一具面向东，另一具面向西，骨架凌乱不堪，葬式不详，未见用棺痕迹 。

由于墓顶已被破坏，且年深日久，整个墓室内已淤满泥土。随葬品均埋于泥土之中，出土遗物有陶器盖、瓷碗、蚌饰、铁剪、铜镜，共计5 件，除1件蚌饰放置于墓门口内侧外，其余均放置于墓室内东西两侧。这些器物中瓷碗与铜镜较有代表性。瓷碗1件，敞口，斜腹，假圈足略内凹。青灰胎，胎略厚、质粗，挂白釉，内壁施满釉，外壁施半釉，胎釉较厚，无光泽，轮制。铜镜1件，八瓣菱花形，内切圆形，圆形纽，内区下凹，边缘隆起，素面，胎厚、笨重粗糙，镜面略鼓，镜身锈蚀严重，镜面抛光度较差。

该墓的形制在北京地区发现不少，但发表的不多，目前报告正在整理中。它与《中国南方隋唐墓的分区分期》中B 型Ⅱ式[1]、河北晋县唐墓[2]、江苏无锡发现唐墓[3]相似。这些墓的建造都是先挖近似的土圹，再用砖叠砌券筑墓室。另外，墓室内未砌置棺床，不设置棺床的习俗在晚唐时期已基本消失[4]。同时该墓在用砖纹饰方面与其他地区又有所不同：南方地区常见叶脉纹、花草纹、小花纹、莲花纹及画像砖等；中原和北方地区则常见细绳纹砖，如河北晋县唐墓、郑州地区发现的几座唐墓[5]、河南偃师杏园村的2座唐墓[6]、北京市发现的几座唐墓[7]等。另外，与中原和其他地区的大型唐墓相比，形制规模较小，券制单一，应为一般平民墓葬。

墓中出土的半釉假圈足白瓷碗（图6-23）烧制粗糙，胎釉较厚，应为民窑烧制，而假圈足器形盛行于六朝至中唐时期。出土的铁剪（图6-24）与辽宁朝阳5座唐墓[8]、朝阳双塔区唐墓[9]内出土的铁剪形制完全相同。另外该墓内出土的素面八瓣菱花形铜镜（图6-25）与《唐镜分期的考古学探讨》中的Ⅱ型、《历代铜镜纹饰》中的135 号铜镜相同。而素面菱花形铜

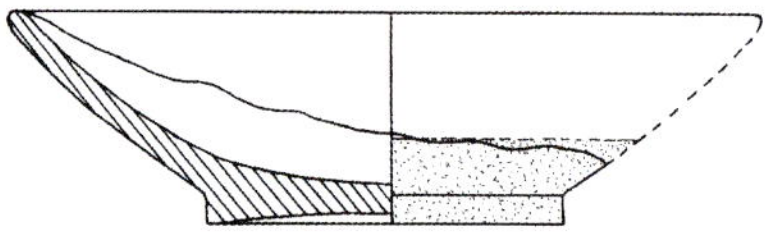

6-23

6-25

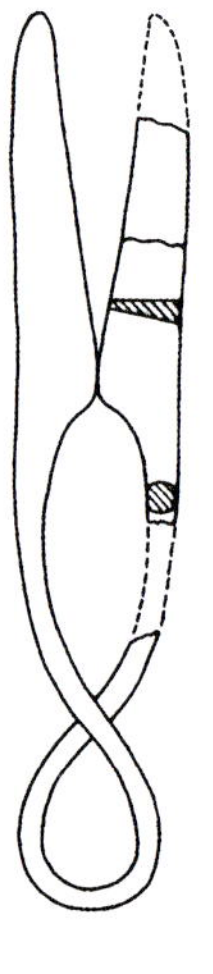

6-24

图6-23 白瓷碗线图

图6-24 铁剪线图

图6-25 铜镜

1 权奎山：《中国南方隋唐墓的分区分期》，《考古学报》1992 年2 期。
2 石家庄地区文物研究所：《河北晋县唐墓》，《考古》1985 年2 期。
3 无锡市博物馆：《江苏无锡发现唐墓》，《文物资料丛刊》1982 年6 期。
4 徐殿魁：《洛阳地区隋唐墓的分期》，《考古学报》1989 年3 期。
5 郑州市文物工作队、周军等：《郑州地区发现的几座唐墓》，《文物》1995 年5 期。
6 中国社会科学院考古研究所河南第二工作队：《河南偃师杏园村的两座唐墓》，《考古》1984 年10 期。
7 北京市文物工作队：《北京市发现的几座唐墓》，《考古》1980 年6 期。
8 张洪波、贾宗梁：《辽宁朝阳五座唐墓》，《北方文物》1994 年3 期。
9 辽宁省文物考古研究所、朝阳市博物馆：《朝阳双塔区唐墓》，《文物》1997 年11 期；徐殿魁：《唐镜分期的考古学探讨》，《考古学报》1994 年3 期；河北省文物研究所：《历代铜镜纹饰》中的135 号铜镜，1967 年河北省怀来县征集。

镜在盛唐时期比较多见，做工细腻，镜面抛光度较强。中唐时期墓葬出土的铜境数量减少。到了晚唐时期制作粗陋，抛光度普遍较差，并且出土更少。

上述墓葬形制、器物风格都具有典型的唐代时期特征，虽然没有发现确切的纪年资料，但我们根据其墓葬形制及器物特征，认为该墓葬年代应为晚唐时期。此次发掘对我们了解北京地区晚唐时期墓葬的营造形式及葬俗提供了确切的依据[1]。

14. 昌平旧县大队晚唐墓

1972年12月昌平县旧县大队在村西北平整土地时，发现1座砖室墓。该墓（图6-26）为单室砖室墓，正南向，平面呈方形。该墓由墓门、墓道、墓室三部分组成。墓门北向，券顶，用两排条砖封门，外层封门砖的上部，加用青石块封门。墓道未清理，结构不详。墓室四壁微向外弧，墓壁用单面绳纹灰砖砌造。墓室东壁靠棺床处有1个影作灯檠，其灯柄凸出墓壁。西壁有1张影作桌子，用长条砖平砌成桌面和桌桯，桌腿均突出墓壁，桌子北部已遭破坏，现仅残存少部分。墓室北部用条砖砌出棺床，床面未铺砖，系用黄土垫起与棺床前脸齐

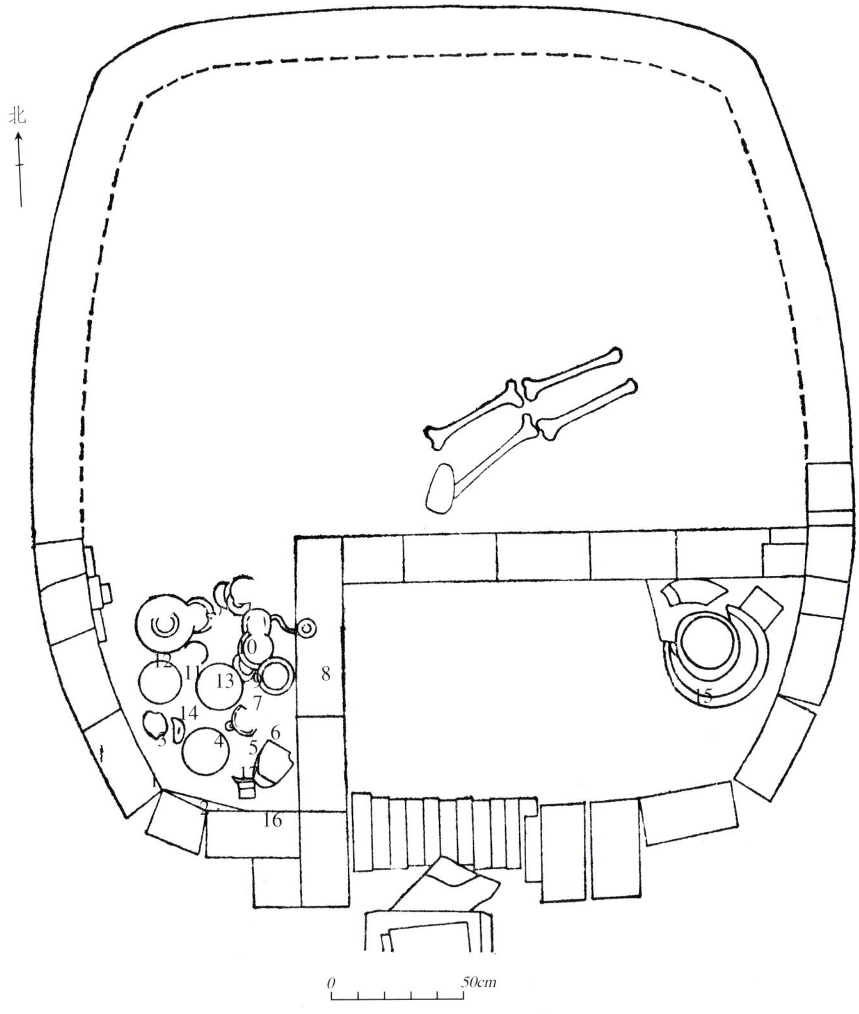

1、2. 瓷碗　3. 陶盘　4. 陶碗　5、12、16.陶罐　6、17陶鼎　7. 陶鏊　8. 陶釜　9. 陶鐎斗　10. 瓷执壶　11. 瓷双耳钵　13. 瓷执壶　14. 陶高足杯　15. 陶瓮

图6-26 昌平旧县大唐墓平面图

1　参见孙建国、邹晓天：《北京市先农坛唐墓发掘简报》，《北京文博》2008年1期。

图6-27 昌平旧县大队唐墓出土器物图

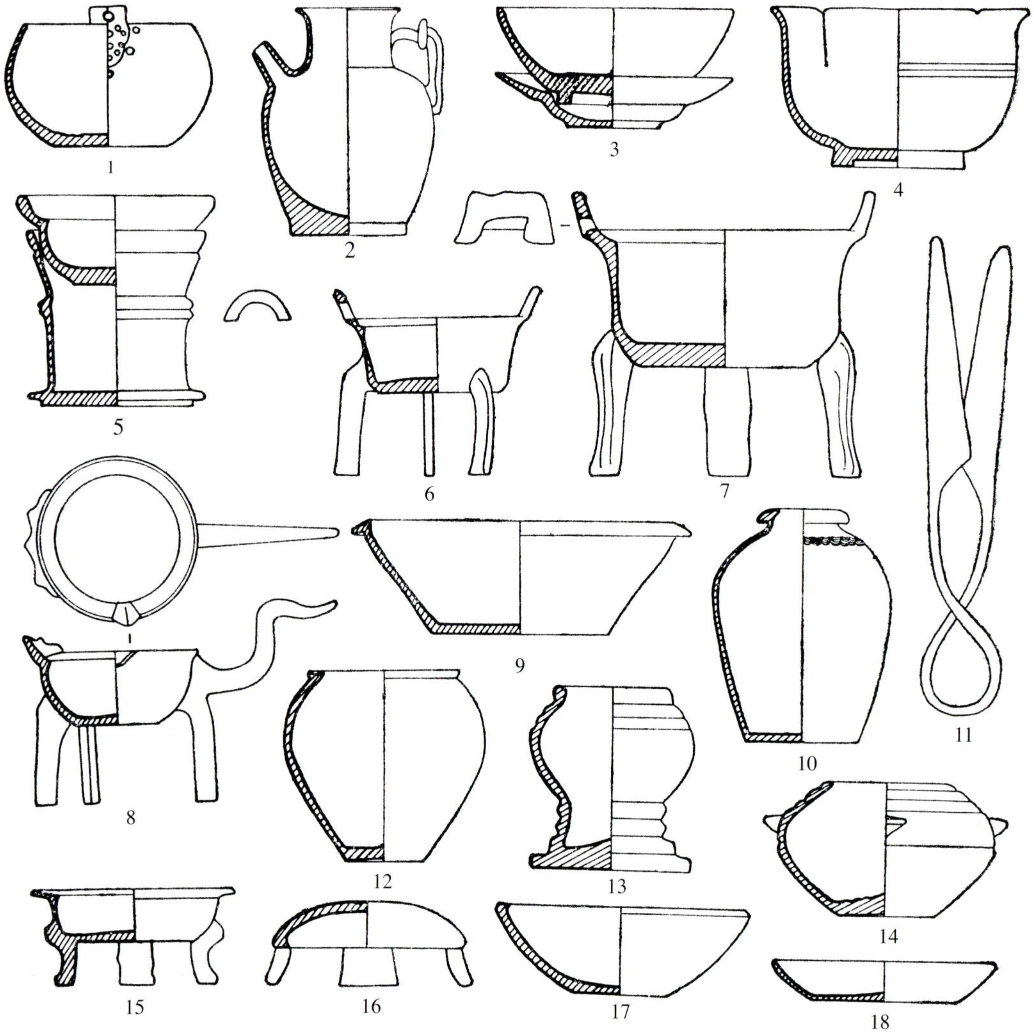

1. 双耳钵 2. 注壶 3. 碗和盏托 4. 四出碗 5. 灯 6、7. 鼎 8. 鐎斗 9. 盆
10、12. 罐 11.铁剪 13. 高足杯 14. 四鋬釜 15. 四足盘 16. 鏊 17. 碗 18.盘

平。棺床上有两具人骨架，葬式为头东脚西仰身直肢葬。西壁下有一砖砌长方形平台，砌筑方法与棺床同，平台北接棺床，南靠墓壁。台上放置随葬器物[1]。

该墓未经盗掘，故器物大多保存完整，共出土29件（图6-27）。其中瓷器9件、陶器13件、铜器3件、银器3件，铁器1件。这些器物中除铜镜、造像、“开元通宝”和银发钗是置于棺床上，铁剪放在人体下，陶盆出土于棺床前侧外，余均放在长方形小平台上。出土陶器主要为泥质灰陶，质地细腻而坚实，以轮制为主，间以手和模并用，器物多为明器。较为典型的瓷器为白釉注壶和盏托，陶器为三足双耳鼎、四足圆盘、四鋬釜和高足杯等。

该墓未出带有纪年的文字资料，为我们准确地判定墓葬年代带来一定的困难，但从墓室结构来看，与1958年4月太原南郊金胜村三号唐墓[2]和1965年北京丰台区贞元五年王郅墓相似。该墓所出白釉托盘、白釉注壶又与河北曲阳涧磁村定窑遗址晚唐层[3]出土的白瓷托盘和注

1 参见北京市文物工作队：《北京市发现的几座唐墓》，《考古》1980 年6 期。
2 山西省文物管理委员会：《太原南郊金胜村三号唐墓》，《考古》1960年1期。
3 河北省文化局文物工作队：《河北曲阳县涧磁村定窑遗址调查与试掘》，《考古》1965年8期。

图6-28 M96

图6-29 M78假门

图6-30 M94：4 白瓷鼎

图6-31 M106

壶相类似，陶器中的四足圆盘、四錾釜、高足杯和碗，也与1956年河北唐山陡河水库晚唐墓[1]出土的五足盘、陶釜、陶杯和盆相类似。半环形三足鼎和酱釉灯碗与河北曲阳涧磁村晚唐墓[2]出土的三足炉和黑酱釉碗完全相同。故基本可以断定，该墓年代应为晚唐。

15.密云大唐庄唐墓群

2007年1～3月为配合密云县新景家园小区工程建设，北京市文物研究所和密云县文物管理所对位于北京市密云县城关镇大唐庄村东南的墓葬区进行了考古发掘，共清理唐代墓葬56座。按墓葬形制大小可分为大、中、小型三类，最大者通长约20米，例如M96（图6-28）。按墓室平面形制可分为圆形、方形、长方形三类；按墓葬的整体结构可分为甲字形、刀把形、近甲字形、近刀把形四类；按墓葬结构，可分为单室、双室两类；按建墓材质的不同又可分为砖室、石室两类。墓葬的棺床有直尺、折尺、“凹字”形三种形制。墓砖所砌的窗棂、门扇（图6-29）、柱础、斗拱等仿木构建筑较有价值，为了解唐代的建筑形制提供了重要资料。这些墓葬虽均经盗掘，仍出土不少残坏的陶器、瓷器（图6-30）等遗物。

这些墓葬中M106（图6-31）形制较为特殊。该墓位于南区中部偏东，正南北方向，平面呈长方形圆角，由墓道、墓门、前室、后室四部分组成。墓道位于墓门的南侧，呈长方形斜坡状。墓门位于墓道之北、前室之南，券顶，二平一侧砌法，上部用平砖相互错缝而砌。前室位于墓门之北、后室之南。平面呈圆角长方形，南北长2.63米，东西宽2.25～2.8米，残存高1.78米。四壁用二平一侧方法垒砌。前室内有棺床，棺床东西长2.8米，南北宽1.22米，高0.38米。棺床边为平砖铺砌，棺床内铺地砖，为东西错缝平铺。后室位于前室北侧，平面呈长方形。后室门高0.76米，宽0.52米，拱券门。后室南北长2.06米，东西宽0.54～0.74米，残存高0.68米，用平砖相互错缝铺砌而成。这种后室呈拱券门状墓葬在北京地区较为罕见。

大唐庄清理的唐代墓葬，是近年来北京地区唐代墓葬发现数量最多的一次，为北京地区

1　河北省文物管理委员会：《唐山市陡河水库汉、唐、元、明墓发掘简报》，《考古通讯》1958年3期。
2　河北省文化局文物工作队：《河北曲阳县涧磁村定窑遗址调查与试掘》，《考古》1965年8期。

图6-32 释迦牟尼舍利
图6-33 隋舍利函
图6-34 房山区石经山雷音洞外景

6-32

6-33

6-34

唐代墓葬的研究提供了新的资料[1]。

第四节 其他重要考古发现

一、宗教遗迹

1. 石经山雷音洞佛舍利

1981年在修补石经山雷音洞时发现隋代安置的佛舍利两粒（图6-32），舍利被汉白玉大石函、青石函、汉白玉函、小型白玉函（图6-33）层层包裹，房山云居寺再次引起佛教界和社会的高度关注。[2]云居寺内（图6-34）还保存着房山石经—我国现存规模最大的石刻佛教大

1 报告正在整理中。
2 王英杰：《北京房山云居寺与石经》，《中国房地信息》1999年11期。

藏经。石经始刻于隋代，时幽州智泉寺静琬法师秉承师父刻造石经的遗志，从隋炀帝大业中始刻，至唐贞观十三年去世（公元639年），约30年间从未间断。历经唐、辽、金、元、明各代，历时千余载，刻有大小经版共计14278块，镌刻佛教典籍1122部，3500余卷，堪称世界上最巨大的文物宝库之一。这些经文后常附有题记，共约六千余则，记载着刻经时间以及发起人等内容，尤以唐代的题记最为丰富。寺内还有隋建的舍利塔，唐睿宗至玄宗年间修建的金仙公主塔和四座小石塔。云居寺、房山石经和塔群共同构成了我国佛教文化的一大宝库，被誉为“北京敦煌”。隋代石经山佛舍利的发现与房山石经为研究北京地区佛教兴衰与传播提供了丰富的一手资料。

2. 开天塔地宫

开天塔坐落在房山区岳各庄乡天开村东南，位于黑龙潭北岸、古刹开天寺之南、娘娘庙之东。它始建于唐，延续至清代，历史悠久。民国以后，该塔遭到严重破坏。1990年6月1日，天开村三名青年在无意中发现了裸露出地宫天井的封堵方砖。他们心怀好奇，拆开方砖，下到地宫，开启了通往开天塔地宫的通道。6月3日北京市文物研究所与房山区文物管理所对该地宫进行了考古发掘工作。地宫距地表约0.6米，券门南向，高1.3米，宽0.8米。地宫呈八角形，高2.55米，每面宽1.04米。檐部饰以砖斗拱，穹隆顶满布花草壁画，中央位置竖立高1.9米砖石结构的小塔一座。塔座两层，均为八角形。下层为单层方砖，磨制成弧线形；上为白玉石的须弥座。须弥座底前侧刻有捐资人姓名。中腰的八面刻有“大辽燕京良乡县金山乡乐深村西约一里地有古严陵洞……”。塔中间是由半圆形石雕莲瓣座承托的石函。盖与函四面均刻楷书铭文。盖上铭文是“请到放戒，内更有释迦佛舍利壹拾颗……”。函上刻文是“严陵洞再建舍利函序……”。石函内套方形铜函、再内套方形金函、最里层的函是塔状的水晶瓶，内装有舍利5颗。石函往上均是砖构件组成，自下而上顺序为：方须弥座、龛门、单层方檐、双层方莲瓣檐、九重相轮、莲瓣顶、宝珠刹。

小塔前摆放做工极精致的木质椅子和条桌。桌上陈设着高足碗、银钵、铜盆等供具。因为器物在发掘前期被下去的群众移动过，所以文物摆放的原位置不清楚。

经过发掘整理，此次出土文物有：木器、铜器、银器等共30余件。其中，木器有椅子、桌子、檀香木佛各1件；铜器有函、香薰、盆、净水瓶各1件，镜4、饰件4件、铜币若干；银器有钵、勺各1件，银筷1双。余者有金函1、水晶瓶1、瓷碗2、舍利5件。

开元塔地宫的发掘推翻了文献资料以及学术界固有的认为开天塔建于辽代之说，地宫内小塔的铭文证实了开天塔乃唐代创建，距今已有1300余年历史，成为北京地区最古老的宝塔之一。从铭文中进一步得知，开天塔创建于唐贞观十三年（公元639年），由良乡护世僧人法询、法艺主持修建。形制为九级密檐式，落成于唐高宗龙朔三年（公元663年），历时24年。塔建成后在唐玄宗开元七季（公元719年）进行了一次修补，后于辽乾统九年（公元1109年）倒塌，并于当年复建。该塔地宫出土的器物无疑均为珍品，但价值最高的莫过于完整无缺的辽代木桌椅，这是现存北京地区最早的木器家具，特别是木桌，在其出土之前从未见过辽代木桌实物，其形制只见于辽金墓葬的壁画中，它的问世为研究者提供了不可多得的实物资料，为研究辽金时期的木器制作技术、工艺，并进一步认识辽代社会提供了新材料。石函和小塔须弥座上的刻文记载舍利颗数不一、前后矛盾，而出土的5颗舍利与记载相差更多，此中缘由尚有待进一步研究[1]。

二、唐代窑址

1. 延庆县东王化营砖瓦窑

为了配合沈家营镇东王化营村一期土地开发项目工程，2007年6月北京市文物研究所联合延庆县文物管理所，对东王化营遗址进行了抢救性考古发掘，清理唐代砖瓦窑1座（图6-35）。该窑为北方地区常见的马蹄形半倒焰窑。坐东朝西，由操作坑、窑室烟孔、烟囱四部分组成。通长6.6米，最大宽度为3.1米，火门、火膛因压于现代管道下未能进行清理。操作坑位于窑室的西部，平面略近椭圆形，东西最长2.4米，南北最宽2.3米，深0.85～1.26米，底部不平，两边高中间低，内含有外素面内布纹板瓦片。窑室位于操作坑的东部，窑室西部压于现代管道下未进行清理。窑室顶部已完全被破坏掉，仅存残高1.04米，现存部分平面略近长方形，口小底大。窑室上口南北长2.48米，东西宽1.36～1.58米，窑室底部南北两侧壁略呈圆弧形，南北宽3.1米。窑室内壁及窑床表面均为青灰色烧结面。窑床表面南北向砌出5道障火墙，均用碎砖块平砌。排烟孔位于窑室东壁底部，共有8个，间隔约0.12米，均与烟囱相通。烟囱位于窑室后壁中部，分中间主烟囱和两侧烟室。主烟囱下分布着

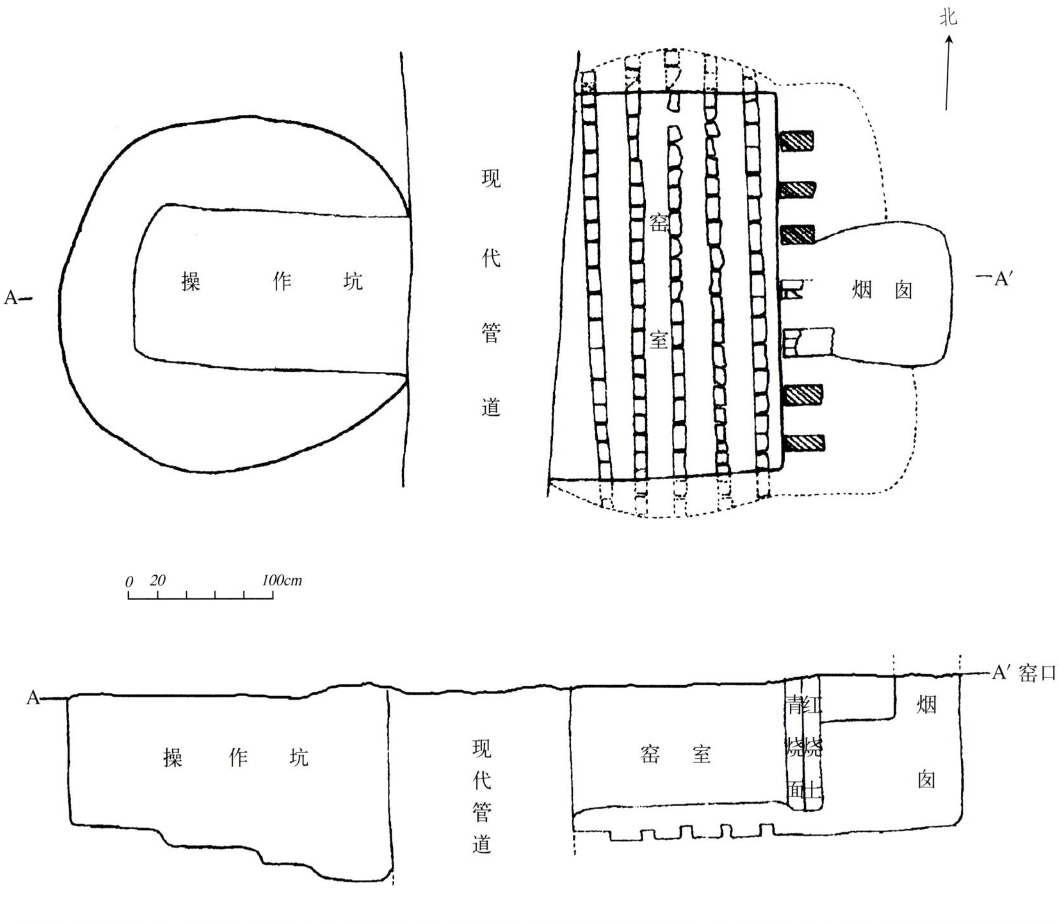

图6-35 延庆县东王化营砖瓦窑平、剖面图

1 参见沈书权：《开天塔出土佛舍利之谜试解》，《北京文物与考古》第4辑，北京燕山出版社，1994年。

两个烟囱孔，两侧烟室下部各有3个排烟孔，烟由排烟孔内进入后均汇集于中间烟囱之内向上排出。

发掘时，窑室操作坑内清理出较多残碎砖瓦块，据此推测该窑应为烧造砖瓦之用。出土的砖多为素面，部分表面有绳纹、细沟纹等纹饰，在北京地区，此类纹饰的砖常见于唐代墓葬建筑中，辽金时期墓葬建筑用砖中也有类似的情况，根据这种情况，本书暂将该窑的年代定在唐代，下限或许可以进入辽金时期。窑室后壁并列8个排烟孔，这样的结构会对窑内空气形成巨大的抽力，从而使窑内的热量大大流失。窑床南北向较宽，东西向进深较短，火焰从窑室前部运动到后部的路径极短，这样的结构也会导致窑内热量的流失。窑床表面的5道矮砖墙，与窑内火焰的流通方向垂直，其高度大致与排烟孔的高度近似，对于窑内火焰的运动就会形成阻力，应该是对前述两种结构所致缺陷的弥补，即本书所称的“障火墙”[1]，而相邻两道障火墙之间的空隙，应当又会使进入这个空隙的火焰作横向运动，从而使得窑内温度均匀[2]。

2. 大兴新城19号地烧窑

2008年10月31日～11月23日，北京市文物研究所对大兴新城北区19号地进行了考古发掘，除了墓葬之外，还发掘烧窑2座。2座烧窑形状结构基本相同，形状都为椭圆形半地穴式，其中一座窑的操作坑还设有青砖砌制的三步台阶。2座烧窑与唐代墓葬同处一个地层，通过烧窑内出土器物及其与唐代其他烧窑比较，基本可断定2座窑的时代均为唐代。

此外，2007年还在大兴区东南部的亦庄鹿圈拆迁安置用房工程区发现唐代窑址2座[3]，窑的形状均为椭圆形，半地穴式。

这些窑址的发现，使我们对当时的窑址结构有了进一步的了解，并为唐代窑址与陶瓷器物的研究提供了重要的实物依据[4]。

1 南方宋代龙窑中有“障烟柱”，该墓“障火墙”或许与之道理相通，参见熊海堂：《东亚窑业记述发展与交流史研究》，南京大学出版社，1995年。

2 参见北京市文物研究所：《延庆县东王化营窑址、墓葬发掘报告》，《北京考古》第2辑，北京燕山出版社，2008年。

3 北京市文物研究所2006～2007年度考古发掘简报。

4 参见北京文物研究所2008年，文物工作年报。

附表6-1　北京地区出土墓志

下葬时间	籍　贯	墓主身份姓名	（葬地）出土地点	发现时间（年）	墓志拓片藏地
唐高宗咸亨元年（公元670年）十一月		唐故朝散大夫仪同三司上柱国左戎卫开福府旅师仵钦	（城东北五里之平原）西城区二龙路教育部院内	新中国成立前	北京市文物局
唐高宗永淳元年（公元682年）十一月		李相与妻丁氏	（昌平县东北七里）不明	不明	北京市文物局
唐武则天天册万岁元年(公元696年)十月		刘基	（张□村西南一里）不明	不明	北京市文物研究所
唐玄宗开元廿一年（公元733年）	太　原		（蓟城北丰乐乡）海淀区钓鱼台东门外	1980	北京市文物研究所
唐玄宗天宝十年（公元751年）八月		云麾将军左威卫将军兼青山州刺史上柱国李永定	（范阳郡西北十五里）海淀区八里庄京密引水工程	1966	北京市文物局
唐玄宗天宝十二年（公元753年）正月		纪宽	（郡城东北三里平原）西城区灵境胡同东口外	1989年	北京市文物研究所
唐天宝十三载（公元754年）		开元观道士王徽	清河镇朱房村	1973	北京市文物局
唐天宝十四年（公元755年）正月		高元表	不明	不明	北京市文物研究所
唐代宗宝应二年（公元763年）十月、夫人唐德宗建中二年（公元781）附葬		棣州司马姚子昂及夫人	（幽州城东南六里燕台乡之原）永定门外安乐林	1956	北京市文物研究所
唐代宗大历十年（公元775年）三月		归义王李府君夫人故贝国太夫人张氏	房山区医院	1992	北京市文物研究所
唐代宗大历十年（公元775年）七月		刘龙兹	（州城密云县城关大唐庄）	1984	北京市文物研究所
唐代宗大历十一年（公元776年）八月		恒王府曲军赐紫金鱼袋上柱国王景秀[1]及妻魏氏	（蓟城北保大乡之原）大兴县	不明	北京市文物局
唐代宗大历十二年（公元777年）十月		赵悦	（蓟城东南燕下乡之原）丰台区永定门外原四路通汽车修理厂出土	1985	北京市文物研究所

1　孔繁云：《北京市文物局资料信息中心藏北京地区出土墓志拓片目录》，《北京文博》1996年1期。文曰王景秀曾任“恒王府曲军”，按，终唐一代，亲王府属员设有参军、典军等职位，并无曲军一职，此处“曲军”疑为“典军”之误。

续表

下葬时间	籍 贯	墓主身份姓名	（葬地） 出土地点	发现时间 （年）	墓志拓片藏地
唐代宗大历十三年（公元778年）二月		孙封	（潞城南潞城乡之平原）通县梨园乡小街村东南土桥砖瓦厂内	不明	北京市文物研究所
唐代宗大历十三年（公元778）七月		李休及妻阳氏	（檀州密云县东七里）密云县	不明	北京市文物局
唐代宗大历十四年（公元779年）五月		常俊	（蓟城北高梁河南礼贤乡之原）西城区	不明	北京市文物局
唐德宗建中四年（公元783年）四月		云麾将军左金吾卫大将军试鸿鼎卿上柱国宋俨[1]	（幽州昌平县东北十里武安乡）昌平县	不明	北京市文物局
唐德宗贞元六年（公元790年）正月	太原	瀛州司马兼侍御史王郅	（蓟县姚村南一里之原）丰台区右安门外草桥东南四倾三村	1965	北京市文物研究所
唐德宗贞元十三年（公元797年）四月	太原	监察御史裹行王仲堪	（蓟县燕夏乡甘棠原）广渠门内	乾隆年间	北京市文物研究所
唐德宗贞元十四年（公元798年）二月	乐安	平州卢龙府折冲都尉孙如玉	（潞县潞城乡□河里）通县乡梨园乡小街村东南土桥砖瓦厂	1983	北京市文物研究所
唐德宗贞元十四年（公元798年）十二月	彭城	行涿州司马金紫光禄大夫刘建及妻杨及	（潞城西南旧里之原）	不明	北京市文物局
德宗贞元十五年（公元799年）三月	博陵	崔府君夫人	（幽州蓟县东北五里燕夏乡之原）故宫地下文物库房工地	1995	北京市文物研究所
唐德宗贞元十九年（公元803年）十月		银青光禄大夫瀛州别驾莫州刺史上柱国申国公蔡雄	（良乡邑北滱业乡之原）房山县紫草坞乡达董学校	1984	北京市文物研究所
唐德宗贞元廿一年（公元805年）六月，夫人郑氏唐宪宗元和二年（公元807年）附葬	夫人荥阳郑氏	银青光禄大夫前涿州刺史试右府卿兼侍御史朱府君及妻郑氏	（幽州良乡县）房山县良乡下豆各庄出土		北京市文物研究所
唐顺宗永贞元年（公元805年）十月		河东道汾州司马试太子舍人上柱国王恭	（幽州昌平县东十五里太尉村之北原）昌平县何家营村	1958	北京市文物研究所

1 孔繁云：《北京市文物局资料信息中心藏北京地区出土墓志拓片目录》，《北京文博》1996年1期。文曰宋俨曾任试“鸿鼎卿”，按，终唐一代，并无“鸿鼎卿”一职，疑乃“鸿胪卿”之误。

下葬时间	籍 贯	墓主身份姓名	（葬地）出土地点	发现时间（年）	墓志拓片藏地
顺宗永贞元年（公元805年）十一月		开府仪同三司使持节陇州诸军事行陇州刺史上柱国南阳县开国伯张道升	（幽州良乡县阎沟山原）房山县		北京市文物研究所
唐宪宗元和二年（公元807年）十一月	渤海、夫人汝南	正议大夫试怀州别驾赐紫金鱼袋赠户部尚书高行晖及夫人袁氏	（潞县高义乡庞村之原）通县庞各村		北京市文物研究所
唐宪宗元和三年（公元808年）七月	汝南	周夫人	（幽都县太平乡之西）宣武区马连道商场门前	1970	北京市文物研究所
唐宪宗元和三年（公元808年）十月		任紫宸	（幽州城东北七里）东城区东单御河桥	1951	北京市文物研究所
唐宪宗元和八年（公元813年）二月	太原	恒王府司马幽州节度经略军兵曹参军王叔原	（幽都县归义乡）阜成门外二里沟	1962	北京市文物研究所
唐宪宗元和八年（公元813年）三月	南阳	张乾曜与夫人	（军之西南五里古原）延庆县下屯乡谷家营东北100米处	1975	北京市文物研究所
唐宪宗元和八年（公元813年）十一月	黎阳	任紫宸妻桑氏	（幽州城东北五里燕夏乡海王村）东城区东单御河桥	1951	北京市文物研究所
唐宪宗元和九年（公元814年）十一月	太原	应洲司马陉邑安平范阳三县令幽州节度押衙兼侍御史王郅及妻崔氏迁葬墓	（陉邑神座启姚村玄堂）丰台区四顷三村	1965	北京市文物研究所
唐宪宗元和三年(公元808年)七月	京兆府万年县	周氏	（幽都县太平乡之西原）广安门外马连道商场	1970	
唐宪宗元和十四年（公元819年）十一月	博陵	太子洗马崔载	（幽都县保大乡杜村北里）	不明	北京市文物局
唐文宗大和元年(公元827年)十月	太原	卢龙征马使游击将军守左武卫大将军赐紫金鱼袋曹朝宪夫人陶氏	（蓟城东南八里会川乡从善村东北原）丰台区西罗园小区	1987	北京市文物研究所
唐文宗大和七年（公元833）十月	彭城	周瑱夫人刘氏	（蓟县高义村之原）丰台区蒲黄榆方庄小区焦家花园公路南侧	1985	北京市文物研究所

续表

下葬时间	籍贯	墓主身份姓名	（葬地）出土地点	发现时间（年）	墓志拓片藏地
唐文宗开成三年（公元838年）四月	汝南	幽州卢龙节度押衙银青光禄大夫检校太子宾客使持节檀州诸军事檀州刺史兼殿中侍御史充威武军团练等使周元长	（蓟城东北七里龙道之古原）西城区爱民街（原旃檀寺西街）	1955	北京市文物研究所
唐武宗会昌六年（公元846年）沽洗月（十一月）	太原	幽州节度押衙银青光禄大夫检校太子宾客兼监察侍御史王时邕	（蓟县南十五里广宁乡鲁村东一里之原）丰台区槐房乡出土	1985	北京市文物研究所
唐武宗会昌六年（公元846年）十二月		宋再初夫人蔡氏	（幽州幽都县界礼贤乡龙道村西南一百廿步之原）地安门西大街北海中学	1976	北京市文物研究所
唐宣宗大中元祀（公元847年）十月	纪公清河	游击将军左金吾卫大将军试鸿胪卿纪公夫人张氏	（蓟城幽都县幽都乡石槽之原）海淀区翠微路14号院	1985	北京市文物研究所
唐宣宗大中元年（公元847年）十月	钜鹿、张氏清河	曹秀及妻张氏	（昌平县东太尉乡白浮之原）昌平县白浮村	1961	北京市文物研究所
唐宣宗大中三年（公元849年）五月	南阳	李顺通夫人张氏	（幽都县房仙乡庞村东南上约三里之原）石景山首钢院内	1971	北京市文物研究所
唐宣宗大中九年(公元855年)	肖公兰陵	幽都县主薄兰陵肖公夫人侯氏	（蓟州幽都县西界三里原）广安门外北京钢厂	1974	
唐宣宗大中十年(公元856年)九月		平州刺史卢龙节度留后周玙	（蓟县高义村之原）丰台区蒲黄榆方庄小区焦家花园公路南侧	1985	北京市文物研究所
唐宣宗大中十一年（公元857年）		幽州大都督府兵曹参军陈立行	（幽都县礼贤乡）宛平县	乾隆年间	北京市文物局
唐宣宗大中十二年（公元858年）五月	（陆日岘吴郡）	朝议大夫前行幽州大都督府录事参军幽州节度押衙使持节蓟州诸军事蓟州刺史静塞军营田等使银青光禄大夫检校国子祭酒兼侍御史上柱国陆日岘妻王氏	（蓟城北归仁乡刘村之原）	不明	北京市文物研究所

下葬时间	籍 贯	墓主身份姓名	（葬地）出土地点	发现时间（年）	墓志拓片藏地
唐宣宗大中十三年（公元859年）三月	陇西	卢龙节度衙前兵马使兼知船坊事银青光禄大夫检校太子宾客兼监察御史上柱国董庆长	（幽州蓟县之东岗燕台乡）丰台区西罗园小区	1989	北京市文物研究所
唐懿宗咸通四年（公元863年）七月	清河（王公晟太原）	幽州节度随使押衙银青光禄大夫检校国子祭酒王公晟夫人张氏	（幽州幽都县界保大乡樊村之原）西直门外	道光十二年（1832年）	北京市文物研究所
唐懿宗咸通六年（公元865年）		幽州卢龙节度左押衙银青光禄大夫检校国子祭酒摄檀州刺史充威武军使兼御史中丞上柱国	（蓟城南郭析津坊）石景山区老古城地区	1995	北京市文物研究所
唐懿宗咸通十一年（公元870年）四月	太原郡（董府君济阴）	幽州节度衙前兵马使检校太子宾客兼监察御史董庆长夫人王氏	丰台区西罗园小区	1989	北京市文物研究所
唐懿宗咸通十五年（公元874年）闰四月		幽州节度衙前讨击副使太中大夫试殿中监温令绶	（幽都县房山乡）海淀区万寿路	1981	北京市文物研究所
唐僖宗乾符二年（公元875年）十月		雄武军捉生将太中大夫试殿中监黄直	（海北乡兴寿里之原）昌平县兴寿公社桃村大队	1959	北京市文物研究所
唐僖宗广明元年（公元880年）正月	长沙	□□□□事兵马使充□使宅将副将茹弘庆	（幽都县刘□□□）海淀区二里沟进出口大楼院内	1984	北京市文物研究所
唐僖宗广明二年（882年）十月		幽州节度押衙遥摄檀州刺史知雄武军营田等使兼御史中丞耿宗倚	（幽都县界保大乡樊村）西郊八里庄	1966	北京市文物研究所
唐僖宗中和二年（公元882年）十一月		幽州□节度押衙摄纳降军营田等使银青光禄大夫检校国子祭酒兼御史中丞上柱国侯元弘	（幽都县界礼贤乡刘村）西直门南城墙	1969	北京市文物研究所

续表

下葬时间	籍 贯	墓主身份姓名	（葬地）出土地点	发现时间（年）	墓志拓片藏地
唐僖宗中和三年（公元883年）二月	平阳	幽州随使节度押衙遥摄镇安军使充绫锦坊使银青光禄大夫检校国子祭酒兼御史中丞上柱国敬延祚	（蓟县界会川乡邓村里之原）永定门外邓家村		北京市文物局
唐僖宗中和三年（公元883年）十月	安定	幽州卢龙节度押奚契丹两蕃副使摄蓟州刺史正议大夫检校太子左庶子兼御史大夫上柱国赐紫金鱼袋张建章	（幽都县礼贤乡高梁河北岸）德胜门外冰窖口	1956	北京市文物研究所
唐僖宗文德元年（公元888年）五月	彭城	妫州刺史充清夷军营田等使朝散大夫检校尚书司封郎中摄御史中丞上柱国赐紫金鱼袋刘钤	（蓟县姚村北原）丰台区右安门外东三条	1982	北京市文物研究所
唐僖宗文德元年（公元888年）十一月	陇西	要氏夫人	（昌平县安集乡怀居里）海淀区温泉白家疃	1958	北京市文物研究所
唐僖宗文德元年（公元888年）十一月	天水（卢公范阳）	卢公夫人赵氏	（府城西北十里樊村）	1959	北京市文物局
唐昭宗乾宁元年（公元894年）四月	（郑公荥阳）	大理评事檀州司马赠春州刺史郑公夫人扶风郡太君马氏	（幽都县胡村之原）	不明	北京市文物研究所
唐	河东	信州刺史薛府君	宣武门外姚家井	1952	北京市文物局

注：该表依据北京市文物局、北京市文物研究所藏墓志拓片制成。

附表6-2　北京地区唐代墓葬表

发现时间（年）	名称	数量（座）	发现地点	备注
1952	信州刺史薛府君墓	1	宣武区姚家井	
1965	王郅夫妇合葬墓	1	丰台区右安门外草桥	
1966	史思明墓	1	丰台区林家坟村西	
1970	先农坛唐土坑竖穴墓	1	宣武区先农坛	墓为长方形土坑竖穴，棺床砖砌，上置骨架1具，死者头西南脚朝东北，为侧身屈肢葬，未发现棺椁痕迹。随葬器物均为陶瓷器，出土位置在死者头前
1970	周氏墓	1	广安门外马连道商场门前	墓为砖室，已塌毁,仅出土墓志1合
1972	唐代单室砖墓	1	宣武区陶然亭三四零一厂	该墓南北向，墓室平面呈三面外弧之方形，北部设有棺床
1972	唐砖室墓	1	昌平县旧县	
1973	王徽墓	1	海淀区清河镇	
1973	唐代单室砖室墓	1	西城区西什库低压电器厂	该墓南北向,墓室平面呈三面外弧之方形,北部设有棺床
1974	唐砖室墓	1	石景山区高井村	墓南北向，墓室平面弧方形，南端为甬道，甬道南端为砖砌封门墙。墓室北端有砖铺棺床。墓中出土陶罐6件、铜勺和铁匜各1件
1974	侯氏墓	1	广安门外北京钢厂	出土墓志1方
1980		1	钓鱼台东门外	
1981	阳氏墓	1	丰台区大葆台	
1984	茹弘庆墓	1	海淀区二里沟进出口大楼院内	
1985	纪公夫人张氏墓	1	海淀区翠微路14号院	墓志1方
1985	纪公夫妻合葬墓	1	海淀区太平路	出土墓志2方
1985	王时邕墓	1	丰台区槐房乡六必居酱园	墓志1方
1985	周瑍与妻刘氏合葬墓	1	丰台区蒲黄榆方庄小区焦家花园公路南侧	出土周瑍墓志1合，刘氏墓志1方

发现时间（年）	名称	数量（座）	发现地点	备注
1985	四路通唐墓	2	丰台区永定门外四路通北京市邮政汽车保养场院内	两墓形制相同。均南向，砖室穹隆顶，平面呈抹角方形，由墓道、墓门、甬道、墓室等部分构成。墓室西侧砖砌棺床。出土有墓志、骨簪和陶罐
1987	陶氏墓	1	丰台区西罗园小区	出土墓志1方。该墓由墓道、甬道、墓室等组成
1988	陶然亭唐墓	2	陶然亭东侧的燕京汽车厂院内	
1989	董庆长夫妻合葬墓	1	丰台区西罗园小区	出土墓志2方。该墓由墓道、甬道、墓室等组成
1989	纪宽墓	1	西城区灵境胡同东口外	该墓坐南朝北，为单室砖券墓，由墓道、甬道、墓室等部分组成。墓室近椭圆。出土陶罐2件，墓志1合
1991	侯臣与妻合葬墓	1	延庆县铝箔厂	
1992	王公淑墓	1	海淀区八里庄	北京市文物研究所
1993	李诗与妻张氏合葬墓	1	房山县医院	
1995	刘騆及妻张氏合葬墓、刘騆婿论博言墓	2	石景山区老古城地区	出土张氏墓志与论博言墓志各1合
2003	生物院小区唐墓	3	朝阳区生物院住宅小区工程	
2003～2005	亦庄唐墓葬群	55	大兴亦庄经济技术开发区	
2005	贾瞰、贾明墓	2	大兴黄村	
2006	先农坛晚唐墓	2	先农坛	
2006	朱各庄遗址唐墓	3	房山区城关镇丁家洼村东南、羊头岗村北的前后朱各庄遗址区	
2006	武夷花园唐墓	1	通州区武夷花园二期工程	
2007	大唐庄唐墓群	56	密云县大唐庄墓葬区	
2007	亦庄唐墓	2	大兴亦庄鹿圈拆迁安置用房工程	墓中出土三彩香炉、三彩盘、双系罐、铜钱等。另发现唐代窑址2座

发现时间（年）	名称	数量（座）	发现地点	备注
2007	南辛堡村唐墓群	40	延庆镇南辛堡村	这批唐墓均经盗掘，但仍然出土了陶器、彩绘陶器、瓷器、三彩瓷器、瑞兽葡萄铜镜等遗物。其中1座墓中出土唐开元年间明确纪年的墓志
2007～2008	王佐唐墓	1	丰台区王佐遗址	该墓为竖穴砖室墓，南北向，平面呈“甲”字形，由墓道、墓门、墓室三部分组成
2008	密云七中唐墓	4	密云县第七中学	
2008	唐庄小学、成教中心唐墓	6	密云唐庄小学、成教中心	
2008	305E住宅区唐墓	3	宣武区广安门外305E住宅占地范围	另发现水井一眼
2008	小营村唐辽墓	3	大兴黄村镇小营村	规模较小，具体年代尚待考证
2008	大兴新城唐墓	10	大兴新城北区19号地	仅1座墓保存完整，为砖砌单室墓，平面近刀形。出土器物多为陶罐，另有白瓷杯1只。另发现烧窑2座